智能网联汽车·机器学习系列

深度学习及其在车联网中的应用

[美] 胡斐(Fei Hu)　[美] 伊夫蒂哈尔·拉希德(Iftikhar Rasheed)　主编

李卫华　陈超　狄冲　等译

Deep Learning and Its Applications for Vehicle Networks

机械工业出版社
CHINA MACHINE PRESS

本书主要介绍了深度学习在车联网中的应用，主要从以下五个部分讲述了深度学习如何为车联网动态地提供强大的支持：面向车辆安全和保护措施的深度学习；面向车载通信的深度学习，如车对车、车对基础设施的通信等；面向车辆控制的深度学习，如基于道路交通状况的排放控制，如何预测电动汽车充电负荷以及基于摄像头捕获的图像来调整车速；面向信息管理的深度学习，如基于道路交通状况和给定目的地信息，使用基于深度学习算法的自然语言处理实现驾驶过程中物联网（IoT）的自动搜索等；其他应用。

本书适合自动驾驶研发人员参考阅读，也可以作为高等院校相关专业硕博研究生的参考用书。

Deep Learning and Its Applications for Vehicle Networks 1st Edition，ISBN: 978-1-032-04137-7，by Fei Hu, Iftikhar Rasheed.

Copyright © 2023 selection and editorial matter, Fei Hu and Iftikhar Rasheed；individual chapters，the contributors.

Authorized translation from English language edition published by CRC Press, part of Taylor & Francis Group LLC；All rights reserved；本书原版由 Taylor & Francis 出版集团旗下，CRC 出版公司出版，并经其授权翻译出版。版权所有，侵权必究。

China Machine Press is authorized to publish and distribute exclusively the Chinese (Simplified Characters) language edition. This edition is authorized for sale in the Chinese mainland (excluding Hong Kong SAR, Macao SAR and Taiwan). No part of the publication may be reproduced or distributed by any means, or stored in a database or retrieval system, without the prior written permission of the publisher.

本书中文简体翻译版授权由机械工业出版社独家出版并限在中国大陆地区（不包括香港、澳门特别行政区及台湾地区）销售。未经出版者书面许可，不得以任何方式复制或发行本书的任何部分。

Copies of this book sold without a Taylor & Francis sticker on the cover are unauthorized and illegal. 本书封面贴有 Taylor & Francis 公司防伪标签，无标签者不得销售。

北京市版权局著作权合同登记　图字：01-2023-3246 号。

图书在版编目（CIP）数据

深度学习及其在车联网中的应用 /（美）胡斐，（美）伊夫蒂哈尔·拉希德（Iftikhar Rasheed）主编；李卫华等译. -- 北京：机械工业出版社，2025. 4. --（智能网联汽车）. -- ISBN 978-7-111-78170-7

Ⅰ. U469-39

中国国家版本馆 CIP 数据核字第 2025YC5625 号

机械工业出版社（北京市百万庄大街 22 号　邮政编码 100037）
策划编辑：何士娟　　　　　　　责任编辑：何士娟　丁　锋
责任校对：甘慧彤　王小童　景　飞　责任印制：张　博
固安县铭成印刷有限公司印刷
2025 年 8 月第 1 版第 1 次印刷
184mm×260mm · 20 印张 · 484 千字
标准书号：ISBN 978-7-111-78170-7
定价：168.00 元

电话服务　　　　　　　网络服务
客服电话：010-88361066　机　工　官　网：www.cmpbook.com
　　　　　010-88379833　机　工　官　博：weibo.com/cmp1952
　　　　　010-68326294　金　　书　　网：www.golden-book.com
封底无防伪标均为盗版　机工教育服务网：www.cmpedu.com

译者序

在当今快速发展的科技时代，深度学习（Deep Learning，DL）已成为推动各个领域创新的重要力量，尤其在车联网等新兴技术领域，其重要性和应用前景更是不容忽视。深度学习通过其强大的数据处理和分析能力，显著提升了自动驾驶、车辆通信和智能控制系统的性能与安全性。然而，深度学习在汽车工程中的应用也面临诸多挑战。首先是数据的多样性和复杂性。智能汽车需要处理来自不同传感器的大量异构数据，这些数据在格式、频率和精度上都存在差异，如何高效地融合和分析这些数据是一个难题。其次，深度学习算法的高计算需求和实时性要求，使车载计算平台面临严峻的考验。为了确保车辆在行驶过程中的安全和可靠，算法必须在极短的时间内完成计算，这对硬件和软件的协同优化提出了更高的要求。

本书深入探讨了深度学习在智能车辆领域的多种应用，从车辆安全、通信到控制系统等方面，全面展示了深度学习的潜力和创新应用。作者汇集了世界著名专家学者的研究成果，通过理论阐述和实际案例，向读者展示了深度学习技术如何解决智能车辆面临的复杂问题。本书的独特之处在于其系统性和前瞻性。全书分为五个部分，每一部分都聚焦于深度学习在特定应用领域的突破和创新。

1. 面向车辆安全和保护措施的深度学习：探讨了深度学习在识别驾驶员疲劳状态、避开道路障碍、应对恶意攻击等方面的应用，强调了深度学习技术对提升车辆安全性的巨大作用。

2. 面向车载通信的深度学习：讨论了智能车联网中的深度学习应用，包括车对车（V2V）和车对基础设施（V2I）的通信优化，通过灵活选择最佳路线、进行自适应发送速率控制等方法，提升了通信效率和可靠性。

3. 面向车辆控制的深度学习：分析了深度学习在车辆运行控制中的应用，如根据道路交通情况控制排放、预测充电负荷、调整车速等，展示了深度学习在提高车辆操作智能化方面的潜力。

4. 面向信息管理的深度学习：涵盖了智能信息的收集和理解，如节能车辆轨迹控制、驾驶过程中的自然语言处理（NLP）应用，以及车辆群体感知问题，强调了深度学习在信息管理和优化中的重要性。

5. 其他应用：介绍了深度学习在识别驾驶行为、设计模拟器以研究车辆视觉数据处理等方面的应用，展现了深度学习技术的广泛应用前景。

通过对这些内容的详细探讨，本书不仅为研究人员和工程师提供了丰富的理论知识和实际案例，还激发了更多人对智能车辆领域的兴趣和探索热情。在翻译本书的过程中，我们深刻感受到深度学习技术对智能汽车领域的变革性影响。每一章节都充满了作者对技术的深入理解和独特见解，让我们对智能汽车的未来充满信心和期待。特别是书中对车辆安全和保护措施的讨论，揭示了技术在提升行车安全和应对复杂环境方面的巨大潜力。

本书由李卫华、陈超、狄冲等人翻译。译者均是在智能车辆和深度学习领域有着深厚学术背景和丰富实践经验的专家，在翻译过程中不仅确保了专业术语的准确性，还努力保留了原文作者的思想精髓和写作风格，力求为中文读者提供最原汁原味的阅读体验。在此，我们要特别感谢原编者及所有贡献者的辛勤工作和无私分享，没有他们的研究和撰写，就没有这本书的诞生。同时，我们也要感谢出版社编辑团队的支持与帮助，他们在书籍出版过程中提供的宝贵建议和细致入微的工作，使得这本书能够以最好的状态呈现给读者。

最后，鼓励各位读者深入阅读本书，享受这场知识的盛宴。无论是研究人员、工程师，还是对智能车辆充满兴趣的读者，都能从中获得启发和思考。希望大家在阅读过程中能够感受到科技的魅力，激发更多的创新和探索热情。

由于译者水平有限，书中难免存在错误及不当之处，恳请读者提出宝贵建议，以便重印时予以纠正。

译　者

前言

深度学习（DL）描述了一组机器学习算法，这些算法用于具有循环或卷积特征的大型神经网络，换句话说，用于特征生成、学习、分类和预测的深度神经网络（DNN）。目前，深度学习已经被亚马逊、谷歌、Meta 等许多在线服务广泛使用。深度学习在汽车工业领域有着广泛的应用，从自动驾驶汽车的计算机视觉处理到提供高数据速率的车联网。

即将推出的智能汽车将配备各种传感器和执行器，如发动机控制器、雷达、激光雷达（LiDAR）以及摄像头，使车辆能够了解周围环境。这些车辆还将具有更强大的计算能力和更大的车载存储设备。这种转变意味着传统的汽车网络需要智能处理能力。

深度学习是基于人工智能的一种有效方法，可以为此类车联网动态地提供一套强大的工具。在车联网的各个领域，深度学习可用于基于学习的信道估计、交通流预测、车辆轨迹预测、基于位置预测的调度和路由、智能网络拥塞控制、智能负荷均衡和垂直切换控制、智能网络安全策略、虚拟智能高效资源分配和智能分布式资源分配。

对于想要了解智能车辆通信系统的大学生或研究人员来说，本书是一本有价值的教科书或参考书，也可以被工程师或技术人员作为硬件或软件设计时的参考书用。

本书是世界著名专家学者在车联网与控制中应用深度学习的研究工作总结。本书由以下五个部分组成。

第一部分：面向车辆安全和保护措施的深度学习。首先介绍了深度学习算法在车辆安全和保护措施上的应用，以确保自动驾驶汽车能够正确识别摄像头拍摄的图像，并采取适当的行动。例如，车辆可以识别到前方的道路障碍，并及时制动。设计安全性的目的是防止黑客的故意攻击。例如，可以将伪造的传感信号插入车辆的射频通信信道以误导车辆，也可以污染成像数据从而产生错误的深度学习结果。另外，该部分还将解释如何使用深度学习来识别驾驶人的疲劳情况，这对车辆安全也很重要。

第二部分：面向车载通信的深度学习。车联网包括车对车和车对基础设施的通信。智能车联网需要灵活选择所有车辆的最佳路线，进行基于带宽可用性的自适应发送速率控制、及时从路边基站下载数据等。另外，该部分还讲解了在车联网（V2X）中不同网络层使用深度学习的内容。例如，在物理层中，深度学习可用于选择节能调制参数。

第三部分：面向车辆控制的深度学习。对于每辆车，许多操作需要智能控制。例如，需要根据与障碍物的距离和当前车辆的速度施加不同的制动强度水平。在本部分中，我们选择了几个深度学习在不同车辆运行控制中的应用：根据道路交通情况控制排放，通过深度学习预测充电桩负荷，分析摄像头捕获的图像来调整车速。一辆自动驾驶汽车上有数百个传感器，这些传感器的数据首先需要基于有效的数据融合方法进行融合，然后利用深度学习进一步从传感器数据中提取可解释的信息。

第四部分：面向信息管理的深度学习。本部分涵盖了对部分智能信息的收集和解析。例如，我们可以基于道路交通状况和给定目的地的信息，将深度学习用于节能车辆轨迹控制；我们还可以基于深度学习算法进行自然语言处理，用于驾驶过程中的物联网（IoT）

自动搜索。车辆群体感知也是一个具有挑战性的问题，因为一些车辆没有动力系统参与传感器网络。本部分将介绍如何使用深度学习进行有价值的信息提取，以更好地理解道路环境。

  第五部分：其他应用。本部分介绍了深度学习模型在其他车辆控制中的应用。例如，我们可以使用深度学习来识别驾驶行为，以确定驾驶人在驾驶过程中是否头脑清醒。另外还讨论了模拟器的设计问题，以研究如何使用深度学习对车辆摄像头收集的视频数据进行计算机视觉理解。

  自动驾驶汽车在当今社会越来越受欢迎。深度学习及其变体将在车辆通信和控制方面发挥越来越重要的作用。其他机器学习模型，如深度强化学习，也将促进智能车辆行为的理解和调整。我们期望本书成为您理解这一关键领域的宝贵参考。

编　者

贡献者名单

Mohd Hasan Ali
孟菲斯大学
美国田纳西州孟菲斯

Sadegh Arefnezhad
格拉茨工业大学
奥地利格拉茨

H. M. Abdul Aziz
堪萨斯州立大学
美国堪萨斯州曼哈顿

Erik Balsch
空军研究实验室
美国俄亥俄州费尔伯恩
赖特 – 帕特森空军基地

Manoj Basnet
孟菲斯大学
美国田纳西州孟菲斯

Felipe Bastos
帕拉联邦大学
巴西帕拉州

Pedro Batista
爱立信研究所
瑞典基斯塔

João Borges
帕拉联邦大学
巴西帕拉州

José Nuno A. D. Bueno
圣保罗大学
巴西圣卡洛斯

Yang Cao
中国科学技术大学
中国合肥

Hamilton Clouse
赖特 – 帕特森空军基地
美国俄亥俄州费尔伯恩

Ilan Correa
帕拉联邦大学
巴西帕拉州

Yue Cui
天津师范大学
中国天津

Sanjoy Das
堪萨斯州立大学
美国堪萨斯州曼哈顿

Mehrdad Dianati
华威大学
英国考文垂

Ashley Diehl
赖特 – 帕特森空军基地
美国俄亥俄州费尔伯恩

Arno Eichberger
格拉茨工业大学
奥地利格拉茨

Valerio Frascolla
英特尔德国有限公司
德国诺伊比贝格

Weichao Gao
陶森大学
美国马里兰州陶森

Bo Gu
中山大学
中国广州

Shushi Gu
哈尔滨工业大学
中国深圳

Mohsen Guizani
卡塔尔大学
卡塔尔多哈

Zhaoxia Guo
四川大学
中国成都

Karim El Haoui
华威大学
英国考文垂

Guangjie Han
河海大学
中国常州

William Grant Hatcher
陶森大学
美国马里兰州陶森

Tao Huang
詹姆斯库克大学
澳大利亚凯恩斯

Valdir Grassi Junior
圣保罗大学
巴西圣卡洛斯

Yu Kang
中国科学技术大学及中国合肥综合性国家科学中心

Aldebaro Klautau
帕拉联邦大学
巴西帕拉州

Konstantinos Koufos
华威大学
英国考文垂

Li Bin
长沙理工大学
中国长沙

Silvia Lins
爱立信电信创新中心
巴西圣保罗

Yongxin Liu
奥本大学蒙哥马利分校
美国亚拉巴马州蒙哥马利

Chao Lu
陶森大学
美国马里兰州陶森

Lucas Barbosa Marcos
圣保罗大学
巴西圣卡洛斯

Ben Amor Nader
斯法克斯大学
突尼斯法克斯

Abdennour Najmeddine
斯法克斯大学
突尼斯法克斯

Ingrid Nascimento
帕拉联邦大学
巴西帕拉州

Shuteng Niu
鲍灵格林州立大学
美国俄亥俄州鲍灵格林

Ailton Oliveira
帕拉联邦大学
巴西帕拉州

Peng Jiayi
长沙理工大学
中国长沙

Peng Shurong
长沙理工大学
中国长沙

Gustavo A. Prudencio de Morais
圣保罗大学
巴西圣卡洛斯

Zeyad A. H. Qasem
厦门大学
中国厦门

Cheng Qian
陶森大学
美国马里兰州陶森

Houbing Song
安柏瑞德航空大学
美国佛罗里达州代托纳比奇

Haixin Sun
厦门大学
中国厦门

Raiyan Talkhani
詹姆斯库克大学
澳大利亚凯恩斯

Ouni Tarek
斯法克斯大学
突尼斯法克斯

Marco Henrique Terra
圣保罗大学
巴西圣卡洛斯

Jian Wang
田纳西大学马丁分校
美国田纳西州马丁

Junfeng Wang
天津理工大学
中国天津

Jie Wei
纽约城市学院
美国纽约州纽约市

Wei Xiang
拉筹伯大学
澳大利亚墨尔本

Zhenyi Xu
中国科学技术大学及
中国合肥综合性国家科学中心

Xinxin Yang
中山大学
中国广州

Yang Yunhao
浙江大学
中国杭州

Wei Yu
陶森大学
美国马里兰州陶森

Guanglin Zhang
东华大学
中国上海

Zhenyi Zhao
中国科学技术大学
中国合肥

Cong Zhou
华威大学
英国考文垂

目 录

译者序
前言
贡献者名单

第一部分　面向车辆安全和保护措施的深度学习

第1章　车辆安全和保护措施的深度学习 …… 2
1.1　引言 …… 2
1.2　车辆内部监控的深度学习 …… 3
　　1.2.1　摄像头系统 …… 3
　　1.2.2　基于可穿戴传感器的系统 …… 3
　　1.2.3　驾驶人行为监控 …… 4
1.3　对周围环境感知的深度学习 …… 4
　　1.3.1　道路检测 …… 5
　　1.3.2　车辆周围环境检测 …… 5
　　1.3.3　挑战性环境下的目标检测 …… 6
1.4　交通管理的深度学习 …… 6
　　1.4.1　交通流建模 …… 7
　　1.4.2　车对基础设施的通信 …… 7
1.5　基于深度学习的路线规划和导航 …… 8
　　1.5.1　出行者路线规划 …… 9
　　1.5.2　食品运输路线规划 …… 9
　　1.5.3　未知地图的动态路线规划 …… 9
1.6　结论 …… 9
参考文献 …… 10

第2章　应用于安全车辆的驾驶人疲劳分类的深度学习 …… 14
2.1　引言 …… 14
　　2.1.1　疲劳检测的重要性 …… 14
　　2.1.2　在未来自动化车辆中的应用 …… 14
2.2　驾驶人疲劳检测方法 …… 15
　　2.2.1　主观测量 …… 15
　　2.2.2　客观测量 …… 16
　　2.2.3　深度学习方法 …… 17
2.3　方法比较 …… 23
2.4　结论 …… 25
2.5　注释 …… 26
参考文献 …… 26

第 3 章　网联自动驾驶汽车（CAV）网络安全与威胁情报的深度学习 …… 33
3.1　引言 … 33
3.2　CAV 技术促进因素：自动化和连通性 … 34
3.3　CAV 威胁景观和威胁情报 … 35
　　3.3.1　联邦学习 … 35
　　3.3.2　车内（低级传感器）网络漏洞 … 36
　　3.3.3　车辆控制模块 … 36
　　3.3.4　CAV 威胁安全分析 … 37
　　3.3.5　攻击面 … 37
　　3.3.6　CAV 生态系统的组织风险 … 38
3.4　CAV 威胁缓解：基于深度学习的异常检测与分类 … 38
3.5　深度学习的前沿（进步和未来） … 39
3.6　面向 CAV 网络攻击检测的端到端深度 CNN-LSTM 架构 … 41
　　3.6.1　性能分析 … 42
　　3.6.2　结果与讨论 … 45
3.7　结论 … 47
参考文献 … 47

第二部分　面向车载通信的深度学习

第 4 章　无人机网络优化的深度学习 … 52
4.1　引言 … 52
4.2　提高无人机网络吞吐量的关键类别 … 54
4.3　针对无人机网络吞吐量的路线增强 … 55
　　4.3.1　基于位置的路线选择 … 55
　　4.3.2　基于拓扑的路线选择 … 56
　　4.3.3　基于集群的路线选择 … 56
　　4.3.4　应用深度学习路线选择的无人机网络 … 57
4.4　无人机网络结构 … 58
　　4.4.1　无人机集群网络结构 … 58
　　4.4.2　应用深度学习的无人机集群网络结构增强 … 60
4.5　应用深度学习的无人机网络吞吐量 … 61
　　4.5.1　应用深度学习分配增加吞吐量 … 63
　　4.5.2　应用深度学习调度增加吞吐量 … 64
4.6　结论 … 68
参考文献 … 68

第 5 章　物理层深度学习在未来无线通信系统和网络中的最新技术 ……… 78
5.1　引言 … 78
　　5.1.1　相关调查文献 … 79
　　5.1.2　本章摘要 … 81

5.2	基于数据驱动的机器学习方法的收发器优化	81
	5.2.1 基于数据驱动的端到端收发器优化方法	81
	5.2.2 用于模块化收发器优化的模型辅助数据驱动方法	83
5.3	深度学习用于符号检测任务	83
	5.3.1 将专业知识纳入自编码器	84
	5.3.2 在接收器处实现神经网络	85
	5.3.3 使用机器学习的顺序检测器	86
5.4	使用机器学习进行信道估计	90
5.5	使用机器学习在频域和时域进行信道预测	91
5.6	AI/ML 在信道编码中的应用	92
5.7	智能链路适应	93
5.8	智能无线电	95
	5.8.1 智能频谱感知	95
	5.8.2 使用卷积神经网络（CNN）进行自动信号识别	96
	5.8.3 智能无线电环境	96
5.9	无线网络系统级性能评估的机器学习	98
5.10	结论	99
5.11	注释	100
参考文献		100

第 6 章 基于深度学习的车载通信指标调制系统 105

6.1	引言	105
6.2	V2V/V2I 通信	107
6.3	基于深度学习的指标调制系统	108
	6.3.1 基于多载波的指标调制系统	108
	6.3.2 基于单载波的指标调制系统	111
	6.3.3 基于多输入多输出的指标调制系统	114
6.4	结论	117
参考文献		118

第 7 章 深度强化学习在互联自动化交通系统中的应用 121

7.1	引言	121
7.2	深度强化学习：理论与背景	122
	7.2.1 （深度）强化学习简史	122
	7.2.2 经典强化学习	123
	7.2.3 深度强化学习	126
	7.2.4 为 CAV 应用定制（深度）强化学习	130
7.3	CAV 网络中的数据环境	131
	7.3.1 优势	131
	7.3.2 AVS 产生的数据	133
7.4	深度强化学习应用：车联网汽车	134
	7.4.1 换道和辅助	134

		7.4.2	交通信号控制	134
		7.4.3	交通流量优化	135
		7.4.4	铁路和海运	135
		7.4.5	数据通信、计算和组网	136
		7.4.6	DRL 在网络安全中的应用	136
	7.5	深度强化学习应用：自动驾驶系统		137
		7.5.1	运动规划	137
		7.5.2	横向控制	138
		7.5.3	安全	138
	7.6	挑战与未来方向		138
		7.6.1	在实际应用中的可移植性	138
		7.6.2	交通环境标识	139
		7.6.3	构建奖励函数	139
		7.6.4	CAV 环境下多智能体 DRL	140
		7.6.5	部分状态可观测性	140
	参考文献			141

第三部分　面向车辆控制的深度学习

第 8 章　基于深度强化学习的时变交通信息道路车辆排放控制　152

	8.1	引言		152
	8.2	相关工作		153
	8.3	综述		153
		8.3.1	准备工作	153
		8.3.2	交通数据分析	154
		8.3.3	问题公式化	154
	8.4	方法论		155
		8.4.1	框架	155
		8.4.2	EFRL 模型	156
	8.5	实验验证		157
		8.5.1	数据和设置	157
		8.5.2	基线和指标	158
		8.5.3	结果	158
	8.6	结论		160
	参考文献			160

第 9 章　电动汽车充电负荷预测　162

	9.1	引言		162
	9.2	电动汽车充电负荷特性分析		163
	9.3	扩张因果卷积的分位数回归模型		163
		9.3.1	扩张因果卷积	163
		9.3.2	核密度估计	164

	9.3.3	扩张因果卷积分位数回归	164
	9.3.4	模型评价指标	165
	9.3.5	基于 Python 的实例仿真	166
9.4	基于深度学习的充电负荷时空动态预测	179
	9.4.1	充电桩的时空动态负荷预测	179
	9.4.2	时空动态负荷矩阵构建	180
	9.4.3	时空卷积网络模型	181
	9.4.4	基于扩张因果卷积的时空动态负荷预测	182
	9.4.5	基于时空神经网络的时空动态负荷预测	183
	9.4.6	基于 Python 的实例仿真	184
9.5	结论		189
参考文献			190

第 10 章　基于视觉的方法实现自适应的鲁棒控制　191

10.1	引言		191
10.2	通过深度学习选择参考文献图像处理		191
	10.2.1	CNN 分析结果作为对照参考	192
	10.2.2	实验数据	193
	10.2.3	多目标评价	195
	10.2.4	控制状态变量	196
10.3	鲁棒控制设计		196
	10.3.1	系统识别	197
	10.3.2	鲁棒线性二次型调节器（RLQR）	198
	10.3.3	H_∞ 控制器	200
10.4	混合控制器的案例研究		201
	10.4.1	仿真环境和问题目标	201
	10.4.2	机器学习设计	202
	10.4.3	混合控制设计	204
	10.4.4	结果评估	206
10.5	结论		206
参考文献			207

第四部分　面向信息管理的深度学习

第 11 章　基于自然语言处理的自动化物联网搜索方法　210

11.1	引言		210
11.2	物联网搜索引擎		211
	11.2.1	架构	211
	11.2.2	关键组成部分	212
	11.2.3	研究挑战	213
11.3	基于 NLP 的查询处理		213

目　录

11.3.1	设计原理	213
11.3.2	NLP 基本组成部分	214
11.3.3	NLP 工具	215
11.3.4	NLTK 与 spaCy 比较	215
11.4	ACQUISE 方法	216
11.4.1	基线策略	216
11.4.2	增强静态策略	217
11.4.3	增强动态策略	217
11.5	性能评估	223
11.5.1	研究方法	223
11.5.2	结果	224
11.6	讨论	226
11.6.1	机器学习	226
11.6.2	协议与算法	226
11.6.3	安全与隐私	226
11.7	相关工作	227
11.8	结论	227
致谢		228
参考文献		228

第 12 章　一种基于强化学习的方法——实现激励兼容的车辆众测　231

12.1	引言	231
12.2	边缘辅助的车辆群体感知	232
12.2.1	结构设计	232
12.2.2	工作流程	234
12.3	招募车辆的激励机制	234
12.3.1	Stackelberg 博弈	234
12.3.2	SSP 的策略	235
12.3.3	车辆的策略	235
12.4	案例研究	236
12.5	结论	237
附录		238
参考文献		242

第 13 章　利用深度学习和数学形态学从噪声复杂信号中检测子信号　244

13.1	引言	244
13.2	基于 LSTM-RNN 和数学形态学的算法从噪声复杂信号中检测子信号	246
13.2.1	数据准备和预处理	247
13.2.2	LSTM-RNN 局部子信号学习	250
13.2.3	数学形态学的全局子信号测试	251
13.3	实验结果	255

13.4	结论	260
参考文献		260

第五部分　其他应用

第14章　深度学习算法及其对驾驶行为和车辆通信的影响　264

- 14.1 深度学习算法基础知识和监督学习　264
  - 14.1.1 线性回归和逻辑回归　264
  - 14.1.2 人工神经网络　265
  - 14.1.3 卷积神经网络　266
  - 14.1.4 循环神经网络　267
  - 14.1.5 深度学习架构　268
- 14.2 深度无监督和半监督学习　273
  - 14.2.1 受限玻尔兹曼机和深度置信网络　273
  - 14.2.2 自编码器和变分自编码器　273
  - 14.2.3 生成对抗网络　274
  - 14.2.4 Transformers 模型架构　274
- 14.3 超参数、预处理和优化　276
  - 14.3.1 数据增强和迁移学习　276
  - 14.3.2 权重初始化、激活函数和优化器　276
  - 14.3.3 训练时间、预处理和架构改进　278
- 14.4 深度学习在驾驶行为分析和车辆通信中的应用　279
- 14.5 结论　282
- 参考文献　282

第15章　无人机和地面车联网的深度学习、计算机视觉和物理层集成仿真　287

- 15.1 引言　287
- 15.2 从 CAVIAR 模拟中获益的应用程序　288
  - 15.2.1 启用无人机的 AI/ML 仿真　288
  - 15.2.2 V2I 的波束选择　289
- 15.3 多域集成模拟器　291
  - 15.3.1 使用 Raymobtime 生成无线信道　293
  - 15.3.2 CAVIAR 模拟　296
- 15.4 仿真结果　297
  - 15.4.1 以激光雷达为输入的 V2I 的波束选择　297
  - 15.4.2 计算机视觉应用的循环（In-loop）CAVIAR 仿真　300
  - 15.4.3 三维模型精度对无线信道的影响　302
- 15.5 结论　304
- 致谢　305
- 参考文献　305

第一部分
面向车辆安全和保护措施的
深度学习

第1章

车辆安全和保护措施的深度学习

1.1 引言

在过去的 30 年里，随着软件组件的引入，汽车技术发生了巨大的变化。通过增加牵引力控制系统、导航系统、安全系统、安全气囊展开系统和发动机管理系统等，汽车使用变得更可靠、更省油，对乘客和驾驶人更安全[1-5]。我们正在不断研究，进一步开发现有的汽车技术，以改善驾驶体验和安全性。这促进了技术的进步，如信息娱乐系统、自动气候控制、导航系统、车道变化监测、巡航控制和道路检测[1]。

根据世界卫生组织的报告，车辆碰撞是 30 岁以下人员死亡的主要原因，每年约有 120 万人因道路交通碰撞而丧生[6]，道路碰撞的主要原因是人为失误、道路状况和车辆故障[7]。

这促进了智能交通系统（ITS）领域的发展，重点关注驾驶人辅助、自动驾驶和交通管理工具[8-9]。人们已经研究和开发了各种技术来提高运输系统的效率和安全性。因此，车辆和基础设施将变得智能化，可以实时自动处理道路上不同类型的事件，以改善用户的出行体验。交通系统开发各种智能技术的一个关键动机是希望新技术能够帮助驾驶人避免碰撞、保持轨道、遵守交通规则和避免交通拥堵，从而显著提高车辆的安全性，为自动驾驶汽车铺平道路。

深度学习在智能系统设计中已经得到了广泛的应用。此外，深度学习已经被证明可以进行实时目标检测、目标识别和通信网络优化[10-12]。本章将介绍改善车辆安全的最新发展，如车辆内部监控、周边环境感知、交通管理等。深度学习方法的实现可以分为不同的阶段，如图 1.1 所示。

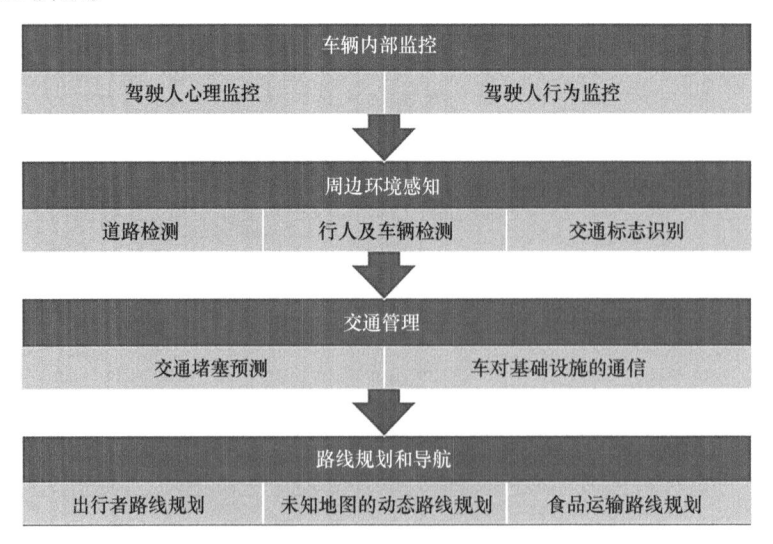

图 1.1 在 ITS 中实施深度学习方法的不同层次和领域

1.2 车辆内部监控的深度学习

由于物联网设备的出现,更多的传感器(价格低廉、易于实现)现在被广泛应用于车辆中,其中包括驾驶人监控传感器,如摄像头、麦克风、RPM 监控和基于 Android 的设备/应用程序[13-16]。在车辆中部署这些设备的目的是检测驾驶人的状态。例如,驾驶人正在使用手机、被乘客分心、醉酒、生病、昏昏欲睡或处于正常状态[15]。一个分心的驾驶人通常对道路上的突发事件有延迟反应,反应时间比集中精力驾驶的反应时间增加 50%,从而大大增加了风险。因此,提前检测驾驶人的状态,有助于降低潜在风险,显著提高驾驶安全性。

1.2.1 摄像头系统

由于传感设备易于安装在车内,因此已经开展了大量研究:应用深度学习方法处理传感数据并提高驾驶安全性[14,17-20]。在我们的日常生活中,一种常见的用于监控周围环境的传感器是摄像头。类似地,一个摄像头可以很容易地被安装在驾驶舱内,用以监控驾驶人的状况,当检测到驾驶人有分散注意力的行为时,系统可以提醒驾驶人。开发深度学习算法时通常使用预先收集的数据来训练设计好的神经网络,而不是之前使用传统程序依赖手动提取特征进行检测。因此,不同类型的驾驶人分心标记大型数据集对神经网络的训练设计非常重要。在互联网上可以找到许多开放的数据集,感兴趣的读者可以在 Kaggle[21] 上查看 "State Farm Distracted Driver Detection" 数据集。在这个数据集中有 9 种类型的干扰,见表 1.1,每种干扰有 2200 个 RGB 图像。

表 1.1 驾驶人分心的 9 种类型[21]

化妆	用右手发短信	用右手打电话
与乘客交谈	用左手发短信	用左手打电话
饮酒	把手放在后面	操作收音机

利用交叉熵损失函数在 "State Farm Distracted Driver Detection" 数据集上训练了一种改进的 Visual Geometry Group(VGG)[22]架构。VGG 架构是卷积神经网络的一种形式,用于识别图像上存在的感兴趣对象。这个实验设置产生了 96.95% 的准确率用以识别每一类分心。该 "State Farm Distracted Driver Detection" 数据集用于训练自定义深度卷积神经网络(DCNN)和基于 VGG-16 改进的微调架构,准确率分别达到 99.64% 和 99.73%[16]。

1.2.2 基于可穿戴传感器的系统

可穿戴传感器技术是另一种类型的系统,可以用于监控驾驶人的状况,并克服基于摄像头系统的一些缺点。例如,在黑暗环境下拍摄的视频可能会有噪声,摄像头的视野可能会被意外遮挡,驾驶人的隐私无法得到保护等。

Ziyang 等人[23]研究了腕部可穿戴传感器的使用。在他们的研究中,参与者在车辆模拟器上模拟驾驶过程。研究人员给参与者明确的指示,让他们做出各种分心的行为。研究人员通过周围的摄像头捕捉参与者在不同分心情况下的运动,并同时记录手腕传感器的数据。收集到的分心行为包括打电话、发短信、触摸信息屏幕、喝水和从乘客座位上拿东西。作者利用收集到的数据训练了一个具有长短期记忆的循环神经网络（LSTM-RNN）。该模型的 F1 分数（F1-score）为 0.85。

另一项研究[24]使用了不同类型的可穿戴设备，将可穿戴设备放置在参与者的手腕上，而不是放置在他们的头部。这被称为脑电图（EEG），其中 32 信道的电极帽放置在参与者的头部周围，捕捉他们的大脑活动。本研究既使用了参与者的大脑活动，也使用了指向驾驶人摄像头拍摄的空间信息。参与者在汽车模拟器上进行驾驶测试，同时要求参与者完成一系列会分散其注意力的任务。例如，执行的一个分心任务是让参与者在头脑中想象时钟手，并确定时钟手和分钟手之间的角度是锐角还是钝角。这是模拟人们在真实世界驾驶时陷入深度思考的情形，提出了一种时空信息网络来同时提取空间特征和时间特征。利用二值交叉熵损失函数训练模型来识别分心或不分心的二值案例，取得了 92% 的准确率。

1.2.3　驾驶人行为监控

驾驶人的驾驶行为可以通过车上的各种传感器进行监控。例如，驾驶人行为的图像可以通过重力、加速度、车载诊断（OBD-Ⅱ）、转速（r/min）、速度和节气门开度来描述，以创建驾驶人行为的图像[15]。这些数据可以从驾驶人的智能手机和发动机控制单元中获得。图 1.2 所示收集了五类数据：①正常驾驶；②暴力驾驶；③分心驾驶；④疲劳驾驶；⑤酒后驾驶。

将采集到的所有时间序列信号转换成 RGB 彩色图像格式，作为卷积神经网络（CNN）的输入数据。使用不同数量的过滤器和卷积层可以创建多个 CNN 架构。最佳模型使用两个卷积层，第一层有 32 个滤波器，滤波器大小为 7×7。该模型在预测类别的正确数量方面取得了 99.99% 的准确率。

图 1.2　驾驶人驾驶状态

驾驶人监控功能仅限于对驾驶人行为进行分类，也可用于驾驶人识别的目的或分析哪个用户正在驾驶车辆[13]。

更进一步，这些模型还可以将驾驶人当前的驾驶条件与正常驾驶条件相比较，预测驾驶人是否适合驾驶车辆，从而最大限度地降低驾驶安全风险。

1.3　对周围环境感知的深度学习

车辆安全不仅受到驾驶人和车内信道的影响，还受到周围环境以及驾驶人对周围环境的反应的影响[25]。因此，基于深度学习的目标检测和识别是一个活跃的研究领域[25-26]。这些感兴趣的物体被分类为势场（非移动道路物体，如静止的车辆或人行道）或运动场（移动物体，如其他车辆或行人）[25]。研究目标是实时检测周围环境，协助驾驶人决策[27]，从而提高道路安全，减少道路事故。此外，这项技术的发展对汽车实现全自动驾驶至关重要[27-28]。

1.3.1 道路检测

在一些车辆事故中，车辆会冲出道路、掉进河里、撞到建筑物或树上。因此，车辆在指定道路上行驶至关重要，检测可行驶区域是决策和规划安全轨迹的先决条件[29]。Chen等人[30]通过基于摄像头输入识别道路的可行驶面并识别道路的边界来解决这个问题。作者采用了深度卷积神经网络（DCNN），并引入了RBNet架构来实现这一目标。首先，一系列卷积块的输出经过卷积滤波器处理并级联形成特征向量（矢量）。然后使用两个分支结构：一个分支被指定用于检测道路的表面，而另一个分支则被指定用于探测道路的边界。最后将两个分支输出进行融合以产生最终输出。该检测是在KITTI道路检测基准上进行评估的[31]。在他们的工作中，289张图像用于训练，290张图像用于测试。用于比较的主要评估指标是最大F1-度量（MaxF）和平均精度（AP）。他们提出的RBNet实现了94.97%的MaxF和91.49%的AP。

为了进一步提高检测精度，在车辆上使用其他类型的传感器来检测周围环境。Caltagirone等人[29]使用摄像头和激光雷达的数据来检测道路。一方面，只使用摄像头的缺点是它只能在语义上产生周围环境的可靠2D信息，并且缺乏周围环境的准确深度信息。另一方面，激光雷达发出脉冲激光束，并处理接收到的反射光束，以生成周围环境的3D模型[32]。激光雷达数据是一个非结构化和稀疏的点云，该点云数据可以与摄像头图像融合，以形成周围环境具有语义信息的更精确的空间表示。为了在这个过程中将激光雷达数据与摄像头图像集成，可以设计一个多模态系统来融合原始级或特征级的两个数据流，用于道路检测。所设计的神经网络基于卷积神经网络（CNN），并使用KITTI道路检测基准对其性能进行评估，将MaxF得分进一步提高到96.03%。

1.3.2 车辆周围环境检测

常见的车辆事故包括因分心驾驶或错过红绿灯和标志而撞向其他车辆和行人。因此，准确检测道路上各种类型的物体是至关重要的。当感兴趣的物体很小，部分被遮挡，物体表面有反光，或者在各种光线条件下拍摄图像时，就会出现问题[27]。Pham和Jeon[27]提出了专注于识别汽车、行人和骑自行车的人等物体的模型，提出了一种同时处理RGB图像数据和深度特征的双流CNN结构Deep Stereo OP。两个过程分支的输出被连接起来，并由完全连接的中继器进行进一步处理。这些模型在KITTI对象检测数据集[31]上进行训练，其中3712张图像用于训练，3769张图像用于验证。简单、中等和难，这三个难度级别是根据对象高度、遮挡和截断来定义的。就简单程度而言，他们的设计优于所有其他参与比较的神经网络，汽车的AP达到93.04%，行人专用区的AP达到81.82%，骑自行车的人的AP达到79.58%。

除了车辆、行人和骑自行车的人，路标对安全驾驶至关重要[33]。路标的设计便于人们在不同的条件下进行识别，并向驾驶人提供最高速度信息、路况和即将到来的道路分段风险的指示。然而，路标有很多变化，比如颜色和设计图案的不同。为了应对这些变化带来的挑战，Islam等人[34]提出了一种分两阶段的深度学习架构。第一阶段用于检测路标的存在，第二阶段用于识别路标上的信息。第一阶段使用混合颜色分割算法来设计路标。第二阶段由一个经过训练的神经网络组成，用于识别十种不同类型的最常见路标：小心路面凸起、牵引区、禁止进入、限速、向左行驶、让路、前方红绿灯、停车、人行横道、向右行驶。在马来西亚高速公路上行驶时，使用行车记录仪通过录制视频收集交通标志数据，并为每种类型的路标拍摄了100张图像样本。此外，还使用了LISA数据集[35]。在收集的1000张图像中，700张用于训练，150张用于验证，150张用来测试模型，平均准确率达到99.9%。

路标通常很清晰，很容易被识别。然而，在某些情况下，路标可能会变脏或被随机贴纸部分覆盖。通常，在这种情况下，人类识别路标并不困难。然而，这给深度学习算法带来了挑战[33, 36]。错误识别路标会危及车辆安全，尤其是对于完全自动驾驶的车辆。为了研究这个问题，Yang等人提出了一种目标注意力攻击（TAA）深度学习模型，该模型利用软注意力图来识别关键像素并丢弃其余像素[33, 36]。图像被分割，用作92层残余注意力网络（RAN）的输入和识别路标的CNN。RAN和CNN分别接受训练。

实验中使用了两个数据集，路标的图像不均衡。使用的第一个数据集是LISA[35]，其中包含7855张26种不同路标的图像，这些图像是从放置在美国不同车辆上的多个摄像头收集的。使用的第二个数据集是GTSRB[37]，其中包含51840张来自德国道路的43种不同路标的图像。作者在停车标志和人行横道标志上的攻击成功率分别为86.7%和36.7%。

1.3.3 挑战性环境下的目标检测

对我们大多数人来说，每天开车似乎很容易。然而，一些驾驶人可能需要在恶劣的环境中驾驶车辆。例如，它可以是一次实地考察之旅。在这种情况下，传感器捕获的数据可能有噪声[38]。为了解决这个问题，Kim等人提出了一种分两个阶段的深度学习架构。第一阶段由对抗性防御模块（ADM）组成，第二阶段由Dense Net组成。ADM具有对抗性防御机制，可以帮助降低计算成本，并有助于在恶劣环境中进行多尺度特征提取。Dense Net使用连续的特征级联和应用像素混洗来实现特征检测[38-39]。模型训练中使用了COCO 2015数据集[40]和BDD 100k[41]数据集。这些数据集包含表1.2中提到的各种挑战性条件下的图像，并且提出的算法在一般物体检测中实现了43.7%的平均精度，在驾驶条件下实现了39.0%的平均精度。

表1.2　具有挑战性的驾驶环境

类　别	现　象
摄像头	暗电流噪声、读出噪声、光子发射噪声
行驶	缩放、运动、失焦（由于车辆运动导致物体物理状态的任何变化）
天气	雪、霜、雾、光、光和湿气
系统	白化（镜片中的水分）、数据格式和分辨率

1.4 交通管理的深度学习

交通是影响车辆安全的另一个关键因素。与交通拥堵相比，在交通繁忙的情况下，驾驶人更容易犯错。此外，在某些天气条件下，如大雨或大雪，更容易发生道路事故。因此，高效的动态交通管理是必要的，以最大限度地减少车辆事故，使人们能够安全出行[42]。管理得当的交通可以改善道路安全，减少碳排放。随着现代技术的发展，相关数据收集激增，如 GPS 跟踪、交通雷达读数、社交媒体和交通摄像头，以实现基于深度学习的交通管理大数据分析[42-43]。

1.4.1 交通流建模

Hossein 和 Khalid[43] 提出了一种端到端的深度学习方法，通过实时识别拥堵来进行实时交通管理。通过识别交通拥堵，交通部门可以重新调整交通流量以缓解拥堵。深度学习模型的输入是对交通流的观察，模型的输出是推荐的交通管理方案。输入和输出配对用于训练。模型的输入被处理为 2D 图像，其中一个维度表示时间间隔中的观测，另一个维度表示道路连接。图像中的像素表示在给定时间和特定道路上的交通速度。输出是矢量形式的矢量阵列，每个矢量代表一个具有二进制值的控制设备，用于实现控制的目的。

由于收集真实世界数据集进行训练是有挑战的，因此用实验室生成的数据集进行训练。此外，还设计了一个实时交通网络仿真模型来模拟交通。所设计的深度学习架构由特征图、池化层和完全连接的网络层组成。他们发现，数据集用于训练的次数越多，越可以有效地管理交通，从而减少更多的旅行时间。

Chen 等人[44] 提出了一种新的模糊深度卷积网络（FDCN），该网络与自适应生成的模糊规则相结合来预测交通流量。在设计的体系结构中有两种数据路线。一种路线是模糊神经网络，另一种是深度卷积网络。将这两种路线的输出融合在一起进行预测。在真实的北京出租车轨迹数据集上对所提出的深度学习架构进行了评估，并使用了交叉熵损失函数。作者发现，堆叠的残差单元决定了所提出的 FDCN 架构中的层数。此外，在这项工作中还进行了多步预测实验。实验结果表明，预测的交通流量与观测的交通流量一致，在中高交通流量中表现良好。所提出的 FDCN 模型在 20 层结构的情况下实现了 0.3037 的 RMSE 和 0.2045 的 MRE。

天气条件也会影响道路上的交通状况，因此，将天气数据集成到深度学习算法中，以提高交通流的动态预测精度[45]。本研究将门控递归神经网络（GRNN）用于交通流量的预测。GRNN 的输入是构建的 3D 数据矩阵，该矩阵包含天气和交通状况。据此提出了一种神经网络，称为深度 GRNN（DGRNN）。最后的预测层是一个完全连接的层。使用的数据集来自加州交通运输局性能测量系统（PeMS）[46]，天气数据来自美国国家海洋和大气管理局（NOAA）储存库[47]。本研究对 DGRNN 的多种变体进行了实验，实验表明两个隐藏层结构和每层 500 个隐藏单元实现了最佳性能。该结构的均方误差（MSE）为 3.76×10^{-5}，平均绝对误差（MAE）为 0.0079，均方根误差（RMSE）为 0.0019。

1.4.2 车对基础设施的通信

为了实现有效的交通管理，对交通流量的预测是第一步。下一步是向道路上的车辆通报道路状况，并就替代路线向驾驶人发出警告或建议。此外，交通管理系统可以协调道路管理系统，引导车辆缓解交通拥堵。为了实现这些操作，需要在车对车（V2V）和车对基础设施（V2I）之间进行可靠和快速的通信[48-49]，如图 1.3 所示。通信的服务质量（QoS）对于提高车辆的安全性至关重要。V2V 通信的优点是在交换信息时延迟最小，可以防止发生交通事故[50]。V2I 通信是关于与路边单元（RSU）的通信。RSU 是一种沿路边以一定间隔放置的设备，用于储存道路和交通的相关信息[51]。它可以用于管理交通流量，并通过向车辆发送道路状况的信息来提高车辆安全性[48]。然而，随着道路上车辆数量的增加，在不增加基础设施成本的情况下，很难实现令人满意的通信基础设施，因此问题始终是通信资源有限。

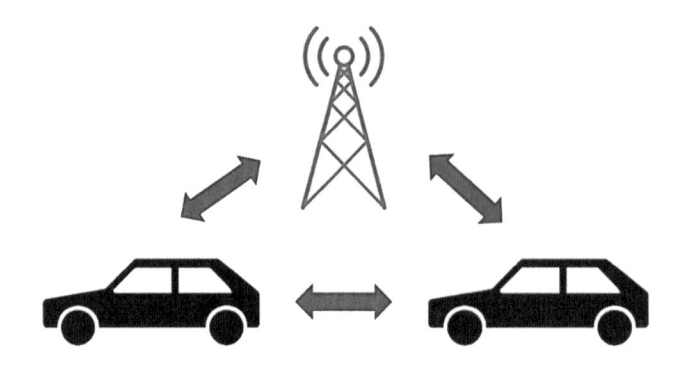

图 1.3　V2V 和 V2I 通信示意图

为了解决这个问题，Ning 等人的一项示例研究[49]引入了一种使用 5G 网络的基于深度强化学习的交通控制系统。强化学习不同于监督学习。它奖励想要的行为，惩罚不想要的行为[52]。文献 [49] 中的工作重点是移动边缘计算（MEC）的资源分配和联网车辆互联网（IoCV）背景下的缓存问题。作者设计了一个联合系统，基站和 RSU 协同将数据传输到车辆。此外，作者还提出了一个联合优化问题，以最大限度地提高运营商的收入和车辆的体验质量。实验是基于中国杭州真实的交通数据进行的。所提出的基于 DDPG 的方案将深度神经网络和 Actor-Critic 结构相结合，已经证明可以获得令人满意的结果。

除了现有的资源分配问题，其他因素，如服务覆盖、RSU 迁移和服务分配，也是影响车辆体验质量的关键因素。在文献 [48] 中，作者考虑了这些因素，并基于服务延迟、数据包错误率和系统使用率提出了服务质量（QoS）指标。此外，还提出了一种受深度学习启发的 RSU 服务整合（RSC）方法。该方法使用了两个模型：RSU 迁移模型和基于线性规划的多播模型。提出的 DL-RSC 方法实现了 71% 的服务可靠性，车辆的体验质量提高了 67%，延迟率降低了 18%。

1.5　基于深度学习的路线规划和导航

在前几节中，我们讨论了深度学习如何帮助驾驶人专注于驾驶任务，帮助驾驶人避免碰撞，并帮助道路管理局更好地管理交通流量。所有这些都可以降低车辆驾驶风险，提高驾驶的安全性。除了这些节中讨论的因素，更好的路线规划和导航也可以提高车辆的安全性。本节探讨深度学习方法如何帮助车辆规划和导航或规划道路网络中的路线。一个好的路线规划可以提高车辆的安全性，减少行驶时间[53]。然而，在现实世界中，由于外部环境的动态变化，导航和路线规划是复杂的，如由于交通拥堵而改变的路况、道路封闭等[54]。

1.5.1 出行者路线规划

目前在路线规划任务中使用了两种方法。第一种方法是通过计算不同点之间的总地理距离来找到两点之间的最短距离[55-56]。第二种方法是使用来自不同驾驶人的历史路线数据，称为路线建议建模[57-58]。也可以将这两种方法结合起来，形成一个混合模型[59-60]。然而，现有的方法并不灵活，只能为一条路线进行规划。为了解决这个问题，Huang等人[53]提出了一个多任务深度旅行路线规划（MDTRP）框架，该框架使用丰富的支持数据来实现有效的路线规划。研究的重点是游客到一个城市希望探索当地的景点，而不希望在交通出行上花费太多的时间。MDTRP使用长短期记忆网络（LSTM）和多层感知器（MLP）模块从游客旅行地的历史旅行数据中进行学习。

该数据集是通过从Flickr中提取信息创建的[61]，游客在Flickr中对多伦多、维也纳、爱丁堡、格拉斯哥、布达佩斯和大阪市等6个不同城市的当地景点进行地理标记。从每个城市收集了7000～40000张图像，记录了每个城市约30个景点，以及每个城市1000～6000个旅行序列。再将该信息与所述游客前往不同的当地景点的顺序相结合。最后该模型被用来推荐下一个景点、规划路线和"必去"的地方。作者比较了两种情况：一般路线规划和"必去"规划。对于这两种情况，所提出的模型都给出了令人满意的结果。

1.5.2 食品运输路线规划

路线规划至关重要的另一个领域是食品配送路线规划，以确保食品在新鲜时到达[62]。此外，在某些情况下，用于路线规划的地图可能已经过时或丢失。Liu等人利用送餐驾驶人的历史GPS数据来训练深度逆强化学习（IRL）模型，解决了这个具有挑战性的问题。所使用的数据集来自美团，由中国福建省厦门市的快递驾驶人在2019年1月至9月期间收集的4974003条轨迹组成。与文献[63]中的模型相比，当地图信息未知时，作者将距离的F1分数提高了8%。

1.5.3 未知地图的动态路线规划

然而，由于施工或交通堵塞，道路网络不断发展，很少随着时间的推移保持不变。Han和Yilmaz[54]通过直观地理解环境来解决这个问题，即识别路标和更新路线计划。他们使用双评论者Q学习网络（DCQLN）模型，该模型基于使用数据集训练的深度强化学习模型，该数据集是通过将iPhone放置在俄亥俄州立大学校园内和周围的移动车辆中来选择的。然后测试了一个模型，看看它是如何应对环境变化的，在识别道路变化和更新地图方面，它的表现优于现有模型。这项研究是有限的，因为它只着眼于对驾驶表面的变化做出反应，以更新或改变车辆路线。

1.6 结论

在本章中，我们回顾了可以提高车辆安全性的深度学习技术的最新研究进展。智能交通系统旨在提高车辆的安全性，使交通系统的运行更加高效[64-69]。改进可以从各个方面进行，如车辆内部监控、周边环境感知、交通管理和路线。在这些任务中探索了各种深度学习算法，如 LSTM、CNN、强化学习及其变体。

这些研究表明，深度学习可以有效识别分心的驾驶人、道路上的物体和交通标志，并预测交通流量的变化。然而，当车辆处于高速模式时，检测这些影响车辆安全的因素的速度和可靠性需要进一步提升。此外，相关的隐私和安全问题仍然是悬而未决的研究问题[70]。然而，一旦这些技术足够成熟，当其在现实世界中使用时，将带来更安全的驾驶条件，减少人为错误，改善交通流量。

参考文献

[1] R. Coppola, M. Morisio, "Connected car: technologies, issues, future trends," *ACM Computing Surveys*, vol. *49*, no. 3, pp. 1–36, 2016, doi: 10.1145/2971482.

[2] A. S. Mutschler "How to make autonomous vehicles reliable," *Semiconductor Engineering on Test, Measurement and Analytics*, September 11, 2017. https://semiengineering.com/will-autonomous-vehicles-be-reliable/

[3] K. A. Abu Kassim, L. Arokiasamy, M. H. Md Isa, and C. H. Ping, "Intention to purchase safer sar: an application of theory of planned behavior," *Global Business and Management Research*, vol. *9*, no. 1, p. 188, 2017.

[4] A. Alberini, V. Di Cosmo, and A. Bigano, "How are fuel efficient cars priced? Evidence from eight EU countries," *Energy Policy*, vol. *134*, p. 110978, 2019, doi: 10.1016/110978

[5] A. Parment, *Auto Brand: Building Successful Car Brands for the Future*, London: Kogan Page Limited, 2014.

[6] S. Shrivastava, and P. Shrivastava, "Global reduction in the incidence of deaths dssociated with road traffic Injuries: World Health Organization," *MAMC Journal of Medical Sciences*, vol. *5*, no. 3, pp. 152–153, 2019.

[7] M. A. Nzegwu, and C. O. Nzegwu, "Review of causes of road traffic accidents in Benin city, Nigeria: a 1-year study, August 2003-July 2004," *Emergency medicine Australasia*, vol. *19*, no. 1, pp. 77–78, 2007.

[8] T. Mine, A. Fukuda, and S. Ishida, "The unconscious learning effect on driver attention," In Tsunenori Mine, Akira Fukuda, & Shigemi Ishida (Eds.), *Intelligent Transport Systems for Everyone's Mobility*, Singapore: Springer, 2019, pp. 3–13.

[9] R. I. Meneguette, R. E. De Grande, and A. A. F. Loureiro, "Intelligent transportation systems," In Rodolfo I. Meneguette, Robson E. De Grande, & Antonio A. F. Loureiro (Eds.), *Intelligent Transport System in Smart Cities Aspects and Challenges of Vehicular Networks and Cloud*, 1st ed. 2018. ed., Cham: Springer International Publishing, 2018, pp. 147–166.

[10] G. Dimitrakopoulos, L. Uden, and I. Varlamis, "Part five: the future of ITS applications," *The Future of Intelligent Transport Systems*, Amsterdam: Elsevier, 2020.

[11] L. Xiao, Y. Zhang, W. Gao, D. Xu, and C. Li, "An object perception and positioning method via deep perception learning object detection," *Concurrency and Computation*, 2021, doi: 10.1002/cpe.6203.

[12] Y. Xu, D. Dong, W. Xu, and X. Liao, "SketchDLC: a sketch on distributed deep learning communication via trace capturing," *ACM Transactions on Architecture and Code Optimization*, vol. *16*, no. 2, pp. 1–26, 2019.

[13] Z. Halim, R. Kalsoom, S. Bashir, and G. Abbas, "Artificial intelligence techniques for driving safety and vehicle crash prediction," *The Artificial Intelligence Review*, vol. *46*, no. 3, pp. 351–387, 2016.

[14] A. A. Khalid, and Z. Mohammed, "Detecting driver distraction using deep-learning approach," *Tech Science Press on Computers, Materials & Continua*, vol. *68*, no. 1, pp. 689–704, 2021.

[15] M. Shahverdy, M. Fathy, R. Berangi, and M. Sabokrou, "Driver behavior detection and classification using deep convolutional neural networks," *Elsevier on Expert Systems with Applications*, vol. *149*, p. 113240, 2020.

[16] A. Gumaei, M. Al-Rakhami, M. M. Hassan, A. Alamri, M. Alhussein, M. A. Razzaque, and G. Fortino, "A deep learning-based driver distraction identification framework over edge cloud," *Springer on Neural Computing & Applications*, 2020, doi: 10.1007/s00521-020-05328-1.

[17] M. Gjoreski, M. Gams, M. Lustrek, P. Genc, J. U. Garbas, and T. Hassan, "Machine learning and end to end deep learning for monitoring driver distractions from physiological and visual signals," *IEEE Access*, vol. *8*, pp. 70590–70603, 2020.

[18] M. García-García, A. Caplier, and M. Rombaut, "Sleep deprivation detection for real time driver monitoring using deep learning," In A. Campilho, F. Karray, B. ter Haar Romeny (Eds.), *Lecture Notes in Computer Science, Springer International Publishing*, Cham: Springer, 2018, pp. 435–442. doi: 10.1007/978-3-319-93000-8_49.

[19] A. Ş. Şener, I. F. Ince, H. B. Baydargil, I. Garip, and O. Ozturk, "Deep learning based automatic vertical height adjustment of incorrectly fastened seat belts for driver and passenger safety in fleet vehicles," *Proceedings of the Institution of Mechanical Engineers. Part D, Journal of Automobile Engineering*, vol. *236*, pp. 639–654, 2021.

[20] I. Goodfellow, Y. Bengio, and A. Courville, "Introduction," *Deep Learning*, Cambridge, MA: MIT Press, 2016.

[21] *State Farm Distracted Driver Detection*, Kaggle, 2016, Available: https://www.kaggle.com/c/state-farm-distracted-driver-detection [Accessed Jan 2021].

[22] K. Simonyan, and A. Zisserman, "Very deep convolutional Networks for large scale image recognition", *arXiv [cs.CV]*, 2015.

[23] X. Ziyang, L. Li, and X. Xu, "Recognition of driving distraction using driver's motion and deep learning," *IIE Annual Conference Proceedings*, pp. 949–954, 2020.

[24] G. Li, W. Yan, S. Li, X. Qu, W. Chu, and D. Cao, "A temporal spatial deep learning approach for driver distraction detection based on EEG signals," *IEEE Transactions on Automation Science and Engineering*, vol. *19*, pp. 1–13, 2021.

[25] J. Wang, J. Wu, and Y. Li, "The driving safety field based on driver vehicle road interactions," *IEEE Transactions on Intelligent Transportation Systems*, vol. *16*, no. 4, pp. 2203–2214, 2015.

[26] L. Wan, Y. Sun, L. Sun, Z. Ning, and J. J. P. C. Rodrigues, "Deep learning based autonomous vehicle super resolution DOA estimation for safety driving," *IEEE Transactions on Intelligent Transportation Systems*, vol. *22*, no. 7, pp. 4301–4315, 2021.

[27] C. C. Pham, and J. W. Jeon, "Robust object proposals re-ranking for object detection in autonomous driving using convolutional neural networks," *Signal Processing: Image Communication*, vol. *53*, pp. 110–122, 2017.

[28] R. K. Jurgen, "Major design and test collaborations," *Autonomous Vehicles For Safer Driving*, Warrendale, PA: Society of Automotive Engineers, 2013.

[29] L. Caltagirone, M. Bellone, L. Svensson, and M. Wahde, "LIDAR camera fusion for road detection using fully convolutional neural networks," *Robotics And Autonomous Systems*, vol. *111*, pp. 125–131, 2019.

[30] Z. Chen, and Z. Chen, "RBNet: a deep neural network for unified road and road boundary detection," *Lecture Notes in Computer Science, Springer International Publishing*, 2017, pp. 677–687.

[31] A. Geiger, P. Lenz, and R. Urtasun, "Are we ready for autonomous driving? The KITTI vision benchmark suite," *Proceedings of IEEE Conference on Computer Vision and Pattern Recognition*, 2012, pp. 3354–3361.

[32] Z. Chen, "Chapter One," *Application of Airborne liDAR Data in the Modelling of 3d Urban Landscape Ecology*, Newcastle upon Tyne, England: Cambridge Scholars Publishing, 2017.

[33] X. Yang, W. Liu, S. Zhang, W. Liu, and D. Tao, "Targeted attention attack on deep learning models in road sign recognition," *IEEE Internet of Things Journal*, vol. *8*, no. 6, pp. 4980–4990, 2021.

[34] K. T. Islam, and R. G. Raj, "Real-time (vision based) road sign recognition using an artificial neural network," *Sensors (Basel, Switzerland)*, vol. *17*, no. 4, pp. 853, 2017.

[35] A. Mogelmose, M. M. Trivedi, and T. B. Moeslund, "Vision based traffic sign detection and analysis for intelligent driver assistance systems: perspectives and survey," *IEEE Transactions on Intelligent Transportation Systems*, vol. *13*, no. 4, pp. 1484–1497, 2012.

[36] O. E. Johnson, and A. M. Adebayo, "Effect of safety education on knowledge of and compliance with road safety signs among commercial motorcyclists in Uyo, Southern Nigeria," *Ghana Medical Journal*, vol. *45*, no. 3, pp. 89–96, 2011.

[37] J. Stallkamp, M. Schlipsing, J. Salmen, and C. Igel, "Man vs. computer: benchmarking machine learning algorithms for traffic sign recognition," *Neural Networks*, vol. *32*, pp. 323–332, 2012.

[38] Y. Kim, H. Hwang, and J. Shin, "Robust object detection under harsh autonomous driving environments," *IET Image Processing*, vol. *16*, pp. 958–971, 2021.

[39] T. Li, W. Jiao, L.-N. Wang, and G. Zhong, "Automatic DenseNet sparsification," *IEEE Access*, vol. *8*, pp. 62561–62571, 2020.

[40] T.-Y. Lin, M. Maire, S. Belongie, J. Hays, P. Perona, D. Ramanan, P. Dollár, and C. L. Zitnick, "Microsoft COCO: common objects in context," *Lecture Notes in Computer Science, Springer International Publishing*, pp. 740–755, 2014.

[41] H. C. Fisher Yu, X. Wang, W. Xian, Y. Chen, F. Liu, V. Madhavan, and T. Darrell, "BDD100K: a diverse driving dataset for heterogeneous multitask learning," *Proceedings of IEEE Conference on Computer Vision and Pattern Recognition (CVPR)*, 2020, pp. 2633–2642.

[42] Y. Lv, Y. Duan, W. Kang, Z. Li, and F.-Y. Wang, "Traffic flow prediction with big data: a deep learning approach," *IEEE Transactions on Intelligent Transportation Systems*, vol. *16*, no. 2, pp. 865–873, 2015.

[43] H. Hashemi, and K. Abdelghany, "End to end deep learning methodology for real time traffic network management: deep learning for real-time traffic network management," *Wiley on Computer-Aided Civil And Infrastructure Engineering*, vol. *33*, no. 10, pp. 849–863, 2018.

[44] W. Chen, J. An, R. Li, L. Fu, G. Xie, M. Z. A. Bhuiyan, and K. Li, "A novel fuzzy deep-learning approach to traffic flow prediction with uncertain spatial–temporal data features," *Elsevier on Future Generation Computer Systems*, vol. *89*, pp. 78–88, 2018.

[45] D. Zhang, and M. R. Kabuka, "Combining weather condition data to predict traffic flow: a GRU-based deep learning approach," *IET Intelligent Transport Systems*, vol. *12*, no. 7, pp. 578–585, 2018.

[46] *Caltrans Performance Measurement System (PeMS)*, California Department of Transportation, 2011. Available: https://pems.dot.ca.gov/ [Accessed Jan 2021].

[47] *Weather Radar*, National Oceanic and Atmospheric Administration, 2018. Available: https://www.noaa.gov/ [Accessed Jan 2021].

[48] M. S. Mekala, G. Dhiman, R. Patan, S. Kallam, K. Ramana, K. Yadav, and A. O. Alharbi, "Deep learning influenced joint vehicle to infrastructure and vehicle to vehicle communication approach for internet of vehicles," *Wiley on Expert Systems*, vol. *39*, p. e12815, 2021.

[49] Z. Ning, K. Zhang, X. Wang, M. S. Obaidat, L. Guo, X. Hu, B. Hu, Y. Guo, B. Sadoun, and R. Y. K. Kwok, "Joint computing and caching in 5G envisioned internet of vehicles: a deep reinforcement learning based traffic control system," *IEEE Transactions on Intelligent Transportation Systems*, vol. *22*, no. 8, pp. 5201–5212, 2021.

[50] T. Abbas, K. Sjöberg, J. Karedal, and F. Tufvesson, "A measurement based shadow fading model for vehicle to vehicle network simulations," *International Journal of Antennas and Propagation*, vol. *2015*, pp. 1–12, *2015*.

[51] Q. I. Ali, "Event driven duty cycling: an efficient power management scheme for a solar-energy harvested road side unit," *IET Electrical Systems in Transportation*, vol. *6*, no. 3, pp. 222–235, 2016.

[52] R. S. Sutton, and A. G. Barto, "3. reinforcement learning problem," *Reinforcement Learning: An Introduction*, Cambridge, MA: MIT Press, 1998.

[53] F. Huang, J. Xu, and J. Weng, "Multi task travel route planning with a flexible deep learning framework," *IEEE Transactions on Intelligent Transportation Systems*, vol. *22*, no. 7, pp. 3907–3918, 2021.

[54] Y. Han, and A. Yilmaz, "Dynamic routing for navigation in changing unknown maps using deep reinforcement learning," *ISPRS Annals of The Photogrammetry, Remote Sensing and Spatial Information Sciences*, pp. 145–150, 2021, doi: 10.5194/isprs-annals-V-1-2021-145-2021.

[55] I. R. Brilhante, J. A. Macedo, F. M. Nardini, R. Perego, and C. Renso, "On planning sightseeing tours with TripBuilder," *Elsevier on Information Processing & Management*, vol. *51*, no. 2, pp. 1–15, 2015.

[56] B. Alves Beirigo, and A. Gustavo dos Santos, "A parallel heuristic for the travel planning problem," *International Conference on Intelligent Systems Design and Applications (ISDA)*, 2015, pp. 283–288.

[57] L. Chen, Z. Wu, J. Cao, G. Zhu, and Y. Ge, "Travel recommendation via fusing multi auxiliary information into matrix factorization," *ACM Transactions on Intelligent Systems and Technology*, vol. *11*, no. 2, pp. 1–24, 2020.

[58] S. Jiang, X. Qian, T. Mei, and Y. Fu, "Personalized travel sequence recommendation on multi source big social media," *IEEE Transactions on Big Data*, vol. *2*, no. 1, pp. 43–56, 2016.

[59] Z. Yu, H. Xu, Z. Yang, and B. Guo, "Personalized travel package with multi point of interest recommendation based on crowdsourced user footprints," *IEEE Transactions on Human-Machine Systems*, vol. *46*, no. 1, pp. 151–158, 2016.

[60] C. Zhang, H. Liang, K. Wang, and J. Sun, "Personalized trip recommendation with POI availability and uncertain traveling time," *Conference on Information and Knowledge Management*, pp. 911–920, 2015.

[61] K. H. Lim, J. Chan, C. Leckie, and S. Karunasekera, "Personalized trip recommendation for tourists based on user interests, points of interest visit durations and visit recency," *Knowledge and Information Systems*, vol. *54*, no. 2, pp. 375–406, 2017.

[62] S. Liu, H. Jiang, S. Chen, J. Ye, R. He, and Z. Sun, "Integrating Dijkstra's algorithm into deep inverse reinforcement learning for food delivery route planning," *Transportation Research. Part E, Logistics and Transportation Review*, vol. *142*, p. 102070, 2020.

[63] M. Wulfmeier, P. Ondruska, and I. Posner, "Maximum entropy deep inverse reinforcement learning." *arXiv: Learning*, 2015.

[64] Z. Xiong, H. Sheng, W. Rong, and D. E. Cooper, "Intelligent transportation systems for smart cities: a progress review," *Science China Information Sciences*, vol. *55*, no. 12, pp. 2908–2914, 2012.

[65] V. Nazário Coelho, I. Machado Coelho, T. A. Oliveira, and L. S. Ochi, *Smart and Digital Cities From Computational Intelligence to Applied Social Sciences*, 1st ed. 2019. ed., Cham: Springer International Publishing, 2019.

[66] M. J. Thornbush, and O. Golubchikov, "Introduction," *Sustainable Urbanism in Digital Transitions: From Low Carbon to Smart Sustainable Cities*, Cham: Springer International Publishing AG, 2019.

[67] H. B. Aladi, S. Saha, A. Kurian, and A. Basu, "Predictive analytics for safer smart cities," *2017 International Conference On Smart Technologies For Smart Nation (SmartTechCon)*, pp. 1010–1017, 2017.

[68] F. Arena, and D. Ticali, "The development of autonomous driving vehicles in tomorrow's smart cities mobility," *AIP Conference Proceedings*, vol. *2040*, no. 1, p. 140007. AIP Publishing LLC, 2018.

[69] A. Boukerche, and M. Sha, "Design guidelines on deep learning based pedestrian detection methods for supporting autonomous vehicles," *ACM Computing Surveys*, vol. *54*, no. 6, pp. 1–36, 2021.

[70] B. Rinner, and T. Winkler, "Privacy-protecting smart cameras," *International Conference on Distributed Smart Cameras*, pp. 1–5, 2014.

第 2 章

应用于安全车辆的驾驶人疲劳分类的深度学习

2.1 引言

2.1.1 疲劳检测的重要性

疲劳是一种介于清醒和睡眠之间的中间状态。它降低了意识水平，使人不能迅速应对重要的道路安全问题[1]。美国汽车协会（AAA）报道称，在一项调查中发现，参与的 2714 名驾驶人中有大约 24% 的人承认在过去一个月中至少一次在驾驶时极度疲劳[2]。2017 年，美国国家公路交通安全管理局（NHTSA）报道称，涉及疲劳驾驶的交通事故造成 795 人死亡[3]。据报道，从 2011 年到 2015 年，在美国疲劳驾驶造成了约 2.5% 的致命事故，每年经济损失约 2300 亿美元[4]。Klauer 等人在研究中发现，疲劳驾驶人造成了 22%~24% 的碰撞事故或风险[5]。同样，德国道路安全委员会（DVR）报道称，每 4 起致命公路事故中有一起是由疲劳驾驶造成的[6]。据报道，在 2015 年进行的一项研究中发现，过去的两年中欧洲 19 个国家的平均驾驶过程中犯困的患病率约为 17%[7]。这些研究结果强调了提前检测疲劳以采取预防措施的重要性。疲劳检测系统旨在疲劳达到危险水平之前提醒驾驶人，以防止因疲劳引起的事故。

在准确、稳定和可预测的方式下对驾驶人警觉度进行分类是一项细化的任务，这也表现在如上所述的事故统计中高度发散的数值上。

1）准确性意味着对驾驶人疲劳的误报分类数量要低于可接受的阈值。

2）稳定性意味着在用于监测驾驶人警觉度的信号丢失的情况下，系统仍应能够对疲劳进行分类，尽管准确性已降低。

3）预测意味着分类方法可以区分出合理数量的疲劳水平，以及提前检测出驾驶人是否不专注，并采取对策。

2.1.2 在未来自动化车辆中的应用

智能系统正在逐步进入市场，实现对道路上机动车驾驶的自动化。美国汽车工程师学会（SAE）发布了一个标准，将自动驾驶分为 6 个级别，从无驾驶自动化（级别 0）到完全驾驶自动化（级别 5）[8]。在 SAE 的 0~2 级别中，要求驾驶人始终保持警觉，执行（或至少监控）动态驾驶任务，而在自动驾驶的 SAE 第 3 级别中，驾驶人将被允许进行辅助任务，让系统在有限条件下控制车辆，例如，在高速公路上行驶。当自动化系统无法再控制车辆状态时，系统必须将车辆的控制权交还给驾驶人。然而，将车辆控制权交给疲劳的驾驶人则被认为是不安全的。因此，系统应该实时了解驾驶人的状态。

最近的研究表明，自动驾驶可能导致驾驶人更容易产生疲劳。例如，Ahlström 等人[9]

研究了 2 级自动驾驶（部分自动化）对驾驶人警觉状态的影响。他们开发了一个测试程序，包括 4 种不同的条件：白天手动驾驶、白天自动驾驶、夜间手动驾驶和夜间自动驾驶。在该研究中，测量了驾驶测试中的多个疲劳指标，包括心率和眨眼时长等。结果显示，与其他驾驶条件相比，夜间自动驾驶的驾驶人经历了更高的疲劳水平。然而，在白天测试中，当驾驶人保持警觉并在测试前充分休息了一整夜时，自动驾驶对疲劳水平没有显著的影响。

在另一项研究中，Schömig 等人[10]评估了自动驾驶期间执行辅助任务对疲劳水平的影响。他们的测试过程包括 3 种不同的驾驶测试：

1）手动驾驶（无自动化）。
2）自动驾驶（不需要驾驶人的任何输入）。
3）自动驾驶时执行第二任务（回答一些测试问题）。

结果表明，在前两个驾驶测试（手动驾驶和无次要任务的自动驾驶）中，疲劳感逐渐增加，但在第三次驾驶测试（有次要任务的自动驾驶）中，疲劳程度基本保持不变。这些结果强调了在自动驾驶过程中执行次要任务对防止驾驶人疲劳的影响。

根据 SAE 3 级的自动化水平，由于缺乏认证标准，其市场推广被推迟到 2021 年。这些标准是为了对具有自动和人工车辆控制之间的细微接管程序进行规范，并进行同意。因此，从 2021 年开始，车辆监控首次在联合国 157 号规定中成为法定要求，用于自动车道保持系统（ALKS），要求在接管情况下观察驾驶人的可用性。通过确认三个注意力准则中的两个来监测驾驶人的可用性：

1）确认驾驶人的目光方向主要是朝向前方的道路。
2）确认驾驶人的目光方向被确认为看向后视镜。
3）确认驾驶人的头部运动主要是针对驾驶任务的。

由于在准确、鲁棒和可预测的方式下对驾驶人的注意力进行分类是一项具有挑战性的任务，这个标准并未明确提到疲劳。法定标准要求车辆认证需要满足最低要求。车辆制造商根据其理念更倾向于超额完成认证标准，并且准确、鲁棒和可预测的驾驶人监控将是其中的一个重要方面。

2.2 驾驶人疲劳检测方法

2.2.1 主观测量

主观测量通过驾驶人填写调查问卷来报告他们的警觉水平，以此来确定其疲劳程度。其中最常用的疲劳主观量表是卡罗林斯卡嗜睡量表（Karolinska Sleepiness Scale，KSS）[11]，它是一个 9 级量表，每个量表都描述了驾驶人的警觉程度。表 2.1 给出了 KSS 警觉程度的分级。如该表所示，这种程度的变化从极度警觉到非常困倦的变化。文献 [12] 中通过对脑活动的客观评分来验证 KSS。结果表明，可以通过脑信号和 KSS 之间的关系来测量疲劳程度。

文献 [13] 的结果也表明，脑信号的反应时中值和 α、θ 功率密度与 KSS 高度相关。文献中还使用了其他主观测量方法——斯坦福嗜睡量表（SSS）[14]，见表 2.2，该测量方法有 7 个不同的等级。这个量表从感觉活跃到不再抵抗睡眠。Arnedt 等[15]研究了 SSS 的不同等级与车辆侧向位置和速度变化之间的关系。

表 2.1　KSS 警觉程度的分级[11]

等级	文字描述
1	极度警觉
2	非常警觉
3	警觉
4	相当警觉
5	既不警觉也不疲劳
6	一些疲劳的迹象
7	疲劳，但不需要为保持警觉而努力
8	疲劳，需要努力保持警觉
9	非常疲劳，努力保持，对抗疲劳

表 2.2　斯坦福嗜睡量表（SSS）[14]

等级	文字描述
1	感觉活跃、有活力、警觉或十分清醒的
2	在高水平发挥作用，但不在峰值；能够集中精力
3	清醒，但放松；有反应，但没有完全警觉
4	模糊；放慢速度
5	模糊；失去保持清醒的兴趣；放慢速度
6	疲劳，头晕，对抗疲劳；宁愿躺下
7	不再抵抗睡眠，睡眠发作很快；有睡觉的想法

这些主观的疲劳测量方法在文献中被广泛应用，作为不同驾驶水平的驾驶人警觉性的基础。例如，Chai 等人[16]，Friedrichs 等人[17]，Wang 等人[18]，使用 KSS 来定义疲劳的三个层次：

1）警觉：$1 \leqslant KSS \leqslant 6$。
2）中度疲劳：$KSS=7$。
3）极度疲劳：$KSS=8 \sim 9$。

2.2.2　客观测量

驾驶人疲劳检测系统的设计利用了三个主要的数据来源：基于面部的数据、生物信号和基于车辆的数据。下面将解释每个数据来源以及一些近期的研究，用于开发驾驶人疲劳检测系统。

1）基于面部的数据：用于驾驶人疲劳检测的主要面部数据来源有眼睑开放值、瞳孔直径和嘴部状态[19-23]。这些数据通过安装在车内的摄像头进行收集，然后应用不同的图像处理技术来检测驾驶人的眼睛和嘴巴[24]。这种数据可以进行非侵入性地收集，无须将传感器连接到驾驶人的身体上。然而，这些数据的质量取决于光线和天气条件[25-26]。以前的研究还显示佩戴太阳镜可以降低基于眼部状态设计的系统准确率[26]。

2）生物信号：常用于驾驶人疲劳检测的生物信号包括脑电图（EEG）[27-31]、心电图（ECG）[32-36]、肌电图（EMG）[37-39]、眼电图（EOG）[40-42]、皮肤电活动（EDA）[43]和呼吸[44-47]。这些类型的数据可以比其他资源更准确地检测出疲劳的开始时刻。因此，在疲劳达到极高程度之前，可以及时采取预防和警告措施[48]。然而，生物信号通常受到驾驶人身体的运动伪迹和设备噪声等不同噪声源的干扰[49]。此外，生物信号是通过将一些电极连接到驾驶人的身体上来收集的。有些研究人员提出了非侵入性的数据收集方法，但准确性相对较低[50]。

3）基于车辆的数据：研究人员利用基于车辆数据设计了非侵入性驾驶人疲劳检测系统。用于此目的最常使用的车辆数据包括横向和纵向加速度、方向盘角度、方向盘角速度、偏航角、距离道路中心线的横向偏差和速度[51-56]。这些数据可以通过安装加速度计、陀螺仪和道路检测摄像头等传感器进行收集[57]。基于车辆数据的系统仅适用于手动驾驶中对驾驶人的疲劳监测，因为在自动驾驶模式下，驾驶人不对车辆进行任何输入[58-59]。基于车辆数据的系统准确率还取决于驾驶技能和道路条件[60]。

下一部分将解释最近使用不同数据来源类型进行驾驶人疲劳检测的深度学习方法。

2.2.3 深度学习方法

将深度学习方法应用于基于面部的数据研究：

为了构建一个基于面部数据的司机疲劳检测系统，卷积神经网络（CNN）在文献中被广泛应用于检测驾驶人的脸部和眼睛。例如，Zhao 等人[61]使用了多任务级联卷积神经网络（MTCNN）[62]进行脸部检测。该网络返回了包括鼻子的位置、嘴巴左右两角和左右眼睛在驾驶人脸部边界框中的感兴趣区（ROI）。

图 2.1 所示为使用 MTCNN 对人脸和 ROI 的检测。在 ROI 检测之后，该方法用于计算两个疲劳指标：

1）眼睑闭合百分比（PERCLOS）。
2）嘴巴张开程度（MOP）。

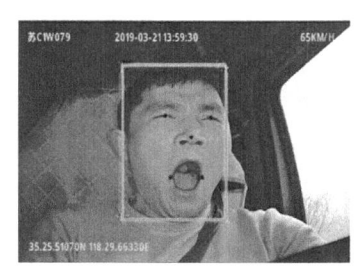

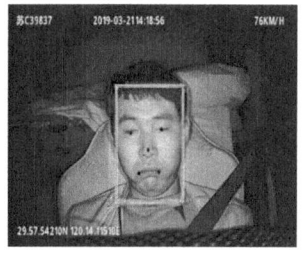

图 2.1 使用 MTCNN 对人脸和 ROI 的检测

PERCLOS 表示在特定时间间隔（例如 1min）内闭合超过 80% 的眼睛所占比例[63-65]。与 PERCLOS 类似，MOP 也显示特定时间间隔内嘴巴闭合的百分比[66]。这些指标被用作分类器的输入，用于检测眼睛的开闭状态和嘴巴的开闭状态。

迁移学习在基于视觉的方法中也常被使用[67]。在迁移学习中，之前训练好的神经网络被微调用于解决类似的问题。这种技术可以减少训练深度神经网络所需的数据量，以获得令人满意的性能[67]。Nojiri 等人[21]使用了 AlexNet[68] 和 GoogLeNet[69] 对眼睑妆容条件下的眼睛状态进行迁移学习识别。眼睛在闭合和睁开状态下的图像被插入到深度神经网络中作为眼睛状态识别的输入。结果表明，通过基于方向梯度直方图（HOG）的特征训练的支持向量机（SVM）在错误识别方面优于 AlexNet 和 GoogLeNet。

Naurois 等人[70]提出了一种基于不同类型数据的方法，包括生理测量数据（如心率和呼吸率）、车辆数据（如方向盘角度和车辆距离道路中心线的距离），以及面部数据（如头部位置和眨眼持续时间）。

此外，在进行驾驶测试之前和期间记录了参与者信息（如睡眠质量、驾驶频率和每天喝咖啡的杯数）以及驾驶时间（从驾驶测试开始时的持续时间）。基于记录的驾驶测试视频，使用观察员对疲劳程度（ORD）进行了评级，作为驾驶人警觉水平的基准：警觉和疲劳。采用两个隐藏层的人工神经网络（ANN），通过莱文贝格-马夸特（Levenberg-Marquardt）算法进行训练疲劳分类，不同组合的收集数据被用作 ANN 的输入。

结果表明，将收集的数据与参与者信息（PI）和驾驶时间（DT）一起使用，提高了 ANN 的分类准确性。例如，当将车辆数据用作输入时，ANN 的均方误差（MSE）从 0.69 降低到 0.23，当将面部数据与 PI 和 DT 一起作为输入时，MSE 最小为 0.22。根据测试结果，当所有收集的数据与 PI 和 DT 一起作为 ANN 的输入时，MSE 较高。

文献[22]提出了一种将 CNN 和双向长短期记忆（BiLSTM）网络相结合的方法，使用驾驶测试期间录制的视频进行疲劳检测，其中 CNN 用于提取基于眼睛的特征，BiLSTM 用于对眼睛的状态进行分类，分为两个不同的类别：开或闭。InceptionV3[71]被用作从眼睛图像中提取 CNN 特征。结果表明，BiLSTM 为眼睛状态分类器使用提供了更高的准确率（94%），使用 InceptionV3 的 Softmax 层却不使用 BiLSTM 的准确率为 85%。

Dua 等人[72]开发了一种基于深度 CNN 的集成方法，将驾驶人的面部动作分类为 4 类：非疲劳、眨眼的疲劳、打哈欠和点头。他们的方法包括 4 个不同的深度 CNN，分别是 AlexNet[68]、VGGFaceNet[73]、FlowImageNet[74]和 ResNet[75]。手势、头部运动和面部表情被用作这些网络的输入。每个网络的输出被用作 Softmax 分类器的输入，用于对驾驶人的疲劳进行分类。结果表明，该方法达到了约 85% 的分类准确率。

Phan 等人[76]开发了两种基于驾驶人面部图像加工的方法。在第一种方法中，使用 CNN 从图像中提取了两种眨眼和打哈欠特征，并基于每个特征的预定义阈值定义了疲劳标签（疲劳或清醒）。在第二种方法中，使用 ResNet-50V2 和 MobileNet-v2 两个网络通过迁移学习从输入图像中提取特征。结果表明，第一种方法在警觉和疲劳两个类别上实现了 83% 的分类准确率；使用第二种方法，并应用 ResNet-50V2[77]和 MobileNet-v2[78]的迁移学习分别提供了 96.1% 和 97.3% 的准确率。

面部的数据系统主要问题之一是在驾驶人戴眼镜或太阳镜时，在脸部检测方面性能较低。为了克服这个缺点，Huynh 等人[79]提出了一种基于 3D CNN 的半监督分类方法。在他们的方法中，通过将每次迭代中的 20 个 64×64 像素的输入帧应用于 3D CNN，提取了驾驶人面部输入图像的特征。提取的特征被用作分类器的输入。Xgboost 库中的梯度提升用作分类器，提供两个输出类别：警觉和疲劳[80]。结果表明，该方法在裸露面孔、戴眼镜和戴太阳镜的情况下分别实现了 89.12%、91.36% 和 84.16% 的疲劳分类准确率。

在文献中广泛使用的三种主要用于驾驶人疲劳检测的生物信号是心电图（ECG）、眼电图（EOG）和脑电图（EEG）信号。文献[81]应用了卷积神经网络（CNN）和双向长短期记忆（BiLSTM）网络来处理 EEG 信号。在该研究中，疲劳被分为 5 个不同的程度。这些程度是根据参与者报告的 KSS 值定义的。

1）首先，对 EEG 信号进行了带通滤波和独立成分分析（ICA）以抑制伪迹。

2）然后，采用 CNN 从分段的 EEG 信号中提取空间特征。

3）最后，使用 BiLSTM 网络和 CNN 提取特征的长期依赖性特征。

Softmax 层也被用作网络的最后一层进行分类。结果表明，该方法在 5 个级别的疲劳和两个级别的疲劳的分类中分别达到了 69% 和 87% 的准确性。图 2.2 所示为该方法在文献 [81] 中提出的用于疲劳分类的网络架构。

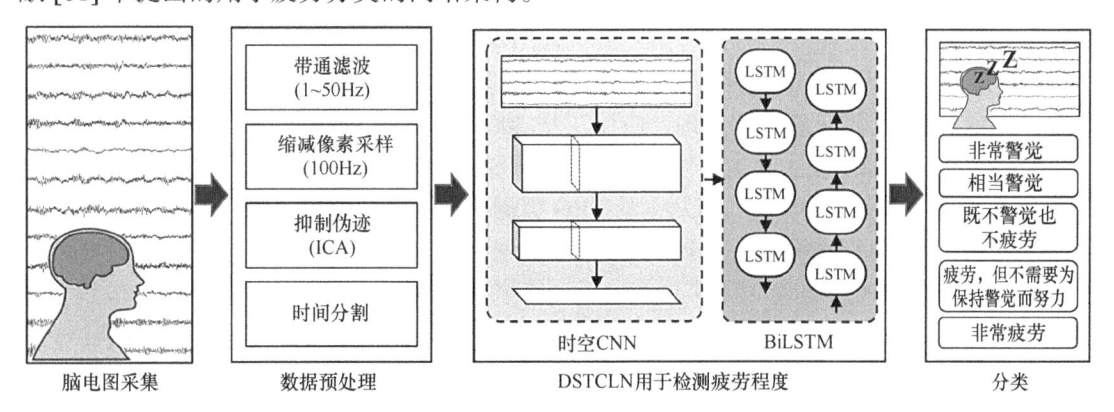

图 2.2　文献 [81] 提出的疲劳分类方法流程图

Chaabene 等人[82]也开发了一种使 CNN 应用于 EEG 数据进行疲劳检测的方法。在该研究中，使用无限冲激响应（IIR）滤波器对 EEG 数据进行预处理，以去除眼动和肌肉活动。随后，使用快速傅里叶变换（FFT）将滤波后的 EEG 数据转换到频域。在该研究中，使用两个颞叶（O1 和 O2）电极和两个颞叶（T7 和 T8）电极的 Alpha-Theta（5~9Hz）作为 CNN 的输入。该 CNN 包括一个 dropout 层以减少过拟合的风险，还使用数据增强技术来生成更多的训练样本，并提高训练的进展。结果显示，这种方法在二分类中获得了约 90% 的准确率。

Hajinoroozi 等人[83]通过受限玻尔兹曼机（RBM）和 CNN（RCNN）的组合来使用 EEG 信道检测驾驶人的疲劳。在该研究中，驾驶人在基于模拟器的测试中，在计划好横向偏差后，计算车辆转回右车道的反应时间。如果反应时间小于 0.7s，驾驶人被视为警觉状态。如果反应时间 >2.1s，驾驶人被认为是疲劳的。从每个驾驶人收集 30 个 EEG 信道，并为每个信道训练了 1 个 RCNN。最后，将提取的 RCNN 特征通过一种包装分类器对疲劳进行分类。结果表明，这种方法优于传统的 CNN 和深度全连接网络以及传统的分类器（支持向量机和车道判别分析）。根据测试结果，这种方法在二分类的疲劳检测中获得了约 82% 的准确率。

在文献 [84] 中，使用堆叠自编码器（stacked autoencoders）和 Softmax 层设计了一个用于疲劳的二分类器。在该研究中，只收集了 62 位受试者的两个 EEG 电极 O1 和 O2。

1）首先，使用离散余弦变换（DCT）将 EEG 信号转换到频域。DCT 的输出作为第 1 个自编码器的输入。第 1 个自编码器的训练是为了再现相同的 DCT 规范。

2）其次，移除第 1 个自编码器的输出以获得其"编码"特征。

3）再次，将这些特征作为第 2 个自编码器的输入，以获取 DCT 数据的更抽象特征。

4）最后，使用反向传播技术对整个网络进行微调，并将结果插入 Softmax 层，将驾驶人的警觉水平报告转化为二进制输出。图 2.3 所示为文献 [84] 中提出方法的流程图。

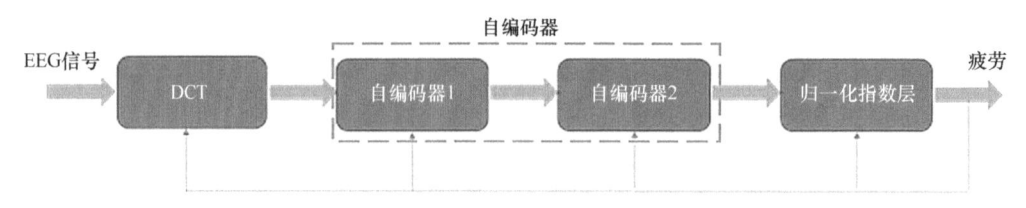

图 2.3 文献 [84] 中提出的利用堆叠自编码器的 EEG 信道检测嗜睡的方法 [4]

Ma 等人[31]开发了一种使用主成分度学习进行基于 EEG 信道的疲劳检测方法。在该研究中，首先对 EEG 数据进行预处理，应用了从 500Hz 采样到 200Hz 和从 0.1Hz 到 45Hz 的带通滤波。这种带通滤波去除了较慢的漂移、高频噪声和电力线干扰。为了降低深度网络的计算复杂性，应用主成分分析（PCA）从 EEG 数据中提取重要特征并降低其维度。PCA 的输出作为 PCANet 模型的输入。在 PCANet 中，首先使用滑动窗口将窗口范围内的数据集中，通过减少相应 EEG 数据的均值来实现。然后，使用 PCA 过滤在每个输入矩阵上。最后，采用广泛应用的支持向量机（SVM）和 K 近邻（KNN）作为两个分类器，评估从 PCANet 中提取特征进行驾驶人的疲劳分类。结果表明，使用 SVM 进行分类实现了约 95% 的分类准确率，而 KNN 实现了约 89% 的分类准确率。图 2.4 所示为文献 [31] 中提出方法的流程图。

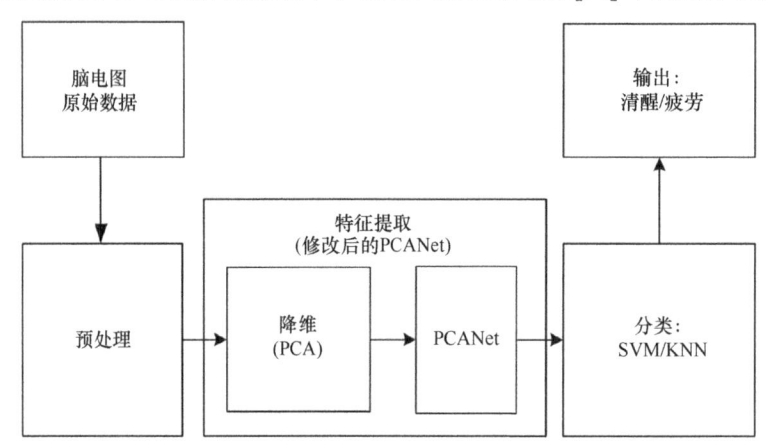

图 2.4 文献 [31] 提出的采用神经网络和 PCA 技术相结合的疲劳分类方法 [5]

在文献 [85] 中，结合了稀疏深度置信网络（sparse-DBN）和自回归建模从 64 位受试者中收集 EEG 数据用于检测驾驶人的疲劳度。在该研究中，自回归建模用于从 EEG 数据中提取特征。提取的特征作为输入被插入到以贪婪逐层方式进行训练的稀疏 DBN 中。两个受限玻尔兹曼机（RBM）在稀疏 -DBN 的结构中被应用。第一个 RBM 以无监督方式训练以生成一个生成模型，而第二个 RBM 用作有监督分类器。在每个 RBM 预训练之后，整个模型通过反向传播方法进行微调。结果表明，这种方法以约 93% 的准确率将驾驶人的警觉分为疲劳和警觉两个类别。

图 2.5 所示为 Gao 等人[86]提出了一种将多路递归网络和 CNN 结合起来应用于 30 个 EEG 信号进行疲劳分类的方法。在该研究中，基于面部观察和报告 KSS 值的组合被用来定义疲劳的真值。

1）首先，将数据从 1000Hz 采样到 200Hz，并通过 1Hz 到 50Hz 的带通滤波进行滤波。此外，还利用独立成分分析（ICA）来去除 EEG 数据中的运动伪迹。在预处理步骤之后，对每个信道的递归网络分别进行了重构。在递归网络中，每个数据点都被视为一个节点，如果它们彼此之间的距离小于一个接近阈值，则两个节点之间被连接。

2）计算递归网络每两层之间的互信息，构造尺寸为 30×30 的互信息矩阵。与原始 EEG 数据相比，该矩阵作为 CNN 的输入可以减少 CNN 的训练时间并提高其性能。该 CNN 的最后一层是 Softmax 层，输出驾驶人的两种状态：警觉和疲劳。

结果表明，这种方法平均准确率约为 93%。

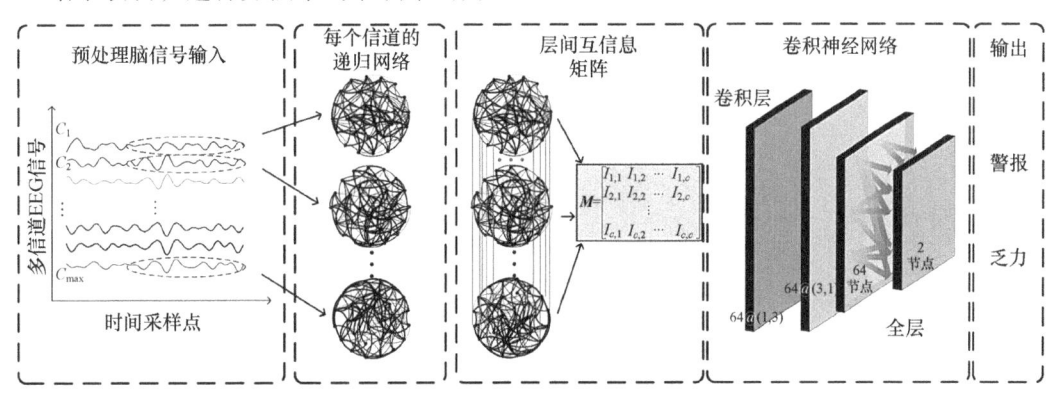

图 2.5 在文献 [86] 中提出的方法，与 CNN 结合的多路递归网络使用 EEG 数据对疲劳进行分类 [6]

注：该图转载自文献 [86]，经 AIP 出版社许可，许可证号：5411930966185。

Ren 等人 [28] 提出了一种基于径向基函数（RBF）应用于 32 个 EEG 信道数据的方法。在该研究中，使用四阶 Butterworth 带通滤波（1~45Hz）去除高频噪声和慢漂移。为了从预处理后的 EEG 数据中提取特征，应用了 PCA 进行降维。每个分段 EEG 数据的前 10 个主成分被选为特征。使用这种方法，每个大小为 32×2000 的 EEG 数据段被转为 10 的矩阵。这些矩阵作为输入插入到被用作分类器的 RBF 网络中。结果表明，这种方法对于疲劳的二分类平均准确率约为 93%。

类似的方法也被用于估计驾驶人的认知负荷。例如，Tjolleng 等人 [87] 开发了一种基于心电图（ECG）信号的方法，使用神经网络将驾驶人的工作负荷分为低、中和高三个不同级别。在该研究中，从 ECG 数据中提取了三个时域特征（平均心跳间隔、心跳间隔的标准偏差和相邻心跳间隔的均方根）和三个频域特征（低频功率、高频功率和这两个频率功率的比值）。

从所有特征中选择了为每个驾驶人提供最具区分性能力的两个显著特征。所选特征使用每个驾驶人的中值进行归一化，以减轻参与者之间个体差异对系统性能的影响。所选特征被用作具有 2 个输入节点的输入层，具有 15 个节点和 Sigmoid 激活函数的隐藏层以及返回三个工作负荷级别的 3 个节点的输出层。结果表明，该方法的训练和测试准确率分别为 95% 和 82%。

在文献 [88] 中，使用心电图（ECG）信号的递归图（RP）设计了一个用于驾驶人疲劳检测的可穿戴系统。在该研究中，首先从 ECG 数据中检测心跳。将与其邻域中 10 个数据点相差太大的心跳值替换为该点的平均值。使用检测到的心跳产生了三种不同类型的心跳间隔 RP，包括二值化 RP（Bin-RP）、连续 RP（Cont-RP）和 ReLU-RP。Bin-RP 通过将两个心跳间隔之间的差值进行二值化，设置预定的阈值。如果差值小于阈值，则 RP 中的相应像素设置为 1；否则设置为 0。Cont-RP 类似于 Bin-RP，但不应用阈值。Cont-RP 中的相应像素等于两个数据点之间差值的准确值。ReLU-RP 通过将 ReLU 函数应用于 Cont-RP 图像来生成。通过应用 ReLU 函数，如果差值小于阈值，则 ReLU-RP 中的相应像素设置为零，否则等于准确的差值。

图 2.6 所示为每种类型的 RP 示例。三种 RP 类型分别作为 VGG19 网络的输入使用，前三个卷积块的参数被冻结，最后两个卷积块使用生成的 RP 进行训练。图 2.7 所示为文献 [88] 中使用的网络结构。根据结果显示，所提出的方法 ReLU-RP 提供了比其他两种 RP 更好的准确率，约为 70%。此外，与从 ECG 信号中提取的特征训练的传统分类器（如 KNN 和 SVM）相比，这种方法的性能更好。

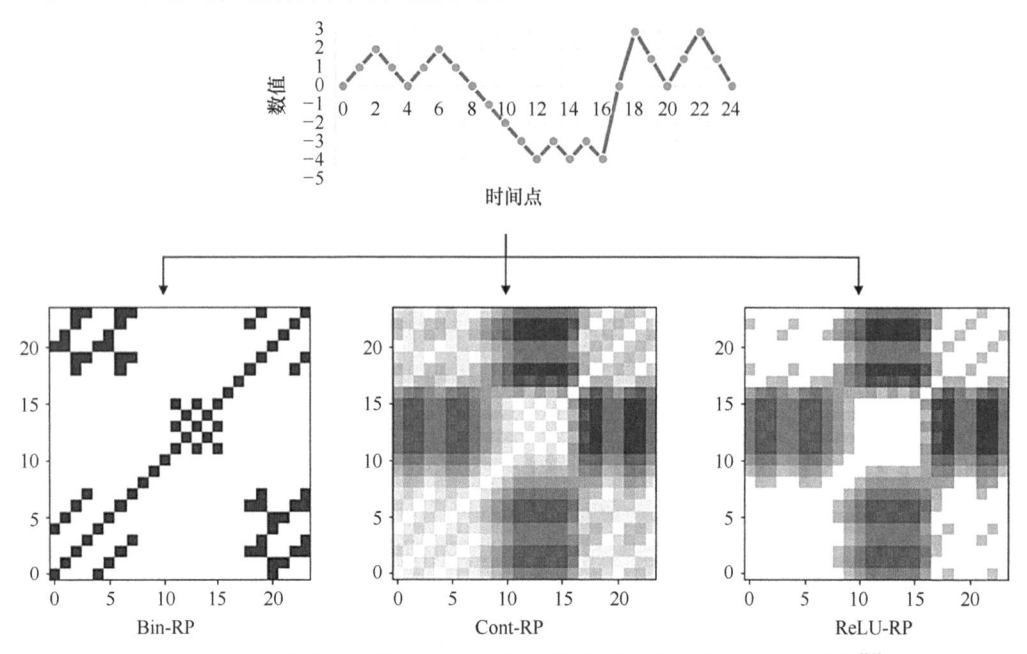

图 2.6 从心电信号中提取用于驾驶人疲劳检测的递归图（RP）示例[88]

Siddiqui 等人[89] 开发了一种基于脉冲无线超宽带（IR-UWB）雷达测量呼吸速率的方法进行疲劳检测。该雷达系统测量了 40 位驾驶人的胸部运动。收集的每分钟呼吸速率数据被用作不同机器学习方法（如 SVM、逻辑回归（LR）和多层感知器（MLP））的输入。结果表明，SVM 的分类准确率约为 87%，优于其他分类方法。

在文献 [90] 中，将基于离散小波变换（DWT）的心电图（ECG）数据的小波频谱图像作为深度 CNN 的输入，将疲劳分类为警觉、中度疲劳和极度疲劳三类。为了改善深度 CNN 的性能，应用贝叶斯优化方法估计网络的最优超参数（如学习率和 dropout

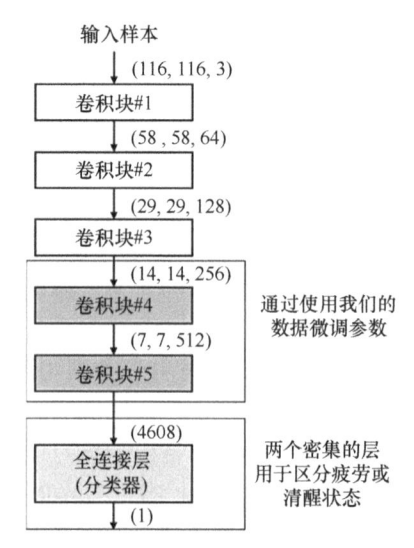

图 2.7 文献 [88] 采用的微调 VGG19 模型的架构，利用 ECG 数据的递归图对驾驶人疲劳进行分类[8]

概率)。由于数据库不平衡,加权 Softmax 层被用作网络的最后一层。使用 Morse 小波[91]产生了小波频谱图像。疲劳分类分为手动驾驶和自动驾驶两个模式。结果表明,该方法在手动和自动模式下的平衡准确率约为 77% 和 79%。该方法的性能与随机森林和 KNN 分类器通过从 HRV 数据中提取的特征进行训练进行了比较。结果表明,这些传统分类器的最佳准确率分别为手动和自动模式下的 62% 和 64%。

因此,基于 HRV 数据的深度学习方法在驾驶人疲劳分类中可以显著优于传统的分类方法。相同的深度学习方法也应用于眼睑数据进行手动和自动驾驶[92]。结果表明,仅使用眼睑数据进行分类时,分类的平衡准确率为 80.5%(手动模式)和 79.8%(自动模式)。在文献 [92] 中还使用了软集成方法来融合基于心电图和眼睑数据的两个不同系统的数据。结果显示,这种集成方法优于仅使用一个输入源的两个系统集成方法。集成分类器的平衡准确率为 81.1% 和 80.2%,分别适用于手动和自动模式。

2.3 方法比较

研究人员在检测或分类驾驶人疲劳程度时使用了不同的数据源。每个数据源相对其他数据源都有其优点和缺点。生物信号通常能够比其他数据更准确地检测驾驶人早期的疲劳状态。然而,新型可穿戴或非接触设备需要进行更多的开发,才能提高使用生物信号(如心电图和脑电图)检测驾驶人疲劳程度的受欢迎程度。

基于车辆的系统对驾驶人来说是非侵入性的,并且可以使用车辆上安装的传感器(如 GPS、摄像头和惯性测量单元)收集数据。一方面,这种类型的数据不能用于检测自动驾驶的疲劳程度(SAE 级别 3)。另一方面,面部数据可以用于图像处理方法来检测嗜睡疲劳程度,但这种系统通常只在出现明显的疲劳征兆(如打哈欠和点头)时才警告驾驶人。因此,它们会及时警告驾驶人以防止事故处理太慢。此外,夜间或驾驶人佩戴眼镜、太阳镜、围巾时,面部检测算法的性能可能会降低。

当将生物信号用作疲劳检测系统的输入时,还应考虑驾驶人之间的个体差异,以设计一个针对具体用户的系统,提供比针对平均驾驶人范围准确率更高的通用系统。可以使用迁移学习技术进行系统个性化设计,将通用系统学到的知识转移到个性化系统中,并对通用系统的参数进行微调。

研究人员还使用不同数量的类别来分类驾驶人的疲劳状态。大多数先前的工作只考虑了两个类别:清醒和疲劳。这些工作通常比使用 3 到 5 个类别的论文实现了更高的分类准确率。然而,当只考虑两个疲劳类别时,分类器更难区分疲劳的开始并应相应地警告驾驶人。

考虑到数据集的数量和质量以及其预处理将产生的重大影响,我们在表 2.3 中比较了 44 篇先前工作的疲劳检测结果。该表提供了使用信号、方法、提供的准确率(Acc)和论文中报告的疲劳等级(NO. C.)。正如该表所示,35 篇论文(79.5%)只使用了 2 个类别,8 篇论文(18.2%)使用了 3 个类别,只有 1 篇论文使用了 5 个类别对驾驶人疲劳进行分类。

表 2.3 中呈现的论文的准确率中位数约为 87%。中位数大致代表将研究转化为车辆应用时可以实现的准确率水平。

表 2.3 文献中提出的不同疲劳检测系统之间的比较

编号	Ref	使用信号	方法	Acc（%）	NO. C.
1	[79]	面部图像	3D CNN	87.5	2
2	[72]	面部表情	VGGFaceNet	87.1	2
3	[72]	摆手势	迁移学习：AlexNet、VGGFaceNet、Flow-imageNet 和 ResNet	87.0	2
4	[22]	眼部运动	CNN-BiLSTM	94.0	2
5	[76]	面部表情	ResNet-50V2	96.1	2
6	[76]	面部表情	MobileNetV2	97.3	2
7	[81]	EEG 信道	CNN-BiLSTM	69.0	5
8	[81]	EEG 信道	CNN-BiLSTM	87.0	2
9	[82]	EEG 数据（O1、O2、T7 和 T8）	CNN	90.0	2
10	[83]	EEG；30 信道	channel-wise CNN（CCNN）	82.0	2
11	[87]	基于 ECG 的时间和频率特征	3 层前馈神经网络	82.0	3
12	[88]	ECG	通过心率变异性数据的递归图训练 CNN	70.0	2
13	[93]	面部表情	改进的 LeNet	97.0	2
14	[94]	面部表情和头部位置	测量和 3D 头部姿态估计	87	3
15	[95]	方向盘转角	转向角度	78.0	2
16	[16]	方向盘转角	多层有序的 Logit（MOL）	72.92	3
17	[17]	方向盘转角	浅层神经网络	73.5	3
18	[54]	方向盘转角	随机森林分类器应用于原始转向数据	79	2
19	[52]	方向盘转角	针对三组特征进行元集成学习	86.1	2
20	[96]	心率变异性	线性判别分析（LDA）	65.5	2
21	[96]	心率变异性和呼吸	LDA	78.5	2
22	[97]	心率变异性	小波分析和 SVM 分类器	95	2
23	[1]	心率变异性	SVM 分类器	70	2
24	[1]	心率变异性和 One EEG 信道	SVM 分类器	81	2
25	[27]	EEG 信道（MIT/BIH 多导睡眠图数据集）	Hermite 分解用于特征提取，极限学习机作为分类器	91.7	2
26	[28]	EEG 信道	两级学习分层径向基函数	92.71	2
27	[4]	EEG 信道来自 MIT/BIH 多导睡眠数据库[98]	LDA 用于特征选择和浅层神经网络作为分类器	85.5	2
28	[99]	EEG 信道	马氏距离从警报模型中推导出 α 和 β 波段的分布	76.7	2
29	[39]	EMG 和 ECG 信号	马氏距离（MD）判别器	85.5	2
30	[44]	体积描绘法测量呼吸信号	胸廓做功诱发疲劳指数（TEDD）	93.4	2
31	[45]	通过热成像测量呼吸信号	SVM 分类器	90	2
32	[20]	来自 DROZY 数据库[100] 的人脸图像	眼睛纵横比（Eye Aspect Ratio, EAR）嵌入到 SVM 分类器	94.4	2
33	[101]	面部图像（眼睛距离）	多时间尺度时序 CNN	时间尺度 5s：70.7 10s：85.4 30s：89.9 60s：94.2	2

（续）

编号	Ref	使用信号	方法	Acc（%）	NO. C.
34	[102]	眼睛和嘴巴特征	卷积神经网络与核相关滤波器的结合	92.0	2
35	[103]	面部表情	深度信念网络	96.7	3
36	[104]	心率变异性	浅层神经网络	90.0	2
37	[105]	面部图像	眼睛纵横比（Eye Aspect Ratio，EAR）嵌入的 SVM 分类器	94.8	2
38	[106]	来自 MIT/BIH 多导睡眠数据库[98]的 EEG 信道	基于遗传算法的支持向量机（GA-SVM）	89.5	2
39	[107]	来源于 ECG 数据的 R-R 区间	自编码器与 LSTM 的结合	86.0	2
40	[108]	来自 MIT/BIH 多导睡眠数据库[98]的 EEG 信道	优化后的可调 Q 小波变换	96.1	2
41	[90]	ECG 数据	小波尺度谱图像训练的 CNN	78.0	3
42	[90]	ECG 数据	通过 HRV 特征训练的随机森林	64.0	3
43	[56]	方向盘数据	自适应神经模糊特征选择器和 SVM 分类器	98.1	2
44	[56]	车辆数据：方向盘数据、侧向偏差、侧向加速度、横摆角速度、转向角速度	CNN 与 LSTM 结合（CNN-Cnn-LSTM）	96.0	3

注：Ref 表示参考文献；Acc 表示准确率；No. C. 表示疲劳等级。

2.4 结论

本章总结了使用深度学习算法进行疲劳检测的最新技术。疲劳是人类驾驶中的一个缺陷，导致一定数量的交通事故。然而，事故研究提供了不同的数据，否则很难评估个体疲劳水平并将其与事故原因联系起来。

但是，在疲劳分类方面也存在着研究中的挑战，可以总结为准确率、鲁棒性和预测性。为了提高准确率，分类应仅提供少量的误报，并且在传感器信号丢失时仍然能够鲁棒运行，并且应检测出合理数量的不同疲劳程度，以预测驾驶人即将不可用的情况。

疲劳分类通常应用于手动驾驶，通常通过提醒驾驶人的"咖啡杯"警告来向其传达基于车辆的信号，如转向角度或车辆偏离道路中心的程度。在手动驾驶中，对措施的要求与驾驶人是否休息有关。因此，与自动驾驶相关的道路安全性更高。如果不再需要驾驶人（SAE J3017 级别 4 和 5），那么对驾驶人的监控将在较远的未来引入，并且监控驾驶人的专注度将成为法律要求。但是，以准确率、可预测的方式分类疲劳仍然面临挑战。

使用不同的数据源进行深度学习，包括基于车辆的数据（转向角度、车辆偏离中心等）、面部数据（眼睑运动）和生物信号（心率）在实现上述目标方面具有最高潜力。

本章总结了使用深度学习的不同方法及相关的结果，以实现准确率、鲁棒性和预测性，同时介绍了从各种数据源获取信号、对其进行预处理和找到适当的深度学习方法时所面临的困难。正如表 2.3 所示，大多数论文只提出了使用不同数据源的二元分类。因此，需要更多的研究工作来考虑在更多类别的情况下检测驾驶人嗜睡的开始信号。此外，真实世界中记录数据的质量可能对系统的性能产生重大影响。因此，为了设计一个鲁棒的驾驶人系统，应对不同的数据源配置进行准确率调查。

2.5 注释

1）https://unece.org/transport/documents/2021/03/standards/un-regulation-no-157-automated-lane-keeping- systems-alks.

2）版权所有 ©2020 赵作鹏等。这是一篇开放获取的文章，在知识共享署名许可下发布，该许可允许在任何媒体上不受限制地使用、发布和复制，只要原始作品被适当地引用。

3）这是一篇开放获取的文章，根据知识共享署名许可协议发布，该协议允许在任何媒体上不受限制地使用、发布和复制，前提是原创作品被恰当地引用。

4）这是一篇开放获取的文章，根据知识共享署名许可协议发布，该协议允许在任何媒体上不受限制地使用、发布和复制，前提是原创作品被恰当地引用。

5）版权所有 ©2019 马玉良等。这是一篇开放获取的文章，在知识共享署名许可下发布，该许可允许在任何媒体上不受限制地使用、发布和复制，只要原始作品被适当地引用。

6）转载自文献 [86]，经 AIP 出版社许可；许可证编号：5184880137550。

7）这是一篇开放获取的文章，根据知识共享署名许可协议发布，该协议允许在任何媒体上不受限制地使用、发布和复制，前提是原创作品被恰当地引用。

8）这是一篇开放获取的文章，根据知识共享署名许可协议发布，该协议允许在任何媒体上不受限制地使用、发布和复制，前提是原创作品被恰当地引用。

参考文献

[1] M. Awais, N. Badruddin, and M. Drieberg, "A hybrid approach to detect driver drowsiness utilizing physiological signals to improve system performance and wearability," *Sensors*, vol. 17, no. 9, 2017, doi: 10.3390/s17091991.

[2] AAA Foundation for Traffic Safety, "2019 Traffic Safety Culture Index (Technical Report), June 2020," Washington, DC, Jun. 2020. [Online]. Accessed: January 2021. Available: https://aaafoundation.org/2019-traffic-safety-culture-index/

[3] National Highway Traffic Safety Administration, "Traffic safety facts: 2017 fatal motor vehicle crashes: overview," NHTSA's National Center for Statistics and Analysis, 1200 New Jersey Avenue SE., Washington DOT HS 812 603, Oct. 2018. Accessed: April 14 2021. [Online]. Available: https://crashstats.nhtsa.dot.gov/Api/Public/ViewPublication/812603

[4] A. G. Correa, L. Orosco, and E. Laciar, "Automatic detection of drowsiness in EEG records based on multimodal analysis," *Medical Engineering & Physics*, vol. 36, no. 2, pp. 244–249, 2014, doi: 10.1016/j.medengphy.2013.07.011.

[5] S. Klauer, V. Neale, T. Dingus, Jeremy Sudweeks, and D. J. Ramsey, "The prevalence of driver fatigue in an urban driving environment: results from the 100-car naturalistic driving study," In *Proceedings of the 2005 International Conference on Fatigue Management in Transportation Operations*. 2005.

[6] Fraunhofer-Gesellschaft, *Eyetracker warns against momentary driver drowsiness - Press Release Oktober 12*, 2010. [Online]. (Accessed: April 14 2021). Available: https://www.fraunhofer.de/en/press/research-news/2010/10/eye-tracker-driver-drowsiness.html

[7] M. Gonçalves et al., "Sleepiness at the wheel across Europe: a survey of 19 countries," *Journal of Sleep Research*, vol. *24*, no. 3, pp. 242–253, 2015, doi: 10.1111/jsr.12267.

[8] T. Inagaki and T. B. Sheridan, "A critique of the SAE conditional driving automation definition, and analyses of options for improvement," *Cognition, Technology & Work*, vol. *21*, no. 4, pp. 569–578, 2019, doi: 10.1007/s10111-018-0471-5.

[9] C. Ahlström, R. Zemblys, H. Jansson, C. Forsberg, J. Karlsson, and A. Anund, "Effects of partially automated driving on the development of driver sleepiness," *Accident; Analysis and Prevention*, vol. *153*, p. 106058, 2021, doi: 10.1016/j.aap.2021.106058.

[10] N. Schömig, V. Hargutt, A. Neukum, I. Petermann-Stock, and I. Othersen, "The interaction between highly automated driving and the development of drowsiness," *Procedia Manufacturing*, vol. *3*, pp. 6652–6659, 2015, doi: 10.1016/j.promfg.2015.11.005.

[11] A. Shahid, K. Wilkinson, S. Marcu, and C. M. Shapiro, "Karolinska sleepiness scale (KSS)," in *STOP, THAT and One Hundred Other Sleep Scales*, A. Shahid, ed., New York: Springer, 2012, pp. 209–210. [Online]. Available: https://link.springer.com/chapter/10.1007/978-1-4419-9893-4_47

[12] G. R. Poudel, C. R. H. Innes, and R. D. Jones, "Distinct neural correlates of time-on-task and transient errors during a visuomotor tracking task after sleep restriction," *NeuroImage*, vol. *77*, pp. 105–113, 2013, doi: 10.1016/j.neuroimage.2013.03.054.

[13] K. Kaida et al., "Validation of the Karolinska sleepiness scale against performance and EEG variables," *Clinical Neurophysiology: Official Journal of the International Federation of Clinical Neurophysiology*, vol. *117*, no. 7, pp. 1574–1581, 2006, doi: 10.1016/j.clinph.2006.03.011.

[14] A. Shahid, K. Wilkinson, S. Marcu, and C. M. Shapiro, "Stanford sleepiness scale (SSS)," in *STOP, THAT and One Hundred Other Sleep Scales*, A. Shahid, ed., New York: Springer, 2012, pp. 369–370.

[15] J. Arnedt, G. J. Wilde, P. W. Munt, and A. W. MacLean, "How do prolonged wakefulness and alcohol compare in the decrements they produce on a simulated driving task?," *Accident Analysis & Prevention*, vol. *33*, no. 3, pp. 337–344, 2001, doi: 10.1016/S0001-4575(00)00047-6.

[16] M. Chai, S.-W. Li, W.-C. Sun, M.-Z. Guo, and M.-Y. Huang, "Drowsiness monitoring based on steering wheel status," *Transportation Research Part D: Transport and Environment*, vol. *66*, pp. 95–103, 2019, doi: 10.1016/j.trd.2018.07.007.

[17] F. Friedrichs and B. Yang, "Drowsiness monitoring by steering and lane data based features under real driving conditions," in *2010 18th European Signal Processing Conference*, 2010, pp. 209–213. [Online]. Available: https://ieeexplore.ieee.org/document/7096521

[18] X. Wang and C. Xu, "Driver drowsiness detection based on non-intrusive metrics considering individual specifics," *Accident Analysis & Prevention*, vol. *95*, pp. 350–357, 2016, doi: 10.1016/j.aap.2015.09.002.

[19] H.-T. Choi, M.-K. Back, and K.-C. Lee, "Driver drowsiness detection based on multimodal using fusion of visual-feature and bio-signal," in *2018 International Conference on Information and Communication Technology Convergence (ICTC)*, Jeju, Oct. 2018, pp. 1249–1251.

[20] C. B. S. Maior, M. J. D. C. Moura, J. M. M. Santana, and I. D. Lins, "Real-time classification for autonomous drowsiness detection using eye aspect ratio," *Expert Systems with Application*, vol. *158*, p. 113505, 2020, doi: 10.1016/j.eswa.2020.113505.

[21] N. Nojiri, X. Kong, L. Meng, and H. Shimakawa, "Discussion on machine learning and deep learning based makeup considered eye status recognition for driver drowsiness," *Procedia Computer Science*, vol. *147*, pp. 264–270, 2019, doi: 10.1016/j.procs.2019.01.252.

[22] S. P. Rajamohana, E. G. Radhika, S. Priya, and S. Sangeetha, "Driver drowsiness detection system using hybrid approach of convolutional neural network and bidirectional long short term memory (CNN_BILSTM)," *Materials Today: Proceedings*, vol. *45*, pp. 2897–2901, 2021, doi: 10.1016/j.matpr.2020.11.898.

[23] A. Moujahid, F. Dornaika, I. Arganda-Carreras, and J. Reta, "Efficient and compact face descriptor for driver drowsiness detection," *Expert Systems with Application*, vol. *168*, p. 114334, 2021, doi: 10.1016/j.eswa.2020.114334.

[24] X. Fan, B.-C. Yin, and Y.-F. Sun, "Yawning detection for monitoring driver fatigue," in *International Conference on Machine Learning and Cybernetics, 2007: [ICMLC 2007]; 19–22 August 2007, Hong Kong, China*, Hong Kong, China, 2007, pp. 664–668.

[25] M. Golz, D. Sommer, U. Trutschel, B. Sirois, and D. Edwards, "Evaluation of fatigue monitoring technologies," *Somnologie*, vol. *14*, no. 3, pp. 187–199, 2010, doi: 10.1007/s11818-010-0482-9.

[26] L. M. Bergasa, J. Nuevo, M. A. Sotelo, R. Barea, and M. E. Lopez, "Real-time system for monitoring driver vigilance," *IEEE Transactions on Intelligent Transportation Systems*, vol. *7*, no. 1, pp. 63–77, 2006, doi: 10.1109/TITS.2006.869598.

[27] S. Taran and V. Bajaj, "Drowsiness detection using adaptive hermite decomposition and extreme learning machine for electroencephalogram signals," *IEEE Sensors Journal*, vol. *18*, no. 21, pp. 8855–8862, 2018, doi: 10.1109/JSEN.2018.2869775.

[28] Z. Ren et al., "EEG-based driving fatigue detection using a two-level learning hierarchy radial basis function," *Frontiers in Neurorobotics*, vol. *15*, p. 618408, 2021, doi: 10.3389/fnbot.2021.618408.

[29] M. Awais, N. Badruddin, and M. Drieberg, "Driver drowsiness detection using EEG power spectrum analysis," in *IEEE Region 10 symposium, 2014: IEEE TENSYMP 2014; 14–16 April 2014, Kuala Lumpur, Malaysia*, Kuala Lumpur, Malaysia, 2014, pp. 244–247.

[30] F. Lin, L. Ko, C. Chuang, T. Su, and C. Lin, "Generalized EEG-based drowsiness prediction system by using a self-organizing neural fuzzy system," *IEEE Transactions on Circuits and Systems I: Regular Papers*, vol. *59*, no. 9, pp. 2044–2055, 2012, doi: 10.1109/TCSI.2012.2185290.

[31] Y. Ma et al., "Driving fatigue detection from EEG using a modified PCANet method," *Computational Intelligence and Neuroscience*, vol. *2019*, p. 4721863, 2019, doi: 10.1155/2019/4721863.

[32] M. Hendra, D. Kurniawan, R. V. Chrismiantari, T. P. Utomo, and N. Nuryani, "Drowsiness detection using heart rate variability analysis based on microcontroller unit," *Journal of Physics: Conference Series*, vol. *1153*, p. 12047, 2019. [Online]. Available: https://iopscience.iop.org/article/10.1088/1742-6596/1153/1/012047

[33] F. Abtahi, A. Anund, C. Fors, F. Seoane, and K. Lindecrantz, "Association of drivers' sleepiness with heart rate variability: a pilot study with drivers on real roads," in *IFMBE proceedings, 1680-0737, Volume 65, EMBEC & NBC 2017: Joint Conference of the European Medical and Biological Engineering Conference (EMBEC) and the Nordic-Baltic Conference on Biomedical Engineering and Medical Physics (NBC), Tampere, Finland, June 2017 / Hannu Eskola, Outi Väisänen, Jari Viik, Jari Hyttinen (Eds.)*, H. Eskola, O. Väisänen, J. Viik, and J. Hyttinen, Eds., Singapore: Springer, 2018, pp. 149–152. [Online]. Available: https://link.springer.com/chapter/10.1007%2F978-981-10-5122-7_38

[34] K. Fujiwara et al., "Heart rate variability-based driver drowsiness detection and its validation with EEG," *IEEE Transactions on Biomedical Engineering*, vol. *66*, no. 6, pp. 1769–1778, 2019, doi: 10.1109/TBME.2018.2879346.

[35] S.-J. Jung, H.-S. Shin, and W.-Y. Chung, "Driver fatigue and drowsiness monitoring system with embedded electrocardiogram sensor on steering wheel," *IET Intelligent Transport Systems*, vol. *8*, no. 1, pp. 43–50, 2014, doi: 10.1049/iet-its.2012.0032.

[36] S. Arefnezhad, A. Eichberger, M. Fruhwirth, C. Kaufmann, and M. Moser, "Driver drowsiness classification using data fusion of vehicle-based measures and ECG signals," in *2020 IEEE International Conference on Systems, Man, and Cybernetics (SMC)*, Toronto, ON, Canada, Oct. 2020, pp. 451–456.

[37] M. Akin, M. B. Kurt, N. Sezgin, and M. Bayram, "Estimating vigilance level by using EEG and EMG signals," *Neural Computing and Applications*, vol. *17*, no. 3, pp. 227–236, 2008, doi: 10.1007/s00521-007-0117-7.

[38] V. Balasubramanian and K. Adalarasu, "EMG-based analysis of change in muscle activity during simulated driving," *Journal of Bodywork and Movement Therapies*, vol. *11*, no. 2, pp. 151–158, 2007, doi: 10.1016/j.jbmt.2006.12.005.

[39] R. Fu and H. Wang, "Detection of driving fatigue by using noncontact EMG and ECG signals measurement system," *International Journal of Neural Systems*, vol. *24*, no. 3, p. 1450006, 2014, doi: 10.1142/S0129065714500063.

[40] D. Chen, Z. Ma, B. C. Li, Z. Yan, and W. Li, "Drowsiness detection with electrooculography signal using a system dynamics approach," *Journal of Dynamic Systems, Measurement, and Control*, vol. *139*, no. 8, 2017, doi: 10.1115/1.4035611.

[41] T. C. Chieh, M. M. Mustafa, A. Hussain, S. F. Hendi, and B. Y. Majlis, "Development of vehicle driver drowsiness detection system using electrooculogram (EOG)," in *2005 1st International Conference on Computers, Communications, & Signal Processing with Special Track on Biomedical Engineering*, Kuala Lumpur, Malaysia, Nov. 2005, pp. 165–168.

[42] S. M. R. Noori and M. Mikaeili, "Driving drowsiness detection using fusion of electroencephalography, electrooculography, and driving quality signals," *Journal of Medical Signals and Sensors*, vol. *6*, no. 1, pp. 39–46, 2016. [Online]. Available: https://pubmed.ncbi.nlm.nih.gov/27014611

[43] D. Malathi, J. D. D. Jayaseeli, S. Madhuri, and K. Senthilkumar, "Electrodermal activity based wearable device for drowsy drivers," *Journal of Physics: Conference Series*, vol. *1000*, p. 12048, 2018.

[44] F. Guede-Fernández, M. Fernández-Chimeno, J. Ramos-Castro, and M. A. García-González, "Driver drowsiness detection based on respiratory signal analysis," *IEEE Access*, vol. *7*, pp. 81826–81838, 2019, doi: 10.1109/ACCESS.2019.2924481.

[45] S. E. H. Kiashari, A. Nahvi, H. Bakhoda, A. Homayounfard, and M. Tashakori, "Evaluation of driver drowsiness using respiration analysis by thermal imaging on a driving simulator," *Multimedia Tools and Applications*, vol. *79*, no. 25, pp. 17793–17815, 2020, doi: 10.1007/s11042-020-08696-x

[46] J. Solaz et al., "Drowsiness detection based on the analysis of breathing rate obtained from real-time image recognition," *Transportation Research Procedia*, vol. *14*, pp. 3867–3876, 2016, doi: 10.1016/j.trpro.2016.05.472.
[47] C. Yang, X. Wang, and S. Mao, "Respiration monitoring with RFID in driving environments," *IEEE Journal on Selected Areas in Communications*, vol. *39*, no. 2, pp. 500–512, 2021, doi: 10.1109/JSAC.2020.3020606.
[48] A. Sahayadhas, K. Sundaraj, and M. Murugappan, "Detecting driver drowsiness based on sensors: a review," *Sensors (Basel, Switzerland)*, vol. *12*, no. 12, pp. 16937–16953, 2012, doi: 10.3390/s121216937.
[49] E. Michail, A. Kokonozi, I. Chouvarda, and N. Maglaveras, "EEG and HRV markers of sleepiness and loss of control during car driving," in *2008 30th Annual International Conference of the IEEE Engineering in Medicine and Biology Society*, Vancouver, BC, Aug. 2008, pp. 2566–2569.
[50] H. J. Baek, G. S. Chung, K. K. Kim, and K. S. Park, "A smart health monitoring chair for nonintrusive measurement of biological signals," *IEEE Transactions on Information Technology in Biomedicine*, vol. *16*, no. 1, pp. 150–158, 2012, doi: 10.1109/TITB.2011.2175742.
[51] A. D. McDonald, J. D. Lee, C. Schwarz, and T. L. Brown, "A contextual and temporal algorithm for driver drowsiness detection," *Accident Analysis & Prevention*, vol. *113*, pp. 25–37, 2018, doi: 10.1016/j.aap.2018.01.005.
[52] J. Krajewski, D. Sommer, U. Trutschel, D. Edwards, and M. Golz, "Steering wheel behavior based estimation of fatigue," in *Proceedings of the 5th International Driving Symposium on Human Factors in Driver Assessment, Training, and Vehicle Design : Driving Assessment 2009*, Big Sky, Montana, USA, 2009, pp. 118–124. [Online]. Available: https://ir.uiowa.edu/drivingassessment/2009/papers/18/
[53] M. Ingre, T. Akerstedt, B. Peters, A. Anund, and G. Kecklund, "Subjective sleepiness, simulated driving performance and blink duration: examining individual differences," *Journal of Sleep Research*, vol. *15*, no. 1, pp. 47–53, 2006, doi: 10.1111/j.1365-2869.2006.00504.x.
[54] A. D. McDonald, J. D. Lee, C. Schwarz, and T. L. Brown, "Steering in a random forest: ensemble learning for detecting drowsiness-related lane departures," *Human Factors*, vol. *56*, no. 5, pp. 986–998, 2014, doi: 10.1177/0018720813515272.
[55] S. Arefnezhad, S. Samiee, A. Eichberger, M. Frühwirth, C. Kaufmann, and E. Klotz, "Applying deep neural networks for multi-level classification of driver drowsiness using Vehicle-based measures," *Expert Systems with Application*, vol. *162*, p. 113778, 2020, doi: 10.1016/j.eswa.2020.113778.
[56] S. Arefnezhad, S. Samiee, A. Eichberger, and A. Nahvi, "Driver drowsiness detection based on steering wheel data applying adaptive neuro-fuzzy feature selection," *Sensors (Basel, Switzerland)*, vol. *19*, no. 4, 2019, doi: 10.3390/s19040943.
[57] A. Eskandarian and A. Mortazavi, "Evaluation of a smart algorithm for commercial vehicle driver drowsiness detection," in *2007 IEEE Intelligent Vehicles Symposium*, 2007, pp. 553–559.
[58] M. Burghardt, R. Wimmer, C. Wolff, and C. Womser-Hacker, eds., "A robust drowsiness detection method based on vehicle and driver vital data,". in *Mensch und Computer 2017 - Workshopband*. Regensburg: Gesellschaft für Informatik: Gesellschaft für Informatik e.V, 2017. Accessed: November 9 2021.
[59] J. Schmidt, C. Braunagel, W. Stolzmann, and K. Karrer-Gauss, "Driver drowsiness and behavior detection in prolonged conditionally automated drives," in *2016 IEEE Intelligent Vehicles Symposium (IV 2016): Gotenburg, Sweden, 19-22 June 2016*, Gotenburg, Sweden, 2016, pp. 400–405.
[60] R. Jabbar, K. Al-Khalifa, M. Kharbeche, W. Alhajyaseen, M. Jafari, and S. Jiang, "Real-time driver drowsiness detection for android application using deep neural networks techniques," *Procedia Computer Science*, vol. *130*, pp. 400–407, 2018, doi: 10.1016/j.procs.2018.04.060.
[61] Z. Zhao, N. Zhou, L. Zhang, H. Yan, Y. Xu, and Z. Zhang, "Driver fatigue detection based on convolutional neural networks using EM-CNN," *Computational Intelligence and Neuroscience*, vol. *2020*, p. 7251280, 2020, doi: 10.1155/2020/7251280.
[62] K. Zhang, Z. Zhang, Z. Li, and Y. Qiao, "Joint face detection and alignment using multitask cascaded convolutional networks," *IEEE Signal Processing Letters*, vol. *23*, no. 10, pp. 1499–1503, 2016, doi: 10.1109/LSP.2016.2603342.
[63] D. Dinges and R. Grace, "Perclos: A valid psychophysiological measure of alertness as assessed by psychomotor vigilance," US Department of Transportation: Federal Highway Administration FHWA-MCRT-98-006, Oct. 1998. Accessed: November 9 2021. [Online]. Available: https://rosap.ntl.bts.gov/view/dot/113
[64] R. J. Hanowski, D. S. Bowman, A. Alden, W. W. Wierwille, and R. J. Carroll, "PERCLOS+: development of a robust field measure of driver drowsiness," in *15th World Congress on Intelligent Transport Systems and ITS America's 2008 Annual Meeting*. Accessed: November 9 2021. [Online]. Available: https://trid.trb.org/View/904975

[65] D. Sommer and M. Golz, "Evaluation of PERCLOS based current fatigue monitoring technologies," *Annual International Conference of the IEEE Engineering in Medicine and Biology Society. IEEE Engineering in Medicine and Biology Society. Annual International Conference*, vol. *2010*, pp. 4456–4459, 2010, doi: 10.1109/IEMBS.2010.5625960.

[66] H. Tsuda, A. A. Lowe, H. Chen, J. A. Fleetham, N. T. Ayas, and F. R. Almeida, "The relationship between mouth opening and sleep stage-related sleep disordered breathing," *Journal of Clinical Sleep Medicine*, vol. *07*, no. 02, pp. 181–186, 2011, doi: 10.5664/jcsm.28107.

[67] C. Tan, F. Sun, T. Kong, W. Zhang, C. Yang, and C. Liu, "A survey on deep transfer learning," in *LNCS sublibrary. SL 1, Theoretical Computer Science and General Issues, vol. 11140, Artificial Neural Networks and Machine Learning -- ICANN 2018: 27th International Conference on Artificial Neural Networks, Rhodes, Greece, October 4-7, 2018, Proceedings. Part II / Věra Kůrková, Yannis Manolopoulos, Barbara Hammer, Lazaros Iliadis, Ilias Maglogiannis (eds.)*, V. Kůrková, Y. Manolopoulos, B. Hammer, L. S. Iliadis, and I. G. Maglogiannis, Eds., Cham, Switzerland: Springer, 2018, pp. 270–279.

[68] A. Krizhevsky, I. Sutskever, and G. E. Hinton, "ImageNet classification with deep convolutional neural networks," *Communications of the ACM*, vol. *60*, no. 6, pp. 84–90, 2017, doi: 10.1145/3065386.

[69] C. Szegedy et al., "Going deeper with convolutions," Sep. 2014. [Online], In *Proceedings of the IEEE conference on computer vision and pattern recognition*, pp. 1–9. 2015. Available: https://arxiv.org/pdf/1409.4842

[70] C. J. de Naurois, C. Bourdin, A. Stratulat, E. Diaz, and J.-L. Vercher, "Detection and prediction of driver drowsiness using artificial neural network models," *Accident Analysis & Prevention*, vol. *126*, pp. 95–104, 2019, doi: 10.1016/j.aap.2017.11.038.

[71] C. Szegedy, V. Vanhoucke, S. Ioffe, J. Shlens, and Z. Wojna, "Rethinking the inception architecture for computer vision," Dec. 2015. [Online], In *Proceedings of the IEEE conference on computer vision and pattern recognition*, pp. 2818–2826. 2016. Available: https://arxiv.org/pdf/1512.00567

[72] M. Dua, R. Shakshi S. R. Singla, and A. Jangra, "Deep CNN models-based ensemble approach to driver drowsiness detection," *Neural Computing & Applications*, vol. *33*, no. 8, pp. 3155–3168, 2021, doi: 10.1007/s00521-020-05209-7.

[73] O. M. Parkhi, A. Vedaldi, and A. Zisserman, "Deep face recognition," in *Procedings of the British Machine Vision Conference 2015*, Swansea, pp. 41.1–41.12.

[74] J. Donahue et al., "Long-term recurrent convolutional networks for visual recognition and description," Nov. 2014. [Online], *Proceedings of the IEEE conference on computer vision and pattern recognition*, pp. 2625–2634. 2015. Available: https://arxiv.org/pdf/1411.4389

[75] K. He, X. Zhang, S. Ren, and J. Sun, "Deep residual learning for image recognition," Dec. 2015. [Online], In *Proceedings of the IEEE conference on computer vision and pattern recognition*, pp. 770–778. 2016. Available: https://arxiv.org/pdf/1512.03385.

[76] A.-C. Phan, N.-H.-Q. Nguyen, T.-N. Trieu, and T.-C. Phan, "An efficient approach for detecting driver drowsiness based on deep learning," *Applied Sciences*, vol. *11*, no. 18, p. 8441, 2021, doi: 10.3390/app11188441.

[77] K. He, X. Zhang, S. Ren, and J. Sun, "Identity mappings in deep residual networks," in *LNCS sublibrary: SL6 - Image processing, computer vision, pattern recognition, and graphics, 9905-9912, Computer vision - ECCV 2016: 14th European Conference, Amsterdam, The Netherlands, October 11–14, 2016 : proceedings / Bastian Leibe, Jiri Matas, Nicu Sebe, Max Welling (eds.)*, F. Leibe, Ed., Cham, Switzerland: Springer, 2016, pp. 630–645.

[78] A. G. Howard et al., "MobileNets: efficient convolutional neural networks for mobile vision applications," Apr. 2017. [Online]. Available: https://arxiv.org/pdf/1704.04861

[79] X.-P. Huynh, S.-M. Park, and Y.-G. Kim, "Detection of driver drowsiness using 3D deep neural network and semi-supervised gradient boosting machine," in *LNCS sublibrary. SL 6, Image processing, computer vision, pattern recognition, and graphics, vol. 10118, Computer vision -- ACCV 2016 Workshops: ACCV 2016 International Workshops, Taipei, China , November 20–24, 2016, Revised selected papers. Part III / Chu-Song Chen, Jiwen Lu, Kai-Kuang Ma (eds.)*, C.-S. Chen, J. Lu, and K.-K. Ma, Eds., Cham, Switzerland: Springer, 2017, pp. 134–145.

[80] T. Chen and C. Guestrin, "XGBoost: a scalable tree boosting system," 34, Mar. 2016. [Online], iN *Proceedings of the 22nd acm sigkdd international conference on knowledge discovery and data mining*, pp. 785–794. 2016. Available: https://arxiv.org/pdf/1603.02754

[81] J.-H. Jeong, B.-W. Yu, D.-H. Lee, and S.-W. Lee, "Classification of drowsiness levels based on a deep spatio-temporal convolutional bidirectional LSTM network using electroencephalography signals," *Brain Sciences*, vol. *9*, no. 12, p. 348, 2019, doi: 10.3390/brainsci9120348.

[82] S. Chaabene, B. Bouaziz, A. Boudaya, A. Hökelmann, A. Ammar, and L. Chaari, "Convolutional neural network for drowsiness detection using EEG signals," *Sensors (Basel, Switzerland)*, vol. *21*, no. 5, p. 1734, 2021, doi: 10.3390/s21051734.

[83] M. Hajinoroozi, Z. Mao, and Y. Huang, "Prediction of driver's drowsy and alert states from EEG signals with deep learning," in *2015 IEEE 6th International Workshop on Computational Advances in Multi-Sensor Adaptive Processing (CAMSAP)*, Cancun, Mexico, Dec. 2015, pp. 493–496.

[84] F. Rundo et al., "An innovative deep learning algorithm for drowsiness detection from EEG signal," *Computation*, vol. *7*, no. 1, p. 13, 2019, doi: 10.3390/computation7010013.

[85] R. Chai et al., "Improving EEG-based driver fatigue classification using sparse-deep belief networks," *Frontiers in Neuroscience*, vol. *11*, p. 103, 2017, doi: 10.3389/fnins.2017.00103.

[86] Z.-K. Gao, Y.-L. Li, Y.-X. Yang, and C. Ma, "A recurrence network-based convolutional neural network for fatigue driving detection from EEG," *Chaos*, vol. *29*, no. 11, p. 113126, 2019, doi: 10.1063/1.5120538.

[87] A. Tjolleng et al., "Classification of a driver's cognitive workload levels using artificial neural network on ECG signals," *Applied Ergonomics*, vol. *59*, Pt A, pp. 326–332, 2017, doi: 10.1016/j.apergo.2016.09.013.

[88] H. Lee, J. Lee, and M. Shin, "Using wearable ECG/PPG sensors for driver drowsiness detection based on distinguishable pattern of recurrence plots," *Electronics*, vol. *8*, no. 2, p. 192, 2019, doi: 10.3390/electronics8020192.

[89] H. U. R. Siddiqui et al., "Non-invasive driver drowsiness detection system," *Sensors (Basel, Switzerland)*, vol. *21*, no. 14, p. 4833, 2021, doi: 10.3390/s21144833.

[90] S. Arefnezhad, A. Eichberger, M. Frühwirth, C. Kaufmann, M. Moser, and I. V. Koglbauer, "Driver monitoring of automated vehicles by classification of driver drowsiness using a deep convolutional neural network trained by scalograms of ECG signals," *Preprints*, 2021, doi: 10.20944/preprints202111.0230.v1.

[91] J. M. Lilly and S. C. Olhede, "Higher-order properties of analytic wavelets," *IEEE Transactions on Signal Processing*, vol. *57*, no. 1, pp. 146–160, 2009, doi: 10.1109/TSP.2008.2007607.

[92] S. Arefnezhad, "Evaluation of driver performance in semi-automated driving by physiologic, driver behaviour and video-based Sensors," PhD Thesis, Institute of Automotive Engineering, Graz University of Technology, Graz, Austria, 2021.

[93] A. Sinha, R. P. Aneesh, and S. K. Gopal, "Drowsiness detection system using deep learning," in *2021 Seventh International conference on Bio Signals, Images, and Instrumentation (ICBSII)*, Chennai, India, Mar. 2021, pp. 1–6.

[94] B. Akrout and W. Mahdi, "Spatio-temporal features for the automatic control of driver drowsiness state and lack of concentration," *Machine Vision and Applications*, vol. *26*, no. 1, pp. 1–13, 2015, doi: 10.1007/s00138-014-0644-z.

[95] Z. Li, S. E. Li, R. Li, B. Cheng, and J. Shi, "Online detection of driver fatigue using steering wheel angles for real driving conditions," *Sensors (Basel, Switzerland)*, vol. *17*, no. 3, 2017, doi: 10.3390/s17030495.

[96] J. Vicente, P. Laguna, A. Bartra, and R. Bailón, "Drowsiness detection using heart rate variability," *Medical & Biological Engineering & Computing*, vol. *54*, no. 6, pp. 927–937, 2016, doi: 10.1007/s11517-015-1448-7.

[97] G. Li and W.-Y. Chung, "Detection of driver drowsiness using wavelet analysis of heart rate variability and a support vector machine classifier," *Sensors (Basel, Switzerland)*, vol. *13*, no. 12, pp. 16494–16511, 2013, doi: 10.3390/s131216494.

[98] A. L. Goldberger et al., "PhysioBank, PhysioToolkit, and PhysioNet: components of a new research resource for complex physiologic signals," *Circulation*, vol. *101*, no. 23, pp. E215–20, 2000, doi: 10.1161/01.cir.101.23.e215.

[99] L. Chin-Teng, C. Che-Jui, L. Bor-Shyh, H. Shao-Hang, C. Chih-Feng, and W. I-Jan, "A real-time wireless brain-computer interface system for drowsiness detection," *IEEE Transactions on Biomedical Circuits and Systems*, vol. *4*, no. 4, pp. 214–222, 2010, doi: 10.1109/TBCAS.2010.2046415.

[100] Q. Massoz, T. Langohr, C. Francois, and J. G. Verly, "The ULg multimodality drowsiness database (called DROZY) and examples of use," in *2016 IEEE Winter Conference on Applications of Computer Vision (WACV)*, Lake Placid, NY, USA, Mar. 2016, pp. 1–7.

[101] Q. Massoz, J. G. Verly, and M. van Droogenbroeck, "Multi-timescale drowsiness characterization based on a video of a driver's face," *Sensors (Basel, Switzerland)*, vol. *18*, no. 9, 2018, doi: 10.3390/s18092801.

[102] W. Deng and R. Wu, "Real-time driver-drowsiness detection system using facial features," *IEEE Access*, vol. *7*, pp. 118727–118738, 2019, doi: 10.1109/ACCESS.2019.2936663.

[103] L. Zhao, Z. Wang, X. Wang, and Q. Liu, "Driver drowsiness detection using facial dynamic fusion information and a DBN," *IET Intelligent Transport Systems*, vol. *12*, no. 2, pp. 127–133, 2018, doi: 10.1049/iet-its.2017.0183.

[104] M. Patel, S. Lal, D. Kavanagh, and P. Rossiter, "Applying neural network analysis on heart rate variability data to assess driver fatigue," *Expert Systems with Appliation*, vol. *38*, no. 6, pp. 7235–7242, 2011, doi: 10.1016/j.eswa.2010.12.028.

[105] F. You, X. Li, Y. Gong, H. Wang, and H. Li, "A real-time driving drowsiness detection algorithm with individual differences consideration," *IEEE Access*, vol. *7*, pp. 179396–179408, 2019, doi: 10.1109/ACCESS.2019.2958667.

[106] H. Wang, L. Zhang, and L. Yao, "Application of genetic algorithm based support vector machine in selection of new EEG rhythms for drowsiness detection," *Expert Systems with Appliation*, vol. *171*, p. 114634, 2021, doi: 10.1016/j.eswa.2021.114634.

[107] H. Iwamoto, K. Hori, K. Fujiwara, and M. Kano, "Real-driving-implementable drowsy driving detection method using heart rate variability based on long short-term memory and autoencoder," *IFAC-PapersOnLine*, vol. *54*, no. 15, pp. 526–531, 2021, doi: 10.1016/j.ifacol.2021.10.310.

[108] S. K. Khare and V. Bajaj, "Optimized tunable Q wavelet transform based drowsiness detection from electroencephalogram signals," *IRBM*, 2020, doi: 10.1016/j.irbm.2020.07.005.

[109] S. Arefnezhad, S. Samiee, A. Eichberger, M. Frühwirth, C. Kaufmann, and E. Klotz, "Applying deep neural networks for multi-level classification of driver drowsiness using vehicle-based measures," *Expert Systems with Application*, vol. *162*, p. 113778, 2020, doi: 10.1016/j.eswa.2020.113778.

第3章

网联自动驾驶汽车（CAV）网络安全与威胁情报的深度学习

3.1 引言

网联自动驾驶汽车（CAV）是下一代智能交通服务，通过智能自动化和强大的通信来取代由人驾驶的车辆，以软件代理进行智能决策、控制和机动性驾驶，以尽可能减少决策错误。美国国家安全委员会（NSC）[1]报道称，尽管2019年美国行驶里程减少了13%，但道路死亡率比2019年增加了24%，这是自1924年以来美国道路死亡率的最大增幅。这些死亡率大多是由人为错误造成的。例如，2020年美国有480万的道路使用者遭受严重伤害，造成的损失估计为4740亿美元。

未来交通和移动性的设想是构建一个安全、可靠、灵活、自动化的、可信赖的、基于服务的移动体系结构。该体系结构应该能够通过使用基于传感器和无线电收发器收集情境和行为信息的智能决策软件代理来消除人为错误。除此之外，基于服务的体系结构还消除了车辆所有权的概念，并包括更多的多样性，如面向残疾人和老年人的服务体系。CAV是实现未来移动性和交通目标不断发展的技术。

如今的车辆不仅是电机机械实体，还是具有复杂软件代理和电子设备的实体[2]。在这个背景下，连接的意思是在车辆之间和基础设施之间进行数据交换，用于预测性维护、动态保险政策、乘客信息、车队管理、舒适度以及情境和行为意识[3]。完全自主意味着车辆能够实时自动执行动态驾驶任务，无须驾驶人干预[4]。

即使在较低级别的自主性下，联网车辆每小时约产生25GB的数据。将雷达、激光雷达、摄像头、超声波、运动传感器、全球导航卫星系统（GNSS）和惯性测量单元（IMU）集成到车辆中可以产生40Gbit/s的数据，每年可达到380~5100TB的数据量[5]。这种大量高速数据的产生需要巨大的存储、强大的计算和敏锐的处理能力。随着数据量的急剧增加，软件、硬件、数据隐私和安全问题变得越来越重要。增加的连接性扩大了CAV的被攻击面，而自动化则缺乏人工智能水平的敏捷治理来缓解威胁。这项技术的固有漏洞来自未经测试的供应链，如硬件、软件和基础设施。

深度学习在解读高度随机数据的复杂非线性时非常成功。鉴于数据的规模、准确率和速率，深度学习可以在CAV环境中设计网络攻击检测和缓解。图3.1所示为2017—2021年在引文索引类数据库（Web of Science）上以"(((ALL=(Connected Vehicle)) OR ALL=(Automatic Vehicle)) AND ALL=(Cyber security)) OR ALL=(Deeplearning))"查询的出版物的当前趋势。2017—2021年该领域已产生了约127042份出版物。

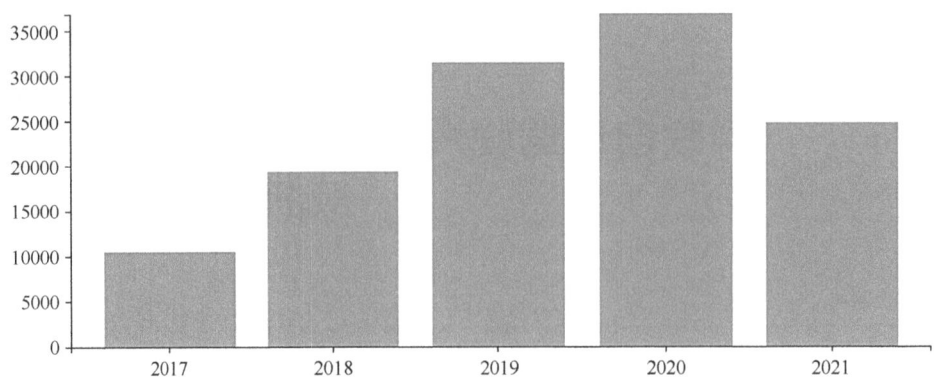

图 3.1 2017—2021 年有关智能网联汽车的发文数量

本章讨论了 CAV 网络安全和威胁情报的深度学习视角。此外，我们提出了一种新颖的基于深度卷积循环神经网络（CNN-LSTM）的智能计算模型，用于 CAV 生态系统中的网络攻击检测和分类。该模型已经在 CAV-KDD 数据集上经过成功训练、测试和评估，并与其他深度神经网络（DNN）和卷积神经网络（1D-CNN）以及长短期记忆网络（LSTM）进行了比较。该模型在各种性能指标和增加的模型复杂性方面优于前述的深度学习模型。

3.2　CAV 技术促进因素：自动化和连通性

CAV 的关键技术支持者是自动化和连通性（图 3.2）。汽车驾驶自动化系统执行部分或全部动态驾驶任务（DDT）。美国汽车工程师学会（SAE）在其 2021 年发布的报告 [6] 中，将车辆的自动化分为 6 个级别，从无自动化（Level 0）到完全自动化（Level 5）[6]。在 0~2 级别，驾驶人驾驶整个或部分 DDT；而在 3~5 级别，自动驾驶系统执行整个 DDT。连通性架构包括无线网络接口、物理接口和车辆内网络。

CAV 与下一代网络架构和通信协议共同发展。它可以利用 5G 等最新的蜂窝通信的延迟、速度和带宽。Wi-Fi 6 的最新进展可以用来替代高用户密度。此外，内置 GPS 已广泛用于导航。此外，蓝牙、射频识别技术（RFID）、蜂舞协议（ZigBee）和车辆到车辆（V2X）通信扩展了连通性和应用范围。车辆内网络主要用于信息传播和娱乐的高速信息娱乐系统；以及用于车辆核心功能的动力系统网络。这些主要由连接通过控制局部网络（CAN）总线的电子控制单元（ECU）组成。物理网络接口提供连接电话、USB、CD 和 AUX 的端口，从信息娱乐系统和动力系统中的 OBD-II 进行连接。这个 OBD-II 可以通过物理或无线网络接口扩展到车辆的原始设备制造商（OEM）、驾驶人和计算机智能系统。根据美国交通运输部的数据，先前在连通性和自动化方面的进展使得以下车辆功能成为可能 [7]。

1）碰撞警报：前方碰撞警报、道路偏离警报、倒车交叉警报和盲点警报。
2）碰撞干预：自动紧急制动、行人自动紧急制动、自动后制动和盲点干预。
3）驱动控制辅助：自适应巡航控制、车道居中和车道保持辅助。
4）附加系统：自动远光灯、后视摄像头和自动碰撞通知。

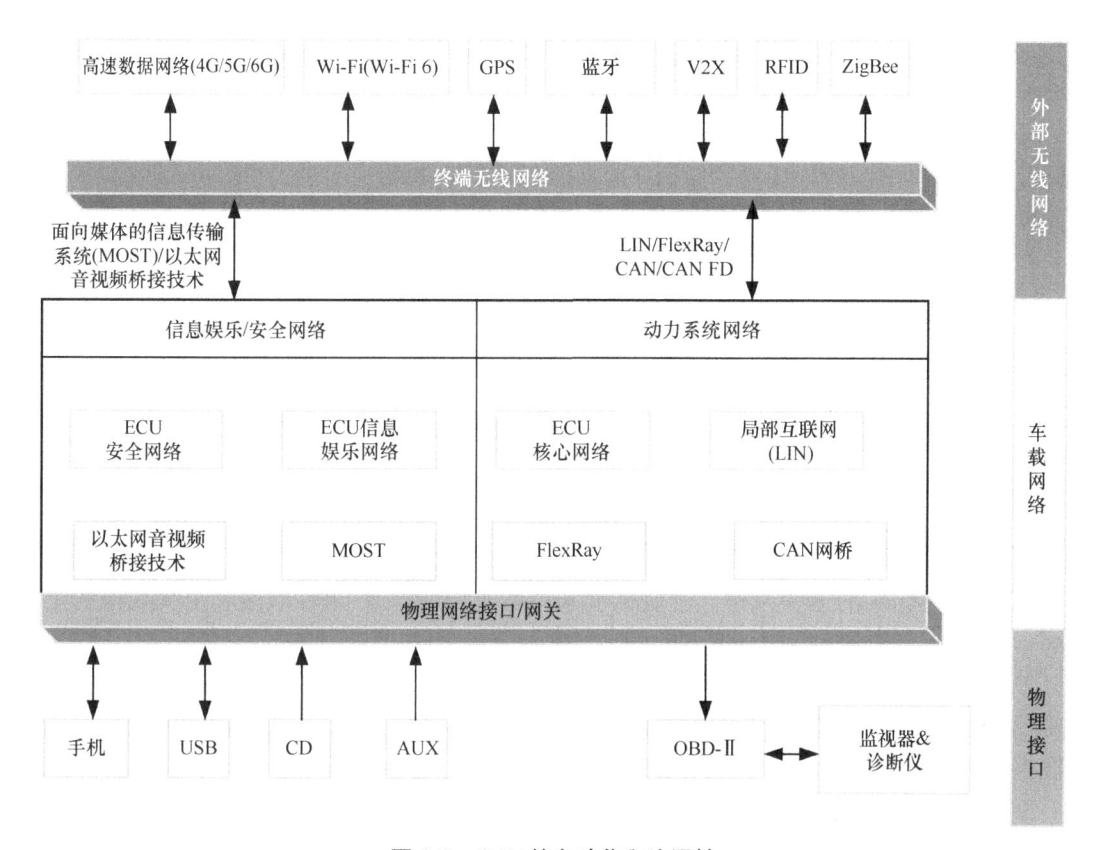

图 3.2 CAV 的自动化和连通性

3.3 CAV 威胁景观和威胁情报

威胁情报始于对资产的识别，然后找到对资产的加权效用，即威胁环境。资产是具有特定效用的实体，为系统增加价值。这个价值来自创建它的成本以及使其迅速可用的竞争。因此，从博弈论的角度来看，总是有竞争来利用效用，即有偏见的使用风险，从而产生了漏洞。攻击者可以利用社交工程和逆向工程来利用这些漏洞。在采用不断发展的网络架构和自动化的过程中，电机车辆 - CAV 将所有与过程、协议、供应链和软件相关的漏洞执行出来。此外，CAV 还具有来自通信、自动化、信息技术（IT）、操作转换（OT）和物理系统的漏洞或风险。在这里，我们将简要解释低级传感器和车辆控制模块的网络安全漏洞[8]。

3.3.1 联邦学习

联邦学习（FL）是一种机器学习框架，多个节点在中央服务提供商或服务器的协调下协同训练一个模型，每个节点使用本地数据[26]。各个节点不传输或共享本地存储数据，而是传输针对即时汇总的聚焦更新。FL 可以在保护隐私、安全、遵从法规和经济方面获益[27]。在 FL 中，我们定义了一组准备共同协作的来自不同供应商的 CAV 节点 {V1,…,VN}，并带有相应的去中心化和隔离数据 {D1,…,DN}。传统的机器学习或深度学习模型会收集所有数据 D 并使用 D 训练学习模型 L。与此相反，FL 不会收集全部数据 D，而是共享一些模型推理或参数以训练学习模型 L。

未来的 CAV 行业预计将出现来自多个供应商的大量 CAV。在缺乏完全发展协议标准的情况下，跨供应商的信任问题阻碍了竞争对手之间共享数据。FL 在 CAV 领域有各种应用，详见文献 [28-31]。文献 [28] 描述了来自单个 CAV 的虚假信息如何破坏全局模型的训练。文献 [29] 提出了基于动态联合近端（DFP）的 FL 框架，用于设计 CAV 的自主控制器。DFP 考虑到 CAV 的移动性、无线衰落信道、非独立和不平衡数据。虽然解决了隐私泄漏问题，但 FL 也存在一些固有的漏洞，如模型反演、成员推断等。文献 [30] 提出了基于拜占庭容错（BFT）的去中心化 FL，保护隐私。文献 [31] 提出了基于区块链 CAV 操作的 FL。在 FL 中解决的一些挑战，包括多个节点之间的非独立分布数据、不平衡数据集和通信延迟[26-27, 32]。

3.3.2 车内（低级传感器）网络漏洞

1）GPS：GPS 的透明架构、开放标准和免费可访问性是 GPS 欺骗和干扰攻击的主要原因。

2）惯性测量单元（IMU）通过使用加速度计和陀螺仪提取速度、加速度和方向数据。陀螺仪和倾斜传感器测量道路坡度并调整相应的速度以进行安全操作。伪造的数据可以为速度控制生成错误的控制信号。此外，传感器的干扰可能会中断车辆的自动调速。

3）发动机控制传感器：这些传感器监控发动机的动力学特性，如温度、空气流量、废气和发动机爆震，并与 CAN 相连。

4）轮胎压力监测系统（TPMS）：TPMS 虽然没有在决策中使用，但可以被外部人员物理访问。

5）激光雷达传感器用于生成车辆环境的三维地图，以进行定位、避障和导航。激光束可以欺骗激光雷达传感器。

6）摄像头（立体视觉或单眼视觉）和红外系统用于静态和动态障碍物检测、目标识别以及与其他传感器融合的 360° 信息。摄像头包含光电耦合器（CCD）或互补金属氧化物半导体（CMOS）传感器，可通过低功率激光器从 3m 的距离部分禁用。

3.3.3 车辆控制模块

所有现代车辆都使用发动机电子控制单元（ECU）来获取、处理和控制电子信号。ECU 大致分为动力系统、安全系统、车身控制和数据通信。

1）动力系统是 ECU 的大脑，负责控制传输、排放、充电系统和控制模块。

2）安全系统负责碰撞回避、气囊部署、主动制动等。

3）车身控制负责控制电动窗户、空调、镜子、防盗系统和锁定。

4）数据通信负责控制不同通信模块之间的通信。

ECU 的网络连接可以通过 CAN 总线或 FlexRay 完成。CAV 中 ECU 的关键性能按重要性降序排列如下[8-9]。

1）导航控制模块（NCM）。

2）发动机控制模块（ECM）。

3）电子制动控制模块（EBCM）。

4）变速器控制模块（TCM）。

5）带远程指令的车载通信模块。

6）车身控制模块（BCM）。

7）充气约束模块（IRM）。

8）车辆视觉系统（VVS）。

9）遥控门锁接收器。

10）暖通空调（HVAC）。

11）仪表盘模块。

12）收音机和娱乐中心。

3.3.4 CAV 威胁安全分析

自动驾驶汽车（CAV）在 50~70 个电子控制单元（ECU）中可能有约 1 亿行代码。随着代码行数的增加，对安全性的仔细考虑变得不可行。以下是一些安全事件及其分析[3]。

1）远程控制车辆：攻击者利用无线通信系统中的漏洞侵入信息娱乐系统。在大多数汽车中，信息娱乐系统具有驾驶人信息，如维修计划、轮胎压力等。信息娱乐系统与连接所有 ECU 的 CAN 总线相连。因此，可以通过信息娱乐系统进入并注入或伪造恶意信号，如控制方向盘或制动系统。

2）禁用车辆：利用智能设备和应用程序的认证、授权和访问控制漏洞激活空调、窗户和风窗玻璃以耗尽电池。

3）远程解锁车辆或盗窃：利用无钥匙进入系统的已知漏洞，使用软件定义无线电技术，远程解锁车门和发动奔驰 E 级发动机。制造商通常在无钥匙进入系统和点火钥匙之间使用对称密钥。攻击者可以通过强制破解或中间人攻击嗅探无线电频率。然后，对称密钥可以通过回放攻击或反向工程破解。当一些主要汽车制造商使用相同的主密钥时，问题将变得更加严重。

4）安全条件：以色列汽车科技公司（Mobileye）和特斯拉 Model X 等攻击误导了自动驾驶系统触发制动和转向。

5）车辆跟踪或监控：从数据中提取模式或指纹。

6）车辆武器化。

7）恶意软件：用于加密货币挖掘或分布式拒绝服务攻击（DDoS）的僵尸程序。

8）勒索软件可能成为未来无人驾驶车辆面临的巨大问题。

9）分销非法商品。

3.3.5 攻击面

传统的机电一体化车辆在适应不断演进的网络架构、通信和基于人工智能的自动化的同时，也具有现有技术的所有漏洞。CAV 还继承了更高级的攻击面和攻击向量以及更高的复杂性。这些攻击向量指的是无人驾驶车辆可能被利用的具体方法、路线或过程。CAV 生态系统中一些突出的威胁包括 Waymo 和 Uber 之间的 Levandowski 商业机密案件[10]，V2X

通信[11]的网络攻击，传感器诈骗和利用[12]，通过垃圾桶搜集数据作为诱饵，供应链和第三方风险等[10-13]。图3.3所示为CAV的关键攻击面。

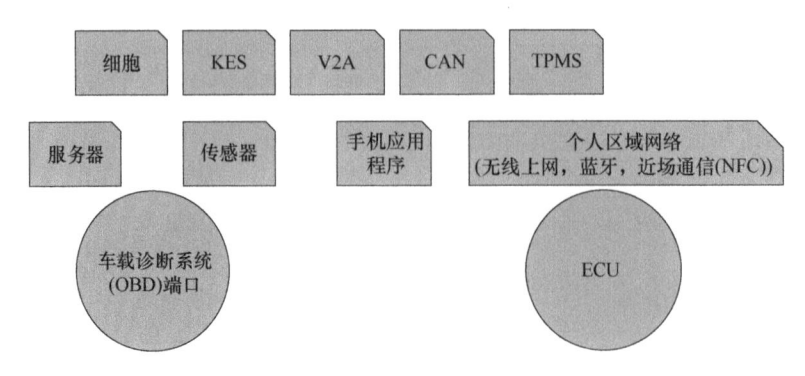

图 3.3　CAV 的关键攻击面

3.3.6　CAV 生态系统的组织风险

CAV 生态系统对组织的风险在文献 [13] 中有详细记录。信息技术（IT）安全、操作转换（OT）安全和物理安全地融合在包括 CAV 生态系统的任何网络物理系统中都是一个挑战。这些奇特系统的相互连接、相互作用和共同影响应该得到分析和评估。处理 CAV 生态系统中的大数据（高容量、高速度、高多样性）并从不同传感器的多模态数据中提取推理能力需要较高的计算能力、存储和处理能力。多个节点、服务器和系统之间的数据通信带来安全和隐私风险。CAV 的利益相关者，如不同的 CAV 供应商、原始设备制造商（OEM）、智能交通系统（ITS）、车联网（V2X）等，在数据隐私政策方面的差异可能不允许 CAV 参与者在威胁检测和缓解方面进行合作。CAV 生态系统中的网络物理安全协议、企业政策和法规仍有很长的路要走。

3.4　CAV 威胁缓解：基于深度学习的异常检测与分类

正如 Yann Le Cunn，ACM Turing 获奖者和深度学习的先驱在 AAAI-20 事件中所引用的那样[14]"深度学习是通过将参数化模块组装成一个（可能是动态的）计算图来构建系统，并使用基于梯度的方法来优化这些参数，训练该系统以完成任务"。图形可以由依赖于输入的程序动态定义。输出计算不一定是前馈计算；它可能是一些最小化能量函数（推理模型）[15]。

设计者完全可以选择学习范式，如有监督学习、强化学习、自监督或无监督学习，以及分类、预测和重构等目标函数。往往有人将有监督学习的限制错误地看作是深度学习的限制。如果把智能比作蛋糕，无监督学习占据了蛋糕的大部分，有监督学习只是蛋糕上的装饰，强化学习则是蛋糕上的樱桃。下一次 AI 革命不会是有监督学习或强化学习[16]。

深度学习在各种网络物理领域中，如工业控制系统、智能电网、SCADA 控制系统等，对异常分类具有广泛的应用[17]。现在，将深度学习应用于 CAV 的网络安全方面有以下几个具体的应用。

第 3 章
网联自动驾驶汽车（CAV）网络安全与威胁情报的深度学习

在文献 [18] 中，使用生成对抗网络（GAN）基础的入侵检测系统（IDS）通过分析 CAN 消息帧，特别是消息标识符和频率，来检测 ECU 的异常。数据集是从一个未定义车辆的 OBD-II 端口记录下来的。作者修改了萤火虫算法以找到生成器网络的最优结构。最后，他们声称所提出模型的准确性优于经过粒子群优化（PSO）和遗传算法（GA）的 GAN。然而，该论文在训练时间、数据大小、数据样本、计算复杂性等方面的信息不多。

在文献 [19] 中，利用汽车黑客和 UNSW-NB15 数据集，搭建了基于深度学习的 LSTM 自编码器，该编码用于设计 CAN 和中央网络网关的入侵检测系统。从网络数据包中提取统计特征，如总计、均值和标准差。所提出的模型声称在一些决策树和支持向量机（SVM）分类器方面表现优越。因为监督 ML 模型不能检测和分类从未经过训练的数据，所以不太可能声称 DL 模型能够检测零日攻击。

在文献 [20] 中，作者使用 GAN 设计了能够学习车内网络上未知攻击的 IDS。他们使用树莓派和 OBD-II 端口上的简单硬件提取了正常和攻击的 CAN 总线数据。该方法并非将所有的 CAN 数据转化为图像（由于处理时间增加导致实时检测困难），只是将 CAN ID 转化为图像，使用独热编码方法。对于训练，第一个判别器使用来自实际车辆的正常和异常 CAN 图像，第二个判别器使用正常和随机噪声。生成器和判别器竞争以提高性能，第二个判别器能够检测到与真实 CAN 图像相似的假图像。然而，所提出的模型只是将 CAN ID 作为主要特征识别攻击和非攻击，将数据转化为图像阻碍了 IDS 的实时检测，并且该模型不能检测攻击中的操作缺陷。

在文献 [21] 中，使用了与文献 [20] 相同的数据集，ResNet 启发的 DCNN 被用于广播 CAN ID 的序列学习。然而，他们更感兴趣的是找到 ID 序列中的模式，而不是单独的 ID。连续的 29 位 ID 被记录为每 29 个连续 ID 形成的 29×29 的网格图像，输入到 DCNN 中，并相应地标记为攻击或非攻击。他们声称相对于这个问题，DCNN 在序列学习方面似乎比 LSTM 更高效。但是，该模型需要较高的计算能力，并且不能检测未知攻击。

在文献 [22] 中，Yu 提出了一种新颖的自监督贝叶斯递归自编码器，用于检测针对众包导航系统 Sybil 攻击中的对抗性轨迹。它利用车辆轨迹的时间序列特征，使用编码器–解码器将轨迹嵌入到潜在分布空间中作为多元随机变量。使用这个分布来重构真实轨迹并与输入进行比较，以评估可信度得分。作者声称这个模型至少提高了基线模型准确率的 76.6%。

3.5 深度学习的前沿（进步和未来）

深度学习的挑战在于，有监督模型需要对数据进行大量标记，而强化学习则需要大量的交互。在少数像素和环境规则的轻微更改下，模型可能出错。深度学习模型的无效性源于"独立同分布（i.i.d）"数据的假设。这个假设认为训练数据捕捉到真实动态环境的所有随机性，观测结果是相互独立的。

为了捕捉到不断变化的动态环境，学习模型应相应地演进。深度学习模型对数据需求极大；未来深度学习应该在少样本和少试验的情况下进行学习。为此，模型在学习任务之前应正确而广泛地了解环境。深度学习模型的抽象性很差，推理需要庞大的数据量才能学习到简单的任务。符号人工智能在推理和抽象方面已经证明比深度学习更强。深度学习模型擅长提供端到端的解决方案，但在将其分解为可解释和可修改子任务方面表现糟糕。

目前，深度学习被认为仅实现了系统Ⅰ的自然智能，即仅实现了关联或映射智能。例如，驾驶人通过视觉线索在之前使用了数百次的社区中进行导航，不需要查看方向或地图。此外，在导航到新环境时，深度学习可以使用地图、方向、推理和逻辑来到达目的地。前者是系统Ⅰ的认知，后者是系统Ⅱ的认知[23]。

在2019年神经信息处理系统（NeurIPS）大会上，探索未来更加有意识（系统Ⅱ认知）的人工智能先驱者和科学家提出了以下路线图。

1）处理环境中的非稳态分布问题。

2）系统泛化。

3）意识预期。

4）元学习和因果推断的局部变化假设。

5）世界性的深度学习架构。

当我们开始学习新任务时，我们不是从零开始，而是尝试利用先前已知任务（$t_j \in \boldsymbol{T}$）的经验（$\theta_i \in \boldsymbol{\Theta}$）进行学习，其中 $\boldsymbol{\Theta}$ 是离散、连续或混合的配置空间，$\boldsymbol{T}$ 是所有已知任务的集合。例如，驾驶人可以轻松驾驶在完全陌生的环境中。

在学习具体任务的过程中，人脑还学习了如何学习。如果这些先前的学习经验应用于学习新任务，这些经验可以使我们更接近于拥有系统Ⅱ的认知能力。因此，该新模型将以稀疏数据迅速学习新任务。元学习或学习如何学习是一项科学，可以将广泛任务的学习经验和元数据从广义任务传递到最少的信息和时间中学习新任务[24]。元数据包含先前的学习任务和所学模型，以确切的算法配置、超参数、网络架构和性能指标（如准确率、训练时间、假阳性率、F1分数和先前权重）以及任务的可测量属性（元特征）。一旦收集到元数据，机器需要从元数据中提取和转移知识，以搜索解决新任务的最佳模型。

文献[24]解释了元学习算法如何从模型评估中进行学习，如任务独立的推荐、空间设计的配置和其转移技术，包括代理模型和启发式多任务学习。与基本学习器不同，基于元学习的模型会动态选择正确的偏好[25]。

元学习倾向于将不同环境中学到的知识，转移到最少的训练中去学习新任务，而不是数据需求极大的有监督学习，后者由于i.i.d假设而带有偏差。迁移学习的发展可能有助于机器实现像人类那样的系统Ⅱ认知。元学习算法的工作原理如下。

1）第1步：创建一组先前已知的任务，$t_j \in \boldsymbol{T}$。

2）第2步：创建一组来源于学习任务 t_j 的配置，$\theta_i \in \boldsymbol{\Theta}$。

3）第3步：对每个配置 θ_i 在任务 t_j 上的先前评估指标（如准确率、假阳性率、训练时间、交叉验证），$\boldsymbol{P}_{i,j}(\theta_i, t_j)$。

4）第4步：将每个配置 θ_i 在任务 t_j 上的所有先前标量评估 $\boldsymbol{P}_{i,j}(\theta_i, t_j)$ 分配给 $\boldsymbol{P}$，$\boldsymbol{P} = \{\boldsymbol{P}_{i,j}(\theta_i, t_j)\}$。

5）第5步：对新任务 t_{new} 评估性能 $\boldsymbol{P}_{i,new}$，并将其分配给 $\boldsymbol{P}_{new}$，$\boldsymbol{P}_{new} = \{\boldsymbol{P}_{i,new}\}$。

6）第6步：现在，元学习器 L 在 $\boldsymbol{P}'$ 上训练，以预测新任务 t_{new} 的推荐配置 θ_{new}，其中 $\boldsymbol{P}' = \boldsymbol{P} \cup \boldsymbol{P}_{new}$。

7）第7步：L 是从元学习中得出的学习算法，用于学习新任务。

3.6 面向 CAV 网络攻击检测的端到端深度 CNN-LSTM 架构

本章提出了一种新颖的端到端深度 CNN-LSTM 架构，用于在 CAV 环境中进行攻击检测和分类，如图 3.4 所示。一般来说，CNN 可以学习特征空间的高维空间信息，但可能无法捕捉到遥远的时间相关性。而 LSTM 则可以通过学习序列来捕捉时间相关性。因此，堆叠模型可以学习学习问题的时空特征。预计 CNN-LSTM 模型可以通过学习大量数据的分层特征表示和长期时态依赖性，获得更好的性能。

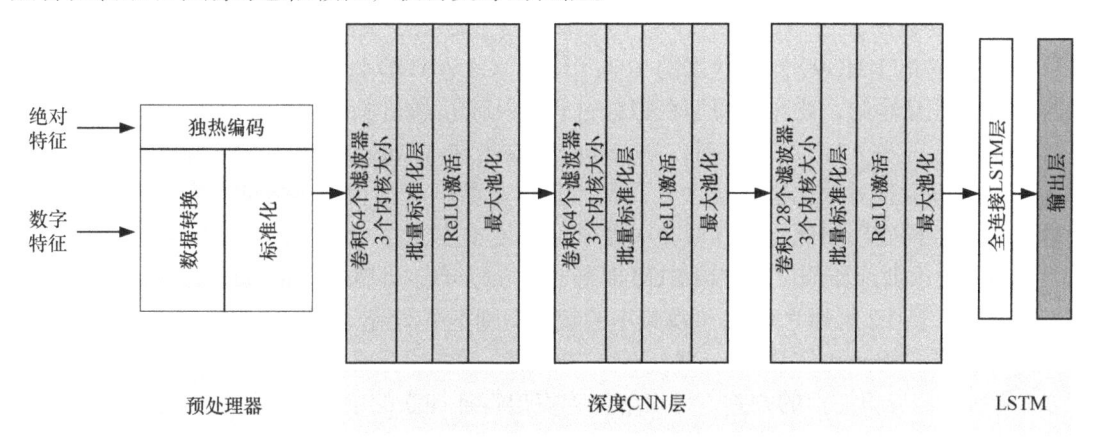

图 3.4 提出的端到端深度 CNN-LSTM 架构

提出的端到端深度 CNN-LSTM 架构流程包括预处理器、深度 CNN 层、全连接 LSTM 层和输出层。

1）预处理器：预处理器将特征转换为机器学习兼容的格式。大多数数据集包含混合特征，如数值（整数，浮点数）和分类（名义，顺序）数据类型。深度学习算法只能处理整数或浮点数特征，因此所有的分类特征都应该转换为数值形式。独热编码（One Hot Encoder）将名义特征转换为二进制格式。然而，高基数特征将以高维度进行编码。数据转换（Simple Imputer）处理数值特征的缺失值。此外，标准化（Standard Scaler）通过实现零均值和单位方差来标准化特征。最后，预处理器输出准备好输入到深度 CNN 架构的特征。

2）深度 CNN 层：此层通常是使用其卷积核提取空间信息和呈现高级特征。一维（1D）CNN 是时间序列分类或回归的常用算法，在自然语言处理、音频行业和异常检测等领域得到成功测试[33]。一维卷积层创建 64 个大小为 3 的卷积核，与输入在单个空间或时间维度上进行卷积。过滤器确定输出空间的维数，而卷积核确定一维卷积窗口的长度。批量标准化（Batch Normalization）层使用当前输入批次均值和标准差对过滤器的输出进行归一化。激活函数使用的是 ReLU 函数，用于解决爆炸和消失梯度问题[34]。最大池化（Max Pooling）一维通过取空间窗口大小为 4 的池化窗口内的最大值对归一化滤波器的输出进行下采样，从而提取高级特征。这标志着深度 CNN 层的一个单独块的完成，我们添加了一个类似的块两次以提取更多的高级特征。

3）全连接 LSTM 层：一维 CNN 通常提取局部时间信息，很难捕捉所有的长期顺序相关性。这就是全连接 LSTM 派上用场的地方，以捕捉长期顺序关系[35]。LSTM 层有 64 个 LSTM 单元。

4）输出层：输出层有 3 个节点，分别属于 3 个不同的类别，用于评估样本属于每个类别的概率。概率的总和为 1，最高概率表示预测的类别，使用 Softmax 函数进行处理[36]。对于独热编码的输出类别，使用分类交叉熵损失函数[37]。

3.6.1 性能分析

1. 数据集

CAV-KDD 数据集改编自著名的 KDD99 数据集，是入侵检测的基准。KDD99 数据集包含正常连接数据和在军事网络环境中模拟的攻击数据。文献 [4] 的作者使用 KDD99 训练数据的 10% 和 KDD99 测试数据的 10% 形成了 CAV-KDD 训练和测试数据集。训练数据和测试数据是互斥的，意味着模型在拟合过程中从未接触过测试数据。

数据分为三种："正常"类别、"Neptune"攻击和"Smurf"攻击。选择这三种类型是因为深度学习模型对数据需求量大，需要大量样本数据来捕捉数据集的分布。此外，我们对数据集进行预处理和优化，以便在深度学习环境中实施。

表 3.1 表示训练和测试 CNN-LSTM 时数据集的分布。训练数据的 30% 保留用于模型的超参数调优。表 3.2 所列为 CAV 训练集中的数据类别不平衡情况，其中 20% 属于"正常"类别，22% 属于"Neptune"攻击，58% 属于"Smurf"攻击，这在学习模型中引入了数据偏差。图 3.5 所示为奇异值捕捉的方差，可以解释为突出特征捕获的信息。4 个奇异值即 4 个主差，可以贡献 92.90 % 的数据方差。奇异值分解（SVD）是一种常用的降维技术，将 m 维数据（m 列或特征）投射到具有 m 个或更少维度的子空间中，而不会失去原始数据的本质[38]。

表 3.1 驾驶自动化的演进

驾驶自动化水平	用户角色	自动化系统的作用
0 级—无驾驶自动化	驾驶人始终执行整个 DDT	在某些情况下，根本没有 DDT、安全警告和其他一些临时的紧急干预措施
1 级—驾驶人辅助	驾驶人监督驾驶自动化，执行所有其他 DDT，决定何时参与或脱离驾驶自动化，并根据需求或愿望控制整个 DDT	自动驾驶系统（ADS）在接合时同时执行纵向和横向车辆运动控制子任务，并根据驾驶人的要求进行脱离
2 级—部分驾驶自动化	驾驶人监督驾驶自动化，执行所有其他的驾驶任务，决定何时启动或停止驾驶自动化，并根据需求或意愿控制整个驾驶任务	在参与时，ADS 执行纵向和横向车辆运动控制子任务，并在驾驶人要求下解除参与
3 级—有条件驾驶自动化	驾驶人在 ADS 未参与的情况下，验证 ADS 的战备完好性，决定是否参与 ADS。一旦 ADS 开始运行，驾驶人就成为 DDT 备用准备就绪的用户。尽管 ADS 处于工作状态，但用户总是能够接受用户干预请求和与 DDT 性能相关的故障。此外，用户始终进行风险评估和 ADS 脱离	ADS 在未参与时，仅允许在其操作设计领域（ODD）内进行操作。用户可以在请求时立即接管控制权。自动驾驶系统参与时，在其操作设计领域内执行 DDT，当达到 ODD 限值或检测到 DDT 性能相关故障时，向 DDT 备用用户发送干预请求
4 级—驱动自动化程度高	驾驶人在 ADS 未启用时，验证 ADS 的操作准备情况，并决定是否启用 ADS。一旦 ADS 启用，驾驶人将成为乘客。在 ADS 启用后，乘客不执行 DDT 或 DDT 回退或风险评估。在达到 ODD 限制后，乘客可以关闭 ADS 并成为驾驶人，并执行 DDT	ADS 在非参与状态下，仅允许在其 ODD 内进行操作。ADS 在参与状态下，在其 ODD 范围内执行整个 DDT，可能会提示乘客在 ODD 限值附近恢复车辆操作。此外，它在用户请求下执行 DDT 回退转换，以实现最小风险，或在 DDT 相关系统故障或达到 ODD 限值时，这可能会导致一些延迟

（续）

驾驶自动化水平	用户角色	自动化系统的作用
5级—全驱动自动化	驾驶人在 ADS 未启用时，验证 ADS 的操作准备情况，并决定是否启用 ADS。一旦 ADS 被启用，驾驶人将成为乘客。在 ADS 启用后，乘客无须执行 DDT、DDT 回退或风险评估。乘客可以取消 ADS 的启用，成为驾驶人，并执行风险评估。在 ADS 未启用时，ADS 允许在驾驶人可管理的所有道路条件下启用 ADS	ADS 在工作时执行所有的 DDT，并在 DDT 执行相关故障或用户请求以实现最小风险条件时，自动执行 DDT 回退转换。只有在实现最小风险条件或驾驶人执行 DDT 时，ADS 才会停止工作，这可能会导致一些延迟

表 3.2　混淆矩阵

实际或预测类别	异常	正常
异常	正确	错误
正常	错误	正确

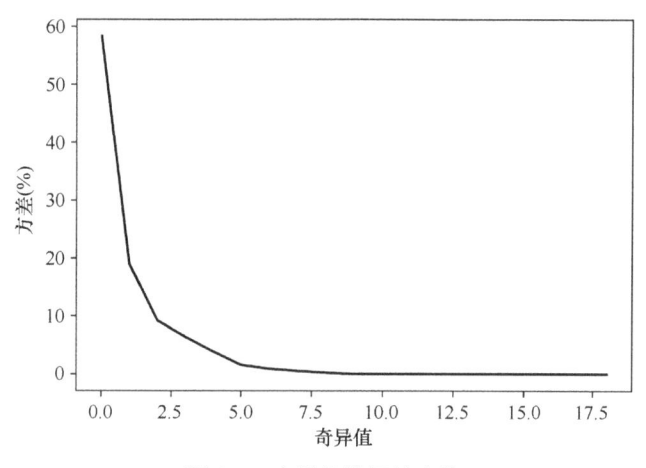

图 3.5　奇异值捕捉的方差

主成分分析（PCA）是一种使用 SVD 的降维技术，它将数据从高维空间投影到低维空间，并提取矩阵的主要模式[39]。图 3.6 所示为在 90000 个数据样本上使用两个主成分的 PCA，显示了严重重叠的子空间。在这种情况下，任何线性分类器都难以在不同类别之间绘制非线性边界。因此，非线性分类器（如深度学习）非常有用。使用深度学习时可以完全不需要或最小限度地进行特征选择，因为它可以在超高维特征空间中做出良好的决策（表 3.1）。

2. 评价指标

端到端深度 CNN-LSTM 架构使用准确率、精确率、召回率和 F1 分数来评估分类器模型的性能。本研究考虑了一些性能度量，以量化所提出检测方法的性能。混淆矩阵通常反映了特定机器或算法对实际数据进行分类的效率。它是分类器性能评估中最常用的矩阵见表 3.3，其中 TP、FP、FN 和 TN 的含义如下。

1）True Positive（TP）：正确分类的攻击行为。

2）False Positive（FP）：错误分类的攻击行为。

3）False Negative（FN）：错误分类的非攻击行为。

4）True Negative（TN）：正确分类的非攻击行为。

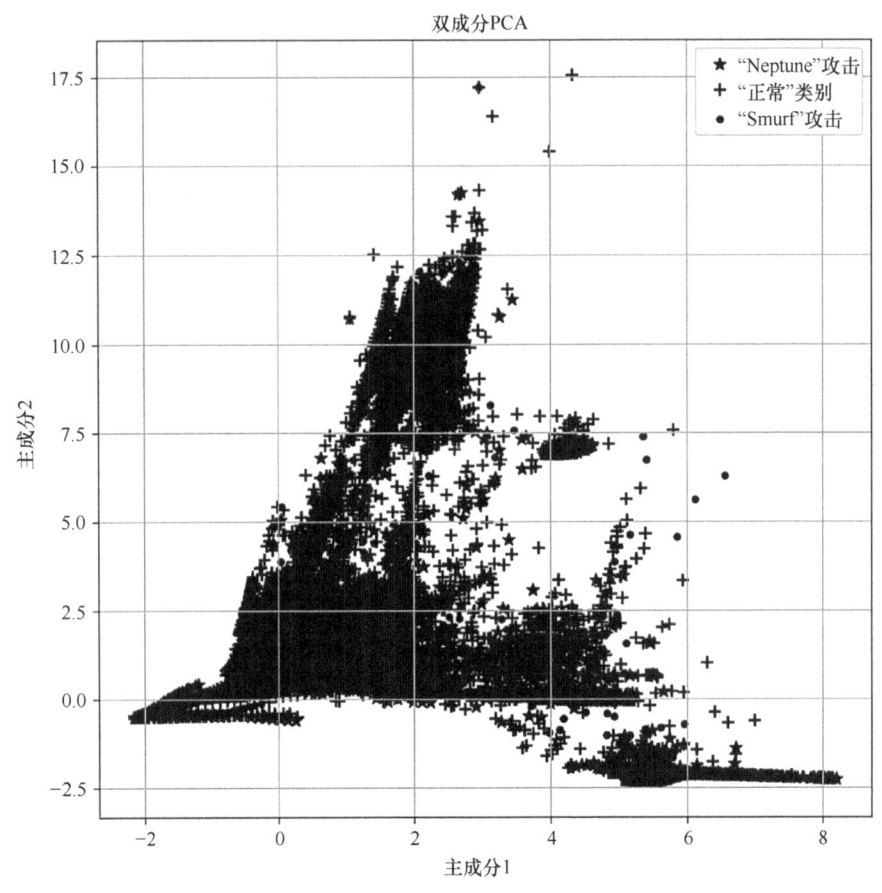

图 3.6 主成分分析

表 3.3 性能度量

算法	准确率	精确率	召回率	F1 分数	AUC
DNN	99.64%	97.70%	99.50%	99.60%	97.70%
CNN	99.75%	99.84%	99.62%	99.73%	97.70%
LSTM	93.89%	92.41%	96.29%	93.85%	97.70%
CNN-LSTM	99.75%	99.85%	99.73%	99.74%	97.70%

准确率：它估计了所有数据中正确分类的数据如图 3.5、图 3.6 所示。准确率越高，机器学习模型越好（Accuracy ∈ [0,1]）。

$$\text{Accuracy} = \frac{TP + TN}{TP + TN + FP + FN} \tag{3.1}$$

精确率：估计了正确分类的攻击数与所有被识别的攻击数之间的比率。精确率表示模型的可重复性和可再现性（Precision ∈ [0,1]）。精确率越高，机器学习模型越好。

$$\text{Precision} = \frac{TP}{TP + FP} \tag{3.2}$$

召回率：估计了正确分类的异常数据与所有异常数据的比率。希望获得较高的召回率，以获得更好的机器学习模型（Recall ∈ [0,1]）。

$$Recall = \frac{TP}{TP + FN} \quad (3.3)$$

F1 分数：准确率和召回率的调和平均值。F1 分数（F1-score）越高表示 ML 模型良好（F1-score ∈ [0,1]），由

$$F1\text{-score} = 2\frac{Precision \cdot Recall}{Precison + Recall} \quad (3.4)$$

AUC：曲线下面积（AUC）表示模型的可分离性。AUC 越高，模型的可分离性越好。

3.6.2 结果与讨论

这些实验是在 Intel® Core™ i7 2.6 GHz CPU 和 16 GB RAM 的计算机上进行的。Anaconda Navigator 2.0.4 作为 JupyterLab 3.0.14 的主机，其中的算法是用 Python 3.8.8 在 6.3.0 的计算机中编写的。我们的端到端深度 CNN-LSTM 模型架构在第 6 节中清楚地解释了，包括卷积滤波器的数量和大小、卷积核的大小、池化层的数量和大小、批量标准化层、全连接 LSTM 层和输出层。

为了进行比较，除了 CNN-LSTM，我们还创建了深度神经网络（DNN）、卷积神经网络（CNN）和长短期记忆（LSTM）。模型的性能指标在相似的约束条件下进行评估，如相同的训练和测试数据、超参数、批量大小等。除此之外，我们所有的深度学习模型在训练时运行 10 个迭代（epoch），每代使用大小为 500 的批量处理，而在测试时使用大小为 20 的批量处理。我们保留了 30% 的训练数据用于验证，以便调整超参数。训练过的模型在训练过程中从未接触到测试数据的特征，因此模型不会过度参数化和记忆。

图 3.7 所示为训练和验证准确率以及训练和验证损失随着迭代次数的变化而变化的情况。训练非常顺利，在第一代的 680 个步骤内，我们提出的模型实现了 91.80% 的连续训练准确率和 99.98% 的连续验证准确率，相应的损失为 0.3231 和 0.0052。每代的平均训练时间为 95.1s。训练中最好的模型在验证数据上实现了 99.99% 的准确率。为了获得超过 99% 的训练和验证准确率，这个模型只需要训练两代即可。

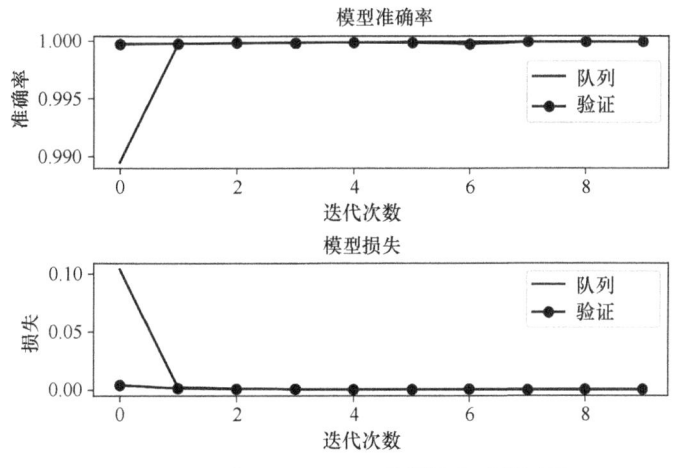

图 3.7 深度 CNN-LSTM 的训练和验证过程

表 3.3 对比了不同深度学习算法与提出的 CNN-LSTM 模型在精确率、召回率、F1-score、AUC 和准确率方面的性能。提出的 CNN-LSTM 模型在每个指标中都实现了最高的精确率、召回率、F1-score、AUC 和准确率,即准确率超过 99%。1D CNN 算法在 AUC 和准确率方面几乎与提出的 CNN-LSTM 算法相当。对于具有两个隐藏层和 64 个隐藏节点的相似设置,LSTM 在除了 AUC 的所有其他性能指标上都表现最差。DNN、CNN 和 CNN-LSTM 的所有性能指标都表现出优秀的结果,超过 99%。这证明了我们提出的深度 CNN-LSTM 算法的卓越性能。

图 3.8 所示为多类混淆矩阵,每个块中的数字和百分比表示属于该块的样本数。最后一行表示属于这些类的实际样本,而最后一列表示使用提出算法预测的样本。在对角线之外的列中,数字和百分比表示被错误分类的样本。提出的模型对于 Smurf 攻击的最高错误分类率为 0.39%,即 164091 个样本中的 640 个。这种隐式的错误分类,即偏见,来本的 58.04%,所以测试模型由于训练时类似的数据分布也具有类似的偏见。尽管这种将 Smurf 分类错误的错误率 <0.23%,但是对于高灵敏度的 CAV 攻击检测,通过上采样和下采样可以帮助其实现相等的数据分布,从而训练模型。总的来说,提出的模型表现出卓越的性能指标,几乎为 100%。

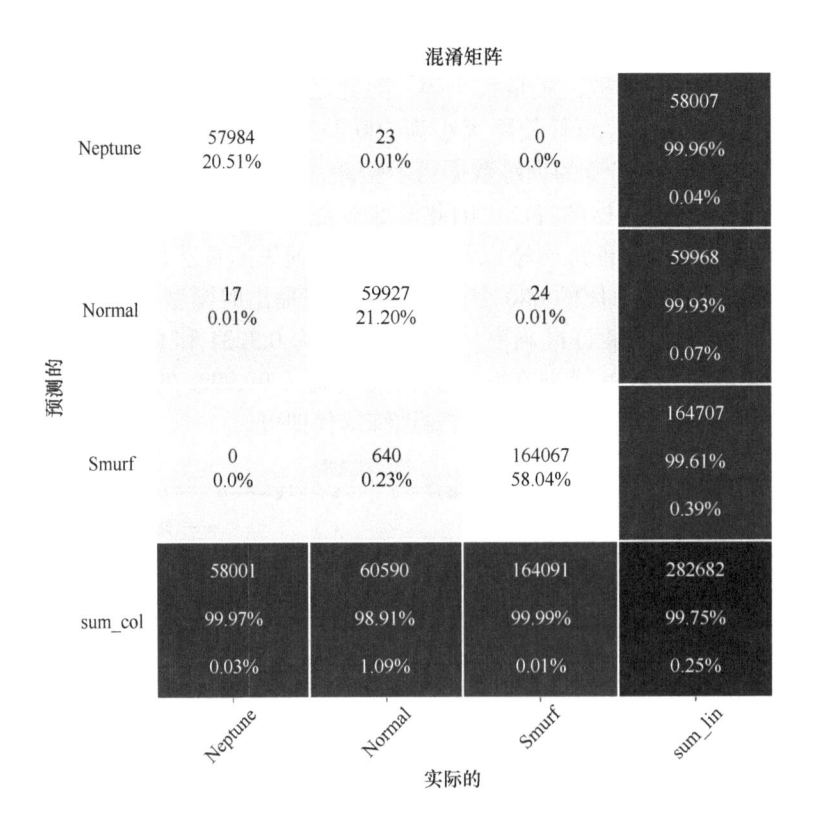

混淆矩阵

预测的	Neptune	Normal	Smurf	
Neptune	57984 / 20.51%	23 / 0.01%	0 / 0.0%	58007 / 99.96% / 0.04%
Normal	17 / 0.01%	59927 / 21.20%	24 / 0.01%	59968 / 99.93% / 0.07%
Smurf	0 / 0.0%	640 / 0.23%	164067 / 58.04%	164707 / 99.61% / 0.39%
sum_col	58001 / 99.97% / 0.03%	60590 / 98.91% / 1.09%	164091 / 99.99% / 0.01%	282682 / 99.75% / 0.25%

实际的

图 3.8 深度 CNN-LSTM 的混淆矩阵

3.7 结论

随着自动化和连接的便利，CAV 继承了包括不断发展的网络架构、无线通信和 AI 辅助自动化在内的现有技术网络物理漏洞。本章重点介绍了源自 CAV 生态系统中的 IT、OT 和物理领域的网络物理漏洞和风险、多样化的威胁态势和威胁情报。为了应对嵌入在 CAV 生态系统的高速、高维、多模式数据和离心化利益相关方资产中的安全威胁，本章介绍并分析了基于深度学习的最新威胁情报攻击检测技术。

由于深度学习本身一直在演变，以实现更高的认知和智能，它会直接影响威胁情报。深度学习的协作学习平台——联邦机器学习，可以在 CAV 生态系统不同利益相关者之间共享威胁情报，无须共享数据。此外，深度学习在 CAV 领域仍需要在动态环境和数据分布之外的上下文中进行元学习，以实现鲁棒和快速的泛化能力。

本章还探讨了深度学习的前沿和挑战。我们为 CAV 威胁情报提出，训练和测试了深度 CNN-LSTM 模型；评估和比较了提出模型与其他深度学习算法（如 DNN、CNN 和 LSTM）的性能。尽管 DNN 和 1D CNN 在 CAV-KDD 数据集上也实现了超过 99% 的准确率、精确率、召回率、F1-score 和 AUC，但深度 CNN-LSTM 模型的性能更优。深度 CNN-LSTM 的性能随着模型复杂性的增加而增加，超参数调整也较为烦琐。然而，在 CAV 安全性范式中采用深度学习还面临着开放的挑战，包括昂贵的实施和训练、缺乏充分开发的协议和政策、利益相关方之间权限定义不清、深度学习模型面临的对抗性威胁，以及模型在数据分布之外的泛化能力较差。

参考文献

[1] National Safety Council "Motor Vehicle Deaths in 2020 Estimated to be Highest in 13 Years, Despite Dramatic Drops in Miles Driven - National Safety Council." https://www.nsc.org/newsroom/motor-vehicle-deaths-2020-estimated-to-be-highest (accessed July 21, 2021).

[2] F. Falcini and G. Lami, "Deep Learning in Automotive: Challenges and Opportunities," in *Software Process Improvement and Capability Determination*, vol. 770, A. Mas, A. Mesquida, R. V. O'Connor, T. Rout, and A. Dorling, Eds. Cham: Springer International Publishing, 2017, pp. 279–288. doi: 10.1007/978-3-319-67383-7_21.

[3] Emyr Thomas of BAE Systems "Security Challenges for Connected and Autonomous Vehicles," *BAE Systems | Cyber Security & Intelligence*. https://www.baesystems.com/en/cybersecurity/feature/security-challenges-for-connected-and-autonomous-vehicles (accessed September 12, 2021).

[4] Q. He, X. Meng, R. Qu, and R. Xi, "Machine Learning-Based Detection for Cyber Security Attacks on Connected and Autonomous Vehicles," *Mathematics*, vol. 8, no. 8, p. 1311, 2020, doi: 10.3390/math8081311.

[5] Simon Wright "Autonomous Cars Generate more than 300 TB of data per year," *Tuxera*, 2021. https://www.tuxera.com/blog/autonomous-cars-300-tb-of-data-per-year/ (accessed July 21, 2021).

[6] SAE International "J3016C: Taxonomy and Definitions for Terms Related to Driving Automation Systems for On-Road Motor Vehicles - SAE International." https://www.sae.org/standards/content/j3016_202104/ (accessed August 24, 2021).

[7] National Highway Traffic Safety Administration "Automated Vehicles for Safety | NHTSA." https://www.nhtsa.gov/technology-innovation/automated-vehicles-safety (accessed August 25, 2021).

[8] S. Parkinson, P. Ward, K. Wilson, and J. Miller, "Cyber Threats Facing Autonomous and Connected Vehicles: Future Challenges," *IEEE Transactions on Intelligent Transportation Systems*, vol. 18, no. 11, pp. 2898–2915, 2017, doi: 10.1109/TITS.2017.2665968.

[9] A. M. Wyglinski, X. Huang, T. Padir, L. Lai, T. R. Eisenbarth, and K. Venkatasubramanian, "Security of Autonomous Systems Employing Embedded Computing and Sensors," *IEEE Micro*, vol. 33, no. 1, pp. 80–86, 2013, doi: 10.1109/MM.2013.18.

[10] N. Statt, "Self-Driving Car Engineer Anthony Levandowski Pleads Guilty to Stealing Google Trade Secrets," *The Verge*, 2020. https://www.theverge.com/2020/3/19/21187651/anthony-levandowski-pleads-guilty-google-waymo-uber-trade-secret-theft-lawsuit (accessed September 12, 2021).

[11] Z. El-Rewini, K. Sadatsharan, D. F. Selvaraj, S. J. Plathottam, and P. Ranganathan, "Cybersecurity challenges in vehicular communications," *Vehicular Communications*, vol. *23*, p. 100214, 2020, doi: 10.1016/j.vehcom.2019.100214.

[12] J. Shen, J. Y. Won, Z. Chen, and Q. A. Chen, "Demo: Attacking Multi-Sensor Fusion based Localization in High-Level Autonomous Driving," in *2021 IEEE Security and Privacy Workshops (SPW)*, 2021, pp. 242–242. doi: 10.1109/SPW53761.2021.00039.

[13] Stefan Marksteiner and Ma Zhendong, "Cybersecurity for Connected and Autonomous Vehicles," p. 36, 2019.

[14] Rossi Francesca "AAAI 2020 Conference | Thirty-Fourth AAAI Conference on Artificial Intelligence." *Proceedings of the Third Central European Cybersecurity Conference*, pp. 1–3, 2019, https://aaai.org/Conferences/AAAI-20/ (accessed September 12, 2021).

[15] Y. Bengio, Y. Lecun, and G. Hinton, "Deep Learning for AI," *Communications of the ACM*, vol. *64*, no. 7, pp. 58–65, 2021, doi: 10.1145/3448250.

[16] Hinton Geoff, Yann Le Cunn, and Bengio Yoshua, *AAAI 20/AAAI 2020 Keynotes Turing Award Winners Event/Geoff Hinton, Yann Le Cunn, Yoshua Bengio*, 2020. [Online Video]. https://www.youtube.com/watch?v=UX8OubxsY8w (accessed September 12, 2021).

[17] M. Basnet, S. Poudyal, M. H. Ali, and D. Dasgupta, "Ransomware Detection Using Deep Learning in the SCADA System of Electric Vehicle Charging Station," *ArXiv210407409 Cs Eess*, 2021. [Online]. http://arxiv.org/abs/2104.07409 (accessed June 04, 2021).

[18] A. Kavousi-Fard, M. Dabbaghjamanesh, T. Jin, W. Su, and M. Roustaei, "An Evolutionary Deep Learning-Based Anomaly Detection Model for Securing Vehicles," *IEEE Transactions on Intelligent Transportation Systems*, vol. *22*, no. 7, pp. 4478–4486, 2021, doi: 10.1109/TITS.2020.3015143.

[19] J. Ashraf, A. D. Bakhshi, N. Moustafa, H. Khurshid, A. Javed, and A. Beheshti, "Novel Deep Learning-Enabled LSTM Autoencoder Architecture for Discovering Anomalous Events From Intelligent Transportation Systems," *IEEE Transactions on Intelligent Transportation Systems*, vol. *22*, no. 7, pp. 4507–4518, 2021, doi: 10.1109/TITS.2020.3017882.

[20] E. Seo, H. M. Song, and H. K. Kim, "GIDS: GAN based Intrusion Detection System for In-Vehicle Network," *2018 16th Annual Conference on Privacy, Security and Trust PST*, pp. 1–6, 2018, doi: 10.1109/PST.2018.8514157.

[21] H. M. Song, J. Woo, and H. K. Kim, "In-vehicle network intrusion detection using deep convolutional neural network," *Vehicular Communications*, vol. *21*, p. 100198, 2020, doi: 10.1016/j.vehcom.2019.100198.

[22] J. J. Q. Yu, "Sybil Attack Identification for Crowdsourced Navigation: A Self-Supervised Deep Learning Approach," *IEEE Transactions on Intelligent Transportation Systems*, vol. *22*, no. 7, pp. 4622–4634, 2021, doi: 10.1109/TITS.2020.3036085.

[23] D. Kahneman, *Thinking, Fast and Slow*, 1st edition. New York: Farrar, Straus and Giroux, 2013.

[24] J. Vanschoren, "Meta-Learning: A Survey," *ArXiv181003548 Cs Stat*, 2018. [Online]. http://arxiv.org/abs/1810.03548 (accessed: August 30, 2021).

[25] R. Vilalta and Y. Drissi, "A Perspective View and Survey of Meta-learning," *Artificial Intelligence Review*, vol. *18*, pp. 77–95, 2002.

[26] P. Kairouz et al., "Advances and Open Problems in Federated Learning," *ArXiv191204977 Cs Stat*, 2021. [Online]. http://arxiv.org/abs/1912.04977 (accessed August 31, 2021).

[27] Y. Zhao, M. Li, L. Lai, N. Suda, D. Civin, and V. Chandra, "Federated Learning with Non-IID Data," *ArXiv180600582 Cs Stat*, 2018. [Online]. http://arxiv.org/abs/1806.00582 (accessed August 31, 2021).

[28] R. A. Mallah, G. Badu-Marfo, and B. Farooq, "Cybersecurity Threats in Connected and Automated Vehicles based Federated Learning Systems," *ArXiv210213256 Cs*, 2021. [Online]. http://arxiv.org/abs/2102.13256 (accessed August 31, 2021).

[29] T. Zeng, O. Semiari, M. Chen, W. Saad, and M. Bennis, "Federated Learning on the Road: Autonomous Controller Design for Connected and Autonomous Vehicles," *ArXiv210203401 Cs Eess*, 2021. [Online]. http://arxiv.org/abs/2102.03401 (accessed August 31, 2021).

[30] J.-H. Chen, M.-R. Chen, G.-Q. Zeng, and J. Weng, "BDFL: A Byzantine-Fault-Tolerance Decentralized Federated Learning Method for Autonomous Vehicles," *IEEE Transactions on Vehicular Technology*, pp. 1–1, 2021, doi: 10.1109/TVT.2021.3102121.

[31] Y. Fu, F. R. Yu, C. Li, T. H. Luan, and Y. Zhang, "Vehicular Blockchain-Based Collective Learning for Connected and Autonomous Vehicles," *IEEE Wireless Communications*, vol. *27*, no. 2, pp. 197–203, 2020, doi: 10.1109/MNET.001.1900310.

[32] M. Mohri, G. Sivek, and A. T. Suresh, "Agnostic Federated Learning," in *International Conference on Machine Learning*, 2019, pp. 4615–4625. [Online]. https://proceedings.mlr.press/v97/mohri19a.html (accessed August 31, 2021).

[33] W. Tang, G. Long, L. Liu, T. Zhou, J. Jiang, and M. Blumenstein, "Rethinking 1D-CNN for Time Series Classification: A Stronger Baseline," *ArXiv200210061 Cs Stat*, 2021. [Online]. Available: http://arxiv.org/abs/2002.10061 (accessed September 7, 2021).

[34] M. Basnet and M. H. Ali, "Deep Learning-based Intrusion Detection System for Electric Vehicle Charging Station," in *2020 2nd International Conference on Smart Power Internet Energy Systems (SPIES)*, 2020, pp. 408–413. doi: 10.1109/SPIES48661.2020.9243152.

[35] M. Basnet and Mohd H. Ali, "Exploring Cybersecurity Issues in 5G Enabled Electric Vehicle Charging Station with Deep Learning," *IET Generation, Transmission & Distribution*, p. gtd2.12275, 2021, doi: 10.1049/gtd2.12275.

[36] A. Martins and R. Astudillo, "From Softmax to Sparsemax: A Sparse Model of Attention and Multi-Label Classification," in *International Conference on Machine Learning*, 2016, pp. 1614–1623. [Online]. https://proceedings.mlr.press/v48/martins16.html (accessed September 8, 2021).

[37] Z. Zhang and M. Sabuncu, "Generalized Cross Entropy Loss for Training Deep Neural Networks with Noisy Labels," in *Advances in Neural Information Processing Systems*, 2018, vol. *31*. [Online]. https://proceedings.neurips.cc/paper/2018/hash/f2925f97bc13ad2852a7a551802feea0-Abstract.html (accessed: September 8, 2021).

[38] M. E. Wall, A. Rechtsteiner, and L. M. Rocha, "Singular Value Decomposition and Principal Component Analysis," in *A Practical Approach to Microarray Data Analysis*, D. P. Berrar, W. Dubitzky, and M. Granzow, Eds. Boston, MA: Springer US, 2003, pp. 91–109. doi: 10.1007/0-306-47815-3_5.

[39] S. Wold, K. Esbensen, and P. Geladi, "Principal Component Analysis," *Chemometrics and Intelligent Laboratory Systems*, vol. 2, no. 1, pp. 37–52, 1987, doi: 10.1016/0169-7439(87)80084-9.

第二部分
面向车载通信的深度学习

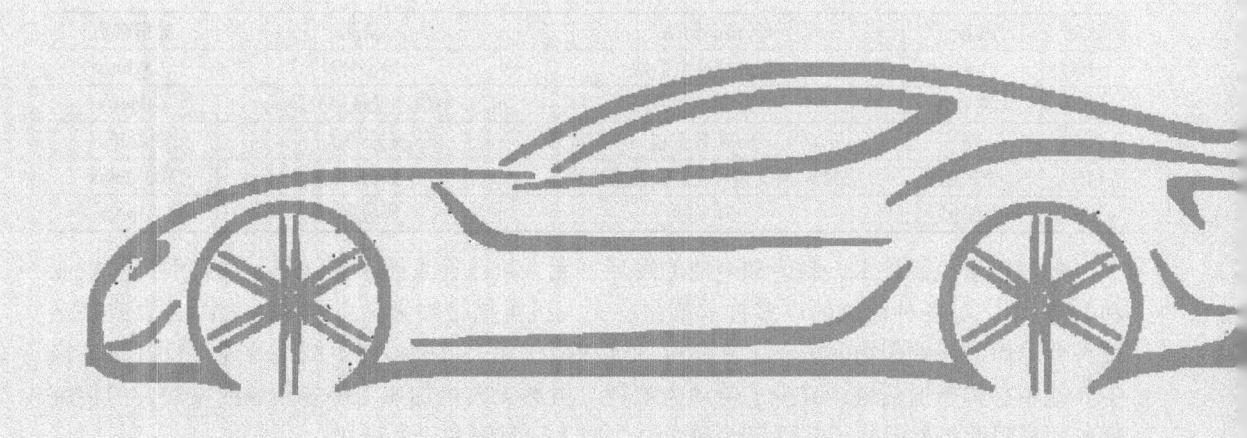

第4章

无人机网络优化的深度学习

4.1 引言

第二代蜂窝网络（2G）提供语音和文本服务。第三代蜂窝网络（3G）提供语音和文本服务链路并且增加了一个链路来提供一个通用分组无线电服务（GPRS）。随着基站子系统（BSS）和制造商的急剧增加，第四代长期发展的（4G LTE）蜂窝通信已向公众开放。与2G和3G相比，人们提出了各种新颖和实用的方法来提高频谱利用率和服务质量（QoS）。随着蜂窝网络的逐步发展，第五代全新的无线电（5G NR）已实现商用部署并持续创新发展，其大规模建设与应用引领了众多领域的技术革命。大规模建设5G信号引领了许多领域的新革命，包括医疗保健和自动驾驶汽车。与4G相比，5G在许多方面都有着更多的优势，如延迟[1]、频谱利用率[2]、流量容量[3]、联接密度[4]、实验吞吐量[5]和网络效率[6]等。

根据不同的应用程序、服务和目的，网络切片将硬件划分为多个虚拟网络。运营商可以在同一物理硬件中部署多个特定的网络，以最大限度提高网络的使用量[7]。波束成形和多输入多输出（MIMO）被认为是提高4G通信能力的两个基本因素。在5G中，采用了这两种关键技术，实现了更高的流量容量和联接密度[8]。

同时，5G采用云计算[9-10]和边缘计算[11]来提高受到网络延迟严重影响的实验吞吐量。一旦网络建设完成，5G将可以连接所有东西[12]。自然地，5G的发展推动了物联网（IoT）的发展。大规模的基站是物联网大规模部署的基础，物联网连接了一切，包括车辆、移动设备和无人机（UAV）。1G、2G、3G、4G和5G的比较见表4.1。

表4.1 1G、2G、3G、4G和5G的比较

比较	转换	核心网络	复用	数据带宽
1G	电路	公共交换电话网	频多分址	2.4kbit/s
2G	电路和包	公共交换电话网	分时多址或码分多址	64kbit/s
3G	包	N/W 数据包	码分多址	2Mbit/s
4G	全部包	N/W 数据包和公共交换电话网	码分多址	100Mbit/s
5G	全部包	互联网	码分多址	1Gbit/s

随着新型控制技术、制造和电池的发展，无人机已经发展了好几年，并且促进了农业和发电厂[13]等各种领域的许多技术革命。无人机可携带喷雾杀虫剂来治疗因害虫或缺乏某种营养而引起的作物病害。工人们可以远程操作无人机来检测电线是否连接良好，这样工人就不必爬上通信塔，减少了劳动力消耗。虽然无人机加速了许多领域的发展，但传统通信的局限性仍然限制了其可行性和能力，如飞行范围和机群连接。

大多数无人机的通信是基于远程无线电控制器。这些无线电控制器支持直接顺序扩频

（DSSS）和跳频扩频（FHSS）[14]。最大飞行范围受控制器发射器功率[15]的限制。此外，视频、图像和其他操作信息以不同的链路传递，这需要携带不同的收发器来接收信息。点-拓扑通信不能保证服务质量，并且容易受到外部干扰。另一种方法是将无人机连接到蜂窝网络上。蜂窝基站替代了控制器的收发，并通过蜂窝网络传输数据。许多研究人员都在努力改进与蜂窝网络连接的无人机[16-18]。蜂窝连接的无人机如图4.1所示。

由于2G和3G的数据速率，大多数蜂窝连接的无人机研究集中在集成和增强4G信号上。研究人员的工作主要是将无人机作为一个数据传输的中转平台。同时，将无人机网络与地面物联网进行分离。操作人员需要有专门的设备来访问无人机网络，并将网络连接到地面网络[19-20]。由于4G的原因，蜂窝连接的无人机尚未大规模应用[21]。与4G相比，5G能够满足无人机对移动通信的要求。在4G中需要平衡的地方可以在5G下被移除。4G与5G的性能对比见表4.2。

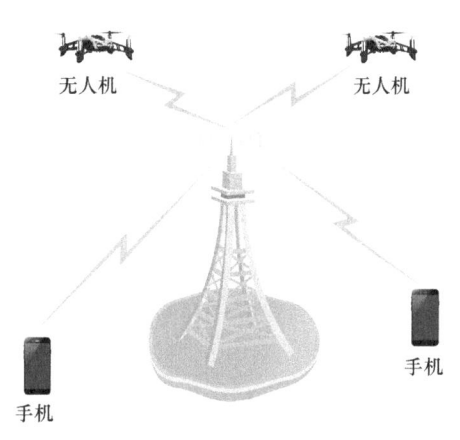

图4.1 蜂窝连接的无人机

表4.2 4G和5G的性能对比

对比	交接	用户面延迟	控制计划延迟	支持的最大耦合损耗
4G	49.5ms	20ms	100ms	140dB
5G	0ms	1ms	10ms	164dB

随着计算能力的革命，人工智能（AI）经历了寒冬[22]，将开花结果。随着新型计算方法的进步，人工智能已经被应用于许多领域，为工人和机器提供智能服务。基于人工智能的实现，对不同领域的提高有显著的影响，激励了许多人参与人工智能研究。

深度学习（DL）是人工智能的一个子集，它已经被不断用来实现加速机器生产。在许多支持深度学习的方法中，强化学习（RL）是帮助无人机从与环境的交互中获取知识最有前景的方法。深度学习包括三个部分：有监督学习、无监督学习和强化学习。一些研究人员已经将强化学习应用于无人机优化，用以取代PID等传统方法，实现更好的鲁棒性和更加准确地控制[23]。

支持深度学习的无人机网络可以从网络间和内部工作中实现更充分的网络服务，为无人机网络提供更多的功能，应对有较高并发和顺序要求的协作和应对公司要求的复杂任务。

通过超高频载波，牺牲了传输范围和能量差异，5G可以为无人机网络提供超宽带无线通信，这吸引了许多研究者努力改进平衡，增加了对5G无人机网络的依赖。通过可靠的宽带无线通信，无人机网络的可行吞吐量保证了无人机的服务质量，这对远程终端的实时感知和补充任务至关重要。远程终端和集群无人机网络之间的瞬时反馈和入侵回路对复杂的任务补充至关重要。同时，经过训练的强化学习可以分配网络资源，以提高无人机舰队[24-25]的通信质量。

实现在无人机上的强化学习，证明了5G时代深度学习是改进无人机网络很有效的方

法。由于交互学习的优势，强化学习可以保证无人机群网络的鲁棒性优化。与分布式无人机群网络相比，多智能体强化学习（MARL）可以提高无人机群网络的吞吐量。通过将每架无人机建模为智能体，多智能体强化学习框架能实现吞吐量的最优化、覆盖范围和长期回报[26]的最大化。多智能体强化学习通过在线探索和在线学习[27]来优化无人机的运动。联合在线和在线运动优化的结合可以优化无人机网络和蜂窝网络的吞吐量。

本章主要回顾了深度学习对无人机网络吞吐量的提高。第 4.2 节介绍了提高无人机网络吞吐量的关键类别。第 4.3 节演示了无人机网络吞吐量的路线增强。本节将提出用于提高吞吐量的深度学习的路线优化方法。通过最优路线生成后，第 4.4 节主要介绍无人机网络结构，包括无人机集群网络结构和应用深度学习的无人机集群网络结构增强。第 4.5 节介绍了深度学习应用在资源分配和调度方面的无人机网络吞吐量增强。

4.2 提高无人机网络吞吐量的关键类别

随着蜂窝网络的发展，无人机网络可以与服务质量齐头并进。无人机网络吞吐量提高的类别如下。

1）路线：路线可以为连接提供有效的数据包传递。无人机网络路线的鲁棒性和效率可以降低无人机网络的延迟并提高无人机网络的质量。由于其存在性，无人机网络需要与服务质量的状态进行传输，并用深度学习算法保持路线连接。

2）中转：无人机网络中的连接依赖中转来扩展数据包传递的范围。中转的质量决定了无人机网络吞吐量的稳定性。

3）带宽：通过先进的通信技术，无人机网络可以实现更高的吞吐量和最佳的频谱利用率并有更高的质量保证。

4）覆盖范围：通过高效的能耗和频谱多路复用，可以实现无人机网络吞吐量的上传和下载链接。能源的有效利用促进了每个无人机通信覆盖，以加强对用户的服务。

5）干扰：干扰增强主要减少了无人机网络中每个链路的延迟。减少每个链路的干扰可以提高多个数据包的传输成功率。

6）调度：在无人机网络中对不同的活动链路进行调度，可以减少同一时间段的碰撞，减少不同路线的干扰，降低数据包传输率（PDR）。通过无人机网络，深度学习可以生成网络状态，并利用强化学习策略来提高无人机网络的吞吐量（表 4.3）。

表 4.3 无人机网络吞吐量增强的类别

类别	特定方面	参考文献
路线	存取点 交接 链接选择 流量估算	[25]
中转	上传速度 低比特错误率	[28]
带宽	频谱使用 服务质量保证	[29]

(续)

类别	特定方面	参考文献
覆盖范围	能量消耗 频谱复用	[30]
干扰	链接选择 调度	[31]
调度	活动链接选择 链接顺序分配	[32]

4.3 针对无人机网络吞吐量的路线增强

无人机网络带来了无人机群的发展，并在无人机机群[32]中起着至关重要的作用。可靠、高效的路线算法可以为服务[33]提供低延迟和低丢包率。无人机网络路线算法可以提供最短的传输成本。飞行自组网（FANET）的特点对路线算法带来了挑战。为了提高飞行自组网路线的吞吐量，研究人员提出了许多面向飞行自组网的路线算法来改进它。

基于模型，无人机网络路线算法分为三类（图 4.2）：

1）基于位置的路线算法。
2）基于拓扑的路线算法。
3）基于集群的路线算法。

在基于位置的路线算法中，路线算法主要可分为两大类：

1）基于多路线的算法。
2）基于单路线的算法。

基于拓扑的算法根据响应方法可分为三类：

1）主动式。
2）反应式。
3）混合式。

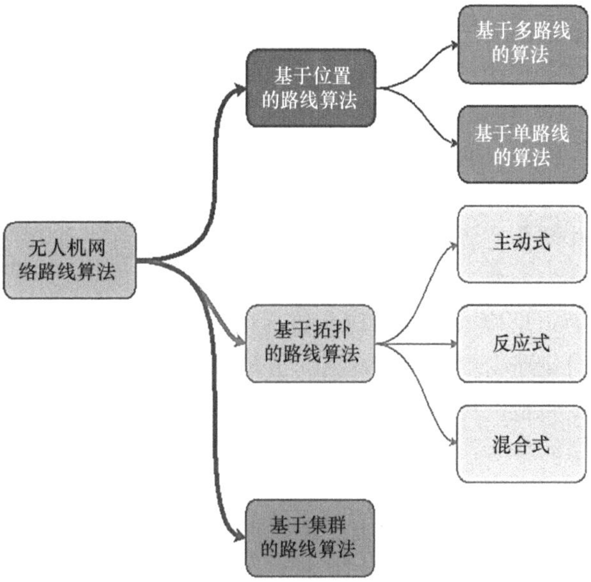

图 4.2 无人机网络路线

4.3.1 基于位置的路线选择

基于位置的路线选择是基于地理位置的。无人机在传输前找到目的地，这就像烫手山芋路线选择。无人机将数据包转发给邻近的无人机单位。

相邻的无人机识别数据包目的地并将其转发到下一个无人机。基于位置的路线可分为两类：

1）基于单路线。
2）基于多路线。

1. 单路线选择

基于单路线的方法是有效和直接的,只有一个有效的路线通向目的地。无人机检查数据包的目的地,并将其转发到下一个无人机,直到数据包到达目的地。基于单路线的算法对整个分布式系统[34-36]具有较高的效率和较低的开销。然而,它对系统的维护提出了挑战。动态拓扑可能导致一个链路无效,并且让所有的通信链路崩溃[37]。

2. 多路线选择

由于基于单路线算法的可靠性较弱,研究人员尝试了基于多路线的算法[38]。无人机可以同时获得具有相同目的地的数据包,且带宽显著扩大。但是,多路线算法也存在一些技术问题,它们会在路线中产生循环。这些循环降低了路线数据包传递[39]的效率。特殊的是,按需距离向量(AODV)可以防止出现循环问题[40-41]。基于多路线的算法可以提供可靠的连接和更广泛的带宽。然而,路线的开销很大,并导致了路线中出现循环问题。

4.3.2 基于拓扑的路线选择

基于拓扑的路线算法主要基于集中式路线协议,如优化链路状态路由协议(OLSR)[42]和分散式路线协议、距离向量(DV)路线协议[43]。这两种路线算法是网络构建的基础。基于拓扑的路线算法依赖于拓扑更新和路线信息。节点根据链路状态查找路线并进行传递。

1. 主动式

目前的主动式路线协议主要是基于优化链路状态路由协议。在执行路线发现之前,无人机先获取网络的完整信息。一旦发现路线[44],交付的效率就会很高。主动式算法具有发现路线和资源分配的优点。但是,控制机制是集中化的,这需要很大的管理开销。该管理开销会花费大量的电力和计算资源[45]。

2. 反应式

反应式路线协议允许无人机寻找一个基于距离向量路线协议[46]的传递路线。在距离向量路由中,按需距离向量是最实用、最成功的协议[47]。按需距离向量协议不需要定期维护完整的链接信息。无人机可以在需要时请求路线。该反应式路线协议能够适应无人机网络的动态拓扑结构。然而,反应式算法占用了很大的系统管理开销,传递效率低下[48]。

3. 混合式

主动式算法和反应式算法都有明显的缺点和优点。一些研究人员结合了这两个优势,提出了混合式算法。该混合式算法对动态拓扑[49]具有有效的路线发现和更好性能的优点。然而,混合式算法还没有被大规模应用。资源分配和路由管理对控制系统[50]提出了巨大的挑战。

4.3.3 基于集群的路线选择

基于集群的路线算法很少见。由于所涉及的费用较高且基于集群的路线算法还不成熟,因此基于蚁群路由算法的研究主要集中在蚁群算法上。研究人员利用蚁群算法来寻找通信[51]的最佳路线。除了蚁群算法,蜂群算法也被应用到无人机集群[52]中。基于集群的路线算法对动态拓扑[53]具有可靠、高效和鲁棒性。然而,基于集群的路线算法初始化时间较长,维护工作难以完成。

无人机网络的分布式路线算法主要基于按需距离向量[54-55]。作者将FANET中的AODV和OLSR与软件模拟平台(NS-2)[56]模拟器进行了比较。研究表明,OLSR不适用于高动态和低密度网络。在文献 [47] 的研究中，AODV 在初始路线发现阶段的时间消耗过多。此外，作者在文献 [47] 中得出结论，AODV 上的路线发现阶段会降低 FANET 的稳定性，提出了一种优化以实现 Dijkstra 扩展传输缓冲区的方法。结果表明，该优化可以降低端到端通信[57]之间的延迟。

在集群的路线算法中，OLSR 的主要缺点是实时拓扑维护开销。基于这一缺点，许多研究者对 OLSR 进行了相对的改进，以满足沟通的需求。在节点间相关速度的约束下，文献 [36] 的作者提出了一种预测 OLSR（P-OLSR），它可以实时预测传输负荷并调整传输计数。其研究表明，P-OLSR 优于 OLSR 和 BABEL。

除了速度，作者在文献 [44] 中提出了 FANET 的移动性和负荷感知 OLSR（ML-OLSR）。与 OLSR 相比，仿真结果表明，ML-OLSR 可以实现较低的端到端延迟和高的网络安全模型之一（PDR）。与文献 [42] 的类似研究，提出了一种多维感知和能量意识 OLSR（MPEAOLSR）。该方法可以提高 PDR、降低节点链路时间、链路层拥塞和节点剩余能量等方面的丢包率，并降低端到端延迟。

灵活性是无人机集群的一个显著优势，但也是无人机集群的一个明显缺点。无人机集群有更多的自由来完成任务，这给无人机集群网络带来了巨大的挑战。由于无人机网络的动态拓扑结构，作者优化了一个基于立方体的空间区域划分（CSRP）[58] 的搜索空间。他们的评估表明，该分区可以优化平均延迟、数据包传递和延迟抖动的性能，其主要缺点是它牺牲了无人机集群的灵活性。CSRP 保证了网络稳定性下的高效率和低延迟。

在文献 [59] 中，作者获取地理信息以提高路线效率。路线收集本地化，并最大程度的按方向执行路线。仿真结果表明，定向传递可以改善数据包传递率、平均延迟和路由开销的性能。

在文献 [46] 中提出了贪婪无边界路由（GPSR）和源驱动路由协议（AODV）的组合，并采用粒子群优化（PSO）进行了优化。这种组合可以改善贪婪路线阶段和无边界路线发现阶段的 PDR。

4.3.4　应用深度学习路线选择的无人机网络

5G 即将帮助无人机集群网络的发展。小型而经济的 Node B 设备可以应用到移动设备中，将 5G 的规模从地面扩展到空中[60]。目前对 5G 的研究主要集中在多资源分配[61-62]的优化和多组合的问题上，解决 5G 的新特性和传统问题[63]。采用信噪比（SNR）和 LTE 参考信号接收质量（RSRQ）检测以提高毫米波（mmWave）5G 波束对准的检测能力，这能够增强每个波束的链接能力。

为了安全，通过目标定位和移动性相结合的预测，基于链路权重的路线可以用霍夫曼编码完成最短路线去传输数据包[64]。通过信道质量和资源块分配的优化，基站可以实现多路路由[65]蜂窝频谱的最大化。该优化的优点是，当一小组基站无效[66]时，它可以提供设备对设备（D2D）通信。

在所有系统中，虚拟网络功能（VNF）布局和多播流量路由的联合优化是 5G 最关键的问题，它严重影响了 5G 网络[67]中节点间生成链路的质量和稳定性。最小配置成本下，混合整数线性规划（MILP）模型可以在 VNF 和链路上实现多播流量路由和 VNF 放置的联合优化。由于 MILP 是一个困难问题（NP），单路线路由和多路线路由的组合可以显著

提高[68]解决问题的效率和准确性。

与文献[68]一样，在考虑二维网络中的限制频谱重用和连续性问题的情况下，整数线性规划（ILP）模型[69]规划二维网络中的联合组播路由和正交频分复用技术（OFDM）资源分配问题。两阶段优化进行预导纳过滤可以检测网络状态，并采用分支切割法对简化ILP模型进行扩展。通过网络切片（NS）选择和路由，一个支持全球移动通信系统移动网子系统（NSS）协商、选择和分配的框架可以在5G网络[70]中通过静态、动态和混合路由改进QoS。

同时，快速请求路由智能地在源节点之间分配流量需求，并有策略地通过中间节点。联合优化主要集中在内置内容源的移动网络中的源方向和方向路由。研究表明，最大的链路利用率可以显著地扩展[71]。

在5G带宽下，链路上的小错误会降低异构网络与设备[72]之间的通信能力。链接的质量对上层链接的安全性至关重要。无人机集群网络依赖于链路的质量，包括空中网络和地面网络。无线传感器网络（WSN）和移动自组织网络的结合能提高灾害响应的路由效率。该组合的2层路由可以根据交付中的数据包和紧急[73]的状态，通过WSN或无线自组网（MANET）生成路线。动态环境要求链接质量的稳定性。基于自组织特征映射（SOM）的路线和无线资源分配（RRA）方案可以对链路集进行重新排序，以实现多核网络[74]中的最优服务质量。在超密集组网（UDN）的辅助下，粒子群优化可以优化路线发现，提高PDR、吞吐量和节能性能，提高了5G[75]的可靠性和QoS。

除了可靠性，端到端设备之间的延迟在5G中也是必不可少的，特别是在无人机集群网络的数据包传输中。通过定位/标识分离协议（LISP）增强了无锚定路由。该控制平面可以实现最低延迟，并为用户平面节点[76]提供服务。在深度学习的推动下，在避免网络节点[77]的情况下，Q-学习优化节点选择并生成最短路线，使吞吐量最大化。一个基于深度强化学习的自主同步信号路线利用一个DNN来学习最小链路不对称的策略。在最好的结果下，时间同步可以帮助遥控器保持同步服务请求和网络资源分配之间的平衡，减少端到端延迟[78]。

5G在各设备上的发展趋势从文献[79]的多个方面带来了无人机集群网络的发展。然而，许多问题仍有待于研究人员的探索和解决。无人机集群网络的可靠性、弹性和灵活性需要对5G[80]进行深入研究。基于5G的无人机集群网络可以大规模地扩展其规模和提高灵活性。

4.4　无人机网络结构

无人机网络的发展促进了无人机集群的发展，在无人机舰队[32]的发展中起着至关重要的作用。可靠、高效的路由算法可以为服务[33]提供更低的延迟率和丢包率。无人机群网络的架构主要集中在FANET上，如MANET和车载随意移动网络（VANET）。然而，与MANET和VANET不同，FANET具有更多的灵活性和动态性。FANET对当前的路由算法[81]提出了挑战，这些算法大多不适合大规模应用。

4.4.1　无人机集群网络结构

无人机集群由多个大规模的小型无人机组成（图4.3）。无人机集群具有灵活、重量轻、机动性好等优点，使无人机集群能够大规模应用在特定区域。无人机集群可以分裂成不同的群，协同完成任务的不同部分。根据任务的具体要求，不同的无人机集群可以发挥不同的作用来完成特殊的任务。不同集群之间的信息交换可以提高任务执行的准确率。实时的位置共享可以大大减少碰撞。基于蜂窝网络，无人机集群可以形成网络，执行从移动设备[82]分配的任务。控制器可以通过地面终端改变无人机集群网络架构，远程保持网络状态。研究表明，该协调协议在不同速度下可以提高通信精度。

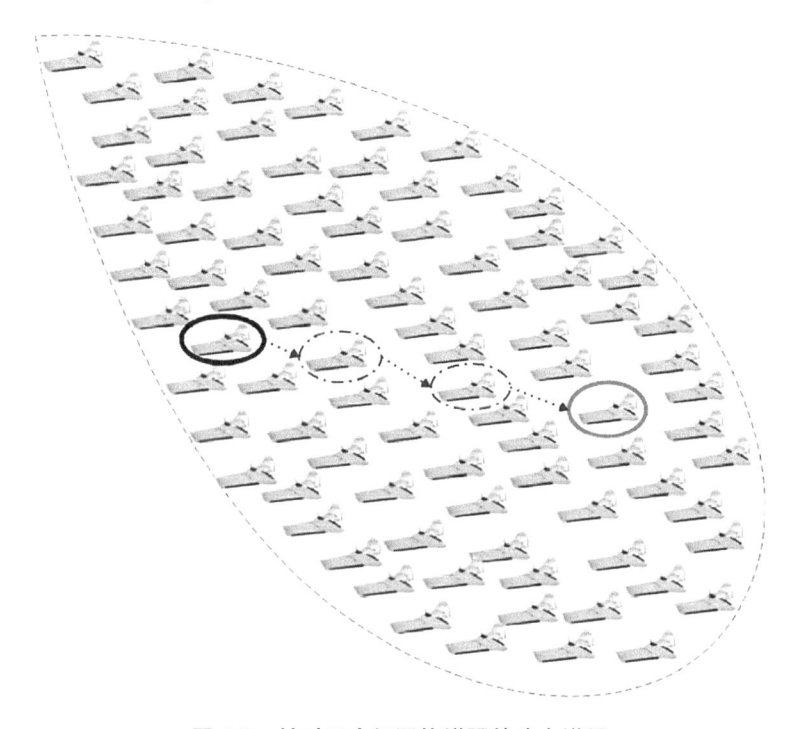

图 4.3 针对无人机网络增强的路由增强

为了增强防碰撞能力，将测量邻近位置分布的信号强度应用到无人机集群网络中。通过机载惯性测量单元（IMU），无人机集群可以自我协调，以保持网络[83]的性能。标准的混淆仅限于限制无人机集群网络的吞吐量、延迟和计算能力。专注于3DR[84]的开源平台机载计算机增强了无人机集群。

OLSR 探索了无人机在战术场景方面的潜能[85]。研究表明，OLSR 可以在约束环境下有效地构建适当的通信。对于战术场景，有许多不确定性。干扰和障碍物的分布都是动态的，难以预测和避免。

受自由空间光学（FSO）的启发，全双工天线提高了光束转向的自由度。无人机集群网络采用随机波束选择，可以加快网络建设。然而，FSO 的缺点是系统的开销巨大。巨大的开销限制了大规模无人机集群网络实时控制的应用。

为了提高无人机集群网络中编队控制的性能，分布式共识方法提高了无人机集群网络的编队跟踪精度。二阶离散邻近信息构建共识，以满足无人机集群网络[86]的要求。无人机集群的动态特性对编队控制提出了挑战。基于无人机集群的动态特性，分布式聚焦模型可以提高无人机集群网络的可控性和输出能力。然而，仿生式仍然难以在无人机集群中实现。主从模式的简化可以满足无人机集群网络[87]。

有了软件定义网络（SDN），无人机集群网络也受益于FANET。SDN将微型无人机（MAV）集成到FANET中，可以扩展无人机集群网络的灵活性。利用移动边缘运算（MEC），MAV可以成为一个有效精巧的无人机集群[88]。为了提高可靠性，SDN可以探索网络更新策略。无人机集群网络实现可靠性最大化和多路生成，可以降低系统开销，提高更新频率[89]。该弹性结构可以提高无人机集群网络的鲁棒性。为了重组无人机集群网络，一种基于群智能的损伤恢复机制被提出。通过定义损伤的无人机集群网络，无人机集群可以调整方式重新与无人机集群网络连接。文献[90]验证了该方法具有显著的收敛速度和较低通信成本。

一种自主的方法构建了一个协作的群网络，它可以提供一个可靠的覆盖服务[91]。协作的蜂群网络可以抵御垃圾食物和攻击。通过优化的区域覆盖范围，使无人机集群网络的网状网络自组织实现了[92]。当接收到信号强度指示（RSSI）时，无人机集群通过调整定位来形成网络。通过遗传算法的优化，可以实现更好的连通性和群扩散。无人机集群网络结构主要是基于受开销约束的编队和路由控制。传统的方法可以在有限的种群条件下达到最佳的性能。

由于集中的架构，传统的方法可以获得最优的可控性，但容易发生崩溃和受连接问题的影响。分散、弹性的路由结构是异构无人机集群网络的关键结构，在动态特性下可以获得可靠、连续的连接。

4.4.2 应用深度学习的无人机集群网络结构增强

无人机集群网络具有分布广、管理费用低、主动性强等优点。这些优势为大规模部署无人机集群提供了良好的机会。一些增强方法改进了无人机集群网络。在战术防御网络场景中，采用节点聚合技术来增强无人机集群网络[93]内部的数据传输。动态拓扑结构导致了无人机集群网络的不确定性。

基于动态拓扑结构和时变链路条件，采用深度Q-学习模型[94]对链路状态进行了优化。通过最优的链路，无人机集群网络可以实现更高的吞吐量效率（图4.4）。在线遗传算法[95]优化了无人机集群的运动，可以降低无人机集群的开销，提高无人机在复杂环境下的生存率。由于机载能量的限制，发射器信道状态信息（CSIT）最大限度地提高了无人机集群网络[96]的能量分配。无人机集群网络从能量优化中分离出两种微妙的优化，可以实现全球能效的最大优化。频谱管理架构最大限度地提高了蜂窝网络[97]的频谱利用率。

此外，传统的蜂窝网络资源分配方法是基于面向站的，不能平衡用户在覆盖范围的需求。面向用户的蜂窝网络覆盖体系结构实现了对移动用户[98]的无缝服务支持。评价表明，覆盖率的增益至少比传统方法高出30%。由于有可能被黑客攻击，因此无人机集群网络的安全性对公共财产和安全至关重要。

用于功率分配[99]的大规模信道状态信息（CSI）增强了无人机集群网络内部连接的安全性。在传输功率的限制下，该方法可以提高安全吞吐量，降低被窃听的风险。目前的无人机集群网络缺乏满足数据群动态需求的适应性和存在性。基于AODV的SDN架构[100]探索了无人机集群网络路由，同时建立控制和数据平面。在连接建设过程中，它们嵌入了安全验证，以增强无人机网络和地面物联网的安全性。研究表明，集群无人机网络的吞吐量得到了显著提高。同时，为了在保证安全性的基础上减少费用，作者利用随机网络编码

（RNC）来减少驿站的选择。评估结果表明，RNC可以有效地降低文献[101]所述方法的延迟和违规概率。

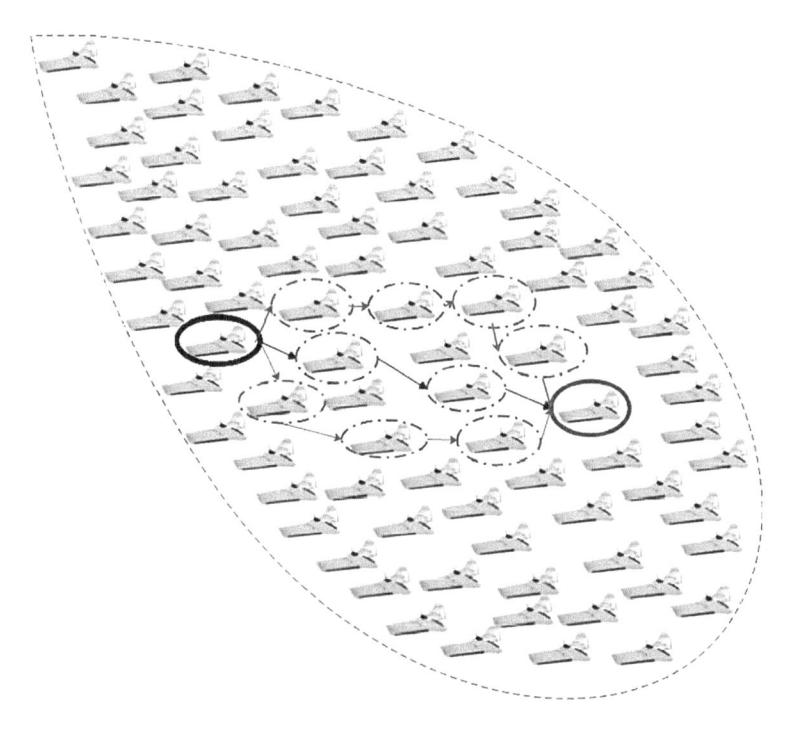

图4.4 无人机网络吞吐量的多路由增强

除了穿透典型的无人机集群，禁区内的恶意无人机还需要护送。为了护送恶意无人机，具有防御系统的无人机集群可以检测、拦截和捕获恶意无人机[102]。整个过程包括聚类阶段、形成阶段、追逐阶段和护航阶段。在前几个阶段，无人机集群通过网络构建检测到恶意无人机。在最后一阶段，利用避撞技术护送恶意无人机到禁区。这种常规的增强方法对无人机集群网络的发展有着重要的贡献。

深度学习增强型无人机集群网络可以提供中转、救援和数据收集服务。然而，由于费用、吞吐量和延迟的限制，传统的方法在大规模实现无人机集群网络上是困难的。异构无人机集群网络之间的最优连接可以使多种任务的执行可行且无处不在。为了克服无人机集群网络的动态特性，无人机集群网络的大规模部署需要路由灵活、可靠且具有一定的弹性和节能性。

4.5 应用深度学习的无人机网络吞吐量

无人机集群的使用寿命、吞吐量优化的重要性在于可以最大化每个巡航的轮廓。无人机集群网络的吞吐量优化主要集中在轨迹、部署和能耗等方面。通过5G，无人机集群可以实现更复杂的任务，并为物联网服务提供可靠和有效的协助。

如图4.5所示，两个无人机网络可以利用通信量交换信息，并相互协作来完成复杂的任务。为了最大化数据传输服务，作者利用最优轨迹来减少源和目的地之间的飞行时间。

时间分配的优化提高了连接时间，降低了数据包错误率。实验表明，这种方式可以使散射节点传输通信[103]的实际吞吐量最大化。同时，类似的工作[104]联合优化了无人机的轨迹、发射功率和机动性，以最大化无人机和移动用户之间的吞吐量。无人机集群网络的轨迹优化是基于路线损耗建模，主要最大化无人机与期望地面设备之间的连接时间。

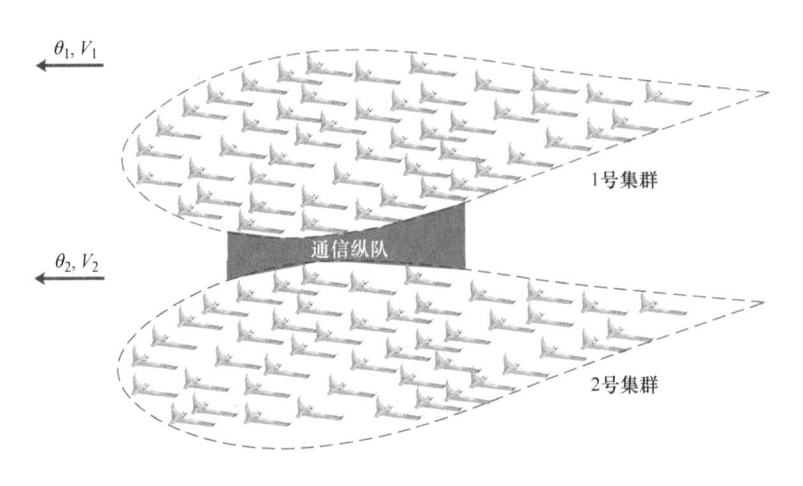

图 4.5 无人机网络间的协作

除了轨迹优化，还有一些场景需要无人机集群保持拓扑结构的稳定，为地面设备和数据包传输提供稳定的连接。这些场景需要对无人机集群网络进行部署优化。通过最佳的路线损耗和信道，网络可以为地面服务提供最大的吞吐量。为了优化断开链路的部署，网格条件预计强化深度 Q- 学习和深度 Q- 学习，在无人机集群网络[94]的动态拓扑下输出数据包传递最优链路。同时，通过三个网络层（应用层、网络层和物理层）对数据包传递优先级进行全局优化，提高了整体网络容量。

作者将飞行高度、能耗和飞行时间的优化表述为一个非凸的非线性问题[105]。他们利用最优的三维部署来实现最大的吞吐量，并借助拉格朗日（对偶）松弛技术、内点和亚梯度投影算法解决了这个问题。无人机集群的最佳部署有助于蜂窝网络[106]。作者阐述了无人机与蜂窝网络之间吞吐量的最大化，并解决了在中转队列中选择无人机的问题。评价结果表明，该优化方法在信噪比较低的环境下可以获得显著的增益。

最优能耗方法可以延长无人机集群网络的使用寿命。延长的使用寿命有助于网络实现地面设备更好的吞吐量。为了扩展通信覆盖范围和系统性能，定制了基于能耗和传输功率吞吐量最大化的方案[107]。为了解决这一问题，作者优化了第二用户和移动中转的传输功率。此外，评价显示了良好的潜力。通过无线充电站，地面太阳能电池板为无人机提供能源，定制了无人机和地面设备之间的能量和吞吐量联合优化方案。同时，平衡能源购买、能源销售和吞吐量收入的优化解决了[108]问题。另一种对用户关联、准入控制和功率分配的联合优化，以实现云无线接入网（C-RAN）的吞吐量最大化，这对无人机集群网络[109]至关重要。同样，MARL 联合优化无人机的路线和时间资源分配，以实现无人机和物联网设备之间的最大吞吐量。该策略加强了每个代理，以实现局部优化[110]。一个长期的资源分配可以实现无人机与 MARL 网络的最大吞吐量。

评估表明，吞吐量增益和信息交换开销[111]之间有很好的权衡，其运动轨迹和功率分配是无人机集群网络的关键。MARL 增强了无人机的飞行轨迹和功率分配，以实现无人机和地面用户[112]之间的最大吞吐量。评估表明，网络效用和系统开销可以共同优化。利用反馈和无人机融合节点，分布式强化学习方法提高了整个系统[25]的吞吐量分配和实用性。分布式强化学习通过频谱拥塞和频率跳变来降低安全威胁。然而，在训练中实现的是不同的优化。

传统的 RL 方法将 Q-学习或深度强化学习（DQN）部署到无人机集群网络中，实现了吞吐量的局部和全局优化。DQN 减少了在中转上的时间消耗，并获得了无缝衔接的视频卸载服务[113]。一个流畅的 Q-学习预测了用户的请求和状态。通过预测，相应部署具有特定内容的无人机可以帮助用户[114]优化吞吐量。通过马尔可夫决策过程（MDP），DQN 可以实现数据聚合[115]的最小能耗。

在实时交互和历史数据的基础上，对中转功率进行了修正，以降低误码率和能耗。该修正方案可以抵御随机干扰攻击[116]。通过无缝蜂窝网络的服务，行为者－评论者算法学习车辆的运动环境，以获得信号覆盖和车辆的动态特性。行为者－评论者算法可以处理连续的动作空间。仿真结果表明，该车辆的平均吞吐量可以上升。然而，当吞吐量需求增加[117]时，算法已消耗了太多的能量。

为了扩展 5G 的范围，具有网络片的无人机集群可以扩展网络的接入规模。该扩展可为无人机集群网络提供计算辅助。卸载计算辅助工作以最小化能源消耗和排队延迟[118]。私人无人机只能为特种无人机提供服务，缺乏不同无人机之间的协调。基站和无人机之间的吞吐量不能满足大规模的网络需求。两级体系结构优化了基站的行为，并实现了长期回报。较低层次上的利己主义和独立行为破坏了非合作子博弈和合作博弈[119]。随着用户数量的增加，该算法失去了瞬时收益的效率。

4.5.1 应用深度学习分配增加吞吐量

将一个优化问题分解为两个次优化问题，得到通信调度、功率分配和轨迹优化，以实现无人机与地面终端[120]之间的吞吐量。文献 [121] 的类似思想侧重于轨迹生成和速度控制的最优调整。通过应用交替优化和连续凸规划，可以实现对无人机和地面用户的局部优化[122]。移动中转的最优轨迹可以提高无人机网络的吞吐量。通过中转的移动轨迹，功率分配优化扩展了吞吐量的最大化。此外，基于分配的功率，该轨迹实现了最大的吞吐量[123]。为了使上行吞吐量最大化，轨迹优化使吞吐量[124]最大化。文献 [125] 优化了无人机的轨迹，上行和下行链路[126]的调度，以及共同的功率分配。块坐标下降（BCD）和连续凸逼近（SCA）提高了吞吐量[127]。最优轨迹可以使无人机获得良好的信道状态并且节能，使无人机能够实现地面设备的最佳吞吐量，但其主要的缺点是流动性和灵活性较差。

MIMO 认知无线电系统[128]的可实现率依赖无人机中转系统的增强。功率分配、能耗、信道干扰的约束和功率优化可以提高无人机与地面用户（一级和二级）[129-130]之间的吞吐量。为了实现无人机集群网络的弹性，应用深度 Q-学习动态地拯救无人机断开的链路。基于 QoS 和链路条件，对中转节点的部署进行了优化。深度 Q-学习可以实现有效的吞吐量[94]。一种基于功率分割的数据包转发[131]中继协议可以为无人机网络生成一种放大和转发策略。

联合优化带宽分配、功耗和轨迹[132]可以提高频谱利用率和平均端到端吞吐量。利用资源分配，无人机能够实现广泛的 QoS 来完成更复杂的实现。然而，支持机器学习的方法

仍然不能扩大无人机集群网络的规模部署。在认知无人机网络中,三维位置和频谱感知持续时间[133]的优化将问题分为两个凸子问题[134],以提高吞吐量加权和位置加权和,以解决非凸问题。优化后的时隙可以实现受灾区域[135]和多区域服务[108]的最大吞吐量。吞吐量最大化和网格微型发电(GMG)能源消耗应保持平衡。一个优化最大化的利润,包括任务计划,行动关联、GMG 和无人机[136]之间的最优平衡。

在无线供电通信网络(WPCN)系统中,考虑了获得上行功率控制、无线能量和信息传输资源分配的附加参数,以实现效率提高[104,137]。评估[132]表明,随着延迟容差的增加,周期性时分多址方案可以保持无人机和用户之间的吞吐量稳定。随着地面设备[138]和无人机之间的延迟的减少,网络可以扩展到更大的规模,这仍然有很多的限制。延迟公差可以提高地面设备,同时对无人机多任务集群网络的接入。

用无人机获得[139]最大化系统吞吐量后,散射装置对时间分配、反馈效率和无人机轨迹进行联合优化。为了扩展通信覆盖范围和系统性能,一种功率控制算法[107]提高了无人机辅助蜂窝网络中针对第二用户的中转网络吞吐量。扩频传输[140]可以降低对系统同步的要求。扩频谱收集了不同的信道,并融合了数据,以实现更准确的估计。对支持高速缓存的无人机[141]进行吞吐量优化,可以提高无人机与物联网之间的吞吐量,获得部署优化和概率高速缓存放置[142]。

马尔可夫链对无人机的轨迹进行了优化。马尔可夫链可以实现无人机研究中系统吞吐量的最大化。多目标优化可以使无人机集群网络在牺牲用时和计算资源的情况下实现全局优化。评价结果表明,该方法比传统的优化方法具有更好的吞吐量。但是,该程序过于复杂,不适合大规模部署。将最优轨迹、资源分配和多目标优化相结合,可以从不同的方面提高网络的吞吐量。然而,这些方法无法大规模提高无人机集群网络的吞吐量。无人机网络的吞吐量主要集中在网络和地面设备上,它们很少包含大规模的异构无人机集群的吞吐量。

本研究可为无人机集群网络的大规模扩展提供有价值的参考。无人机集群的分层结构可以帮助地面终端实现有效的可控性。基于模糊无人机集群,需要一种更具兼容性的异构无人机集群通信网络。

4.5.2 应用深度学习调度增加吞吐量

通过波束成形,无人机集群网络通过精确的定向连接进行数据包的传递。此外,无人机集群网络可以实现能耗和信息泄漏[143]的最小化。通过最佳的波束转向原理,波束成形可以利用最佳的波束来进行连接和减少干扰。通过波束成形,分布式和分散的架构可以具有定向连接和最小的干扰。基于 MIMO,可以通过分频调度多链路,实现无人机集群网络的吞吐量最大化。扩展 5G,可以提供异构无人机集群网络的可行性、存在性和可靠性。无人机集群增强需求的激增加速了网络的发展。

通过优化二维和无人机的层次博弈模型,可预测的动态匹配方法解决了无人机的选择和时间分配问题。一个堵塞游戏可以解决信道接入问题[144]。自组织碰撞发现机制避免了不可用的拓扑信息和信息交换,阻碍了插槽访问[145]。文献[146]提出了解决访问问题的另一种方法,到达方向(DOA)可以提供可供估计的相对位置和信道增益。混合整数非线性规划（MINLP）可以提高其自恢复的能力。无人机的部署和关联学习可以最大化网络的总速率。

"飞行学习"可以优化带宽、QoS、位置部署和高度分配的平衡。

1）首先，基于分布式匹配的关联可以平衡带宽分配和 QoS。

2）其次，K-means 帮助无人机解决无人机的部署问题。

3）最后，博弈论方法使有限的干扰总率[147]最大化。同时，一个深度 Q-学习模型可以确定两个无人机节点之间的最优链路。

无人机的局部最优位置可以通过优化算法[94]来增强整体网络。然而，地面节点与无人机集群网络之间的干扰是 QoS 的关键。一个两相传输协议可以利用蜂窝网络和 D2D 来减轻地面设备和无人机集群[148]之间的干扰。

蜂窝网络是将无人机集群网络集成到美国国家空域系统（NAS）中最有效的方法，以增强其连通性、可靠性和灵活性。一个完全嵌入的基于无人机的 3D 蜂窝网络将用户和无人机合并在不同的高度，以减少延迟。无人机基站的最佳部署实现了对地面用户[149-150]的最大覆盖范围。对地面用户和基站的最优分布估计可以实现三维小区关联的最小化。在最小的延迟下，最优上行总率可以提高无人机集群网络的质量。

协同无人机感知发送协议使无人机到 x 通信。对无人机蜂窝网络服务和地面用户进行了用户和网络级性能[151]分析。子信道分配和无人机速度的联合优化可以解决无人机对用户信道分配、无人机对无人机信道分配和无人机速度控制[19, 152]三个子问题。空中基站的三维定位可以优化上行、下行以及上行和下行[153]组合中所有节点的发射功率分配问题。同时，一个最优的频谱共享可以实现无人机和用户上行[152]的最小速率。

通过对用户关联、频谱分配和内容缓存[154]的联合优化，流畅状态的机器可以在提供有限信息的情况下预测用户的请求分布。该机器可以部署具有最优资源分配策略的无人机，以最大限度地提高与可行吞吐量[114]的服务关联。

支持 5G 的无人机集群网络受益于非正交多址技术（NOMA），它为移动用户提供了更高的接收能力和提高的频谱效率。一种由 MIMO NOMA（MIMO-NOMA）辅助的无人机网络[155]，为移动用户实现更高的信噪比斜率。使用视线（LoS）和非视线（NLoS）的可控解析上解，成对的 NOMA 用户的干扰可以为 0。

同时，一个无人机辅助的 NOMA 网络为地面用户提供服务，同时联合优化无人机轨迹和 NOMA 预编码[156]。NOMA 将关联扩展到爆炸性数据流量[157]下的用户。将基于正交多址技术（OMA）和 NOMA 的无人机集群网络公式转化为一个可处理的问题，并通过惩罚对偶分解来最大化 OMA 和 NOMA[158]下地面用户的最小平均速率。以用户为中心和以无人机为中心的策略，可以为不完全连续干扰抵消（ipSIC）[159]场景中的覆盖范围提供分析表达式和增强功能。无人机群网络的吞吐量对生活质量和安全至关重要。

为了减少小蜂窝基站（SBS），无人机通过缓存和协助卸载请求到 SBS。该帮助可以提高移动用户[160]的吞吐量。无人机部署、缓存放置和用户关联的联合优化可以最大化 QoS[161]。时间分配和位置的联合优化可以最大化地用户[162]和节点[163]的上行吞吐量。通过将推进能量和运行成本最小化，对无人机的飞行轨迹、唤醒时间分配的传感器节点和发射功率进行联合优化，可以减少推进能耗和运行成本[164]。一个易于处理的三维模型可以

评估 5G 的平均下行链接，并满足高通量需求[165]。

为了解决信息泄漏问题，提高传输可靠性，对多跳重铺网络[166]进行优化，可以通过优化编码率、传输功率和跳数[107]来提高无人机网络的吞吐量。利用机器学习，空间虚警和空间误报检测的概率规划主动式无人机的分布。该分布可以帮助随机几何生成二维[167]和无人机网络的覆盖概率。动态飞 – 悬停 – 传输方案可以确定无人机的移动性和传输功率（无线信息传输、无线能量传输和无声），以最大限度地提高无人机整体地面终端[168]的总吞吐量。

1. 无人机网络调度

目前，无人机网络调度主要集中在资源分配和任务管理上，以实现无人机网络的最大化，最大化减少资源分配消耗。缓冲感知传输调度可以增强无人机中转网络，并将地面设备的能耗最小化。最优的链路选择可以减少地面设备和无人机网络[169]的能耗。最优的用户选择可以最小化能耗、覆盖量和吞吐量之间的平衡性。然而，优化是一个难以收敛的 NP 完全问题。

同样，连续凸逼近（SCA）解决了轨迹和用户调度上的联合优化。在高能耗方面，优化可以通过牺牲灵活性和替代顺序[170]最大限度地实现用户调度。与之前的近似不同，在博弈论框架下，控制周期的最优调度节省了能耗。

通过交互作用，一个平衡学习框架优化了无人机的行动以达到平衡。平衡是在不了解成分信息[171]情况下的当前状态和历史。无人机在不了解他人信息的情况下达到纳什（Nash）均衡，可以减轻计算负担。然而，Nash 均衡消耗了太多的时间，导致了系统的波动。协调和不协调方法的集成优化了设备关联、子信道分配、功率分配和无人机部署，以最大限度地提高能效[172]。基于子信道的分配构建关联，当满足传输增益时，设备可以得到关联。其主要缺点是处理效率低，无法实现全局优化。能源的最大化利用延长了无人机网络的寿命，并为网络的 QoS 提供了支持。

对于动态无人机网络，一个轻型的并且是最优的链路选择方法是 QoS 的关键。动态优化调整了无人机的部署，并通过无人机的传输建立了最佳的连接。动态优化利用比例积分导数（PID）来控制运动，并实现了最佳的延迟限度链路。这些环节受无人机[173]速度和响应的约束。比例公平性调度增强了服务公平性和遍历容量之间的平衡。在没有信道状态信息（CSI）的情况下，调度对获得超越传统方法[174]的无人机实现了灵活部署。在此基础上，利用整数线性规划[175]公式求解了基于链路选择优化的最优传输调度问题。交叉熵计算解决了可以优化平均吞吐量的最优链路的选择。但计算受到连续干扰抵消的限制。

通过对任务分配和部署的优化，无人机网络可以进行大规模的扩展。无人机辅助中转网络的优化调度提高了用户的长期平均吞吐量，并为移动和静态无人机[176]提供了无缝中转服务。所提出的调度可以帮助没有信息交换的中转网络。然而，位置估计严重地依赖于全球定位系统（GPS）。

利用灵活的网络架构，动态容错任务调度降低了故障节点的性能，实现了内部调度[177]的快速弹性。与最大 – 最小吞吐量算法相比，动态容错任务调度实现了更高的连接灵活性和可靠性。一个灵活的网络调度可以动态地增强集群任务调度。模糊理论的隶属度可以满足调度[178]的任务要求的约束条件。

以往的工作可以解决动态调度计算要求高和在实际场景中难以部署的问题。控制调度、任务和资源分配以及无人机部署的联合优化利用块协调和连续凸逼近[179]。联合优化可实现多参数优化，最小化最大计算延迟。然而，联合优化对于云计算和边缘计算系统具有较高的时间消耗和开销。在静态网络工作和移动无线网络中，本地计算和云计算差异显著。在有限的功率分配情况下，分布式调度通过随机网络优化和分布式相关调度[180]实现了最优的任务分配。

2. 应用深度学习的无人机网络调度

强化学习可以实现具有深度学习的超参数，并能够提高无人机网络吞吐量的鲁棒性能。启用强化学习的调度方法可以在网络优化和工作流程管理方面实现卓越的性能。与传统的调度方法相比，支持强化学习的调度在深度神经网络（DNN）中表现出了更好的鲁棒性、弹性和全局最优能力。利用DNN，强化学习快速获得QoS的全局优化，最优收敛。为了在车联网（IoV）上实现安全和QoS意识，DQN学习了延长电池供电的IoV使用寿命的优化调度。

代理通过提供经验和实现一个成功的调度策略[181]来学习环境。与随机搜索、贪婪搜索方法相比，启用DQN的方法超过了完成请求、平均延迟和生命周期。一个多分类的软件DQN（S-DQN）升级了基于MDP的调度优化策略，并采用了延迟、成本和能量[182]的约束，以提高多样化通信服务的QoS。S-DQN可以在SDN中实现吞吐量和端到端（E2E）延迟的全局优化。然而，S-DQN很容易受到系统抖动的影响。为了提高超可靠低延迟通信（URLLC）的QoS质量，减少数据包丢失率，基于强化学习的确定性策略通过考虑信道变化和URLLC到达[183]，优化了带宽分配和重叠位置的调度。

基于强化学习的确定性策略同时提高了增强移动宽带（eMBB）和URLLC的可靠性。然而，随着访问的增加，性能逐渐下降，导致其很难大规模实现。联合用户调度和波束选择采用MARL[184-186]最小化延迟，并满足瞬时QoS。通过局部观测实现调度优化；然而，很难进行全局优化。

为了提高确定性网络服务中的QoS，强化学习利用预测数据和回报合并来优化移动调度，这在QoS上具有良好的性能。然而，该系统正在承受着巨大的开销。为了获得最优的调度工作流程，一种基于时间融合指针网络的强化学习利用历史动作和异步优势评价机制改进了多目标工作流程调度的QoS。同样的，为了提高无线接入点（AP）的QoS，一个基于强化学习的控制和调度，可以使AP能够用所需的QoS来调度到达的多媒体流量。该调度具有长期训练处理[187]的全局优化。

优化的资源配置可以最大限度地提高网络容量，减少资源消耗。为了解决多目标调度的问题，启用DQN的MARL为基础设施即服务云上的多工作方式生成最优调度。MARL利用一个博弈模型平衡来建立一个关于制造跨度和成本标准[188]的相关平衡。为了推导出吞吐量增强的最优时间调度机制，双DQN（DDQN）对射频功率后向散射认知无线电网络[189]中的策略呈现进行了全局优化。

在不同的包到达概率和繁忙时间的情况下，DDQN可以在平均吞吐量上获得优异的性能。然而，一旦繁忙时间段增加，DDQN就会小幅下降。为了解决5G网络的无线电资源调度问题，一个优势评价机制强化学习增强了对用户的频率分配。策略梯度优化可以提高吞吐量和公平性指数[190]。比例公平（PF）调度支持的深度强化学习[191]比直接学习和双

学习实现了更快的收敛速度。

一个深度强化学习框架可以解决大规模[192]在线调度优化问题。相关的、正则化的堆叠自编码器可以在无监督学习的简化状态空间中压缩和表示高维信息信道质量。基于紧密的搜索空间，保留和优先级的经验回放的自适应 h- 突变加速了优化。利用传输可靠的 MDP，资源调度利用 DQN 在传输模式、中转选择、时间和功率[193]分配的联合约束下，最大限度地提高了可靠性。

为了提高效率和质量，强化学习加速了任务分配的管理，并在鲁棒性、弹性和灵活性上表现良好。为了解决边缘节点的无效管理问题，基于 SDN 的动态任务调度，利用深度强化学习来解决任务分配和调度问题，使网络延迟最小化，提高了能量[194]的效率。为了解决资源分配不当的问题，基于强化学习的集群协同调度提高了车联网的效率和可靠性，最大限度地提高了网络的吞吐量，提高了车联网的效率和基于强化学习的传输[195]可靠性。

为了减少边缘计算网络的延迟，一种基于深度强化学习算法（A3C）的云边缘协作调度，解决了云边缘网络最小化任务调度的 NP 困难优化问题。A3C 方法在收敛速度上超过 DQN 和 RL-G，但当任务密度较大时，它的任务失败率也在不断升高。超可靠的低延迟通信是满足数据包传输智能调度的关键。一个基于 SDN 的调度利用生成对抗网络（GAN）来确定由 DDQN 生成的动作空间，并考虑了状态预测[196]。基于强化学习的动态任务调度解决了一个 MDP 问题，从而提高了多功能雷达网络[197]的任务执行效率。

4.6 结论

在本章中，我们全面回顾了应用深度学习吞吐量增强的无人机网络。随着 5G 技术的增强，无人机网络可以形成多个集群来完成复杂的任务。这些任务对绩效、协作和公司性的准确率有很高的要求。深度学习可以从路线、资源分配和调度方面改善无人机网络。无人机网络的质量和性能保证可以大规模改进无人机集群的部署，有利于不同领域的诸多应用。

参考文献

[1] T. Yang, J. Zhao, T. Hong, W. Chen, and X. Fu, "Automatic identification technology of rotor UAVs based on 5G network architecture," in *2018 IEEE International Conference on Networking, Architecture and Storage (NAS)*, pp. 1–9, 2018.

[2] J. Wang, A. Jin, D. Shi, L. Wang, H. Shen, D. Wu, L. Hu, L. Gu, L. Lu, Y. Chen, J. Wang, Y. Saito, A. Benjebbour, and Y. Kishiyama, "Spectral efficiency improvement with 5G technologies: results from field tests," *IEEE Journal on Selected Areas in Communications*, vol. 35, pp. 1867–1875, 2017.

[3] T. O. Olwal, K. Djouani, and A. M. Kurien, "A survey of resource management toward 5G radio access networks," *IEEE Communications Surveys Tutorials*, vol. 18, pp. 1656–1686, third quarter 2016.

[4] Y. Wang, Z. Zhang, P. Zhang, Z. Ma, and G. Liu, "A new cloud-based network framework for 5G massive internet of things connections," in *2017 IEEE 17th International Conference on Communication Technology (ICCT)*, pp. 412–416, 2017.

[5] Z. Na, Y. Wang, M. Xiong, X. Liu, and J. Xia, "Modeling and throughput analysis of an ADO-OFDM based relay-assisted VLC system for 5G networks," *IEEE Access*, vol. 6, pp. 17586–17594, 2018.

[6] X. Ge, J. Yang, H. Gharavi, and Y. Sun, "Energy efficiency challenges of 5G small cell networks," *IEEE Communications Magazine*, vol. 55, pp. 184–191, May 2017.

[7] R. Vannithamby and S. Talwar, "Distributed Resource Allocation in 5G Cellular Networks," In *Towards 5G: Applications, Requirements and Candidate Technologies.* Wiley, 2017, pp. 129–161, doi: 10.1002/9781118979846.ch8.

[8] F. W. Vook, A. Ghosh, and T. A. Thomas, "Mimo and beamforming solutions for 5G technology," in *IEEE MTT-S International Microwave Symposium (IMS2014)*, pp. 1–4, 2014.

[9] D. Wubben, P. Rost, J. S. Bartelt, M. Lalam, V. Savin, M. Gorgoglione, A. Dekorsy, and G. Fettweis, "Benefits and impact of cloud computing on 5G signal processing: flexible centralization through cloud-ran," *IEEE Signal Processing Magazine*, vol. 31, pp. 35–44, 2014.

[10] T. X. Tran, A. Hajisami, P. Pandey, and D. Pompili, "Collaborative mobile edge computing in 5G Net-works: new paradigms, scenarios, and challenges," *IEEE Communications Magazine*, vol. 55, pp. 54–61, 2017.

[11] M. Agiwal, A. Roy, and N. Saxena, "Next generation 5G wireless networks: a comprehensive survey," *IEEE Communications Surveys Tutorials*, vol. 18, no. 3, pp. 1617–1655, 2016.

[12] V. P. Subba Rao and G. S. Rao, "Design and modelling of an affordable UAV based pesticide sprayer in agriculture applications," in *2019 Fifth International Conference on Electrical Energy Systems (ICEES)*, pp. 1–4, 2019.

[13] X. Liu, L. Hou, and X. Ju, "A method for detecting power lines in UAV aerial images," in *2017 3rd IEEE International Conference on Computer and Communications (ICCC)*, pp. 2132–2136, 2017.

[14] M. Edrich and R. Schmalenberger, "Combined dsss/fhss approach to interference rejection and navigation support in UAV communications and control," in *IEEE Seventh International Symposium on Spread Spectrum Techniques and Applications*, vol. 3, pp. 687–691, 2002.

[15] A. Volkert, H. Hackbarth, T. J. Lieb, and S. Kern, "Flight tests of ranges and latencies of a threefold redundant c2 multi-link solution for small drones in vll airspace," in *2019 Integrated Communications, Navigation and Surveillance Conference (ICNS)*, pp. 1–14, 2019.

[16] T. Zeng, M. Mozaffari, O. Semiari, W. Saad, M. Bennis, and M. Debbah, "Wireless communications and control for swarms of cellular-connected UAVS," in *2018 52nd Asilomar Conference on Signals, Systems, and Computers*, pp. 719–723, 2018.

[17] W. Mei, Q. Wu, and R. Zhang, "Cellular-connected UAV: uplink association, power control and inter- ference coordination," in *2018 IEEE Global Communications Conference (GLOBECOM)*, pp. 206–212, 2018.

[18] H. Hellaoui, O. Bekkouche, M. Bagaa, and T. Taleb, "Aerial control system for spectrum efficiency in UAV-to-cellular communications," *IEEE Communications Magazine*, vol. 56, pp. 108–113, 2018.

[19] S. Zhang, H. Zhang, B. Di, and L. Song, "Cellular UAV-to-x communications: design and optimization for multi-UAV networks," *IEEE Transactions on Wireless Communications*, vol. 18, pp. 1346–1359, 2019.

[20] G. Xu, J. Wang, L. Yuan, and H. Zhang, "Cooperative UUB control of elastic UAV formation adapting flight speed," in *Proceedings of 2014 IEEE Chinese Guidance, Navigation and Control Conference*, pp. 2231–2235, 2014.

[21] M. Lauridsen, L. C. Gimenez, I. Rodriguez, T. B. Sorensen, and P. Mogensen, "From LTE to 5G for connected mobility," *IEEE Communications Magazine*, vol. 55, pp. 156–162, 2017.

[22] J. Hendler, "Avoiding another AI winter," *IEEE Intelligent Systems*, vol. 23, pp. 2–4, 2008.

[23] T. Sugimoto and M. Gouko, "Acquisition of hovering by actual UAV using reinforcement learning," in *2016 3rd International Conference on Information Science and Control Engineering (ICISCE)*, pp. 148–152, 2016.

[24] Q. Wang, W. Zhang, Y. Liu, and Y. Liu, "Multi-UAV dynamic wireless networking with deep reinforcement learning," *IEEE Communications Letters*, vol. 23, pp. 1–1, 2019.

[25] A. Shamsoshoara, M. Khaledi, F. Afghah, A. Razi, and J. Ashdown, "Distributed cooperative spectrum sharing in UAV networks using multi-agent reinforcement learning," in *2019 16th IEEE Annual Consumer Communications Networking Conference (CCNC)*, pp. 1–6, 2019.

[26] J. Cui, Y. Liu, and A. Nallanathan, "The application of multi-agent reinforcement learning in UAV networks," in *2019 IEEE International Conference on Communications Workshops (ICC Workshops)*, pp. 1–6, 2019.

[27] S. E. Hammami, H. Afifi, H. Moungla, and A. Kamel, "Drone-assisted cellular networks: a multi-agent reinforcement learning approach," in *ICC 2019 - 2019 IEEE International Conference on Communications (ICC)*, pp. 1–6, 2019.

[28] L. Xiao, X. Lu, D. Xu, Y. Tang, L. Wang, and W. Zhuang, "Uav relay in vanets against smart jamming with reinforcement learning," *IEEE Transactions on Vehicular Technology*, vol. 67, pp. 4087–4097, May 2018.

[29] C. H. Liu, Z. Chen, J. Tang, J. Xu, and C. Piao, "Energy-efficient UAV control for effective and fair communication coverage: a deep reinforcement learning approach," *IEEE Journal on Selected Areas in Communications*, vol. 36, pp. 2059–2070, 2018.

[30] U. Challita, W. Saad, and C. Bettstetter, "Interference management for cellular-connected UAVS: a deep reinforcement learning approach," *IEEE Transactions on Wireless Communications*, vol. 18, pp. 2125–2140, April 2019.

[31] Y. Cao, L. Zhang, and Y. Liang, "Deep reinforcement learning for user access control in UAV networks," in *2018 IEEE International Conference on Communication Systems (ICCS)*, pp. 297–302, 2018.

[32] M. Y. Arafat and S. Moh, "A survey on cluster-based routing protocols for unmanned aerial vehicle networks," *IEEE Access*, vol. *7*, pp. 498–516, 2019.

[33] O. S. Oubbati, A. Lakas, F. Zhou, M. Gu¨nes, and M. B. Yagoubi, "A survey on position-based routing protocols for flying ad hoc networks (fanets)," *Vehicular Communications*, vol. *10*, pp. 29–56, 2017.

[34] D. Medina, F. Hoffmann, F. Rossetto, and C. Rokitansky, "A geographic routing strategy for north atlantic in-flight internet access via airborne mesh networking," *IEEE/ACM Transactions on Networking*, vol. *20*, pp. 1231–1244, 2012.

[35] L. Lin, Q. Sun, S. Wang, and F. Yang, "A geographic mobility prediction routing protocol for ad hoc UAV network," in *2012 IEEE Globecom Workshops*, pp. 1597–1602, 2012.

[36] S. Rosati, K. Kruz˙ Elecki, L. Traynard, and B. R. Mobile, "Speed-aware routing for UAV ad-hoc networks," in *2013 IEEE Globecom Workshops (GC Wkshps)*, pp. 1367–1373, 2013.

[37] E. Kuiper and S. Nadjm-Tehrani, "Geographical routing with location service in intermittently connected manets," *IEEE Transactions on Vehicular Technology*, vol. *60*, pp. 592–604, 2011.

[38] M. Iordanakis, D. Yannis, K. Karras, G. Bogdos, G. Dilintas, M. Amirfeiz, G. Colangelo, and S. Baiotti, "Ad-hoc routing protocol for aeronautical mobile ad-hoc networks," in *Fifth International Symposium on Communication Systems, Networks and Digital Signal Processing (CSNDSP)*, pp. 1–5, Citeseer, 2006.

[39] R. Shirani, M. St-Hilaire, T. Kunz, Y. Zhou, J. Li, and L. Lamont, "On the delay of reactive-greedy- reactive routing in unmanned aeronautical ad-hoc networks," *Procedia Computer Science*, vol. *10*, pp. 535–542, 2012. ANT 2012 and MobiWIS 2012.

[40] E. Sakhaee and A. Jamalipour, "A new stable clustering scheme for pseudo-linear highly mobile ad hoc networks," in *IEEE GLOBECOM 2007 - IEEE Global Telecommunications Conference*, pp. 1169–1173, 2007.

[41] J. Maxa, M. S. Ben Mahmoud, and N. Larrieu, "Joint model-driven design and real experiment-based validation for a secure UAV ad hoc network routing protocol," in *2016 Integrated Communications Navigation and Surveillance (ICNS)*, pp. 1E2-1–1E2-16, 2016.

[42] S. Y. Dong, "Optimization of OLSR routing protocol in UAV ad hoc network," in *2016 13th International Computer Conference on Wavelet Active Media Technology and Information Processing (IC- CWAMTIP)*, pp. 90–94, 2016.

[43] P. E. I. Dorathy and M. Chandrasekaran, "Distance based dual path ad hoc on demand distance vector routing protocol for mobile ad hoc networks," in *2017 4th International Conference on Advanced Computing and Communication Systems (ICACCS)*, pp. 1–6, 2017.

[44] Y. Zheng, Y. Wang, Z. Li, L. Dong, Y. Jiang, and H. Zhang, "A mobility and load aware olsr routing protocol for UAV mobile ad-hoc networks," in *2014 International Conference on Information and Communications Technologies (ICT 2014)*, pp. 1–7, 2014.

[45] A. V. Leonov, G. A. Litvinov, and D. A. Korneev, "Simulation and analysis of transmission range effect on AODV and OLSR routing protocols in flying ad hoc networks (fanets) formed by mini-UAVS with different node density," in *2018 Systems of Signal Synchronization, Generating and Processing in Telecommunications (SYNCHROINFO)*, pp. 1–7, 2018.

[46] F. Wang, Z. Chen, J. Zhang, C. Zhou, and W. Yue, "Greedy forwarding and limited flooding based routing protocol for UAV flying ad-hoc networks," in *2019 IEEE 9th International Conference on Electronics Information and Emergency Communication (ICEIEC)*, pp. 1–4, 2019.

[47] A. V. Leonov and G. A. Litvinov, "About applying aodv and olsr routing protocols to relaying network scenario in fanet with mini-UAVS," in *2018 XIV International Scientific-Technical Conference on Actual Problems of Electronics Instrument Engineering (APEIE)*, pp. 220–228, 2018.

[48] A. V. Leonov and G. A. Litvinov, "Considering aodv and olsr routing protocols to traffic monitoring scenario in fanet formed by mini-UAVS," in *2018 XIV International Scientific-Technical Conference on Actual Problems of Electronics Instrument Engineering (APEIE)*, pp. 229–237, 2018.

[49] V. Ramasubramanian, Z. J. Haas, and E. G. Sirer, "Sharp: a hybrid adaptive routing protocol for mobile ad hoc networks," in *Proceedings of the 4th ACM International Symposium on Mobile Ad Hoc Networking & Computing, MobiHoc '03*, (New York, NY, USA), pp. 303–314, Association for Computing Machinery, 2003.

[50] L. Gupta, R. Jain, and G. Vaszkun, "Survey of important issues in UAV communication networks," *IEEE Communications Surveys & Tutorials*, vol. *18*, no. 2, pp. 1123–1152, 2015.

[51] Y. Yu, L. Ru, W. Chi, Y. Liu, Q. Yu, and K. Fang, "Ant colony optimization based polymorphism-aware routing algorithm for ad hoc UAV network," *Multimedia Tools and Applications*, vol. *75*, pp. 14451–14476, 2016.

[52] A. V. Leonov, "Application of bee colony algorithm for fanet routing," in *2016 17th International Conference of Young Specialists on Micro/Nanotechnologies and Electron Devices (EDM)*, pp. 124–132, 2016.

[53] S. S. Manvi, M. S. Kakkasageri, and C. V. Mahapurush, "Performance analysis of AODV, DSR, and swarm intelligence routing protocols in vehicular ad hoc network environment," in *2009 International Conference on Future Computer and Communication*, pp. 21–25, 2009.

[54] J. Wang, N. Juarez, E. Kohm, Y. Liu, J. Yuan, and H. Song, "Integration of sdr and uas for malicious wi-fi hotspots detection," in *2019 Integrated Communications, Navigation and Surveillance Conference (ICNS)*, pp. 1–8, 2019.

[55] Q. Zhang, M. Jiang, Z. Feng, W. Li, W. Zhang, and M. Pan, "IOT enabled UAV: Network architecture and routing algorithm," *IEEE Internet of Things Journal*, vol. 6, no. 2, pp. 3727–3742, 2019.

[56] A. V. Leonov and G. A. Litvinov, "Applying AODV and OLSR routing protocols to air-to-air scenario in flying ad hoc networks formed by mini-UAVS," in *2018 Systems of Signals Generating and Processing in the Field of on Board Communications*, pp. 1–10, 2018.

[57] A. Rovira-Sugranes and A. Razi, "Predictive routing for dynamic UAV networks," in *2017 IEEE International Conference on Wireless for Space and Extreme Environments (WiSEE)*, pp. 43–47, 2017.

[58] P. Zhang, Q. Zhang, M. Jiang, and Z. Feng, "Cube based space region partition routing algorithm in UAV networks," in *2017 23rd Asia-Pacific Conference on Communications (APCC)*, pp. 1–6, 2017.

[59] M. Y. Arafat and S. Moh, "Location-aided delay tolerant routing protocol in UAV networks for post-disaster operation," *IEEE Access*, vol. 6, pp. 59891–59906, 2018.

[60] A. Kumari, R. Gupta, S. Tanwar, and N. Kumar, "A taxonomy of blockchain-enabled softwarization for secure UAV network," *Computer Communications*, vol. 161, pp. 304–323, 2020.

[61] A. Mathur, K. Panesar, J. Kim, E. M. Atkins, and N. Sarter, "Paths to autonomous vehicle operations for urban air mobility," in *AIAA Aviation 2019 Forum*, p. 3255, 2019.

[62] N. Kumar, J. J. P. C. Rodrigues, and N. Chilamkurti, "Bayesian coalition game as-a-service for content distribution in internet of vehicles," *IEEE Internet of Things Journal*, vol. 1, no. 6, pp. 544–555, 2014.

[63] J.Á. Flores Granados, J. Mongay Batalla, and C. Togay, "Redundant localization system for automatic vehicles," *Mechanical Systems and Signal Processing*, vol. 136, p. 106433, 2020.

[64] I. Rasheed, F. Hu, Y. Hong, and B. Balasubramanian, "Intelligent vehicle network routing with adaptive 3D beam alignment for mmWave 5G-based V2X communications," *IEEE Transactions on Intelligent Transportation Systems*, vol. 22, pp. 2706–2718, 2020.

[65] Y. Liu, J. Wang, H. Song, J. Li, and J. Yuan, "Blockchain-based secure routing strategy for airborne mesh networks," in *2019 IEEE International Conference on Industrial Internet (ICII)*, pp. 56–61, 2019.

[66] A. V. Bastos, C. M. Silva, and D. C. da Silva, "Assisted routing algorithm for d2d communication in 5G wireless networks," in *2018 Wireless Days (WD)*, pp. 28–30, 2018.

[67] N. Kumar, S. Misra, J. J. P. C. Rodrigues, and M. S. Obaidat, "Coalition games for spatio-temporal big data in internet of vehicles environment: a comparative analysis," *IEEE Internet of Things Journal*, vol. 2, no. 4, pp. 310–320, 2015.

[68] O. Alhussein, P. T. Do, J. Li, Q. Ye, W. Shi, W. Zhuang, X. Shen, X. Li, and J. Rao, "Joint VNF placement and multicast traffic routing in 5G core networks," in *2018 IEEE Global Communications Conference (GLOBECOM)*, pp. 1–6, 2018.

[69] S. Alwan, I. Fajjari, and N. Aitsaadi, "Joint multicast routing and OFDM resource allocation in LTE-D2D 5G cellular network," in *NOMS 2018 - 2018 IEEE/IFIP Network Operations and Management Symposium*, pp. 1–9, 2018.

[70] V. K. Choyi, A. Abdel-Hamid, Y. Shah, S. Ferdi, and A. Brusilovsky, "Network slice selection, assignment and routing within 5G networks," in *2016 IEEE Conference on Standards for Communications and Networking (CSCN)*, pp. 1–7, 2016.

[71] J. He and W. Song, "Evolving to 5G: a fast and near-optimal request routing protocol for mobile core networks," in *2014 IEEE Global Communications Conference*, pp. 4586–4591, 2014.

[72] X. Yue, Y. Liu, J. Wang, H. Song, and H. Cao, "Software defined radio and wireless acoustic networking for amateur drone surveillance," *IEEE Communications Magazine*, vol. 56, pp. 90–97, 2018.

[73] D. Hrabcak, L. Dobos, and J. Papaj, "The concept of 2-layer routing for wireless 5G networks and beyond," in *2019 29th International Conference Radioelektronika (RADIOELEKTRONIKA)*, pp. 1–5, 2019.

[74] Q. Yao, H. Yang, B. Yan, B. Bao, A. Yu, and J. Zhang, "Routing and resource allocation leveraging self- organizing feature maps in multi-core optical networks against 5G and beyond," in *2020 International Wireless Communications and Mobile Computing (IWCMC)*, pp. 857–860, 2020.

[75] D. D. Misra and K. Kumar Sarma, "Cooperative routing mechanism in the 5G ultra dense network," in *2018 5th International Conference on Signal Processing and Integrated Networks (SPIN)*, pp. 721–725, 2018.

[76] K. Fukui, K. Tsubouchi, and S. Iwashina, "A comparative study on anchorless routing in 5G system," in *2019 International Conference on Information Networking (ICOIN)*, pp. 424–426, 2019.

[77] C. V. Murudkar and R. D. Gitlin, "Optimal-capacity, shortest path routing in self-organizing 5G networks using machine learning," in *2019 IEEE 20th Wireless and Microwave Technology Conference (WAMICON)*, pp. 1–5, 2019.

[78] A. Yu, B. Yu, H. Yang, Q. Yao, J. Zhang, and M. Cheriet, "Deep reinforcement learning based time synchronization routing optimization for C-ROFN in beyond 5G," in *2020 International Wireless Communications and Mobile Computing (IWCMC)*, pp. 865–867, 2020.

[79] V. Yazici, U. C. Kozat, and M. O. Sunay, "A new control plane for 5G network architecture with a case study on unified handoff, mobility, and routing management," *IEEE Communications Magazine*, vol. 52, no. 11, pp. 76–85, 2014.

[80] T. Alladi, V. Chamola Naren, and N. Kumar, "Parth: a two-stage lightweight mutual authentication protocol for UAV surveillance networks," *Computer Communications*, vol. 160, pp. 81–90, 2020.

[81] K. Kumar, S. Kumar, O. Kaiwartya, A. Sikandar, R. Kharel, and J. L. Mauri, "Internet of unmanned aerial vehicles: Qos provisioning in aerial ad-hoc networks," *Sensors*, vol. 20, no. 11, p. 3160, 2020.

[82] B. J. Olivieri de Souza and M. Endler, "Coordinating movement within swarms of UAVS through mobile networks," in *2015 IEEE International Conference on Pervasive Computing and Communication Workshops (PerCom Workshops)*, pp. 154–159, 2015.

[83] O. Shrit, S. Martin, K. Alagha, and G. Pujolle, "A new approach to realize drone swarm using ad-hoc network," in *2017 16th Annual Mediterranean Ad Hoc Networking Workshop (Med-Hoc-Net)*, pp. 1–5, 2017.

[84] S. Engeʺbraten, K. Glette, and O. Yakimenko, "Networking-enabling enhancement for a swarm of cots drones," in *2018 IEEE 14th International Conference on Control and Automation (ICCA)*, pp. 562–569, 2018.

[85] Y. Jiang, Z. Mi, H. Wang, X. Wang, and N. Zhao, "The experiment and performance analysis of multi-node UAV ad hoc network based on swarm tactics," in *2018 10th International Conference on Wireless Communications and Signal Processing (WCSP)*, pp. 1–6, 2018.

[86] L. He, Y. Hou, X. Liang, J. Zhang, and P. Bai, "Time-varying formation tracking control for aircraft swarm with switching directed sympathetic networks," in *2019 IEEE 3rd Information Technology, Networking, Electronic and Automation Control Conference (ITNEC)*, pp. 199–204, 2019.

[87] M. Chen, F. Dai, H. Wang, and L. Lei, "Dfm: A distributed flocking model for UAV swarm networks," *IEEE Access*, vol. 6, pp. 69141–69150, 2018.

[88] W. Yang, Y. Wang, and J. Yuan, "Network construction in tactical UAV swarms with fsoc array antennas," in *2019 IEEE 3rd Information Technology, Networking, Electronic and Automation Control Conference (ITNEC)*, pp. 779–785, 2019.

[89] X. Zou, n. LV, K. Chen, and H. Wang, "A network updates scheme for software-defined airborne network of the aviation swarm," in *2019 3rd International Conference on Electronic Information Technology and Computer Engineering (EITCE)*, pp. 345–354, 2019.

[90] M. Chen, H. Wang, C. Chang, and X. Wei, "SIDR: a swarm intelligence-based damage-resilient mechanism for UAV swarm networks," *IEEE Access*, vol. 8, pp. 77089–77105, 2020.

[91] R. Lua and W. K. Ng, "Autonomic swarms for regenerative and collaborative networking," in *9th IEEE International Conference on Collaborative Computing: Networking, Applications and Worksharing*, pp. 40–49, 2013.

[92] L. Ruetten, P. A. Regis, D. Feil-Seifer, and S. Sengupta, "Area-optimized UAV swarm network for search and rescue operations," in *2020 10th Annual Computing and Communication Workshop and Conference (CCWC)*, pp. 0613–0618, 2020.

[93] R. Hunjet, B. Fraser, T. Stevens, L. Hodges, K. Mayen, J. C. Barca, M. Cochrane, R. Cannizzaro, and J. L. Palmer, "Data ferrying with swarming uas in tactical defence networks," in *2018 IEEE International Conference on Robotics and Automation (ICRA)*, pp. 6381–6388, 2018.

[94] A. M. Koushik, F. Hu, and S. Kumar, "Deep Q-learning-based node positioning for throughput-optimal communications in dynamic UAV swarm network," *IEEE Transactions on Cognitive Communications and Networking*, vol. 5, no. 3, pp. 554–566, 2019.

[95] G. Leu and J. Tang, "Survivable networks via UAV swarms guided by decentralized real-time evolutionary computation," in *2019 IEEE Congress on Evolutionary Computation (CEC)*, pp. 1945–1952, 2019.

[96] C. Liu, W. Feng, Y. Pei, J. Wang, Y. Chen, and N. Ge, "Energy efficiency optimization for UAV swarm-enabled aerial small cell networks," in *2020 International Conference on Computing, Networking and Communications (ICNC)*, pp. 561–566, 2020.

[97] Z. Feng, L. Ji, Q. Zhang, and W. Li, "Spectrum management for mmwave enabled UAV swarm networks: challenges and opportunities," *IEEE Communications Magazine*, vol. 57, no. 1, pp. 146–153, 2019.

[98] W. Huang, J. Peng, and H. Zhang, "User-centric intelligent UAV swarm networks: performance analysis and design insight," *IEEE Access*, vol. 7, pp. 181469–181478, 2019.

[99] X. Wang, W. Feng, Y. Chen, and N. Ge, "Power allocation for UAV swarm-enabled secure networks using large-scale csi," in *2019 IEEE Global Communications Conference (GLOBECOM)*, pp. 1–6, 2019.

[100] C. Guerber, N. Larrieu, and M. Royer, "Software defined network based architecture to improve security in a swarm of drones," in *2019 International Conference on Unmanned Aircraft Systems (ICUAS)*, pp. 51–60, 2019.

[101] H. Song, L. Liu, S. Pudlewski, and E. S. Bentley, "Random network coding enabled routing in swarm unmanned aerial vehicle networks," in *2019 IEEE Global Communications Conference (GLOBECOM)*, pp. 1–6, 2019.

[102] M. R. Brust, G. Danoy, P. Bouvry, D. Gashi, H. Pathak, and M. P. Gon çalves, "Defending against intrusion of malicious UAVS with networked UAV defense swarms," in *2017 IEEE 42nd Conference on Local Computer Networks Workshops (LCN Workshops)*, pp. 103–111, 2017.

[103] C. Cheng, P. Hsiao, H. T. Kung, and D. Vlah, "Maximizing throughput of UAV-relaying networks with the load-carry-and-deliver paradigm," in *2007 IEEE Wireless Communications and Networking Conference*, pp. 4417–4424, 2007.

[104] S. Ahmed, M. Z. Chowdhury, and Y. M. Jang, "Energy-efficient UAV-to-user scheduling to maximize throughput in wireless networks," *IEEE Access*, vol. 8, pp. 21215–21225, 2020.

[105] S. Chou, A. Pang, and Y. Yu, "Energy-aware 3D unmanned aerial vehicle deployment for network throughput optimization," *IEEE Transactions on Wireless Communications*, vol. 19, no. 1, pp. 563–578, 2020.

[106] S. K. Singh, K. Agrawal, K. Singh, C. Li, and W. Huang, "On UAV selection and position-based throughput maximization in multi-UAV relaying networks," *IEEE Access*, vol. 8, pp. 144039–144050, 2020.

[107] H. Li and X. Zhao, "Throughput maximization with energy harvesting in UAV-assisted cognitive mobile relay networks," *IEEE Transactions on Cognitive Communications and Networking*, vol. 7, pp. 197–209, 2020.

[108] L. Chiaraviglio, F. D'Andreagiovanni, W. Liu, J. Gutierrez, N. Blefari-Melazzi, K. R. Choo, and M. Alouini, "Multi-area throughput and energy optimization of UAV-aided cellular networks powered by solar panels and grid," *IEEE Transactions on Mobile Computing*, vol. 20, pp. 2427–2444, 2020.

[109] M. Ali, Q. Rabbani, M. Naeem, S. Qaisar, and F. Qamar, "Joint user association, power allocation, and throughput maximization in 5G H-CRAN networks," *IEEE Transactions on Vehicular Technology*, vol. 66, no. 10, pp. 9254–9262, 2017.

[110] J. Tang, J. Song, J. Ou, J. Luo, X. Zhang, and K. Wong, "Minimum throughput maximization for multi-UAV enabled wpcn: a deep reinforcement learning method," *IEEE Access*, vol. 8, pp. 9124–9132, 2020.

[111] J. Cui, Y. Liu, and A. Nallanathan, "Multi-agent reinforcement learning-based resource allocation for UAV networks," *IEEE Transactions on Wireless Communications*, vol. 19, no. 2, pp. 729–743, 2020.

[112] N. Zhao, Z. Liu, and Y. Cheng, "Multi-agent deep reinforcement learning for trajectory design and power allocation in multi-UAV networks," *IEEE Access*, vol. 8, pp. 139670–139679, 2020.

[113] K. Zheng, Y. Sun, Z. Lin, and Y. Tang, "Uav-assisted online video downloading in vehicular networks: a reinforcement learning approach," in *2020 IEEE 91st Vehicular Technology Conference (VTC2020- Spring)*, pp. 1–5, 2020.

[114] M. Chen, W. Saad, and C. Yin, "Liquid state machine learning for resource and cache management in lte-u unmanned aerial vehicle (UAV) networks," *IEEE Transactions on Wireless Communications*, vol. 18, no. 3, pp. 1504–1517, 2019.

[115] M. Yi, X. Wang, J. Liu, Y. Zhang, and B. Bai, "Deep reinforcement learning for fresh data collection in UAV-assisted iot networks," in *IEEE INFOCOM 2020 - IEEE Conference on Computer Communications Workshops (INFOCOM WKSHPS)*, pp. 716–721, 2020.

[116] W. Wang, X. Lu, S. Liu, L. Xiao, and B. Yang, "Energy efficient relay in UAV networks against jamming: a reinforcement learning based approach," in *2020 IEEE 91st Vehicular Technology Conference (VTC2020-Spring)*, pp. 1–5, 2020.

[117] M. S. Shokry, D. Ebrahimi, C. Assi, S. Sharafeddine, and A. Ghrayeb, "Leveraging UAVS for coverage in cell-free vehicular networks: a deep reinforcement learning approach," *IEEE Transactions on Mobile Computing*, vol. 20, pp. 2835–2847, 2020.

[118] G. Faraci, C. Grasso, and G. Schembra, "Reinforcement-learning for management of a 5G network slice extension with UAVS," in *IEEE INFOCOM 2019 - IEEE Conference on Computer Communications Workshops (INFOCOM WKSHPS)*, pp. 732–737, 2019.

[119] A. Asheralieva and D. Niyato, "Hierarchical game-theoretic and reinforcement learning framework for computational offloading in UAV-enabled mobile edge computing networks with multiple service providers," *IEEE Internet of Things Journal*, vol. 6, no. 5, pp. 8753–8769, 2019.

[120] Y. Xu, L. Xiao, D. Yang, Q. Wu, and L. Cuthbert, "Throughput maximization in multi-UAV enabled communication systems with difference consideration," *IEEE Access*, vol. 6, pp. 55291–55301, 2018.

[121] L. Xie, J. Xu, and R. Zhang, "Throughput maximization for UAV-enabled wireless powered communication networks," *IEEE Internet of Things Journal*, vol. *6*, no. 2, pp. 1690–1703, 2019.

[122] W. Shi, H. Zhou, J. Li, W. Xu, N. Zhang, and X. Shen, "Drone assisted vehicular networks: architecture, challenges and opportunities," *IEEE Network*, vol. *32*, no. 3, pp. 130–137, 2018.

[123] Y. Zeng, R. Zhang, and T. J. Lim, "Throughput maximization for UAV-enabled mobile relaying systems," *IEEE Transactions on Communications*, vol. *64*, no. 12, pp. 4983–4996, 2016.

[124] L. Xie, J. Xu, and R. Zhang, "Throughput maximization for UAV-enabled wireless powered communication networks - invited paper," in *2018 IEEE 87th Vehicular Technology Conference (VTC Spring)*, pp. 1–7, 2018.

[125] M. Hua, L. Yang, C. Pan, and A. Nallanathan, "Throughput maximization for full-duplex UAV aided small cell wireless systems," *IEEE Wireless Communications Letters*, vol. *9*, no. 4, pp. 475–479, 2020.

[126] N. Zhang, S. Zhang, P. Yang, O. Alhussein, W. Zhuang, and X. S. Shen, "Software defined space-air-ground integrated vehicular networks: challenges and solutions," *IEEE Communications Magazine*, vol. *55*, no. 7, pp. 101–109, 2017.

[127] L. Xie, J. Xu, and Y. Zeng, "Common throughput maximization for UAV-enabled interference channel with wireless powered communications," *IEEE Transactions on Communications*, vol. *68*, no. 5, pp. 3197–3212, 2020.

[128] J. Li, G. Lei, G. Manogaran, G. Mastorakis, and C. X. Mavromoustakis, "D2D communication mode selection and resource optimization algorithm with optimal throughput in 5G network," *IEEE Access*, vol. *7*, pp. 25263–25273, 2019.

[129] L. Sboui, H. Ghazzai, Z. Rezki, and M. Alouini, "On the throughput of cognitive radio mimo systems assisted with UAV relays," in *2017 13th International Wireless Communications and Mobile Computing Conference (IWCMC)*, pp. 939–944, 2017.

[130] J. Wang, Y. Liu, S. Niu, and H. Song, "5G-enabled optimal bi-throughput for UAS swarm networking," in *2020 International Conference on Space-Air-Ground Computing (SAGC)*, pp. 43–48, 2020.

[131] M. Hua, C. Li, Y. Huang, and L. Yang, "Throughput maximization for UAV-enabled wireless power transfer in relaying system," in *2017 9th International Conference on Wireless Communications and Signal Processing (WCSP)*, pp. 1–5, 2017.

[132] J. Fan, M. Cui, G. Zhang, and Y. Chen, "Throughput improvement for multi-hop UAV relaying," *IEEE Access*, vol. *7*, pp. 147732–147742, 2019.

[133] X. Liang, W. Xu, H. Gao, M. Pan, J. Lin, Q. Deng, and P. Zhang, "Throughput optimization for cognitive UAV networks: A three-dimensional-location-aware approach," *IEEE Wireless Communications Letters*, vol. *9*, no. 7, pp. 948–952, 2020.

[134] J. M. Batalla, M. Kantor, C. X. Mavromoustakis, G. Skourletopoulos, and G. Mastorakis, "A novel methodology for efficient throughput evaluation in virtualized routers," in *2015 IEEE International Conference on Communications (ICC)*, pp. 6899–6905, 2015.

[135] L. Chiaraviglio, L. Amorosi, F. Malandrino, C. F. Chiasserini, P. Dell'Olmo, and C. Casetti, "Optimal throughput management in uav-based networks during disasters," in *IEEE INFOCOM 2019 - IEEE Conference on Computer Communications Workshops (INFOCOM WKSHPS)*, pp. 307–312, 2019.

[136] L. Chiaraviglio, F. D'andreagiovanni, R. Choo, F. Cuomo, and S. Colonnese, "Joint optimization of area throughput and grid-connected microgeneration in UAV-based mobile networks," *IEEE Access*, vol. *7*, pp. 69545–69558, 2019.

[137] J. Park, H. Lee, S. Eom, and I. Lee, "UAV-aided wireless powered communication networks: trajectory optimization and resource allocation for minimum throughput maximization," *IEEE Access*, vol. *7*, pp. 134978–134991, 2019.

[138] G. Manogaran, C.-H. Hsu, B. S. Rawal, B. Muthu, C. X. Mavromoustakis, and G. Mastorakis, "Isof: Information scheduling and optimization framework for improving the performance of agriculture systems aided by industry 4.0," *IEEE Internet of Things Journal*, vol. *8*, no. 5, pp. 3120–3129, 2021.

[139] M. Hua, L. Yang, C. Li, Q. Wu, and A. L. Swindlehurst, "Throughput maximization for UAV-aided backscatter communication networks," *IEEE Transactions on Communications*, vol. *68*, no. 2, pp. 1254–1270, 2020.

[140] A. Giorgetti, M. Lucchi, M. Chiani, and M. Z. Win, "Throughput per pass for data aggregation from a wireless sensor network via a UAV," *IEEE Transactions on Aerospace and Electronic Systems*, vol. *47*, no. 4, pp. 2610–2626, 2011.

[141] B. Jiang, J. Yang, H. Xu, H. Song, and G. Zheng, "Multimedia data throughput maximization in internet-of-things system based on optimization of cache-enabled UAV," *IEEE Internet of Things Journal*, vol. *6*, no. 2, pp. 3525–3532, 2019.

[142] K. Krishnamoorthy, M. Pachter, and P. Chandler, "Maximizing the throughput of a patrolling UAV by dynamic programming," in *2011 IEEE International Conference on Control Applications (CCA)*, pp. 916–920, 2011.

[143] P. Dinh, T. M. Nguyen, S. Sharafeddine, and C. Assi, "Joint location and beamforming design for cooperative UAVS with limited storage capacity," *IEEE Transactions on Communications*, vol. *67*, no. 11, pp. 8112–8123, 2019.

[144] D. Liu, Y. Xu, J. Wang, J. Chen, Q. Wu, A. Anpalagan, K. Xu, and Y. Zhang, "Opportunistic utilization of dynamic multi-UAV in device-to-device communication networks," *IEEE Transactions on Cognitive Communications and Networking*, vol. *6*, no. 3, pp. 1069–1083, 2020.

[145] K. Yao, J. Wang, Y. Xu, Y. Xu, Y. Yang, Y. Zhang, H. Jiang, and J. Yao, "Self-organizing slot access for neighboring cooperation in UAV swarms," *IEEE Transactions on Wireless Communications*, vol. *19*, no. 4, pp. 2800–2812, 2020.

[146] D. Fan, F. Gao, B. Ai, G. Wang, Z. Zhong, Y. Deng, and A. Nallanathan, "Channel estimation and self-positioning for UAV swarm," *IEEE Transactions on Communications*, vol. *67*, no. 11, pp. 7994–8007, 2019.

[147] H. El Hammouti, M. Benjillali, B. Shihada, and M. Alouini, "Learn-as-you-fly: a distributed algorithm for joint 3d placement and user association in multi-UAVS networks," *IEEE Transactions on Wireless Communications*, vol. *18*, no. 12, pp. 5831–5844, 2019.

[148] Y. Han, L. Liu, L. Duan, and R. Zhang, "Towards reliable UAV swarm communication in d2d-enhanced cellular network," *IEEE Transactions on Wireless Communications*, vol. *20*, pp. 1567–1581, 2020.

[149] M. Mozaffari, A. Taleb Zadeh Kasgari, W. Saad, M. Bennis, and M. Debbah, "Beyond 5G with UAVS: foundations of a 3d wireless cellular network," *IEEE Transactions on Wireless Communications*, vol. *18*, pp. 357–372, 2019.

[150] P. Wang, C. Chen, S. Kumari, M. Shojafar, R. Tafazolli, and Y. Liu, "HDMA: hybrid D2D message authentication scheme for 5G-enabled vanets," *IEEE Transactions on Intelligent Transportation Systems*, vol. *22*, pp. 1–10, 2020.

[151] M. M. Azari, F. Rosas, and S. Pollin, "Cellular connectivity for UAVS: network modeling, performance analysis and design guidelines," *IEEE Transactions on Wireless Communications*, vol. *18*, pp. 3366–3381, 2019.

[152] M. M. Azari, G. Geraci, A. Garcia-Rodriguez, and S. Pollin, "UAV-to-UAV communications in cellular networks," *IEEE Transactions on Wireless Communications*, vol. *19*, no. 9, pp. 6130–6144, 2020.

[153] M. A. Ali and A. Jamalipour, "Uav placement and power allocation in uplink and downlink operations of cellular network," *IEEE Transactions on Communications*, vol. *68*, no. 7, pp. 4383–4393, 2020.

[154] J. Ji, K. Zhu, D. Niyato, and R. Wang, "Probabilistic cache placement in UAV-assisted networks with d2d connections: performance analysis and trajectory optimization," *IEEE Transactions on Communications*, vol. *68*, no. 10, pp. 6331–6345, 2020.

[155] T. Hou, Y. Liu, Z. Song, X. Sun, and Y. Chen, "Multiple antenna aided noma in UAV networks: a stochastic geometry approach," *IEEE Transactions on Communications*, vol. *67*, no. 2, pp. 1031–1044, 2019.

[156] K. Wang, P. Xu, C. M. Chen, S. Kumari, M. Shojafar, and M. Alazab, "Neural architecture search for robust networks in 6G-enabled massive IOT domain," *IEEE Internet of Things Journal*, vol. *8*, pp. 5332–5339, 2020.

[157] D. Zhai, H. Li, X. Tang, R. Zhang, Z. Ding, and F. R. Yu, "Height optimization and resource allocation for noma enhanced UAV-aided relay networks," *IEEE Transactions on Communications*, vol. *69*, pp. 962–975, 2020.

[158] F. Cui, Y. Cai, Z. Qin, M. Zhao, and G. Y. Li, "Multiple access for mobile-UAV enabled networks: joint trajectory design and resource allocation," *IEEE Transactions on Communications*, vol. *67*, no. 7, pp. 4980–4994, 2019.

[159] T. Hou, Y. Liu, Z. Song, X. Sun, and Y. Chen, "Exploiting noma for UAV communications in large-scale cellular networks," *IEEE Transactions on Communications*, vol. *67*, no. 10, pp. 6897–6911, 2019.

[160] N. Zhao, F. Cheng, F. R. Yu, J. Tang, Y. Chen, G. Gui, and H. Sari, "Caching UAV assisted secure transmission in hyper-dense networks based on interference alignment," *IEEE Transactions on Communications*, vol. *66*, no. 5, pp. 2281–2294, 2018.

[161] T. Zhang, Y. Wang, Y. Liu, W. Xu, and A. Nallanathan, "Cache-enabling UAV communications: Network deployment and resource allocation," *IEEE Transactions on Wireless Communications*, vol. *19*, no. 11, pp. 7470–7483, 2020.

[162] Y. Sun, Z. Ding, and X. Dai, "A user-centric cooperative scheme for UAV-assisted wireless networks in malfunction areas," *IEEE Transactions on Communications*, vol. *67*, no. 12, pp. 8786–8800, 2019.

[163] J. Wang, Y. Liu, and H. Song, "Counter-unmanned aircraft system(s) (c-uas): state of the art, challenges, and future trends," *IEEE Aerospace and Electronic Systems Magazine*, vol. *36*, no. 3, pp. 4–29, 2021.

[164] C. Zhan and Y. Zeng, "Aerial-ground cost tradeoff for multi-UAV-enabled data collection in wireless sensor networks," *IEEE Transactions on Communications*, vol. *68*, no. 3, pp. 1937–1950, 2020.

[165] W. Yi, Y. Liu, Y. Deng, and A. Nallanathan, "Clustered UAV networks with millimeter wave communications: a stochastic geometry view," *IEEE Transactions on Communications*, vol. *68*, no. 7, pp. 4342–4357, 2020.

[166] H. Wang, Y. Zhang, X. Zhang, and Z. Li, "Secrecy and covert communications against UAV surveillance via multi-hop networks," *IEEE Transactions on Communications*, vol. *68*, no. 1, pp. 389–401, 2020.

[167] M. Monemi and H. Tabassum, "Performance of UAV-assisted D2D networks in the finite block-length regime," *IEEE Transactions on Communications*, vol. *68*, no. 11, pp. 7270–7285, 2020.

[168] Y. L. Che, Y. Lai, S. Luo, K. Wu, and L. Duan, "Uav-aided information and energy transmissions for cognitive and sustainable 5G networks," *IEEE Transactions on Wireless Communications*, vol. *20*, pp. 1668–1683, 2020.

[169] Y. Emami, K. Li, and E. Tovar, "Buffer-aware scheduling for UAV relay networks with energy fairness," in *2020 IEEE 91st Vehicular Technology Conference (VTC2020-Spring)*, pp. 1–5, 2020.

[170] Z. Wang, W. Xu, D. Yang, and J. Lin, "Joint trajectory optimization and user scheduling for rotary-wing UAV-enabled wireless powered communication networks," *IEEE Access*, vol. *7*, pp. 181369–181380, 2019.

[171] S. Koulali, E. Sabir, T. Taleb, and M. Azizi, "A green strategic activity scheduling for UAV networks: a sub-modular game perspective," *IEEE Communications Magazine*, vol. *54*, no. 5, pp. 58–64, 2016.

[172] H. Yang and X. Xie, "Energy-efficient joint scheduling and resource management for UAV-enabled multicell networks," *IEEE Systems Journal*, vol. *14*, no. 1, pp. 363–374, 2020.

[173] J. Kwon and S. Hailes, "Scheduling UAVS to bridge communications in delay-tolerant networks using real-time scheduling analysis techniques," in *2014 IEEE/SICE International Symposium on System Integration*, pp. 363–369, 2014.

[174] H. Kong, M. Lin, W.-P. Zhu, H. Amindavar, and M.-S. Alouini, "Multiuser scheduling for asymmetric FSO/RF links in satellite-UAV-terrestrial networks," *IEEE Wireless Communications Letters*, vol. *9*, no. 8, pp. 1235–1239, 2020.

[175] Y. Zheng and K.-W. Chin, "Link scheduling for data collection in SIC-capable UAV networks," in *2019 29th International Telecommunication Networks and Applications Conference (ITNAC)*, pp. 1–6, 2019.

[176] J. Baek, S. I. Han, and Y. Han, "User scheduling for non-orthogonal transmission in UAV-assisted relay network," in *2017 IEEE 28th Annual International Symposium on Personal, Indoor, and Mobile Radio Communications (PIMRC)*, pp. 1–5, 2017.

[177] T. Duan, W. Wang, T. Wang, X. Chen, and X. Li, "Dynamic tasks scheduling model of UAV cluster based on flexible network architecture," *IEEE Access*, vol. *8*, pp. 115448–115460, 2020.

[178] T. Duan, W. Wang, T. Wang, M. Huang, X. Li, and H. He, "Dynamic tasks scheduling model for UAV cluster flexible network architecture," in *2020 3rd International Conference on Unmanned Systems (ICUS)*, pp. 78–83, 2020.

[179] S. Mao, S. He, and J. Wu, "Joint UAV position optimization and resource scheduling in space-air-ground integrated networks with mixed cloud-edge computing," *IEEE Systems Journal*, vol. *15*, pp. 3992–4002, 2020.

[180] W. Sun, "Distributed optimal scheduling in UAV swarm network," in *2021 IEEE 18th Annual Consumer Communications Networking Conference (CCNC)*, pp. 1–4, 2021.

[181] R. F. Atallah, C. M. Assi, and M. J. Khabbaz, "Scheduling the operation of a connected vehicular network using deep reinforcement learning," *IEEE Transactions on Intelligent Transportation Systems*, vol. *20*, no. 5, pp. 1669–1682, 2019.

[182] T. Yang, J. Li, H. Feng, N. Cheng, and W. Guan, "A novel transmission scheduling based on deep reinforcement learning in software-defined maritime communication networks," *IEEE Transactions on Cognitive Communications and Networking*, vol. *5*, no. 4, pp. 1155–1166, 2019.

[183] J. Li and X. Zhang, "Deep reinforcement learning-based joint scheduling of EMBB and URLLC in 5G networks," *IEEE Wireless Communications Letters*, vol. *9*, no. 9, pp. 1543–1546, 2020.

[184] C. Xu, S. Liu, C. Zhang, Y. Huang, and L. Yang, "Joint user scheduling and beam selection in mmwave networks based on multi-agent reinforcement learning," in *2020 IEEE 11th Sensor Array and Multichannel Signal Processing Workshop (SAM)*, pp. 1–5, 2020.

[185] G. Dartmann, H. Song, and A. Schmeink. *Big Data Analytics for Cyber-Physical Systems: Machine Learning for the Internet of Things*. ISBN: 9780128166376. Elsevier, 2019, pp. 1–360.

[186] B. Wang, H. Li, Z. Lin, and Y. Xia, "Temporal fusion pointer network-based reinforcement learning algorithm for multi-objective workflow scheduling in the cloud," in *2020 International Joint Conference on Neural Networks (IJCNN)*, pp. 1–8, 2020.

[187] S. Aroua, G. Quadrio, Y. Ghamri-Doudane, O. Gaggi, and C. E. Palazzi, "Qos-aware reinforcement learning for multimedia traffic scheduling in home area networks," in *GLOBECOM 2020 - 2020 IEEE Global Communications Conference*, pp. 1–6, 2020.

[188] Y. Wang, H. Liu, W. Zheng, Y. Xia, Y. Li, P. Chen, K. Guo, and H. Xie, "Multi-objective work-flow scheduling with deep-q-network-based multi-agent reinforcement learning," *IEEE Access*, vol. *7*, pp. 39974–39982, 2019.

[189] T. T. Anh, N. C. Luong, D. Niyato, Y.-C. Liang, and D. I. Kim, "Deep reinforcement learning for time scheduling in rf-powered backscatter cognitive radio networks," in *2019 IEEE Wireless Communications and Networking Conference (WCNC)*, pp. 1–7, 2019.

[190] F. AL-Tam, A. Mazayev, N. Correia, and J. Rodriguez, "Radio resource scheduling with deep pointer networks and reinforcement learning," in *2020 IEEE 25th International Workshop on Computer Aided Modeling and Design of Communication Links and Networks (CAMAD)*, pp. 1–6, 2020.

[191] J. Wang, C. Xu, Y. Huangfu, R. Li, Y. Ge, and J. Wang, "Deep reinforcement learning for scheduling in cellular networks," in *2019 11th International Conference on Wireless Communications and Signal Processing (WCSP)*, pp. 1–6, 2019.

[192] F. Jiang, K. Wang, L. Dong, C. Pan, and K. Yang, "Stacked autoencoder-based deep reinforcement learning for online resource scheduling in large-scale mec networks," *IEEE Internet of Things Journal*, vol. 7, no. 10, pp. 9278–9290, 2020.

[193] Y.-H. Xu, G. Yu, and Y.-T. Yong, "Deep reinforcement learning-based resource scheduling strategy for reliability-oriented wireless body area networks," *IEEE Sensors Letters*, vol. 5, no. 1, pp. 1–4, 2021.

[194] B. Sellami, A. Hakiri, S. Ben Yahia, and P. Berthou, "Deep reinforcement learning for energy-efficient task scheduling in sdn-based iot network," in *2020 IEEE 19th International Symposium on Network Computing and Applications (NCA)*, pp. 1–4, 2020.

[195] Y. Xia, L. Wu, Z. Wang, X. Zheng, and J. Jin, "Cluster-enabled cooperative scheduling based on reinforcement learning for high-mobility vehicular networks," *IEEE Transactions on Vehicular Technology*, vol. 69, no. 11, pp. 12664–12678, 2020.

[196] F. Naeem, S. Seifollahi, Z. Zhou, and M. Tariq, "A generative adversarial network enabled deep distributional reinforcement learning for transmission scheduling in internet of vehicles," *IEEE Transactions on Intelligent Transportation Systems*, vol. 22, pp. 4550–4559, 2020.

[197] L. Xu, and T. Zhang, "Reinforcement learning based dynamic task scheduling for multifunction radar network," in *2020 IEEE Radar Conference (RadarConf20)*, pp. 1–5, 2020.

第 5 章

物理层深度学习在未来无线通信系统和网络中的最新技术

5.1 引言

最近可编程的无线网络与软件定义网络（SDN）和网络功能虚拟化（NFV）相结合的技术取得了进展，再加上机器学习（ML）、人工智能（AI）和计算能力的持续突破，为未来的通信网络创造了良好的发展环境。下一代无线通信系统预计将渗透到各个垂直行业，在统一的物理基础设施上提供高度异构的服务，同时保持运营支出（OPEX）和资本支出（CAPEX）平衡（图 5.1）。

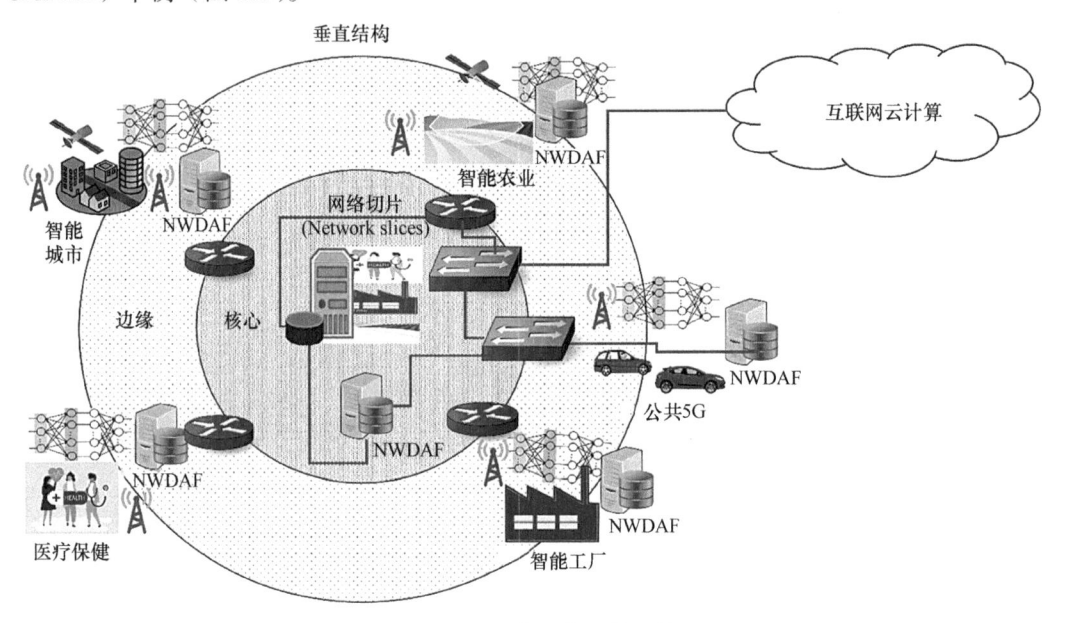

图 5.1 下一代无线通信系统

毫无疑问，广泛的数据收集、大数据分析和 AI/ML 是实现自动化、编排和性能优化这一复杂生态系统目标必不可少的手段，请参阅文献 [1-6] 中的论文。在过去几年中，一些组织进行的持续活动已经表明了这一趋势。

图 5.1 所示为统一物理基础设施（核心网络），其部署可以降低总的资本支出和运营支出，它可以为每个垂直行业部署专用网络，并且可以识别出具有盈利潜力的项目。边缘计算用于满足时间关键服务的要求。通过 5G 网络数据分析功能（NWDAF）在核心网络中使用大数据分析和人工智能/机器学习，动态分配网络切片给各个垂直行业，并在边缘进行各种关键绩效指标（KPI）的分析，以优化无线接入网（RAN）的运营。为了进行清晰

表达，图 5.1 仅显示了与云计算和核心网络的连接，即其中一个垂直行业（智慧农业）的部分。

在电信领域，由第三代合作伙伴计划（3GPP）、欧洲电信标准化协会 体验式网络智能（ETSI ENI）、ETSI ZSM（ETSI 零触碰网络和服务管理）和 O-RAN 联盟等标准化机构组成的团体，确认了人工智能/机器学习在下一代通信网络中将发挥的关键作用。

标准开发组织和电信行业迄今已通过利用开放接口开发了基于人工智能/机器学习的解决方案，在长时间尺度上解决供应商互操作性问题。例如，3GPP 在版本 15 中引入了 5G 网络数据分析功能（NWDAF），用于网络切片的实例化、编排和管理[7]。此外，ETSI ENI 委员会设计了一个系统，为另一个系统（如移动网络运营商）提供智能建议来进行网络管理[8]。

此外，ETSI ZSM 委员会还定制了未来通信网络的广义功能参考架构，支持高度自治、自愈和自优化[9]。最后，O-RAN 联盟已经在 RAN 引入了封闭控制循环，即近实时和非实时 RAN 智能控制器（RIC），分别在 10~1000ms 和 >1000ms 的时间尺度上运行[10]。更具意义的是，非实时 RIC 主要涉及网络切片的实例化和 RAN 策略的优化，而实时 RIC 则处理频谱管理、流量引导和接纳控制等任务。

尽管将人工智能/机器学习嵌入网络功能至关重要，但一些组织和主要研究项目仍正在积极开展基于实时 RIC 的工作，通过在物理层（即 <10ms 的 5G NR 中的帧持续时间）提供 ML 辅助操作。举几个具有代表性的例子，2017 年国际电信联盟电信标准分局（ITU-T）研究组成立了未来网络包括 5G 的 ML 专题小组（FG-ML5G），将基于 ML 的信道建模、信道预测和链路自适应优化列为未来网络的重要用例[11]。

我们在第 5.5 节和第 5.7 节对这些重要领域的研究活动进行了最新的回顾。此外，由欧洲 H2020 研究框架资助的 Ariadne 项目组正在发掘使用反射智能超表面（RIS）来实现毫米波（mm wave）小区网络在 D 频段（130~174.8GHz）的高数据率远程传输的潜力[12]。如第 5.8.3 小节所解释的，基于 ML 的 RIS 相移器优化是一个值得追求的研究课题。未来无线网络在更高频谱，如毫米波频段和太赫兹频段的预期操作，使得对低于 6GHz 的无线通信充分验证理解变得不够和多余。应该开发新的技术用于高频率和高多普勒信道中的信道均衡和符号检测[13-14]，正如第 5.3 节和第 5.4 节所探讨的，AI/ML 可以在这个方向上提供帮助。

在上述潜力的激励下，本章为感兴趣的读者提供一个全面的分析，并回顾在现代通信系统和网络研究中使用数据驱动的方式和基于 ML 的方法在物理层研究现代通信系统和网络方面的最新进展。在此之前，我们对相关的调查文章进行了概述。

5.1.1 相关调查文献

在文献 [15-18] 中，综述研究关注的是无线电车联网（CR-VANETs）[15]、无线传感器网络（WSN）[16]、物联网（IoT）用于智能城市[17]和工业物联网[18]中的机器学习技术。这些综述研究非常重要，因为交通和物联网领域将极大地受益于 5G 和 6G 生态系统。同样，在文献 [19-20] 中的作者们概述了自组织蜂窝网络中遇到的机器学习技术，包括操作和无线参数的自配置、自优化和自治愈。

类似地，文献 [21] 中的研究回顾了利用无人机（UAV）优化无线网络各个方面的人工

神经网络（ANN）。文献[21]中还总结了无线虚拟现实的资源分配、内容缓存、故障检测、目标监视以及物联网中的用户活动分类等内容。

在文献[26-27]中的调查采用了一种不同的方法，没有明确考虑使用案例，而是根据机器学习组件运行的协议层将研究成果进行了分类（表5.1）。文献[22]中的作者对物理层上的机器学习算法进行了批判性评论，重点关注MIMO系统和由射频和功率放大器非线性引起的硬件缺陷问题。在媒体接入控制层（MAC）方面，智能功率控制和正交频分多址（OFDMA）下行资源分配分别在文献[23,30]中得到了探讨。此外，文献[31]中的综述文章还对MAC基于机器学习的方法进行了深入分析，包括频谱、回传链路和缓存管理。在网络层，对智能基站聚类、切换控制、移动管理、用户关联和路由进行了处理；而在应用层，则考虑了智能定位[31]。文献[23]中还包括了边缘处分布式机器学习技术的概述，如3GPP最近推荐的联邦学习。文献[32]中的作者主要讨论了针对与网络切片相关的基本网络层问题，如流量预测和分类、拥塞控制、故障（质量）管理和网络安全等方面的机器学习技术的应用。

表5.1 智能通信与网络调查文章的分类法

调查文章的分类法				
以应用为导向		以分层为导向	ML-导向
无线传感器网络（WSN）[16]	PHY	[22] [23] [24] [25,26] [27]	[28,29]
物联网（IoT）[17-18]	MAC	[23] [30] [31] [24] [25] [26] [27]	
车载自组网（VANET）[15]	NET	[32] [24,32] [25] [26] [27]	
蜂窝（Cellular）[19-20] 无人机（UAV）[21]	Edge	[23]	

在文献[24]的调查报告中，对基于ML技术的无线通信进行了全面深入的回顾，涵盖了所有协议层，并强调了在时间关键服务中收集边缘数据分析的重要性。文献[24]介绍了主流的开源库和平台，用于神经网络的部署和训练，这对于刚开始探索ML平台的通信工程师是很有吸引力的。

在文献[25]的研究中，对ML技术赋能的RAN进行了简要回顾，重点包括信道估计、符号检测、信道编码和RAN第1和第2层的动态频谱访问，以及故障恢复、能量优化。作者还提到了O-RAN联盟（O-RAN ALLIANCE）的活动和3GPP Release 16对智能RAN和5G核心的建议。

而在文献[33]中，可以找到对3GPP Release 16和17引入新特性的详细概述，但对数据分析的处理有限。

将AI/ML技术应用于无线通信网络的另一种组织方式是考虑所采用的学习方法，如监督学习、无监督学习、强化学习和深度学习。这种分类方法在文献[28]中得到了采用，并且对于学习方法和该领域进展有浓厚兴趣的人是有益的。在本章看来，深度强化学习在无线网络中尤为重要，因为它可以用于面对不确定性时的分布式智能决策定制，详细内容参见文献[29]。最后，文献[34]中的作者提供了关于智能通信和网络正在进行的标准化活动、行业趋势和主要研究项目的概述。

第 5 章

物理层深度学习在未来无线通信系统和网络中的最新技术

5.1.2 本章摘要

本章的剩余部分安排如下：在第 5.2 节中，我们按照 Renzo 等人的建议[35]，将最先进技术划分为纯数据驱动的技术和模型辅助的机器学习技术。在第 5.3 节中，我们回顾了用于符号检测的深度学习方法，包括模型辅助的自编码器和序列检测器。智能信道均衡和预测分别在第 5.4 节和第 5.5 节中介绍。ML 辅助的信道编码和链路自适应是第 5.6 节和第 5.7 节的主题。在第 5.8 节中，我们讨论了使用频谱感知、卷积神经网络（CNN）进行自动调制分类，以及智能无线电环境使用反射面提高信号检测性能的 AI/ML 方法。

需要注意的是，虽然智能通信的标准化工作主要集中在蜂窝系统上，但使用机器学习技术实现信号处理功能在其他无线技术（如无线局域网（WLAN）和 ZigBee）中也非常普遍。在第 5.9 节中，我们还对结合机器学习和基于随机几何的性能评估技术进行了回顾，这些技术均是基于物理层设计的。最后，在第 5.10 节中，我们对本章进行了总结。

5.2 基于数据驱动的机器学习方法的收发器优化

在对通信系统和无线收发器进行研究和设计时，长期以来采用的是将其分解为功能模块的系统方法。每个模块都被独立地进行研究和优化，这导致了次优的收发器设计。随着 AI/ML 的出现，可以利用新的革命性范例和技术，促进许多领域取得重大进展，引入新的架构，并潜在地允许设计出最佳的收发器。

通信系统的总体原则是接收到传输的准确副本。为实现这一目标，利用机器学习，可以将整个系统看作是一个单一的单元，并优化学习源符号和接收到符号之间的最佳系统映射。在文献中，这种方法也被称为纯数据驱动技术[35]。它将所有的信号处理模块（例如，调制、信道编码、相位校正、错误纠正、匹配滤波等）替换为一个纯数据驱动的自编码器，该自编码器学习如何将源符号映射到经过适应信道干扰的信号波形，并且在接收端具有最佳的解码方案。

将通信链路分解为多个模块可以提高系统性能。有时，需要在最优性和数学可处理性之间进行权衡。可以定制准确的数学模型，但这可能会导致高阶计算的复杂性问题，并且如果需要实时操作，会限制其使用[22]。此外，准确的模型并非总是可行的，可能无法完全捕捉到来自硬件缺陷或其他非显性因素的复杂性[35]。然而，我们很快将看到，不完美的模型仍然可以提供"足够好"的解决方案，这些解决方案可以作为机器学习算法中的初始化向量，从而减少它们的训练时间。

在第 5.2.1 节中，我们回顾了使用纯数据驱动技术在物理层进行基于机器学习设计的关键研究。然后，在第 5.2.2 节中，我们讨论了另一种优化收发器设计的方法，即通过机器学习和数学建模相结合，实现相互受益的方法。

5.2.1 基于数据驱动的端到端收发器优化方法

一个适用于收发器结构的自编码器是一种符合自然规律的机器学习架构，它由一个编码器（即发射器）和一个解码器（即接收器）组成。通信系统自编码器架构的区别是在编

码器和解码器之间插入额外的层来建模信道[36]。通过这种方式,可以对从加性白高斯噪声(AWGN)到更复杂信道的不同信道特性进行建模[37]。

为了进行反向传播并训练发射器中的神经网络,必须要了解信道,尤其是信道的梯度。这个条件带来了以下挑战:

1)用于训练的信道必须与实际通信发生的信道相似。

2)信道的传递函数必须可微分。

在满足这些约束条件的情况下,可以使用梯度下降算法对自编码器进行所有可能的源消息训练。与其他机器学习应用程序不同,由于无线信道的随机性质,过拟合可能不会成为一个问题[38]。经过充分的训练,发射机可以学习到从源输出到传输符号鲁棒且准确的映射,而接收器则通过训练其神经网络以实现如接收符号的最大似然解码。通常,Softmax激活函数是执行分类任务神经网络的最后一层。其输出可以解释为在传输符号集上的概率质量函数[39],因此,Softmax激活函数适用作实现软解码的接收器。

作为自编码器设计的收发器与传统设计一样表现出色[36-37],证明机器学习技术可以提供替代解决方案。然而,许多挑战可能会阻止采用自编码器成为实际的解决方案。这些挑战与训练和神经网络的可解释性有关。

一方面,训练的要求是神经网络权重对神经元的全微分性,而对于信道来说,往往无法保证并且很少满足,原因如下:

1)首先,信道由于噪声或衰落特性显示出了非确定性的特征。

2)其次,可能存在信号处理模块(例如量化),它们本质上是不可微分的。

3)最后,一些模块可能理解不充分或不准确,如功率放大器的频率响应。

上述问题使得传统的学习技术变得无法操作,从而增加了学习难度。

另一方面,神经网络的可解释性对于理解网络架构和所需的端到端性能非常重要。与传统方法不同,当使用纯数据驱动的自编码器时,可解释性和洞察力将完全丧失。

为了减轻实际信道与用于训练模型之间的小差异对性能的影响,文献[38]的研究通过将训练阶段分为两个阶段来增强作为自编码器设计的无线系统的性能。

1)首先,在随机信道模型上离线训练自编码器,该模型应该与实际信道密切逼近。

2)其次,使用在线收集的导频信号,通过监督学习来对接收器的神经网络进行微调。

在文献中,使用已经训练过的神经网络并对其进行微调的技术被称为迁移学习。在这种情况下,第一阶段训练需要传输函数的知识,并且仅执行部分迁移学习以微调接收器。

为了增强发射器的性能,可以在训练过程中分离发射器和接收器的神经网络,并进行迭代优化[40]。

1)首先,在给定发射器神经网络参数的情况下,使用监督学习来微调接收器的权重。

2)然后,在给定接收器权重的情况下,发射器可以探索各种符号映射,并通过反馈信道接收每个映射的质量(损失函数的值)。

实质上,自编码器已被替换为接收器的监督学习方法和发射器的强化学习方法。通过这种方式,不再需要信道模型,而需实现一个反馈链路。使用软件定义无线电进行的实际实验表明，对于信噪比高于 6dB 的噪声反馈信道，训练是鲁棒的[41]。

克服未知信道影响的其他解决方案包括使用生成对抗网络（GAN）[42]和使用扰动技术进行信道梯度估计[43]。

1）首先，需要注意的是，缺乏信道模型对接收器的训练没有任何影响，前提是损失函数可微分，并且接收器知道用于训练的数据。

2）其次，可以通过使用 GAN 进行训练生成实际信道的模型，或者使用随机优化数值近似信道的梯度。

3）最后，在给定信道生成器或近似信道梯度上，应用反向传播算法，通过信道从接收器向发射器传播和计算梯度，从而允许我们训练发射器的神经网络。

在所有上述研究中，系统设计者应评估：实现反馈信道的成本[40-41]，在通信信道上训练 GAN 所需的时间和成本[42]，以及使用随机优化估计梯度所需的复杂性[43]。所有这些技术在假设具有完美信道知识的监督学习下，在加性高斯白噪声（AWGN）信道中实现了类似的性能。不幸的是，在所有上述研究中，适用于长块长度和信道时变性的可扩展性仍然是一个未解决的问题。

尽管神经网络（NN）的训练大多在离线环境中进行，但我们不能忽视所需的标记数据量和训练时间。所有的随机因素都需要在训练集中进行表示，这必然会增加其大小。此外，需要进行测量活动和数据标注，这些都是昂贵的。这些因素可能会严重妨碍这些方法的部署。为了缩短训练时间，一种方法是将专业知识纳入机器学习中。文献 [36] 的研究可能是第一个在物理层应用的这种技术，并建议将接收器的 NN 分为两个部分：第一个部分用于均衡信道，第二个部分用于对接收到的符号进行软解码。文献 [36] 的研究启发了许多后续研究，提出将数学模型与机器学习相结合用于物理层处理。

5.2.2 用于模块化收发器优化的模型辅助数据驱动方法

模型辅助机器学习收发器设计的主要思想是保持收发器的模块化结构，并利用机器学习优化其中的一些信号处理模块，特别是涉及复杂计算或需要使用某些简化方法使其数学上可行的模块。与传统的基于模型的框架相比，有两个显著的改进：

1）一旦神经网络训练完成，计算时间可以减少。

2）如果所使用的只是近似模型，则可以提高性能。

与端到端的数据驱动技术相比，模型辅助方法中的训练时间和需要可用的标记数据集的需求减少了[44]。此外，根据迁移学习的原理，即使使用不完美或不准确的模型，也可以在机器学习流程中初始化机器学习权重并进一步减少训练时间。然后，机器学习训练可以对所选模型获得的权重进行微调。关于物理层模型辅助机器学习的概述，读者可以参考文献 [44]。

5.3 深度学习用于符号检测任务

在本节中，将简单的专业知识，如正交频分复用（OFDM）传输波形的性质纳入自编码器和基于神经网络的接收器的设计中，与基于基线模型的方案相比，可以简化它们的操作并提高符号检测性能。

5.3.1 将专业知识纳入自编码器

众所周知，在具有循环前缀的 OFDM 中，使用基于自相关的峰值检测器可以实现帧同步。这可以通过指定快速傅里叶变换（FFT）的大小和循环前缀的长度来实现。因此，设计为自编码器的 OFDM 通信系统在接收端不需要单独的神经网络来跟踪采样误差文献 [45]。OFDM 还可以将信号模型从宽带转换为窄带，简化均衡过程。因此，在发送端更容易学习一个与信道效应相抵消的映射（或预编码）。例如，文献 [41] 中设计的自编码器形成了一个非对称且非居中的图案，从而避免了插入导频信号的需求。因此，接收端也不再需要单独的神经网络进行单次信道均衡。自编码器由此可以消除导频的需求，提高数据的利用率，减少基于 OFDM 系统的总体实施复杂性。

此外，文献 [45] 的研究也没有应用单独的神经网络来校正载波频偏，对误码率（BER）的影响可以忽略不计。相反，在传统基于模型的系统中，需要单独进行单次均衡、载波频偏补偿和 OFDM 符号检测。

然而，OFDM 对频率选择性的鲁棒性并非没有代价。逆快速傅里叶变换（IFFT）块和功率放大器的非线性作用相结合，可能导致有害的信号失真。在文献 [46] 中，编码器学习将源符号映射到每个子载波的点，以保持误码率（BER）和峰值平均功率比（PAPR）加权求和低的损失函数。所提出的方案优于传统的 PAPR 降低方案，并且在带有加性高斯白噪声（AWGN）的瑞利衰落信道中实现了比经典 OFDM 更低的误码率（BER）。然而，文献 [46] 的研究未使用逼真的功率放大器模型评估性能，因此无法对自编码器的性能得出确定的结论。

OFDM 中另一个导致信号失真（互载波干扰）的因素是接收端的量化。由于量化实质上是在信号检测之前插入了一个不可微分的层，使得无法对自编码器进行端到端的训练，如图 5.2 所示。为了克服这个限制，文献 [41, 47] 中提出了一种方法，其中编码器和解码器在不知道发送端信道的情况下交替进行训练。在这种架构中，解码器可以使用监督学习和反向传播算法进行正常训练，而不需要显式考虑信道。在文献 [41] 的研究中，引入了一种基于贝叶斯推断和变分自编码器的方法，以更好地处理由量化引起的失真问题。这种方法能够减小互载波干扰，并通过将噪声注入解码器来增强模型的鲁棒性。

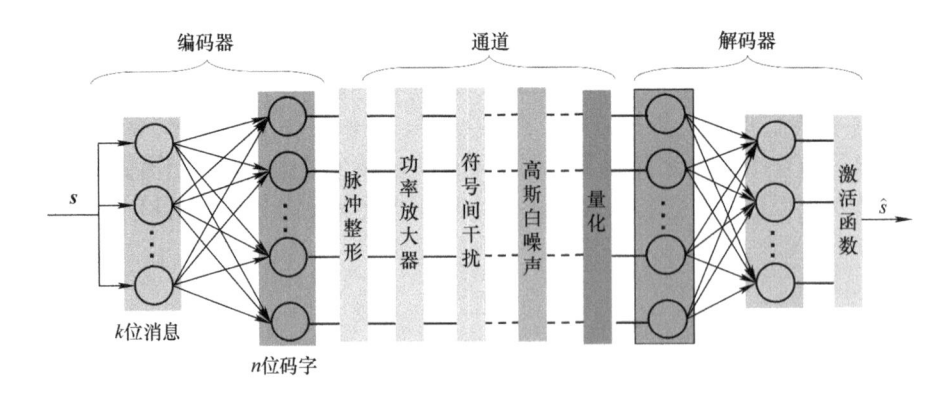

图 5.2 一个自编码器的块图

注：其中信道包含线性效应（符号间干扰、高斯白噪声），非线性失真（脉冲整形、功率放大器），以及一个非可微分层用于模拟量化，从而阻止对编码器进行端到端训练。

第 5 章
物理层深度学习在未来无线通信系统和网络中的最新技术

编码器使用基于接收器计算的奖励进行强化学习训练，并将反馈传递给发射器。因此，与解码器不同，编码器的训练实质上是在线进行的，这是发射器在未知环境中操作时所付出的代价。

5.3.2 在接收器处实现神经网络

自编码器优化了通信链路的两端，但其训练开销可能很大。当训练所需资源变得过高时，替代方法建议仅在接收器处使用神经网络来实现符号检测。发射器生成标准的 OFDM 波形，而在接收器端（离线）的学习阶段是在一类具有已知统计特性的信道模型上进行的，这些模型应该与实际信道具有类似的分布（图 5.3）。最小均方误差（MMSE）均衡器在每 8 个子载波上有一个导频，与基于深度神经网络（DNN）的接收器设计[48-49]相比，其误码率（BER）要高得多。这是因为在这种导频比例下，基于 MMSE 的接收器不能完全估计信道，而 DNN 在训练过程中能够提取出更准确的信道信息。同样，在文献 [49] 中，由于波形剪切，基于 DNN 的接收器在非线性失真信道上的性能也优于 MMSE。当导频数较多时，DNN 和 MMSE 的 BER 性能相当。然而，DNN 不需要估计信道状态信息（CSI），它仅基于接收到的数据学习解码传输的符号，从而使得实现更为简单，但代价是需要离线训练。

为了加速训练，在文献 [50] 中的研究中，接收器级联了两个神经网络，而不是一个全连接深度神经网络（FC-DNN），并且结合了专业知识来初始化神经网络的权重。第一个神经网络只有一个层，用于信道均衡；第二个神经网络是一个双向长短期记忆网络（LSTM），用于符号检测。为了初始化它们的权重，神经网络使用线性-MMSE 进行信道估计，使用零强制进行符号检测。然后，通过训练 DNN 来细化粗略的初始输入。所提出的方法在 BER 性能上达到了文献 [49] 中所述的相同水平，但速度提高了 10 倍，模型权重参数变为原来的八分之一。这个例子证明了将专业知识巧妙地嵌入数据驱动技术中（例如通过迁移学习）是很有价值的。

MIMO 检测是另一个领域，通过将专家知识引入机器学习中的深度展开（Deep Unfolding）思想，可以明显获得好处。特别是对于 MIMO 检测的迭代算法，如图 5.3 所示。

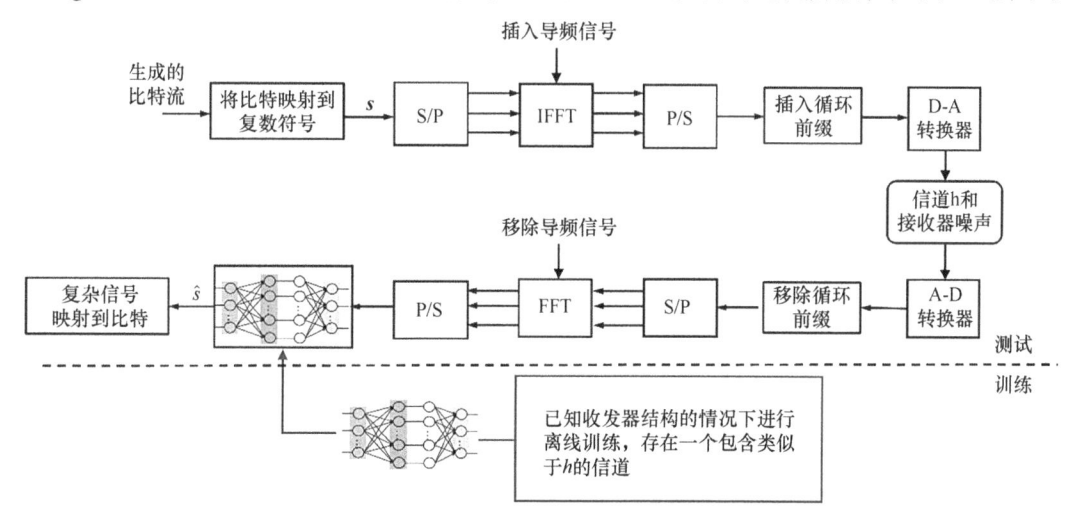

图 5.3 一个使用 FC-DNN 离线训练用于实现基于一类信道模型的 OFDM 通信系统的方框图
S/P—串行到并行转换　P/S—并行到串行转换

在文献 [51] 中，投影梯度下降（projected gradient descent，PGD）算法被展开，使得每一次迭代都与一个隐藏层相关联。如果迭代过程中涉及简单的操作，深度展开可以简化检测器的实现。在文献 [52] 中，基于神经网络的检测器在独立且同分布的高斯信道上表现出与近似消息传递（approximate message passing，AMP）和半正定松弛（semi-definite relaxation，SDR）等先进算法相媲美的性能。尽管有希望是这个结果，但相关的 NN 包含数百万个权重，并且对大小的变化不够灵活，要么需要重新进行训练，要么在链路自适应时会遭受明显的性能降低。在高度相关的信道下，它的性能也明显不如半正定松弛。

在文献 [53] 中的研究同样展开了 AMP 算法，并采用线性 MMSE 进行信道均衡。结果是减少了可训练参数的数量，并且相较于文献 [52] 更具有调制阶数、不完美信道状态信息和信道相关性的鲁棒性。

然而，在文献 [54] 中的作者声称，与 3GPP 空间相关信道进行测试时，文献 [53] 中设计的 NN 性能较差，无法与（最优的）最大似然译码（maximum likelihood decoding，MLD）相媲美。为了解决这个问题，作者设计了一种在相关信道下不放大噪声的架构，并且报告了与 MLD 相差 1.5dB 的符号误码率。

文献 [52-54] 中的所有的研究都采用了深度展开的思想，将专业知识融入机器学习中。在第 5.6 节中，我们将看到极化码和低密度奇偶校验（low density parity check，LDPC）码的置信传播译码是另一个将迭代算法展开并表示为神经网络的领域，简化了译码器的操作。

5.3.3 使用机器学习的顺序检测器

对于宽带传输而言，接收信号质量降低的主要原因之一是符号间干扰（inter-symbol interference，ISI）。自然而然，基于卷积神经网络的均衡器可以更好地捕捉到 ISI 对接收信号样本的影响，因为每个神经元只从之前隐藏层的有限一组相邻节点获取输入。

在文献 [55] 中，一个由七层 CNN 构成的均衡器在高信噪比下比一个由五层全连接深度神经网络构成的均衡器具有更小的误码率。除了实现更低的误码率，这个 CNN 主题实际上比 DNN 拥有更少的权重，导致训练时间较短。因此，将基本的领域特征纳入 NN 架构的选择中，可以降低信道均衡的复杂度。

在具有符号间干扰的无线信道中，维特比算法是一种常用的顺序符号检测技术[56]。它在误码率方面对于具有有限内存、已知输入与输出之间统计关系，其平稳和因果信道来说是最优的。然而在实际应用中，这种关系分布可能被较差地估计，尤其是在时变信道中，或者可能根本不可获取。在这种情况下，维特比译码算法的性能会显著下降。

为了应对多推力信道中的不完美信道状态信息，文献 [57] 中的作者提出了循环神经网络（RNN），其中一个符号的多个延迟副本被编码为 RNN 的状态。此外，在文献 [58] 中还实现了 ViterbiNet，一种全连接神经网络，该网络学习接收信号样本对所有可能的符号传输序列的对数似然比（Log-Likelihood Ratios，LLRs）。接收器需要知道信道的记忆长度和大小，这比较容易获得或估计，而不像 CSI 那样困难。除了基于机器学习计算 LLRs，该检测器的其他部分采用了经典的维特比算法（图 5.4）。

在图 5.5 中，当用于训练和测试的信道相同时，ViterbiNet 在带有加性高斯白噪声的 ISI 信道中的符号误差性能接近于维特比译码，可以比较蓝色和红色曲线。此外，当 ViterbiNet 在一类信道上进行训练，模拟接收器对 CSI 不完全了解时，它明显优于在相同信道不确定性水平下运行的维特比译码，可以比较图 5.5 中的绿色和黑色曲线。此外，如图 5.6 和图 5.7 所示，ViterbiNet 对于被训练的信噪比（SNR）表现出良好的鲁棒性。然而，图 5.6 和图 5.7 表明，用于训练的 SNR 超参数显然会影响 ViterbiNet 的性能。

其主要思想是，元学习可以仅通过几个导频符号识别出最接近实际信道的类别，并构建一个足够好的初始化向量用于训练。在文献 [64] 中已经展示，当基于深度神经网络的均衡器（DNN-Based Equaliser）和元学习两种方案进行比较时，元学习器在误码率方面表现更优秀。

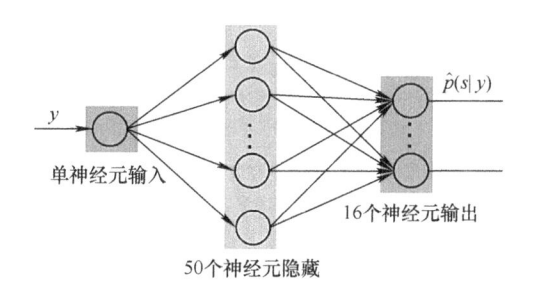

图 5.4 ViterbiNet 学习估计接收信号样本 y 的 LLR，用于所有可能的发送符号序列 s。对于信道记忆长度 $l = 4$ 和 BPSK 调制的符号，我们有 $s = (s_1\ s_2\ s_3\ s_4)$，其中 $s_i \in \{-1,1\} \forall i$。在我们的 ViterbiNet 实现中，使用一个只有单个隐藏层的神经网络，并且不估计信道输出的边际概率 $\hat{p}(y)$。16 个神经元的输出层应用 Softmax 激活函数来估计条件概率，而其他层应用 ReLU 激活函数。可训练参数的总数小于 1000。

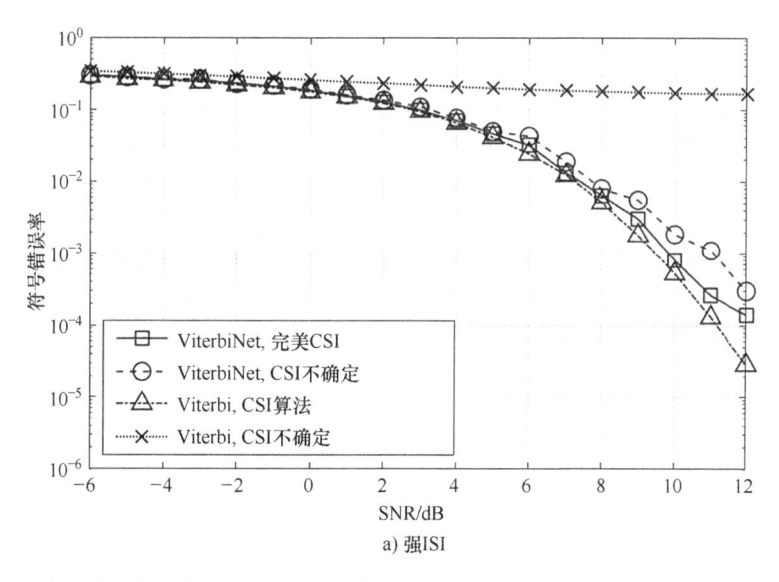

图 5.5 描述了在具有强插入性干扰和弱插入性干扰的信道中，维特比译码（Viterbi Decoding）和 ViterbiNet 的符号错误率比较

b) 弱ISI

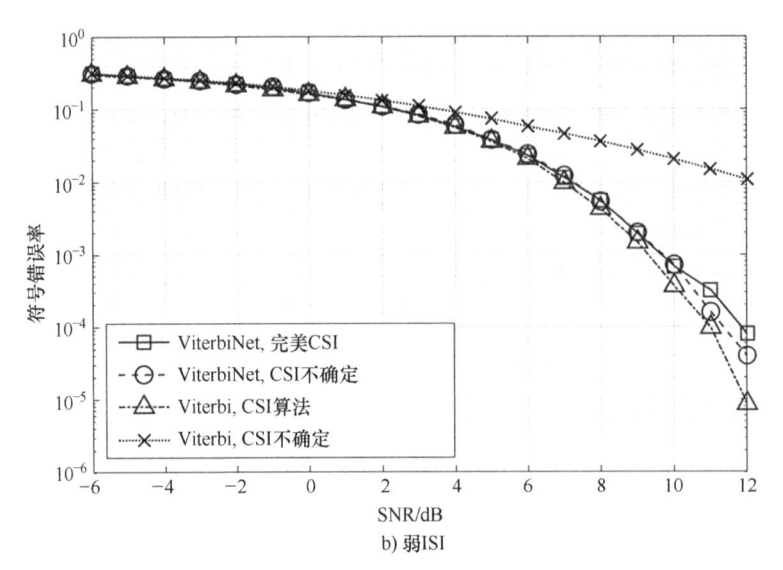

图 5.5 描述了在具有强插入性干扰和弱插入性干扰的信道中，维特比译码（Viterbi Decoding）和 ViterbiNet 的符号错误率比较（续）

注：其中，信道的功率延迟特性为 $\sum_{\tau=1}^{l} e^{-\gamma(\tau-1)}$，$\gamma = 0.1$ 表示强插入性干扰，如图 5.5a 所示；$\gamma = 1$ 表示弱插入性干扰，如图 5.5b 所示。为了模拟具有 CSI 不确定性的维特比译码，作者使用方差为 0.2 的加性高斯白噪声来损坏功率延迟特性。对于带有 CSI 不确定性的 ViterbiNet 进行训练，每个实现生成的符号块中包含 100 个实现，每个实现中有 50 个生成的符号。对于 ViterbiNet 的测试，使用功率延迟特性模拟了 50000 个传输的符号。使用 Adam 优化器提供的交叉熵损失函数进行训练，学习率为 0.01，训练周期为 100，小批量大小为 27。请参考图 5.4 以获取有关神经网络结构和参数设置的更多详细信息。

在传统方法如最小二乘法和 MMSE 表现不佳的情况下，元学习可以用于处理未知的非线性信道，如缓慢衰落的瑞利信道。在参考文献 [65] 中，在一个不同的背景下，元学习同样被应用。该研究考虑了物联网的间歇传输情况，在每个设备上由于导频符号数量有限，基站无法可靠地估计每个设备的端到端信道，包括受衰落和功率放大器的影响。因此，使用之前从其他设备接收到的导频符号作为元数据，以便快速训练新设备。

在线性 MMSE 中，MIMO 通常用于下行信道估计，但当导频长度变小于发送天线数量[66] 或接收器的射频链路数量有限[67] 时，其性能会降低。在频分双工（FDD）中还存在另一个问题。MIMO 是将估计的 CSI 反馈给基站，当发送天线数量增大时，这可能会导致过多的信令开销。5G NR Rel-15 支持两种基于码本的 CSI 反馈方案，它们本质上是对获取的 CSI 进行量化，在以基站接收的 CSI 准确率和信令开销之间取得平衡。对于大规模 MIMO 系统，包括 CSI 幅度和波束方向的 II 型 CSI 反馈仍可能带来很高的开销[68]。

典型的基于模型处理过多 CSI 反馈的方法是假设反馈链路中的信道是稀疏的，并使用压缩感知算法；然而，在实际情况中，传播信道通常不是稀疏的。文献 [69] 的作者提出了 CSINet，它使用一个神经网络模型来减少 CSI 开销。

在反馈链路中，将自编码器应用于编码器（接收器）的 CSI 压缩以及解码器（发射器）的恢复过程，他们的想法模仿了压缩感知的操作，但在原始信道和恢复信道之间实现了比现有压缩感知方法更低的均方误差。关于基于深度学习的 CSI 反馈压缩方法的详细综述，请参阅文献 [23]。

a) 强ISI&在SNR=-3dB训练

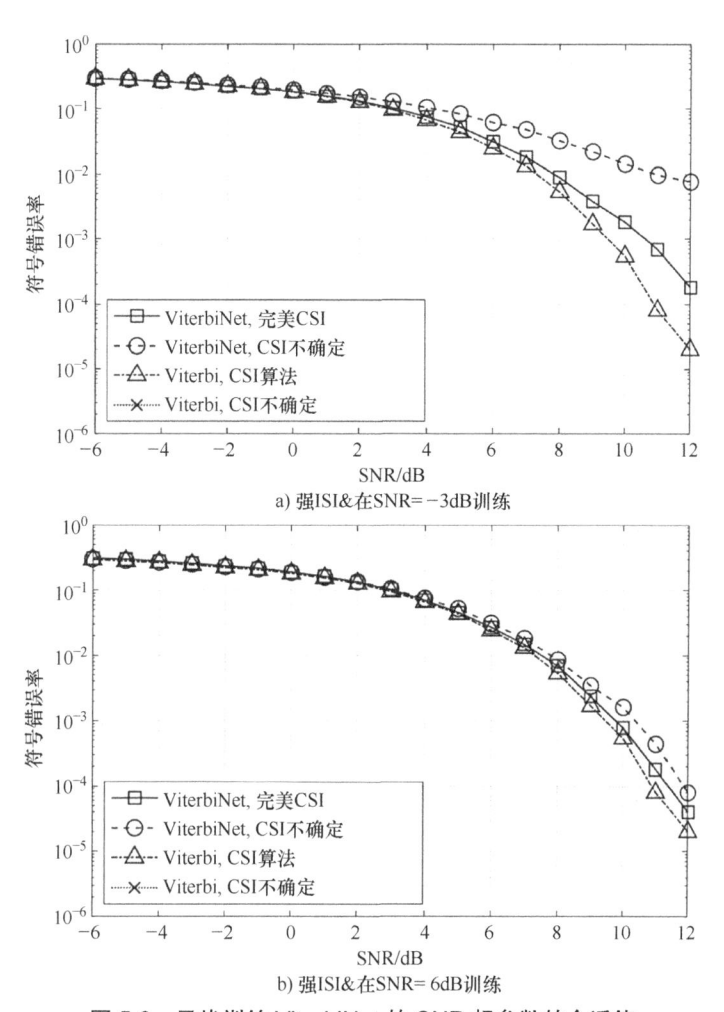

b) 强ISI&在SNR= 6dB训练

图 5.6 寻找训练 ViterbiNet 的 SNR 超参数的合适值

注：在强干扰 ISI $\gamma = 1$ 的情况下，使用单一的 SNR 进行训练。训练所使用的 SNR 分别为 -3dB（图 5.6a）和 6dB（图 5.6b）。有关其他参数设置，请参考如图 5.5 所示的说明。

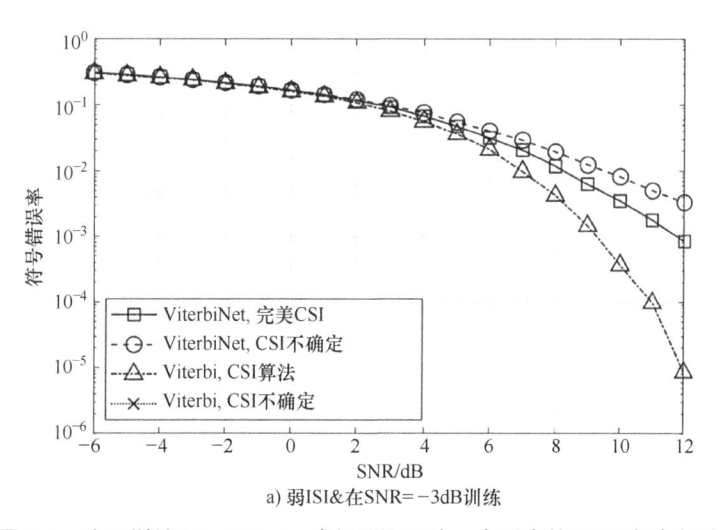

a) 弱ISI&在SNR=-3dB训练

图 5.7 为了训练 ViterbiNet，我们需要寻找一个适合的 SNR 超参数值

b) 弱ISI&在SNR= 6dB训练

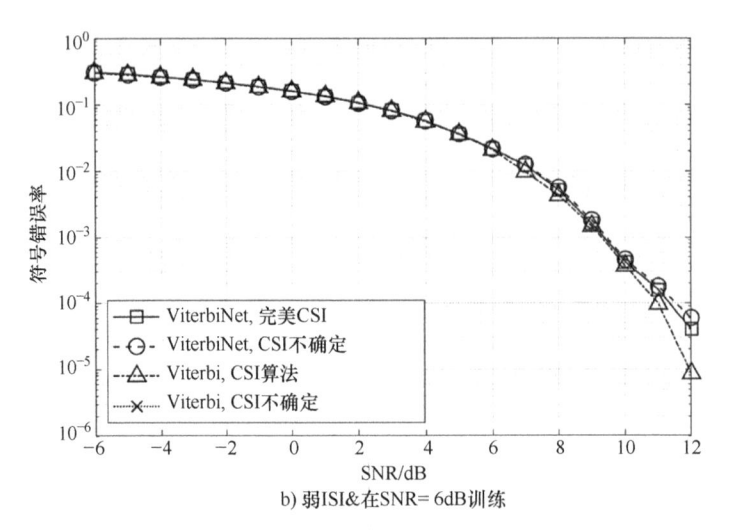

图 5.7　为了训练 ViterbiNet，我们需要寻找一个适合的 SNR 超参数值（续）

注：在弱干扰 ISI $\gamma = 0.1$ 的情况下，我们使用单一的 SNR 进行训练。训练过程中，我们分别使用了 SNR 分别为 −3dB（图 5.7a）和 6dB（图 5.7b）的数值。其他参数设置请参考如图 5.5 所示的说明。

在块衰落的时变信道中，通过集成一个在线学习模块可以提高 ViterbiNet 的性能，该模块可以跟踪信道的变化并相应更新权重[58]。为了实现这个目的，在接收端必须实施错误检测和前向纠错，以确保接收到的码字被正确解码。在这种情况下，修正后的符号和相关的解码器输入可以用于重新训练神经网络。这种方法被称为元学习，并通过成功纠正实际衰落信道与用于训练的衰落模型之间的差异来降低误码率[58]。

5.4　使用机器学习进行信道估计

在前面的各节中，我们讨论了联合信道均衡和符号检测的神经网络结构，本节中，我们将重点介绍针对信道估计的机器学习技术。在文献 [59] 中，作者研究了在具有时间选择性和频率选择性衰落的挑战性环境中的信道估计。他们使用（截断的）正态分布随机权重和基于模型的方法（例如，接收端的导频传输以及传统的最小二乘法（LS）估计）初始化 DNN。然后，他们通过监督学习迭代微调权重（图 5.8）。这种方法比线性 MMSE 更好地跟踪在训练过程中未见的信道幅度和相位，从而实现更低的误码率。改进性能的一个原因是，DNN 可以从先前估计的信道状态信息中学习信道的时间相关性。

在文献 [60] 中的研究将快速衰落信道的时频响应视为一个二维图像。未知像素是从图像中导频符号估计得到的，接收端假设完全知道这些导频符号。如果 MMSE 是根据接收到的信号样本估计信道相关矩阵，那么基于卷积神经网络的算法在均方误差（MSE）上可以达到比最小均方误差（MMSE）更低的性能。有关使用 DNN 和 CNN 进行信道均衡方法的详细回顾，请参阅文献 [22, 61] 以及其中的参考文献。自 20 世纪 90 年代初以来，循环神经网络已经被提出用于自适应信道均衡，可以顺序处理接收到的信号样本[62]。基于 RNN 的均衡器在线性和非线性信道下表现良好，并在信道存在深度谱零点或遭受非线性失真的情况下优于传统的线性均衡器[63]。

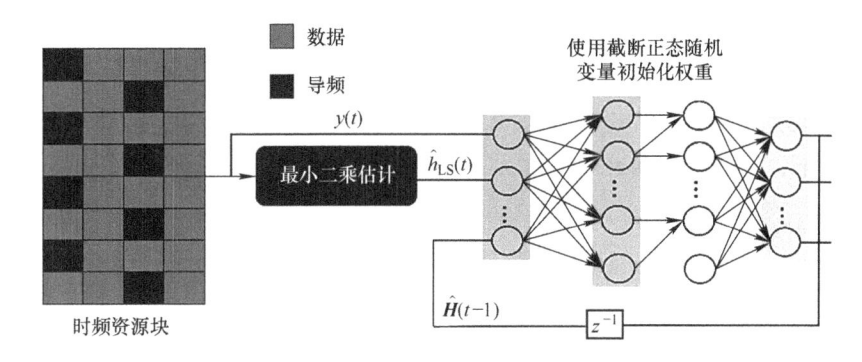

第 5 章
物理层深度学习在未来无线通信系统和网络中的最新技术

图 5.8 一个在文献 [59] 中使用的基于 DNN 信道估计训练过程的块图

注：在时间 t，神经网络的输入包括接收到的符号向量 $y(t)$，基于发送的导频序列得出的最小二乘信道估计 $\hat{h}_{LS}(t)$，以及前一个时间步骤中神经网络的输出 $\hat{H}(t-1)$。后者用于追踪信道的变化。为了简化说明，输入到神经网络的向量被表示为输入到单神经元的输入。z– 变换 z^{-1} 用于表示延迟一个时间步长。

文献 [64] 中的研究利用了元学习（meta-learning），可以快速适应在训练阶段未曾遇到的信道。不同类别的信道构成了不同的类别。

5.5 使用机器学习在频域和时域进行信道预测

ITU FG-ML5G.2 将基于机器学习辅助的信道预测列为新兴无线网络的重要应用案例。在这方面，文献 [70-71] 的研究设计了深度神经网络，通过学习从上行 CSI 预测下行 CSI，消除了对接收器反馈的需求，实质上模拟了时分双工（TDD）系统，通过学习上行和下行通信所使用频段之间某种较弱的信道互易性。其背后的思想是，在（大规模）MIMO 系统中，上行和下行信道几乎经历相同的散射体和物理传播路线，因此它们的 CSI 幅值之间必然存在高相关性。

另一方面，上行和下行之间的 CSI 相位是不相关的[72]。在文献 [71] 中，他们对一个具有 128 个天线和 200 条路线的 MISO 系统进行了光线追踪模拟。结果表明，基于 DNN 的下行 CSI 预测表现良好，特别是当传播路线具有较小的角度扩展时。

自适应通信方案中的另一个问题是接收到的 CSI 可能会迅速过时，导致优化的链路自适应、错误的发射天线选择等。当信道具有相对较短的相干时间时（例如，高速铁路和车载通信），过时的 CSI 可能成为一个重要问题。处理这个问题的传统基于模型的方法是将无线信道视为自回归过程，并使用时间序列预测（例如，卡尔曼滤波器），将估计的后续 CSI 而不是当前 CSI 反馈给发射器[73]。然而，自回归模型在长期预测时会受到误差传播的影响。此外，它们要求精确知道自相关函数或多普勒谱（功率频谱）。

最后，自回归模型利用时间相关性，在 MIMO 信道中表现不佳，因为 MIMO 信道可能同时具有空间和时间相关性。

使用机器学习可以在训练的代价下帮助缓解过时 CSI 的问题。使用循环神经网络可以预测衰落信道中的时间相关性，RNN 被广泛认为是时间序列的良好预测器。通过根据发送天线数、接收天线数和输入延迟来调整输入层神经元的数量，RNN 可以同时学习空间和时间相关性[74]。此外，RNN 可以通过将所需时间延迟后的预测信道输出作为输入馈送

91

给神经网络来预测长程信道相关性（图 5.9）。最后，在频率选择性信道中，可以将 RNN 与传统基于块的 OFDM 系统中的导频安排相结合，利用插值从已知的导频星座估计所有子载波的 CSI。在文献 [75] 中，设计的 RNN 利用时空信道相关性，在 3GPP 扩展车载和典型城市信道模型下，在 4×1 MIMO 系统中的误码率方面始终优于卡尔曼（Kalman）滤波器。

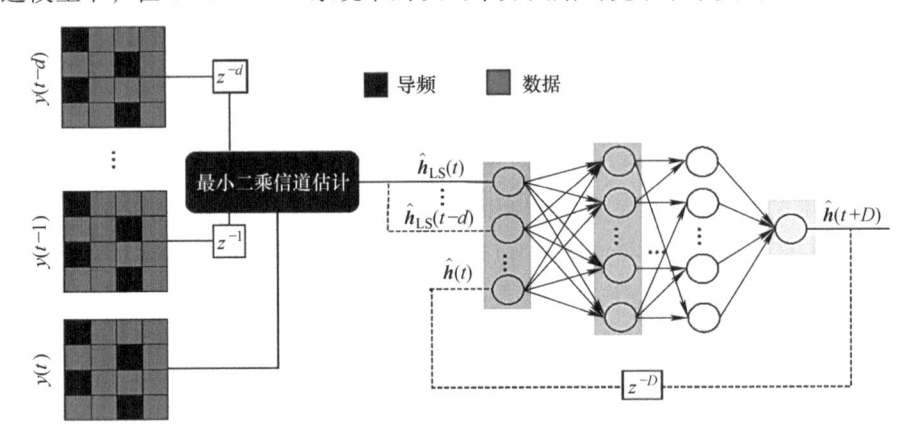

图 5.9 经过训练的神经网络以最小二乘信道估计 $\hat{h}_{LS}(t-i)$（基于时间 $(t-i)$ 接收到的导频序列 $i = 0,1,\cdots,d$）和时刻 t 的预测信道 $\hat{h}(t)$ 作为输入，预测时刻 $(t+D)$ 的信道。为了简化说明，将神经网络的向量输入/输出表示为单神经元的输入/输出。使用 z- 变换 z^{-j} 表示延迟 j 个时间步。

5.6 AI/ML 在信道编码中的应用

在未来的异构无线网络中，不同的服务将具有非常不同的延迟、连接性和吞吐量要求。这些要求将确定信道编码必须满足的性能约束，包括纠错能力、译码延迟和实现复杂度。因此，选择适用于 5G 及其后续技术的编码方案很可能是应用特定的[76]。值得注意的是，信道编码的进步可以为移动网络运营商（MNO）带来显著的成本优化。

块结构的低密度奇偶校验码（LDPC 码）比级联码（Turbo 码）具有更高的并行化效率，从而减少了通信系统的延迟，并为新的应用和服务提供了可能性。因此，在 5G NR 的数据平面中，LDPC 码替代了 Turbo 码，其码长约为 10000bit。在短数据包（100~1000bit）方面，极化码优于其他候选编码方案，并被采用在增强移动宽带（eMBB）和物理广播信道的控制平面上，以在低码率下提供可以忽略的误码率。然而，实际块长度下解码极化码的连续取消方法复杂度较高，这是在 5G 新无线电（NR）中使用 LDPC 码的理由[77]。

从自然角度来看，解码可以被看作是一个分类任务，可以通过神经网络来处理。与许多传统解码方案相比，神经网络的一个关键优势是其线性结构和避免迭代计算。因此，神经网络可以简化解码过程，而不会在块误码率（BLER）上有太大的损失。不过，它们的主要瓶颈和限制是在实际块长度上需要较长的训练时间。这种可扩展性问题在一定程度上解释了为什么目前大多数将信道编码与深度神经网络（DNN）集成的尝试都使用短极化码。

在文献 [78] 中的研究实现了基于 DNN 的解码，使用块长度 $N = 16$ 的半速率极化码在 AWGN 信道下。一个三层（128,64,32）的 DNN 经过 2 次 10^8 的训练迭代次数后，达到了与（最优的）最大后验（MAP）概率解码几乎相同的比特误码率（BER）。

为了优化训练过程中用于训练的信噪比（SNR）超参数，观察到以下两点：

1）在高的 SNR 下，神经网络无法学习到噪声如何破坏数据。

2）在低的 SNR 下，噪声破坏数据太多，导致神经网络无法提取编码结构。

最终选择了 1dB 的 SNR 进行训练阶段，并且在测试阶段，DNN 在所有考虑的 SNR 下都保持接近 MAP 解码的性能。另一个有希望的发现是，在训练期间，DNN 对未见过的码字具有很好的泛化能力，即它可以仅通过有限的码字集合学习到编码规则，但在这种情况下并不接近 MAP 解码的性能。不同于极化码，已经观察到泛化特性对于非结构化码，如 LDPC 码和随机码，并不成立。值得一提的是，即使对于极化码，泛化特性也仅在长度为 $N=32$ 的块中得到证实，因此在实践中可能不成立。

为了将基于 DNN 的解码扩展到更大的块，文献 [79] 中的研究采用了专业知识，即极化码的置信传播（BP）解码，并将编码图分割成多个独立的块。每个块只包含码字的一部分，并与一个单独的 DNN 相关联。与文献 [78] 类似，每个 DNN 都有三个隐藏层，并以接近 MAP 性能的方式单独解码其所负责的码字部分。然后，所有解码的比特通过 BP 图的剩余阶段传播，生成估计的码字。不同的块可以具有不同的大小，但它们都应足够小，以便成功地由神经网络代替。最终，具有 $N=128$bit 和 8 个块的 DNN 在显著较低的延迟下达到了与 BP 相似的 BER，因为它完全避免了迭代。延迟和复杂度之间的权衡可以通过选择块的数量和大小来控制。

尽管 Turbo 码具有良好的纠错性能，但对于某些对时间敏感的应用（例如，5G 超低时延高可靠通信（uRLLC）所支持的应用），其延迟非常高。文献 [80] 的研究设计了 Turbonet，它是一个深度学习神经网络（DLNN），集成到 max-log-MAP Turbo 解码器中，利用 Turbo 码的迭代结构，将每个迭代替换为一个 DNN 解码单元。DNN 只通过监督学习估计外部 LLR，同时保留了标准 Turbo 解码器的其余结构。这个想法类似于 ViterbiNet[58]，其中 NN 只通过监督学习替代所有可能传输符号序列的 LLRs 计算。一个包含 3 个 DNN 的 Turbonet，在 BER 方面优于使用三次迭代的 max-log-MAP 算法，并接近 log-MAP 解码器的性能，同时将计算时间降低了 10 倍[80]。最后，Turbonet 对未见过的信噪比和码率具有很好的泛化能力。

到目前为止讨论的研究都是实施了 DNN 来优化解码性能。然而，RNN 可以自然地对顺序编码进行建模，如卷积码和 Turbo 码。RNN 的状态本质上是（卷积）解码器的细胞状态，它由先前观察到的比特确定。我们已经在文献 [57] 中看到，对于具有不完美 CSI 的多跳信道上的（非编码）符号检测，RNN 可以胜过维特比算法。在文献 [81] 中，在 AWGN 信道上以 0dB 训练了一个 100bit 和 1/2 速率的递归系统卷积码，并在测试过程中对其他的信噪比和块长度展现出良好的泛化能力。最后，在文献 [22] 中总结了一些使用神经网络构建高效信道码的进一步研究。

5.7 智能链路适应

在长期演进技术（Long Term Evolution，LTE）中的链路适应利用静态查找表，将每种调制与编码策略（MCS）映射到信道质量指示（CQI）器。用户设备（UE）估计每个子载波的下行信号与干扰加噪声比（SINR），并选择使块误码率（BLER）不超过某个阈值

（LTE 中使用 10%）最大速率的 MCS。为了计算 BLER，UE 参考链路级信噪比与误码率（SNR & BER）曲线，这些曲线是根据特定信道模型预先计算的。UE 将选择的 MCS 以 CQI 的形式反馈给基站，后者使用查找表进行 MCS 的适应，并将查找表发送回 UE。上述过程中的主要问题是，链路适应没有考虑实际通信发生的信道，可能导致选择不准确的 MCS。

此外，为了减少信令开销，UE 仅周期性地向基站反馈 CQI。因此，在诸如车载通信中经历时变信道的情况下，接收到的 CQI 可能已经过时，从而影响了频谱效率[82-83]。

为了解决过时的信道质量指示（CQI）问题，外环路链路自适应（OLLA）被纳入 5G NR 中。根据 OLLA 的原理，通过基于接收到的混合自动重传请求（HARQ）的负面或正面确认，连续地调整 SINR 到 CQI 的映射表，使用计算出的偏移量（图 5.10）。

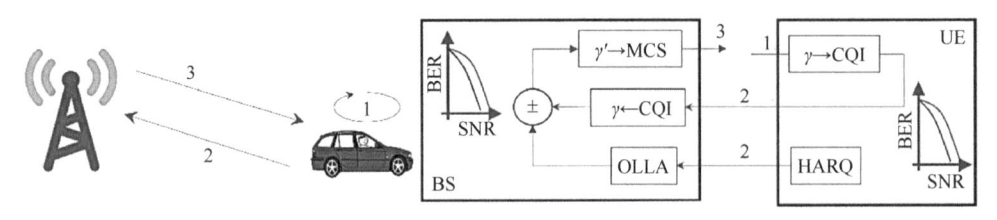

图 5.10 下行外环链路自适应（OLLA）的框图
1—估计 SINR γ　2—发送 CQI 和 HARQ 指令　2—发送 MCS

此外，针对过时的 CQI，还提出了利用机器学习技术，尤其是强化学习文献 [84] 的方法，使所需的训练时间和数据标注量将变得极大。强化学习（RL），特别是马尔科夫决策过程，在离散时间随机环境中具有出色的决策能力，符合马尔科夫性质，即下一个环境状态仅取决于当前的状态 – 动作对。

在文献 [85] 中的系统模型使用正交频分复用技术（OFDM），环境状态由所有子载波上（离散化的）平均信噪比（SNR）来描述。动作是选择的调制与编码策略（MCS），奖励是代理将会获得的吞吐量。在受到彩色干扰的情况下，长期来看，代理可以比基于查找表的标准方法实现更高的预期频谱效率。然而，在信道相干带宽大于所考虑的子载波块所占带宽时，像文献 [85] 中计算平均 SNR 可能不是最优的；在文献 [83] 中考虑了一组相关子载波上的 MCS 优化。

在文献 [86] 中，考虑了一个认知异构网络，在这个网络中，主系统通过深度强化学习（DRL）学习次级用户的干扰模式，并基于预测的干扰选择最大化其期望折减速率的 MCS。

最后，在文献 [87] 中，考虑了一个多用户 MIMO 毫米波系统，使用监督学习进行链路自适应。用户终端学习根据估计的 SNR 选择调制阶数和空间复用或分集阶数，以最大化其吞吐量。关于自适应调制与编码（AMC）的监督学习技术概述，包括 k 最近邻和支持向量机，请参阅文献 [55]。

简而言之，由于多样化的业务需求和难以建模甚至模拟高度不可预测的信道和干扰条件，B5G/6G 网络将需要比标准查找表更加灵活和敏捷的自适应调制与编码（AMC）方案。人工智能 / 机器学习，特别是深度强化学习（DRL），是实现 AMC 在实际环境和服务类型中具有更好适应性的选择。

5.8 智能无线电

尽管新兴的无线网络将在毫米波、可见光和太赫兹频率上运行，其中大量的频谱仍然未被使用，但由于它们有利的无线传播条件，必须尽可能高效地利用 6GHz 以下频率。已经进行了大量的研究和实施，使用软件定义无线电可以通过频谱感知和地理位置数据库机会性地利用未被占用的频谱[88-89]。

不久之后，AI/ML 驱动的无线电将应用先进的技术，揭示隐藏的频谱使用模式，并提高频谱利用效率[90]。此外，随着可重构超材料的最近发明，不仅可以通过 AI/ML 控制变收发器，还可以控制、编程和适应环境。接下来，我们将回顾一些基于 AI/ML 的合作频谱感知、自动无线信号分类和可重构智能超表面（RIS）的关键方法。

5.8.1 智能频谱感知

频谱感知旨在识别空间和（或）时间上未被占用的频谱段，以供无线电的非授权系统（或次级系统）进行机会性利用。这可以在确保对许可用户产生可容忍干扰的前提下缓解频谱稀缺问题。利用频谱感知进行次级频谱接入的主要障碍是在多径衰落和阴影中的可靠性，从而产生了众所周知的隐藏节点问题。由于信号被严重衰落，次级用户可能无法检测到主频信号，并错误地认为频谱为空闲，并对许多用户产生不可接受的干扰水平。协作频谱感知（CSS）可以缓解隐藏节点问题，并减少每个用户的频谱感知任务次数[91]。

自然而然，频谱占用统计数据在空间和时间上都会有所变化。次级网络的拓扑结构，如由于移动性，也会发生变化。因此，传统使用手工设计固定决策规则的协作频谱感知（CSS）方案很快就变成次优。将频谱感知视为多元假设检验问题的替代方法是将其视为分类任务，并应用机器学习在时变环境中保持良好性能。在文献[92]的研究中提出了各种无监督学习方法（k-均值、高斯混合模型）和有监督学习方法（K 最近邻和支持向量机），它们通过训练来提高检测性能。训练模块应该仅在环境变化时被激活，但通过持续收集和存储频谱数据测量结果来维护最新的数据集是昂贵的。文献[93]的研究建议：使用生成对抗网络为给定环境生成新的标记数据，并结合自编码器和 GANs 在环境发生变化时生成新的数据集。

彼此靠近的次级用户自然会经历与主频用户相关的传播路线损耗。卷积神经网络可以通过学习适当的卷积核来利用这种相关性。如果有多个频谱带可用于感知，CNN 将被馈送一个二维矩阵，其中每行包含次级用户在不同频率上的频谱感知结果。预期矩阵中相邻的行对应于相邻的用户。

CNN 可以利用空间和频谱相关性。基于 CNN 的协作频谱感知方案的接收器工作特性（ROC）曲线将传统的 K-out-of-N 硬决策规则的上界，以换取训练、增加计算时间和了解次级用户位置的代价[94]。总体而言，有监督学习技术似乎能够以标记数据为代价获得最佳的检测性能。

通过多个次级用户和频谱带的感知测量分布，可以在保持每个用户能量消耗较低的同时，发现更多次级频谱使用机会[95]。当用户必须感知非常宽的带宽时，由于硬件限制，可

能无法按照奈奎斯特（Nyquist）率进行采样。压缩感知利用了在考虑的频率范围内信号的稀疏性，并允许以低于Nyquist采样率进行采样而不丢失太多信号信息[96]。

传统上，计算整个宽带频谱上的占用期望值，当频谱利用在不同频谱带之间变化较大时，会得到亚最优的性能。为了获得更好的频谱占用统计数据，文献[97]的研究提出了机器学习（ML）方法，利用频谱使用中固有的时间相关性，使用户能够更准确地预测每个块的频谱利用情况。这样，所需的采样数量变得自适应，并反映了实时的频谱活动。最后，使用机器学习进行频谱感知的最新进展可以补充现有使用地理位置数据库的次级频谱访问方法和标准[98]。

5.8.2　使用卷积神经网络（CNN）进行自动信号识别

信号识别可能是指调制分类，如模拟与数字、相位键控（PSK）与正交幅度调制（QAM），或者无线信号分类，如Wi-Fi与ZigBee，或者蓝牙波形。它是智能无线电的重要支持，因为它允许根据发射器附近的无线载波适应传输参数。例如，自动信号识别可以提供比简单信号检测更复杂的干扰控制、更高效的动态频谱访问和改进的频谱监测。

自动调制分类是过去三十年来备受研究的课题，可参考文献[99]了解概述，并且最近在无线通信领域采用机器学习技术进一步推动了其发展[55]。传统方法通常采用最大似然检测或基于特征的方法进行调制判别。最大似然检测针对每个候选调制方案计算接收数据的条件概率密度函数（PDF），在理想情况下，即已知信道失真完全的情况下，可以得到最优的分类结果。然而，在实际应用中，通常采用期望最大化算法来估计潜在变量，如信道状态信息（CSI）[61]。基于特征的分类方法是一种次优方法，它依赖于调制方案的高阶累积量，而且实现起来更加简单[100]。

卷积神经网络（CNN）预计比其他机器学习技术在调制分类中更有效，因为它们可以成功地从多维和高度无结构的数据中提取特征。文献[101]中的研究使用软件定义无线电产生了一个大型无线信号数据集，并应用CNN来区分各种信噪比和信道条件下的24种调制方案，包括载波频偏、不同符号速率、加性高斯白噪声（AWGN）和多径衰落信道。该研究表明，CNN在性能上优于复杂的概率和基于特征的分类器。自然地，CNN可以基于星座图、信号分布和频谱图等实现基于图像的调制识别[102]。这些技术可以进一步提高低信噪比下的分类准确性，但需要额外的资源进行数据和可视化转换。

5.8.3　智能无线电环境

智能无线电可以帮助应对频谱稀缺的问题；然而，在5G/6G无线网络中对即将到来的服务有频谱需求，这在低于6GHz的频段很难被满足。毫米波和太赫兹频谱主要没有被利用，并且适用于高速数据应用，但不幸的是容易受到高衰减的影响。同时，在接收端部署中继以提升信号质量是昂贵的，因为它需要额外的射频链路和信号处理、A-D转换器（ADC）和D-A转换器（DAC），以及功放。此外，众所周知，中继在全双工模式下会遭受高自干扰问题，在半双工操作中会减半可实现的数据传输速率。相反，由大量廉价天线或几乎被动的元材料制成的反射器则没有这些限制[103]。

第 5 章
物理层深度学习在未来无线通信系统和网络中的最新技术

基于超材料的反射表面，以下简称为智能反射面（RIS），是人工制造的电磁结构，非常薄且横向尺寸较大，并展现出自然界中不存在的特性。它们由亚波长人工散射粒子（以亚波长网格距离排列成网格状结构）组成，可以通过制造从而以期望的方式改变电磁波的传播，如将入射波反射到预定方向，而不一定遵循斯涅尔定律。详情可参见文献 [104] 进行深入了解。一旦配置好，它们无须额外的电源供应即可运行，因此被称为几乎被动的反射器。

在无线网络中使用 RIS 的突破性进展是通过软件实现对 RIS 操作的控制和定制化。例如，可以编程配置 RIS 根据信道状态信息（CSI）对入射波进行时变的转换（吸收、折射、波束成形）。原则上，使用 RIS 扩展了软件定义网络和无线电的概念，使其包括可编程环境。值得注意的是，在发射器优化选项有限的情况下，控制环境可能特别有用，如应用在单天线低功耗物联网（IoT）中。

由于其符合几何形状，RIS 可以覆盖天花板、家具、窗户和建筑物的大部分区域。文献 [105] 中的研究提出了一种平面超材料，即超表面瓦片，它还携带了一个轻量级物联网设备，能够接收来自中央网关的命令，以控制其电磁响应，如对入射波施加的相位差，使接收器上的所有多径分量能够相干叠加。

由于大面积孔径和反射波束成形的综合效应，接收到的功率大约与瓦片数量 N^2 成比例[106]；而在大规模 MIMO 中，接收到的功率仅与发射天线数量呈线性关系。已经证明，RIS 可以创建局部热点，帮助消除干扰，改善频谱共享，并增强物理层安全性[103, 107-110]（图 5.11）。例如，RIS 可以通过引入朝接收器传播的丰富散射，将低秩信道转化为满秩信道[103]。

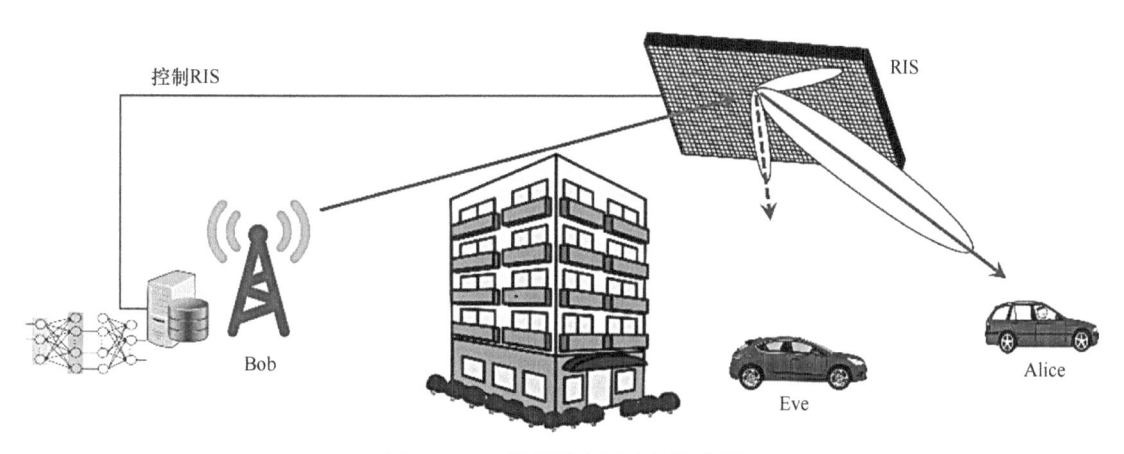

图 5.11 智能无线电环境的示意图

在城市车联网中，使用可重构智能反射面（RIS）来增强非视距通信并提高物理层安全性。主波束朝向 Alice，人工噪声则被发送至 Eve。其中，RIS 由基站控制，基站采用深度神经网络（DNN）来学习并设计相位变换。

文献 [111] 中使用监督学习来估计每个用户的直接信道和级联信道，其假设反射元素之间的相位变换是完全已知的。在实践中，RIS 辅助通信的主要问题是相位变换的设计。

例如，使用文献 [111] 中描述的配置，一个装备有低成本设备的 RIS 能够感知并将信息反馈给网关，使中央控制器能够学习基站到 RIS 和 RIS 到移动用户之间的 CSI。经过充分的训练后，DNN 可以对反射相位进行实时优化控制，从而降低控制器的复杂度[112]。然而，由于反射元素数量巨大，训练开销极大，因此在文献 [113] 中建议使用压缩感知和深度学习相结合的方法来解决这个问题。

5.9 无线网络系统级性能评估的机器学习

传统方法评估无线网络系统级性能的方式是通过模拟和简化模型进行部署和干扰的，如使用六边形网格表示基站位置以及使用 Wyner 模型模拟小区间干扰[114]。然而，由于热点和人口分布不均导致出现异构网络，使传统模型的准确率变得不够高，不能很好地捕捉不规则网络结构。为此，在过去的 20 年里，随机几何工具被应用于低计算复杂度下处理随机网络的问题[115]。最近的发展也为描述网络整体性能的统计分布提供了解析方法，但前提是基于点过程[116-118]。

虽然使用随机几何分析考虑到了多种随机因素，包括发射器的位置和活动以及无线衰落信道，但为了方便计算，经常由于采用简化假设而导致结果错误，因为它们不能捕捉到整个无线系统的复杂性，如图 5.12 所示。例如，在最近基站连接的干扰限制泊松网络中，单天线网络实体具有锐力衰落，覆盖概率被发现与发射功率水平和基站密度无关。此外，由于这种独立性，使用链路适应技术的遍历区域光谱效率（ASE）被发现与基站密度呈线性增长，因此在超高密度极限下会发散[115]。这两个结果都不能反映典型网络部署的实际情况。

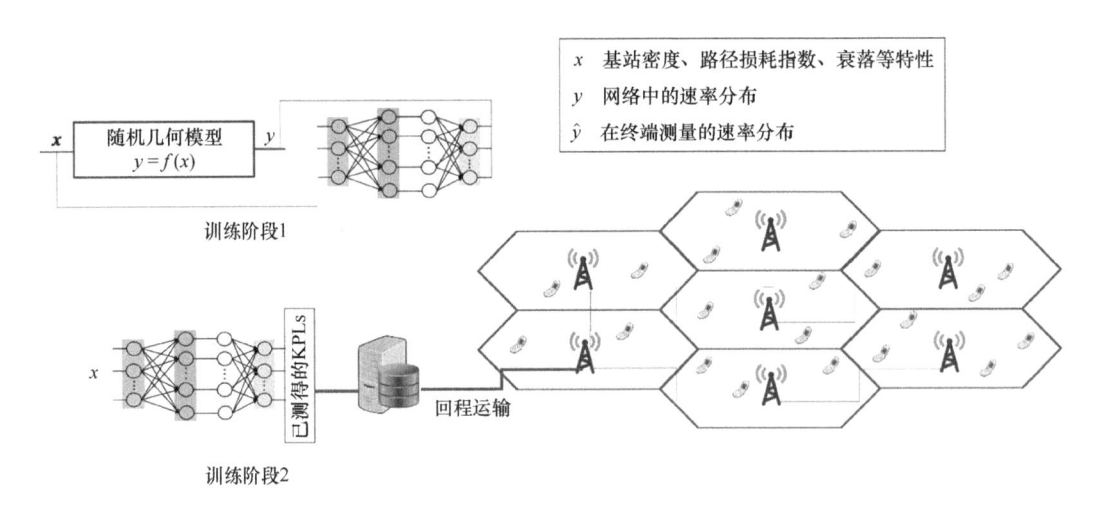

图 5.12 迁移学习

文献 [119] 的研究认为 ASE 的发散是误用幂指数路线损耗模型，这种模型在小到中等距离时不准确。相反，使用一个适应于拉伸指数型路线损耗函数，作者发现 ASE 是基站密度的不降函数，并在超高密度区域达到一定的平台。虽然采用的模型可用于计算 ASE，但这可能并不总是适用于其他性能指标。因此，将随机几何与基于数据驱动的方法相结合可能是有发展前途的[120-121]。然而，在无线网络的系统级性能评估中引入机器学习工具，目前仍处于起步阶段。

文献[122]的作者观察到，在泊松蜂窝网络中，随机选定用户的覆盖概率可以被 S 型函数很好地近似。然后，他们训练了一个神经网络来适应由基站密度、操作阈值、路线损耗指数以及阴影标准差和相关距离这些输入参数组成的 S 曲线。建议的方法缺乏可扩展性，因为它是一种纯数据驱动的技术，包含如阴影相间距离，这些细节并没有被现有模型考虑到。

文献[123]的研究首先推导了主题问题的数学表达式，即在存在空中串通窃听者的情况下，地对空通信链路的保密故障概率。然后，它利用这个表达式生成标记数据集，并训练一个神经网络来预测给定输入参数下的性能。结果表明，神经网络可以比数学表达式快 1000 倍计算出性能指标，但代价是降低了可解释性。

图 5.12 所示为将基于随机几何的数学模型和用户终端的速率测量结合起来进行迁移学习，用于训练一个估计网络中用户速率分布的深度神经网络（DNN）。在第一阶段训练完成后，训练好的神经网络在第二阶段的训练中被用作初始化。

深度迁移学习可能是将机器学习与随机几何相结合，以提高未来无线网络系统级性能评估准确率和复杂性最有希望的方法。在文献[124]中，使用神经网络训练来优化基站的发射功率水平，给定其密度。权重初始化使用[125]中推导的闭式表达式来加速训练。然后，使用有限的测量数据对权重进行微调，用以纠正模型的缺陷。在这项研究中，模型的缺陷可能源于训练过程中不准确的功耗模型，或者基站部署模型精度不高，更接近排斥点过程而非泊松点过程[126-127]。由于使用数学表达式生成了训练数据集的最大部分，深度迁移学习大大减少了对测量数据的需求。预计在这个领域很快会有更多关于深度迁移学习的实例。例如，利用移动终端的有限速率测量来改进网络中每个链路的可靠性分布，也被称为速率或信噪比的元分布。

5.10 结论

不可否认的是，在多个时期，机器学习/人工智能在信道估计、信道预测、信道编码等方面表现出了出色的性能水平。这些新颖的技术对于未来网络短期时间尺度下的 RAN 智能控制循环设计至关重要。机器学习/人工智能在物理层的作用也是 ITU-T（国际电信联盟电信标准分局）发起计划的一部分，旨在推动探索未来网络中的机器学习技术，并确立未来公共机构、大学和私营部门内相关研究活动的舞台。

在本章中，我们探讨了将人工智能与通信系统建立共生关系的关键发现和进展，重点关注关键技术的应用，如信道估计、信道预测和信道编码。特别值得关注的是使用机器学习进行智能反射面控制以及在城市区域强衰减的毫米波车载通信中发挥作用。

然而，机器学习/人工智能，尤其是深度学习方法，往往缺乏关键的可解释性特征，无法揭示其内在机制。这种弱点不仅影响纯数据驱动方法，也影响模型辅助的模块化收发机中心的神经网络。对内部机制可见性的缺乏限制了提高性能或扩展应用范围方面的基本

进展。

基于迁移学习的技术是以一种临时的方式执行的，仍然缺乏可解释性。还注意到，最佳的神经网络参数和体系结构似乎与每个用例的参数部分脱节。这种看似不协调的观察需要创新性的解决方案，不仅需要应对可解释性问题，更要从根本上提高神经网络的可信度，以增加其被移动网络运营商和其他利益相关者接受和采纳的程度。

5.11 注释

1）我们对 ViterbiNet 的模拟结果是通过修改基于 Yoav Cohen 在 GitHub 上分享的 Python 代码（https://github.com/yoavchoen/ViterbiNet-in-Python）生成的。

2）https://www.itu.int/en/ITU-T/focusgroups/ml5g/Pages/default.aspx。

3）https://www.accelercomm.com/news/193m-savings-with-improvements-in-5g-radio-signal-processing。

参考文献

[1] Li, R., et al., Intelligent 5G: When cellular networks meet artificial intelligence. *IEEE Wireless Communications*, 2017. **24**(5): pp. 175–183.
[2] Letaief, K.B., et al., The roadmap to 6G: AI empowered wireless networks. *IEEE Communications Magazine*, 2019. **57**(8): pp. 84–90.
[3] You, X., et al., Towards 6G wireless communication networks: Vision, enabling technologies, and new paradigm shifts. *Science China Information Sciences*, 2021. **64**(1): pp. 1–74.
[4] Zhao, Y., et al., A comprehensive survey of 6g wireless communications. arXiv preprint arXiv:2101.03889, 2020.
[5] Shahraki, A., et al., A comprehensive survey on 6G networks: Applications, core services, enabling technologies, and future challenges. arXiv preprint arXiv:2101.12475, 2021.
[6] Bhat, J.R. and S.A. Alqahtani, 6G Ecosystem: Current status and future perspective. *IEEE Access*, 2021. **9**: pp. 43134–43167.
[7] Kekki, Sami, et al., *ETSI, 5G; 5G System; Network Data Analytics Services; Stage 3, in 3GPP TS 29.520 version 15.3.0*. 2019, ETSI. p. 11.
[8] Frost, Lindsay, et al., *ETSI, ENI System Architecture*. 2019, ETSI.
[9] ZSM, *ETSI Zero-touch Network and Service Management (ZSM) Introductory white paper* 2017.
[10] Alliance, O., *O-RAN Use Cases and Deployment Scenarios*. White Paper, 2020.
[11] FG-ML5G, I.-T., *Use cases for machine learning in future networks including IMT-2020, Supplement 55 (Technical report)*. 10/2019.
[12] SAP, Compagna, Luca, and Pasic, Aljosa, Deliverable 6.3 Identification of Future Emerging Issues/Topics (Final Version). 2015.
[13] Raghavan, V. and J. Li, Evolution of physical-layer communications research in the post-5G era. *IEEE Access*, 2019. **7**: pp. 10392–10401.
[14] Dean, T.R., et al., Rethinking modulation and detection for high Doppler channels. *IEEE Transactions on Wireless Communications*, 2020. **19**(6): pp. 3629–3642.
[15] Hossain, M.A., et al., Comprehensive survey of machine learning approaches in cognitive radio-based vehicular ad hoc networks. *IEEE Access*, 2020. **8**: pp. 78054–78108.
[16] Kumar, D.P., T. Amgoth, and C.S.R. Annavarapu, Machine learning algorithms for wireless sensor networks: A survey. *Information Fusion*, 2019. **49**: pp. 1–25.
[17] Mahdavinejad, M.S., et al., Machine learning for internet of things data analysis: A survey. *Digital Communications and Networks*, 2018. **4**(3): pp. 161–175.

[18] Khalil, R.A., et al., Deep learning in the industrial internet of things: Potentials, challenges, and emerging applications. *IEEE Internet of Things Journal*, 2021. **8**: pp. 11016–11040.
[19] Wang, X., X. Li, and V.C. Leung, Artificial intelligence-based techniques for emerging heterogeneous network: State of the arts, opportunities, and challenges. *IEEE Access*, 2015. **3**: pp. 1379–1391.
[20] Klaine, P.V., et al., A survey of machine learning techniques applied to self-organizing cellular networks. *IEEE Communications Surveys & Tutorials*, 2017. **19**(4): pp. 2392–2431.
[21] Chen, M., et al., Artificial neural networks-based machine learning for wireless networks: A tutorial. *IEEE Communications Surveys & Tutorials*, 2019. **21**(4): pp. 3039–3071.
[22] Zhang, C., et al., Artificial intelligence for 5G and beyond 5G: Implementations, algorithms, and optimizations. *IEEE Journal on Emerging and Selected Topics in Circuits and Systems*, 2020. **10**(2): pp. 149–163.
[23] Gündüz, D., et al., Machine learning in the air. *IEEE Journal on Selected Areas in Communications*, 2019. **37**(10): pp. 2184–2199.
[24] Zhang, C., P. Patras, and H. Haddadi, Deep learning in mobile and wireless networking: A survey. *IEEE Communications Surveys & Tutorials*, 2019. **21**(3): pp. 2224–2287.
[25] Shafin, R., et al., Artificial intelligence-enabled cellular networks: A critical path to beyond-5G and 6G. *IEEE Wireless Communications*, 2020. **27**(2): pp. 212–217.
[26] Mao, Q., F. Hu, and Q. Hao, Deep learning for intelligent wireless networks: A comprehensive survey. *IEEE Communications Surveys & Tutorials*, 2018. **20**(4): pp. 2595–2621.
[27] Ali, S., et al., *6G White Paper on Machine Learning in Wireless Communication Networks*. arXiv preprint arXiv:2004.13875, 2020.
[28] Wang, J., et al., Thirty years of machine learning: The road to Pareto-optimal wireless networks. *IEEE Communications Surveys & Tutorials*, 2020. **22**(3): pp. 1472–1514.
[29] Luong, N.C., et al., Applications of deep reinforcement learning in communications and networking: A survey. *IEEE Communications Surveys & Tutorials*, 2019. **21**(4): pp. 3133–3174.
[30] You, X., et al., AI for 5G: research directions and paradigms. *Science China Information Sciences*, 2019. **62**(2): pp. 1–13.
[31] Sun, Y., et al., Application of machine learning in wireless networks: Key techniques and open issues. *IEEE Communications Surveys & Tutorials*, 2019. **21**(4): pp. 3072–3108.
[32] Boutaba, R., et al., A comprehensive survey on machine learning for networking: Evolution, applications and research opportunities. *Journal of Internet Services and Applications*, 2018. **9**(1): pp. 1–99.
[33] Ghosh, A., et al., 5G evolution: A view on 5G cellular technology beyond 3GPP release 15. *IEEE access*, 2019. **7**: pp. 127639–127651.
[34] Koufos, K., et al., Trends in intelligent communication systems: Review of standards, major research projects, and identification of research gaps. *Journal of Sensor and Actuator Networks*, 2021 **10**: p. *60*.
[35] Zappone, A., et al., Model-aided wireless artificial intelligence: Embedding expert knowledge in deep neural networks for wireless system optimization. *IEEE Vehicular Technology Magazine*, 2019. **14**(3): pp. 60–69.
[36] O'Shea, T. and J. Hoydis, An introduction to deep learning for the physical layer. *IEEE Transactions on Cognitive Communications and Networking*, 2017. **3**(4): pp. 563–575.
[37] O'Shea, T.J., K. Karra, and T.C. Clancy. Learning to communicate: Channel auto-encoders, domain specific regularizers, and attention. in *2016 IEEE International Symposium on Signal Processing and Information Technology (ISSPIT)*. 2016. IEEE.
[38] Dörner, S., et al., Deep learning based communication over the air. *IEEE Journal of Selected Topics in Signal Processing*, 2017. **12**(1): pp. 132–143.
[39] Goodfellow, I., Y. Bengio, and A. Courville, *Deep Learning* 2016: MIT Press. https://www.deeplearningbook.org/
[40] Aoudia, F.A. and J. Hoydis. End-to-end learning of communications systems without a channel model. in *2018 52nd Asilomar Conference on Signals, Systems, and Computers*. 2018. IEEE.
[41] Aoudia, F.A. and J. Hoydis, Model-free training of end-to-end communication systems. *IEEE Journal on Selected Areas in Communications*, 2019. **37**(11): pp. 2503–2516.
[42] Ye, H., et al. Channel agnostic end-to-end learning based communication systems with conditional GAN. in *2018 IEEE Globecom Workshops (GC Wkshps)*. 2018. IEEE.
[43] Raj, V. and S. Kalyani, Backpropagating through the air: Deep learning at physical layer without channel models. *IEEE Communications Letters*, 2018. **22**(11): pp. 2278–2281.
[44] He, H., et al., Model-driven deep learning for physical layer communications. *IEEE Wireless Communications*, 2019. **26**(5): pp. 77–83.
[45] Felix, A., et al. OFDM-autoencoder for end-to-end learning of communications systems. in *2018 IEEE 19th International Workshop on Signal Processing Advances in Wireless Communications (SPAWC)*. 2018. IEEE.

[46] Kim, M., W. Lee, and D.-H. Cho, A novel PAPR reduction scheme for OFDM system based on deep learning. *IEEE Communications Letters*, 2017. **22**(3): pp. 510–513.

[47] Balevi, E. and J.G. Andrews, One-bit OFDM receivers via deep learning. *IEEE Transactions on Communications*, 2019. **67**(6): pp. 4326–4336.

[48] Van De Beek, J.-J., et al. On channel estimation in OFDM systems. in *1995 IEEE 45th Vehicular Technology Conference. Countdown to the Wireless Twenty-First Century*. 1995. IEEE.

[49] Ye, H., G.Y. Li, and B.-H. Juang, Power of deep learning for channel estimation and signal detection in OFDM systems. *IEEE Wireless Communications Letters*, 2017. **7**(1): pp. 114–117.

[50] Gao, X., et al., ComNet: Combination of deep learning and expert knowledge in OFDM receivers. *IEEE Communications Letters*, 2018. **22**(12): pp. 2627–2630.

[51] Hershey, J.R., J.L. Roux, and F. Weninger, Deep unfolding: Model-based inspiration of novel deep architectures. arXiv preprint arXiv:1409.2574, 2014.

[52] Samuel, N., T. Diskin, and A. Wiesel, Learning to detect. *IEEE Transactions on Signal Processing*, 2019. **67**(10): pp. 2554–2564.

[53] He, H.T., et al., Model-Driven Deep Learning for MIMO Detection. *IEEE Transactions on Signal Processing*, 2020. **68**: pp. 1702–1715.

[54] Khani, M., et al., Adaptive neural signal detection for massive MIMO. *IEEE Transactions on Wireless Communications*, 2020. **19**(8): pp. 5635–5648.

[55] Luo, F.-L., *Machine Learning for Future Wireless Communications*. 2020: John Wiley & Sons Ltd. https://www.wiley.com/en-pk/Machine+Learning+for+Future+Wireless+Communications-p-9781119562306

[56] Forney, G.D., The viterbi algorithm. *Proceedings of the IEEE*, 1973. **61**(3): pp. 268–278.

[57] Farsad, N. and A. Goldsmith, Neural network detection of data sequences in communication systems. *IEEE Transactions on Signal Processing*, 2018. **66**(21): pp. 5663–5678.

[58] Shlezinger, N., et al., ViterbiNet: A deep learning based Viterbi algorithm for symbol detection. *IEEE Transactions on Wireless Communications*, 2020. **19**(5): pp. 3319–3331.

[59] Yang, Y., et al., Deep learning-based channel estimation for doubly selective fading channels. *IEEE Access*, 2019. **7**: pp. 36579–36589.

[60] Soltani, M., et al., Deep learning-based channel estimation. *IEEE Communications Letters*, 2019. **23**(4): pp. 652–655.

[61] Pham, Q.-V., et al., Intelligent radio signal processing: A contemporary survey. arXiv preprint arXiv: 2008.08264, 2020.

[62] Kechriotis, G., E. Zervas, and E.S. Manolakos, Using recurrent neural networks for adaptive communication channel equalization. *IEEE Transactions on Neural Networks*, 1994. **5**(2): pp. 267–278.

[63] Burse, K., R.N. Yadav, and S. Shrivastava, Channel equalization using neural networks: A review. *IEEE transactions on systems, man, and cybernetics, Part C (Applications and Reviews)*, 2010. **40**(3): pp. 352–357.

[64] Mao, H., et al. RoemNet: Robust meta learning based channel estimation in OFDM systems. in *ICC 2019-2019 IEEE International Conference on Communications (ICC)*. 2019. IEEE.

[65] Park, S., et al., Learning to demodulate from few pilots via offline and online meta-learning. *IEEE Transactions on Signal Processing*, 2020. **69**: pp. 226–239.

[66] Kang, J.-M., C.-J. Chun, and I.-M. Kim, Deep learning based channel estimation for MIMO systems with received SNR feedback. *IEEE Access*, 2020. **8**: pp. 121162–121181.

[67] He, H., et al., *Deep learning-based channel estimation for beamspace mmWave massive MIMO systems*. IEEE Wireless Communications Letters, 2018. **7**(5): pp. 852–855.

[68] Onggosanusi, E., et al., Modular and high-resolution channel state information and beam management for 5G new radio. *IEEE Communications Magazine*, 2018. **56**(3): pp. 48–55.

[69] Wen, C.-K., W.-T. Shih, and S. Jin, Deep learning for massive MIMO CSI feedback. *IEEE Wireless Communications Letters*, 2018. **7**(5): pp. 748–751.

[70] Arnold, M., et al. Towards practical FDD massive MIMO: CSI extrapolation driven by deep learning and actual channel measurements. in *2019 53rd Asilomar Conference on Signals, Systems, and Computers*. 2019. IEEE.

[71] Yang, Y., et al., Deep learning-based downlink channel prediction for FDD massive MIMO system. *IEEE Communications Letters*, 2019. **23**(11): pp. 1994–1998.

[72] Liu, Z., L. Zhang, and Z. Ding, Overcoming the channel estimation barrier in massive MIMO communication via deep learning. *IEEE Wireless Communications*, 2020. **27**(5): pp. 104–111.

[73] Baddour, K.E. and N.C. Beaulieu, Autoregressive modeling for fading channel simulation. *IEEE Transactions on Wireless Communications*, 2005. **4**(4): pp. 1650–1662.

[74] Jiang, W. and H.D. Schotten. *Multi-antenna fading channel prediction empowered by artificial intelligence*. in *2018 IEEE 88th Vehicular Technology Conference (VTC-Fall)*. 2018. IEEE.

[75] Jiang, W. and H.D. Schotten, Neural network-based fading channel prediction: A comprehensive overview. *IEEE Access*, 2019. **7**: pp. 118112–118124.

[76] Shao, S., et al., Survey of turbo, LDPC, and polar decoder ASIC implementations. *IEEE Communications Surveys & Tutorials*, 2019. **21**(3): pp. 2309–2333.

[77] Arikan, E., Channel polarization: A method for constructing capacity-achieving codes for symmetric binary-input memoryless channels. *IEEE Transactions on information Theory*, 2009. **55**(7): pp. 3051–3073.

[78] Gruber, T., et al. On deep learning-based channel decoding. in *2017 51st Annual Conference on Information Sciences and Systems (CISS)*. 2017. IEEE.

[79] Cammerer, S., et al. Scaling deep learning-based decoding of polar codes via partitioning. in *GLOBECOM 2017-2017 IEEE Global Communications Conference*. 2017. IEEE.

[80] He, Y., et al., Model-driven DNN decoder for turbo codes: Design, simulation, and experimental results. *IEEE Transactions on Communications*, 2020. **68**(10): pp. 6127–6140.

[81] Kim, H., et al., Communication algorithms via deep learning. arXiv preprint arXiv:1805.09317, 2018.

[82] Bruno, R., A. Masaracchia, and A. Passarella. Robust adaptive modulation and coding (AMC) selection in LTE systems using reinforcement learning. in *2014 IEEE 80th Vehicular Technology Conference (VTC2014-Fall)*. 2014. IEEE.

[83] Blanquez-Casado, F., M.D.C.A. Torres, and G. Gomez, Link adaptation mechanisms based on logistic regression modeling. *IEEE Communications Letters*, 2019. **23**(5): pp. 942–945.

[84] Yun, S. and C. Caramanis. Reinforcement learning for link adaptation in MIMO-OFDM wireless systems. in *2010 IEEE Global Telecommunications Conference GLOBECOM 2010*. 2010. IEEE.

[85] Leite, J.P., P.H.P. de Carvalho, and R.D. Vieira. A flexible framework based on reinforcement learning for adaptive modulation and coding in OFDM wireless systems. in *2012 IEEE Wireless Communications and Networking Conference (WCNC)*. 2012. IEEE.

[86] Zhang, L., et al., Deep reinforcement learning-based modulation and coding scheme selection in cognitive heterogeneous networks. *IEEE Transactions on Wireless Communications*, 2019. **18**(6): pp. 3281–3294.

[87] Satyanarayana, K., et al., Multi-user hybrid beamforming relying on learning-aided link-adaptation for mmWave systems. *IEEE Access*, 2019. **7**: pp. 23197–23209.

[88] Mitola, J. and G.Q. Maguire, Cognitive radio: Making software radios more personal. *IEEE Personal Communications*, 1999. **6**(4): pp. 13–18.

[89] Haykin, S., Cognitive radio: Brain-empowered wireless communications. *IEEE Journal on Selected Areas in Communications*, 2005. **23**(2): pp. 201–220.

[90] Qin, Z. and G.Y. Li, Pathway to intelligent radio. *IEEE Wireless Communications*, 2020. **27**(1): pp. 9–15.

[91] Liang, Y.-C., et al., Sensing-throughput tradeoff for cognitive radio networks. *IEEE Transactions on Wireless Communications*, 2008. **7**(4): pp. 1326–1337.

[92] Thilina, K.M., et al., Machine learning techniques for cooperative spectrum sensing in cognitive radio networks. *IEEE Journal on Selected Areas in Communications*, 2013. **31**(11): pp. 2209–2221.

[93] Davaslioglu, K. and Y.E. Sagduyu. Generative adversarial learning for spectrum sensing. in *2018 IEEE International Conference on Communications (ICC)*. 2018. IEEE.

[94] Lee, W., M. Kim, and D.-H. Cho, Deep sensing: Cooperative spectrum sensing based on convolutional neural networks. arXiv preprint arXiv:1705.08164, 2017.

[95] Koufos, K., K. Ruttik, and R. Jantti, Distributed sensing in multiband cognitive networks. *IEEE Transactions on Wireless Communications*, 2011. **10**(5): pp. 1667–1677.

[96] Candès, E.J. Compressive sampling. in *Proceedings of the international congress of mathematicians*. 2006. Madrid, Spain.

[97] Khalfi, B., A. Zaid, and B. Hamdaoui. When machine learning meets compressive sampling for wideband spectrum sensing. in *2017 13th International Wireless Communications and Mobile Computing Conference (IWCMC)*. 2017. IEEE.

[98] Koufos, K., K. Ruttik, and R. Jäntti. *Controlling the interference from multiple secondary systems at the TV cell border*. in *2011 IEEE 22nd International Symposium on Personal, Indoor and Mobile Radio Communications*. 2011. IEEE.

[99] Dobre, O.A., et al., Survey of automatic modulation classification techniques: Classical approaches and new trends. *IET Communications*, 2007. **1**(2): pp. 137–156.

[100] Zhu, Z. and A.K. Nandi, *Automatic Modulation Classification: Principles, Algorithms and Applications*. 2015: John Wiley & Sons. https://www.wiley.com/en-us/Automatic+Modulation+Classification:+Principles,+Algorithms+and+Applications-p-9781118906491

[101] O'Shea, T.J., T. Roy, and T.C. Clancy, Over-the-air deep learning based radio signal classification. *IEEE Journal of Selected Topics in Signal Processing*, 2018. **12**(1): pp. 168–179.

[102] Wang, Y., et al., Data-driven deep learning for automatic modulation recognition in cognitive radios. *IEEE Transactions on Vehicular Technology*, 2019. **68**(4): pp. 4074–4077.

[103] Basar, E., et al., Wireless communications through reconfigurable intelligent surfaces. *IEEE Access*, 2019. **7**: pp. 116753–116773.

[104] Di Renzo, M., et al., Smart radio environments empowered by reconfigurable AI meta-surfaces: An idea whose time has come. *EURASIP Journal on Wireless Communications and Networking*, 2019. **2019**(1): pp. 1–20.

[105] Liaskos, C., et al., A new wireless communication paradigm through software-controlled metasurfaces. *IEEE Communications Magazine*, 2018. **56**(9): pp. 162–169.

[106] Wu, Q. and R. Zhang, Towards smart and reconfigurable environment: Intelligent reflecting surface aided wireless network. *IEEE Communications Magazine*, 2019. **58**(1): pp. 106–112.

[107] Akyildiz, I.F., A. Kak, and S. Nie, 6G and beyond: The future of wireless communications systems. *IEEE Access*, 2020. **8**: pp. 133995–134030.

[108] Tan, X., et al. Increasing indoor spectrum sharing capacity using smart reflect-array. in *2016 IEEE International Conference on Communications (ICC)*. 2016. IEEE.

[109] Di Renzo, M., et al. Analytical modeling of the path-loss for reconfigurable intelligent surfaces–anomalous mirror or scatterer? in *2020 IEEE 21st International Workshop on Signal Processing Advances in Wireless Communications (SPAWC)*. 2020. IEEE.

[110] Tang, W., et al., Wireless communications with reconfigurable intelligent surface: Path loss modeling and experimental measurement. *IEEE Transactions on Wireless Communications*, 2020. **20**(1): pp. 421–439.

[111] Elbir, A.M., et al., Deep channel learning for large intelligent surfaces aided mm-wave massive MIMO systems. *IEEE Wireless Communications Letters*, 2020. **9**(9): pp. 1447–1451.

[112] Gao, J., et al., Unsupervised learning for passive beamforming. *IEEE Communications Letters*, 2020. **24**(5): pp. 1052–1056.

[113] Taha, A., M. Alrabeiah, and A. Alkhateeb, Enabling Large Intelligent Surfaces With Compressive Sensing and Deep Learning. *IEEE Access*, 2021. **9**: pp. 44304–44321.

[114] Xu, J., J. Zhang, and J.G. Andrews, On the accuracy of the Wyner model in cellular networks. *IEEE Transactions on Wireless Communications*, 2011. **10**(9): pp. 3098–3109.

[115] Andrews, J.G., F. Baccelli, and R.K. Ganti, A tractable approach to coverage and rate in cellular networks. *IEEE Transactions on Communications*, 2011. **59**(11): pp. 3122–3134.

[116] Haenggi, M., The meta distribution of the SIR in Poisson bipolar and cellular networks. *IEEE Transactions on Wireless Communications*, 2015. **15**(4): pp. 2577–2589.

[117] Kalamkar, S.S. and M. Haenggi, The spatial outage capacity of wireless networks. *IEEE Transactions on Wireless Communications*, 2018. **17**(6): pp. 3709–3722.

[118] Koufos, K. and C.P. Dettmann, The meta distribution of the SIR in linear motorway VANETs. *IEEE Transactions on Communications*, 2019. **67**(12): pp. 8696–8706.

[119] Al Ammouri, A., J.G. Andrews, and F. Baccelli, SINR and throughput of dense cellular networks with stretched exponential path loss. *IEEE Transactions on Wireless Communications*, 2017. **17**(2): pp. 1147–1160.

[120] Hmamouche, Y., M. Benjillali, and S. Saoudi. On the role of stochastic geometry in sixth generation wireless networks. in *2020 10th International Symposium on Signal, Image, Video and Communications (ISIVC)*. 2021. IEEE.

[121] Hmamouche, Y., et al., New trends in stochastic geometry for wireless networks: A tutorial and survey. *Proceedings of the IEEE*, 2021. **109**: pp. 1200–1252.

[122] El Hammouti, H., M. Ghogho, and S.A.R. Zaidi. A machine learning approach to predicting coverage in random wireless networks. in *2018 IEEE Globecom Workshops (GC Wkshps)*. 2018. IEEE.

[123] Bao, T., et al., Secrecy outage performance of ground-to-air communications with multiple aerial eavesdroppers and its deep learning evaluation. *IEEE Wireless Communications Letters*, 2020. **9**(9): pp. 1351–1355.

[124] Zappone, A., M. Di Renzo, and M. Debbah, Wireless networks design in the era of deep learning: Model-based, AI-based, or both? *IEEE Transactions on Communications*, 2019. **67**(10): pp. 7331–7376.

[125] Di Renzo, M., et al., System-level modeling and optimization of the energy efficiency in cellular networks—A stochastic geometry framework. *IEEE Transactions on Wireless Communications*, 2018. **17**(4): pp. 2539–2556.

[126] Nakata, I. and N. Miyoshi, Spatial stochastic models for analysis of heterogeneous cellular networks with repulsively deployed base stations. *Performance Evaluation*, 2014. **78**: pp. 7–17.

[127] Lechner, M., et al., Neural circuit policies enabling auditable autonomy. *Nature Machine Intelligence*, 2020. **2**(10): pp. 642–652.

第 6 章
基于深度学习的车载通信指标调制系统

6.1 引言

　　由于吞吐量、移动性和泛在性要求的不断提高，无线通信正朝着日益复杂的系统不断演进，下一代的通信系统必须为大量的人类和非人类用户服务。此外，被认为是下一代通信系统主要优势之一的物联网（IoT）也提出了与能效相关的其他挑战性任务，因为传感器通常基于电池，而电池并非始终可用。为此，需要采用先进技术，如无单元多输入多输出（MIMO）、指标调制（IM）、先进或分布式波束形成、新波形等。

　　然而，随着设备数量的激增和垂直领域（应用领域）日益多样化，对信号的性能、优化和复杂性提出了重大挑战。具体而言，2021年全球有280亿台智能设备联网[1]。由于我们进入越来越复杂的通信系统领域，基于传统模型的优化变得越来越不适用。最近的趋势表明，研究人员热衷于将不同的技术融合起来，如传感器和嵌入式系统与信息物理系统（CPS）的集成、车对车（V2V）通信系统、车对基础设施（V2I）通信系统以及以物联网为中心的5G无线系统[2]。

　　在物理层方面，由于用户数量远大于可移动宽带使用限制，提供更高的数据传送速度实际上已成为一项具有挑战性的任务。尽管广泛的研究侧重于提高频谱和能源效率，但大多数研究考虑的是接收端的理想条件，这并不总是适用的，通常还会提出许多其他问题，如显著的多径传播、有限的可用带宽、物理链路质量差以及多普勒效应导致的时变信道。通常采用两种方式：单载波调制和多载波调制[3]。在单载波模式下，利用一个信号频率来传输信息比特；而多载波调制则将总频率分成若干个子载波，每个子载波专用于传输一部分数据流。

　　单载波在以下方面的性能优于多载波：

　　1）峰均功率比，其在单载波调制中非常低，这种优势对于使用低成本设备和系统的稳定性方面非常有吸引力。

　　2）单载波调制对频移和相位噪声的鲁棒性远大于多载波调制，这使得时间和频率同步更容易，特别是在信道恶劣的通信系统中[4]。

　　3）由于使用了自适应均衡器，即具有递归最小二乘法的判决反馈均衡器，单载波调制已被发现能够有效地应对符号间干扰（ISI）[4]，并证明了使用校正编码可以提供更高质量的通信[5]。

　　尽管在单载波系统中这些都是优点，但仍然需要对更复杂的信道处理进行均衡和参数估计，以保证通信可靠性。因此，引入多载波调制来解决这些问题，它可以缓解单载波系统中由于宽带信道的带宽限制和延迟扩展导致的符号间干扰，并且所需的处理更少。多载

波调制系统可以显著降低通信道均衡的复杂性，但显著的多普勒效应会导致严重的载波间干扰（ICI）[6-7]。

MIMO 系统是为了解决通信系统数据传输速率有限的问题而提出的，包括多用户 MIMO[8] 和传统的单用户 MIMO[9-10]。多用户 MIMO 系统在空间上分离从每个天线发送给每个用户的信号，而单用户 MIMO 最初被认为是为了提高通信信道中的整体数据速率。单用户 MIMO 和多用户 MIMO 都受到丰富多路线环境中的通信道干扰[11]和设备大小的限制。为了解决通信道干扰的问题，研究了 MIMO 和码分多址接入的结合。正交码被分配给每个用户，从而以数据速率为代价克服通信道干扰。

近来，索引调制（IM）被用来解决多载波系统中的 ICI 问题[12-15]、直接序列扩频（DSSS）中的能效和用户间干扰问题[16-18]，以及 MIMO 系统中的天线间干扰问题[19]。空间调制（SM）[20]被提出作为传统 MIMO 技术的替代解决方案，旨在通过有源天线的索引加上物理传输比特来传输更多的数据比特，从而提高频谱效率的利用率。遗憾的是，与替代 MIMO 方案相比，SM 提供的数据速率仍然有限，目前无法支持下一代通信系统。目前已经提出了许多其他技术，如通过独立地分离实部和虚部，或者通过使用一个或多个有源天线来传送相同的物理数据比特，以此增加 SM 技术的发送映射数据[19, 21-23]。不过，MIMO 和 SM 技术的数据比特都受到设备大小和可用空间的限制。

最近提出的正交频分复用索引调制（OFDM-IM）[12-15]通过将信息比特分成物理数据比特和索引数据比特，解决了 OFDM 方案中的 ICI 和有限频谱效率问题。物理数据比特是通过可用子载波中的一些被激活的子载波调制和发送的，索引数据比特是使用这些激活子载波的索引发送的。因此，在中低数据速率系统中，一些子载波的激活会降低 ICI 并提高频谱效率[24]。

在快速的时变信道中，与传统 OFDM 相比，已获得较少激活的子载波和更少的误码率（BER）[14]，但这是以牺牲所实现的数据速率为代价的。OFDM-IM 继承了高 PAPR 问题的相同问题[24]。此外，输入信息比特之后子载波的随机激活使得信道的估计不可行。在文献 [25] 中提出了基于信道估计的 OFDM-IM，在每个子组的末尾插入固定的子载波来传输导频信号。但是这种方法将极大地限制在双选择信道 OFDM-IM 中的频谱效率，因为子载波索引的子组将变得非常短，从而导致对子载波索引发送的数据比特的限制。此外，在高调制阶数下，OFDM-IM 变得无用，因为它不能产生与传统 OFDM 相同的数据速率。

编码索引调制扩频（CIM-SS）和广义码索引调制扩频（GCIM-SS）[17-18]被提出来，以提高 DSSS 系统的频谱效率和能效。类似于 OFDM-IM，信息比特被划分为物理数据比特和索引数据比特。物理数据比特可通过任何数字 [例如，二进制相移键控（BPSK）] 进行调制，而索引数据比特通过选择用于扩展调制的物理数据比特的扩展码索引进行发送。尽管这种技术提供的数据速率与 DSSS 相当，但是，对扩展码索引的错误检测将会导致对整个传输比特的错误判断。这在信道苛刻的通信系统中是非常可能的，因为扩频码的正交性肯定会丢失。

深度学习（DL）最近被用于 IM，作为接收端的低复杂效率检测器，并用于提高性能和避免由于 CIM-SS 中扩频码的错误检测而导致恶化[16, 26-28]。已经针对在性能和复杂性之间折中的 IM 提出了不同的 DL 设计。此外，还研究了基于 DL 的低复杂度接收器，以提

第 6 章
基于深度学习的车载通信指标调制系统

高 V2V 混合系统的能效。

在本章中，我们开始研究 V2V 和 V2I 通信系统。然后，介绍 DL 对 IM 的应用，包括多载波、单载波和 MIMO 调制系统。此外，还研究了 IM 对能效的影响。最后一节是结论。

6.2 V2V/V2I 通信

V2V/V2I 通信系统是高速无线网络，每个移动设备，如汽车、智能交通信号或任何其他节点，都可以与位于相同通信无线电范围内的其他节点实时交换这些信息。这些信息可能与位置、制动、环境信息等有关。V2V/V2I 通信系统可以被视为网状网络[29-30]，可应用于环境监测、媒体共享、摩托车检测和防灾等多重领域。图 6.1[31] 所示为车辆通信的可视化表示。基于 V2V/V2I 通信的支持联网车辆技术（CVT）安全应用要求快速采集、低延迟、高可靠性以及符合最高的安全和隐私标准[32]。

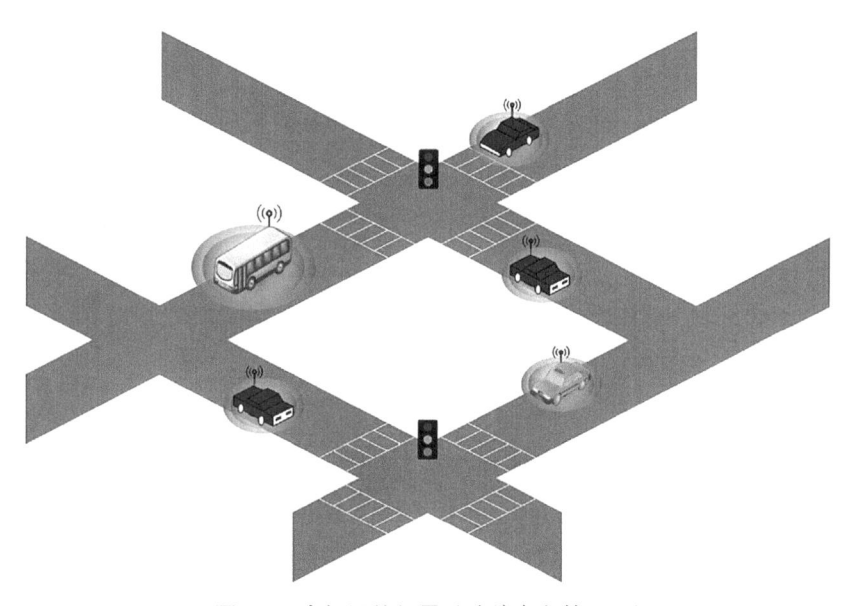

图 6.1 车辆通信场景（改编自文献 [31]）

为了满足这一要求，美国联邦通信委员会已将专用短程通信（DRSC）分配给 V2V/V2I。然而，DRSC 仍不足以支持 CVT 应用，其他无线技术也可用于 CVT 应用。V2I 与 V2V 的不同之处在于车辆与道路基础设施之间的数据交换方式。基础设施组件，如车道标线、路标和交通信号灯，可以通过无线方式向车辆提供信息，反之亦然。

车辆通信中的功耗是系统设计过程中需要考虑的最关键因素之一，因为节点通常是基于电池的，并且由于环境复杂或电源的可持续性，很难对其进行充电[19]。IM 已被作为一种替代解决方案提出，它以自由能耗传输 V2V/V2I 系统的大部分信息比特[33]，但接收端较高的计算复杂性导致能耗增加。因此，基于 DL 的 IM 是提供能耗更低、计算复杂度更低的通信系统的候选解决方案之一。

6.3 基于深度学习的指标调制系统

最近，DL[34]被应用于无线通信系统中，用于联合估计信道和检测接收信号[35]，以及降低 PAPR 效应[36]。在 IM 通信中，DL 被用于 OFDM-IM[27]、CIM-SS[16] 和 SM 系统[26, 37] 进行低复杂度检测。

6.3.1 基于多载波的指标调制系统

最近，研究人员引入了不同的方法来实现多载波调制的 IM[38-39]。OFDM-IM 是最常见的方案之一，通过数字调制和用于传输物理信息比特的有源子载波索引来传输物理信息比特。

1. 具有 OFDM-IM 系统模型的发射器

OFDM-IM 系统模型中的发射器如图 6.2 所示。然而，已经基于该方法提出了许多其他扩展，但它们仍然遵循相同的过程，只使用不同的比特映射方法，如分别对调制数据的实部和虚部执行 IM。设 B 为一个符号内要传输的信息比特流，其子载波数为 N。

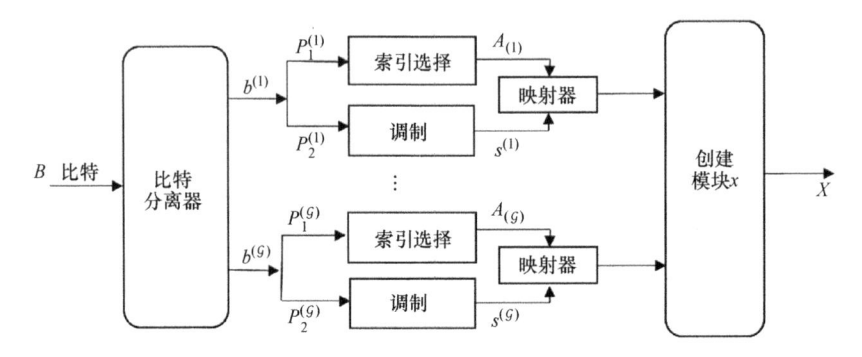

图 6.2 OFDM-IM 系统模型中的发射器

为了避免结果的高复杂度，以便在接收端进行检测，首先将 B 划分为 $\mathcal{G}$ 组，并且每组 $g \in \{1,...,\mathcal{G}\}$ 有 b 位，$b = B/\mathcal{G}$，其经由子载波 N_o 的子组发送。通过仅激活 N_o 中的 k，在 b 比特内执行 IM。比特分离器将每组 g 中的信息比特划分为两个子组 $P_1^{(g)}$ 和 $P_2^{(g)}$，$b^{(g)} = P_1^{(g)} + P_2^{(g)}$。其中 $P_1^{(g)}$ 表示通过激活子载波的索引发送的索引信息比特，其可以通过查找表或组合映射来应用[14]。

例如，表 6.1 中显示了 $N_o = 4$、$k = 2$ 和 $P_1 = 2$ 的查找表。而 $P_2^{(g)}$ 被物理调制并映射到符号 $s^{(g)} \in \boldsymbol{X}$ 中，并且 $\boldsymbol{X}$ 表示具有单位平均功率的任何 M 元数字调制，然后通过这些激活的子载波进行发送。因此，$P_2^{(g)} = k\log_2(M)$，其中 k 表示每组 g 中的活动子载波的数量。另外，$P_1^{(g)}$ 表示为 $P_1^{(g)} = \left\lfloor \log_2 \binom{N_o}{k} \right\rfloor$，其中 $\lfloor \cdot \rfloor$ 表示向下取整。

当使第二和第三子载波处于活动状态时，将 $s^{(g)}$ 映射到 k 上的映射向量是 $x^{(g)} = [0, s_1^{(g)}, s_2^{(g)}, 0]$。通过获得所有 g 的 $x^{(g)}$ 来生成 $N \times 1$ OFDM-IM 数据块：

$$\boldsymbol{X} = [x^{(1)}, x^{(2)}, \cdots, x^{(\mathcal{G})}] \tag{6.1}$$

表 6.1 $N_o = 4$、$k = 2$ 和 $P_1 = 2$ 的查找表

索引比特	索引 $A_{(g)}$
[0 0]	{1,2}
[0 1]	{1,3}
[1 0]	{1,4}
[1 1]	{2,3}

因此，在这种情况下，经由一个 OFDM-IM 符号发送的比特数可以表示为

$$\gamma = \mathcal{G}\left(k\log_2(M) + \left\lfloor \log_2 \binom{N_0}{k} \right\rfloor \right) \quad (6.2)$$

通过传统 OFDM 方案传输的等效比特数是 $\gamma_{OFDM} = N\log_2(M)$。然而，式（6.2）中的 k 越小，OFDM-IM 的性能越好，但这是以牺牲实现的数据速率为代价的。同理，当增加 k 时，性能将恶化，并且索引信息比特也将减少。当增大 M 时，OFDM-IM 不能达到传统 OFDM 方法的数据速率。因此，OFDM-IM 仅在中低数据速率下可以实现与传统 OFDM 相当的性能[40]。

2. 常规检测方法

信号 X 的处理类似于传统的 OFDM。接收到的信号可以写成：

$$Y = h*\underline{X} + v \quad (6.3)$$

式中，h、$*$ 和 $\underline{X}$ 分别表示信道脉冲响应、循环卷积和进行反傅里叶变换并添加循环前缀作为保护间隙后与 X 等效的时域信号；v 表示加性高斯白噪声（AWGN）。

在接收端，最大似然（ML）检测器被认为是联合检测物理信息比特和索引信息比特的最佳检测器。当考虑到接收端信道的完全信号时，通过剔除保护间隔并进行快速傅里叶变换（FFT）得到的频域接收信号可以由以下公式得出：

$$Y = HX + V \quad (6.4)$$

式中，Y 和 H 分别表示信道的频域接收信号和频域脉冲响应；V 表示频域中的 AWGN。

因此，每组 g 应用 ML 检测器联合估计物理和索引信息比特如下：

$$(\hat{x},\hat{i}) = \arg\min_{s,i} \|Y - H_i X\|_2^2 \quad (6.5)$$

式中，$\hat{x}$ 和 $\hat{i}$ 分别表示活动子载波的传输符号和索引的估计值；$\|.\|$ 是一个向量运算的两个范数。

ML 检测器产生的结果复杂度包括在所有可能的实现中寻找最小欧几里得距离。对于每组 g，ML 检测器的计算复杂度为 cM^k，其中 $c = 2^{p_1^{(g)}}$。

3. 基于深度学习的探测器

DL 已在 OFDM-IM 中实现，用于联合检测索引和物理信息比特，复杂度较低，性能几乎与 ML 检测器相似。DL 仅用于检测，必须首先使用任何类型的均衡器恢复信道效应。我们在此采用零强迫均衡器。因此，首先从接收信号 Y 中剔除保护间隔，然后将 FFT 运算的输出转入均衡器，得到频域接收信号：

$$\hat{X} = \frac{Y}{H} \quad (6.6)$$

如前所述，向量 $\hat{X}$ 包含 $\mathcal{G}$ 组，并且在每个组 g 内执行索引操作。因此，每组 g 将被馈送到要处理的 DL 模型的输入层中，并在 DL 模型的输出中获得每组携带的比特。

（1）深度学习模型

DL 检测器模型如图 6.3 所示。全连接（FC）非线性层仅需要检测 OFDM-IM 的调制和索引比特，包括具有 $3N$ 个节点的第一输入层，隐藏层对应于作为复杂性和性能之间的折中而调谐的 Q 个节点，以及其大小基于每组 g 的比特数 b 设置的输出层。在隐藏层，直线单元（ReLU）被用作 $f_{\text{ReLU}}(x) = \max(x, 0)$，并且在具有 $f_{\text{Sig}}(x) = \frac{1}{1+e^{-x}}$ 的输出层中使用 S 型函数（Sig）来估计每组 $\hat{b}^{(g)}$ 发送的比特。由于 Sigmoid 函数（S 型函数）的输出介于 0 和 1 之间，因此设置一个阈值来决定输出是 0 还是 1。我们将 0.5 设置为阈值，如果输出小于 0.5，则确定输出为 0，否则为 1。值得一提的是，深度神经网络（DNN）的输出可以表示为

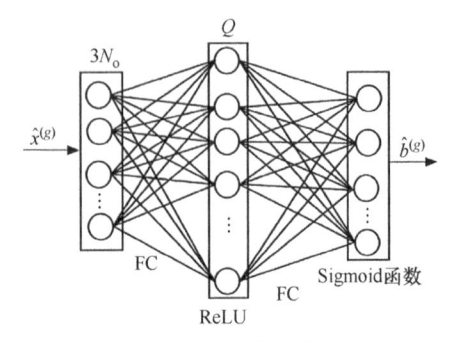

图 6.3 深度学习模型

$$\hat{b}^{(g)} = f_{\text{Sig}}(\wp_2 f_{\tanh}(\wp_1 \hat{x}^{(g)} + \ell_1)\ell_2) \quad (6.7)$$

式中，$\wp_1, \ell_1$ 和 $\wp_2, \ell_2$ 分别表示第一、第二隐藏层的权重和偏置；$\hat{b}^{(g)}$ 表示与每组 g 携带的数据比特对应的 DNN 输出，包括物理调制比特和索引比特。

因此，输入层中的输入数据是从均衡数据符号 $\hat{x}$ 中提取的每个 $\hat{x}^{(g)}$ 的 $\text{Re}(\hat{x}^{(g)})$、$\text{Im}(\hat{x}^{(g)})$ 和 $|\hat{x}^{(g)}|^2$ 的级联。Re(.) 和 Im(.) 分别是 (.) 的实部和虚部。输出是经由子载波索引携带的估计信息比特，这意味着不再需要数字解调。

此外，DL 检测器在测试阶段不需要再训练，显著降低了接收端的复杂性。

（2）训练过程

将 DNN 模型放在检测器使用之前，需要对其进行外部训练。训练阶段将生成随机数据序列，即随机生成不同的传输数据帧。采集到的接收信号与式（6.6）相等。利用这些收集到的数据处理 DNN 训练，以最小化 DL 模型输出和原始传输的数据比特之间的差异。损失函数可定义为

$$f(x_b^{(g)}, \hat{x}_b^{(g)}, \theta) = \frac{1}{b^{(g)}} \| x_b^{(g)} - \hat{x}_b^{(g)} \|^2 \quad (6.8)$$

式中，$x_b^{(g)}$ 表示长度为 $b^{(g)}$ 的组 g 内发送的原始数据比特。

最重要的是，第 6.3.1 节所示的信道预处理显示离线训练过程与信道无关。

在训练阶段，采用了自适应矩阵估计，这是一种基于随机梯度下降的高级更新算法。因此，参数 $\theta = [\wp, \ell]$ 可以更新为

$$\theta^+ := \theta - \alpha \nabla f(x_b^{(g)}, \hat{x}_b^{(g)}, \theta) \qquad (6.9)$$

式中，α 表示学习速率，∇ 表示梯度算子。

基于 DL 的接收器对所使用的信噪比（SNR）非常敏感，因此需要仔细选择，以使基于 DL 的检测器能够在任何其他 SNR 下良好工作[27]。在此，我们设置 SNR = 10dB，这在测试阶段对任何 SNR 值都具有良好的性能。

（3）在线部署

可以在使用 θ 进行优化训练后执行 DL 的在线部署。因此，对接收到的数据进行预处理，然后放入 DNN，实时估计传输的比特。换句话说，基于 DL 的检测器不需要额外的训练来更新参数 θ。最重要的是，该检测器通过消除块间干扰效应，无须对 DNN 模型进行额外的训练，就取得了更好的效果。

当训练阶段离线执行时，通过在线部署计算 DL 模型的复杂性。DL 模型的输入层具有跟随 $x^{(g)}$ 长度的恒定长度，以及适用于长度也等于 b 的输出层。隐藏层 Q 可以垂直或水平地修改，以在复杂性和性能之间进行折中。水平设置隐藏层 Q 意味着拥有更多的层，垂直设置隐藏层意味着需要修改隐藏层的节点数量。

文献 [27] 中根据运行时间函数分析了基于 DL 检测器的复杂性，发现使用 DL 检测器的主要优点之一是其复杂性不取决于调制阶数 M 或活动子载波的数量。但是，为了实现增强的性能，必须增加 Q，这将产生更高的计算复杂度。文献 [27] 中也提到，以牺牲计算复杂性为代价增加 Q，可以获得更好的误码率。该接收器的结构可以被认为是基于模型和基于 DL 的模型的组合，因为在 DL 处理接收到的数据之前必须恢复信道效应。除非 DL 模型变得依赖于信道，否则必须再次进行训练以跟踪信道变化，这将导致接收端的复杂性更高。

6.3.2 基于单载波的指标调制系统

IM 也用于 DSSS 通信系统，从而提高能效[17]，并避免恶劣信道中的用户间干扰。在更高阶的调制中，IM 可以实现为在具有更高频谱效率的实部和正交部中携带更多的索引信息比特[18]。在接收端，实现了最大比值组合（MRC），以检测计算复杂度较低、对信道估计误差灵敏度较低的物理和索引信息比特[41]。使用 MRC 的主要问题之一是检测扩展码的灵敏度，其中对扩展码索引的错误检测可能导致对整个发送信息比特的错误检测。特别是，在这种具有时变信道的环境中，扩频码的正交性肯定会丢失。因此，为了能够在恶劣的通信环境中实施该方案，在接收端采用了 DL 来联合检测物理信息比特和索引信息比特。

1. CIM-SS 系统模型中的发送器

CIM-SS 系统模型中的发送器如图 6.4 所示。假设需要发送一组数据比特流 g，它被分为两组，包括表示物理信息比特的第一组 g_1 和表示索引信息比特的第二组 g_2。与 OFDM-IM 不同，CIM-SS 通过扩展码的索引携带大部分比特。它对用户间干扰至关重要的通信环境非常有用。第一组 g_1 通过使用任何数字调制，如二进制相移键控（BPSK）产生调制信号 s。第二组通过基于阿达马 - 沃尔什矩阵 $\boldsymbol{w} = \{w_1, \cdots, w_{\mathcal{N}}\}$ 的所选扩展码的索引来传送，其中 $\mathcal{N}$ 是沃尔什扩展码的长度。

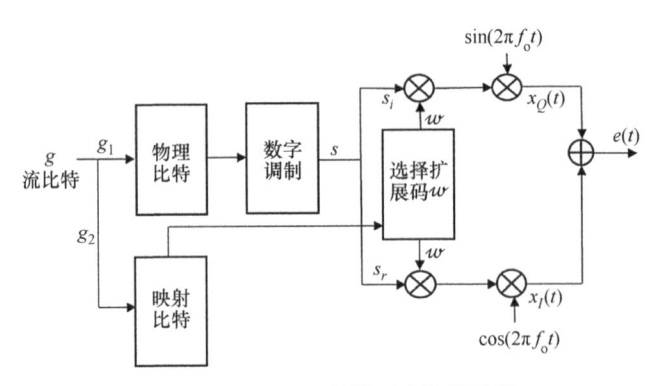

图 6.4 CIM-SS 系统模型中的发送器

可以像在传统 CIM-SS 中那样使用扩展码索引来发送的最大比特数为 $\log_2(\mathcal{N})$。CIM-SS 信号可以通过考虑一个用户的 DSSS 系统和每个用户的 K 个符号序列来表示。用户的扩频码为 $w_n(t)$，芯片持续时间为 T_w，数据比特持续时间为 T_s。其中，扩散因子可以表示为 $M = \dfrac{T_s}{T_w}$。因此，CIM-SS 信号可以表示为

$$x(t) = \sum_{k=1}^{K} \sum_{m=1}^{M} S_k w_{q,m} g(t - kmT_w) \tag{6.10}$$

式中，$w_{q,m}$ 表示选择的第 q 个沃尔什（Walsh）码，以通过扩展码的索引携带映射的数据比特；$g(t - kmT_w)$ 表示单位矩形函数。

当采用诸如正交相移键控（QPSK）之类的正交调制阶数时，GCIM 用于经由扩展码的索引来携带附加信息比特。例如，调制信息比特是 $s = s_r + js_i$，其中 s_r 表示调制数据 s 的实部，s_i 表示虚部，并且 $j = \sqrt{-1}$。因此，用于扩展 s_r 的索引选择码被用于携带索引信息比特以及用于扩展 s_i 的索引选择代码。在这种情况下，GCIM-SS 信号可以被写为

$$X(t) = \sum_{k=1}^{K} \sum_{m=1}^{M} S_k w_{q,m} g(t - mT_w) + js_i w_{qi,m} g(t - kmT_w) \tag{6.11}$$

式中，$w_{q,m}$ 和 $w_{qi,m}$ 分别表示通过用于传播被调制信息比特的实部和虚部的扩展码索引选择携带映射数据比特的第 q 个沃尔什码。

因此，CIM 和 GCIM 的最大可达数据率可以分别表示为

$$\gamma_{\text{CIM}} = \log_2 M + \log_2 \mathcal{N} \tag{6.12}$$

$$\gamma_{\text{GCIM}} = 2\log_2 M + 2\log_2 \mathcal{N} \tag{6.13}$$

式中，M 表示用于发送物理调制比特的调制阶数。

当假设 CIM 和 GCIM 中的调制顺序相同时，GCIM 发送双倍的物理信息比特，因为许多映射的实部和虚部都将携带信息比特。

2. 传统检测方案

在通过信道发送 $x(t)$ 之后，接收到的信号可以表示为

$$y(t) = x(t) \cdot h + v \tag{6.14}$$

在信道较苛刻的通信系统中，需要对 h 进行频率估计和恢复才能检测到所传输的信息比特。因此，MRC 检测器可以用于检测物理信息比特和索引信息比特。接收到的估计信号 $\hat{x}(t)$ 通过如图 6.5 所示的基于 MRC 的 CIM 检测器。第 l 个代码 $l \in \{1, \cdots, \mathcal{N}\}$ 的输出由下式给出：

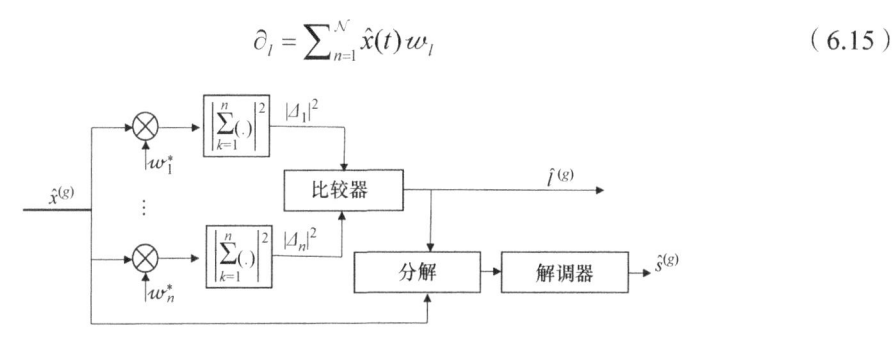

$$\partial_l = \sum_{n=1}^{\mathcal{N}} \hat{x}(t) w_l \tag{6.15}$$

图 6.5 基于 MRC 的 CIM 检测器

通过选择最大的平方绝对值来检测 g_2，即

$$\hat{w}_q = \arg\max_l |\partial_l|^2 \tag{6.16}$$

通过使用基于式（6.14）所选择的扩展码分解 $\hat{x}(t)$ 来检测 g_1，再使用连续数字调制对 $\hat{s}$ 进行解调。

3. 基于深度学习的检测

基于 DL 的 CIM-SS 接收器只能在恢复信道效应后使用。除非增加 DL 模型以实现接收端的检测任务，而这将导致更高的计算复杂度。因此，DL 模型只能用于检测传输的信息比特，而不执行估计任务。对于车辆通信系统，只发送一个用户引导，避免用户间的干扰，有助于提高能效。然而，其复杂性略高于 MRC 检测器，我们将在后文进行解释。

深度学习检测器模型与图 6.3 相似，只是各层的节点数量不同。输入层包含表示估计信号 $\hat{x}(t)$ 的实部和虚部的 $2\mathcal{N}$ 个节点，这些节点被级联并反馈送到 DL 模型的输入层中。此外，输出层中的节点数等于比特流 g 中所携带的比特数。因此，只有隐藏层可以被调整为在复杂性和性能之间进行权衡。在隐藏层使用 $f_{\text{ReLU}}(x) = \max(x, 0)$，在输出层使用 $f_{\text{Sig}}(x) = \dfrac{1}{1+e^{-x}}$。设置一个 0.5 的阈值来检测输出位是 0 还是 1。DNN 的输出可以表示为

$$\hat{g} = f_{\text{Sig}}(\wp_2 f_{\tanh}(\wp_1 \hat{x}(t) + f_1) f_2) \tag{6.17}$$

输入层中的输入数据是 $\text{Re}(\hat{x}(t))$ 和 $\text{Im}(\hat{x}(t))$ 的连接。输出是物理上通过扩展码索引携带的估计信息比特，这意味着不再需要数字解调。

其余执行过程类似于第 6.3.1 节中解释的 DL 模型。在复杂的通信环境中，实现 DL 是一种很有前景的车辆通信技术。图 6.6 所示为不同用户数量下 CIM-SS 的能效性能。除了使用 IM 避免了用户间的干扰，能效也显著提高。在为设备充电的通信环境中，这种技术变得非常有前景。基于 DL 的 CIM-SS 计算复杂度仍然是可以接受的，因为训练阶段也可以直接进行。因此，测试阶段的复杂度包括乘法和求和。基于 DL 检测器的实际操作 R_T 表

示为

$$R_T = 2NQ + Qd \tag{6.18}$$

式中，d 表示组 g 所携带的比特数。

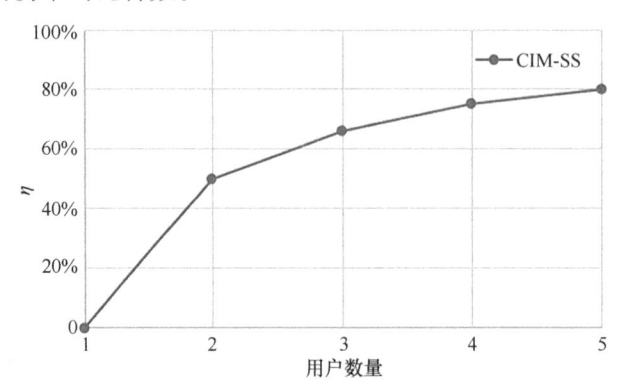

图 6.6 不同用户数量下的能效性能

6.3.3 基于多输入多输出的指标调制系统

IM 已被用于 MIMO 系统，以避免 SM 系统中天线间干扰引起的问题[20]，并且在文献中提出了许多其他的扩展[19, 21-23]。SM 携带物理信息比特和索引信息比特。物理传输的信息比特被调制，并通过可用天线外的有源天线传输。而有源天线的索引则用于传输信息比特的索引。DL 也被应用于接收端的 MIMO 系统中，以降低计算复杂度或提高光谱效率。

1. 系统模型及相关工作

空间调制技术（SMT）方案可分为五个大类。

1）SMT 方案只通过有源天线的索引传输数据，不包括任何调制的物理数据，如空间位移键控（SSK）调制[42-44]和广义空间位移键控（GSSK）[45]。

2）SMT 方案通过任何数字调制传输物理信息比特，并通过用于传输物理信息的有源天线的索引传输索引信息比特，如 SM[20, 46-47]、全球移动通信系统（GSM）和快速梯度符号攻击（FGSM）。

3）SMT 方案分别传输调制信息比特的实部和虚部，通过传输实部的天线索引传输索引信息比特，并通过传输正交空间调制（QSM）、全正交空间调制（FQSM）[49]、差分正交空间调制（DQSM）和广义正交空间调制（GQSM）[23, 49-50]的天线索引发送索引信息比特。

4）SMT 方案通过天线传输物理信息比特和使用另一种类型的天线传输另一个物理信息比特，并利用天线的索引，通过有源天线[21, 51]的索引来传输附加的索引信息。这意味着必须至少同时激活两个天线，以传输基于一系列不同映射的信息比特。

5）SMT 方案通过发射天线的索引发送索引信息比特，以及通过用于传播物理信息比特的扩展码发送另外的索引信息比特[26, 52-53]。

在第一分类中，SSK[43-44]通过一个天线的索引从携带索引信息比特的可用天线中传输信号。换句话说，在 SSK 中不传输被调制的信息比特。SSK 的可实现数据率表示为

$$\gamma_{\text{SSK}} = \log_2(N_t) \quad (6.19)$$

式中，N_t 表示可用天线的数量。

GSSK[45] 激活可用天线中的一个天线子集，而不是只有一个天线。此外，传输信号意味着在该方案中只传输被索引的信息比特。GSSK 的可实现数据速率为

$$\gamma_{\text{GSSK}} = \left\lfloor \log_2 \binom{N_t}{N_s} \right\rfloor \quad (6.20)$$

式中，N_s 表示有源天线的数量。

在第二分类中，发送信号不再已知，但是信息比特被调制并且通过有源天线发送，如 SM 激活发送调制信息比特的可用天线中的一个天线，并且该有源天线的索引用于发送额外的信息比特。因此，SM 的可实现数据率可以写为

$$\gamma_{\text{SM}} = \log_2(M) + \log_2(N_t) \quad (6.21)$$

与 GSSK 类似，GSM 通过一组天线从可用的天线中传输调制后的数据。GSM 可实现数据速率为

$$\gamma_{\text{GSM}} = \log_2(M) + \left\lfloor \log_2 \binom{N_t}{N_s} \right\rfloor \quad (6.22)$$

FGSM[19] 通过一个或多个天线传输调制后的信息比特，将 SM 和 GSM 结合起来，并且天线的索引用于附加的信息比特。FGSM 可实现的数据速率可以读取为

$$\gamma_{\text{FGSM}} = \log_2(M) + \left\lfloor \log_2 \sum_{k=1}^{N_t} \binom{N_t}{N_s} \right\rfloor = \log_2(M) + N_t - 1 \quad (6.23)$$

在第三分类中，调制后的信息比特不同时通过一个或多个天线传输，而是将实部和虚部分开，用天线的索引传输额外的索引信息比特。QSM[23] 通过可用天线中的一个天线发送调制信息比特的实部，该天线的索引携带索引信息比特。类似地，被调制信息比特的虚部的索引通过可用天线外的另一个天线传输，该天线的索引也用于传输额外的索引信息比特。这样，就可以提高 QSM 实现的数据速率，也可以写为

$$\gamma_{\text{QSM}} = \log_2(M) + \log_2(N_t)^2 \quad (6.24)$$

部分信号通过一组发射天线发射，而不是 QSM 中使用的单个发射天线，虚部也是如此。通过这种方式，可实现的数据速率增加了，接收器的复杂度也增加了。因此，GQSM 实现的数据速率可以读取为

$$\gamma_{\text{GQSM}} = \log_2(M) + 2\left\lfloor \log_2 \binom{N_T}{N_U} \right\rfloor \quad (6.25)$$

DQSM[23, 48-50] 通过有源天线的排列来传输连续数据的实部和虚部。在该方案的发射端，不再需要信道的完全信号，因此传输的数据依赖于当前和以前的数据块，其可达数据速率为

$$\gamma_{\text{DQSM}} = N_t \log_2(M) + \lfloor \log_2(N_t)! \rfloor \qquad (6.26)$$

式中，! 表示阶乘。

在 FQSM[49] 中，被调制的信息比特的实部通过可用发射天线中的一个或多个天线进行传输，虚部也是如此。这导致了索引信息比特的大幅增加。FQSM 的数据速率表示为

$$\gamma_{\text{FQSM}} = \log_2(M) + 2 \left\lfloor \log_2 \sum_{k=1}^{N_t} \binom{N_t}{N_s} \right\rfloor = \log_2(M) + 2(N_t - 1) \qquad (6.27)$$

在第四分类中，使用两个不同的位置来传输物理信息比特，并且被索引的信息比特通过有源天线的索引来传输，如 EFGSM[21]，其数据速率可以被读取为

$$\gamma_{\text{EFGSM}} = \log_2(M) + \left\lfloor \log_2 \sum_{k=2}^{N_t} \binom{N_t}{N_s} \right\rfloor + \log_2\left(\frac{M}{2}\right) \qquad (6.28)$$

最后，在第五分类中，利用正交码对调制比特进行了快速扩展。扩展码的索引用于携带被索引的信息比特，传播信息比特通过一个或多个天线进行传输，有源天线的索引专门用于传输额外的信息比特。

SMT 方案的一个例子是完全广义空间调制扩频（FGSM-SS），其中实虚信息比特由指数携带索引信息比特的扩展码传播，得到的信息比特通过可用天线的一个或多个有源天线传输。FGSM-SS 所获得的数据速率为

$$\gamma_{\text{FGSM-SS}} = \log_2(M) + 2\log_2(\mathcal{N}) + (N_t - 1) \qquad (6.29)$$

式中，N_t 表示扩展码的长度。

通常，在接收端，ML 检测器由最优检测器联合检测索引比特和物理信息比特。

2. 基于深度学习的 SMT

在基于 DL 的 SMT 方案中，发送器的设计和上述相同。此外，已经实现了基于 DL 的接收器，以避免由 ML 检测器产生较高的计算复杂度，特别是对于具有较高实现数据速率的 SMT。例如，当它通过扩展传输的索引信息比特来提高数据速率时，ML 检测器的复杂性将呈指数级增加。

采用基于 DL 的检测器来降低通过扩展代码索引增加的数据速率，具有较高的计算复杂度。由于信道效应是直接恢复和补偿的，因此可以认为接收器是基于模型和基于 DL 的组件的组合。采用 DL 克服扩展码长度会导致计算复杂度爆炸。

采用图 6.3 中相同的 DL 模型，其中输入层的节点数设置为 $2\mathcal{N}N_t$，这是由于传输信号的扩展码分别对实部和虚部进行了处理。因此，在将实部和虚部插入 DL 模型之前，需要先将它们连接起来，并通过未知的传输天线来完成扩展信号的传输。此外，对来自所有天线的信号进行分析，利用计算复杂度较低的 DL 进行联合检测。

在文献 [54] 中，提出了复值卷积神经网络（CV-CNN）模式，以避免出现 GSM 方案较高的计算复杂度。在该工作中，采用了基于自编码器的 CV-CNN，并在自编码器端考虑了信道和噪声。在接收端，所接收到的信号由解码器进行处理。该检测器的缺点是以误码率性能下降为代价，使复杂度仅降低了 14.7%。此外，由于通信环境复杂，该信道无法进行估计和恢复。为了克服这一问题，在文献 [55] 中，提出了增强的 CV-CNN，进一步降低

了计算复杂度，并考虑了自编码器中的信道和噪声，利用传统技术恢复硬通信环境中的信道效应也是比较困难的。

在文献 [56] 中，提出了具有自适应 SM 系统的机器学习和 DL 技术。采用 k 近邻算法和支持向量机算法来降低使用 ML 检测器所产生的计算复杂度。然后，采用基于 DNN 的多标签分类器实现自适应 SM 方案。尽管复杂度降低了，但它总是以误码率性能的损失为代价，并且在接收端总是假定理想的条件。这意味着需要进一步研究实际的信道和通信环境。

3. 具有 IM 的车载通信能效的性能分析

在车辆通信中，能效是需要处理的关键问题之一，因为车辆通常是基于电池的，有时在这种通信环境中给车辆充电会变得过于复杂。使用 DL 降低接收端的计算复杂度，可以降低功耗。此外，IM 的使用在功耗方面也有很大的潜力。图 6.7 所示为当假设每个信道的使用比特（bpcu）为 10 时不同 SMT 的能效。值得一提的是，前面提到的第一组，如 SSK 和 GSSK 仅通过天线索引传输信息比特，导致传输 bpcu 有限，这限制了图 6.7 中不同的能效。很容易注意到，增加天线索引传输的信息比特可以更好地提高能效。

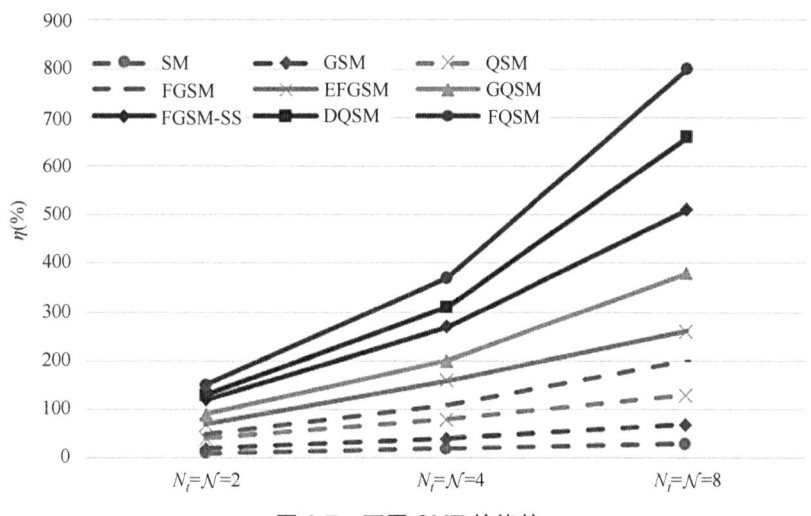

图 6.7 不同 SMT 的能效

6.4 结论

随着更多的信息比特以无能耗的方式传输，IM 在能效方面是一个很好的改进，这使其成为车辆通信系统的一个有吸引力的解决方案。传输的索引信息比特越多，获得的能效就越高。

尽管由于接收端更高的计算复杂度而损失了能效，但 DL 可以用更低的计算复杂度和几乎相似的性能取代 ML 检测器。在恢复环境影响后，必须在接收端使用基于 DL 的检测器。否则，由于 DL 模型的训练阶段必须再次进行，以跟踪接收端的信道变化，能效将会恶化。设计完整的 DL 接收器来处理环境的影响和检测的复杂性是一个非常有趣的研究，这可能会得出许多有希望的性能结果。

参考文献

[1] P. Bhoyar, P. Sahare, S. B. Dhok, and R. B. Deshmukh, "Communication technologies and security challenges for internet of things: A comprehensive review," *AEU-International Journal of Electronics and Communications*, vol. 99, pp. 81–99, 2019.

[2] K. Shafique, B. A. Khawaja, F. Sabir, S. Qazi, and M. Mustaqim, "Internet of things (IoT) for next-generation smart systems: A review of current challenges, future trends and prospects for emerging 5G-IoT scenarios," *IEEE Access*, vol. 8, pp. 23022–23040, 2020.

[3] T. Jiang, D. Chen, C. Ni, and D. Qu, *OQAM/FBMC for future wireless communications: principles, technologies and applications.* Academic Press, 2017. https://www.elsevier.com/books/oqam-fbmc-for-future-wireless-communications/jiang/978-0-12-813557-0

[4] Y. Han, Y. Chen, B. Wang, and K. R. Liu, "Time-reversal massive multipath effect: a single-antenna "massive MIMO" solution," *IEEE Transactions on Communications*, vol. 64, no. 8, pp. 3382–3394, 2016.

[5] H. Ramchandran and D. L. Noneaker, "Iterative equalization and decoding for high-data-rate frequency-hop spread-spectrum communications," *IEEE Military Communications Conference*, vol. 2, pp. 934–940, 2004.

[6] H. A. Leftah and S. Boussakta, "Novel OFDM based on C-transform for improving multipath transmission," *IEEE Transactions on Signal Processing*, vol. 62, no. 23, pp. 6158–6170, 2014.

[7] P. Robertson and S. Kaiser, "The effects of Doppler spreads in OFDM (A) mobile radio systems," *IEEE VTS 50th Vehicular Technology Conference*, vol. 1, pp. 329–333, 1999.

[8] S. Schwarz, R. W. Heath, and M. Rupp, "Single-user MIMO versus multi-user MIMO in distributed antenna systems with limited feedback," *EURASIP Journal on Advances in Signal Processing*, vol. 2013, no. 1, p. 54, 2013.

[9] E. Telatar, "Capacity of multi-antenna Gaussian channels," *European Transactions on Telecommunications*, vol. 10, no. 6, pp. 585–595, 1999.

[10] G. J. Foschini, "Layered space-time architecture for wireless communication in a fading environment when using multi-element antennas," *Bell Labs Technical Journal*, vol. 1, no. 2, pp. 41–59, 1996.

[11] L. Giangaspero, L. Agarossi, G. Paltenghi, S. Okamura, M. Okada, and S. Komaki, "Co-channel interference cancellation based on MIMO OFDM systems," *IEEE Wireless Communications*, vol. 9, no. 6, pp. 8–17, 2002.

[12] R. Abu-Alhiga and H. Haas, "Subcarrier-index modulation OFDM," *IEEE International Symposium on Personal, Indoor and Mobile Radio Communications, PIMRC*, vol. 1, pp. 177–181, 2009.

[13] D. Tsonev, S. Sinanovic, and H. Haas, "Enhanced subcarrier index modulation (SIM) OFDM," *IEEE GLOBECOM Workshops, GC Wkshps 2011*, pp. 728–732, 2011.

[14] E. Başar, Ü. Aygölü, E. Panayırcı, and H. V. Poor, "Orthogonal frequency division multiplexing with index modulation," *IEEE Transactions on Signal Processing*, vol. 61, no. 22, pp. 5536–5549, 2013.

[15] E. Basar, "Index modulation techniques for 5G wireless networks," *IEEE Communications Magazine*, vol. 54, no. 7, pp. 168–175, 2016.

[16] Z. A. Qasem, H. A. Leftah, H. Sun, J. Qi, J. Wang, and H. Esmaiel, "Deep learning-based code indexed modulation for autonomous underwater vehicles systems," *Vehicular Communications*, vol. 28, p. 100314, 2021.

[17] G. Kaddoum, M. F. A. Ahmed, and Y. Nijsure, "Code index modulation: A high data rate and energy efficient communication system," *IEEE Communications Letters*, vol. 19, no. 2, pp. 175–178, 2015.

[18] G. Kaddoum, Y. Nijsure, and H. Tran, "Generalized code index modulation technique for high-data-rate communication systems," *IEEE Transactions on Vehicular Technology*, vol. 65, no. 9, pp. 7000–7009, 2016.

[19] H. S. Hussein, H. Esmaiel, and D. Jiang, "Fully generalised spatial modulation technique for underwater communication," *Electronics Letters*, vol. 54, no. 14, pp. 12–13, 2018.

[20] R. Y. Mesleh, H. Haas, and S. Sinanovi, "Spatial modulation," *IEEE Transactions on Vehicular Technology*, vol. 57, no. 4, pp. 2228–2241, 2008.

[21] Z. A. H. Qasem, H. Esmaiel, H. Sun, J. Wang, Y. Miao, and S. Anwar, "Enhanced fully generalized spatial modulation for the internet of underwater things," *Sensors*, vol. 19, no. 7, pp. 1519–1519, 2019.

[22] T. L. Narasimhan, P. Raviteja, and A. Chockalingam, "Generalized spatial modulation in large-scale multiuser MIMO systems," *IEEE Transactions on Wireless Communications*, vol. 14, no. 7, pp. 3764–3779, 2015.

[23] R. Mesleh, S. Member, S. S. Ikki, and H. M. Aggoune, "Quadrature spatial modulation," *IEEE Transactions on Vehicular Technology*, vol. 9545, no. c, pp. 1–5, 2014.

[24] N. Ishikawa, S. Sugiura, and L. Hanzo, "Subcarrier-index modulation aided OFDM-will it work?," *IEEE Access*, vol. 4, pp. 2580–2593, 2016.

[25] Y. Acar, S. A. Çolak, and E. Başar, "Channel estimation for OFDM-IM systems," *Turkish Journal of Electrical Engineering & Computer Sciences*, vol. 27, pp. 1908–1921, 2019.

[26] Z. A. Qasem, H. Esmaiel, H. Sun, J. Qi, and J. Wang, "Deep learning-based spread-Spectrum FGSM for underwater communication," *Sensors*, vol. 20, no. 21, p. 6134, 2020.

[27] T. Van Luong, Y. Ko, N. A. Vien, D. H. Nguyen, and M. Matthaiou, "Deep learning-based detector for OFDM-IM," *IEEE Wireless Communications Letters*, vol. 8, no. 4, pp. 1159–1162, 2019.

[28] A. A. Marseet and T. Y. Elganimi, "Fast detection based on customized complex valued convolutional neural network for generalized spatial modulation systems," *IEEE Western New York Image and Signal Processing Workshop (WNYISPW)*, vol. 1, pp. 1–5, 2019.

[29] S. Eckelmann, T. Trautmann, H. Ußler, B. Reichelt, and O. Michler, "V2V-communication, LiDAR system and positioning sensors for future fusion algorithms in connected vehicles," *Transportation Research Procedia*, vol. 27, pp. 69–76, 2017.

[30] M. Belkheir, Z. Qasem, M. Bouziani, and A. Zerroug, "Ad Hoc network lifetime enhancement by energy optimization," *Ad Hoc Sensors Wireless Networks*, vol. 28, no. 1–2, pp. 83–95, 2015.

[31] J. Harding et al., "Vehicle-to-vehicle communications: readiness of V2V technology for application," United States, National Highway Traffic Safety Administration, 2014.

[32] M.-S. Kim, S. Lee, D. Cypher, and N. Golmie, "Fast handover latency analysis in proxy mobile IPv6," *IEEE Global Telecommunications Conference*, pp. 1–5, 2010.

[33] X. Cheng, M. Wen, L. Yang, and Y. Li, "Index modulated OFDM with interleaved grouping for V2X communications," *17th International IEEE Conference on Intelligent Transportation Systems (ITSC)*, pp. 1097–1104, 2014.

[34] J. Schmidhuber, "Deep learning in neural networks: an overview," *Neural networks*, vol. 61, pp. 85–117, 2015.

[35] H. Ye, G. Y. Li, and B.-H. Juang, "Power of deep learning for channel estimation and signal detection in OFDM systems," *IEEE Wireless Communications Letters*, vol. 7, no. 1, pp. 114–117, 2017.

[36] M. Kim, W. Lee, and D.-H. Cho, "A novel PAPR reduction scheme for OFDM system based on deep learning," *IEEE Communications Letters*, vol. 22, no. 3, pp. 510–513, 2017.

[37] M. H. Khadr, I. Walter, H. Elgala, and S. Muhaidat, "Machine learning-based massive augmented spatial modulation (ASM) for IoT VLC systems," *IEEE Communications Letters*, vol. 25, no. 2, pp. 494–498, 2020.

[38] Z. A. Qasem, H. A. Leftah, H. Sun, J. Qi, and H. Esmaiel, "X-transform time-domain synchronous IM-OFDM-SS for underwater acoustic communication," *IEEE Systems Journal*, pp. 1–12, 2021.

[39] J. Wang et al., "On orthogonal coding-based modulation," *IEEE Communications Letters*, vol. 24, no. 4, pp. 816–820, 2020.

[40] J. Zheng and H. Lv, "Peak-to-average power ratio reduction in OFDM index modulation through convex programming," *IEEE Communications Letters*, vol. 21, no. 7, pp. 1505–1508, 2017.

[41] Q. Li, M. Wen, E. Basar, and F. Chen, "Index modulated OFDM spread spectrum," *IEEE Transactions on Wireless Communications*, vol. 17, no. 4, pp. 2360–2374, 2018.

[42] L.-J. Liu et al., "An underwater acoustic direct sequence spread spectrum communication system using dual spread spectrum code," *Frontiers of Information Technology & Electronic Engineering*, vol. 19, no. 8, pp. 972–983, 2018.

[43] J. Jeganathan, A. Ghrayeb, L. Szczecinski, and A. Ceron, "Space shift keying modulation for MIMO channels," *IEEE Transactions on Wireless Communications*, vol. 8, no. 7, pp. 3692–3703, 2009.

[44] M. Di Renzo and H. Haas, "Space shift keying (SSK) modulation with partial channel state information: optimal detector and performance analysis over fading channels," *IEEE Transactions on Communications*, vol. 58, no. 11, pp. 3196–3210, 2010.

[45] J. Jeganathan, A. Ghrayeb, and L. Szczecinski, "Generalized space shift keying modulation for MIMO channels," *IEEE 19th International Symposium on Personal, Indoor and Mobile Radio Communications*, pp. 1–5, 2008.

[46] M. Di Renzo, H. Haas, and P. M. Grant, "Spatial modulation for multiple-antenna wireless systems: A survey," *IEEE Communications Magazine*, vol. 49, no. 12, pp. 182–191, 2011.

[47] A. Mohammadi and F. M. Ghannouchi, "Single RF front-end MIMO transceivers," *IEEE Communications Magazine*, vol. 49, no. 12, pp. 104–109, 2011.

[48] A. Younis, N. Serafimovski, R. Mesleh, and H. Haas, "Generalised spatial modulation," *Conference Record - Asilomar Conference on Signals, Systems and Computers*, pp. 1498–1502, 2010.

[49] H. S. Hussein, M. Elsayed, U. S. Mohamed, H. Esmaiel, and E. M. Mohamed, "Spectral efficient spatial modulation techniques," *IEEE Access*, vol. 7, pp. 1454–1469, 2018.

[50] R. Mesleh, S. Althunibat, and A. Younis, "Differential quadrature spatial modulation," *IEEE Transactions on Communications*, vol. *65*, no. 9, pp. 3810–3817, 2017.

[51] C. C. Cheng, H. Sari, S. Sezginer, and Y. T. Su, "New signal designs for enhanced spatial modulation," *IEEE Transactions on Wireless Communications*, vol. *15*, no. 11, pp. 7766–7777, 2016.

[52] F. Çögen, E. Aydin, N. Kabaoğlu, E. Bagar, and H. Ilhan, "A novel MIMO scheme based on code-index modulation and spatial modulation," *26th Signal Processing and Communications Applications Conference (SIU)*, pp. 1–4, 2018.

[53] E. Aydin, F. Cogen, and E. Basar, "Code-index modulation aided quadrature spatial modulation for high-rate MIMO systems," *IEEE Transactions on Vehicular Technology*, vol. *68*, no. 10, pp. 10257–10261, 2019.

[54] A. Marseet and F. Sahin, "Application of complex-valued convolutional neural network for next generation wireless networks," *IEEE Western New York Image and Signal Processing Workshop (WNYISPW)*, pp. 1–5, 2017.

[55] A. A. Marseet and T. Y. Elganimi, "Fast detection based on customized complex valued convolutional neural network for generalized spatial modulation systems," *IEEE Western New York Image and Signal Processing Workshop (WNYISPW)*, pp. 1–5, 2019.

[56] P. Yang, Y. Xiao, M. Xiao, Y. L. Guan, S. Li, and W. Xiang, "Adaptive spatial modulation MIMO based on machine learning," *IEEE Journal on Selected Areas in Communications*, vol. *37*, no. 9, pp. 2117–2131, 2019.

第7章

深度强化学习在互联自动化交通系统中的应用

7.1 引言

过去十年中，交通技术经历了前所未有的变革，其中最引人注目的是网联自动驾驶汽车（CAV）以及共享服务（如打车、共享汽车和共享单车）。互联互通和自动化正在为未来的交通模式、基础设施和服务铺平道路。在设想的互联和自动化交通网络中，车辆、基础设施和道路使用者将通过通信、共享数据和合作来实现预期的安全、机动性和环境目标[1]。

美国汽车工程师学会（SAE）根据驾驶功能和驾驶人的角色，定义了6个级别（从0到5）的自动化水平。0~2级的车辆配备了驾驶辅助功能，以协助驾驶人。自动驾驶系统（ADS）从3级CAV开始引入，只有5级自动驾驶汽车才能在所有环境条件下实现完全自主驾驶，一般由运行设计域（ODD）来定义。根据SAE J3016—2021，ODD定义了一种特定的操作条件，ADS或其特定功能被设计为在这些条件下运行，包括但不限于环境、地理和时段的限制，以及某些交通或道路特征存在或不存在的必要条件[2]。

ODD（由制造商或ADS软件系统开发者描述）规定了ADS的技术能力，包括算法、感知、使用案例、商业模型、操作范围以及风险管理策略[3]。ADS的功能高度依赖人工智能（AI）和相关的机器学习（ML）技术。与此同时，网联自动驾驶汽车（CAV）的环境为构建基于机器学习的应用提供了机会，以改善交通系统的安全性、机动性和碳排放影响。

近年来，人工智能和机器学习方法及应用取得了快速发展。特别是深度神经网络（DNN）已成为解决各种现实问题的有力工具，而这些问题的复杂性在以前被认为是难以通过算法手段解决的。这些任务要么被搁置，要么在可能的情况下交由人类进行决策。如今，DNN可以达到甚至超过人类的性能水平。其直接结果是，DNN在各种实际应用中的使用激增，包括在互联和自动化交通中的直接应用。在未来的交通系统中，车与车之间的通信以及ADS技术将无处不在。

毫无意外，学术研究人员和行业利益相关者（ADS开发商——Waymo、Zoox，以及汽车制造商——福特、通用、奥迪）都对应用DNN或其变体开发CAV表现出了广泛的兴趣，DNN在ADS任务中的应用也在激增。DNN的一个吸引人的特点是它能够从经验中学习，从而提高其整体性能。最近，学术界对强化学习（RL）与DNN的结合产生了浓厚的兴趣。强化学习完全以一组简单的奖惩信号作为反馈，允许DNN与外界互动，通过试错提高其性能。

DNN在互联和自动交通系统中的应用非常广泛。本章将重点讨论DNN的一个特定子领域——深度强化学习（DRL），旨在提供一个理论概述，并回顾了利用深度强化学习的

ADS 任务和车联网应用。

本章的其余部分按如下方式组织。本章对深度强化学习的理论有深入的讲解。首先，简要介绍了作为主要机器学习范式的经典强化学习。接下来，将详细阐述用于强化学习的 DNN 架构。在避免严格的数学细节的同时，本节以公式化的方式概述了训练 DNN 各种强化学习算法所需的基本步骤。随后，描述了互联和自动化环境中的数据环境。接下来的两节将探讨深度强化学习在 CAV 领域的应用。最后，简要讨论了在 CAV 中应用深度强化学习技术所面临的挑战和未来的研究方向。

7.2 深度强化学习：理论与背景

7.2.1 （深度）强化学习简史

机器学习涉及一个数学模型，该模型有自己的一组可调参数，如神经网络中的权重。该模型可通过算法进行训练，以执行任何所需的任务，该算法可对这些参数进行迭代微调，以获得最佳性能。

监督学习用于分类和回归任务，涉及数据标签的存在，该标签为智能模型的每个输入提供期望的输出。无监督学习旨在发现数据中的隐藏特征，不涉及任何标签。除了监督学习和无监督学习，强化学习（RL）是机器学习的第三个核心范式。强化学习涉及向训练中的模型提供奖励信号。从这个意义上讲，强化学习可以理解为介于有监督学习和无监督学习之间的一种学习[4]。

在强化学习中，智能模型（在此之后称为智能体）通过一系列动作对外部环境施加一定程度的控制。智能体可完全或部分观察到环境的瞬时状态。奖励信号（数值）表示环境状态的总体可靠性。在不失一般性的前提下，我们假定奖励越高，环境状况越好。

RL 的起源可以追溯到理查德·贝尔曼（Richard Bellman）[5]的开创性工作，他引入动态规划作为最优控制问题的通用工具。他提出了一个表述，从眼前和预期回报的角度来定义环境状态的价值。同年[6]，贝尔曼提出了马尔可夫决策过程（MDP）的概念，旨在解决离散控制问题。贝尔曼的想法引导了一系列基于价值函数强化学习方法的定制。1960 年，罗恩·霍华德（Ronald Howard）[7]提出了基于策略函数的强化学习方法。直到 1983 年，这些方法才在行为者 – 评论者架构下结合起来[8]。1988 年，Sutton[9]设计了时序差分强化学习算法，他与人合著的《强化学习导论》是该领域重要的著作之一[10]。

Q 学习（Q-learning）[11]是一个重要突破，为在线强化学习方法奠定了基础。1994 年，随着 TD-Gammon 算法[12]的问世，强化学习取得了另一个里程碑式的进展，TD-Gammon 算法在双陆棋游戏中的表现超过了人类水平，TD-Gammon 也是最早将神经网络用于强化学习的算法之一。AlphaGo[13]是首个深度神经网络（DNN）在强化学习中的成功案例之一。AlphaGo 在文献 [14] 中战胜了人类职业围棋手。在文献 [15] 中，AlphaGo 的一个版本可以在没有人类干预的情况下进行自训练。

深度强化学习（DRL）自问世以来已成功应用于多个领域。在机器人领域，它已被用于导航[16]、机械臂操纵和轨迹跟踪[17]、物体抓取[18]、运动规划[19]等任务，以及无人机系统的空中运输和飞行控制[20]。此外，它在通信和网络领域也有许多应用，包括网络安全[21]、移动边缘缓存[22]和传感器网络[23]。在能源系统中，DRL已被应用于家庭管理应用[24]、智能配电系统[25]、医疗决策系统[26]和农业[27]。

7.2.2 经典强化学习

环境的状态空间表示为 $\mathcal{S}$，智能体的行动空间表示为 $\mathcal{A}$。在时间 t 时，智能体感知到环境的当前状态 $s_t \in \mathcal{S}$，然后执行一个动作 $a_t \in \mathcal{A}$。然后环境立即响应一个奖励 $r_t \in \mathcal{R}$，并以概率 $p(s_{t+1}|s_t, a_t)$ 过渡到下一个状态 s_{t+1}。缩略语列表见表 7.1。

表 7.1 缩略语列表

缩略词	自动驾驶系统
AV	自动驾驶汽车
CAV	联网自动驾驶汽车
CNN	卷积神经网络
CV	联网车辆
DACN	深度行为者-评论者网络
DDPG	深度确定性策略梯度
DRL	深度强化学习
DNN	深度神经网络
DPN	深度策略网络
DQN	深度Q网络
DOT	美国交通运输部
GPU	图形处理器
LSTM	长短期记忆网络
MDP	马尔可夫决策过程
ODD	运营设计域
POMDP	部分可观察马尔可夫决策过程
PPO	近端策略优化
RL	强化学习
TL	迁移学习
TRPO	信任区域策略优化算法

由于奖励 r_t 是基于 s_t 和 a_t 的，我们考虑如下形式的奖励函数 $r: \mathcal{S} \times \mathcal{A} \to \mathcal{R}$。图 7.1 所示为强化学习框架。必须注意的是，以这种方式建立奖励函数模型取决于 s_{t+1} 到 r_t 的简化。此外，它通常是随机的（如在运输应用中），代表一种概率分布。在基于模型的强化学习中，智能体对状态转移概率和奖励函数进行建模。在许多强化学习算法的在线训练过程中，智能体通过记录所有发生的转移和获得的奖励来在线学习模型。

图 7.1 所示为时间 t 下智能体-环境交互关系，还展示了到下一个状态的转移。

基于模型的强化学习被用于车联网中[28]。然而，在大多数 CAV 应用中，环境过于复杂，不适合数学建模。因此，本章将重点讨论无模型的在线强化学习。

在时间 t 中，智能体不是提高即时奖励 r_t，而是被训练成提高未来折扣奖励的总和：$R_t = r_t + \gamma r_{t+1} + \gamma^2 r_{t+2} + \cdots$，这被称为回报（Return）。显然，回报可以递归地表示为

$$R_t = r_t + \gamma R_{t+1} \tag{7.1}$$

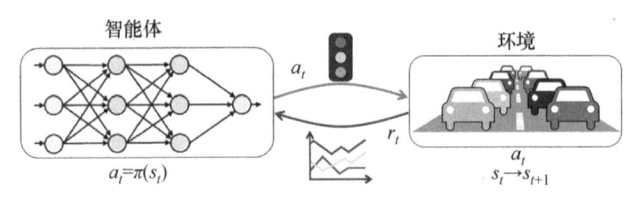

图 7.1 强化学习框架

实数 $\gamma \in [0,1]$ 被称为折扣因子。这种考虑未来回报的前瞻性特征可以防止智能体学习贪婪的动作，这些动作虽然可以获得大量的即时回报，但可能会对以后的环境产生不利影响。以下假设环境 – 智能体交互过程在时间 $t = 0$ 开始，在时间 $t = T$ 结束。除非 $T < \infty$，否则折扣 γ 必须严格 <1，以便使 R_t 保持有界。5 元组（$\mathcal{S},\mathcal{A},p,r,\gamma$）定义了 MDP。尽管初始状态 s_0 在某些应用（如游戏）中是固定的，但在其他应用中，它通常遵循一些随机分布。在这种情况下，为了使用符号的方便，用 $p_0(s)$ 表示环境的初始态分布（在 MDP（$\mathcal{S},\mathcal{A},p,r,\gamma$）中，$p_0$ 隐含于 p）。

状态、动作和奖励的整个序列被称为一个轮次，用 ε 表示。因此 $\varepsilon = s_0 \xrightarrow{a_0,r_0} s_1 \xrightarrow{a_1,r_1} s_2 \cdots \xrightarrow{a_{T-1},r_{T-1}} s_T$。例如，在文献 [29] 中提出的车道变换应用中，一个轮次包括从车道合并开始到合并完成时的状态、动作和奖励，在均匀间隔的离散时间点上进行记录。

动作的选择是基于智能体的策略。这种策略可以是确定性的，也可以是随机的。一个确定的策略是一个映射 $\pi: \mathcal{S} \to \mathcal{A}$，使得 $a_t = \pi(s_t)$。图 7.1 所示为某一时刻 t，遵循确定性策略 π 的智能体与其环境之间的交互。智能体执行动作 $a_t = \pi(s_t)$，并获得奖励 r_t，而环境由 s_t 转移到另一个状态 s_{t+1}。

策略评估是指在强化学习中，策略 π 在先验情况下已知，并保持不变的情况下进行的学习过程。这些方法的目的是评估策略的作用或为环境状态赋值（稍后讨论）。在策略改进强化学习中，目标是学习最优策略 π^*，即最大化回报期望的策略 $E_{\pi^*}[R_0]$。

在某些应用领域可能不存在确定的最优策略。例如，经过训练的智能体玩剪刀石头布游戏时，其最优策略是以 1/3 的相等概率随机选择三个可用动作中的任何一个。在许多情况下，确定性策略虽然可行，但不一定是明智的选择。例如，道路网络中的确定性策略会在维修工作期间失效，导致一些道路禁止通行。在这种情况下，可以采用随机策略，允许智能体随机行动。

随机策略在无模型强化学习训练过程中是不可或缺的。它赋予了智能体探索环境的能力，偶尔选择一个未尝试过的行动，观察它是否最终会产生更好的策略。如果没有充分的探索，强化学习算法可能会过早地收敛到次优策略。反之，过多的探索会减慢算法的收敛速度。在机器学习中，在两者之间做出正确的权衡是众所周知的探索 – 利用困境。随机策略 $\pi: \mathcal{S} \to [0,1]^{|\mathcal{A}|}$ 是 $\mathcal{A}$ 上的概率分布 $a_t \sim \pi(s_t)$。

强化学习算法分为两个基本类别：
1）基于价值函数的强化学习；
2）基于策略函数的强化学习。

为了进行策略评估，基于价值函数的强化学习可以通过给状态或状态 – 动作对赋值来量化它们的优劣。基于价值函数的强化学习策略评估目标是获得价值的最佳估计值。一方面，在无策略强化学习中，智能体策略的目标是最大化这些值。另一方面，基于策略的强化学习直接学习所需的策略。演员 – 评论家（Actor-Critic）算法结合了这两个类的特性。

1. 基于价值函数的强化学习

MDP 的马尔可夫（或"无记忆"）特性表明，回报的期望与之前时刻无关，即 $\mathbb{E}_\pi[R_t|s_t] = \mathbb{E}_\pi[R_t|s_t,s_{t-1},a_{t-1},\cdots,s_0]$。其中，$\mathbb{E}_\pi[\cdot]$ 表示当所有动作都由 π 确定时，其自变量的期望值。因此，当环境处于任何状态 s_t 时，可以忽略其到达该状态的之前状态。在 π 下，状态 $s \in \mathcal{S}$ 的值定义为从该状态开始时回报的期望。

$$v^\pi(s) \triangleq \mathbb{E}_\pi[R_t|s_t = s] \tag{7.2}$$

从在线强化学习的角度来看，更有用的是评估从状态 s 出发的所有可选动作 $a \in \mathcal{A}$ 回报的期望，包括那些偏离底层策略的动作。在策略 π 下，这种状态 – 动作对 (s,a) 的 Q 值（或状态 – 动作值）就是从状态 s 出发执行动作 a 时回报的期望。将其表示为 $q^\pi(s,a)$。

$$q^\pi(s,a) \triangleq \mathbb{E}_\pi\left[R_t|s_t = s, a_t = a\right] \tag{7.3}$$

在任意时刻 t，当环境处于状态 s_t 时，智能体可以执行几种可能的动作，如 a_t，每种动作回报的期望都会不同。最优的行动是选择回报期望最大的动作。换句话说，从 s_t 开始，最佳动作 a^* 将是具有最高 Q 值的动作。进而，最优的状态值就是最高的 Q 值。忽略时间的下标，并简单假设使用确定性策略，我们得到以下表达式。

$$\pi^*(s) = \underset{a}{\mathrm{argmax}}\, q^*(s,a) \tag{7.4a}$$

$$v^*(s) = \underset{a}{\max}\, q^*(s,a) \tag{7.4b}$$

值 $q^*(\cdot)$ 是自变量在 π^* 下的 Q 值。上面的第一个表达式可以解释为最优策略 π^* 的定义。

Q-learning 适用于状态和动作离散且数量较少的情况，在这种情况下，所有 Q 值都存储在 $|\mathcal{S}| \times |\mathcal{A}|$ 大小的数组中。它用于改进策略。数组中初始值为零或小的随机值，环境状态为 s_0。在强化学习过程的每次迭代中，假设环境处于 s，代理通过选择一个动作 a，导致 s 转移到 s'，并得到奖励 r，s' 为环境的下一状态。为了探索动作空间，智能体并不总是贪婪地选择动作 a。表格通过下式被更新：

$$q(s,a) \leftarrow (1-\eta)q(s,a) + \eta\{r + \gamma\max_{a'}q(s',a')\} \tag{7.5}$$

数值 $\eta(0 < \eta \ll 1)$ 是学习率。第二项 $r + \gamma\max_{a'}q(s',a')$ 是目标值。由于上述学习步骤实现了无策略学习，因此使用了最大值运算。巴拿赫不动点定理[30]表明 $q(s,a)$ 收敛于它们的最佳值 $q^*(s,a)$。

SARSA[10] 是与 Q-learning 相对应的策略评估算法，在 SARSA 中，策略 π 是事先已知的。SARSA 仅用于评估 π 下每个状态 – 动作对 (s,a) 的 $q^\pi(s,a)$。因此，在与式（7.1）对应的 SARSA 学习步骤中，将 $\max_{a'}q(s',a')$ 替换为 $q(s',a')$ SARSA 类似于式（7.5）的表达式如下：

$$q(s,a) \leftarrow (1-\eta)q(s,a) + \eta\{r + \gamma q(s',\pi(s'))\} \tag{7.6}$$

注意在式（7.6）中，从下一个状态 s' 开始，SARSA 不再选择 Q 值最大化的动作。

为了将探索纳入强化学习，智能体必须遵循随机策略。ϵ 贪婪（ϵ-greedy）策略就是这样一种被广泛使用的策略。给定任何策略 π，下面的表达式得到从状态 s 中选择动作 a 的条件概率：

$$\pi(a|s) = \begin{cases} 1-\epsilon, a \leftarrow \mathrm{argmax}_a q(s,a) \\ |\mathbb{A}|^{-1}\epsilon, a \leftarrow \mathrm{random}(\mathbb{A}) \end{cases} \quad (7.7)$$

所以智能体从 $\mathbb{A}$ 中随机选取一个行动，其均匀概率为 ϵ，贪婪概率为 $1-\epsilon$。稳定地降低参数 ϵ 是一个好方法，这样随着学习的进行，智能体就会变得越来越有利用价值。该方法在文献 [31] 中使用。在文献 [32] 中，使用 Q-learning 对驾驶人行为进行建模，使用了 ϵ-greedy 方法的修改版本，即只从与场景相关的可行动作中挑选动作。好奇心驱动的探索在文献 [33] 中被认为是对 ϵ 贪婪搜索的一种改进。在这里，每当智能体的动作产生一个不常访问的环境状态时，智能体就会得到额外的奖励。在涉及深度强化学习[34]的其他 CAV 应用中，它也被用于训练 DNN（稍后讨论）。Softmax 策略是另一种包含随机性的常用方法。下面的表达式显示了在 π 条件下，从状态 s 中选择动作 a 的条件概率：

$$\pi(a|s) = \left[\sum_{a'} e^{\tau^{-1}q(s,a')}\right]^{-1} e^{\tau^{-1}q(s,a')} \quad (7.8)$$

显然，选择动作的概率与它的 Q 值的指数成正比；从而使 Softmax 策略倾向于更好的行动。随着训练的进行，参数 τ 逐渐降低，使得策略越来越具有利用性。

2. 基于策略的强化学习算法

以任意策略 π 进行初始化，强化学习分两步进行[10]。第一步为策略评估。其目的是学习状态 – 动作对 (s,a) 的 Q 值 $q^\pi(s,a)$，或者状态值 $v^\pi(s) = \max_a q^\pi(s,a)$。后一步为策略改进。这两个步骤以迭代的方式进行，直到无法进一步改进策略为止。

基于策略函数的强化学习的一个优点是，一旦策略稳定下来，就不需要继续训练到所有 Q 值收敛。尽管其很少被直接应用，但正如本节后面所讨论的，使用基于策略函数的方法来训练 DNN 在 CAV 问题中取得了显著的成功。

7.2.3 深度强化学习

表格式强化学习只适用于 $\mathbb{S}$ 和 $\mathbb{A}$ 是有限的并且足够小的情况，此时在计算上具有可操作性。而在连续环境中，状态和动作必须离散化以进行表格存储，从而导致性能下降。规避这一瓶颈更有效的方法是线性参数化。

线性参数化在许多应用中都很受欢迎。假设每个环境状态 s 都用某个 $D \times 1$ 特征向量 $\phi(s)$ 表示，其中 $\phi: \mathbb{S} \rightarrow \mathbb{R}^D$，状态 s 的值可近似为 $v(s) \approx \theta^T \phi(s)$，其中 θ 是 $D \times 1$ 维的权重向量。基于价值函数的强化学习简化为 θ 的估计问题。虽然线性参数化在 CAV 应用中并不常见，但在文献 [35] 中已用于驾驶人建模。

与线性参数化不同，DNN 能够很好地捕捉非线性关系。因此，最近大多数 CAV 应用都使用 DNN 也就不足为奇了。深度 Q 网络（DQN）使用 DNN 进行 Q 学习或 SARSA。它们具备处理连续状态空间的能力。一方面，动作空间必须是离散的，并且足够小，以便于计算。另一方面，深层策略网络（DPN）是基于策略的强化学习方法，可以处理连续的动作，此后，符号 θ 将用于表示 DNN 的权重和偏置。

图 7.2 展示了用于强化学习的各种深度神经网络结构。图 7.2a 所示为 DQN 结构，状态 s 和动作 a 的特征向量分别输入，并且只有一个输出 $q^{\theta}(s,a)$。动作可以用独热编码表示（例如，0001001001001000）。这种网络结构的缺点是它需要运行多次，每一个动作 a 运行一次。图 7.2b 所示描述了另一种 DQN 架构，其唯一的输入是状态 s，输出是每个可能的动作 a 的 $q^{\theta}(s,a)$。图 7.2c 所示展示了一个 DPN 的总体架构，它的输出为 $\pi^{\theta}(s)$。为了反映它们对 θ 的依赖性，所有都用上标表示。

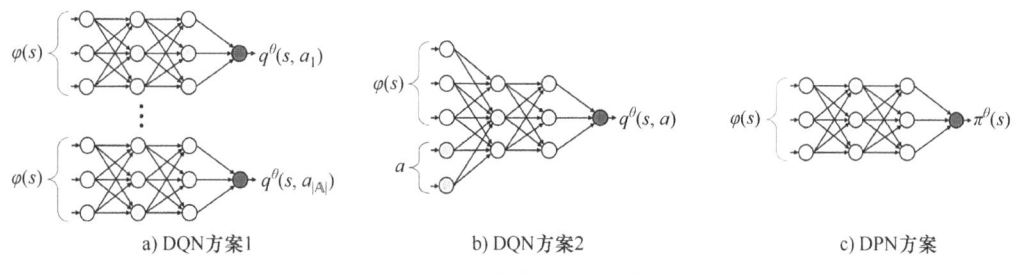

a) DQN方案1　　b) DQN方案2　　c) DPN方案

图 7.2　深度神经网络结构

1. 深度 Q 网络

在 DQN 中，目标值 $r+\gamma\max_{a}q^{\theta}(s',a')$ 与式（7.5）中相同。更新 DNN 的参数 θ，使学习到的 $q^{\theta}(s,a)$ 与目标值之间的平方误差最小。在采用梯度下降时，对应的更新规则为

$$\theta \leftarrow \theta - \eta(r+\gamma\max_{a}q^{\theta}(s',a')-q^{\theta}(s,a))\nabla_{\theta}q^{\theta}(s,a) \quad (7.9)$$

神经拟合 Q 算法[36]使用如图 7.2（右上角）所示方案直接实现梯度下降训练。

在表格式 Q-learning 中，式（7.5）中的每次更新都会使 $q^{\theta}(s,a)$ 更接近目标值，与此不同，DQN 中 θ 的任何增量都会导致目标值发生偏移。这种非平稳的目标行为是由于 $\mathcal{S}$ 中的 s' 和 s 很接近，状态之间的时间间隔只有一个时间步。这个问题可以通过使用内存中较早的目标值训练 DQN（称为目标网络）来解决。

图 7.2 中展示了两种 DQN 方案（图 7.2a、b）以及 DPN 方案（图 7.2c）。

在更新 θ 时，与之密切相关的另一个问题是训练样本时序的相关性。这通常会导致不理想的振荡行为，甚至出现发散，这种效应可以通过经验重放来消除。

在每一轮训练中，第一步允许智能体与环境交互，同时保持 θ 不变。观察到的过渡样本 $s\xrightarrow{a,r}s'$ 存储在重放缓冲区 $\mathcal{D}$ 中。在开始下一步之前，必须确保已经存储了足够多的样本（来自一个或多个局）。

$\mathcal{D}$ 中的样本会被随机打乱顺序，以消除样本间的相关性，然后可以使用任何有监督的 DNN 算法，可能会使用批（mini-batch）训练。可以使用更高效的 DNN 训练算法（如 ADAM）来代替朴素（vanilla）梯度下降算法。在进行了足够多的训练后，$\mathcal{D}$ 将被刷新以进入下一轮。这个过程不断重复，直到达到预期的性能水平，在许多领域中，这个过程可以无限期地运行下去。图 7.3 所示使用重放缓冲区的经典设计。

Q 值的高估是随机环境中经常遇到的问题，由最大化操作引入。谷歌 DeepMind[13]通

过存储具有参数集 θ 的主 DNN 旧副本作为目标 DNN 来解决这个问题。如果 θ 和 θ' 是主 DNN 和目标 DNN 的权重参数，θ 的增量与 $(r+\gamma\max_{a'}q^{\theta}(s',a')-q^{\theta}(s,a))\nabla_{\theta}q^{\theta}(s,a)$ 成比例。目标网络采用 Polyak 平均算法周期性更新 $\theta' \leftarrow (1-\tau)\theta' + \tau\theta$，其中 τ 表示训练参数，通常设置为 $\tau=1$。目标 DNN 只有在主 DNN 经历了大量的训练后才会更新。最常见的 DQN 架构使用主 DNN 和目标 DNN 以及缓冲区 $\mathcal{D}$。$\mathcal{D}$ 中的样本通过针对环境运行目标网络来获得。

Double DQN[37] 通过使用两个独立的 DNN（A 和 B）来消除高估问题，如具有参数 θ_A 和 θ_B 的网络 A 和 B，它们是相互独立进行训练的。

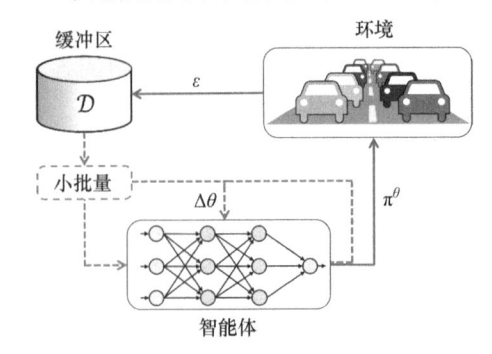

图 7.3 带重放缓冲区的 DRL

注：该图显示了智能体与环境（蓝色实线）和训练期间（红色虚线）的交互路线。

$\mathcal{D}$ 中的样本可以对平均输出进行平均以获取 $\frac{1}{2}(q^{\theta_A}+q^{\theta_B})$。在训练 DNN 时，从 $\mathcal{D}$ 中随机抽取一个样本，不进行替换，根据式（7.4a）、式（7.4b）对 θ_A 的更新，使用 B 的输出执行最大化操作，反之亦然。换句话说，梯度方向 $\nabla_{\theta_A}q_A^{\theta}(s,a)$ 被 $\eta(r+\gamma\max_{a'}q_B^{\theta}(s',a')-q_A^{\theta}(s,a))$ 进行缩放。以并行的方式，用 q_A^{θ} 的最大值来更新 θ_B。在每次迭代过程中，双 DQN 随机选择 θ_A 或者 θ_B 更新。值得注意的是，A 和 B 都可以用它们自己的主 DNN 和目标 DNN 来实现，因此整个架构包含了 4 个结构相同但权重不同的 DNN。

Dueling DQN[38] 将 $q^{\theta}(s,a)$ 分为两项，状态值 $v^{\theta}(s)$ 和状态-动作优势值 $A^{\theta}(s,a)$，其中 $q^{\theta}(s,a)=\mathbb{E}_{\pi}[R_t|s_t=s,a_t=a]$ 以及 $v^{\theta}(s)=\mathbb{E}_{\pi}[R_t|s_t=s]$，$A^{\theta}(s,a)$ 是它们之间的差值。$A^{\theta}(s,a)$ 是通过在策略 π^{θ} 上选择动作 a 获得的回报的优势。DNN 架构由一个输入状态 s 的输入层组成，在几个初始隐藏层之后，分为两个单独的路线，每个路线都是全连接层。符号 θ_v 和 θ_A 为路线的权重参数。数值路线的标量输出为状态值 $v_v^{\theta}(s)$。优势路线的输出是 $|\mathcal{A}|$ 维度的向量，每个维度为每个可用动作的 $A^{\theta}(s,a)$。Q 值为：$q^{\theta}(s,a)=v^{\theta}(s)-|\mathcal{A}|^{-1}\sum_{a'}A^{\theta}(s,a')$。

2. 深度策略网络

与早期的方法不同，DPN[39] 不需要使用 Q 值。智能体通常作为一个神经网络（图 7.2b）。这样的策略网络被直接训练以提供针对每个状态的最优动作。DPN 甚至可以用于 $\mathcal{S}$ 和 $\mathcal{A}$ 是无穷的（连续的状态和动作）的情况，如使用回报 $R(\varepsilon)=\sum_t \gamma^t r_t$ 作为目标函数寻求最大值。此外，已经建立了强有力的理论来进行收敛保证[40]。

训练 DPN 的策略学习算法基于策略梯度定理[40]。考虑一个随机变量 x，其分布由 θ 参数化，设 $f(x)$ 是 x 的任意函数，不一定可导。通过几个简单的步骤，可以建立函数期望值的梯度，$\nabla_{\theta}\mathbb{E}_{\theta}[f(x)]$ 与 $\mathbb{E}_{\theta}[f(x)R_t(\varepsilon)\nabla_{\theta}\log p_{\theta}(x)]$ 相等（操作 $\mathbb{E}_{\theta}[\cdot]\equiv\mathbb{E}_{x\sim p_{\theta}}[\cdot]$ 是当 $x\sim p_{\theta}$ 时其自变量的期望值）。观察到 $f(x)$ 的导数没有出现在表达式中，这从强化学习的角度来看是显著的。我们将整个 ε 作为随机变量 x 的一个实例，将智能体接收的总回报视为 $R(\varepsilon)$，并在所有时间上进行求和。一方面，奖励函数是外部环境的固有函数，学习算法无法获得其梯度。另一方面，策略 π_θ 在 DNN 权重 θ 方面是完全参数化的。下一段将讨论如何在 DNN 算法训练中使用对数概率梯度的期望。

使用概率规则可以看出，ε 的联合概率是 $s_t \xrightarrow{a_t} s_{t+1}$ 的所有转换在 ε 的乘积。因此 $p_\theta(\varepsilon) = \prod_t \pi_\theta(a_t|s_t) p(s_{t+1}|s_t, a_t)$。此外，因为状态转移概率 $p(s_{t+1}|s_t, a_t)$ 不依赖于 θ，所以梯度可以被表示为 $\nabla_\theta \log p_\theta(\varepsilon) = \sum_t \log p_\theta(a_t|s_t)$。在这些情况下，梯度 $\nabla_\theta \mathbb{E}_\theta[R(\varepsilon)]$ （$\mathbb{E}_\theta[\cdot] \equiv \mathbb{E}_{\varepsilon \sim p_\theta}[\cdot]$）的期望可以被表示为 $\mathbb{E}_\theta\left[\sum_t R_t(\varepsilon) \nabla_\theta \log \pi_\theta(a_t|s_t)\right]$。这就是策略梯度定理。每个梯度项 $\nabla_\theta \log \pi_\theta(a_t|s_t)$ 可以很容易地使用反向传播计算，即

$$\theta \leftarrow \theta + \eta \mathbb{E}_\theta\left[\sum_t R_t(\varepsilon) \nabla_\theta \log \pi_\theta(a_t|s_t)\right] \tag{7.10}$$

策略梯度定理表明，根据更新规则，可以使用随机梯度上升更新 θ。

期望 $\mathbb{E}_\theta[\cdot]$ 可以通过固定 θ 不变的情况下，从环境中生成产生统计形式为 $s_t \xrightarrow{a_t, r_t} s_{t+1}$ 的样本来估计，将它们存储在的数据缓冲区 $\mathcal{D}$ 中，然后用样本均值作为变量的期望值。从式（7.10）可以看出，ε 中所有动作对数概率的梯度是由该局的总回报 $R(\varepsilon)$ 加权确定。通过这种方式，收益较高的局被赋予较高的权重。因此，直观地讲，训练 DPN 可以产生使回报越来越高的策略。

可以注意到，式（7.10）中的求和是在时间序列上进行的，$\nabla_\theta \log \pi_\theta(a_t|s_t)$ 是求和中任何给定时间 t 的项。每个项都由相同的因子 $R(\varepsilon)$ 加权。然而，在每个 t 时，回报 $R(\varepsilon)$ 可以被分成两个组成部分，$\sum_{t'=0}^{t-1} \gamma^{t'} r_{t'}$ 和 $\gamma \sum_{t'=t}^{T-1} \gamma^{t'-t} r_{t'}$ 分别为"过去"回报和"未来"回报。当智能体在时间 t 时，"过去"回报是无关紧要的。强化学习算法[39]仅使用总回报的"未来"回报 $R(\varepsilon) = \sum_{t'=t}^{T-1} \gamma^{t'-t} r_{t'}$ 作为 $\nabla_\theta \log \pi_\theta(a_t|s_t)$ 的权重，即

$$\theta \leftarrow \theta + \eta \mathbb{E}_\theta\left[\sum_t R_t(\varepsilon) \nabla_\theta \log \pi_\theta(a_t|s_t)\right] \tag{7.11}$$

通常，回报 $R(\varepsilon)$ 对 θ 中的微小扰动非常敏感。最近的策略梯度方法使用自然梯度[41]，包括将梯度与费希尔（Fisher）信息矩阵的逆相乘。θ 的增量正比于 $F_\theta^{-1} \nabla_\theta \mathbb{E}_\theta[R(\varepsilon)]$。因为 F_θ 类似于参数空间中的海森（Hessian）矩阵，使用自然梯度的 DNN 训练算法可以解释为二阶方法，而式（7.10）和式（7.11）是一阶算法的例子。信赖域策略优化（TRPO）[42]和近端策略优化（PPO）[43]是基于自然梯度的深度神经网络训练的两种流行变种。在这两种方法中，参数 θ 的增量被限制在一个小的区域内，该区域内 $R(\varepsilon)$ 的二阶近似是有效的。TRPO 使用约束来施加这种限制，而 PPO 则使用惩罚项来达到这一目的。在 CAV 领域，PPO 在文献 [31, 44] 中得到了应用，文献 [45] 对 TRPO 和 PPO 的性能进行了比较。另一个使用 PPO 的重要 CAV 应用是文献 [46]。

为了估计 $\mathbb{E}_\theta$，策略学习使用存储在缓冲区 $\mathcal{D}$ 中的样本平均值。任何 DPN 算法的一个限制因素是高样本方差。例如，除非变量 $R(\varepsilon)$ 以原点为中心，否则直接执行式（7.11）可能会得到一个很高的方差值，即 $\text{var}_\theta[R_t(\varepsilon) \nabla_\theta \log \pi_\theta(a_t|s_t)]$。但是可以将梯度的权重 $R_t(\varepsilon)$ 替换成 $R_t(\varepsilon) - R_B$ 来缓解，其中 R_B 是基准线（Baseline）。可以证明，这种方法在降低方差的同时，并不会在估计中引入任何统计偏差。恒定基准线在文献 [47-48] 中进行了研究，而

文献 [49] 研究了依赖于动作的基准线。文献 [50] 比较了城市区域自动驾驶的几种基准线。

3. 深度行为者 – 评论者网络

深度行为者 – 评论者网络（DACN）架构采用不同的方法来减少方差。有两个 DNN 架构，一个行为者和一个评论者。DACN 中的两个网络可以同时使用 $\mathcal{D}$ 中的样本进行训练。设 θ_A 和 θ_B 为它们的权重参数，可以从每个样本中进行训练。考虑任何与时间 t 有关的样本，使状态和动作分别为 s_t 和 a_t。这个状态和动作对回报的期望 $\mathbb{E}[R_t(\varepsilon)|s_t,a_t]$ 是评论者的输出，$q^{\theta_C}(s_t,a_t) = \mathbb{E}_{\theta_C}[R_t(\varepsilon)|s_t,a_t]$ 与我们处理的是单个时间步，所以式（7.11）中的时间累加可以去掉。行为者的参数可以按下列方式更新，其中 η_A 为行为者的步长，即

$$\theta_A \leftarrow \theta_A + \eta_A q^{\theta_C}(s_t,a_t) \nabla_{\theta_A} \log \pi_{\theta_A}(a_t|s_t) \tag{7.12a}$$

由于评论者的作用是对现有策略的回报进行估计，而不是改进现有策略，因此用于更新 θ_C 的目标值与 SARSA 中使用的目标值相似。下面的表达式显示了评论者的更新规则，即

$$\theta_C \leftarrow \theta_C + \eta_C (r_t + q^{\theta_C}(s_{t+1},a_{t+1}) - q^{\theta_C}(s_t,a_t)) \nabla_{\theta_C} \pi_{\theta_C} q^{\theta_C}(s_t,a_t) \tag{7.12b}$$

深度确定性策略梯度（DDPG）是将 DACN 扩展到确定性策略。在许多 CAV 应用中，DRL 必须有处理空间图像的能力。为此，底层 DNN 的初始层结合了卷积神经网络（CNN）。在 CAV 应用的 DRL 中使用 CNN 层的例子有文献 [51-53]。处理时序模式可以通过加入一个或多个递归神经网络层来实现。长短期记忆网络（LSTM）层是 CAV 应用中的主要选择[54]。自编码器 DNN 已用于文献 [55]。

如文献 [56-62] 所述，DDPG 在其他一些 CAV 应用中也很有用。在文献 [63] 中，DDPG 被用于多智能体框架（稍后讨论）。在文献 [64] 和文献 [65] 中使用了 A2C 方法。与此密切相关的 A3C 算法已在文献 [66] 中使用。在文献 [67] 中，A3C 被应用于最大化电动汽车聚合器的总收入，这些收入由风力发电厂共享。著名的夏普利（Shapley）值借用了博弈论，用来公平地分配资金。

7.2.4 为 CAV 应用定制（深度）强化学习

在目前的情况下，环境的状态、智能体可用的动作和奖励函数是特定于应用的，RL 算法的有效性在很大程度上取决于它们对特定 CAV 应用程序的描述有多准确。例如，在文献 [68] 中解决了车辆自主停车，状态是根据驾驶人的行为（使用高斯混合建模）以及停车附近的空间实数的组合来确定的。此外，在文献 [69] 中，DRL 用于将匝道车辆自动并入目标车道。环境的状态是由三辆车的坐标、速度、加速度、大小和航向确定的，这三辆车是匝道上的车辆，以及在目标车道上在它前面和后面的车辆。智能体可以处理的五个动作是"加速""减速""左""右"和"自动驾驶"。

奖励函数考虑了合流车辆的相对位置及其在目标车道上的最佳位置。在类似的应用[70]中，状态包括变道车辆的位置和速度，在自己车道中的之前和之后的车辆位置和速度，以及相邻的左车道和右车道。

在另一个 CAV 应用[29]中，状态包含车辆和行人的位置、速度和方向，以及路障的位

置和大小。每个动作由加速度和转向方向的真实值组成。奖励信号考虑了安全性、驾驶方向准确性和变道的紧急性。碰撞会导致高惩罚（负奖励）。

在文献[71]中，在更广泛的范围内考虑车道变换，动作分为三组："加速""制动"和"转向"。奖励信号基于到达目的地所需的车道变化次数以及碰撞次数。在涉及向自动驾驶汽车提供边缘计算服务以及车辆路线规划的更精细应用[72]，奖励信号包含服务延迟、迁移成本以及车辆路线时间。

后面的小节将探讨利用 DRL 技术的 CAV 应用。与 CAV 相关的 DRL 应用见文献[73-74]。文献[75-76]对 DRL 在自动驾驶汽车的运动规划进行了综述。关于理论方面的考虑，读者可参考文献[4，77]。

7.3 CAV 网络中的数据环境

互联和自动化车联网为机器学习算法开发提供了丰富的数据环境。本节将讨论互联和自动化车联网环境中连接的基本要素，并简要概述了互联和自动化车联网中的传感系统。美国交通运输部[78]广泛地描述了联网汽车环境（Connected Vehicle Environment）是一套能够实现车对车（V2V）、车对基础设施（V2I）和车联网（V2X）数据交换和通信的技术，旨在提高交通系统的安全性、机动性和环境可持续性。

7.3.1 优势

除了基于手机的服务（例如，导航、信息娱乐），连接到控制器局域网总线（CAN）和电子控制单元（ECU）的传感器，也可以用于数据共享和通信。联网车辆环境可以提供包括时间戳、位置（纬度、经度）、航向角度、速度、横向加速度、纵向加速度、偏航率、加速踏板位置、制动状态、转向灯状态、转向角度、前灯状态、雨刷状态、外部温度、车辆长度、车辆宽度、车辆质量和保险杠高度在内的信息。

车用无线通信技术，也被称为 V2X 技术，连接交通网络的各种元素，包括车辆、行人、骑自行车的人、路侧单元、交通信号和边缘计算资产。美国交通运输部将 V2X 技术描述为一个协同通信生态系统，每一代新技术都应该适应这个生态系统的互操作性、与传统应用的兼容性以及被行业组织和汽车制造商所采用。基于车辆的传感器系统（无论车辆的自动化程度如何）不能保证 360°的传感环境以及所有可能的通信基础设施、人员和其他边缘计算资源。因此，通过 V2X 技术实现协同 ITS 非常重要。

V2X 传感器可以弥补由于缺乏完整的 360°视觉造成的缺陷。此外，我们需要找到先进驾驶辅助系统（ADAS）在组成汽车"大脑"方面的作用。V2X 环境可容纳雷达、摄像头、激光雷达（LiDAR）、超声波、V2X 无线传感器、高清或 3D 地图、精确定位（GNSS——全球导航卫星系统、航位推算、VIO）等多类传感器。

专用短程通信技术（DSRC）是目前最受欢迎的 V2X 技术之一。DSRC 使用 5.9GHz 频谱中的 75MHz 频带，并基于 IEEE 802.11p 标准运行，主要用于对延迟至关重要的 V2X 应用，如碰撞避免。最近提出的蜂窝车联网（C-V2X）技术[79]至少可以采用 4 种形式的 C-V2X：

1）车辆到基础设施（V2I）。
2）车辆到网络（V2N）。
3）车对车（V2V）。
4）车对行人（V2P）（这可能包括行人、骑自行车者和其他易受伤害的使用者）。

在 V2V 和 V2I 的情况下，一般使用 PC5 空中接口，V2N 使用 LTE Uu 空中接口。对延迟敏感的应用程序（例如，安全性）使用 PC5 接口（通信范围为 100m 或 100m 以上）。

大多数现有的基于联网车辆的安全性和移动性应用都遵循 SAE J2735 标准消息集（图 7.4 和图 7.5）。主要消息集合包括基本安全消息（BSM）、信号相位和定时（SPaT）、地图数据（MAP）、信号请求消息（SRM）、优先状态消息（PSM）和路边警报消息（RSA）。图 7.4 所示提供了消息集合的更多细节，包括可用和共享的数据。

信号相位和定时(SPaT)	地图数据(MAP)	信号请求消息(SRM)	优先状态信息(PSM)
信息ID: 02	信息ID:	信息ID: 14	信息ID:
数据交换速率: 10Hz(10次/s)	数据交换速率: 1Hz(1次/s)	信息计数: 为数据流提供一个序列号; MsgCount仅在消息时更新	交互ID: 交互识别号
交互ID: 交互识别号	交互ID: 交互识别号	信号请求: 数据元素, 包括交互ID、车辆引道(车道内)、车辆驶离车道(车道外)、车辆类型、请求取消	活动优先级请求数
车道计数: 移动状态数(阶段/阶段)	参考点: GPS(参考点) 方法: 用一组传入和传出的方法定义一个方法		活动请求表 每个活动请求的信息包括: 1. 申请编号 2. 车辆标识 3. 车辆类型 4. 入口车道
移动状态: 当前信号状态 信息移动名称(如北向、右转), 每个移动服务的总车道数 信号状态、行人相位 当前状态、电流信号相位 剩余时间 车辆计数、行人检测和行人计数	车道(s): ID、宽度、车道属性、节点列表(一条车道可以有多个节点)、连接情况	服务时间: 将来请求启动服务的时间点	
		服务结束: 将来请求结束服务的时间点	**路边警报消息(RSA)**
	节点列表: 为每个车道创建一条路径的坐标序列	运输状态: 车辆是否为运输优先级类型的信息	示例: 前方发生事故, 区域内EMS, 前方工作区
	数据交换速率: 1Hz(1次/s)	车辆识别: 有关车辆识别的附加信息	类型事件: 常见事件的ITIS代码
优先级: 主动优先级		车辆信息: 车辆名称、VIN、车辆类别	优先级: 消息的紧迫性
抢占: 主动抢占状态数据		车辆数据: BSM数据 blob-BSM第1部分	位置: 事件位置(碰撞)、速度和航向(应急响应人员)

图 7.4 连接车辆环境中的消息集

基本安全消息（BSM）已广泛用于关键安全应用。BSM 由两部分组成：BSM-1 和 BSM-2。BSM-1 在所有情况下都由联网车辆广播，而 BSM-2 仅在特定情况下（当 ABS（防抱死制动系统）被激活时）进行交换。一般情况下，BSM 传输的距离约为 1000m。由于 CV 数据的延迟和覆盖范围随应用的类型（安全性与速度协调）而变化，因此通常使用蜂窝数据来增强基于 DSRC 的通信。图 7.5 所示描述了通过 BSM 可用的数据的类型和规格。

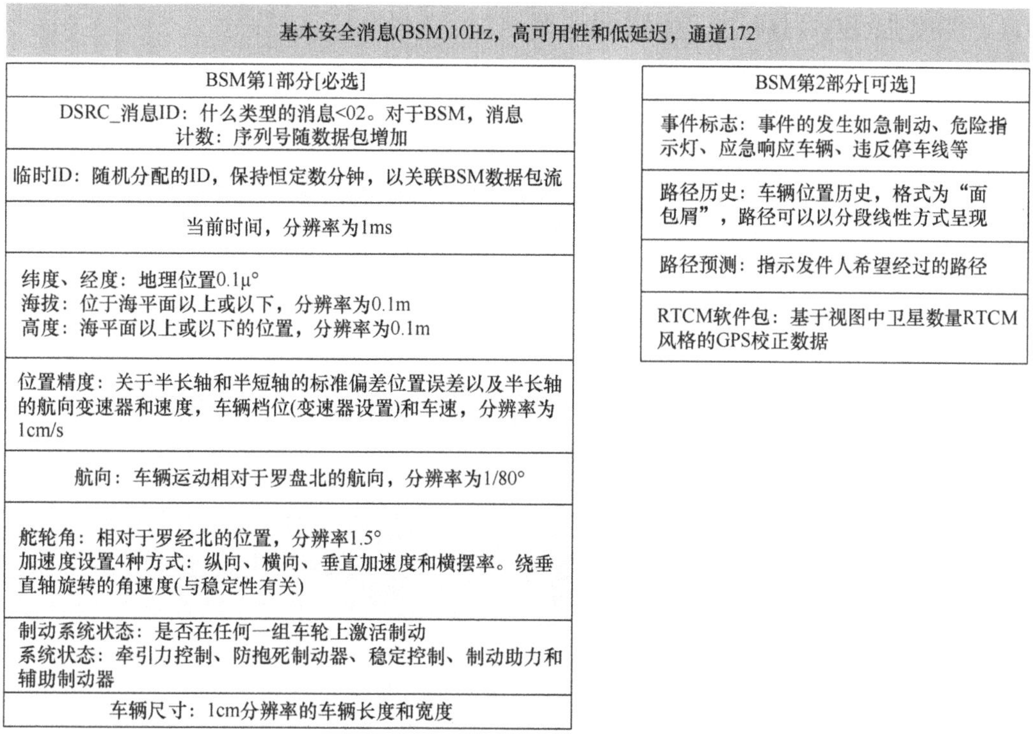

基本安全消息(BSM)10Hz，高可用性和低延迟，通道172	
BSM第1部分[必选]	**BSM第2部分[可选]**
DSRC_消息ID：什么类型的消息<02。对于BSM，消息计数：序列号随数据包增加	事件标志：事件的发生如急制动、危险指示灯、应急响应车辆、违反停车线等
临时ID：随机分配的ID，保持恒定数分钟，以关联BSM数据包流	路径历史：车辆位置历史，格式为"面包屑"，路径可以以分段线性方式呈现
当前时间，分辨率为1ms	路径预测：指示发件人希望经过的路径
纬度、经度：地理位置0.1μ° 海拔：位于海平面以上或以下，分辨率为0.1m 高度：海平面以上或以下的位置，分辨率为0.1m	RTCM软件包：基于视图中卫星数量RTCM风格的GPS校正数据
位置精度：关于半长轴和半短轴的标准偏差位置误差以及半长轴的航向变速器和速度，车辆档位（变速器设置）和车速，分辨率为1cm/s	
航向：车辆运动相对于罗盘北的航向，分辨率为1/80°	
舵轮角：相对于罗经北的位置，分辨率1.5° 加速度设置4种方式：纵向、横向、垂直加速度和横摆率。绕垂直轴旋转的角速度（与稳定性有关）	
制动系统状态：是否在任何一组车轮上激活制动 系统状态：牵引力控制、防抱死制动器、稳定控制、制动助力和辅助制动器	
车辆尺寸：1cm分辨率的车辆长度和宽度	

图 7.5　基本安全消息（BSM）中的数据规范

7.3.2　AVS 产生的数据

通过信源编码标准（AVS）生成的数据—质量、数量和频率—主要由美国汽车工程师学会（SAE）[2]定义的自动化水平决定，如动态驾驶任务（DDT）所述，较低的自动化水平需要较少的传感和驱动需求。

与 SAE 2 级自动驾驶汽车（具有协同自适应巡航控制、车道保持辅助、泊车辅助等功能）相比，SAE 5 级自动驾驶汽车将至少增加 30 个传感器，以安全、高效地完成 DDT 任务。传感组件包括（但不限于）超声波、雷达、激光雷达、标准摄像头、远程和立体摄像头以及航位推算传感器。表 7.2 所列为 AVS 的平均数据生成能力、距离、视觉半径以及各种传感系统的常用应用[80-82]。根据文献 [83] 的估计，一个 AV 每小时可以产生大约 1.4 TB 的数据。DRL 框架可以利用这些数据集对特定的应用程序进行训练和验证（参见 YZ 部分）。

表 7.2　自动驾驶汽车中不同传感系统的特性

传感器类型	传感器平均数量/个	常见任务和辅助	范围（距离，in，m）	视野/(°)	生成数据（Mbit/s/传感器）
雷达（短，长，中号）	4~6	测量距离和位置，障碍移动、路线规划	50~250	18~80	0.1~15
激光雷达	1~5	目标检测、距离检测	150~200	360	20-100
超声波	8~16	短距障碍物距离检测	3~5	—	<0.01
摄像头	6~12	道路检测，道路标记，信号灯	3~200	90	500~3500
车辆运动（GNSS，内部测量单位）	—	当地运动规划	—	—	<0.1

7.4 深度强化学习应用：车联网汽车

将 DRL 技术应用于解决互联交通系统中的问题是一个相对较新的研究领域，并且随着算法和数据可用性的进步而不断扩展。我们期待在不久的将来看到 DRL 在计算机视觉（CV）应用中的广泛应用，因为国家已接受 CV 技术和基础设施单元的全面部署。文献 [84] 综述了 DRL 在一般交通研究中的应用。一般来说，交通研究人员已经将 RL 技术应用于信号控制[85-90]、路由[91-94]、动态速度控制[95-97]和最小化燃油消耗[98]。基于深度学习的应用也被用于网络物理系统或智能城市框架[73, 99-101]。文献 [54] 利用将 RL 和迁移学习（TL）结合起来共同生成交通流量和轨迹的高性能 LSTM 预测器。文献 [102] 提出了一种基于 RL 的图卷积策略网络的长期交通流量预测算法，以解决数据稀疏性的挑战。

7.4.1 换道和辅助

车辆横向控制通常是一项复杂的决策任务，考虑到动态交通环境以及与道路上其他车辆的相互作用[103-104]。这些应用包括车道保持辅助、变道决策和冲突点（如坡道、交汇处）合并。最初，联网车辆环境中的数据可用性和通信导致了关于联网车辆车道选择和辅助算法的重要研究[105-106]。本节将探讨 DRL 在三个领域的应用：变道、匝道合并和车道辅助。

在 DRL 的背景下，变道过程中的主要动作决定了是留在现有车道还是改变车道（左车道或者右车道）。该决定还取决于强制变道和自由变道两种情况[103]。在细粒度视图中，操作空间还可能包括加速、减速和间隙验收标准。状态空间通常是由周围交通位置（自己和临近车辆位置）、相对速度、前进方向和上下游条件（例如，临近信号路口、车道可能结束的位置）的信息构建的。奖励函数通常以效率（速度、吞吐量和延迟）和安全（避免碰撞）指标为目标。采用 DRL 技术进行多智能体协同变道[107]，变道决策考虑非连通车辆[108]，最大限度地减少变道后对车流的影响[109]。文献 [69] 同时应用 DQN 和 dueling DQN 与交替的线性层和 ReLU 层。尽管 dueling DQN 体系结构包含更多更深的隐藏层，文献 [69] 的结果表明，它的收敛速度明显快于 DQN，这相当于总体上减少了计算开销。

7.4.2 交通信号控制

交通信号控制可以用 MDP 来表示，并可以用 RL 技术[85-90, 110-111]来解决。文献中已有的算法在维度上存在差异，包括状态表示、动作集、单智能体与多智能体控制、部署规模（孤立与交叉网络）[73, 84, 112]。研究人员利用图像来表示离散的交通状态[113]、队列长度或密度[114]，以及可视化组态[115]。DRL 应用程序主要关注可伸缩性和效率。

文献 [51] 提出将 DQN 和递归神经网络（将网络层转换为 LSTM 层）集成在一个小的二乘二网格中进行信号控制优化。文献 [116] 开发了基于深度确定性策略梯度（DDPG）的算法，该算法具有考虑交通流量和延迟的奖励函数。文献 [117] 开发了一种基于 DQN 的部分检测交通环境下的信号控制算法。文献 [56] 开发了支持协同 DDPG，基于 DQN 的网格状大规模网络控制。文献 [64] 提出了一种基于优势—行为者—评论者 DRL 的多智能体信号控制系统，适用于大规模网络，其结果来自合成网格和真实网络。文献 [52] 开发了基于 DQN 的孤立交叉口信号控制算法，该算法在迭代贝尔曼（Bellman）方程中包含一个动态折扣因子。在类似的工作中，基于自动编码器的 DRL[55]被开发用于信号控制的孤立交叉口信号控制优化。

文献 [115] 将基于 DDPG 和基于值函数的孤立交叉口信号控制算法与来自交通模拟器的交通环境快照（原始像素向量）进行了比较。文献 [53] 应用图卷积神经网络开发基于 CNN-DQN 的信号控制。文献 [114] 针对大规模应用提出了一种多智能体框架下的协同双 Q-learning 方法，并研究了随机交通需求下的收敛性。在另一项研究中，异步 DRL 适应大规模优化 [113]。文献 [57] 开发了双延迟 DDPG 算法，用于信号控制与 CAV 的联合策略优化。文献 [118] 开发了基于协作群的多智能体学习算法，该算法利用 V2I 和 I2I（RSU 和控制器）数据共享和协调能力。

7.4.3 交通流量优化

DRL 技术还可用于交通流量优化，包括路线选择、流量稳定性控制和拥堵定价问题。交通网络中的流量优化问题是一个已被广泛研究的问题，因此，相关文献非常丰富。我们仅关注基于深度强化学习（DRL）应用于 CAV 领域的应用，利用连接性或数据在流优化框架中进行。现有研究包括以下应用：动态速度控制 [119]、优化交通振荡的能量管理 [120]、管理停车波浪（冲击波控制）[121]、通过拉格朗日（Langrangian）控制减少拥堵瓶颈的影响 [122]、在异构交通中快速驾驶而不进行不必要的变道 [123]，以及车道动态定价 [124]。

文献 [125] 利用双 DQN 开发了时空 DRL，用于优化按需移动服务。提出的威胁建模（STRIDE）框架考虑了供需分布、乘车偏好和服务提供商的收益最大化。文献 [126] 应用 DRL 将交通信号控制与互联环境中的车辆重新路由相结合。文献 [72] 开发了一种多智能体 DRL 算法来优化 CAV 的通信资源分配和路由。文献 [72] 开发了多智能体 DRL 算法来优化 CAV 的通信资源分配和重新路由。文献 [127] 将组合优化和 DRL 技术整合在一起，用于解决乘车外包问题 – 平衡等待时间和最佳请求 – 驾驶人匹配。他们研究了 4 种 DRL 算法 – 延迟多智能体深度 Q 学习、延迟多智能体 actor-critic、延迟多智能体近端策略优化、延迟多智能体 actor-critic 与经验回放。

人们还在努力实现具有能源和环境目标的交通流优化（路由、速度协调和路线规划）。文献 [128] 应用双延迟深度确定性策略梯度技术，在车辆和基础设施资产之间连接有限的情况下实现生态驾驶。文献 [58] 提出了一种考虑纵向（加速和减速）和横向控制（变道）的混合深度 Q-learning 和策略梯度方法，以最小化燃料消耗。文献 [129] 开发了一种基于 POMDP 的 actorc-ritic DRL 算法，利用 CAV 环境中的连接和映射信息，设计基于速度和功率使用的最优配置文件。

文献 [130] 建立了一种基于深度学习的接近和偏离轨迹规划算法，该算法由两个部分组成：轨迹可行性检查器和下一时间的速度预测器。文献 [131] 提出了深度强化学习为插电式混合动力电动汽车建立驾驶速度规划算法，并与自适应巡航控制器进行了比较。其他工作包括在信号灯控制的交叉路口 [132] 和高速公路路段 [133] 的驾驶。

7.4.4 铁路和海运

DRL 技术在列车自动运行系统领域有一些应用，其中最显著的是无须人工操作的最佳速度曲线。文献 [59] 利用 DDPG 算法和归一化优势函数开发了智能列车运行算法，并评估了其性能与北京地铁亦庄线的人工列车运行相比的差异。文献 [134] 通过使用 DQN 算

135

法来优化基于通信的列车控制，以最小化轮廓跟踪误差和能耗。此外，DRL 技术还被应用于自主船舶（水上船只）的导航路线规划和防撞。文献 [135] 在该研究中，应用了迁移学习（TL）和 DRL 来寻找三种类型船舶（海员船、集装箱船和油轮）的最佳转向策略。文献 [136] 开发了一种基于 DQN 的算法，其奖励函数综合考虑了避障、目标接近、速度修改和姿态修正。文献 [46] 应用基于 DRL 的控制器，使用近端策略优化（PPO）算法解决自主海运船舶的避障问题。文献 [137] 对与海上水面舰艇相关的最新进展进行了调查，包括自主操作和技术方面的内容。

7.4.5 数据通信、计算和组网

文献 [138] 提出了一种基于 DRL 的集成框架，用于优化车联网环境中的网络、缓存和计算（资源分配）。DQN 被用于寻找多种服务的最优资源分配策略。文献 [139] 开发了一种基于 DDPG 的算法来解决在连接自动驾驶车联网的背景下，一般设备到设备（D2D）通信中的多智能体功率分配控制。文献 [140] 将具有经验重放功能的 DQN 用于车联网中的移动边缘计算资源分配。文献 [141] 将 DNN 的小批量训练，用于移动智能车辆与控制物联网网关集中代理之间通信的优化调度操作。该方法使用了奖励的批次归一化，以消除振荡，从而有助于稳定随机梯度下降的收敛。

文献 [142] 提出了利用 DRL 优化 V2V 通信中数据速率和传输功率的神经网络（NNDP）。文献 [63] 开发了一种用于 IoV 环境下动态控制器分配的多智能体深度确定性策略梯度，并比较了 RL 智能体的合作和竞争行为。文献 [143] 利用 DRL 技术解决了边缘计算资源分配问题。提出的分布式多智能体学习方案旨在最小化复杂车联网中的车辆卸载成本。文献 [144] 在互联车联网（设备和车辆之间的通信）中开发了一种顺序异构用户中心集群迁移策略，该策略利用了无模型 DRL 架构。在一个涉及车载边缘计算网络的应用中，文献 [143] 使用聚合算法将送货车辆分成若干组，每组分配一个智能体。协调图用于智能体之间的协调，该图使用 DDPG 进行训练。

7.4.6 DRL 在网络安全中的应用

文献 [145] 提出了一种名为深度清理强化学习（Deep Sanitization Reinforcement Learning）的算法，用于确保互联车联网（CAV 与网络中的其他设备交互）中的数据安全（隐私和保护敏感信息），重点是提高 CAV 的可信度。文献 [146] 考虑到车辆、路侧单元（RSU）和网关之间的数据传输，应用 DQN 提高了车联网的服务质量（QoS）。所开发的 DRL 侧重于能耗、信息延迟和交通服务的整体安全性。

为了维护车辆隐私，文献 [145] 提出的"深度清理强化学习"，在每个 DQN 训练周期中加入一个清理步骤。通过在 DNN 代理架构中加入 LSTM 层，在同一研究中处理了多周期操作。研发的 DRL 专注于能源消耗、信息延迟和运输服务的整体安全。

为了维护车辆隐私，文献 [34] 开发了一种基于 DQN 的信任管理方法，即基于软件定义信任的车联网 VANET 架构，以找到最优的通信链路策略，提高数据转发、链路质量和车联网通信的安全性。文献 [147] 提出了一种基于 DRL 的控制框架，用于作为移动基站的 CAV，以优化高需求地点（商场、体育场馆附近和终端）附近的网络覆盖。

7.5 深度强化学习应用：自动驾驶系统

自动驾驶系统的应用，即特定于自动化水平[2]和动态驾驶任务（DDT）的分配——深深地依赖于基于机器学习的算法。CAV 技术的进步以及处理大数据计算能力的出现极大地推动了这一研究领域的发展。ADS 的主要组成部分包括映射和定位、场景表示、运动规划、控制和驱动[2, 148]。DRL 已用于 ADS 应用，包括动态路线规划（避免碰撞和控制优化）、无本地映射导航（复杂交叉路口、合并、分流）、预测易受攻击用户（如行人、骑自行车的人）的意图以及横向控制（车道保持和变道）[149-150]，我们的研究范围仅限于使用现有道路网络的地面自动驾驶汽车。

在建立 DRL 模型时，研究人员使用自身车辆位置（相对于邻近车辆和基础设施）、速度、车道配置、传感器生成的二维鸟瞰图以及交通环境（几何形状和预期轨迹）来表示状态[151]。AV 相关数据的可用性一直是 DRL 模型训练和验证的挑战。DRL 利用自动驾驶研究模拟器（CARLA）[152]、双转子径向通量电机（DeepDrive）[153]、Gazebo[154]、Constellation[155] 和 flow[156] 等仿真工具（作为外部环境）生成训练数据和场景。现有研究已经定义了奖励函数，以最小化旅行延误、避免碰撞，在满足安全要求的同时最大化稳定性和舒适性，以及最小化风险[84, 149-150]。

7.5.1 运动规划

关注 CAV 运动规划和控制的研究多种多样，并使用了多种形式的机器学习算法（除 DRL 技术）。文献 [157-158] 探讨了与 CAV 相关的现有运动规划和控制算法。本节仅探讨 DRL 的具体工作。

文献 [29] 整合了 DQN 和专家系统，为 AV 开发了混合制导系统。文献 [159] 比较了蒙特卡洛树搜索和基于 DQN 的 AV 超车（通过）决策技术。他们提出了 Safe RL 算法，该算法在奖励函数中考虑了冒险行为和超速。文献 [160] 开发了端到端 ADS，利用 DRL 与顺序潜在环境模型集成，并用 CARLA 模拟器验证了该模型。文献 [60] 在 DDPG 框架内开发了基于 DRL 的自主制动决策，允许多奖励函数。在汽车跟随建模方法中也应用了 DRL 方法[161-164]。

文献 [165] 为 ADS 提出了一种新颖的深度场景架构，该架构基于深度图卷积网络学习复杂的交互感知场景表示，并开发了 Graph-Q 和 DeepScene-Q 非策略强化学习算法。文献 [166] 利用 DQN 来设计自主制动系统，并将该算法应用于自动驾驶汽车在城市环境中遇到行人的情景。

最近的研究工作涉及利用离散（例如，DQN）和连续（例如，actor-critic DDPG）进行自动驾驶[61]，使用经过滤经验的 DQN[167]，在混合交通环境中使用经验回放的 DQN[168]，在 DRL 框架中使用基于身份和位置的动态协调图[169]，利用了基于规划特征的深度行为决策方法[170]。

经过交叉路口（信号灯、非信号灯、环形交叉路口）的导航被认为是 AV 运动规划研究领域的一大挑战。文献 [62] 提出了一种基于 DDPG 的算法，用于优化通过信号灯路口的轨迹。文献 [171] 应用 DQN 来导航信号灯控制的交叉口，但对环境的信息有限。文献 [172] 展示了利用多智能体强化学习将自动驾驶策略从仿真环境成功迁移到现实。基于

DRL 的控制策略在实际环节中进行了实验。其他应用包括 AV 在匝道上并线[173]、超车操作[174]、高速公路路口路线规划[175]以及在停车场周围移动[176]。

7.5.2 横向控制

近年来，以深度学习为重点的 ADS 研究越来越多[73, 149]。基于 DRL 的算法通常应用于 CAV 的横向控制——变道、车道保持和车道辅助。文献 [177] 开发了一种双 DQN 算法，用于自主货车拖车的速度和变道决策。文献 [178] 提出了基于 DQN 的 AV 变道决策算法，该算法使用 Q 函数近似值和贪婪策略。文献 [179] 证明了在车道跟随任务中基于 DDPG 的 DRL 的有效性。文献 [180] 利用 DQN 提出了有速度调整和无速度调整的无碰撞变道决策模型，并进行了逆向强化学习[181]。文献 [182] 在 DQN 框架内联合考虑了高层横向和低层基于规则的轨迹规划。文献 [183] 应用 DRL 开发了系统状态部分不可观测的动态和不确定交通环境下的自主变道算法。

7.5.3 安全

在 ADS 的设计和开发中考虑安全性至关重要。美国国家公路交通安全管理局（NHTSA）强调可信的 AV 部署，以建立公众对大规模 ADS 部署的信心[1]。NHTSA 强调了 AV 测试和部署的自愿安全自我评估（VSSA）的 4 个方面：

1）ADS 的安全考虑。
2）与美国交通运输部（DOT）的沟通与合作。
3）支持行业安全规范的自我建立。
4）通过透明的 ADS 测试和部署来提高公众的信任和接受度。

研究人员开发了基于 DRL 的 AV 模块，这些模块将安全方面固有地整合到奖励、状态和策略优化中。文献 [184] 提出了用于端到端自动驾驶的 SafeDAgger 算法，该算法能够预测参考策略与真实值行动之间的误差。文献 [185] 将 DRL 应用于长期驾驶策略，考虑了智能体（其他车辆和行人）的未预测行为。提出了一种以存活为导向的可持续在线强化学习（SORL）算法，它可以与 DDPG 算法集成。文献 [186] 重点研究了将 DRL 和基于安全的控制整合在一起的防碰撞最佳驾驶。读者可参阅文献 [149, 187] 以获得更全面的综述。

7.6 挑战与未来方向

最近，应用 DRL 技术解决互联和自动交通领域问题的尝试揭示了一些尚待解决的挑战。常见的问题包括缺乏训练和验证数据、需要大量计算资源（如基于 GPU 的计算资源）以及超参数优化方面的挑战。此外，深度强化学习算法对超参数的灵敏度导致了基于深度强化学习解决方案的结果再现和方法复制问题。本节概述了针对 CAV 相关应用的深度强化学习研究面临的挑战和未来的发展方向。

7.6.1 在实际应用中的可移植性

缺乏真实标签（Ground Truth）数据（如 CAV 应用的实际部署）是 DRL 算法取得成功的主要挑战。大多数现有研究使用基于仿真的合成数据进行训练和验证[84, 188]。这就产生了将 DRL 算法从实验室环境转移到真实世界应用的问题。考虑避免与行人碰撞的自动驾驶任务，在实验室环境中开发的 DRL 算法可能无法针对实际交通环境中可能出现的所有复杂情况进行训练。因此，要想将其应用到实际环境中，就必须在实际环境中进行严格的训练和测试，并不断进行学习反馈。除了缺乏真实世界的训练数据，目前的 CAV 文献也没有针对 CAV 特定问题（如信号控制、自主变道和路线规划）提供全面的基准数据，这些数据可用于评估先进 DRL 算法的性能。

互联和自动交通网络中的数据环境具有高度随机性，并取决于传感能力以及装备车辆的总体市场份额。因此，不同交通网络中可用数据的分辨率和数量在空间和时间上都会有所不同。此外，DRL 算法可能会因为智能体训练不足或训练过度而表现不同。例如，为解决交通信号优化问题而训练的 DRL 模型，由于数据环境的异质性和不兼容的连接性，可能无法轻易移植到类似的信号交叉口网络中。这就强调了 DRL 模型在设计上需要适应数据环境，以反映所需的学习率和解决方案的质量。

7.6.2 交通环境标识

交通系统的优化和控制问题（如路线选择、信号控制）传统上都有明确的硬约束——车道容量、限速和红灯时的移动。这些约束通过明确的数学表达式[189]或模拟参数[110]来实现。大多数基于 DRL 的算法通过在奖励结构中引入惩罚函数来纳入约束[84, 112, 188]，与基于数学优化或微观模拟的方法相比，这可能无法保证约束不被违反。此外，将行人、自行车、电动滑板车、轮椅等多模式交通建模整合到 DRL 框架中并不简单，现有文献也未对此进行广泛探讨。尽管 CARLA[152] 等仿真工具可满足部分功能，但可扩展的多智能体 DRL 框架需要大量的计算资源和数据处理能力，这是未来研究的潜在方向。

7.6.3 构建奖励函数

在大多数研究[84, 188]中，CAV 应用（如运动规划和变道）的 DRL 模型定义和定制奖励函数被认为是一个主要挑战。一个潜在的原因是对自动驾驶车辆在由行人、交通信号、路边装置和相邻 CAV 组成的混合交通预期行为缺乏很好地理解。定制适当的奖励函数通常是为了获得最佳策略。现有研究采用了包括奖励塑造[190-191]、逆向强化学习[192-194]和内在动机[195]等方法来应对这一挑战。将人类（专家示范）和 CAV 集成到学习过程中的混合架构可用于生成合适的奖励函数。此外，考虑到服务的可信度和人类用户的安全感知，对 CAV 应用定制奖励函数至关重要。接下来，我们将简要介绍上述方法。

现有研究的重点是在奖励的基础上增加一个额外的部分，对训练过程中遇到的不良现象进行惩罚，如采用启发式方法对振荡进行惩罚。这种方法被称为奖励塑造[196]，已开始在 CAV 应用中得到利用[180, 190-191]。另一种方法是 DRL 以人类行为为模型推断出合适的奖励函数。这种方法被称为逆向强化学习[181]，在最近的 CAV 研究中得到了探索[192, 194, 197-198]。然而，这些研究都没有利用最新的 DNN 方法进行逆向 RL。例如，在文献 [35] 中，仅考虑了线性权重来从状态特征中形成奖励信号。基于熵的方法[199]被证明非常有效，但尚未应用于 CAV 领域。

最后，DRL 的一些 CAV 应用应在多目标框架内处理。在文献 [200] 中，多目标优化被用于同时最大化覆盖率和公平性。在该模型中，一组自动驾驶汽车为其他用户提供服

务。汽车在空间网格中移动，以便最大化覆盖范围。然而，这些车辆之间需要保持连接。由于不可能在任何时候覆盖整个空间网格，因此引入了公平性目标。奖励函数仅仅是通过对公平性和覆盖性分别加权而得到的。使用线性权重组合多个目标在优化理论中早已被弃用，转而使用帕累托最优方法[201-202]。

7.6.4 CAV 环境下多智能体 DRL

一些 CAV 应用涉及使用多个智能体，这些智能体必须相互协调学习。最直接的方法是将所有智能体的联合行动视为一个单一的向量动作。遗憾的是，除了简单的应用，这种方法会导致组合爆炸，使其无法用于互联和自动交通网络中的大规模应用。当奖励信号或环境状态因智能体的不同而变化，使得系统本身具有异质性时，就会出现另一个挑战。此外，针对这种情况的 RL 技术必须遵守智能体之间的通信限制。多智能体强化学习是一个相对新兴的研究课题，它处于 RL 和博弈论之间[203]。最近的一篇文献 [204] 对多智能体 DRL 进行了综述。

最近，多智能体 DRL 被用于 CAV 应用中。文献 [63] 中使用了 actor-critic 架构，DDPG 算法也被应用于这一架构中。然而，这项研究只包含了单个 critic。因此，它并不代表实际 CAV 应用所需的完全分布式多智能体框架。在多智能体环境下应用 DRL 的共享出行应用时，用于识别乘客和驾驶人配对的匹配算法以集中方式运行。所提出架构的一个有趣的特点是同时考虑了驾驶人智能体之间的合作与竞争。在文献 [65] 中，为缓解城市交通拥堵的交通灯控制采用了强化学习。然而，所有智能体的共同目标是最小化所有车辆延误的总和。可以看出，尽管在具有代表性的 CAV 应用中正在积极研究多智能体 DRL，但真正多智能体场景的无数挑战仍有待解决。

7.6.5 部分状态可观测性

现有的大多数关于 DRL 算法的研究都假定在 CAV 环境中可以观察到全部状态。我们更有可能处理的是真实世界交通环境中的部分可观测状态。缺乏完全可观测的交通状态可能源于几个方面。

1）在恶劣天气条件下，或者仅仅是由于有技术限制（对周围世界的感知不够完美）CAV 的感知能力可能会出现缺陷。

2）非连接车辆（在混合交通中）不与邻近车辆和基础设施单元共享信息，无法完全观察到交通状态。

3）合作驾驶的自动驾驶应用可能无法感知所有智能体的决策过程（例如，驾驶人不愿意为能源最佳速度协调而进行协调）。

在部分状态可观测的情况下，CAV 应用的性能可能处于次优状态[205-208]。在 RL 框架下，具有部分可观测交通环境 CAV 应用中的决策问题可表述为部分可观察马尔可夫决策过程（POMDP）。DRL 技术已被应用于解决 POMDP，如在雅达利（Atari）游戏中的应用[209]，用于山之客（Mountain Hiker）和闪变（Flickering）。

Atari 游戏的深度变分强化学习[210]、未知环境中的无人机导航[211]、驾驶人检查和维护规划[212]。在 CAV 应用领域需要进行扩展，可以通过 DRL 技术解决 POMDP 问题。

参考文献

[1] NHTSA, *"Automated Driving Systems: A Vision for Safety 2.0,"* Washington, DC, United States, 2017. [Online]. Available: https://www.nhtsa.gov/document/automated-driving-systems-20-voluntary-guidance.

[2] SAE J3016, "Taxonomy and definitions for terms related to driving automation systems for on-road motor vehicles," 2021.

[3] SAE Industry Technologies Consortia, "AVSC best practice for describing opertational design domain: Conceptual framework and Lexicon," 2020.

[4] V. François-Lavet, P. Henderson, R. Islam, M. G. Bellemare, and J. Pineau, "An introduction to deep reinforcement learning," *Found. Trends Mach. Learn.*, vol. *11*, no. 3–4, pp. 219–354, 2018, doi: 10.1561/2200000071.

[5] R. Bellman, *Dynamic Programming*. Princeton, 1957. https://press.princeton.edu/books/paperback/9780691146683/dynamic-programming.

[6] R. Bellman, "A Markovian decision process," *J. Math. Mech.*, vol. *6*, no. 5, pp. 679–684, 1957, [Online]. Available: http://www.jstor.org/stable/24900506

[7] R. Howard, *Dynamic Programming and Markov Processes*. Cambridge, MA: MIT Press, 1960.

[8] A. G. Barto, R. S. Sutton, and C. W. Anderson, "Neuronlike adaptive elements that can solve difficult learning control problems," *IEEE Trans. Syst. Man. Cybern.*, vol. *SMC-13*, no. 5, pp. 834–846, 1983, doi: 10.1109/TSMC.1983.6313077.

[9] R. S. Sutton, "Learning to predict by the method of temporal differences," *Mach. Learn.*, vol. *3*, pp. 9–44, 1988, [Online]. Available: https://link.springer.com/content/pdf/10.1007/BF00115009.pdf

[10] R. S. Sutton and A. G. Barto, "Reinforcement learning: An introduction," *UCL,Computer Sci. Dep. Reinf. Learn. Lect.*, p. 1054, 2018, doi: 10.1109/TNN.1998.712192.

[11] C. J. C. H. Watkins, "Learning from delayed rewards," England, 1989. [Online]. Available: http://www.cs.rhul.ac.uk/~chrisw/new_thesis.pdf

[12] G. Tesauro, "TD-Gammon, a self-teaching Backgammon program, achieves master-level play," *Neural Comput.*, vol. *6*, no. 2, pp. 215–219, 1994, doi: 10.1162/neco.1994.6.2.215.

[13] V. Mnih et al., "Human-level control through deep reinforcement learning," *Nature*, vol. *518*, no. 7540, pp. 529–533, 2015, doi: 10.1038/nature14236.

[14] D. Silver et al., "Mastering the game of Go with deep neural networks and tree search," *Nature*, vol. *529*, no. 7587, pp. 484–489, Jan. 2016, doi: 10.1038/nature16961.

[15] D. Silver et al., "Mastering the game of Go without human knowledge," *Nature*, vol. *550*, no. 7676, pp. 354–359, 2017, doi: 10.1038/nature24270.

[16] F. Zeng, C. Wang, and S. S. Ge, "A survey on visual navigation for artificial agents with deep reinforcement learning," *IEEE Access*, vol. *8*, pp. 135426–135442, 2020, doi: 10.1109/ACCESS.2020.3011438.

[17] T. Zhang and H. Mo, "Reinforcement learning for robot research: A comprehensive review and open issues," *Int. J. Adv. Robot. Syst.*, vol. *18*, no. 3, p. 172988142110073, 2021, doi: 10.1177/17298814211007305.

[18] M. Q. Mohammed, K. L. Chung, and C. S. Chyi, "Review of deep reinforcement learning-based object grasping: Techniques, open challenges, and recommendations," *IEEE Access*, vol. *8*, pp. 178450–178481, 2020, doi: 10.1109/ACCESS.2020.3027923.

[19] H. Sun, W. Zhang, R. Yu, and Y. Zhang, "Motion planning for mobile robots—focusing on deep reinforcement learning: A systematic review," *IEEE Access*, vol. *9*, pp. 69061–69081, 2021, doi: 10.1109/ACCESS.2021.3076530.

[20] K. Li, K. Zhang, Z. Zhang, Z. Liu, S. Hua, and J. He, "A UAV Maneuver decision-making algorithm for autonomous airdrop based on deep reinforcement learning," *Sensors*, vol. *21*, no. 6, p. 2233, 2021, doi: 10.3390/s21062233.

[21] T. T. Nguyen and V. J. Reddi, "Deep reinforcement learning for cyber security." 2019, [Online]. Available: https://arxiv.org/abs/1906.05799.

[22] H. Zhu, Y. Cao, W. Wang, T. Jiang, and S. Jin, "Deep reinforcement learning for mobile edge caching: Review, new features, and open issues," *IEEE Netw.*, vol. *32*, no. 6, pp. 50–57, Nov. 2018, doi: 10.1109/MNET.2018.1800109.

[23] N. C. Luong et al., "Applications of deep reinforcement learning in communications and networking: A survey," *IEEE Commun. Surv. Tutorials*, vol. *21*, no. 4, pp. 3133–3174, 2019, doi: 10.1109/COMST.2019.2916583.

[24] K. Mason and S. Grijalva, "A review of reinforcement learning for autonomous building energy management," *Comput. Electr. Eng.*, vol. *78*, pp. 300–312, Sep. 2019, doi: 10.1016/j.compeleceng.2019.07.019.

[25] D. Zhang, X. Han, and C. Deng, "Review on the research and practice of deep learning and reinforcement learning in smart grids," *CSEE J. Power Energy Syst.*, vol. *4*, no. 3, pp. 362–370, Sep. 2018, doi: 10.17775/CSEEJPES.2018.00520.

[26] S. Liu, K. C. See, K. Y. Ngiam, L. A. Celi, X. Sun, and M. Feng, "Reinforcement learning for clinical decision support in critical care: Comprehensive review," *J. Med. Internet Res.*, vol. 22, no. 7, p. e18477, Jul. 2020, doi: 10.2196/18477.

[27] D. Elavarasan and P. M. D. Vincent, "Crop yield prediction using deep reinforcement learning model for sustainable agrarian applications," *IEEE Access*, vol. *8*, pp. 86886–86901, 2020, doi: 10.1109/ACCESS.2020.2992480.

[28] D. Wang, Q. Zhang, J. Liu, and D. Yao, "A novel QoS-Awared grid routing protocol in the sensing layer of internet of vehicles based on reinforcement learning," *IEEE Access*, vol. *7*, pp. 185730–185739, 2019, doi: 10.1109/ACCESS.2019.2961331.

[29] Y. Fu, C. Li, F. R. Yu, T. H. Luan, and Y. Zhang, "Hybrid autonomous driving guidance strategy combining deep reinforcement learning and expert system," *IEEE Trans. Intell. Transp. Syst.*, vol. *19*, no. 4, pp. 1–14, 2021, doi: 10.1109/TITS.2021.3102432.

[30] I. J. Sledge and J. C. Príncipe, "Trading utility and uncertainty: Applying the value of information to resolve the exploration–exploitation dilemma in reinforcement learning," in *Handbook of Reinforcement Learning and Control. Studies in Systems, Decision and Control*, vol. *325*, Derya Cansever, Frank L. Lewis, Kyriakos G. Vamvoudakis, Yan Wan, Eds. Cham: Springer, 2021, pp. 557–610.

[31] J. Aznar-Poveda and J. Garcia-Haro, "Simultaneous data rate and transmission power adaptation in V2V communications: A deep reinforcement learning approach," *IEEE Access*, vol. *PP*, p. 1, 2021, doi: 10.1109/ACCESS.2021.3109422.

[32] J. Guo, S. Cheng, and Y. Liu, "Merging and diverging impact on mixed traffic of regular and autonomous vehicles," *IEEE Trans. Intell. Transp. Syst.*, vol. *22*, no. 3, pp. 1639–1649, 2021, doi: 10.1109/TITS.2020.2974291.

[33] B. Hu and J. Li, "An edge computing framework for powertrain control system optimization of intelligent and connected vehicles based on curiosity-driven deep reinforcement learning," *IEEE Trans. Ind. Electron.*, vol. *68*, no. 8, pp. 7652–7661, 2021, doi: 10.1109/TIE.2020.3007100.

[34] D. Zhang, F. R. Yu, R. Yang, and L. Zhu, "Software-defined vehicular networks with trust management: A deep reinforcement learning approach," *IEEE Trans. Intell. Transp. Syst.*, pp. 1–15, 2020, doi: 10.1109/tits.2020.3025684.

[35] M. F. Ozkan and Y. Ma, "Modeling driver behavior in car-following interactions with automated and human-driven vehicles and energy efficiency evaluation," *IEEE Access*, vol. *9*, pp. 64696–64707, 2021, doi: 10.1109/ACCESS.2021.3075194.

[36] M. Riedmiller, "Neural fitted Q iteration – first experiences with a data efficient neural reinforcement learning method," in *Machine Learning, ECML 2005*, Springer, 2005, pp. 317–328.

[37] H. van Hasselt, A. Guez, and D. Silver, "Deep reinforcement learning with double Q-learning," *Proc. AAAI Conf. Artif. Intell.*, vol. *30*, no. 1, Mar. 2016, Accessed: October 15, 2021. [Online]. Available: https://ojs.aaai.org/index.php/AAAI/article/view/10295

[38] Z. Wang, T. Schaul, M. Hessel, H. Van Hasselt, M. Lanctot, and N. De Frcitas, "Dueling network architectures for deep reinforcement learning," *33rd International Conference on Machine Learning, ICML 2016*, 2016, vol. *4*, pp. 2939–2947, Accessed: September 26, 2021. [Online]. Available: http://arxiv.org/abs/1511.06581

[39] R. J. Williams, "Simple statistical gradient-following algorithms for connectionist reinforcement learning," *Mach. Learn.*, vol. *8*, no. 3–4, pp. 229–256, 1992, doi: 10.1007/BF00992696.

[40] R. S. Sutton, D. A. McAllester, S. P. Singh, and Y. Mansour, "Policy gradient methods for reinforcement learning with function approximation," *Advances in Neural Information Processing Systems*, 2000, pp. 1057–1063.

[41] J. Peters and S. Schaal, "Reinforcement learning of motor skills with policy gradients," *Neural Networks*, vol. *21*, no. 4, pp. 682–697, 2008, doi: 10.1016/j.neunet.2008.02.003.

[42] J. Schulman, S. Levine, P. Abbeel, M. Jordan, and P. Moritz, "Trust region policy optimization," *Proceedings of the 32nd International Conference on Machine Learning, PMLR*, 2015, vol. *37*, pp. 1889–1897, [Online]. Available: http://proceedings.mlr.press/v37/schulman15.pdf

[43] J. Schulman, F. Wolski, P. Dhariwal, A. Radford, and O. Klimov, "Proximal policy optimization algorithms," 2017, Accessed: September 26, 2021. [Online]. Available: http://arxiv.org/abs/1707.06347

[44] S.-S. Lee and S. Lee, "Resource allocation for vehicular fog computing using reinforcement learning combined with heuristic information," *IEEE Internet Things J.*, vol. *7*, no. 10, pp. 10450–10464, 2020, doi: 10.1109/JIOT.2020.2996213.

[45] Y. Guan, Y. Ren, S. E. Li, Q. Sun, L. Luo, and K. Li, "Centralized cooperation for connected and automated vehicles at intersections by proximal policy optimization," *IEEE Trans. Veh. Technol.*, vol. *69*, no. 11, pp. 12597–12608, 2020, doi: 10.1109/TVT.2020.3026111.

[46] M. El-Dairi and R. J. House, "COLREGs-compliant multiship collision avoidance based on deep reinforcement learning," *IEEE Access*, pp. 165344–165364, 2020, doi: https://doi.org/10.1109/ACCESS.2020.3022600

[47] H. Kimura and S. Kobayashi, "Reinforcement learning for continuous action using stochastic gradient ascent," in *Intelligent Autonomous Systems*, vol. *5*, 1998, pp. 288–295,.

[48] P. Marbach and J. N. Tsitsiklis, "Simulation-based optimization of Markov reward processes," *IEEE Trans. Automat. Contr.*, vol. *46*, no. 2, pp. 191–209, 2001, doi: 10.1109/9.905687.

[49] P. S. Thomas and E. Brunskill, "Policy gradient methods for reinforcement learning with function approximation and action-dependent baselines." 2017, [Online]. Available: https://arxiv.org/abs/1706.06643

[50] J. Chen, S. E. Li, and M. Tomizuka, "Interpretable end-to-end urban autonomous driving with latent deep reinforcement learning," *IEEE Trans. Intell. Transp. Syst.*, pp. 1–11, 2021, doi: 10.1109/TITS.2020.3046646.

[51] S. Shi and F. Chen, "Deep recurrent Q-learning method for area traffic coordination control," *J. Adv. Math. Comput. Sci.*, vol. *27*, no. 3, pp. 1–11, 2018, doi: 10.9734/JAMCS/2018/41281.

[52] C.-H. Wan and M.-C. Hwang, "Value-based deep reinforcement learning for adaptive isolated intersection signal control," *IET Intell. Transp. Syst.*, vol. *12*, no. 9, pp. 1005–1010, 2018, doi: 10.1049/IET-ITS.2018.5170.

[53] T. Nishi, K. Otaki, K. Hayakawa, and T. Yoshimura, "Traffic signal control based on reinforcement learning with graph convolutional neural nets," *IEEE Conf. Intell. Transp. Syst. Proceedings, ITSC*, vol. *2018-November*, pp. 877–883, 2018, doi: 10.1109/ITSC.2018.8569301.

[54] M. Karimzadeh et al., "Reinforcement learning-designed LSTM for trajectory and traffic flow prediction," pp. 1–6, 2021, doi: 10.1109/WCNC49053.2021.9417511.

[55] L. Li, Y. Lv, and F.-Y. Wang, "Traffic signal timing via deep reinforcement learning," *IEEE/CAA J. Autom. Sin.*, vol. *3*, no. 3, pp. 247–254, 2016, doi: 10.1109/JAS.2016.7508798.

[56] T. Tan, F. Bao, Y. Deng, A. Jin, Q. Dai, and J. Wang, "Cooperative deep reinforcement learning for large-scale traffic grid signal control," *IEEE Trans. Cybern.*, vol. *50*, no. 6, pp. 2687–2700, 2020, doi: 10.1109/TCYB.2019.2904742.

[57] H. Zhu, Z. Wang, F. Yang, Y. Zhou, and X. Luo, "Intelligent traffic network control in the era of internet of vehicles," *IEEE Trans. Veh. Technol.*, vol. *9545*, no. c, pp. 1–16, 2021, doi: 10.1109/TVT.2021.3105478.

[58] Q. Guo, O. Angah, Z. Liu, and X. Ban (Jeff), "Hybrid deep reinforcement learning based eco-driving for low-level connected and automated vehicles along signalized corridors," *Transp. Res. Part C Emerg. Technol.*, vol. *124*, p. 102980, 2021, doi: 10.1016/J.TRC.2021.102980.

[59] K. Zhou, S. Song, A. Xue, K. You, and H. Wu, "Smart train operation algorithms based on expert knowledge and reinforcement learning," *IEEE Trans. Syst. Man, Cybern. Syst.*, pp. 1–12, 2020, doi: 10.1109/tsmc.2020.3000073.

[60] Y. Fu, C. Li, F. R. Yu, T. H. Luan, and Y. Zhang, "A decision-making strategy for vehicle autonomous braking in emergency via deep reinforcement learning," *IEEE Trans. Veh. Technol.*, vol. *69*, no. 6, pp. 5876–5888, 2020, doi: 10.1109/TVT.2020.2986005.

[61] A. Sallab, M. Abdou, … E. P.-E., and undefined 2017, "Deep reinforcement learning framework for autonomous driving," *ingentaconnect.com*, 2017, doi: 10.2352/ISSN.2470-1173.2017.19.AVM-023.

[62] M. Zhou, Y. Yu, and X. Qu, "Development of an efficient driving strategy for connected and automated vehicles at signalized intersections: A reinforcement learning approach," *IEEE Trans. Intell. Transp. Syst.*, vol. *21*, no. 1, pp. 433–443, 2020, doi: 10.1109/TITS.2019.2942014.

[63] T. Yuan, W. R. da Neto, C. E. Rothenberg, K. Obraczka, C. Barakat, and T. Turletti, "Dynamic controller assignment in software defined internet of vehicles through multi-agent deep reinforcement learning," *IEEE Trans. Netw. Serv. Manag.*, vol. *18*, no. 1, pp. 585–596, 2021, doi: 10.1109/TNSM.2020.3047765.

[64] T. Chu, J. Wang, L. Codeca, and Z. Li, "Multi-agent deep reinforcement learning for large-scale traffic signal control," *IEEE Trans. Intell. Transp. Syst.*, vol. *21*, no. 3, pp. 1086–1095, Mar. 2020, doi: 10.1109/TITS.2019.2901791.

[65] T. Wang, A. Hussain, L. Zhang, and C. Zhao, "Collaborative edge computing for social internet of vehicles to alleviate traffic congestion," *IEEE Trans. Comput. Soc. Syst.*, pp. 1–13, 2021, doi: 10.1109/TCSS.2021.3074038.

[66] Q. Qi et al., "Scalable parallel task scheduling for autonomous driving using multi-task deep reinforcement learning," *IEEE Trans. Veh. Technol.*, vol. *69*, no. 11, pp. 13861–13874, 2020, doi: 10.1109/TVT.2020.3029864.

[67] Y. Pan, W. Wang, Y. Li, F. Zhang, Y. Sun, and D. Liu, "Research on cooperation between wind farm and electric vehicle aggregator based on A3C algorithm," *IEEE Access*, vol. *9*, pp. 55155–55164, 2021, doi: 10.1109/ACCESS.2021.3071803.

[68] F. Y. Wang, N. N. Zheng, D. Cao, C. M. Martinez, L. Li, and T. Liu, "Parallel driving in CPSS: A unified approach for transport automation and vehicle intelligence," *IEEE/CAA J. Autom. Sin.*, vol. *4*, no. 4, pp. 577–587, 2017, doi: 10.1109/JAS.2017.7510598.

[69] O. Nassef, L. Sequeira, E. Salam, and T. Mahmoodi, "Building a lane merge coordination for connected vehicles using deep reinforcement learning," *IEEE Internet Things J.*, vol. *8*, no. 4, pp. 2540–2557, 2021, doi: 10.1109/JIOT.2020.3017931.

[70] J. Liu, W. Zhao, and C. Xu, "An efficient on-ramp merging strategy for connected and automated vehicles in multi-lane traffic," *IEEE Trans. Intell. Transp. Syst.*, pp. 1–12, 2021, doi: 10.1109/TITS.2020.3046643.

[71] Y. Fu, C. Li, F. R. Yu, T. H. Luan, and Y. Zhang, "An autonomous lane-changing system with knowledge accumulation and transfer assisted by vehicular blockchain," *IEEE Internet Things J.*, vol. *7*, no. 11, pp. 11123–11136, Nov. 2020, doi: 10.1109/JIOT.2020.2994975.

[72] Q. Yuan, J. Li, H. Zhou, T. Lin, G. Luo, and X. Shen, "A joint service migration and mobility optimization approach for vehicular edge computing," *IEEE Trans. Veh. Technol.*, vol. *69*, no. 8, pp. 9041–9052, 2020, doi: 10.1109/TVT.2020.2999617.

[73] A. Haydari and Y. Yilmaz, "Deep reinforcement learning for intelligent transportation systems: A survey," *IEEE Trans. Intell. Transp. Syst.*, pp. 1–22, 2020, doi: 10.1109/TITS.2020.3008612.

[74] N. Parvez Farazi, B. Zou, T. Ahamed, and L. Barua, "Deep reinforcement learning in transportation research: A review," *Transp. Res. Interdiscip. Perspect.*, vol. *11*, p. 100425, 2021, doi: 10.1016/J.TRIP.2021.100425.

[75] S. Aradi, "Survey of deep reinforcement learning for motion planning of autonomous vehicles," *IEEE Trans. Intell. Transp. Syst.*, pp. 1–20, 2020, doi: 10.1109/TITS.2020.3024655.

[76] B. R. Kiran et al., "Deep reinforcement learning for autonomous driving: A survey," *IEEE Trans. Intell. Transp. Syst.*, pp. 1–18, 2021, doi: 10.1109/TITS.2021.3054625.

[77] K. Arulkumaran, M. P. Deisenroth, M. Brundage, and A. A. Bharath, "Deep reinforcement learning: A brief survey," *IEEE Signal Process. Mag.*, vol. *34*, no. 6, pp. 26–38, Nov. 2017, doi: 10.1109/MSP.2017.2743240.

[78] US Department of Transportation, "Intelligent Transportation Systems - Connected Vehicle Benefits," 2020. Accessed: October 08, 2021. [Online]. Available: https://www.its.dot.gov/cv_basics/cv_basics_what.htm

[79] I. Qualcomm Technologies, "C-V2X Congestion Control Study (80-PE732-74 Rev. AA)," 2020.

[80] J. Vargas, S. Alsweiss, O. Toker, R. Razdan, and J. Santos, "An overview of autonomous vehicles sensors and their vulnerability to weather conditions," *Sensors*, vol. *21*, no. 16, pp. 1–22, 2021, doi: 10.3390/s21165397.

[81] D. J. Yeong, G. Velasco-Hernandez, J. Barry, and J. Walsh, "Sensor and sensor fusion technology in autonomous vehicles: A review," *Sensors*, vol. *21*, no. 6, pp. 1–37, 2021, doi: 10.3390/s21062140.

[82] S. Campbell et al., "Sensor technology in autonomous vehicles: A review," *29th Irish Signals Syst. Conf. ISSC 2018*, pp. 1–4, 2018, doi: 10.1109/ISSC.2018.8585340.

[83] S. Heinrich and L. Motors, "Flash memory in the emerging age of autonomy," in *Flash Memory Summit*, 2017, pp. 1–10, [Online]. Available: https://www.flashmemorysummit.com/English/Collaterals/Proceedings/2017/20170808_FT12_Heinrich.pdf

[84] N. Parvez Farazi, B. Zou, T. Ahamed, and L. Barua, "Deep reinforcement learning in transportation research: A review," *Transp. Res. Interdiscip. Perspect.*, vol. *11*, no. March, p. 100425, 2021, doi: 10.1016/j.trip.2021.100425.

[85] Y. Wu, H. Chen, and F. Zhu, "DCL-AIM: Decentralized coordination learning of autonomous intersection management for connected and automated vehicles," *Transp. Res. Part C Emerg. Technol.*, vol. *103*, no. November 2018, pp. 246–260, 2019, doi: 10.1016/j.trc.2019.04.012.

[86] C. Cai, C. K. Wong, and B. G. Heydecker, "Adaptive traffic signal control using approximate dynamic programming," *Transp. Res. Part C Emerg. Technol.*, vol. *17*, no. 5, pp. 456–474, Oct. 2009, doi: 10.1016/j.trc.2009.04.005.

[87] D. Mguni, J. Jennings, S. V. Macua, E. Sison, S. Ceppi, and E. M. de Cote, "Coordinating the crowd: Inducing desirable equilibria in non-cooperative systems," no. Id, 2019, [Online]. Available: http://arxiv.org/abs/1901.10923

[88] M. Abdoos, N. Mozayani, and A. L. C. Bazzan, "Traffic light control in non-stationary environments based on multi agent Q-learning," *Intell. Transp. Syst. (ITSC), 2011 14th Int. IEEE Conf.*, pp. 1580–1585, 2011.

[89] L. Kuyer, S. Whiteson, B. Bakker, and N. Vlassis, "Multiagent reinforcement learning for urban traffic control using coordination graphs," in *Machine Learning and Knowledge Discovery in Databases*, vol. *5211*, W. Daelemans, B. Goethals, and K. Morik, Eds. Springer Berlin/Heidelberg, 2008, pp. 656–671.

[90] S. El-Tantawy, B. Abdulhai, and H. Abdelgawad, "Design of reinforcement learning parameters for seamless application of adaptive traffic signal control," *J. Intell. Transp. Syst.*, vol. *18*, no. 3, pp. 227–245, 2013.

[91] A. L. C. Bazzan and R. Grunitzki, "A multiagent reinforcement learning approach to en-route trip building," *Proc. Int. Jt. Conf. Neural Networks*, vol. *2016-Octob*, pp. 5288–5295, 2016, doi: 10.1109/IJCNN.2016.7727899.

[92] J. J. Q. Yu, W. Yu, and J. Gu, "Online vehicle routing with neural combinatorial optimization and deep reinforcement learning," *IEEE Trans. Intell. Transp. Syst.*, vol. *20*, no. 10, pp. 3806–3817, 2019, doi: 10.1109/TITS.2019.2909109.

[93] K. Zhang, F. He, Z. Zhang, X. Lin, and M. Li, "Multi-vehicle routing problems with soft time windows: A multi-agent reinforcement learning approach," *Transp. Res. Part C Emerg. Technol.*, vol. *121*, p. 102861, Dec. 2020, doi: 10.1016/J.TRC.2020.102861.

[94] I. Bello, H. Pham, Q. V. Le, M. Norouzi, and S. Bengio, "Neural combinatorial optimization with reinforcement learning," *5th Int. Conf. Learn. Represent. ICLR 2017 - Work. Track Proc.*, 2019.

[95] F. Zhu and S. V. Ukkusuri, "Accounting for dynamic speed limit control in a stochastic traffic environment: A reinforcement learning approach," *Transp. Res. Part C Emerg. Technol.*, vol. *41*, pp. 30–47, 2014, doi: 10.1016/j.trc.2014.01.014.

[96] Y. Zhang, P. Sun, Y. Yin, L. Lin, and X. Wang, "Human-like autonomous vehicle speed control by deep reinforcement learning with double Q-learning," *IEEE Intell. Veh. Symp. Proc.*, vol. *2018-June*, pp. 1251–1256, 2018, doi: 10.1109/IVS.2018.8500630.

[97] C. Lu, J. Huang, L. Deng, and J. Gong, "Coordinated ramp metering with equity consideration using reinforcement learning," *J. Transp. Eng. Part A Syst.*, vol. *143*, no. 7, p. 04017028, 2017, doi: 10.1061/JTEPBS.0000036.

[98] S. M. A. B. Al Islam, H. M. A. Aziz, H. Wang, and S. E. Young, "Minimizing energy consumption from connected signalized intersections by reinforcement learning," 2018.

[99] X. Liu, H. Xu, W. Liao, and W. Yu, "Reinforcement learning for cyber-physical systems," *Proc. - IEEE Int. Conf. Ind. Internet Cloud, ICII 2019*, pp. 318–327, 2019, doi: 10.1109/ICII.2019.00063.

[100] Z. WeiHua, G. Vikash, and L. Zhenhui, "Recent advances in reinforcement learning for traffic signal control," *ACM SIGKDD Explor. Newsl.*, vol. *22*, no. 2, pp. 12–18, 2021, doi: 10.1145/3447556.3447565.

[101] Y. Wang, D. Zhang, Y. Liu, B. Dai, and L. H. Lee, "Enhancing transportation systems via deep learning: A survey," *Transp. Res. Part C Emerg. Technol.*, vol. *99*, pp. 144–163, 2019, doi: 10.1016/J.TRC.2018.12.004.

[102] H. Peng et al., "Dynamic graph convolutional network for long-term traffic flow prediction with reinforcement learning," *Inf. Sci. (Ny).*, vol. *578*, pp. 401–416, 2021, doi: 10.1016/J.INS.2021.07.007.

[103] T. Toledo, C. F. Choudhury, and M. E. Ben-Akiva, "Lane-changing model with explicit target lane choice," *Transp. Res. Rec. J. Transp. Res. Board*, vol. *1934*, no. 1, pp. 157–165, 2005, doi: 10.1177/0361198105193400117.

[104] M. Ben-Akiva, C. Choudhury, and T. Toledo, "Integrated lane-changing models," *Transp. Simul. Beyond Tradit. Approaches*, pp. 61–74, 2019, doi: 10.1201/9780429093258-4.

[105] F. Aubeck, T. Oetermann, G. Birmes, and S. Pischinger, "Lane change driver assistance system for online operation optimization of connected vehicles," *2019 IEEE Intell. Transp. Syst. Conf. ITSC 2019*, pp. 2887–2894, 2019, doi: 10.1109/ITSC.2019.8917535.

[106] D. Tian, G. Wu, P. Hao, K. Boriboonsomsin, and M. J. Barth, "Connected vehicle-based lane selection assistance application," *IEEE Trans. Intell. Transp. Syst.*, vol. *20*, no. 7, pp. 2630–2643, 2019, doi: 10.1109/TITS.2018.2870147.

[107] C. Chen, J. Qian, H. Yao, J. Luo, H. Zhang, and W. Liu, "Towards comprehensive maneuver decisions for lane change using reinforcement learning," 2018.

[108] O. Nassef, L. Sequeira, E. Salam, and T. Mahmoodi, "Deep reinforcement learning in lane merge coordination for connected vehicles," in *IEEE International Symposium on Personal, Indoor and Mobile Radio Communications, PIMRC*, 2020, vol. 2020-Augus, doi: 10.1109/PIMRC48278.2020.9217273.

[109] I. Nishitani, H. Yang, R. Guo, S. Keshavamurthy, and K. Oguchi, "Deep merging: Vehicle merging controller based on deep reinforcement learning with embedding network," *Proc. - IEEE Int. Conf. Robot. Autom.*, pp. 216–221, 2020, doi: 10.1109/ICRA40945.2020.9197559.

[110] F. Zhu, H. M. A. Aziz, X. Qian, and S. V. Ukkusuri, "A junction-tree based learning algorithm to optimize network wide traffic control: A coordinated multi-agent framework," *Transp. Res. Part C Emerg. Technol.*, vol. *58*, 2015, doi: 10.1016/j.trc.2014.12.009.

[111] H. M. A. Aziz, F. Zhu, and S. V. Ukkusuri, "Learning-based traffic signal control algorithms with neighborhood information sharing: An application for sustainable mobility," *J. Intell. Transp. Syst. Technol. Planning, Oper.*, vol. *22*, no. 1, pp. 40–52, 2018, doi: 10.1080/15472450.2017.1387546.

[112] H. Wei, G. Zheng, V. Gayah, and Z. Li, "Recent advances in reinforcement learning for traffic signal control," *ACM SIGKDD Explor. Newsl.*, vol. *22*, no. 2, pp. 12–18, 2021, doi: 10.1145/3447556.3447565.

[113] W. Genders and S. Razavi, "Asynchronous n-step Q-learning adaptive traffic signal control," *J. Intell. Transp. Syst. Technol. Planning, Oper.*, vol. *23*, no. 4, pp. 319–331, 2019, doi: 10.1080/15472450.2018.1491003.

[114] X. Wang, L. Ke, Z. Qiao, and X. Chai, "Large-scale traffic signal control using a novel multiagent reinforcement learning," *IEEE Trans. Cybern.*, vol. *51*, no. 1, pp. 174–187, 2021, doi: 10.1109/TCYB.2020.3015811.

[115] S. S. Mousavi, M. Schukat, and E. Howley, "Traffic light control using deep policy-gradient and value-function-based reinforcement learning," *IET Intell. Transp. Syst.*, vol. *11*, no. 7, pp. 417–423, Sep. 2017, doi: 10.1049/IET-ITS.2017.0153.

[116] M. Coskun, A. Baggag, and S. Chawla, "Deep reinforcement learning for traffic light optimization," *IEEE Int. Conf. Data Min. Work. ICDMW*, vol. *2018-November*, pp. 564–571, Feb. 2019, doi: 10.1109/ICDMW.2018.00088.

[117] R. Zhang, A. Ishikawa, W. Wang, B. Striner, and O. K. Tonguz, "Using reinforcement learning with partial vehicle detection for intelligent traffic signal control," *IEEE Trans. Intell. Transp. Syst.*, vol. *22*, no. 1, pp. 404–415, Jan. 2021, doi: 10.1109/TITS.2019.2958859.

[118] T. Wang, J. Cao, and A. Hussain, "Adaptive traffic signal control for large-scale scenario with cooperative group-based multi-agent reinforcement learning," *Transp. Res. Part C Emerg. Technol.*, vol. *125*, no. February, p. 103046, 2021, doi: 10.1016/j.trc.2021.103046.

[119] Y. Wu, H. Tan, L. Qin, and B. Ran, "Differential variable speed limits control for freeway recurrent bottlenecks via deep actor-critic algorithm," *Transp. Res. Part C Emerg. Technol.*, vol. *117*, 2020, doi: 10.1016/J.TRC.2020.102649.

[120] X. Qu, Y. Yu, M. Zhou, C. T. Lin, and X. Wang, "Jointly dampening traffic oscillations and improving energy consumption with electric, connected and automated vehicles: A reinforcement learning based approach," *Appl. Energy*, vol. *257*, 2020, doi: 10.1016/J.APENERGY.2019.114030.

[121] A. R. Kreidieh, C. Wu, and A. M. Bayen, "Dissipating stop-and-go waves in closed and open networks via deep reinforcement learning," *IEEE Conf. Intell. Transp. Syst. Proceedings, ITSC*, vol. *2018*-November, pp. 1475–1480, Dec. 2018, doi: 10.1109/ITSC.2018.8569485.

[122] E. Vinitsky, K. Parvate, A. Kreidieh, C. Wu, and A. Bayen, "Lagrangian control through Deep-RL: Applications to bottleneck decongestion," *IEEE Conf. Intell. Transp. Syst. Proceedings, ITSC*, vol. *2018-November*, pp. 759–765, 2018, doi: 10.1109/ITSC.2018.8569615.

[123] Z. Bai, W. Shangguan, B. Cai, and L. Chai, "Deep reinforcement learning based high-level driving behavior decision-making model in heterogeneous traffic," *Chinese Control Conf. CCC*, vol. *2019-July*, pp. 8600–8605, 2019, doi: 10.23919/CHICC.2019.8866005.

[124] V. Pandey, E. Wang, and S. D. Boyles, "Deep reinforcement learning algorithm for dynamic pricing of express lanes with multiple access locations," *Transp. Res. Part C Emerg. Technol.*, vol. *119*, no. August, p. 102715, 2020, doi: 10.1016/j.trc.2020.102715.

[125] S. He and K. G. Shin, "Spatio-temporal capsule-based reinforcement learning for mobility-on-demand coordination," *IEEE Trans. Knowl. Data Eng.*, vol. *4347*, no. c, pp. 1–1, 2020, doi: 10.1109/tkde.2020.2992565.

[126] A. Mushtaq, I. U. Haq, M. U. Imtiaz, A. Khan, and O. Shafiq, "Traffic flow management of autonomous vehicles using deep reinforcement learning and smart rerouting," *IEEE Access*, vol. *9*, pp. 51005–51019, 2021, doi: 10.1109/ACCESS.2021.3063463.

[127] J. Ke, F. Xiao, H. Yang, and J. Ye, "Learning to delay in ride-sourcing systems: A multi-agent deep reinforcement learning framework," *IEEE Trans. Knowl. Data Eng.*, vol. *4347*, no. 5, pp. 1–1, 2020, doi: 10.1109/tkde.2020.3006084.

[128] M. Wegener, L. Koch, M. Eisenbarth, and J. Andert, "Automated eco-driving in urban scenarios using deep reinforcement learning," *Transp. Res. Part C Emerg. Technol.*, vol. *126*, no. January, p. 102967, 2021, doi: 10.1016/j.trc.2021.102967.

[129] Z. Zhu, S. Gupta, A. Gupta, and M. Canova, "A deep reinforcement learning framework for eco-driving in connected and automated hybrid electric vehicles," pp. 1–12, 2021, [Online]. Available: http://arxiv.org/abs/2101.05372

[130] G. Wu, F. Ye, P. Hao, D. Esaid, K. Boriboonsomsin, and M. J. Barth, "Deep learning-based eco-driving system for battery electric vehicles publication date data availability," 2019. doi: 10.7922/G2NP22N6.

[131] A. Pozzi, S. Bae, Y. Choi, F. Borrelli, D. M. Raimondo, and S. Moura, "Ecological velocity planning through signalized intersections: A deep reinforcement learning approach," *Proc. IEEE Conf. Decis. Control*, vol. *2020-December*, pp. 245–252, 2020, doi: 10.1109/CDC42340.2020.9304005.

[132] S. R. Mousa, S. Ishak, R. M. Mousa, J. Codjoe, and M. Elhenawy, "Deep reinforcement learning agent with varying actions strategy for solving the eco-approach and departure problem at signalized intersections," *Transp. Res. Rec.*, vol. *2674*, no. 8, pp. 119–131, 2020, doi: 10.1177/0361198120931848.

[133] Y. Jiang, "Vision-based eco-oriented driving strategies for freeway scenarios using deep reinforcement learning," University of California, Riverside, 2020.

[134] L. Zhu, Y. He, F. R. Yu, B. Ning, T. Tang, and N. Zhao, "Communication-based train control system performance optimization using deep reinforcement learning," *IEEE Trans. Veh. Technol.*, vol. *66*, no. 12, pp. 10705–10717, 2017, doi: 10.1109/TVT.2017.2724060.

[135] A. B. Martinsen and A. M. Lekkas, "Curved path following with deep reinforcement learning: Results from three vessel models," *Ocean. 2018 MTS/IEEE Charleston, Ocean 2018*, 2019, doi: 10.1109/OCEANS.2018.8604829.

[136] Y. Cheng and W. Zhang, "Concise deep reinforcement learning obstacle avoidance for underactuated unmanned marine vessels," *Neurocomputing*, vol. 272, pp. 63–73, 2018, doi: 10.1016/j.neucom.2017.06.066.

[137] L. Wang, Q. Wu, J. Liu, S. Li, and R. R. Negenborn, "State-of-the-art research on motion control of maritime autonomous surface ships," *J. Mar. Sci. Eng.*, vol. 7, no. 12, 2019, doi: 10.3390/JMSE7120438.

[138] Y. He, N. Zhao, and H. Yin, "Integrated networking, caching, and computing for connected vehicles: A deep reinforcement learning approach," *IEEE Trans. Veh. Technol.*, vol. 67, no. 1, pp. 44–55, 2018, doi: 10.1109/TVT.2017.2760281.

[139] K. K. Nguyen, T. Q. Duong, N. A. Vien, N. A. Le-Khac, and L. D. Nguyen, "Distributed deep deterministic policy gradient for power allocation control in D2D-based V2V communications," *IEEE Access*, vol. 7, pp. 164533–164543, 2019, doi: 10.1109/ACCESS.2019.2952411.

[140] G. Wang and F. Xu, "Regional intelligent resource allocation in mobile edge computing based vehicular network," *IEEE Access*, vol. 8, pp. 7173–7182, 2020, doi: 10.1109/ACCESS.2020.2964018.

[141] R. F. Atallah, C. M. Assi, and M. J. Khabbaz, "Scheduling the operation of a connected vehicular network using deep reinforcement learning," *IEEE Trans. Intell. Transp. Syst.*, vol. 20, no. 5, pp. 1669–1682, 2019, doi: 10.1109/TITS.2018.2832219.

[142] J. Aznar-Poveda, A.-J. Garcia-Sanchez, E. Egea-Lopez, and J. Garcia-Haro, "Simultaneous data rate and transmission power adaptation in V2V communications: A deep reinforcement learning approach," *IEEE Access*, vol. PP, pp. 1–1, 2021, doi: 10.1109/access.2021.3109422.

[143] K. Zhang, J. Cao, and Y. Zhang, "Adaptive digital twin and multi-agent deep reinforcement learning for vehicular edge computing and networks," *IEEE Trans. Ind. Informatics*, vol. 3203, no. c, pp. 1–1, 2021, doi: 10.1109/tii.2021.3088407.

[144] Y. Lin, Z. Zhang, Y. Huang, J. Li, F. Shu, and L. Hanzo, "Heterogeneous user-centric cluster migration improves the connectivity-handover trade-off in vehicular networks," *IEEE Trans. Veh. Technol.*, vol. 69, no. 12, pp. 16027–16043, 2020, doi: 10.1109/TVT.2020.3041521.

[145] U. Ahmed, J. C.-W. Lin, and G. Srivastava, "Privacy-preserving deep reinforcement learning in vehicle ad hoc networks," *IEEE Consum. Electron. Mag.*, vol. 2248, no. c, pp. 1–1, 2021, doi: 10.1109/mce.2021.3088408.

[146] R. F. Atallah, C. M. Assi, and M. J. Khabbaz, "Scheduling the operation of a connected vehicular network using deep reinforcement learning," *IEEE Trans. Intell. Transp. Syst.*, vol. 20, no. 5, pp. 1669–1682, 2019.

[147] Z. Chen, C. H. Liu, and R. Wang, "Learning to navigate connected autonomous cars for long-term communication coverage," *IT Prof.*, vol. 20, no. 6, pp. 46–53, 2018, doi: 10.1109/MITP.2018.2876923.

[148] L. Claussmann, M. Revilloud, D. Gruyer, and S. Glaser, "A review of motion planning for highway autonomous driving," *IEEE Trans. Intell. Transp. Syst.*, vol. 21, no. 5, pp. 1826–1848, 2020, doi: 10.1109/TITS.2019.2913998.

[149] B. R. Kiran et al., "Deep reinforcement learning for autonomous driving: A survey," *IEEE Trans. Intell. Transp. Syst.*, pp. 1–18, 2021, doi: 10.1109/TITS.2021.3054625.

[150] V. Talpaert et al., "Exploring applications of deep reinforcement learning for real-world autonomous driving systems," *VISIGRAPP 2019 - Proc. 14th Int. Jt. Conf. Comput. Vision, Imaging Comput. Graph. Theory Appl.*, vol. 5, pp. 564–572, 2019, doi: 10.5220/0007520305640572.

[151] E. Leurent, Y. Blanco, D. Emov, and O.-A. Maillard, "A survey of state-action representations for autonomous driving," 2018, [Online]. Available: https://hal.archives-ouvertes.fr/hal-01908175

[152] A. Dosovitskiy, G. Ros, F. Codevilla, A. Lopez, and V. Koltun, "CARLA: An open urban driving simulator," in *1st Conference on Robot Learning (CoRL 2017)*, 2017, no. CoRL, pp. 1–16, [Online]. Available: http://arxiv.org/abs/1711.03938

[153] C. Quiter and M. Ernst, "Deepdrive/Deepdrive: 2.0," 2018. https://deepdrive.voyage.auto/.

[154] N. Koenig and A. Howard, "Design and use paradigms for Gazebo, an open-source multi-robot simulator," *2004 IEEE/RSJ Int. Conf. Intell. Robot. Syst.*, vol. 3, pp. 2149–2154, 2004, doi: 10.1109/iros.2004.1389727.

[155] NVIDIA, "NVIDIA DRIVE Constellation," 2020. https://developer.nvidia.com/drive/drive-constellation.

[156] C. Wu, A. R. Kreidieh, K. Parvate, E. Vinitsky, and A. M. Bayen, "Flow: A modular learning framework for mixed autonomy traffic," *IEEE Trans. Robot.*, pp. 1–17, 2021, doi: 10.1109/TRO.2021.3087314.

[157] B. Paden, M. Čáp, S. Z. Yong, D. Yershov, and E. Frazzoli, "A survey of motion planning and control techniques for self-driving urban vehicles," *IEEE Trans. Intell. Veh.*, vol. 1, no. 1, pp. 33–55, 2016, doi: 10.1109/TIV.2016.2578706.

[158] L. Claussmann, M. Revilloud, D. Gruyer, and S. Glaser, "A review of motion planning for highway autonomous driving," *IEEE Trans. Intell. Transp. Syst.*, vol. 21, no. 5, pp. 1826–1848, May 2020, doi: 10.1109/TITS.2019.2913998.

[159] S. Mo, X. Pei, and C. Wu, "Safe reinforcement learning for autonomous vehicle using Monte Carlo Tree search," *IEEE Trans. Intell. Transp. Syst.*, pp. 1–8, 2021, doi: 10.1109/TITS.2021.3061627.

[160] J. Chen, S. E. Li, and M. Tomizuka, "Interpretable end-to-end urban autonomous driving with latent deep reinforcement learning," *IEEE Trans. Intell. Transp. Syst.*, pp. 1–11, 2021, doi: 10.1109/TITS.2020.3046646.

[161] M. Zhu, X. Wang, and Y. Wang, "Human-like autonomous car-following model with deep reinforcement learning," *Transp. Res. Part C Emerg. Technol.*, vol. *97*, pp. 348–368, Dec. 2018, doi: 10.1016/j.trc.2018.10.024.

[162] G. Bacchiani, D. Molinar, and M. Patander, "Microscopic traffic simulation by cooperative multi-agent deep reinforcement learning," *Proc. Int. Jt. Conf. Auton. Agents Multiagent Syst. AAMAS*, vol. *3*, pp. 1547–1555, 2019.

[163] Y. Ye, X. Zhang, and J. Sun, "Automated vehicle's behavior decision making using deep reinforcement learning and high-fidelity simulation environment," *Transp. Res. Part C Emerg. Technol.*, vol. *107*, pp. 155–170, Oct. 2019, doi: 10.1016/J.TRC.2019.08.011.

[164] A. Keselman, S. Ten, A. Ghazali, and M. Jubeh, "Reinforcement learning with A* and a deep heuristic," 2018, Accessed: September 26, 2021. [Online]. Available: http://arxiv.org/abs/1811.07745

[165] M. Huegle, G. Kalweit, M. Werling, and J. Boedecker, "Dynamic interaction-aware scene understanding for reinforcement learning in autonomous driving," *Proc. - IEEE Int. Conf. Robot. Autom.*, pp. 4329–4335, 2020, doi: 10.1109/ICRA40945.2020.9197086.

[166] H. Chae, C. M. Kang, B. Do Kim, J. Kim, C. C. Chung, and J. W. Choi, "Autonomous braking system via deep reinforcement learning," *IEEE Conf. Intell. Transp. Syst. Proceedings, ITSC*, vol. *2018-March*, pp. 1–6, 2018, doi: 10.1109/ITSC.2017.8317839.

[167] W. Xia, H. Li, and B. Li, "A control strategy of autonomous vehicles based on deep reinforcement learning," *Proc. - 2016 9th Int. Symp. Comput. Intell. Des. Isc. 2016*, vol. *2*, pp. 198–201, 2016, doi: 10.1109/ISCID.2016.2054.

[168] K. Makantasis, M. Kontorinaki, and I. Nikolos, "Deep reinforcement-learning-based driving policy for autonomous road vehicles," *IET Intell. Transp. Syst.*, vol. *14*, no. 1, pp. 13–24, Jan. 2020.

[169] C. Yu et al., "Distributed multiagent coordinated learning for autonomous driving in highways based on dynamic coordination graphs," *IEEE Trans. Intell. Transp. Syst.*, vol. *21*, no. 2, pp. 735–748, Feb. 2020, doi: 10.1109/TITS.2019.2893683.

[170] L. Qian, X. Xu, Y. Zeng, and J. Huang, "Deep, consistent behavioral decision making with planning features for autonomous vehicles," *Electron. 2019, Vol. 8, Page 1492*, vol. *8*, no. 12, p. 1492, 2019, doi: 10.3390/ELECTRONICS8121492.

[171] D. Isele, R. Rahimi, A. Cosgun, K. Subramanian, and K. Fujimura, "Navigating occluded intersections with autonomous vehicles using deep reinforcement learning," in *Proceedings - IEEE International Conference on Robotics and Automation*, 2018, pp. 2034–2039, doi: 10.1109/ICRA.2018.8461233.

[172] B. Chalaki et al., "Zero-shot autonomous vehicle policy transfer: From simulation to real-world via adversarial learning," *IEEE Int. Conf. Control Autom. ICCA*, vol. *2020-October*, pp. 35–40, 2020, doi: 10.1109/ICCA51439.2020.9264552.

[173] P. Wang and C. Y. Chan, "Formulation of deep reinforcement learning architecture toward autonomous driving for on-ramp merge," *IEEE Conf. Intell. Transp. Syst. Proceedings, ITSC*, vol. *2018-March*, pp. 1–6, 2018, doi: 10.1109/ITSC.2017.8317735.

[174] D. C. K. Ngai and N. H. C. Yung, "A multiple-goal reinforcement learning method for complex vehicle overtaking maneuvers," *Intell. Transp. Syst. IEEE Trans.*, vol. *12*, no. 2, pp. 509–522, 2011.

[175] K. Kashihara, "Deep Q learning for traffic simulation in autonomous driving at a highway junction," *2017 IEEE Int. Conf. Syst. Man, Cybern. SMC 2017*, vol. *2017-January*, pp. 984–988, 2017, doi: 10.1109/SMC.2017.8122738.

[176] A. Folkers, M. Rick, and C. Buskens, "Controlling an autonomous vehicle with deep reinforcement learning," *IEEE Intell. Veh. Symp. Proc.*, vol. *2019-June*, pp. 2025–2031, 2019, doi: 10.1109/IVS.2019.8814124.

[177] C. J. Hoel, K. Wolff, and L. Laine, "Automated speed and lane change decision making using deep reinforcement learning," *IEEE Conf. Intell. Transp. Syst. Proceedings, ITSC*, vol. *2018-November*, pp. 2148–2155, 2018, doi: 10.1109/ITSC.2018.8569568.

[178] P. Wang, C. Y. Chan, and A. De La Fortelle, "A reinforcement learning based approach for automated lane change Maneuvers," *IEEE Intell. Veh. Symp. Proc.*, vol. *2018-June*, pp. 1379–1384, 2018, doi: 10.1109/IVS.2018.8500556.

[179] A. Kendall et al., "Learning to drive in a day," *Proc. - IEEE Int. Conf. Robot. Autom.*, vol. *2019-May*, pp. 8248–8254, 2019, doi: 10.1109/ICRA.2019.8793742.

[180] S. Sharifzadeh, I. Chiotellis, R. Triebel, and D. Cremers, "Learning to drive using inverse reinforcement learning and deep q-networks," 2016, Accessed: September 26, 2021. [Online]. Available: https://arxiv.org/abs/1612.03653

[181] S. Arora and P. Doshi, "A survey of inverse reinforcement learning: Challenges, methods and progress," *Artif. Intell.*, vol. *297*, p. 103500, 2021.

[182] J. Wang, Q. Zhang, D. Zhao, and Y. Chen, "Lane change decision-making through deep reinforcement learning with rule-based constraints," *Proc. Int. Jt. Conf. Neural Networks*, vol. *2019*-July, 2019, doi: 10.1109/IJCNN.2019.8852110.

[183] A. Alizadeh, M. Moghadam, Y. Bicer, N. K. Ure, U. Yavas, and C. Kurtulus, "Automated lane change decision making using deep reinforcement learning in dynamic and uncertain highway environment," *2019 IEEE Intell. Transp. Syst. Conf. ITSC 2019*, pp. 1399–1404, 2019, doi: 10.1109/ITSC.2019.8917192.

[184] J. Zhang and K. Cho, "Query-efficient imitation learning for end-to-end simulated driving," *Proc. AAAI Conf. Artif. Intell.*, vol. *31*, no. 1, 2017, Accessed: September 27, 2021. [Online]. Available: https://ojs.aaai.org/index.php/AAAI/article/view/10857

[185] S. Shalev-Shwartz, S. Shammah, and A. Shashua, "Safe, multi-agent, reinforcement learning for autonomous driving," arXiv Prepr. arXiv1610.03295v1, p. 13, 2016, Accessed: September 27, 2021. [Online]. Available: https://arxiv.org/abs/1610.03295v1

[186] X. Xiong, J. Wang, F. Zhang, and K. Li, "Combining deep reinforcement learning and safety based control for autonomous driving," 2016, Accessed: September 27, 2021. [Online]. Available: https://arxiv.org/abs/1612.00147v1

[187] J. García Fern, and O Fernández, "A comprehensive survey on safe reinforcement learning," *J. Mach. Learn. Res.*, vol. *16*, no. 42, pp. 1437–1480, 2015, Accessed: September 27, 2021. [Online]. Available: http://jmlr.org/papers/v16/garcia15a.html

[188] B. R. Kiran et al., "Deep reinforcement learning for autonomous driving: A survey," *IEEE Trans. Intell. Transp. Syst.*, 2021, doi: 10.1109/TITS.2021.3054625.

[189] H. M. A. Aziz and S. V. Ukkusuri, "Unified framework for dynamic traffic assignment and signal control with cell transmission model," *Transp. Res. Rec.*, vol. *2311*, pp. 73–84, 2012.

[190] B. De Villiers and D. Sabatta, "Hindsight reward shaping in deep reinforcement learning," *2020 Int. SAUPEC/RobMech/PRASA Conf. SAUPEC/RobMech/PRASA 2020*, 2020, doi: 10.1109/SAUPEC/RobMech/PRASA48453.2020.9041058.

[191] P. Mannion, S. Devlin, J. Duggan, and E. Howley, "Reward shaping for knowledge-based multi-objective multi-agent reinforcement learning," *Knowl. Eng. Rev.*, vol. *33*, pp. 1–29, 2018, doi: 10.1017/s0269888918000292.

[192] S. Sharifzadeh, I. Chiotellis, R. Triebel, and D. Cremers, "Learning to drive using inverse reinforcement learning and deep Q-networks," 2016, Accessed: September 26, 2021. [Online]. Available: http://arxiv.org/abs/1612.03653

[193] B. Piot, M. Geist, and O. Pietquin, "Bridging the gap between imitation learning and inverse reinforcement learning," *IEEE Trans. Neural Networks Learn. Syst.*, vol. *28*, no. 8, pp. 1814–1826, 2017, doi: 10.1109/TNNLS.2016.2543000.

[194] D. Hadfield-Menell, A. Dragan, P. Abbeel, and S. Russell, "Cooperative inverse reinforcement learning," *Adv. Neural Inf. Process. Syst.*, no. *Nips*, pp. 3916–3924, 2016.

[195] S. Singh, A. G. Barto, and N. Chentanez, "Intrinsically motivated reinforcement learning," *Adv. Neural Inf. Process. Syst.*, vol. *2*, no. 2, pp. 70–82, 2005.

[196] M. Grzes and D. Kudenko, "Theoretical and empirical analysis of reward shaping in reinforcement learning," in *2009 International Conference on Machine Learning and Applications*, 2009, pp. 337–344.

[197] A. Dosovitskiy, G. Ros, F. Codevilla, A. Lopez, and V. Koltun, "CARLA: An open urban driving simulator," no. CoRL, pp. 1–16, 2017, [Online]. Available: http://arxiv.org/abs/1711.03938

[198] B. Mariusz et al., "End to end learning for self-driving cars." 2016, [Online]. Available: arxiv:1604.07316.

[199] B. D. Ziebart, A. L. Maas, J. A. Bagnell, A. K. Dey, and others, "Maximum entropy inverse reinforcement learning," *Aaai*, 2008, vol. *8*, pp. 1433–1438.

[200] Z. Chen, C. H. Liu, and R. Wang, "Learning to navigate connected autonomous cars for long-term communication coverage," *IT Prof.*, vol. *20*, no. 6, pp. 46–53, 2018, doi: 10.1109/MITP.2018.2876923.

[201] A. Abels, D. Roijers, T. Lenaerts, A. Nowé, and D. Steckelmacher, "Dynamic weights in multi-objective deep reinforcement learning," in *Proceedings of the 36th International Conference on Machine Learning, PMLR*, 2019, vol. *97*, pp. 11–20.

[202] C. Liu, X. Xu, and D. Hu, "Multiobjective reinforcement learning: A comprehensive overview," *IEEE Trans. Syst. Man, Cybern. Syst.*, vol. *45*, no. 3, pp. 385–398, 2015, doi: 10.1109/TSMC.2014.2358639.

[203] S. Gronauer and K. Diepold, *Multi-agent Deep Reinforcement Learning: A Survey*, no. 0123456789. Springer Netherlands, 2021.

[204] A. Oroojlooy and D. Hajinezhad, "A review of cooperative multi-agent deep reinforcement learning." 2019, [Online]. Available: https://arxiv.org/abs/1908.03963

[205] H. M. Aziz, H. Wang, and S. Young, "Investigating the impact of connected vehicle market share on the performance of reinforcement-learning based traffic signal control," no. June, 2019, [Online]. Available: https://www.osti.gov/biblio/1566974

[206] S. M. A. B. Al Islam, A. Hajbabaie, and H. M. A. Aziz, "A real-time network-level traffic signal control methodology with partial connected vehicle information," *Transp. Res. Part C Emerg. Technol.*, vol. *121*, no. September, p. 102830, 2020, doi: 10.1016/j.trc.2020.102830.

[207] N. J. Goodall, B. Park (Brian), and B. L. Smith, "Microscopic estimation of arterial vehicle positions in a low-penetration-rate connected vehicle environment," *J. Transp. Eng.*, vol. *140*, no. 10, p. 04014047, 2014, doi: 10.1061/(ASCE)TE.1943-5436.0000716.

[208] C. M. Day and Darcy M. Bullock, "Opportunities for detector-free signal offset optimization with limited connected vehicle market penetration: A proof-of-concept study," no. 16, pp. 1–21, 2015.

[209] M. Hausknecht and P. Stone, "Deep recurrent q-learning for partially observable MDPs," *AAAI Fall Symp. - Tech. Rep.*, vol. FS-15-06, pp. 29–37, 2015.

[210] M. Igl, L. Zintgraf, T. A. Le, F. Wood, and S. Whiteson, "Deep variational reinforcement learning for POMDPs," *35th Int. Conf. Mach. Learn. ICML 2018*, vol. *5*, pp. 3359–3375, 2018.

[211] X. Z. Chao Wang, J. Wang, and X. Zhang, "Autonomous navigation of UAV in large-scale unknown complex environment with deep reinforcement learning," *2017 IEEE Global Conference on Signal and Information Processing (GlobalSIP), IEEE*, pp. 858–862, 2017.

[212] C. P. Andriotis and K. G. Papakonstantinou, "Deep reinforcement learning driven inspection and maintenance planning under incomplete information and constraints," *Reliab. Eng. Syst. Saf.*, vol. *212*, no. February, p. 107551, 2021, doi: 10.1016/j.ress.2021.107551.

第三部分
面向车辆控制的深度学习

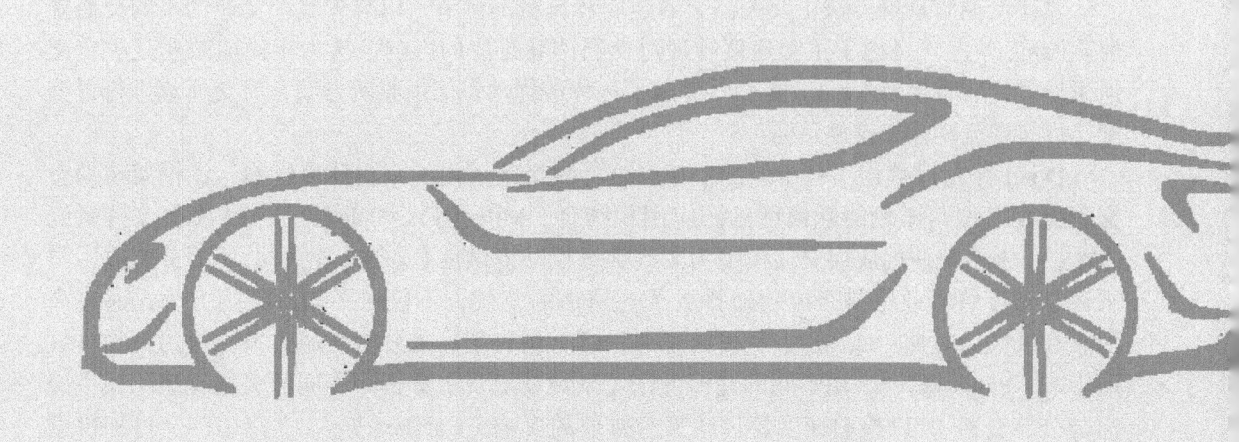

第 8 章

基于深度强化学习的时变交通信息道路车辆排放控制

8.1 引言

车辆排放的交通废气中含有一氧化碳（CO）、二氧化碳（CO_2）、氮氧化物（NOx）、碳氢化合物（HC）和颗粒物（PM2.5）等有害物质，对公众健康影响较大。机动车使用量的增加大大加剧了城市空气污染。根据《中国机动车环境管理年报（2018）》，2017 年中国汽车 CO 排放总量为 3327.3 万吨，HC 排放总量为 407.1 万吨，NOx 排放总量为 574.3 万吨。在中国的一些特大城市，如北京、上海、深圳，PM2.5 的机动车排放占比约为 13.5%～41%。因此，有必要对交通排放控制进行研究，以帮助相关政府部门定制合适的交通控制政策[1]和合理的交通规划[2]。

近年来，人们对汽车尾气排放管理问题进行了大量的研究。现有的大部分交通排放控制工作可分为基于反馈控制的方法和基于交通管理的方法。

基于反馈控制的方法需要建立宏观交通流模型和微观交通排放模型，以供控制器预测交通网络的交通排放。Zhang 等人[3]提出了离散交通流模型，设计了延迟反馈控制器来抑制交通堵塞，减少交通排放。Shu 等人[4]提出了一个综合宏观交通模型来预测交通流状态和每辆车在不同工况下的排放，并设计了模型预测控制器来减少出行延误和交通排放。Shuai 等人[5]采用多级宏观交通流和排放模型对交通网络进行 MPC，实现了总花费时间和总排放之间的平衡权衡。Uzunova 等人[6]提出采用非整数鲁棒控制方法来分析由于道路扰动引起的速度和密度变化，并确保受控和非受控模型的交通速度和评估的 CO_2 排放污染因子的鲁棒性能。然而，宏观交通流模型和诱导控制策略肯定是不准确的。

基于交通管理的方法主要关注交通速度和流量的调节，以减少整个交通网络的交通排放。Panis 等人[7]考虑了主动速度管理对交通诱导排放的影响，认为车辆加减速是决定交通诱导排放的重要因素。Li 等人[8]提出了一种最优动态信用收费方案，对交通流进行再分配，以实现流动性和排放目标。

Duell 等人[9]提出了一个新的框架来估计城市范围内的车辆环境影响，该框架将动态交通分配模型与车辆能耗模型的新应用相结合。Miles 等人[10]提出了一种决策支持系统（DSS），该系统使用底层交通模型为大气弥散模型提供信息。Bel 等人[11]使用分位数回归来评估湿度管理政策是否成功地排放了更清洁的空气，不仅在平均污染物方面，还在高污染和低污染时期。De 等人[12]提出了一种综合仿真工具来分析交通流条件对污染物排放的影响。Panis 等人[13]用不同的建模方法（微观与宏观）分析了不同的交通类型（城市交通与公路交通），以检验速度管理政策对排放的影响。Carslaw 等人[14]使用广义可加模型（Generalized Additive Models，GAMs）来描述单个车辆的排放如何随其驾驶条件而变化，同时考虑到可变的相互作用和时滞效应，并量化了车速控制对道路类型、燃料类型和驾驶人行为的车辆二氧化碳排放的影响。Dijkema 等人[15]研究了降低最高限速对减少交通相关空气污染的影响。基于交通管理的方法设计了基于历史交通流信息的交通控制策略，是一种具有时滞效应的离线策略。

随着交通数据采集和人工智能技术的快速发展，一些研究转向使用深度强化学习（RL）方法进行交通管理。RL 通过情节直接从状态和行为之间的相互作用中学习，智能体根据长期积累的奖励采取最优行为。在本章中，我们提出了一种深度强化学习排放控制策略，该策略基于实际交通信息自动学习目标路段的最优交通流量和限速，以减少交通排放。本研究的主要贡献如下：

1）提出了道路车辆排放控制强化学习模型，建立了排放与交通信息的关系。并设计了一个复合排放环境状态空间，以利用排放的时间依赖性。此外，为了处理大的状态和动作空间，采用深度 Q 网络（DQN）来估计最优长期价值函数。

2）在合肥市实际车辆排放数据上对该方法进行了评价。结果表明，该方法相对于基线方法是有效的。

8.2 相关工作

在交通领域已经有一些关于交通控制的著作，如交通灯控制、交通流优化、车辆速度调节等。Li 等人[16]采用深度强化学习方法，对控制动作和系统状态变化进行隐式建模，设计信号定时方案。Miles 等人[17]开发了一种基于 RL 的交通信号控制方法，采用图卷积神经网络来应对更广泛的交通需求。Walraven 等人[18]利用强化学习解决了交通优化问题，减少了高速公路上的交通拥堵。Li 等人[19]将强化学习技术引入可变限速控制策略，以减少系统在高速公路瓶颈处的行驶时间。

Chao 等人[20]提出了一种基于 Dyna-Q 架构的间接强化学习模型来管理匝道控制中事故引起的拥塞。强化学习在该领域的一个更普遍的应用可以在文献 [21] 中找到，其中研究了多个利益相关者在空中交通流量管理决策中的不同奖励函数。Xu 等人[22]提出了一种基于多源城市数据的深度时空框架来预测区域尺度的车辆排放。Yau 等人[23]从 RL 模型的表征（即状态、动作和奖励）、性能度量和复杂性等方面，综述了应用交通信号控制的各种 RL 模型和算法[24-26]，为该领域的进一步研究奠定了基础。

8.3 综述

8.3.1 准备工作

本章使用的主要符号注释见表 8.1。

1）交通智能体：交通智能体 TA 具有交通流量 tv、交通平均速度 ts 等因子，是与排放环境相互作用的主要主体。

表 8.1 本章使用的主要符号注释

符号	定义
EF	一个排放事件
TA	实施排放的交通智能体
tv_t	t 时刻交通流量 /（V/h）
ts_t	t 时刻交通平均速度 /（km/h）
π	交通智能体采取的排放策略

2）排放事件：排放事件 EF 是一天中的一个周期排放序列，其中我们希望实现最小化的车辆总排放量。每个时间间隔的排放由燃料（Fuel）、CO、HC、NO 组成，定义为 $EF_t = \{Fuel_t, CO_t, HC_t, NO_t\}$，并分别对排放序列进行归一化处理。在我们的问题中，排放事件的长度为 24h，时间间隔为 1h。

8.3.2 交通数据分析

图 8.1a、图 8.1b 所示为历史交通数据的每日速度及交通流量分布图。我们发现，在早高峰时段，如上午 10 点，交通模式是低速和高交通流量，这容易导致车辆排放较高，如图 8.1c 所示。

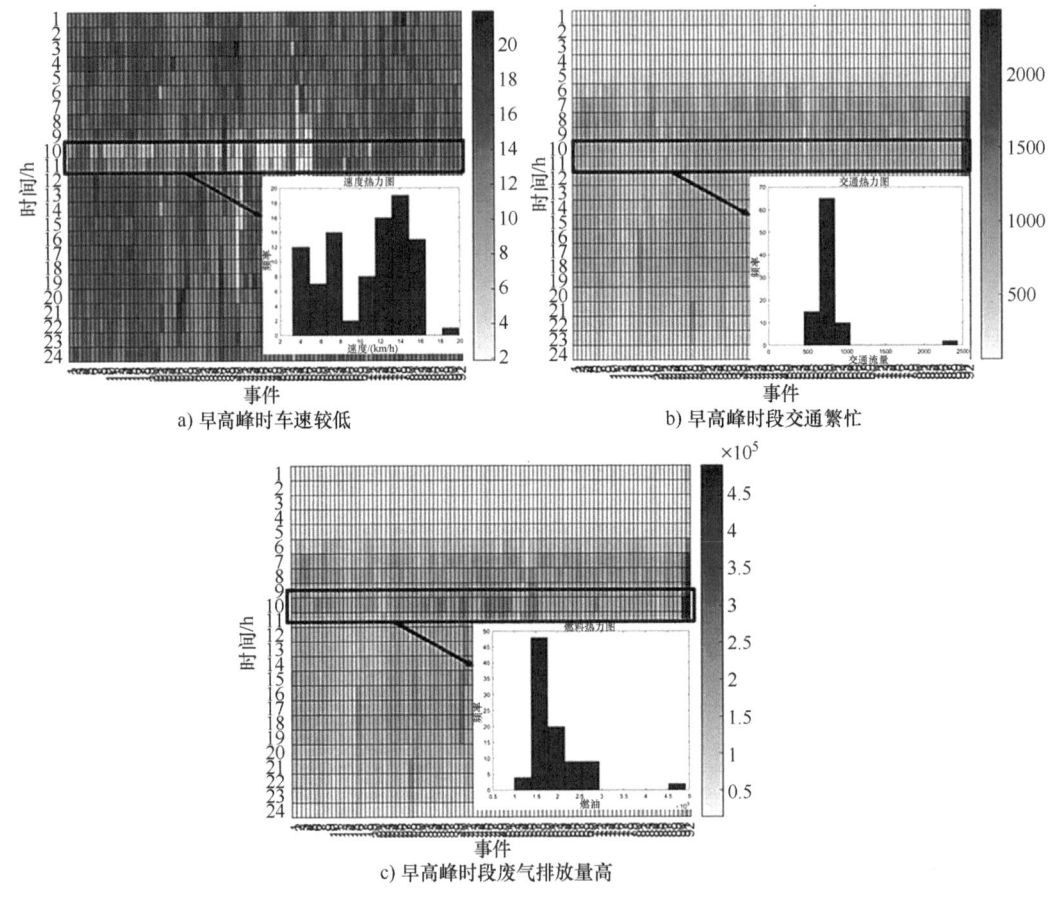

a) 早高峰时车速较低

b) 早高峰时段交通繁忙

c) 早高峰时段废气排放量高

图 8.1 每日早高峰时段交通量及废气排放分布

8.3.3 问题公式化

问题：给定历史排放事件 EF 和交通智能体 TA，设计控制策略 π，在保证正常交通量的情况下，使某一事件的总排放量最小，如图 8.2 所示。在获取历史排放事件的基础上，提出了一种基于强化学习的模型（EFRL），通过学习交通智能体控制策略来最小化该事件的总排放量。

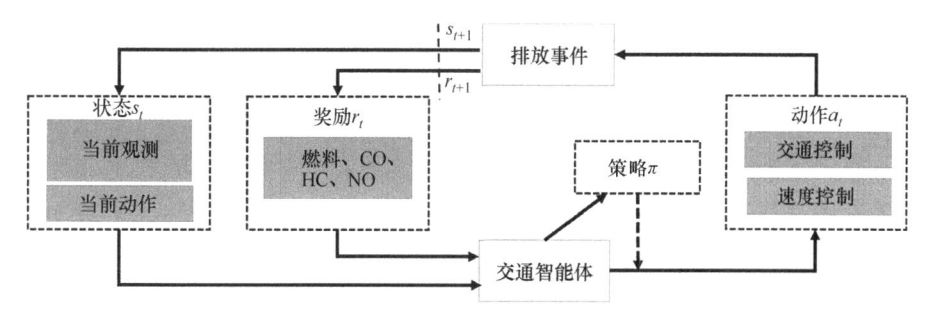

图 8.2　排放控制策略问题定义

8.4　方法论

8.4.1　框架

如图 8.3 所示，EFRL 系统框架包括离线学习和在线控制两个阶段。

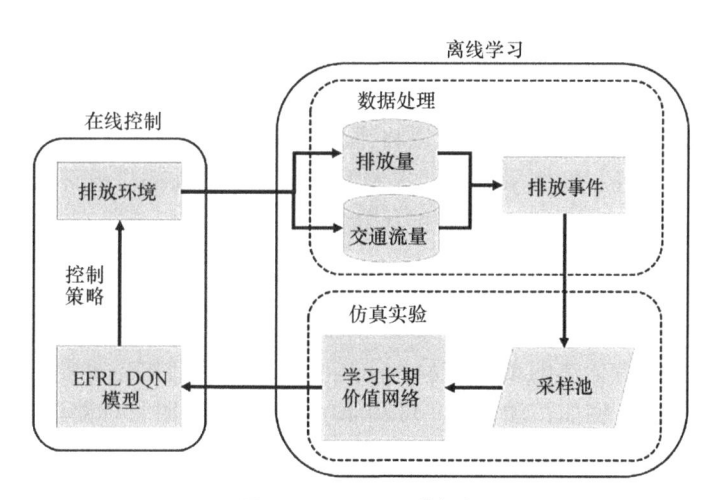

图 8.3　EFRL 系统框架

1）**数据处理**：EFRL 基于原始的车辆排放测量数据和来自排放遥感系统（排放环境）的交通相关信息，将批量数据结构化为状态 s_t，生成排放事件。

2）**仿真实验**：在交通排放变化过程中，车辆排放与交通信息之间存在交互作用。因此，为了训练和评估一个动态的交通排放模型，需要一个系统模拟器来模拟重新定位下的系统动力学。在模拟阶段，样本池来源于真实的排放数据集来训练我们的 EFRL 模型。具体而言，利用排放环境状态、交通主体在每个时间步的协调行为和即时奖励来训练 EFRL DQN 模型，用于估计长期值函数，并由此推断出协调最优交通控制策略。

3）**在线控制**：经过离线学习阶段，我们得到训练好的 EFRL DQN 模型，该模型返回最优交通控制策略，包括交通流量限制和车辆限速建议，以减少车辆排放。

8.4.2 EFRL 模型

强化学习模型（Sutton 等，1998 年）通常被定义为六元组模型，即 $(S, A, T, R, \pi, \gamma)$。其中，$S$ 是状态空间环境，A 是智能体的行动空间，T 是一个智能体采取行动后从给定状态 S_t 转移到下一个状态 S_{t+1} 的转移概率，R 代表具体状态下采取行动后获得的直接奖励，即 $r_t(s_t, a_t)$，π 是一个策略 $S \times A \to \pi$，描述在给定状态采取一个行动的概率，γ 是时间折扣因子。智能体试图选择行动，使其在未来获得的折扣奖励总和最大，一个行动具有长期奖励 G_t，定义为

$$G_t = r_t + \gamma \cdot r_{t+1} + \gamma^2 \cdot r_{t+2} + \cdots + \gamma^k \cdot r_{t+k} \tag{8.1}$$

式中，$t+k$ 表示最后一个时间步长。

强化学习的目标是学习一个最优策略 π，使得给定状态 s_t 采取行动，智能体能够获得最大的预期长期折扣奖励。定义最优长期价值函数方程为

$$Q^*(s_t, a_t) = \max E_\pi(G_t | s_t, a_t, \pi) \tag{8.2}$$

贝尔曼方程式（8.3）通常被计算方程式（8.2）采用，即

$$Q^*(s_t, a_t) = E_{S_{t+1}}(r_t + \gamma \cdot \max Q^*(s_{t+1} a_{t+1}) | s_t, a_t) \tag{8.3}$$

基于每个状态每个动作的最优长期价值，我们可以得到最优策略方程为

$$a_t^* = \arg\max Q^*(s_t, a_t) \tag{8.4}$$

基于传统的强化学习理论，我们可以将排放控制模型表述为以下概念。

1）**观察**：每当交通智能体采取新的控制时，它都对当前的排放环境进行了实时观察。观测定义为包括排放环境状态和交通智能体状态。对于排放环境状态，包括当前排放状态 EF_t 和下一时期的预测排放 $\widehat{\mathrm{EF}}_t$。对于交通智能体状态，其中包括当前观察到的交通量 $tv_{o,t}$ 和交通平均速度 $ts_{o,t}$。观测值可以表示为 $O_t = (\mathrm{EF}_t, \widehat{\mathrm{EF}}_t, tv_{o,t}, ts_{o,t})$。

2）**动作**：将交通智能体的动作表示为描述交通流量限制和交通平均速度限制的向量，可以表示为 $a_t = (tv_t, ts_t)$。例如，动作 $a_1 = (120, 40)$ 表示下一小时目标路段当前交通流量限制为 120 辆/h，车速限制为 40km/h。

3）**状态**：排放环境的状态定义为观测与动作以及结合当前时间的交错序列，可表示为 $s_t = (O_{t\_k}, a_{t\_k}, \cdots, O_{t\_1}, a_{t\_1}, O_t, t)$，$k$ 表示观测时间间隔，在这被设置为 1。

4）**即时奖励**：为了将一个周期事件的排放量控制在较低水平，同时保证一定的交通流量。即时奖励被定义为在状态 s_t 下采取行动 a_t 并在 $(t,t+1)$ 期间转移到状态 S_{t+1} 后，排放和交通流量的组合增益 $r_t = G_t(\mathrm{EF}_t - \mathrm{EF}_{t+1}) + G_t(tv_{t+1} - tv_t)$。定义 G_t 为

$$G_t(x) = \begin{cases} 1, & x > 0 \\ -1, & \text{其他} \end{cases} \tag{8.5}$$

5）**最优价值网络**：定义 EFRL 模型，我们可以设计 DQN 来估计最优长期价值函数（式（8.3）），即 $Q^*(S, A, \theta): S, A, Q^*$，其中 θ 为神经网络学习参数。EFRL 模型可由最小化

贝尔曼方程方差来优化，定制优化目标函数为

$$\min_{\theta} L = E\left[(Q^*(s_t, a_t, \theta) - Q^*_{\text{target}}(s_t, a_t, \theta^-))^2\right]$$
$$= E\left[\left(Q^*(s_t, a_t, \theta) - r^t + \gamma \cdot \max_{a_{t+1}} Q^*_{\text{target}}(s_t, a_t, \theta^-)\right)^2\right] \quad (8.6)$$

算法 详细介绍了训练最优长期价值网络的伪算法

算法 8.1 EFRL DQN 训练算法
需要：
1：样本重放缓存器 D；排放事件 EF= {EF1, EF2, …, EFN}；事件迭代次数 T；行为网络参数 θ；目标网络参数 θ^-
返回：
EFRL DQN 模型 $Q^*(\theta)$
2：$D \leftarrow \phi$ // 初始化样本重放缓存器 D
3：随机初始化 $Q^*(S, A, \theta)$，$\theta^- \leftarrow \theta$
4：for 每次事件 EF$i(1 \leq i \leq N)$ do
5：for 每次时间步 $t(1 \leq i \leq T)$ do
6：随机选取一个动作 a_t，$\varepsilon \in [0,1]$ // ε 为探索概率
7：否则，选择 $a_t = \argmax_{a \in A} Q^*(s_t, a, \theta)$
8：交通智能体采取动作 a_t，并转移到下一状态 s_{t+1}，接受反馈奖励 r_t
9：存储新的样本 (s_t, a_t, s_{t+1}, r_t) to D
10：从 D 中随机采样小批量样本 (s_t, a_t, s_{t+1}, r_t)
11：$Q^*(s_t, a, \theta) = Q^*_{\text{target}}(s_t, a, \theta^-)$
12：最小化目标函数 L(式 (8.6))
13：$\theta^- \leftarrow \theta$
14：循环结束

8.5 实验验证

8.5.1 数据和设置

该方法在高性能服务器上使用 GeForce GTX 1080Ti GPU 实现。并利用真实道路对排放控制强化学习模型进行了评价。具体来说，我们收集了合肥市一条主要道路上部署车辆遥感系统的排放数据，该数据是由合肥市环境保护局授权的。由于传感器站有时可能没有记录，因此用平均值填充缺失条目。实验排放数据集见表 8.2。

表 8.2 实验排放数据集

数据集	测量值
位置	合肥市
时间跨度	2017/5/1—2017/7/31
时间间隔	1h
评价站	4
污染物测量	燃料，CO，HC，NO

(续)

数据集	测量值
交通流量	[0，3512]（辆/h）
车辆速度	[0，77.9]（km/h）
可用时间间隔	2091（117missing）

8.5.2 基线和指标

为了评估所提出 EFRL 模型的性能，我们将其与以下基线进行了比较。

1）随机策略（RP）：这种排放控制策略是指交通智能体每次随机选择交通流量和交通平均限速策略。

2）Monte Carlo（MC）：在不完全了解环境的情况下，MC 根据经验片段估计最优行为[24]。使用该策略，交通智能体根据排放事件的经验修改其策略和数值估计。

3）Q-learning（QL）：QL 是最常用的强化学习算法[25-26]。QL 智能体根据最大的 Q 值选择最优动作。

4）指标评价：为了评价 EFRL 控制政策，我们将平均时段的总排放量与基线策略进行了比较。平均排放的定义如下，即

$$EF_{k,\text{average}} = \sum_{i=1}^{N} \sum_{t=1}^{T} \frac{1}{N} EF_k(i,t) \quad (8.7)$$

式中，k 表示燃放气体，如 CO、HC、NO；N 表示总排放事件数；T 表示每个事件的排放长度。

8.5.3 结果

在排放策略评估实验中，我们使用前一节所述的策略算法，在交通和速度控制下运行不同的交通排放模拟。图 8.4 所示为不同排放控制策略的总排放量。在不采取控制策略的情况下，减排占总排放量的比例见表 8.3，采取随机策略时减排效果不大。此外，控制策略对不同污染的表现不稳定，即 MC 和 QL 对 CO、HC 的减排效果较好，MC 和 QL 对 NO 的减排效果相似。我们的 EFRL 在所有污染减排方面都取得了最好的效果。

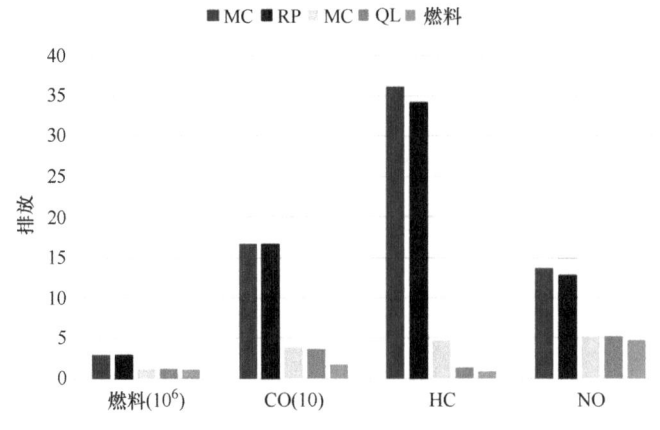

图 8.4 不同排放控制策略的总排放量

表 8.3 平均时段的减排比较

控制策略	FUEL(%)	CO(%)	HC(%)	NO(%)
RP	↑ 1.28	↑ 0.11	↓ 5.54	↓ 6.01
MC	↓ 56.42	↓ 76.86	↓ 86.95	↓ 61.93
QL	↓ 59.34	↓ 78.08	↓ 96.38	↓ 62.37
EFRL	↓ 62.39	↓ 89.54	↓ 97.72	↓ 65.56

不同策略的流量统计数据见表 8.4 和如图 8.5 所示，与非控制策略和随机策略相比，基于强化学习的方法更加稳定交通流量和速度控制。我们可以发现，EFRL 控制策略可以在保证正常交通流量和速度的同时，显著降低平均时段的交通排放。

表 8.4 交通流量速度模型

模型	交通流量 MEAN	交通流量 STD	速度 MEAN	速度 STD
无控制	569.02	278.29	11.55	1.87
RP	576.33	276.50	11.53	1.85
MC	316.89	122.39	11.58	0.53
QL	303.40	89.09	11.57	0.46
EFRL	266.85	81.99	11.15	1.46

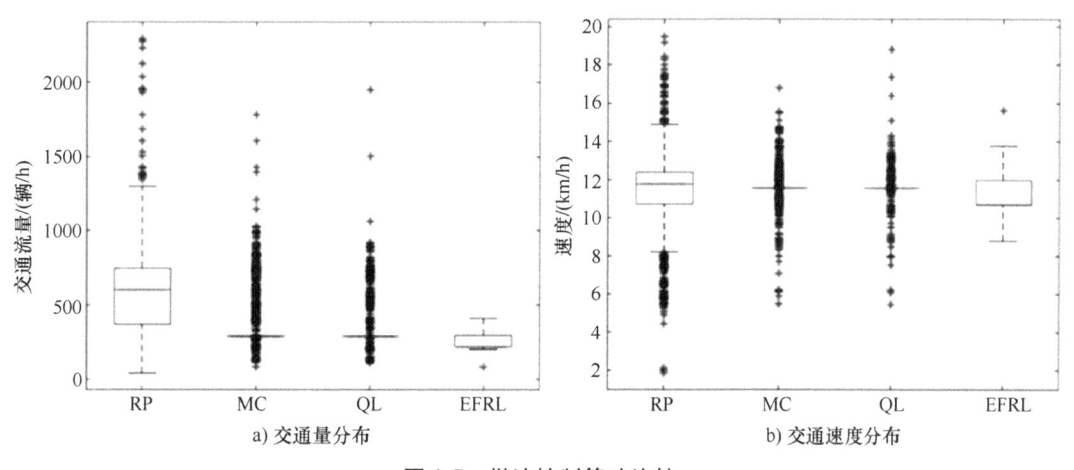

a) 交通量分布

b) 交通速度分布

图 8.5 燃油控制策略比较

为了评价 EFRL 的训练效果，图 8.6 所示为训练迭代的总奖励。我们可以发现，随着训练的进行，总奖励有增加的趋势。

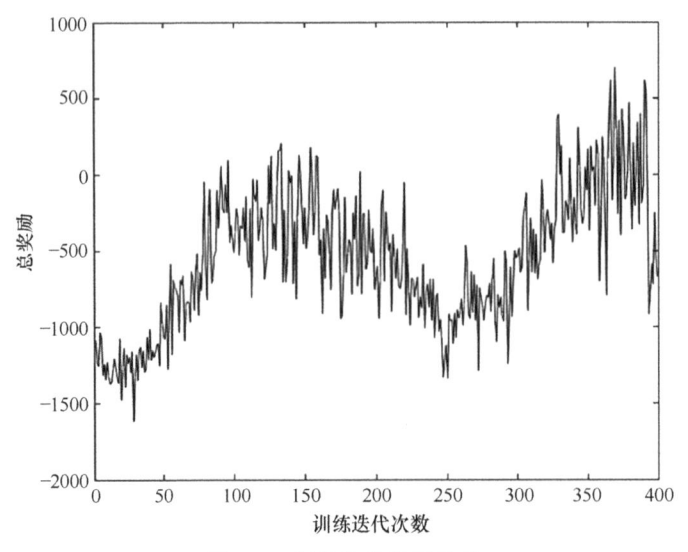

图 8.6 训练迭代的总奖励

8.6 结论

在本章中，我们基于深度强化学习模型即 EFRL 来解决交通排放管理问题。与现有研究利用宏观交通流模型和微观交通排放模型来模拟不同的排放环境，EFRL 直接从历史排放序列中学习，采用复合排放状态来捕捉系统的时间依赖关系。为了处理大的状态和动作空间，应用 DQN 来估计最优长期价值函数。本文以合肥市实际车辆排放数据为例对该政策进行了评价，对比结果表明了该方法的有效性。

未来，我们将把单一路段控制策略扩展到区域尺度上的其他时空排放控制。

参考文献

[1] Peŕez, P., Trier, A., and Reyes, J. (2000). Prediction of pm2.5 concentrations several hours in advance using neural networks in santiago, chile. *Atmospheric Environment*, *34*(8), 1189–1196.

[2] Xu, Z., Kang, Y., and Cao, Y. (2020). Emission stations location selection based on conditional measurement gan data. *Neurocomputing*, *388*, 170–180.

[3] Zhang, L.D. and Zhu, W.X. (2015). Delay-feedback control strategy for reducing CO_2 emission of traffic flow system. *Physica A: Statistical Mechanics and its Applications*, *428*, 481–492.

[4] Shu, L., Schutter, B.D., Zegeye, S.K., Hellendoorn, H., and Xi, Y. (2013). Integrated urban traffic control for the reduction of travel delays and emissions. *IEEE Transactions on Intelligent Transportation Systems*, *14*(4), 1609–1619.

[5] Shuai, L., Hellendoorn, H., and Schutter, B.D. (2017). Model predictive control for freeway networks based on multi-class traffic flow and emission models. *IEEE Transactions on Intelligent Transportation Systems*, *18*(2), 306–320.

[6] Uzunova, M., Losero, R., Lauber, J., and Djemai, M.(2012). Traffic velocity control for evaluation the impact of gases emissions: Case study of toll plaza. In *International Symposium on Environment Friendly Energies & Applications*.

[7] Panis, L.I., Broekx, S., and Liu, R. (2006). Modelling instantaneous traffic emission and the influence of traffic speed limits. *Science of the Total Environment*, *371*(1C3), 270–285.

[8] Li, Y., Ukkusuri, S.V., and Fan, J. (2018). Managing congestion and emissions in transportation networks with dynamic carbon credit charge scheme. *Computers & Operations Research*, *99*, 90–108.

[9] Duell, M., Levin, M., and Waller, S. (2014). Urban vehicle energy consumption for policy evaluation: Impact of electric vehicles. In *19th International Conference of Hong Kong Society for Transportation Studies: Transportation and Infrastructure, HKSTS 2014*, 271–278.

[10] Miles, A., Zaslavsky, A., and Browne, C. (2018). Iot-based decision support system for monitoring and mitigating atmospheric pollution in smart cities. *Journal of Decision Systems*, *27*, 56–67.

[11] Bel, G., Bolanc, C., Guilln, M., and Rosell, J. (2015). The environmental effects of changing speed limits: A quantile regression approach. *Transportation Research Part D*, *36*, 76–85.

[12] De Blasiis, M., Di Prete, M., Guattari, C., Veraldi, V., Chiatti, G., and Palmieri, F. (2014). The effects of traffic flow conditions on the pollutants emissions: A driving simulator study. *Advances in Transportation Studies*, *2*(SPECIAL ISSUE), 59–70. doi:10.4399/97888548735377.

[13] Panis, L.I., Beckx, C., Broekx, S., Vlieger, I.D., Schrooten, L., Degraeuwe, B., and Pelkmans, L. (2011). Pm, nox and co emission reductions from speed management policies in europe. *Transport Policy*, *18*(1), 32–37.

[14] Carslaw, D.C., Goodman, P.S., Lai, F.C.H., and Carsten, O.M.J. (2010). Comprehensive analysis of the carbon impacts of vehicle intelligent speed control. *Atmospheric Environment*, *44*(23), 2674–2680.

[15] Dijkema, M., Zee, S.C.V.D., Brunekreef, B., and Strien, R.T.V. (2008). Air quality effects of an urban high-way speed limit reduction. *Atmospheric Environment*, *42*(40), 9098–9105.

[16] Li, L., Lv, Y., and Wang, F.Y. (2016). Traffic signal timing via deep reinforcement learning. *IEEE/CAA Journal of Automatica Sinica*, *3*(3), 247–254.

[17] Miles, A., Zaslavsky, A., and Browne, C. (2018). IOT-based decision support system for monitoring and mitigating atmospheric pollution in smart cities. *Journal of Decision Systems*, *27*, 1–12.

[18] Walraven, E., Spaan, M.T., and Bakker, B. (2016). Traffic flow optimization: A reinforcement learning approach. *Engineering Applications of Artificial Intelligence*, *52*, 203–212.

[19] Li, Z., Liu, P., Xu, C., Duan, H., and Wang, W. (2017). Reinforcement learning-based variable speed limit control strategy to reduce traffic congestion at freeway recurrent bottlenecks. *IEEE Transactions on Intelligent Transportation Systems*, *18*(11), 3204–3217.

[20] Chao, L., Chen, H., and Grant-Muller, S. (2013). An indirect reinforcement learning approach for ramp control under incident induced congestion. In *International IEEE Conference on Intelligent Transportation Systems*.

[21] Cruciol, L.L.B.V., De Arruda, A.C., Weigang, L., Li, L., and Crespo, A.M.F. (2013). Reward functions for learning to control in air traffic flow management. *Transportation Research Part C*, *35*(10), 141–155.

[22] Xu, Z., Cao, Y., and Kang, Y. (2019). Deep spatiotemporal residual early-late fusion network for city region vehicle emission pollution prediction. *Neurocomputing*, *355*, 183–199.

[23] Yau, K.L.A., Qadir, J., Khoo, H.L., Ling, M.H., and Komisarczuk, P. (2017). A survey on reinforcement learning models and algorithms for traffic signal control. *ACM Computing Surveys*, *50*(3), 1–38.

[24] Sutton, R.S., and Barto, A.G. *Reinforcement Learning: An Introduction*. MIT Press, 2018. https://mitpress.mit.edu/9780262039246/reinforcement-learning/

[25] Watkins, C.J.C.H., and Dayan, P. Q-learning. *Machine Learning*, 1992, *8*(3–4), 279–292.

[26] Mahadevan, S. (1996). Average reward reinforcement learning: Foundations, algorithms, and empirical results. *Machine Learning*, *22*(1–3), 159–195.

第 9 章

电动汽车充电负荷预测

9.1 引言

　　智能电网是信息和能源同步传输的系统，是实现电力自动化的一种方式。发展高效清洁的电动汽车是减少石油依赖、缓解空气污染、转变能源结构和能源消费方式、提高能源综合利用效率的有效途径。根据《中国统计年鉴—2018》，2016 年，电力、天然气、水生产和供应业消费 30313.58 万吨标准煤，占全年能源消费总量的 6.96%。运输、仓储和邮政业消费 39651.21 万吨标准煤炭，占全年社会能源消费总量的 9.10%。根据中国公安部 2024 年 1 月 11 日发布的最新统计，截至 2023 年底，中国新能源汽车保有量已达到约 2041 万辆，占全球新能源汽车保有总量的约 48.7%。

　　在中国政府宏观政策的引导下，各种产业技术日趋成熟。目前，电动汽车蓬勃发展，公共和民用新能源汽车的市场份额不断增长。随着未来电动汽车的大规模并网，其带来的负荷分布在时间和空间上具有间歇性、波动性、随机性等不确定性的特点。因此，有必要分析和预测大量的节点操作数据。

　　在电网规划中，要充分考虑电动汽车充电负荷的时空特征，权衡电网建设和运行的经济性和安全性。电动汽车融入电网将改变电力负荷曲线，这将对整个电网的运营、规划和控制产生重大影响。因此，有必要提前准确预测电动汽车的充电负荷，以便更好地指导电力系统的发电、配电、调度等工作，做好电网谐波污染的消除和保护工作。一般来说，电动汽车负荷预测模型的建立是复杂的，它受到许多方面的影响，包括用户习惯、交通基础设施条件、设备特性、电动汽车数量和充电桩基础设施的分布等。

　　目前，电动汽车的负荷预测方法主要分为两种。一种是利用数学模型模拟电动汽车的充电行为，得到电动汽车负荷的预测值。另一种是在统计学习中使用该模型，根据历史数据进行预测。

　　蒙特卡罗法是一种基于概率和统计理论的随机模拟方法。在确定问题的概率模型后，使用计算机根据概率模型取随机数，以获得问题的近似解。首先，根据数据库确定车主交通习惯的概率模型，包括充电习惯和行为习惯，并建立具有随机概率特征的数学模型。接下来，使用蒙特卡罗原理预测汽车在未来一段时间内的充电位置、时间和负荷需求。

　　传统的电动汽车充电负荷预测方法包括回归分析、相似日法等。现代预测方法包括基于小波分析的预测方法、基于神经网络的预测方法和支持向量机[1-10]。本章使用基于历史数据的深度学习模型来预测电动汽车的时空动态负荷。

9.2 电动汽车充电负荷特性分析

电动汽车充电负荷受多种因素影响,其中主要影响因素包括电动汽车的充电方式、电池荷电状态(SOC)、充放电特性、充电功率、充电时间、电池容量、电动汽车保有量、电动汽车和用户等。外部因素包括天气、温度、日期(节假日、工作日)以及公交车时间表。充电负荷建模是通过考虑空间分布的停车概率模型来确定每日里程和实际停车需求,然后结合电动汽车的充电需求模型来预测负荷。这些模型受到上述因素的影响。

随着深度学习的发展,递归神经网络和卷积神经网络被用于预测时间序列问题,效果良好。这种方法可以很好地探索电动汽车的时序特性,既可以学习电动汽车负荷的历史规律,又可以考虑电动汽车负荷在模型中的影响因素。

9.3 扩张因果卷积的分位数回归模型

9.3.1 扩张因果卷积

考虑一维充电负荷序列 $x=(x_t)_{t=0}^{N-1}$,使用过去的充电负荷序列条件,通过具有参数 θ 的模型预测下一个值 $\dot{x}(t+1)$,这就是因果系统的思想。系统的输出仅与以前的值相关,与未来的值无关。该实验使用扩张卷积神经网络来构建充电负荷的因果系统,可以定义为

$$p(x|\theta) = \prod_{t=0}^{N-1} p(x(t-1))|x(0),\cdots,x(t),\theta) \tag{9.1}$$

充电负荷序列具有长期自相关特性。为了学习这种长期依赖性,采用堆叠的膨胀卷积层结构,该结构输出层的特征映射为

$$(w_h^l *_d f^{l-1}) = \sum_{j=-\infty}^{\infty} \sum_{m=1}^{M_{l-1}} w_h^l(j,m) f^{l-1}(i-d \cdot j, m) \tag{9.2}$$

扩张因子是 d,假设有一层扩张卷积 L。为了使扩张卷积获得更长的感受野,每层的扩张因子应指数增加 2,如图 9.1 所示。

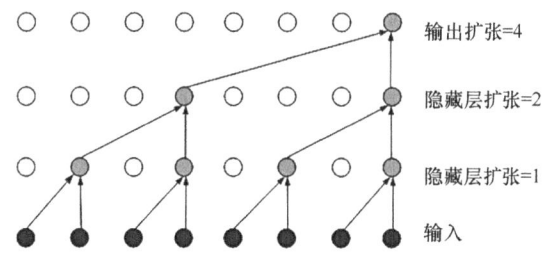

图 9.1 扩张卷积神经网络的结构

网络的接受域为

$$r = 2^{L-1}k \tag{9.3}$$

式中，k 表示卷积核的大小。

对于充电负荷系列 x(0),···,x(t)，预测未来的充电负荷。模型使用 x(0),···,x(t) 作为输入，x(t+1) 作为输出来训练模型，即提前预测某一时刻的充电负荷。预测模型的目标函数为

$$E(w) = \frac{1}{2N}\sum_{t=0}^{N-1}(y_{\text{pre}} - y_{\text{true}})^2 + \frac{\gamma}{2}(W,b)^2 \qquad (9.4)$$

式中，W、b 表示预测网络结构参数，y_{pre}、y_{true} 分别为预测值和真实值。

9.3.2 核密度估计

核密度估计是概率密度函数的一种非参数估计方法。对于样本点 $z_1, z_2, \cdots, z_n$，即独立同分布，其核密度估计为

$$\widehat{f_h}(z) = \frac{1}{n}\sum_{i=1}^{n}K_h(x-x_i) = \frac{1}{nh}\sum_{i=1}^{n}K\left(\frac{x-x_i}{h}\right) \qquad (9.5)$$

式中，K（·）表示核函数。

核函数需要满足非负和积分 1 的性质。核函数有均匀核函数、三角形核函数、双权核函数、三权核函数和叶帕涅奇尼科夫（Epanechnikov）核函数等，如图 9.2 所示。当窗宽 h>0 时，适当的窗宽可以更好地拟合变量的概率密度分布。

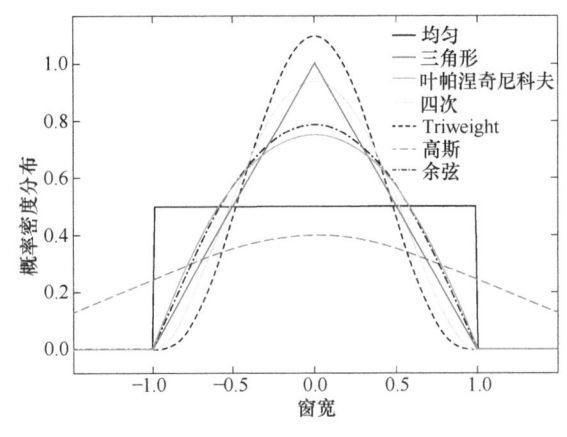

图 9.2 核函数

9.3.3 扩张因果卷积分位数回归

根据扩张因果卷积神经网络回归模型的结构和神经网络分位数回归方法，建立扩张因果卷积分位数回归模型。

建立了神经网络（QRDCC）。将代价函数转化为分位数回归的目标函数，由

$$f_{\text{cost}} = \sum_{i=1}^{N}\rho_\tau[Y_i - f(X_i, W, b)] = \sum_{i|Y_i \geq f(X_i, W, b)}\tau|Y_i - f(X_i, W, b)| + \sum_{i|Y_i < f(X_i, W, b)}(1-\tau)|Y_i - f(X_i, W, b)|$$

$$(9.6)$$

给出。将参数估计作为优化问题，即

$$\min_{W,b} f_{\text{cost}} + \frac{\lambda}{2}|(W,b)|^2 \tag{9.7}$$

式中，W、b 分别表示扩张卷积神经网络的权值集和偏置集，优化问题采用 Adma 随机梯度下降法求解。

求解参数 $\hat{W}(\tau)$ 和 $\hat{b}(\tau)$ 后，得到 Y 的条件分位数估计

$$\hat{Q}(\tau|X) = f(X,\hat{W}(\tau),\hat{b}(\tau)) \tag{9.8}$$

其中，t 在（0,1）上连续取值，条件分位数曲线称为条件分布（累积），条件密度预测由分布函数 $F(F^{-1}(\tau)) = \tau$ 确定，即

$$P(\widehat{Q_Y}(\tau|X)) = \frac{\mathrm{d}\tau}{\mathrm{d}\widehat{Q_Y}(\tau|X)} \tag{9.9}$$

对式（9.9）进行条件和离散运算，利用密度估计得到条件密度预测（图 9.3）。

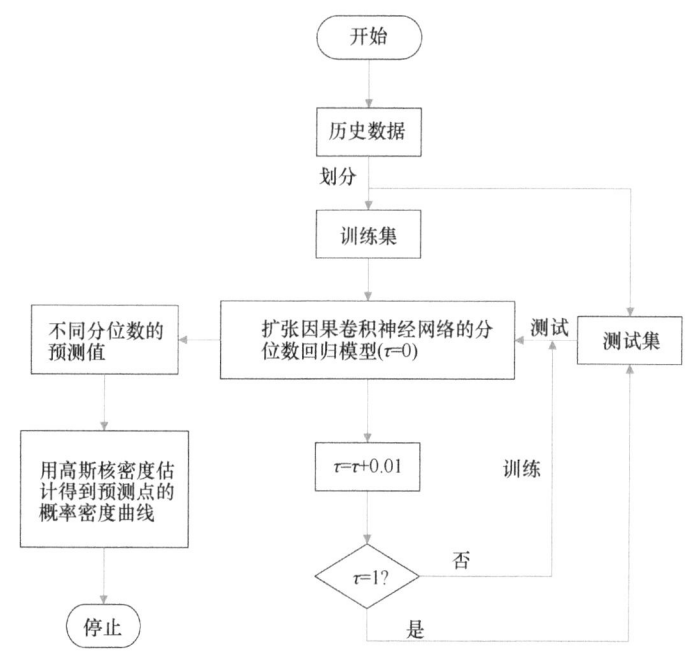

图 9.3 QRDCC 程序流程图

9.3.4 模型评价指标

充电负荷点预测模型常用的评价指标有平均绝对误差（MAE）、均方误差（MSE）和均方根误差（RMSE）。但上述评价指标不能用于评价概率预测结果。针对充电负荷随机性强、波动范围大的特点，给出了参考充电负荷特性的概率区间评价指标。因此，采用以下

两个评价指标。

1. 可靠性估计

在 $1-\alpha$ 的置信水平下，共有 N 个预测区间，可靠性指标可定义为

$$\begin{cases} I_i^\alpha = [L_i^\alpha, U_i^\alpha] \\ \xi_i^\alpha = \begin{cases} 0 & P^i \notin I_i^\alpha \\ 1 & P^i \in I_i^\alpha \end{cases} i = 1, 2, \cdots, N \\ R_{\text{cover}} = \dfrac{1}{N} \sum\limits_{i=1}^{N} \xi_i^\alpha \end{cases} \quad (9.10)$$

式中，L_i^α 表示上述置信水平下第 i 个预测区间的下界；U_i^α 表示对应的上界；I_i^α 表示对应的区间；P^i 表示实点对应的位置。第 ξ_i^α 个真值表示是否在预测区间内，1 为真，0 为假。

R_{cover} 表示可靠性估计，即充电负荷预测区间对真实值的覆盖率。充电负荷落在预测区间内的概率应等于或接近预定的置信水平。可靠性估计越接近置信区间值，预测模型越可靠。

2. 灵敏度估计

可靠性指标不能完全反映概率预测结果的质量，虽然区间宽度过大时可靠性较高，但会导致有用信息较少。因此，还需要灵敏度指标来共同确定区间预测结果的质量。灵敏度指标为

$$\begin{cases} \delta_i^\alpha = U_i^\alpha - L_i^\alpha \\ \delta_{\text{mean}}^\alpha = \dfrac{1}{N} \sum\limits_{i=1}^{N} \delta_i^\alpha \end{cases} \quad (9.11)$$

式中，δ_i^α 表示第 i 个预测区间的宽度，预测充电负荷越小的灵敏度指数，充电负载间隔越小，有效充电负荷能够越多地获得未来时期的信息。然而，单一的灵敏度指数或可靠性指数不能完全反映充电负荷概率预测模型的质量。只有灵敏度指数和可靠性指数相结合才能充分反映概率区间预测的质量结果。

9.3.5 基于 Python 的实例仿真

本例基于中国某城市某区域的电动汽车充电负荷数据，总共有 4320 个条目，包括 180 天内的每小时充电负荷。本次仿真的计算机实验条件如下：CPU，酷睿 i7-7700；内存，16G；GPU，1050Ti 4G。在训练之前，首先对数据进行归一化，然后通过 TensorFlow 和 Keras 深度学习框架对 DCC、LSTM 和每个分位数下的 BP 进行 100 轮迭代。最后，使用滚动预测方法预测 24h 的充电负荷（图 9.4）。

通过分析图 9.4 可以获得以下信息：

1）每天 23：00 至次日 7：00 的负荷相对平稳，低于最大负荷的 20%。这个时间是大多数用户的睡眠时间，充电次数很少。

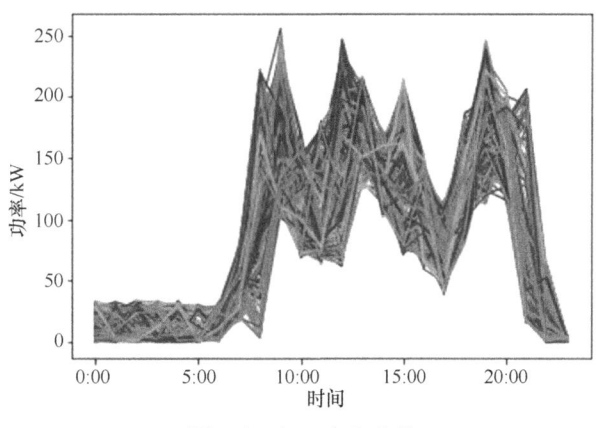

图 9.4 每日充电曲线

2）9：00—11：00、13：00—17：00 和 19：00—22：00 是用户的充电高峰期。9：00—11：00 和 13：00—17：00 为工作时间，而用户选择这个时间充电主要是因为自动电源的功能充满电后关闭，方便用户管理。选择 19：00—22：00 充电的用户是为了使电动汽车满足第二天的正常使用。

3）充电负荷的最小值出现在 12：00 和 18：00。这是汽车使用的高峰期，充电用户数量先减少后增加。

从图 9.5 中可以看到 24h 内每次充电量的变化范围以及数值较为集中的时间段。8：00～22：00 是用户比较活跃的时间，所以充电量的随机性更大，此时受人为随机性因素的影响。剩余时间在充电量方面更有规律，这是由于此时用户活动较少，随机性较小。

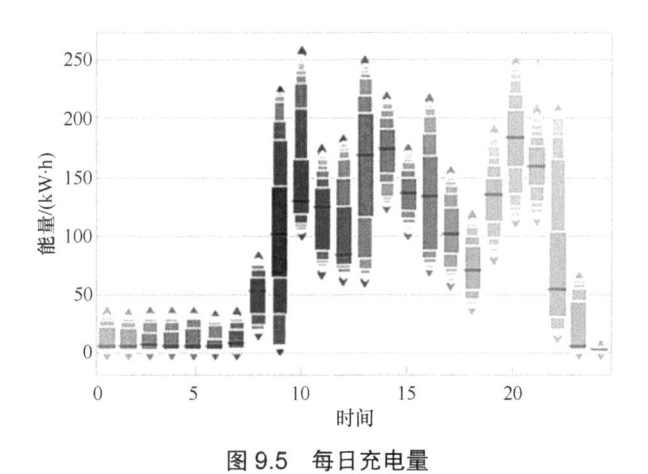

图 9.5 每日充电量

图 9.6 所示为 24h 充电负荷分布，横轴为充电负荷量，纵轴为概率密度。8：00～22：00 为日间活动时段，充电负荷分布不规律，主要原因是用户在日间的随机性较强。其他时段的用户活跃度较低，分布较为规律。

图 9.6 24h 充电负荷分布

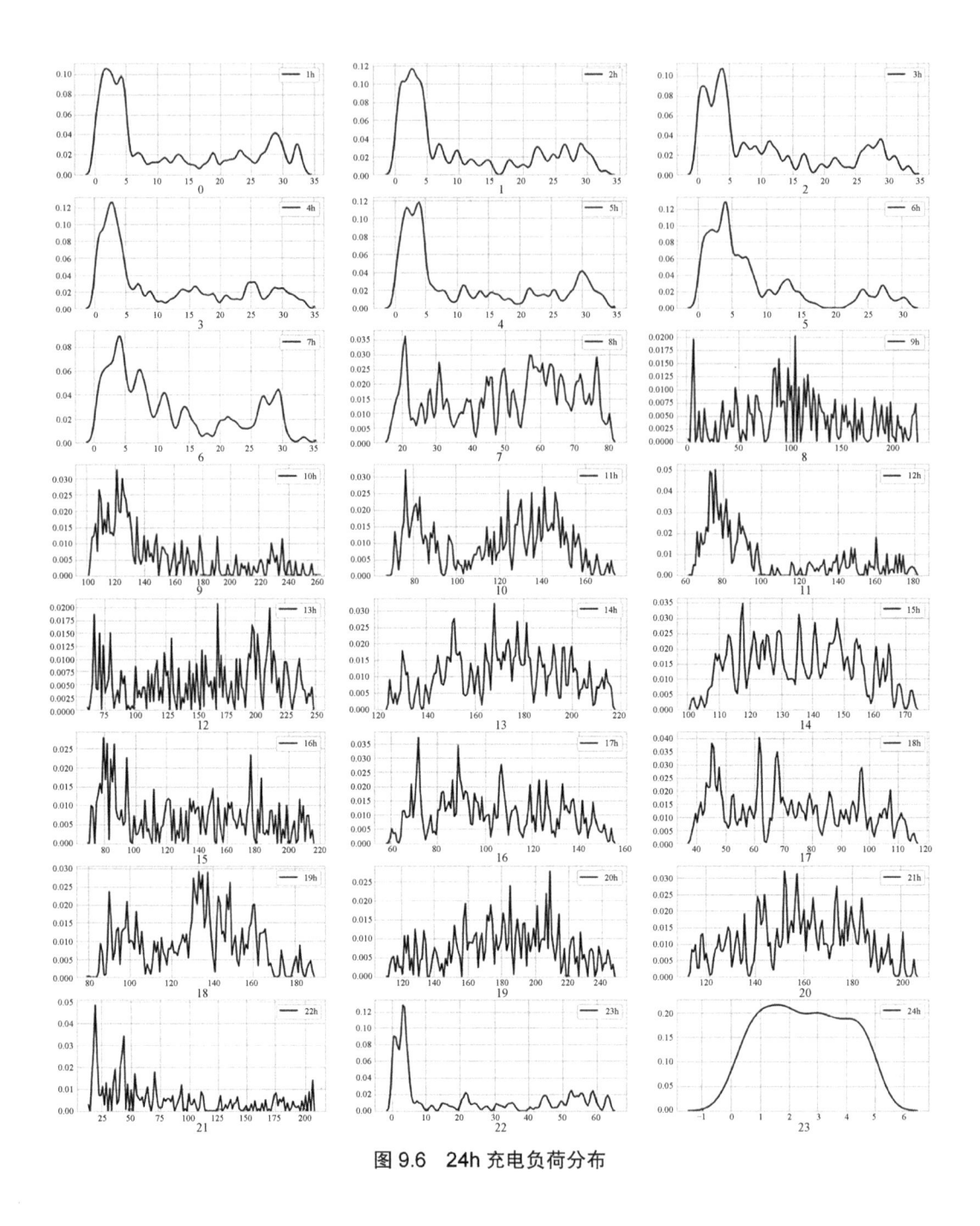

通过搜索方法得到最优窗宽后,利用最优窗宽进行核密度估计。图 9.7 所示为 QRL-STM 预测的 24 个时间点的充电负荷分布估计值的比较,可以看出核密度估计比正态分布估计更接近真实分布。因此,选择核密度估计作为概率密度估计方法。

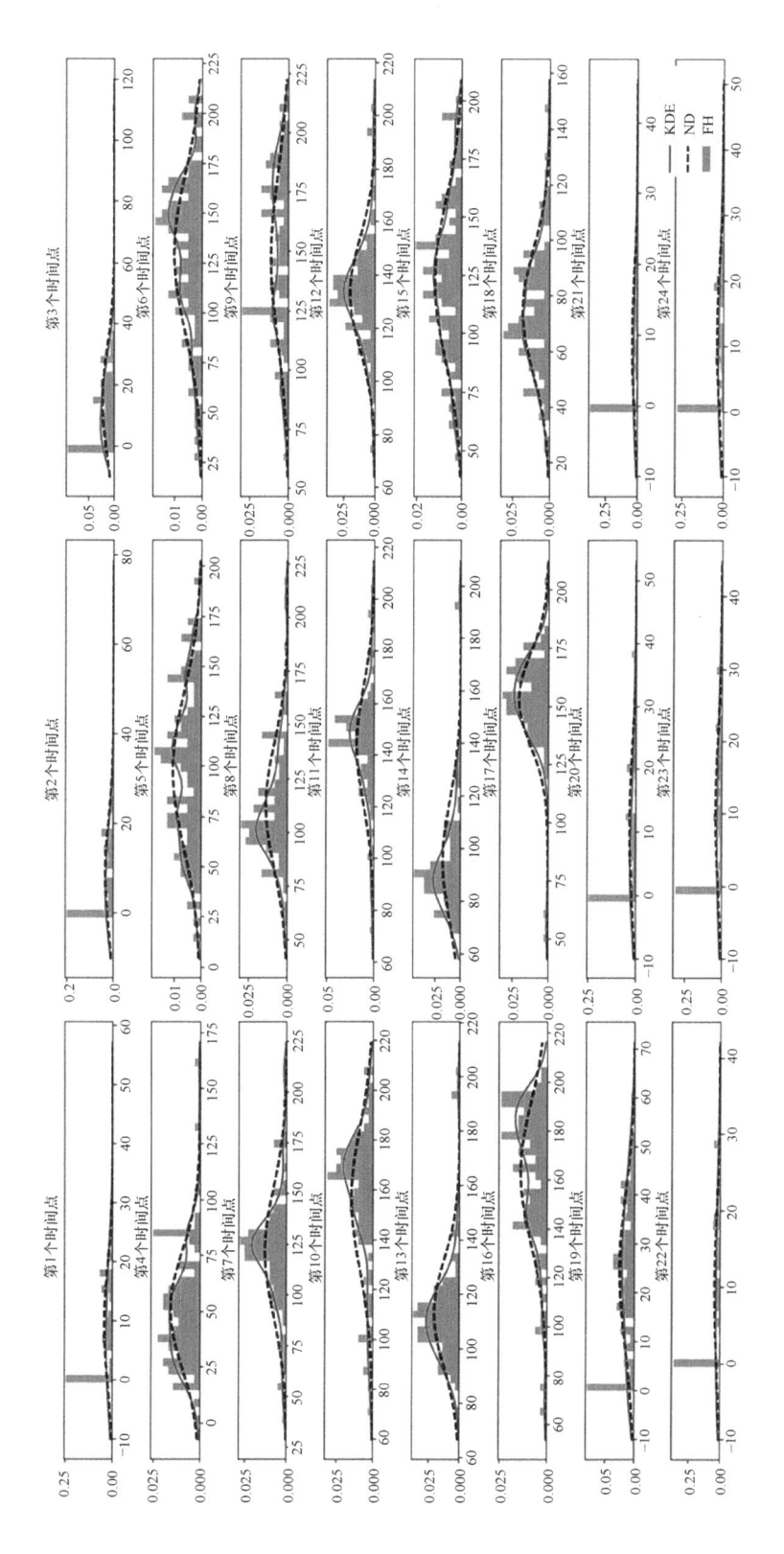

图 9.7 充电负荷分布估计值的比较

图 9.8 ~ 图 9.10 所示分别给出了正态分布估计（ND）和核密度估计（KDE）在 80%、85% 和 90% 置信水平下的概率密度预测结果。核密度估计的预测区间比正态分布的预测区间窄。而落在预测区间内的预测点相差不大，因此核密度估计能较好地反映预测区间所处的范围，能较好地逼近充电负荷的实际分布。

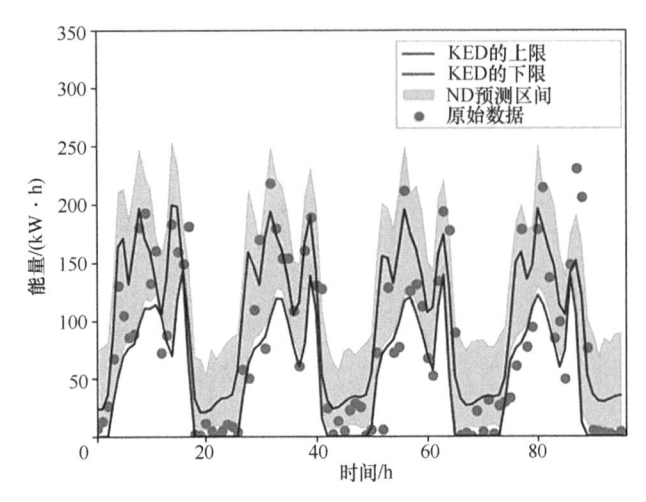

图 9.8　充电负荷预测区间（80% 置信水平）

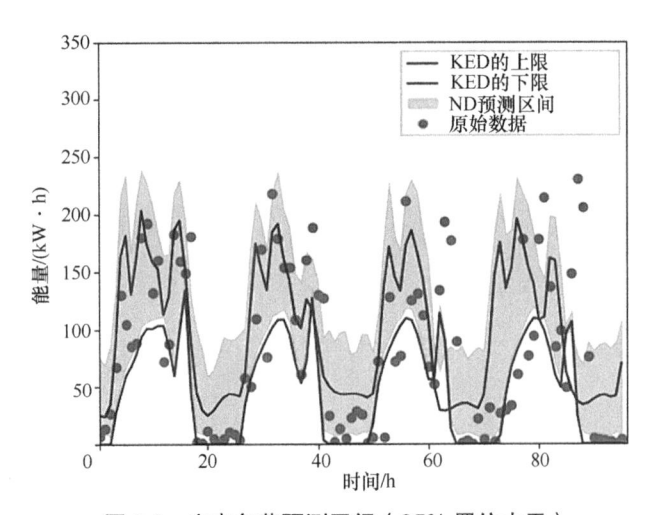

图 9.9　充电负荷预测区间（85% 置信水平）

表 9.1 进一步给出了 QRDCC 和神经网络回归（Quantile Regression Neural Network，QRNN）模型在两种不同估计方法下预测结果的置信度和灵敏度的比较，其中正态分布估计的置信度一般高于置信水平，但灵敏度也较高，因此选择核密度估计。

为了验证 QRDCC 回归预测模型的预测精度，将其预测结果与 QRLSTM 和 QRNN 预测模型的预测结果进行比较。图 9.11 ~ 图 9.13 所示为 QRDCC、QRLSTM 和 QRNN 在 90%、85% 和 80% 置信水平下的预测区间。很明显，真实值大概率落在 QRDCC 预测区间内。与 QRLSTM 相比,真实值落在预测区间内的概率几乎没有差异,但预测区间的平均宽度明显小于 QRLSTM;与 QRNN 模型相比,真实值落在预测区间内的概率明显更大,预测区间的宽度也比 QRNN 小得多。这充分表明所提出的 QRDCC 回归模型能够较好地预测充电负荷波动,并能较长时间地预测充电负荷波动。

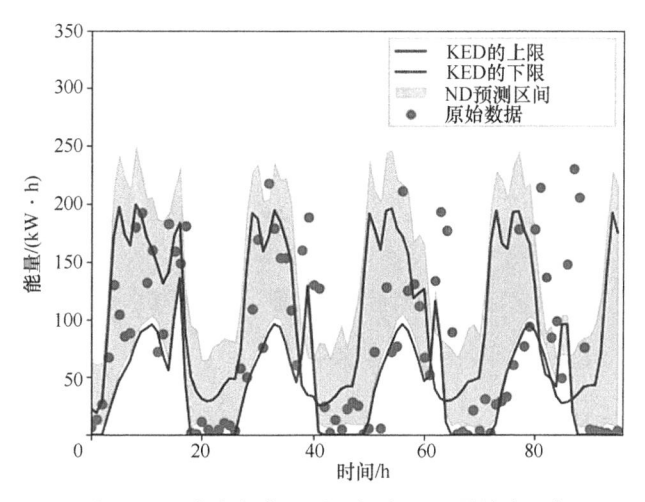

图 9.10 充电负荷预测区间(90% 置信水平)

表 9.1 QRDCC 和 QRNN 的预测指标

置信度 %	估计	可靠性 %	灵敏度 /dBm
80	KDE	81.50	48.65
	正态分布	84.36	79.61
85	KDE	85.80	75.25
	正态分布	87.65	108.97
90	KDE	90.03	87.86
	正态分布	92.64	134.61

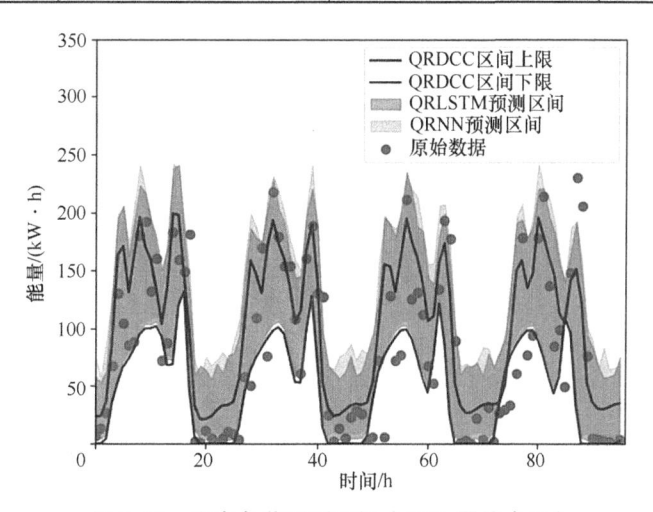

图 9.11 充电负荷预测区间(80% 置信水平)

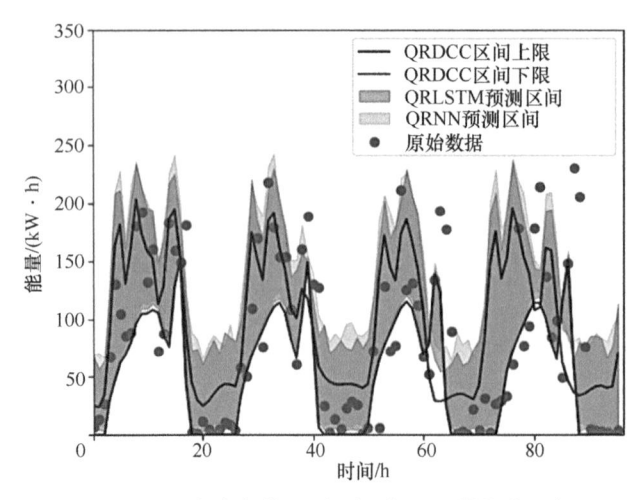

图 9.12　充电负荷预测区间（85% 置信水平）

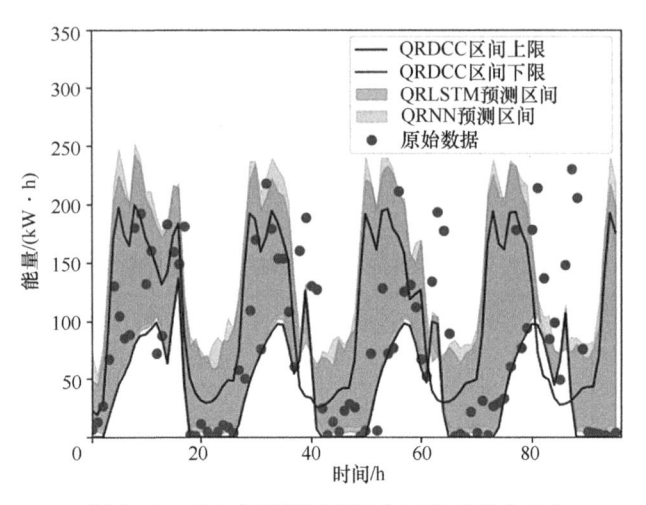

图 9.13　充电负荷预测区间（90% 置信水平）

QRDCC 在三个置信水平上都具有较好的置信度，见表 9.2。QRDCC 在 80%、85% 和 90% 置信水平下的灵敏度较窄，分别为 63.07、75.25 和 87.86。上述三种方法的置信度结果差异不大，但在相同的置信水平下，预测区间的平均带宽越小，置信度越小，见表 9.3。

表 9.2　QRDCC 和 QRLSTM 预测区间

QRDCC 预测区间	QRLSTM 预测区间	距离差
[113.3,227.5]	[92.0,276.8]	71
[131.6,250.3]	[109.0,296.2]	68
[160.2,258.2]	[135.5,326.3]	65
[160.2,323.0]	[164.5,358.9]	63
[276.4,422.1]	[244.1,447.0]	57
[316.5,467.0]	[281.8,488.0]	56
[322.0,473.0]	[286.9,493.6]	56
[317.2,467.7]	[282.4,488.7]	56

(续)

QRDCC 预测区间	QRLSTM 预测区间	距离差
[315.9,466.3]	[281.2,487.4]	56
[300.2,448.9]	[266.5,471.4]	56
[187.6,318.6]	[161.0,355.0]	63
[88.6,196.1]	[69.1,250.5]	74
[47.7,143.2]	[31.3,206.6]	80
[31.8,122.2]	[16.6,189.4]	82
[48.9,144.8]	[32.5,207.9]	80
[87.6,194.9]	[68.2,249.4]	74
[96.6,206.3]	[76.5,258.9]	73
[63.5,163.9]	[45.9,223.6]	77
[34.8,126.2]	[19.5,192.7]	82
[52.6,149.6]	[35.9,211.9]	79
[72.0,174.8]	[53.8,232.7]	76
[94.5,203.6]	[74.5,256.7]	73
[131.9,250.6]	[109.2,296.4]	68
[142.7,264.0]	[119.2,307.8]	67

灵敏度越高，预测精度越高。综上所述，三种模型中，QRDCC 的预测效果最好（预测指标对比见表 9.3）。

表 9.3 预测指标比较

置信度 /%	算法	可靠性 /%	灵敏度 /dBm
80	QRDCC	81.50	63.07
	QRLSTM	83.36	94.61
	QRNN	79.25	98.76
85	QRDCC	85.8	75.25
	QRLSTM	86.6	106.97
	QRNN	84.3	110.41
90	QRDCC	90.03	87.86
	QRLSTM	91.72	120.06
	QRNN	89.6	123.61

使用 QRDCC 回归方法可以得到的预测点概率密度分布如图 9.14 所示，其中给出了 96 个预测点的 QRDCC 和 QRLSTM 箱线图。从预测的箱线图可以看出，QRDCC 可以预测充电负荷的完整分布，其真实值大概率落在该预测区间的概率区域内。上述示例表明，该方法可以给出未来预测时间点电动汽车负荷的有效分布。

第一个 QRDCC 和 QRLSTM 预测时间点充电负荷预测的概率密度图如图 9.15 所示，横轴为能量（kW·h）即充电负荷，纵轴为概率密度。可以看出，实际值落在两种分布的中间区域，说明两种算法都能较好地预测未来充电负荷的概率分布。相对于 QRLSTM 的概率密度估计值，QRDCC 的真实值落在大概率点，可见 QRDCC 能较好地反映未来充电负荷的概率分布。

a) QRDCC和QRLSTM箱线图1~48

b) QRDCC和QRLSTM箱线图49~96

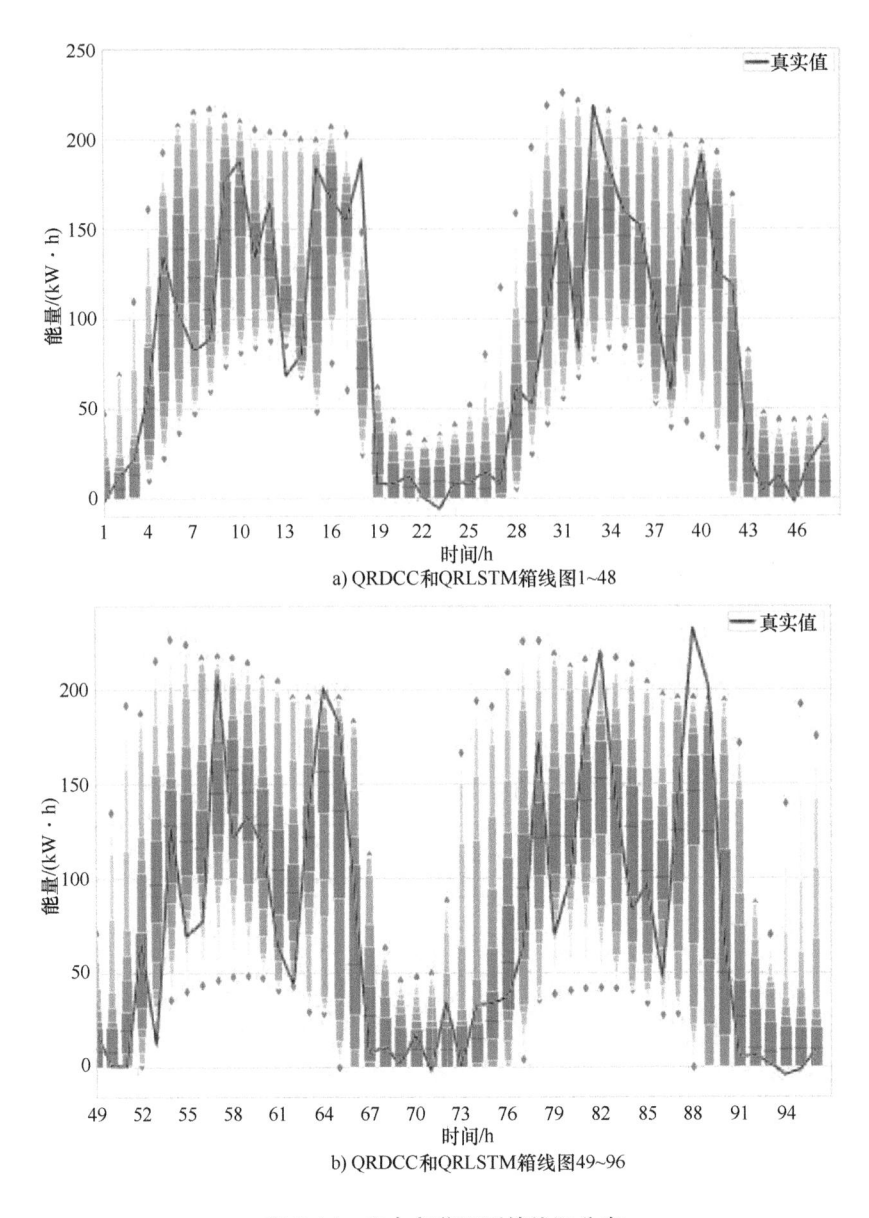

图9.14 充电负荷预测箱线图分布

采用QRLSTM和QRDCC回归方法可以得到预测点的概率密度曲线，预测点1~96共96个时间点的概率密度函数分布区间如图9.16所示。从预测的概率密度函数可以看出，QRDCC和QRLSTM能够预测出充电负荷的完整概率密度分布，且真实值均落在该密度函数的中间。与充电负荷的真实值相比，QRDCC估算的充电负荷密度落在中心高概率区间的概率较大。上述实例表明，该方法可以给出未来预测时间点的概率密度曲线，QRDCC方法更接近真实的充电负荷分布。

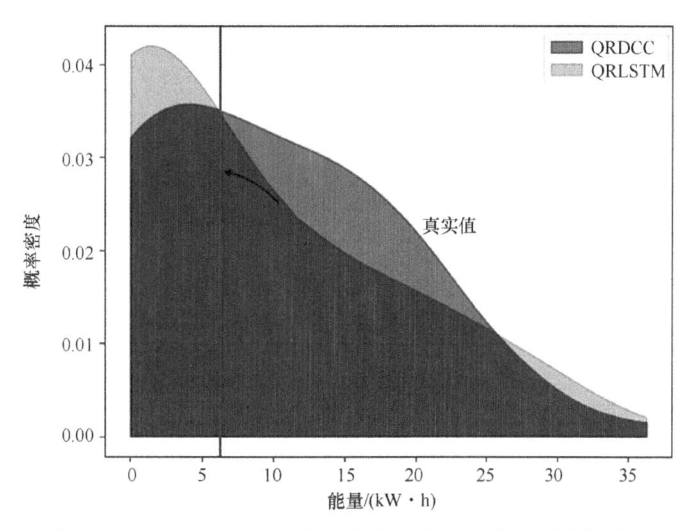

图 9.15 第一个 QRDCC 和 QRLSTM 预测时间点充电负荷预测的概率密度图

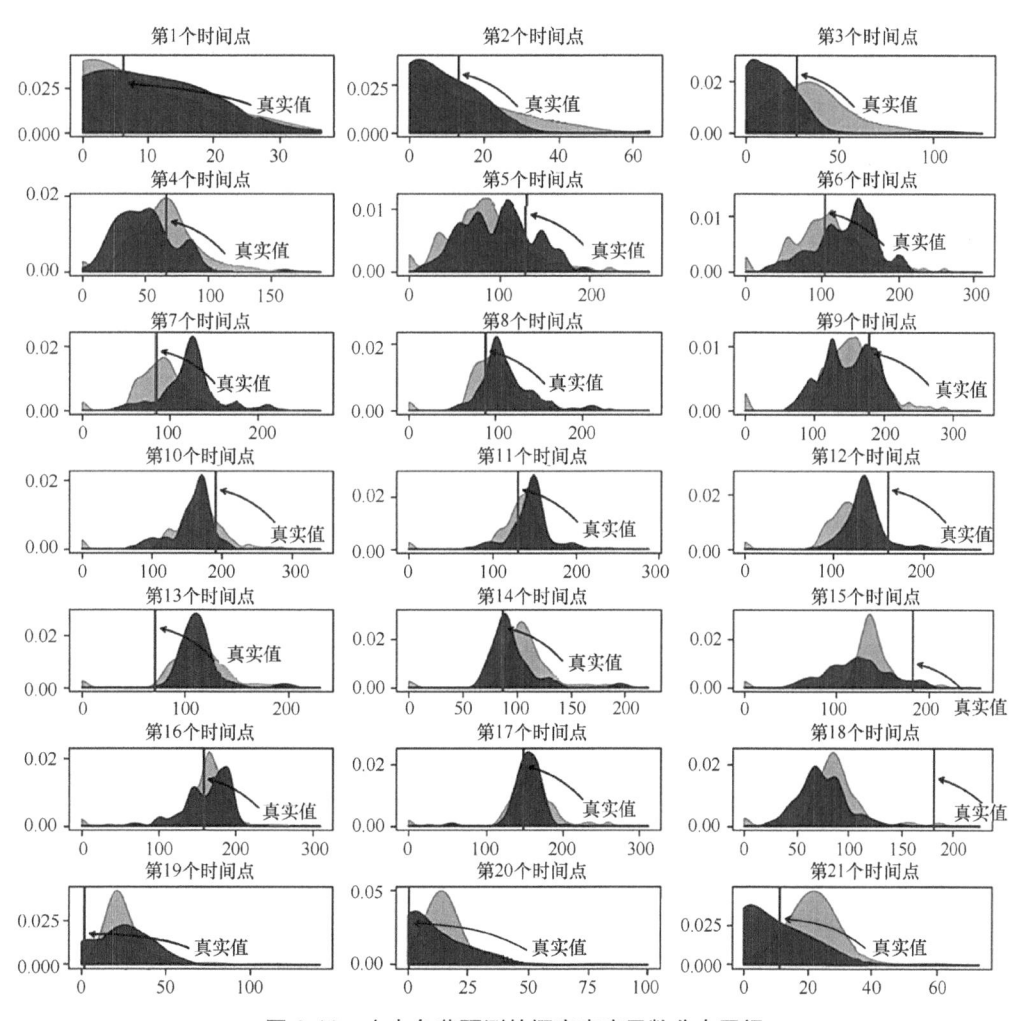

图 9.16 充电负荷预测的概率密度函数分布区间

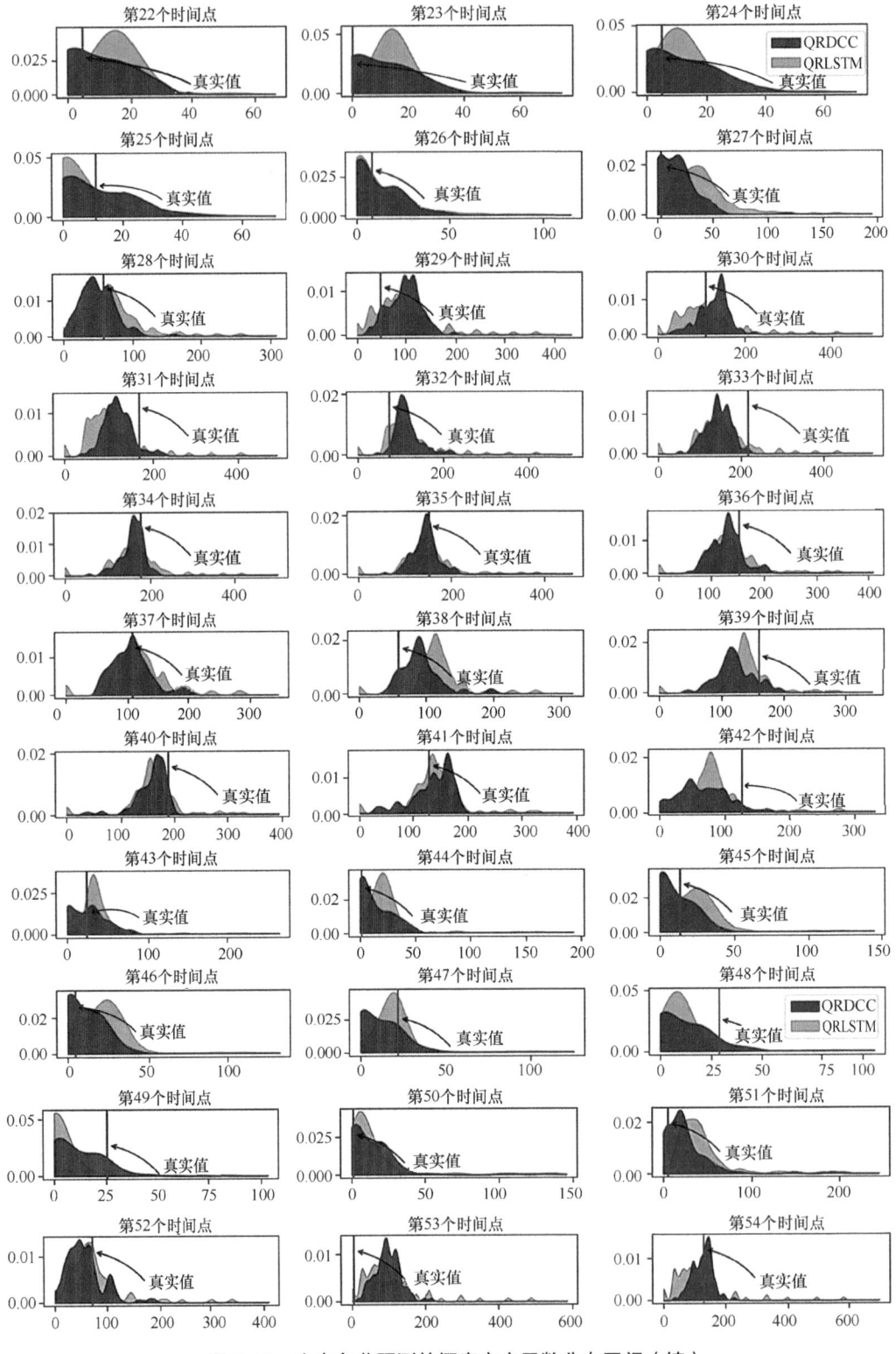

图 9.16 充电负荷预测的概率密度函数分布区间（续）

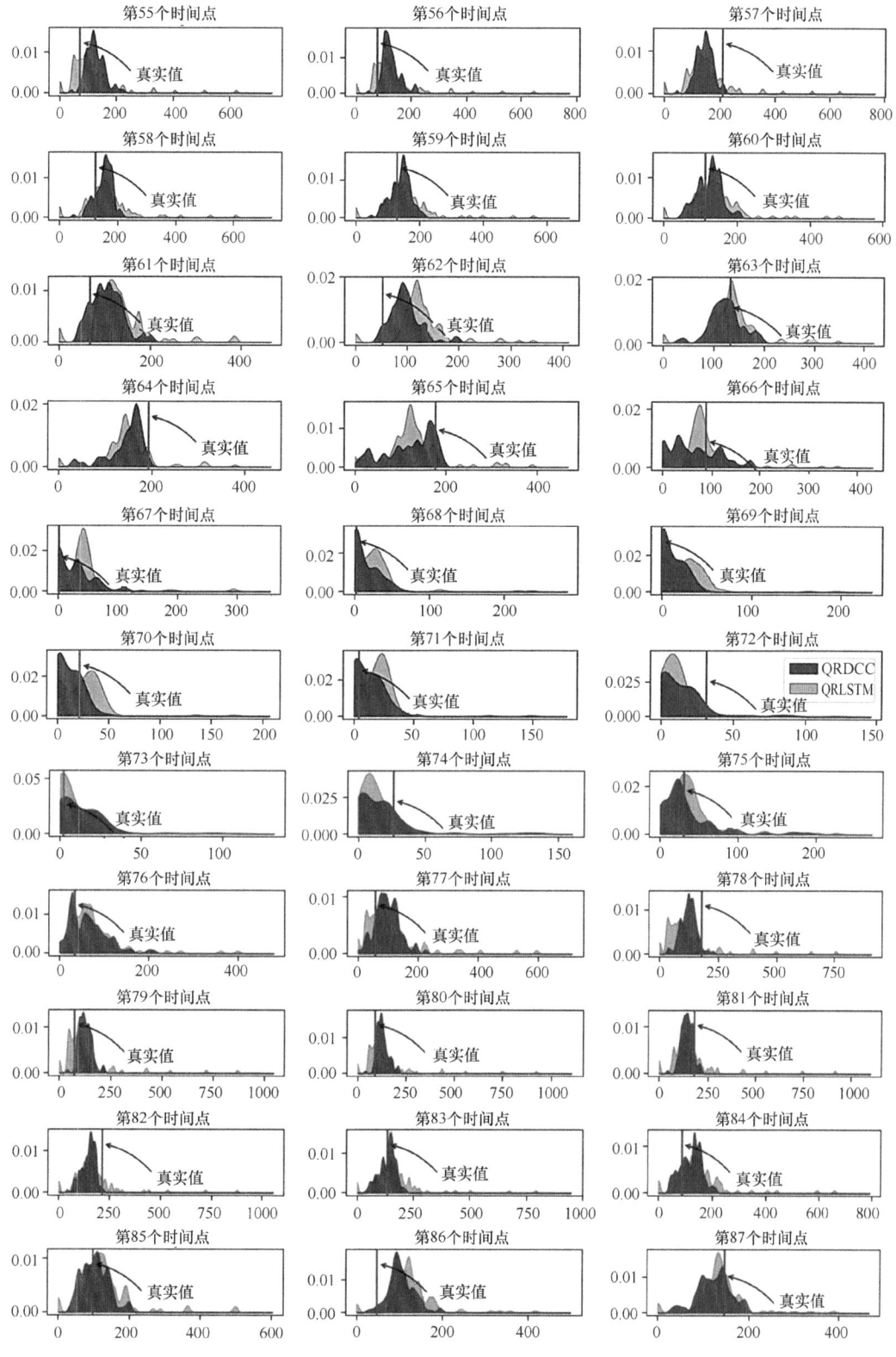

图 9.16 充电负荷预测的概率密度函数分布区间（续）

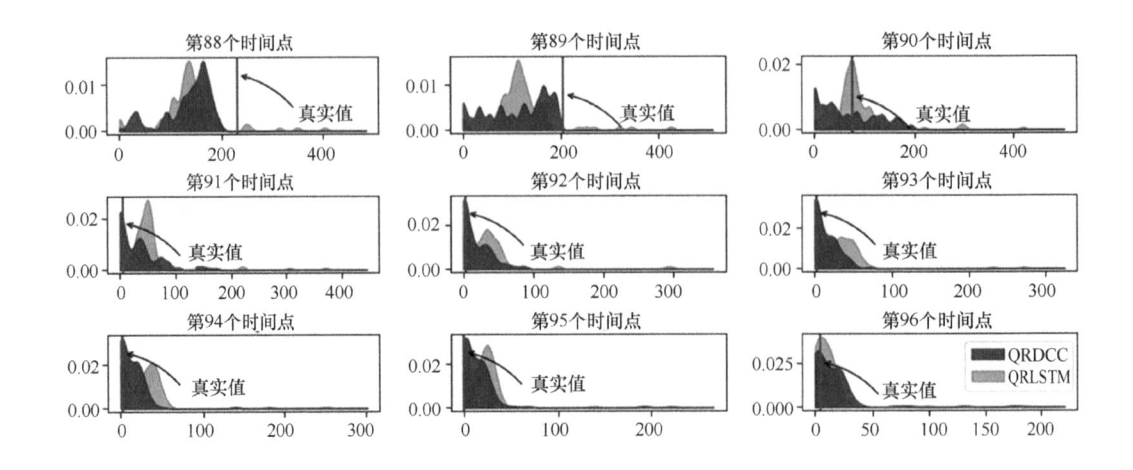

图 9.16 充电负荷预测的概率密度函数分布区间（续）

图 9.17 所示为将其他三点预测结果与 QRDCC 的区间预测结果进行对比。与点预测方法相比，区间预测方法具有更高的置信水平，在使用时可以更好地避免简单点预测误差带来的风险。该预测结果符合实际，可以避免发生滚动预测产生的误差累积、预测精度下降而导致的信息误导现象。表 9.4 所列为三点预测模型、QRDCC 中位数回归、QRLSTM 中位数回归和 QRNN 中位数回归的均方根误差（RMSE）。QRDCC 中位数预测的准确率高于 QRLSTM 和 QRNN。

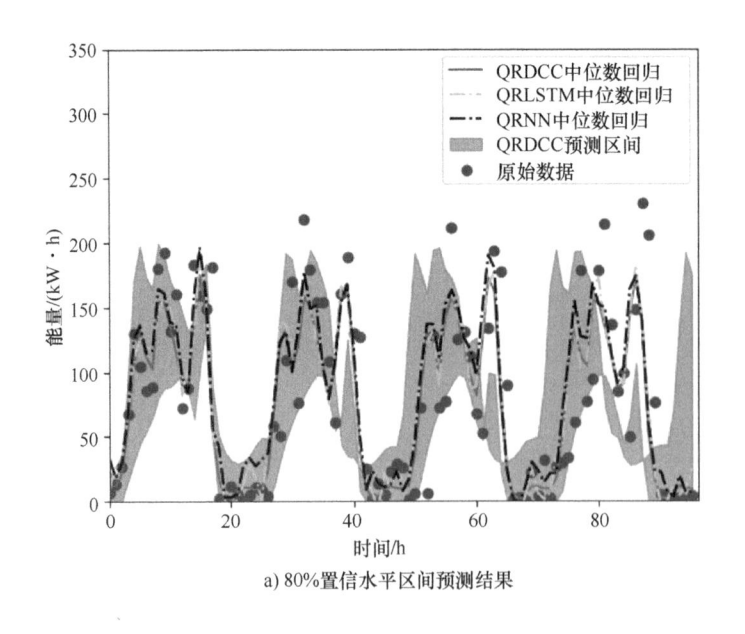

a) 80%置信水平区间预测结果

图 9.17 区间预测结果

b) 85%置信水平区间预测结果

c) 96%置信水平区间预测结果

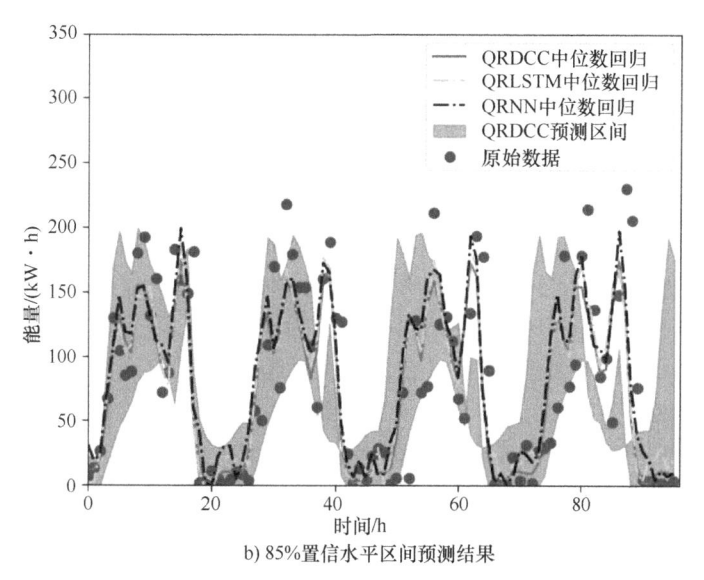

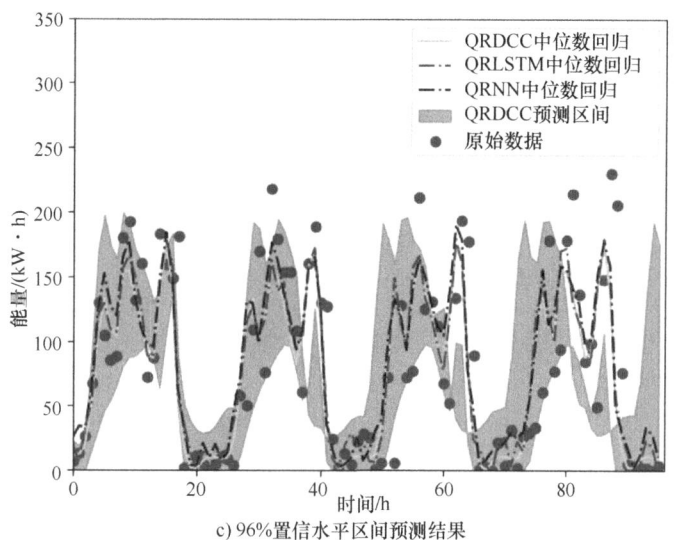

图 9.17　区间预测结果（续）

表 9.4　中值回归预测误差的比较

模型	RMSE
QRDCC 中位数回归	23.86
QRLSTM 中位数回归	26.64
QRNN 中位数回归	29.16

9.4　基于深度学习的充电负荷时空动态预测

9.4.1　充电桩的时空动态负荷预测

电动汽车负荷的时空动态预测主要分为两大类。

1）一类是利用数学模型模拟电动汽车充电行为，得出电动汽车负荷预测值[11-12]；这类方法在综合考虑充电负荷的时空特征时，数学模型过于复杂，难以保证预测的准确率。

2）另一类是基于历史数据，使用统计学习模型，利用模型来学习历史数据的潜在模式，从而获得更好的预测结果。传统的电动汽车充电负荷预测方法包括回归分析、相似日法，现代预测方法包括基于神经网络的预测、基于小波分析的预测和支持向量机。

电动汽车充电负荷预测的统计学习方法只考虑时间维度。然而，电动汽车充电负荷也包含着复杂的空间性质，在必要的时候考虑负荷的时空动态，以便更好地进行预测。深度学习作为机器学习领域的一个重要研究热点，在图像分析、语音识别、自然语言处理、视频分类等方面取得了显著的成功，并且在预测方面也取得了一定的成功，而预测在空间和时间上的负荷，需要一个二维的扩张因果卷积神经网络。DCC-2D（Dilated Causal Convolutional-2D）神经网络需要学习充电桩负荷的时空动态规律。

谷歌提出了一种新的音频生成网络 WaveNet。本章提出了一种基于谷歌 WaveNet 模型的卷积网络条件时间序列预测模型——扩张因果卷积神经网络 DCC-2D，该模型能够很好地学习充电负荷的时空动态规律。因此，负荷在空间和时间上是整体预测的。

9.4.2 时空动态负荷矩阵构建

电动汽车负荷在时间和空间上都是随机的，为了更好地对这些时空进行预测，在动力学方面，充电桩的载荷需要在时空维度上进行描述。充电桩处的充电负荷按充电桩位置用二维矩阵表示，并组织成时间 T 的时空序列：

$$\boldsymbol{D}_t = \{D_1, D_2, \cdots, D_T\}, \quad \boldsymbol{D} \in R^{T \times X \times Y} \tag{9.12}$$

式中，$\boldsymbol{D}_t$ 表示充电桩在 t 时刻的时空负荷矩阵。二维矩阵定义为

$$\boldsymbol{D}_t = \begin{bmatrix} d_t^{(1,1)} & \cdots & d_t^{(1,Y)} \\ \vdots & & \vdots \\ d_t^{(X,1)} & \cdots & d_t^{(X,Y)} \end{bmatrix} \tag{9.13}$$

根据 10 个充电桩的经纬度分布，我们可以创建一个 $X=40$、$Y=40$ 的矩阵，并按照如下步骤构建二维负荷矩阵（图 9.18）。

1）构造坐标轴，确定各充电桩的坐标。

2）计算每个充电桩负荷的覆盖面积，每个充电桩负荷的覆盖面积是一个以自身坐标为中心的 L 方形。

3）将所有充电桩的负荷覆盖面积代入充电桩的负荷，累加得到该时刻的负荷矩阵。

4）重复前面的步骤，直到所有的时刻都被构造成一个二维矩阵。

为了建立预测未来 k 个时间点的充电桩时空动态负荷矩阵，需要建立基于过去 S 个时间点的观测值，用以预测未来 k 个时间点的深度学习模型：

$$\widetilde{\boldsymbol{D}}_{t+1}, \cdots, \widetilde{\boldsymbol{D}}_{t+k} = \underset{D_{t+1}, \cdots, D_{t+k}}{\arg\max}\, p(\boldsymbol{D}_{t+1}, \cdots, \boldsymbol{D}_{t+k} \mid \boldsymbol{D}_{t+S+1}, \cdots, \boldsymbol{D}_t) \tag{9.14}$$

式中，p 表示因果网络；$\widetilde{D}_{t+k}$ 表示第 ($t+k$) 个负荷预测矩阵。

实验将使用时空网络的结构化时空动态神经网络来构建这一因果系统。

9.4.3 时空卷积网络模型

二维卷积通常用于图像等二维数据，采用层叠加法构建二维卷积神经网络。二维卷积神经网络第 i 层第 j 个卷积核 (x, y) 的卷积结果为

$$v_{ij}^{xy}=h\left(b_{ij}+\sum_{m}\sum_{p=0}^{P_i-1}\sum_{q=0}^{Q_i-1}w_{ijm}^{pq}v_{(i-1)m}^{(x+p)(y+q)}\right) \quad (9.15)$$

式中，$h(\cdot)$ 表示非线性激活函数；b_{ij} 表示偏置项；w_{ijk}^{pq} 表示坐标为 (p, q) 的卷积核参数值；P_i 和 Q_i 分别表示卷积核的高度和宽度。

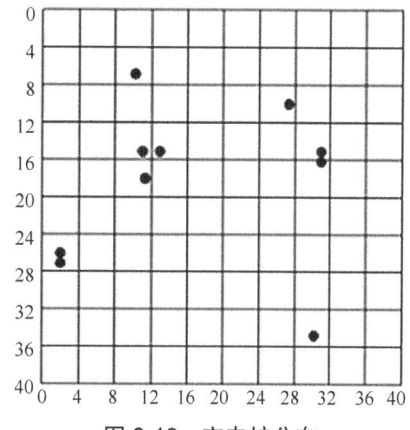

图9.18 充电桩分布

二维卷积只能捕获空间维度的信息，而三维卷积可以捕获空间维度和时间维度的信息。三维卷积核是将二维卷积核展开为三维，将数据按时间维度堆叠成三维数据，然后进行卷积运算。三维卷积神经网络第 i 层第 j 个卷积核位置 (x, y, z) 的卷积结果为

$$v_{ij}^{xyz}=h\left(b_{ij}+\sum_{m}\sum_{p=0}^{R_i-1}\sum_{q=0}^{P_i-1}\sum_{r=0}^{Q_i-1}w_{ijm}^{rpq}v_{(i-1)m}^{(x+r)(y+p)(z+q)}\right) \quad (9.16)$$

式中，R_i 表示三维卷积核的时间维度；P_i 和 Q_i 分别表示卷积核的高度和宽度；w_{ijm}^{rpq} 表示坐标为 (P, Q, R) 的卷积核的参数值。二维和三维卷积过程的对比如图 9.19 所示。

LSTM 通常用于解决一维时间序列的预测问题，不能考虑空间相关性。在此基础上，我们提出了一种可以同时考虑空间和时间维度的网络结构——卷积长短期记忆网络（ConvLSTM），ConvLSTM 结构可以长期学习二维数据模式，为充电桩动态负荷矩阵的预测提供了理想的依据。它既能像 LSTM 一样保留之前时间节点的有效信息，具有序列学习能力，又能像 CNN-2D 一样通过 CNN-2D 提取特征和提取空间特征。这使我们能够获得空间和时间维度的特征，并将状态到状态切换到卷积计算。

对于输入 X 为三维充电时空动态负荷矩阵的时间序列，$X_t=\{X_1, X_2, \cdots, X_T\}$，其中 X_t 表示时刻 t 的负荷矩阵，ConvLSTM 的具体过程为

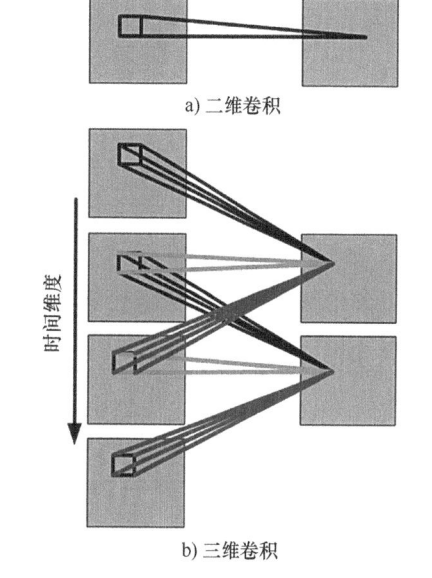

a) 二维卷积

b) 三维卷积

图9.19 二维和三维卷积过程的对比

$$\begin{aligned}
i_t &= \sigma(W_{xi} * X_t + W_{hi} * H_{t-1} + W_{ci}eC_{t-1} + b_i) \\
f_t &= \sigma(W_{xf} * X_t + W_{hf} * H_{t-1} + W_{cf} \odot C_{t-1} + b_f) \\
C_t &= f_t \odot C_{t-1} + i_t \odot \tanh(W_{xc} * H_{t-1} + W_{hc} * H_{t-1} + b_c) \\
o_t &= \sigma(W_{xo} * X_t + W_{ho} * H_{t-1} + W_{co} \odot C_t + b_o) \\
H_t &= o_t \odot \tanh(C_t)
\end{aligned} \quad (9.17)$$

式中，W_{xi} 和 b_i 表示输入门的权值和偏置；i_t 表示输入门在时刻 t 的输出结果；W_{xf} 和 b_f 表示遗忘门的权值和偏置；f_t 表示遗忘门在时刻 t 的输出结果；W_{xc} 和 b_c 表示更新值的权值和偏置；C_t 表示时刻 t 的更新值；W_{xo} 和 b_o 表示输出门的权值和偏置；o_t 表示输出门在时刻 t 的输出值；H_t 表示时刻 t 更新后的输出；$\sigma(\cdot)$ 表示 Sigmoid 激活函数；$\tanh(\cdot)$ 表示双曲正切激活函数；"$*$"表示卷积运算；"$\odot$"表示阿达马（Hadamard）乘法。

9.4.4 基于扩张因果卷积的时空动态负荷预测

卷积只能用于一维时间序列，当需要考虑空间维度上的时间序列时，卷积不适用，并且精确的电动汽车充电负荷需要考虑时空动力学。因此，将应用于空间维度的三维卷积结构与一维扩张因果卷积结构相结合，形成二维扩张因果卷积神经网络，即该模型将一维扩张卷积的一维卷积替换为三维卷积，其中卷积过程为

$$v_{lj}^{xyz} = h\left(\sum_m \sum_{p=0}^{R_i-1} \sum_{q=0}^{P_i-1} \sum_{r=0}^{Q_i-1} w_{ijm}^{pqr} v_{(i-1)m}^{(x+rd)(y+p)(z+q)}\right) \quad (9.18)$$

R_i 表示三维卷积核中的时间维度；P_i 和 Q_i 分别表示卷积核的高度和宽度；w_{ijm}^{pqr} 表示坐标为 (p,q,r) 的卷积核参数值。

其中，卷积核大小为 $(2 \cdot w \cdot h)$；$d=2^{l-1}$，$R_i = 2$。d 的取法与一维扩张卷积相同，感知领域 r 的大小由

$$r = 2^{L-1}R \quad (9.19)$$

给出。式中，R 表示三维卷积核的第一维大小。

第 l 层在 x, y, z 位置的第 j 次卷积结果是 v_{lj}^{xyz}。

图 9.20 所示为 $L=3$ 时的结构，用过去 8 个时刻的负荷热数据来预测未来某一时刻的负荷热数据，表明该模型构建了一个因果系统，利用过去 $D = (d_t)_{t=0}^{N-1}$ 个负荷热条件，用带参数的模型来预测未来 $\hat{d}(N)$ 个负荷热值。

该预测模型的目标函数为

$$E(w) = \frac{1}{2N}\sum_{t=0}^{N-1}(y_{\text{pre}} - y_{\text{true}})^2 + \frac{\gamma}{2}(W)^2 \quad (9.20)$$

式中，W 表示预测网络结构的参数；γ 表示正则项的权值；y_{pre} 和 y_{true} 分别表示预测值和真实值。

模型的算法流程如图 9.21 所示。首先，根据充电桩的经纬度建立充电桩平面分布图；其次，根据历史负荷数据在分布图上按矩量顺序绘制热图；再次，对每张图片数据进行归

一化处理；然后，将数据输入到模型中进行训练，模型的超参数会根据训练结果进行调整，直到模型训练达到满意的效果；最后，对图像数据进行反归一化并输出，得到最终的预测结果。

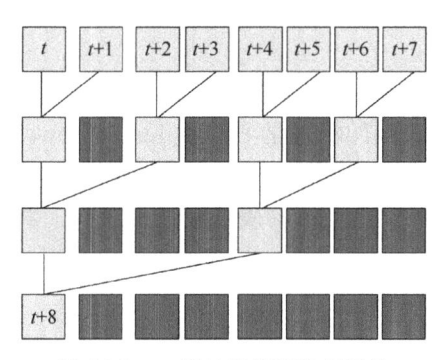

图 9.20　二维扩张卷积神经网络

图 9.21　模型的算法流程

9.4.5　基于时空神经网络的时空动态负荷预测

利用时空神经网络对充电桩的时空动态负荷进行滚动预测，使网络能够同时输出多个时间步长的时空动态负荷矩阵。假设输入为 $\boldsymbol{D}_s = \{\boldsymbol{D}_{t-s}, \boldsymbol{D}_{t-s+1}, \cdots, \boldsymbol{D}_t\}$，模型用 M 表示，该模型的所有参数用 $\varTheta$ 表示，则模型表示为

$$\widehat{\boldsymbol{D}}_K = \widehat{\boldsymbol{D}}_{t+1}, \cdots, \widehat{\boldsymbol{D}}_{t+k} = M(\varTheta; \boldsymbol{D}_S) \tag{9.21}$$

式中，$\widehat{\boldsymbol{D}}_{t+k}$ 表示第（$t+k$）时刻的预测负荷矩阵。

模型的整个网络结构如图 9.22 所示，使用的结构单元是将 ConvLSTM 层和 3D-ConvNet

层分别用合并层输出后合并的结构单元，可以综合学习长期和短期模式，多单元堆叠网络的学习能力更强。

为了获得准确的负荷矩阵预测结果，需要求解模型的最优参数 Θ，预测模型的目标函数为

$$L(\Theta)=\frac{1}{2K}\|M(\Theta;\boldsymbol{D}_S)-\boldsymbol{D}_K\|^2 \tag{9.22}$$

然后采用 Adam 自适应随机梯度下降算法求解模型的最优参数。

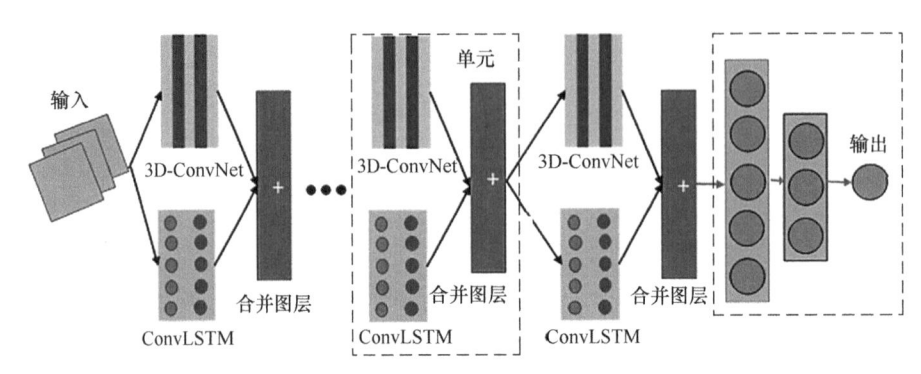

图 9.22 模型的整个网络结构

9.4.6 基于 Python 的实例仿真

本例基于中国某城市某区域的电动汽车充电桩负荷数据，该数据共有 4320 个条目，由 180 天内每小时的充电负荷组成。实验平台是谷歌公司的深度学习框架 TensorFlow。本次仿真的计算机条件为：CPU，酷睿 i7-7700；内存，16G；GPU，1070Ti 8G。

图 9.23 给出了一个局部矩负荷热图的例子，其中颜色较深的表示较高的负荷。将图像归一化后，利用 DCC-2D 模型和时空变换网络（STN）模型进行训练和预测，并以过去 200 个时刻的负荷热图作为训练集，对未来 4h 的负荷热图进行汇总。

对预测结果进行反归一化

$$X_i'=\frac{X_i}{X_{\max}} \tag{9.23}$$

式中，X_i 表示归一化前的值，X_i' 表示归一化后的值，$X_{\max}$ 表示取所有电荷的最大值。

$$X_i=X_i'\times X_{\max} \tag{9.24}$$

预测结果与实际值的对比如图 9.24 所示，图 9.24 的左侧为预测结果图，右侧为实际值图。从图 9.24 中可以看出，预测值与实际值具有较高的相似度，说明了算法的有效性和实用性，但可以看出，随着预测时间的延长，预测图与实际图之间的相似度逐渐降低，因此需要进一步研究长时间预测。

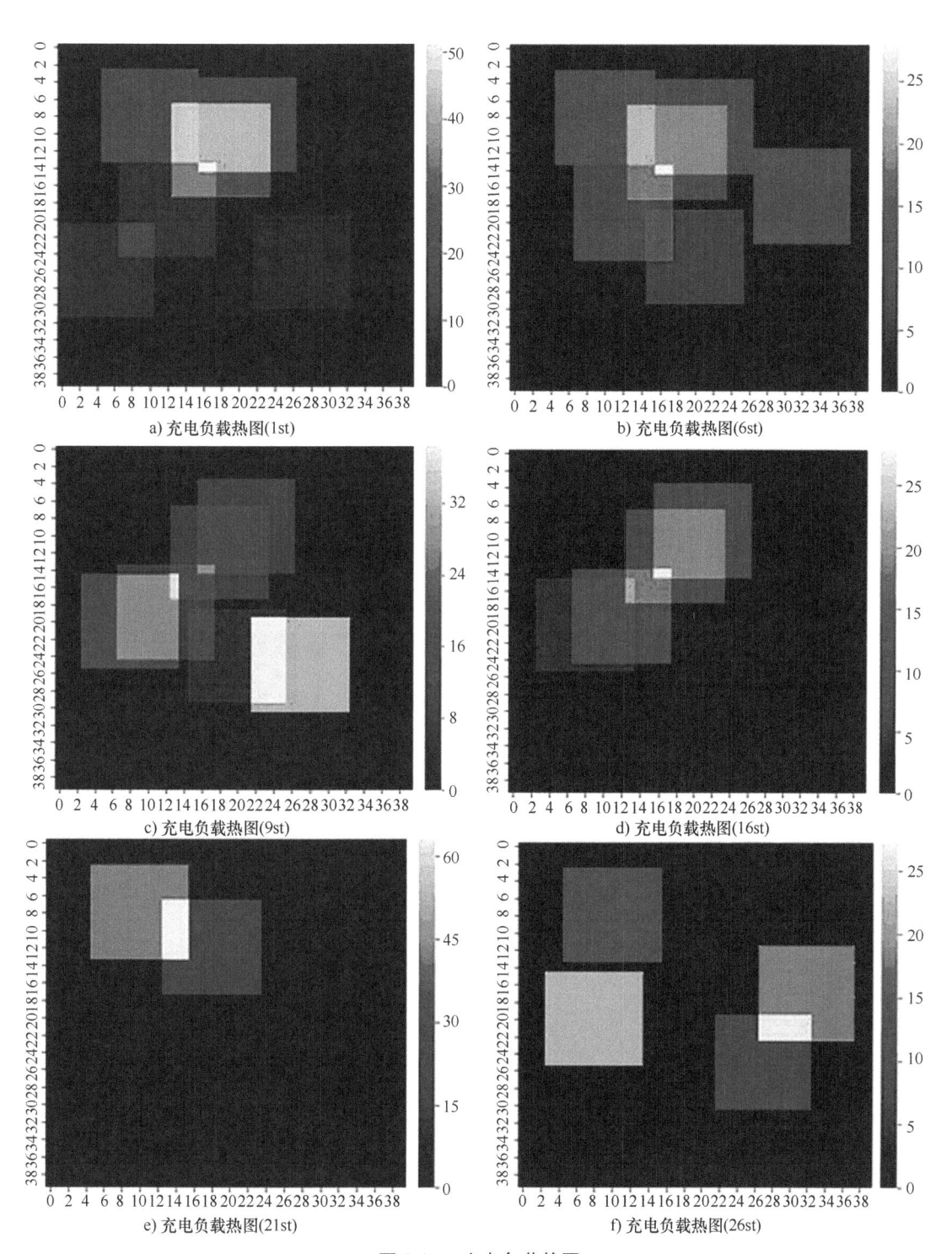

图 9.23 充电负荷热图

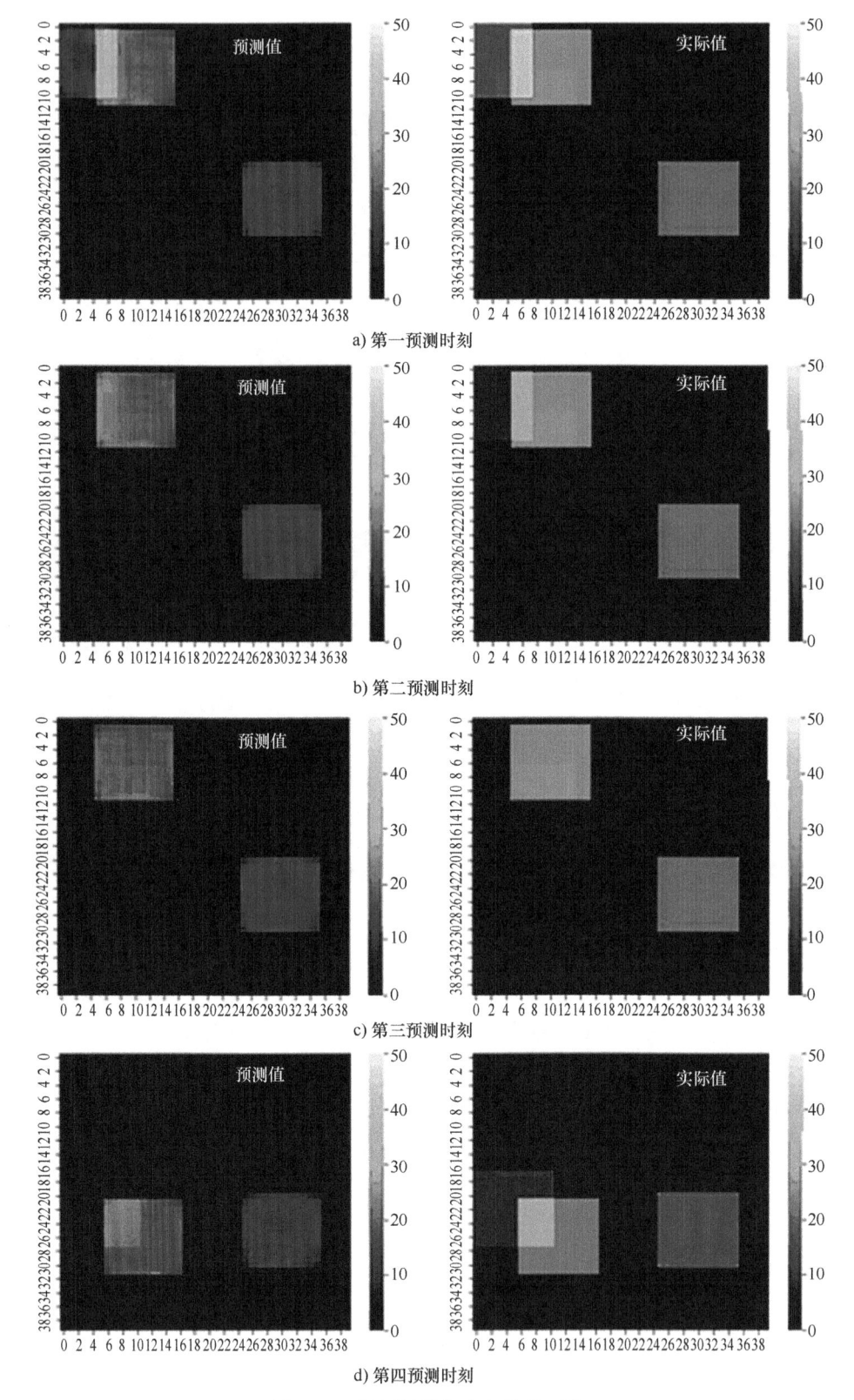

图 9.24 预测结果与实际值的对比

第9章
电动汽车充电负荷预测

为了体现该模型的优势,将其与 STN 预测模型进行比较。两种模型预测结果误差的直方图对比如图 9.25 所示,其中 z 轴表示两种模型各点产生的绝对值误差,红色部分和蓝色部分分别表示 STN 和 DCC-2D 模型的预测误差。从图 9.25 中还可以看出,DCC-2D 的误差主要集中在高负荷区域,说明该模型可以判断负荷集中区;STN 模型除在高负荷区域,在低负荷或零负荷区域误差较大,且 STN 模型的误差普遍高于 DCC-2D 模型,充分说明了 DCC-2D 模型的优越性。

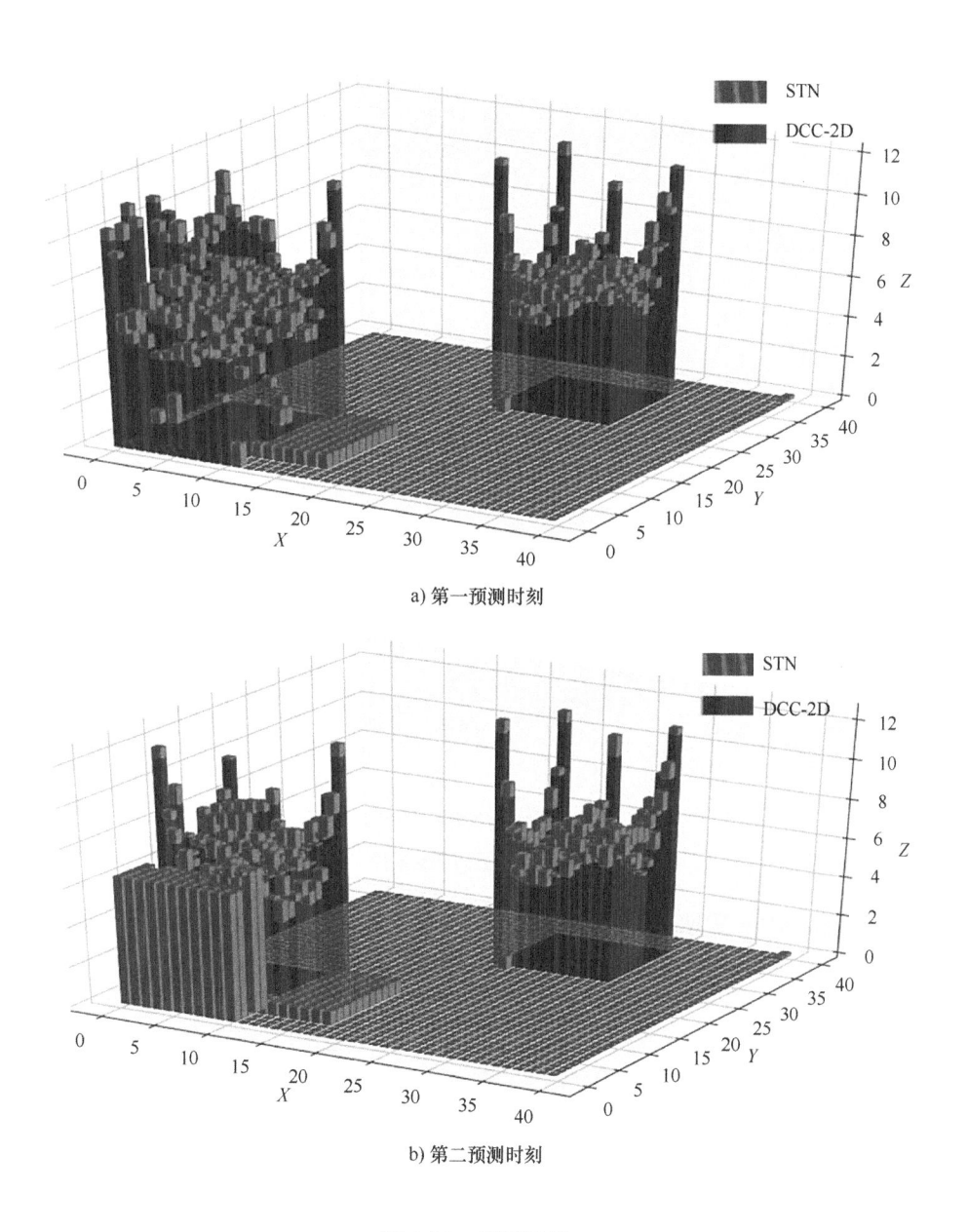

a) 第一预测时刻

b) 第二预测时刻

图 9.25 预测结果

c) 第三预测时刻

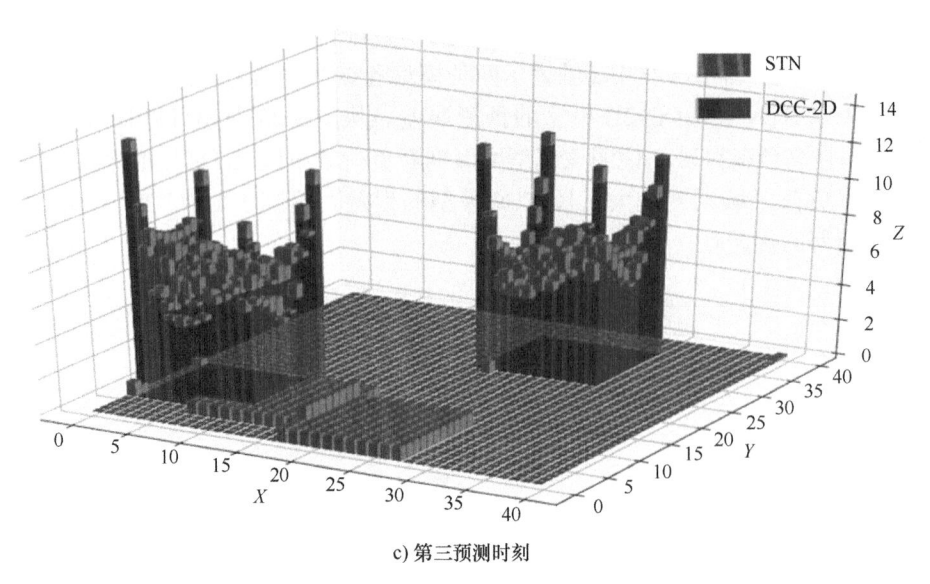

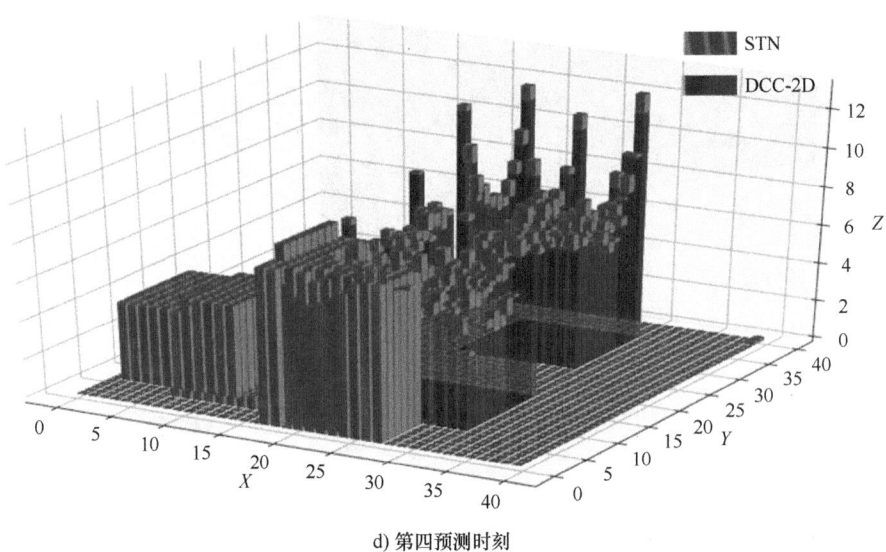

d) 第四预测时刻

图 9.25 预测结果（续）

表 9.5 所列为两种模型 5 次实验的 MAE、MSE 和 R^2，并给出了相应的平均值。以上 3 个指标的平均值均为 DCC-2D，可见 DCC-2D 模型具有较高的预测精度。

表 9.5 算法的比较

算法	测试时间	MAE	MSE	R^2
DCC-2D	1	1.23	8.18	0.81
	2	1.24	8.21	0.82
	3	1.07	6.56	0.89
	4	1.79	10.30	0.73
	5	1.50	10.14	0.78
	平均	1.37	8.68	0.81

(续)

算法	测试时间	MAE	MSE	R^2
STN	1	1.32	9.44	0.80
	2	1.32	9.22	0.80
	3	1.34	7.63	0.80
	4	1.87	12.96	0.72
	5	1.58	11.36	0.76
	平均	1.49	10.12	0.78

9.5 结论

1）本章首先使用 QRLSTM 和 QRDCC 预测模型，QRDCC 灵敏度指标分别比 QRNN 高 9.04% 和 5.04%，QRLSTM 灵敏度指标分别比 QRNN 低 64.08% 和 54.08%，充分体现了 QRDCC 和 QRLSTM 的优势。该模型对电动汽车负荷分布进行了较为准确的详细预测，能较好地反映电动汽车负荷的变化。该方法不仅提高了预测精度，而且与简单的点预测结果相比，区间预测可以获得更丰富的信息和更大的效率。

更大的容错程度，还能得到未来某一时刻电动汽车负荷完整概率分布的有效预测，为电动汽车负荷入网提供大量的有效信息。

2）本章使用非参数核密度概率预测模型进行充电负荷间隔：扩张因果卷积神经网络分位数回归模型和 LSTM 分位数回归模型。该方法对不同分位数条件下的模型网络参数进行估计，得到不同分位数条件下的预测值，并利用核密度估计（KDE）方法拟合充电负荷概率区间。对具有以下特点的充电负荷进行区间预测。

① 可以预测充电负荷的波动范围，如概率区间等。

② 扩张因果卷积神经网络的结构表明，它可以很好地学习长期的历史模式，而无须使用大量的参数。

③ 利用高斯分布核函数估计充电负荷预测区间，对比 QRLSTM 和 QRNN，它获得了更好的可靠性和灵敏度。

3）电动汽车充电负荷预测的统计学习方法是基于时间维的。然而，电动汽车充电负荷还具有复杂的空间性质，需要综合考虑时间和空间的动态变化，以便更好地进行时空动态预测。DCC-2D 的 MAE 和 RMSE 比 STN 分别低 8.16% 和 14.23%，得分比 ConvLSTM 高 3.84%。可以看出，DCC-2D 模型的预测精度得到了显著提高。

未来电动汽车通过充电桩大规模接入电网时，其分布将不可避免地与用户分散，再加上充放电时间的高度随机性，将使电网结构更加不均匀。负荷和供电的波动性、潮汐分布的异质性将更加突出，对配电网网损、电能质量、可靠性、稳定性等产生很大影响，给电网调度带来巨大挑战。包含 V2G 的智能电网应具有正确引导这种影响的自适应能力，使电动汽车储能成为备用，因此需要对大量节点的运行数据进行收集、分析和预测。

参考文献

[1] Yu Baojun, Yu Wenhan, and Sun Lunjie, "Analysis of strategic planning of pure electric vehicles in China of the 13th national five-year plan," *Auto Industry Research*, vol. 2, pp. 40–48, 2018.

[2] Gao Ciwei, and Zhang Liang, "A survey of influence of electrics vehicle charging on power grid," *Power System Technology*, vol. 35, no. 02, pp. 127–131, 2011.

[3] Yang Fang, Zhang Yibin, He Bo, Bai Cuifen, "Evaluation of impact of large-scale electric vehicle loading on economic value of power system," *Electric Power*, vol. 49, no. 03, pp. 178–182, 2016.

[4] Chen Xin-Qi, Li Peng, Hu Wen-Tang, Xu Jia-Long, and Zhu Jiong et al., "Analysis of impacts of electric vehicle charger on power grid harmonic," *Electric Power*, vol. 9, pp. 31–36, 2008.

[5] Tian Liting, Zhang Mingxia, and Wang Huanling, "Evaluation and solutions for electric vehicles' impact on the grid," *Proceedings of the CSEE*, vol. 32, no. 31, pp. 43–49+217, 2012.

[6] Ma Ling-Ling, Yang Jun, Fu Cong, Liu Pei, and Sun Yuan-Zhang, "Review on impact of electric car charging and discharging on power grid," *Power System Protection and Control*, vol. 41, no. 03, pp. 140–148, 2013.

[7] Huang Xiaoqing,Chen Jie,Chen Yongxin, Yang Hua, Cao Yijia,Jiang Lei, "Load forecasting method for electric vehicle charging station based on big data," *Automation of Electric Power Systems*, vol. 40, no. 12, pp. 68–74, 2016.

[8] Luo Zhuowei, Hu Zechun, Song Yonghua, and Yang Xia, "Study on pluging electric vehicles charging load calculating," *Automation of Electric Power Systems*, vol. 35, no. 14, pp. 36–42, 2011.

[9] Zhanghui Pan, Ciwei Gao, "Research on charging and discharging dispatch of electric vehicles based on demand side discharge bidding," *Power System Technology*, vol. 40, no. 04, pp. 1140–1146, 2016.

[10] Chen Hao, Wan Qiulan, and Wang Yurong, "Refined diebold-mariano test methods for the evaluation of wind power forecasting models," *Energies*, vol. 7, pp. 4185–4198, 2014.

[11] Sungwoo Bae, and Alexis Kwasinski, "Spatial and temporal model of electric vehicle charging demand," *IEEE Transactions on Smart Grid*, vol. 3, no. 1, pp. 394–403, 2012.

[12] Hao Liang, Isha Sharma, Weihua Zhuang, and Kankar Bhattacharya, "Plug-in electric vehicle charging demand estimation based on queueing network analysis," *Proceedings of IEEE Power and Energy Society General Meeting*, National Harbor, MD. pp. 1–5. http://dx.doi.org/10.1109/PESGM.2014.6939530

第 10 章

基于视觉的方法实现自适应的鲁棒控制

10.1 引言

视觉感知和基于图像的控制是自主导航的基本方面。一个方面,直接表示车辆是如何看到周围环境的,并提供必要的信息来规划最佳的安全轨道。另一方面,通过提供适当的转向,确保车辆执行所需的横向运动。提供适当的转向动作。尽管横向和纵向控制问题和动力学在自主导航的文献中得到了很好的论述,如见文献 [1-3],它们通常假定对车辆参数有确切的了解。然而,这一假设并不容易,因为汽车的大部分技术特性制造商都是保密的。此外,车辆很容易受到模型不确定性和外生干扰的负面影响。因此,控制器的设计变得更加具有挑战性。

回避上述困难的一个可能的方法是在控制回路中加入可用的视觉信息。控制回路中添加可用的视觉信息。将基于模型的鲁棒控制器和训练有素的深度神经网络结合起来进行图像处理,可以得到一种基于视觉的混合型控制器。图像处理产生了一个基于视觉的混合鲁棒控制架构,这也是本章的主要议题。在这个过程中,训练有素的机器学习技术重现了系统的动态。通过图像特征和一个鲁棒控制器保证了闭环系统的稳定性。这些方法的结合代表了在导航控制方面计算机视觉、图像处理和在复杂环境中自驾车辆的新改进。

不确定性在自动驾驶汽车的实际应用中是很常见的,如发光体的变化、GPS 信号、轮胎摩擦、非线性和传动系统的行为。因此,本章提出了一些方法通过进化算法对不确定性进行优化估计的方法,该算法只基于测量的输入和输出数据来评估奖励函数。

有关基于混合视觉自主地面车辆的鲁棒控制成就最初在文献 [4] 中被提出。本章对这些成果进行了扩展,并深化了对该主题的应用。

10.2 通过深度学习选择参考文献图像处理

从图像中理解或提取信息是复杂自动驾驶系统中的一个要点。一些深度学习模型可以应用于图像处理,而这些方法中的一个重要经典算法是卷积神经网络。这些方法成功的一个重要和经典的算法是卷积神经网络(CNN)[5-6]。此外,CNN 的变种,如计算机视觉 - 卷积神经网络(CV-CNN)、超分辨率卷积神经网络(SRCNN)、目标检测和实例分割的深度学习模型(Mask R-CNN)、全卷积网络(FCN)、深度学习架构(U-Net)、深度卷积神经网络架构(DenseNet)、分型网络(FractalNet)等被提出用于不同的领域 [7]。

尽管深度神经网络能够为这种应用提出令人满意的结果,但是它们仍然被当作一个黑盒子来处理,这可能会降低系统的可靠性。因此,将深度神经网络的结果作为状态变量来处理，可以大大增加机器学习方法的性能和控制系统的置信度。事实上，神经网络提供了参考信号，而不是将工厂过程作为一个黑匣子。在这种情况下，本节介绍了如何将 CNN 检测到的特征作为鲁棒控制方法的参考。为了便于理解所提出的方法，表 10.1 所列为深度学习使用的主要变量。

表 10.1 深度学习使用的主要变量

符号	含义
t	步长
$l = \{1, \cdots, L\}$	卷积的层
$\ddot{I}_t^l = \left[\ddot{i}_{1,t}^l, \cdots, \ddot{i}_{\ddot{o}^l,t}^l\right]$	图层的输出值 l，每个步长上的变量表示为 $\ddot{o}^l$
NS	模拟步骤总数
P_0, P_1, P_2	车辆可能的参考位置
$\overrightarrow{P0}_n^l, \overrightarrow{P1}_n^l, \overrightarrow{P2}_n^l$	分别存储 P_0、P_1 和 P_2 点实验模拟数据的向量
$\ddot{A}_n^l$	决策矩阵
$\ddot{i}_{\pi,t}^l \in \ddot{I}_t^l$	控制应用程序的最佳输出值或值
X_t	电流测量状态变量

10.2.1 CNN 分析结果作为对照参考

CNN 由顺序卷积流层组成，每层包括卷积滤波器或卷积核、池化层、非线性处理层和归一化层[7]。这个过程产生特征图，并允许在不同的置信度水平上解释图像。最后，这些特征图由全连接（FC）层进行处理。

CNN 的主要原理是在每个时间步长 t 上，对矩阵 $\ddot{I}_t^{l-1}$ 的输入集与核 κ 进行离散卷积运算，以获得矩阵 $\ddot{I}_t^l$，$\forall l = \{1, \cdots, L\}$ 层。对于每一层 l 进行更详细的分析，操作矩阵可以由一组标量自变量定义，其中得到的矩阵 $\ddot{I}_t^l$ 具有 $\ddot{o}^l$ 的值，即

$$\ddot{I}_t^0 = \left[\ddot{i}_{1,t}^0, \cdots, \ddot{i}_{\ddot{o}^0,t}^0\right]$$
$$\vdots$$
$$\ddot{I}_t^l = \left[\ddot{i}_{1,t}^l, \cdots, \ddot{i}_{\ddot{o}^0,t}^l\right] \qquad (10.1)$$
$$\vdots$$
$$\ddot{I}_t^L = \left[\ddot{i}_{1,t}^L, \cdots, \ddot{i}_{\ddot{o}^0,t}^L\right]$$

例如，一个 100 像素的 RGB 图像，$\ddot{I}_t^0 \in \mathbb{R}^{10 \times 10 \times 3}$ 在每个时间步长 t 上有 $\ddot{o}^0 = 10 \times 10 \times 3 = 300$ 个自变量。因此，涉及输入矩阵 $\ddot{I}_t^{l-1} \in \mathbb{R}^{i_1 \times i_2 \times i_3}$ 的卷积运算，包含 $\ddot{o}^{l-1} = i_1 \times i_2 \times i_3$ 个变量，以及一个内核 $\kappa \in \mathbb{R}^{a_1 \times a_2}$，得到新的卷积映射 $\phi^l \in \mathbb{R}^{e_1 \times e_2}$，即

$$\phi^l = (\ddot{I}_t^{l-1} * \kappa) = \sum_{x_1=0}^{a_1-1} \sum_{x_2=0}^{a_2-1} \sum_{x_3=1}^{i_3} \kappa_{x_1, x_2} \ddot{I}_{(i_1+x_1, i_2+x_2, x_3), t}^{l-1} \qquad (10.2)$$

式中，"*"表示卷积运算。

这个过程在 l 个不同的层中提供了不同的特征映射 ϕ^l。接下来，得到的特征映射被处理为

$$\ddot{Y}^l = f(\phi^l + \ddot{a}^l) \tag{10.3}$$

式中，$f(\cdot)$ 表示非线性激活函数；$\ddot{a}^l$ 表示线性方程中添加的偏置或截距；$\ddot{Y}^l$ 表示池化层的输入，即

$$\ddot{I}_t^l = \text{Pooling}(\ddot{Y}^l) \tag{10.4}$$

式中，$\ddot{I}_t^l$ 表示结果输出矩阵。

对于基于视觉的控制，前置摄像头收集车辆周围环境的信息，并向 CNN 提供实时输入 $\ddot{I}_t^0$。使用卷积操作，(l-1) 层上的一组 $a_1 \times a_2$ 自变量将被重组为 l 层上的单个结果，因此，可以通过鲁棒控制方法处理 l 层的特定输出，而不是像本章所讨论的那样处理其他卷积或全连接层。

10.2.2 实验数据

为了识别基于视觉控制的合适卷积结果，有必要评估卷积矩阵中状态变化的灵敏度 $\ddot{I}_t^1,\cdots,\ddot{I}_t^L$，响应输入图像 $\ddot{I}_t^0$ 的位置变化。在这种情况下，汽车在地图上有一个期望的位置（P_0），也导致 $\ddot{I}_t^0$ 上的像素配置。为了验证位移变化的灵敏度，汽车应该在地图上向两个相反的方向移动（用位移 Δe_1 表示，表示位置 P_1；用位移 Δe_2 表示，表示位置 P_2）。

由于 P_1 和 P_2 表示地图上不同的位置，它们也会产生不同的 $\ddot{I}_t^0$ 值。此外，在卷积操作之后，在 $\ddot{I}_t^l$，$\forall l = \{1,\cdots,L\}$ 层上，在 P_0，P_1 和 P_2 的不同位置上，预期会产生不同的结果。涉及车道保持的横向控制和与前方车辆保持距离的纵向控制的应用如图 10.1 所示。

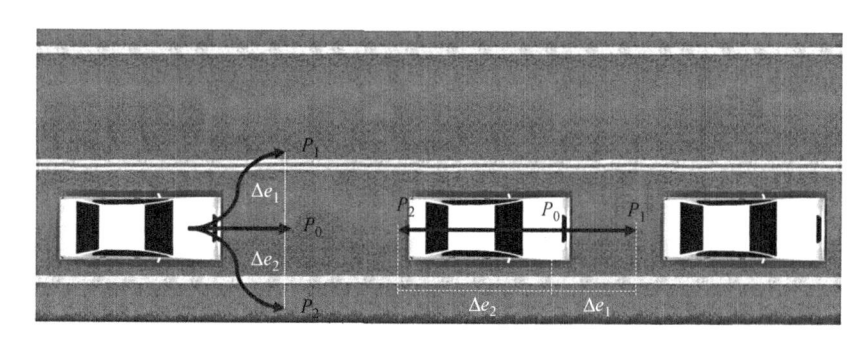

图 10.1 期望位置 P_0 和位移以两种相反的方式，P_1 带 Δe_1 来自 P_0，P_2 带 Δe_2，来自 P_0，用于横向控制和纵向控制

由于提出了三个不同的位置，因此应在规定的时间步长内进行三次不同的模拟，每次模拟收集 NS 实验样本。在第一次模拟中，汽车被驱动到期望的地图位置，因此输入图像 $\ddot{I}_t^0$ 是在 P_0 位置捕获图像的结果。然后，对于 $l = \{1,\cdots,L\}$ 和 $t = \{1,\cdots,NS\}$，一组矢量存储实验数据为

$$\underbrace{\begin{bmatrix} \overrightarrow{P0^1_{1,t}} = \{\ddot{I}^1_{1,t} \mid P_0\} \\ \overrightarrow{P0^1_{2,t}} = \{\ddot{I}^1_{2,t} \mid P_0\} \\ \vdots \\ \overrightarrow{P0^1_{\ddot{o}^1-1,t}} = \{\ddot{I}^1_{\ddot{o}^1-1,t} \mid P_0\} \\ \overrightarrow{P0^1_{\ddot{o}^1,t}} = \{\ddot{I}^1_{\ddot{o}^1,t} \mid P_0\} \end{bmatrix}}_{1^{st}\text{ layer}} \to \cdots \to \underbrace{\begin{bmatrix} \overrightarrow{P0^l_{1,t}} = \{\ddot{I}^1_{1,t} \mid P_0\} \\ \overrightarrow{P0^l_{2,t}} = \{\ddot{I}^1_{2,t} \mid P_0\} \\ \vdots \\ \overrightarrow{P0^l_{\ddot{o}^1-1,t}} = \{\ddot{I}^1_{\ddot{o}^1-1,t} \mid P_0\} \\ \overrightarrow{P0^l_{\ddot{o}^1,t}} = \{\ddot{I}^1_{\ddot{o}^1,t} \mid P_0\} \end{bmatrix}}_{l\text{-th layer}} \to \cdots \to \underbrace{\begin{bmatrix} \overrightarrow{P0^L_{1,t}} = \{\ddot{I}^1_{1,t} \mid P_0\} \\ \overrightarrow{P0^L_{2,t}} = \{\ddot{I}^1_{2,t} \mid P_0\} \\ \vdots \\ \overrightarrow{P0^L_{\ddot{o}^1-1,t}} = \{\ddot{I}^1_{\ddot{o}^1-1,t} \mid P_0\} \\ \overrightarrow{P0^L_{\ddot{o}^L,t}} = \{\ddot{I}^1_{\ddot{o}^1,t} \mid P_0\} \end{bmatrix}}_{L\text{-th layer}} \quad (10.5)$$

同样，在接下来的模拟中，汽车的位移位置为 P_1，在第二次和第三次模拟中为 P_2。因此，当 $l=\{1,\cdots,L\}$ 和 $t=\{1,\cdots,NS\}$，其他向量组也将实验数据存储为

$$\underbrace{\begin{bmatrix} \overrightarrow{P1^1_{1,t}} = \{\ddot{I}^1_{1,t} \mid P_0\} \\ \overrightarrow{P1^1_{2,t}} = \{\ddot{I}^1_{2,t} \mid P_0\} \\ \vdots \\ \overrightarrow{P1^1_{\ddot{o}^1-1,t}} = \{\ddot{I}^1_{\ddot{o}^1-1,t} \mid P_0\} \\ \overrightarrow{P1^1_{\ddot{o}^1,t}} = \{\ddot{I}^1_{\ddot{o}^1,t} \mid P_0\} \end{bmatrix}}_{1^{st}\text{ layer}} \to \cdots \to \underbrace{\begin{bmatrix} \overrightarrow{P1^l_{1,t}} = \{\ddot{I}^1_{1,t} \mid P_0\} \\ \overrightarrow{P1^l_{2,t}} = \{\ddot{I}^1_{2,t} \mid P_0\} \\ \vdots \\ \overrightarrow{P1^l_{\ddot{o}^1-1,t}} = \{\ddot{I}^1_{\ddot{o}^1-1,t} \mid P_0\} \\ \overrightarrow{P1^l_{\ddot{o}^1,t}} = \{\ddot{I}^1_{\ddot{o}^1,t} \mid P_0\} \end{bmatrix}}_{l\text{-th layer}} \to \cdots \to \underbrace{\begin{bmatrix} \overrightarrow{P1^L_{1,t}} = \{\ddot{I}^1_{1,t} \mid P_0\} \\ \overrightarrow{P1^L_{2,t}} = \{\ddot{I}^1_{2,t} \mid P_0\} \\ \vdots \\ \overrightarrow{P1^L_{\ddot{o}^1-1,t}} = \{\ddot{I}^1_{\ddot{o}^1-1,t} \mid P_0\} \\ \overrightarrow{P1^L_{\ddot{o}^L,t}} = \{\ddot{I}^1_{\ddot{o}^1,t} \mid P_0\} \end{bmatrix}}_{L\text{-th layer}} \quad (10.6)$$

对于第二个模拟，向量存储第三个模拟数据。

$$\underbrace{\begin{bmatrix} \overrightarrow{P2^1_{1,t}} = \{\ddot{I}^1_{1,t} \mid P_0\} \\ \overrightarrow{P2^1_{2,t}} = \{\ddot{I}^1_{2,t} \mid P_0\} \\ \vdots \\ \overrightarrow{P2^1_{\ddot{o}^1-1,t}} = \{\ddot{I}^1_{\ddot{o}^1-1,t} \mid P_0\} \\ \overrightarrow{P2^1_{\ddot{o}^1,t}} = \{\ddot{I}^1_{\ddot{o}^1,t} \mid P_0\} \end{bmatrix}}_{1^{st}\text{ layer}} \to \cdots \to \underbrace{\begin{bmatrix} \overrightarrow{P2^l_{1,t}} = \{\ddot{I}^1_{1,t} \mid P_0\} \\ \overrightarrow{P2^l_{2,t}} = \{\ddot{I}^1_{2,t} \mid P_0\} \\ \vdots \\ \overrightarrow{P2^l_{\ddot{o}^1-1,t}} = \{\ddot{I}^1_{\ddot{o}^1-1,t} \mid P_0\} \\ \overrightarrow{P2^l_{\ddot{o}^1,t}} = \{\ddot{I}^1_{\ddot{o}^1,t} \mid P_0\} \end{bmatrix}}_{l\text{-th layer}} \to \cdots \to \underbrace{\begin{bmatrix} \overrightarrow{P2^L_{1,t}} = \{\ddot{I}^1_{1,t} \mid P_0\} \\ \overrightarrow{P2^L_{2,t}} = \{\ddot{I}^1_{2,t} \mid P_0\} \\ \vdots \\ \overrightarrow{P2^L_{\ddot{o}^1-1,t}} = \{\ddot{I}^1_{\ddot{o}^1-1,t} \mid P_0\} \\ \overrightarrow{P2^L_{\ddot{o}^L,t}} = \{\ddot{I}^1_{\ddot{o}^1,t} \mid P_0\} \end{bmatrix}}_{L\text{-th layer}} \quad (10.7)$$

最后得到一组决策矩阵 $\ddot{A}^l_n \in \mathbb{R}^{3 \times NS}$，$\forall l=\{1,\cdots,L\}$ 和 $\forall n=\{1,\cdots,\ddot{o}^l\}$，将所有实验结果重新排列为：

$$\ddot{A}^l_n = \begin{bmatrix} \overrightarrow{P0^l_n} \\ \overrightarrow{P1^l_n} \\ \overrightarrow{P2^l_n} \end{bmatrix} \quad (10.8)$$

决策矩阵 $\ddot{A}^l_n$ 和数据向量 $\overrightarrow{P0^l_n}$，$\overrightarrow{P1^l_n}$ 和 $\overrightarrow{P2^l_n}$ 用于测量结果位移灵敏度并选择最佳变量，如下所述。

10.2.3 多目标评价

为了验证 $\ddot{o}^l$ 的哪些分析结果可用于控制应用程序,进行评估 $\forall l = \{1,\cdots,L\}$。在这种情况下,首先所有矩阵 $\ddot{A}_n^l$,$\forall n = \{1,\cdots,\ddot{o}^l\}$,被归一化为 0~1。接下来,如 [4] 中所述,使用针对多个冲突目标的多目标优化来评估位移的灵敏度。此外,可以执行不同的约束来处理有效数据,因为可以应用不同的目标函数来选择提供最佳矩阵 $\ddot{A}_n^l$ 的结果。尽管可以应用不同的方程,但本节将探讨约束条件和目标函数的示例。

约束条件应用于选择哪个 $\ddot{A}_n^l$ 表示有效的矩阵。例如,约束条件(CC1)应该评估分析结果 $n = \{1,\cdots,\ddot{o}^l\}$ 是否代表有效的输出。因此模拟向量的中位数(M)应该不等于 0,$\forall n = \{1,\cdots,\ddot{o}^l\}$,即

$$\text{CC1}: M(\overrightarrow{P0_n^l}) \neq 0 \text{ and } M(\overrightarrow{P1_n^l}) \neq 0 \text{ and } M(\overrightarrow{P2_n^l}) \neq 0 \to 有效的 \ddot{A}_n^l \tag{10.9}$$

由于从点 $P0$ 开始的措施代表了期望的参考控制,另一个约束条件(CC2)应确保中位数 $M(\overrightarrow{P0_n^l})$ 是两者之间的集中数字 $M(\overrightarrow{P1_n^l})$ and $M(\overrightarrow{P2_n^l})$,$\forall n = \{1,\cdots,\ddot{o}^l\}$,即

$$\text{CC2}: M(\overrightarrow{P1_n^l}) < M(\overrightarrow{P0_n^l}) < M(\overrightarrow{P2_n^l}) \text{ or } M(\overrightarrow{P2_n^l}) < M(\overrightarrow{P0_n^l}) < M(\overrightarrow{P1_n^l}) \to 有效的 \ddot{A}_n^l \tag{10.10}$$

接下来,目标函数评估 $\ddot{A}_n^l$,$\forall l = \{1,\cdots,L\}$ 和 $\forall n = \{1,\cdots,\ddot{o}^l\}$ 的位移灵敏度,因此,根据第一和第二个提出的目标评估不同位置 P_0,P_1 和 P_2 的结果差异。期望位置 P_0 提供代表中心参考的值,而 P_1 和 P_2 提供以 P_0 为间隔的值,则该应用的最佳适应度结果是确定实验向量距离的最大化参数,表示为

$$\arg\max\left(f_1(\ddot{A}_n^l) = \left| M(\overrightarrow{P0_n^l}) - M(\overrightarrow{P1_n^l}) \right|\right) \tag{10.11}$$

$$\arg\max\left(f_2(\ddot{A}_n^l) = \left| M(\overrightarrow{P0_n^l}) - M(\overrightarrow{P2_n^l}) \right|\right) \tag{10.12}$$

而第三个目标是评估对测量实验向量的干扰。所需参数在测量向量与其中位数之间具有最小的均方误差,如:

$$\arg\min\left(f_3(\ddot{A}_n^l) = \frac{1}{M}\sum_{j=1}^{M}((M(\overrightarrow{P0_n^l}) - (\overrightarrow{P0_{n,j}^l}))^2 + (M(\overrightarrow{P1_n^l}) - (\overrightarrow{P1_{n,j}^l}))^2 + (M(\overrightarrow{P2_n^l}) - (\overrightarrow{P2_{n,j}^l}))^2)\right) \tag{10.13}$$

依次使用帕累托最优理论文献 [8] 进行多目标比较,其中对于每个决策矩阵 $\ddot{A}_n^l$,向量函数表示为

$$F(\ddot{A}_n^l) = \left[f_1(\ddot{A}_n^l), f_2(\ddot{A}_n^l), f_3(\ddot{A}_n^l)\right] \tag{10.14}$$

帕累托最优值由优势输出集定义,其中输出 $o_1 \in \{1,\cdots,\ddot{o}^l\}$ 优于另一个向量 $o_2 \in \{1,\cdots,\ddot{o}^l\}$,

当且仅当

$$f_1(\ddot{\pmb{A}}_{0_1}^l) \geq f_1(\ddot{\pmb{A}}_{0_2}^l) \text{ and } f_2(\ddot{\pmb{A}}_{0_1}^l) \geq f_2(\ddot{\pmb{A}}_{0_2}^l) \text{ and } f_3(\ddot{\pmb{A}}_{0_1}^l) \leq f_3(\ddot{\pmb{A}}_{0_2}^l) \quad (10.15)$$

至少是三个目标函数中的一个，即

$$f_1(\ddot{\pmb{A}}_{0_1}^l) > f_1(\ddot{\pmb{A}}_{0_2}^l) \text{ or } f_2(\ddot{\pmb{A}}_{0_1}^l) > f_2(\ddot{\pmb{A}}_{0_2}^l) \text{ or } f_3(\ddot{\pmb{A}}_{0_1}^l) < f_3(\ddot{\pmb{A}}_{0_2}^l) \quad (10.16)$$

如果 $\forall n = \{1, \cdots, \ddot{o}^l\}$，存在任意 $\ddot{\pmb{A}}_{0_1}^l$，$o_1 \in \{1, \cdots, \ddot{o}^l\}$，以上的 o_1 对于任意 n 值不占支配地位，o_1 为最优值，构成帕累托集合（PS），它们的向量函数构成帕累托前沿 PF：

$$PS := \{\ddot{\pmb{A}}_{0_1}^l \mid \ddot{\pmb{A}}_{0_1}^l \text{ 是一个帕累托集合}\} \quad (10.17)$$

和

$$PF := \{\ddot{\pmb{A}}_{0_1}^l \in PS\} \quad (10.18)$$

对于所提出的评价方法，多个决策矩阵可以组成 PF，因此，在接下来的步骤中，需要为控制应用选择一个或多个最佳决策矩阵，用 $\ddot{\pmb{A}}_\pi^l$ 表示。这些矩阵对应于最佳输出值 $\ddot{i}_{\pi^*,t}^l \in \ddot{\pmb{I}}_t^l$。在此之后，变量 $\ddot{i}_{\pi^*,t}^l$ 可以应用于实时控制状态。尽管可以选择多个 CNN 结果，但下面的小节将展示如何解释单个选定的输出。尽管如此，同样的原理可以扩展到选择两个或更多的输出。

10.2.4 控制状态变量

由于选取了实验向量 $\overrightarrow{P0_\pi^l}$。表示期望行为的近似值，标量值为 $M(\overrightarrow{P0_\pi^l})$。可以被指定为它们各自选择状态值 $\ddot{i}_{\pi^*,t}^l$ 的控制参考。因此，一个控制状态变量可以计算为

$$x_t = \frac{\ddot{i}_{\pi^*,t}^l - \min(\overrightarrow{P0_\pi^l})}{\max(\overrightarrow{P0_\pi^l}) - \min(\overrightarrow{P0_\pi^l})} - M(\overrightarrow{P0_\pi^l}) \quad (10.19)$$

式中，x_t 表示当前测量的状态变量；$\max(\overrightarrow{P0_\pi^l})$ 和 $\min(\overrightarrow{P0_\pi^l})$ 表示用于规范化所选的分析结果 $\ddot{i}_{\pi^*,t}^l$。

由于所选择的状态变量 s_t 受图像处理方法产生的非线性影响，因此有必要使用鲁棒控制技术来保证期望工作点的稳定性。此外，变量 x_t 与下一节讨论的鲁棒控制过程密切相关。

10.3 鲁棒控制设计

我们考虑由下式给出线性系统的离散时间实现

$$x_{t+1} = \pmb{F}_t x_t + \pmb{G}_t u_t \quad (10.20)$$

或者

$$x_{t+1} = \begin{bmatrix} x_t^T & u_t^T \end{bmatrix} + \begin{bmatrix} F_t^T \\ G_t^T \end{bmatrix} \quad (10.21)$$

式中，$t = \{0, \cdots, NS\}$；$x_t \in \mathbf{R}^n$ 表示状态向量；$u_t \in \mathbf{R}^m$ 表示控制输入；$F_t \in \mathbf{R}^{n \times n}$ 和 $G_t \in \mathbf{R}^{n \times m}$ 分别表示已知标称状态转移和输入矩阵。

模型矩阵 F_t 和 G_t，除了调节器称重矩阵 Q_t 和 R_t，提供了一个要最小化的成本函数。最后，有必要进行系统矩阵识别过程，下面将进行描述。

本节探讨的主要变量列表见表 10.2。

表 10.2 主要变量列表

符号	含义
u_t	动作电流
F_t, G_t	标称状态转移和输入矩阵
$\delta F_t, \delta G_t$	参数不确定性
Q_t, R_t	调节器称重矩阵
K_t	二次调节器增益

10.3.1 系统识别

考虑一组输入输出值不同的样本数据，对于线性二次型调节器（LQR）的定义，可以假设 x_{t+1}、x_t、u_t 为已知值，因此我们可以使用文献 [9] 提出的基于均方误差估计的方法来识别内部矩阵 F_t、G_t 的值。为此，假设将系统的输入和输出数据解释为

$$y_t = \Omega_t^T \theta + z_t \quad (10.22)$$

式中，y_t 和 Ω_t^T 表示已知矢量；θ 表示待估计的矢量；z_t 表示误差和扰动。

然后，定义一个参数预测方程为

$$y_t' = \Omega_t^T \theta \quad (10.23)$$

估计过程的目的是使均方预测误差最小，表示为

$$E = \frac{1}{N} \sum_{t=1}^{N} [y_t - y_t']^2 \quad (10.24)$$

式中，N 表示样本数据个数。

最小化式（10.24）得到解析解

$$\theta = \left[\frac{1}{N} \sum_{k=1}^{N} \Omega_k \Omega_k^T \right]^{-1} \frac{1}{N} \sum_{k=1}^{N} \Omega_k y_k \quad (10.25)$$

式（10.23）~ 式（10.25）的最初目的是进行向量识别。因此，它们似乎不适合以状态空间形式估计矩阵参数。然而，通过重新排列状态空间方程来识别矩阵是可能的，类似于

文献 [10] 中所做的。例如，式（10.20）等价于：

$$x_{j,t+1} = \begin{bmatrix} x_t^T & u_t^T \end{bmatrix} \begin{bmatrix} F_{j,t}^T \\ G_{j,t}^T \end{bmatrix}$$ （10.26）

对于每一个对应矩阵的第 j 行。通过连续应用 j 个识别方法，将识别出完整的矩阵，一次一行。

10.3.2 鲁棒线性二次型调节器（RLQR）

考虑具有参数不确定性的离散时间系统，描述为

$$x_{t+1} = (F_t + \delta F_t)x_t + (G_t + \delta G_t)u_t$$ （10.27）

$$x_0 = \text{constant}$$ （10.28）

式中，δF_t 和 δG_t 表示参数不确定性。

不确定性矩阵定义为

$$\begin{bmatrix} \delta F_t & \delta G_t \end{bmatrix} = H_t \Delta_t \begin{bmatrix} E_{F_t} & E_{G_t} \end{bmatrix}$$ （10.29）

式中，$H_t \in \mathbb{R}^{n \times p}$，$E_{F_t} \in \mathbb{R}^{l \times n}$，$E_{G_t} \in \mathbb{R}^{l \times m}$ 表示已知矩阵；$\Delta_t \in \mathbb{R}^{p \times l}$ 表示任意矩阵，使得 $\|\Delta\| < 1$。

RLQR 是由以下最小二乘优化问题的解得到的[11]。

$$\min_{x_{t+1}, u_t} \max_{\delta F_t, \delta G_t} \overline{J}_t^\mu(x_{t+1}, u_t, \delta F_t, \delta G_t)$$ （10.30）

式中，$\overline{J}_t^\mu$ 表示代价函数。

$$\overline{J}_t^\mu(x_{t+1}, u_t, \delta F_t, \delta G_t) = \begin{bmatrix} x_{t+1} \\ u_t \end{bmatrix}^T \begin{bmatrix} P_{t+1} & 0 \\ 0 & R_t \end{bmatrix} \begin{bmatrix} x_{t+1} \\ u_t \end{bmatrix} + \Phi^T \begin{bmatrix} Q_t & 0 \\ 0 & \mu I \end{bmatrix} \Phi$$ （10.31）

对于定罚参数 $\mu > 0$，正定权矩阵 $Q_t \succ 0$，$R_t \succ 0$，$P_{t+1} \succ 0$ 和

$$\Phi = \left\{ \begin{bmatrix} 0 & 0 \\ I & -G_t - \delta G_t \end{bmatrix} \begin{bmatrix} x_{t+1} \\ u_t \end{bmatrix} - \begin{bmatrix} -I \\ F_t + \delta F_t \end{bmatrix} x_t \right\}$$ （10.32）

接下来的段落详细介绍了如何解决鲁棒正则化最小二乘问题以及它与鲁棒递归调节器的关系。

鲁棒正则化最小二乘问题考虑以一般形式表示优化问题式（10.30），其中矩阵 A 给出的数据信息和向量 b 提供的测量值受到不确定性的影响。

$$\min_x \max_{\delta A, \delta b} \{J(x, \delta A, \delta b)\}$$ （10.33）

式中，$J(x) = x^T Q x + ((A + \delta A)x - (b + \delta b))^T W((A + \delta A)x - (b + \delta b))$ （10.34）

不确定度 δA 和 δA 建模为

$$[\delta A \quad \delta b] = H\Delta[E_A \quad E_b] \qquad (10.35)$$

式中，A，b，H，E_A，E_b 表示已知的足够维数的矩阵；Δ 表示一个任意的收缩矩阵($\|\Delta\| \leq 1$)；x 表示一个未知向量。

引理 10.3.2.1[12] 给出了问题式（10.33）、式（10.34）的最优解。

引理 10.3.2.1 式（10.33）、式（10.34）优化问题的解由下式给出

$$x^* = (\hat{Q} + A^T\hat{W}A)^{-1}(A^T\hat{W}b + \hat{\lambda}E_A^T E_b) \qquad (10.36)$$

对于 $\hat{Q}$ 和 $\hat{W}$，定义为

$$\hat{Q} := Q + \hat{\lambda}E_A^T E_A \qquad (10.37)$$

$$\hat{W} := W + WH(\hat{\lambda}I - H^T WH)^\dagger H^T W \qquad (10.38)$$

同时 $\hat{\lambda} > \|H^T WH\|$。

证明：见文献 [12]。

引理 10.3.2.2 给出了问题式（10.33）～式（10.34）的等价解，用矩阵数组表示。

引理 10.3.2.2 如果 $Q \succ 0$ 且 $W \succ 0$，则问题式（10.33）、式（10.34）的解 x^* 为写成

$$\begin{bmatrix} x^* \\ J(x^*) \end{bmatrix} = \begin{bmatrix} 0 & 0 \\ 0 & b \\ 0 & E_b \\ I & 0 \end{bmatrix}^T \begin{bmatrix} Q^{-1} & 0 & 0 & I \\ 0 & \hat{W}^{-1} & 0 & A \\ 0 & 0 & \hat{\lambda}^{-1}I & E_A \\ I & A^T & E_A^T & 0 \end{bmatrix}^{-1} \begin{bmatrix} 0 \\ b \\ E_b \\ 0 \end{bmatrix} \qquad (10.39)$$

式中，$\hat{W}$ 和 $\hat{\lambda}$ 表示在引理 10.3.2.1 中。

证明：见文献 [11] 及其参考文献。

如文献 [11] 所示，引理 10.3.2.2 允许求解式（10.30）～式（10.32）中给出的 $\mu > 0$ 的优化问题，根据以下引理：

引理 10.3.2.3 给定初始条件 x_0 和 $P_0 \succ 0$，选取正定矩阵 Q_t 和 R_t，鲁棒递归调节器解为

$$\begin{bmatrix} x_{t+1}^* \\ u_t^* \end{bmatrix} = \begin{bmatrix} L_t \\ K_t \end{bmatrix} x_t^*, t = 0, \cdots, N \qquad (10.40)$$

L_t 和 K_t，由递归得到

$$\begin{bmatrix} L_i \\ K_i \\ P_i \end{bmatrix} = \begin{bmatrix} 0 & 0 & 0 \\ 0 & 0 & 0 \\ 0 & 0 & -I \\ 0 & 0 & \hat{F}_i \\ I & 0 & 0 \\ 0 & I & 0 \end{bmatrix}^T \begin{bmatrix} P_{i+1}^{-1} & 0 & 0 & 0 & I & 0 \\ 0 & R_i^{-1} & 0 & 0 & 0 & I \\ 0 & 0 & Q_i^{-1} & 0 & 0 & 0 \\ 0 & 0 & 0 & \sum_i(\mu,\hat{\lambda}_i) & \hat{I} & -\hat{G}_i \\ I & 0 & 0 & \hat{I}^T & 0 & 0 \\ 0 & I & 0 & -\hat{G}_i & 0 & 0 \end{bmatrix} \begin{bmatrix} 0 \\ 0 \\ -I \\ F_i \\ 0 \end{bmatrix} \qquad (10.41)$$

式中，

$$\sum_i = \begin{bmatrix} \mu^{-1}I - \hat{\lambda}_i^{-1}H_iH_i^T & 0 \\ 0 & \hat{\lambda}_i^{-1}I \end{bmatrix}, \hat{I} = \begin{bmatrix} I \\ 0 \end{bmatrix}, \hat{G}_t = \begin{bmatrix} G_t \\ E_{G_t} \end{bmatrix}, \hat{F}_t = \begin{bmatrix} F_t \\ E_{F_t} \end{bmatrix}$$

证明：考虑以下将问题式（10.30）~式（10.32）与式（10.33）~式（10.35）联系起来的识别

$$Q \leftarrow \begin{bmatrix} P_{t+1} & 0 \\ 0 & R_t \end{bmatrix}, W \leftarrow \begin{bmatrix} Q_t & 0 \\ 0 & \mu I \end{bmatrix}, x \leftarrow \begin{bmatrix} x_{t+1} \\ u_t \end{bmatrix}$$

$$A \leftarrow \begin{bmatrix} 0 & 0 \\ I & -G_t \end{bmatrix}, \delta A \leftarrow \begin{bmatrix} 0 & 0 \\ 0 & -\delta G_t \end{bmatrix}, b \leftarrow \begin{bmatrix} -I \\ F_t \end{bmatrix} x_t, \delta b \leftarrow \begin{bmatrix} 0 \\ \delta F_t \end{bmatrix} x_t$$

$$H \leftarrow \begin{bmatrix} 0 \\ H_i \end{bmatrix}, \Delta \leftarrow \Delta_i, E_A \leftarrow [0 - E_{G_i}], E_b \leftarrow E_{F_i} x_i$$

应用**引理 10.3.2.2** 的结果，进行一些代数处理，得到式（10.40）和式（10.41）。当 $\mu \to \infty$ 和逆式（10.41）存在时，调节器是最优的，系统鲁棒性增加[11]。

如果系统不受不确定性的约束，则定理中的式（10.40）、式（10.41）的解等价于标准对称 LQR。在这种情况下，δF_t 和 δG_t 消失，式（10.30）~式（10.32）的解变成：

$$\begin{bmatrix} L_i \\ K_i \\ P_i \end{bmatrix} = \begin{bmatrix} 0 & 0 & 0 \\ 0 & 0 & 0 \\ 0 & 0 & -I \\ 0 & 0 & -I \\ 0 & 0 & F_i \\ I & 0 & 0 \\ 0 & I & 0 \end{bmatrix}^T \begin{bmatrix} P_{i+1}^{-1} & 0 & 0 & 0 & I & 0 \\ 0 & R_i^{-1} & 0 & 0 & 0 & I \\ 0 & 0 & Q_i^{-1} & 0 & 0 & 0 \\ 0 & 0 & 0 & 0 & I & -G_i \\ I & 0 & 0 & I^T & 0 & 0 \\ 0 & I & 0 & -G^T & 0 & 0 \end{bmatrix} \begin{bmatrix} 0 \\ 0 \\ -I \\ F_i \\ 0 \\ 0 \end{bmatrix} \quad (10.42)$$

10.3.3 H_∞ 控制器

本节以文献[13]中的步骤为基础，将内容缩小到线性系统的特定类别。然而，读者可以很容易地找到更一般的描述和更深入的数学分析，如在文献[14-15]中，提到一些众所周知的参考文献。因此，考虑寻找信号 $u_t = K_t x_t$ 中 H_∞ 的控制问题，即

$$\sup_{\delta F_i, \delta G_i} \frac{x_{N+1}^T P_{N+1} x_{N+1} + \sum_{i=0}^{N} (u_i^T R_i u_i + x_i^T Q_i x_i)}{x_0^T x_0 + \sum_{i=0}^{N} \|\delta F_i x_i + \delta G_i u_i\|_{Q_i}^2} < \gamma^2 \quad (10.43)$$

当 $\gamma > 0$ 时成立，其中矩阵 $P_{N+1} > 0$、$Q_t > 0$ 和 $R_t > 0$ 分别是与变量 x_{N+1}、x_t 和 u_t 相关的权值。

可以看出，该问题通过 γ 将最坏情况下的不确定性限定为式（10.43）中的二次代价。反过来，参数 γ 通常是离线调整的，反映了控制器相对于范数有界不确定性 $\{\delta F_t, \delta G_t\}$ 的鲁棒性。从这个意义上说，我们希望 γ 越小越好，以获得更鲁棒的控制器。从项目的角度

来看，γ 的选择可以通过行搜索程序进行，以产生一个初始值，然后根据具体应用的性能要求对其进行调整。具体到本章讨论的自动驾驶应用，一个好的做法是从一个相对较大的初始值开始，γ 对于式（10.43）成立，然后迭代进行，以获得尽可能小的 γ。

如文献 [13] 及其参考文献所述，当且仅当对于某 $\gamma > 0$，解存在：

$$\lambda(\boldsymbol{I} - \gamma^{-2}\boldsymbol{P}_{t+1}) > 0 \tag{10.44}$$

和

$$-\gamma^2 \boldsymbol{I} + \boldsymbol{H}_i^{\mathrm{T}} \boldsymbol{P}_{t+1} \boldsymbol{H}_i - \boldsymbol{H}_i^{\mathrm{T}} \boldsymbol{P}_{t+1} \boldsymbol{G}_i (\boldsymbol{R}_i + \boldsymbol{G}_i^{\mathrm{T}} \boldsymbol{P}_{t+1} \boldsymbol{G}_i)^{-1} \boldsymbol{G}_i^{\mathrm{T}} \boldsymbol{P}_{t+1} \boldsymbol{H}_i < 0 \tag{10.45}$$

$\boldsymbol{P}_t$ 满足递归代数黎卡提方程

$$\boldsymbol{P}_t = \boldsymbol{Q}_t + \boldsymbol{F}_t^{\mathrm{T}} \boldsymbol{P}_{t+1} \boldsymbol{F}_t - \boldsymbol{K}_t^{\mathrm{T}} \boldsymbol{R}_c \boldsymbol{K}_t \tag{10.46}$$

式中，

$$\boldsymbol{R}_c = \begin{bmatrix} \boldsymbol{R}_t + \boldsymbol{G}_t^{\mathrm{T}} \boldsymbol{P}_{t+1} \boldsymbol{G}_t & \boldsymbol{G}_t^{\mathrm{T}} \boldsymbol{P}_{t+1} \boldsymbol{H}_t \\ \boldsymbol{H}_t^{\mathrm{T}} \boldsymbol{P}_{t+1} \boldsymbol{G}_t & -\gamma^2 \boldsymbol{I} + \boldsymbol{H}_t^{\mathrm{T}} \boldsymbol{P}_{t+1} \boldsymbol{H}_t \end{bmatrix} \tag{10.47}$$

$$\boldsymbol{K}_t = -(\boldsymbol{R}_t + \boldsymbol{G}_t^{\mathrm{T}} \boldsymbol{P}_{t+1} \boldsymbol{G}_t)^{-1} \boldsymbol{G}_t^{\mathrm{T}} \boldsymbol{P}_{t+1} \tag{10.48}$$

在这种情况下，能够同时满足式（10.44）和式（10.45）的控制律为

$$u_t = \boldsymbol{K}_t x_t \Rightarrow u_t = -(\boldsymbol{R}_t + \boldsymbol{G}_t^{\mathrm{T}} \boldsymbol{P}_{t+1} \boldsymbol{G}_t)^{-1} \boldsymbol{G}_t^{\mathrm{T}} \boldsymbol{P}_{t+1} x_t \tag{10.49}$$

在这一点上，对参数不确定性作一些评论是足够的。虽然根据式（10.29）假定 $\{\delta \boldsymbol{F}_t, \delta \boldsymbol{G}_t\}$ 范数是有界的，但可以采用不同类型的结构化不确定性，如多面体（polytopic）。在这种情况下，设计者必须选择相应的鲁棒控制方法，以保证闭环的稳定性。下一节描述了如何通过进化算法估计 $\{\delta \boldsymbol{F}_t, \delta \boldsymbol{G}_t\}$，并考察了混合框架在横向控制上的应用。

10.4 混合控制器的案例研究

在本节中，我们提供了一个路线跟随横向控制的案例研究，以说明所讨论概念的应用。首先，讨论了仿真环境和问题目标。接下来，将基于视觉的深度强化学习（DRL）[16-17]方法作为第一个控制应用，该方法由近端策略优化（PPO）[18]算法与 CNN 相结合而产生。依次将 CNN 的结果用于三个混合控制器的设计。第一种方法是标称的 LQR 控制器。第二种和第三种方法分别由鲁棒控制器 RLQR 和 H_∞ 表示，其中使用带有数值微分的进化算法（EAND）估计不确定性变量 [19]。最后，进行性能评估以比较这两种方法。

10.4.1 仿真环境和问题目标

CARLA（Car Learning to Act）[20-21] 是一个现实的开源模拟器，它促进了城市环境中自动驾驶汽车机器学习和控制算法的开发和实现。该模拟器具有不同的天气条件，具有静态（建筑物、交通标志、广场）和动态（行人和其他车辆）变量。此外，模拟器还提供传感器信号测量，如 GPS 坐标、速度、加速和转向动作、碰撞检测、对面车道入侵和其他交

通违规行为。

自 2017 年推出以来，该模拟器已经推出了多种版本。本案例研究是在 CARLA 0.9.3 中实现的，它呈现了几个具有不同布局、高速公路和街道的城市。在这些实验中，希望开发基于图像的横向控制混合架构，与道路中心相关的路线跟随误差最小。对于这个任务，汽车在 A 点初始化，应该在 B 点到达目标，如图 10.2 所示。此外，图 10.3 所示为在 CARLA 模拟器中的路线图视图，其中可以注意到一些对象可以增加基于图像的横向控制精度的变量，如交通标志、人行道、围栏、电线杆、墙壁、建筑物、植被等。

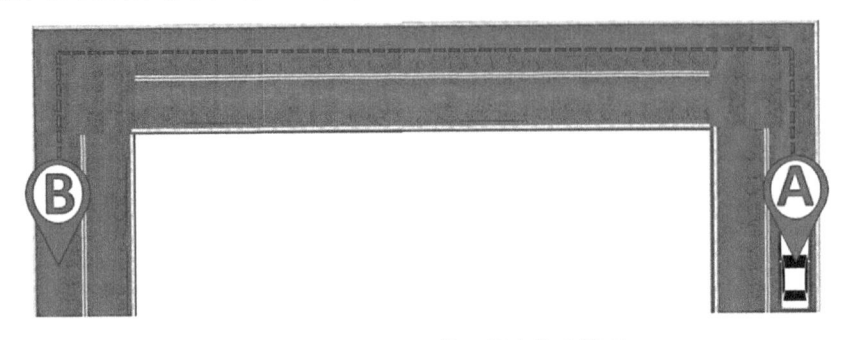

图 10.2　在 CARLA 模拟器中的路线图

图 10.3　在 CARLA 模拟器中的路线图视图

10.4.2　机器学习设计

DRL 算法基于图像训练深度神经网络，以增加相关奖励，从而转化为系统性能的改进。随着奖励的增加，神经网络模型可以更好地解释图像的内容，突出显示与控制应用更相关的像素配置。例如，对于横向控制应用，描述道路元素的像素，作为与对面车道或人行道的分界线，应该在训练过程中突出显示。

本节讨论 CNN 模型使用的输入图像和输出动作。此外，还详细介绍了 DRL 奖励方程和所提出方法使用的机器学习设计。最后，讨论了训练过程的仿真技术细节。

1. 输入和输出

模拟器提供的实时 RGB 图像被调整为 200×100 像素，如图 10.4 所示，它被认为是本案例研究中开发的所有控制架构的输入。模型的输出是转向动作 $u_t \in [-0.6, 0.6]$，其中负值和正值分别代表方向盘的左侧和右侧，变化最多可达每侧最大角度的 60%。

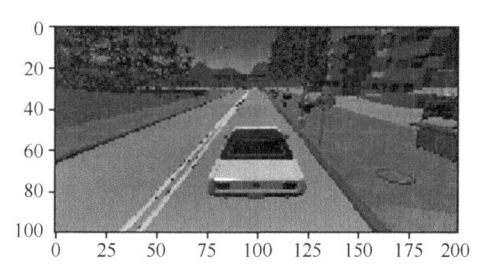

图 10.4 实时 RGB 图像作为输入

2. 奖励函数

确定奖励函数是 DRL 算法开发中至关重要的一步。这些函数反映了智能体在其环境中的行为质量，并指示了学习或训练过程中产生的行为策略。在本文中，智能体由一个初始化为随机权重的 CNN 来表示。当智能体探索其环境时，它收集实验数据，PPO 算法根据奖励值计算成本函数。

因此，在每个时间步长 t 上，神经模型根据输入图像选择一个转向动作 u_t，仿真环境返回一个奖励 r_t，由三项的加权和表示为

$$r_t = 50(3 - e_t) + 10d_t - 10c_t \quad (10.50)$$

式中，e_t 表示车辆位置与参考路线的欧氏距离；d_t 表示行驶距离；c_t 表示碰撞传感器。

PPO 定义的代价函数引导神经模型训练，以最大化返回的奖励转化为提高系统的性能。

3. 神经网络设计

PPO 算法在训练过程中需要两个深度神经网络，分别为行为者和评论者。在测试中，只有 Actor 网络选择一个动作作为当前图像的函数。本案例研究考虑了一个具有 4 个卷积层和两个全连接层的 CNN，用于行为者和评论者网络。这个神经模型总结在图 10.5 中。

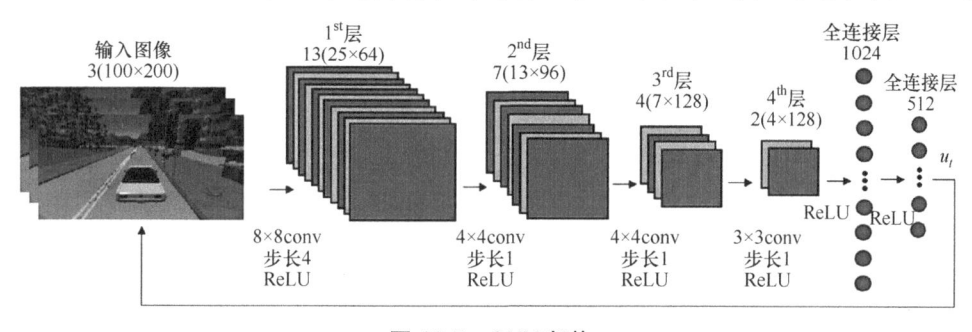

图 10.5 CNN 架构

CNN 输入是分别在时间步长 t、$t-1$ 和 $t-2$ 采集三张 100×200 RGB 图像的拼接。输入图像 $\bm{I}_t^0$ 在每个时间步长 t 上定义为 $\ddot{o} = 200 \times 100 \times 3 \times 3 = 180000$ 个自变量。因此，所提出的 CNN 分别为输出值 $\bm{I}_t^1$、$\bm{I}_t^2$、$\bm{I}_t^3$ 和提供 $\ddot{o}^1 = 20800$、$\ddot{o}^2 = 8736$、$\ddot{o}^3 = 3584$ 个自变量。最后，$\bm{I}_t^4$ 分别由两个全连接层处理，分别包含 1024 和 512 个隐藏神经元。

4. 仿真技术细节

机器学习和控制算法是在 Python 3.6 中实现的，DRL 方法的开发框架是张量块（Tensorblock），它被定义为Tensorflow[22]API，它将图变量封装在块或类中，使基本代码的访问和更改变得简单和快速。为了训练CNN，它被认为没有Dropout，Adam优化，ReLU激活函数和所有学习率为 5×10^{-4}。PPO的参数定义为裁剪等于0.12，折现系数为0.99，GAE参数为0.95。此外，在内存为4GB的NVIDIA GeForce GTX 1050Ti, Ubuntu 16.04 中，对每一批收集的经验大小为1.000的训练集进行了一次训练。

训练过程持续了4h，收集了7.5万个时间步骤。在这么短的时间内，汽车能够在没有碰撞的情况下完成直线行驶，但无法完成曲线行驶。这项工作考虑了训练不良的神经模型，以表明它有可能呈现出有用的混合控制。

10.4.3 混合控制设计

考虑到前面介绍的训练好的CNN，本节探讨将这种深度学习算法与鲁棒递归控制器相结合，以提高性能。讨论了该应用程序的主要过程，从控制参考选择方法开始，然后使用所选状态变量进行系统识别，得到标称控制，最后通过进化搜索对先前模型进行不确定性估计。

1. 控制参考选择

在控制基准选择过程中，对位移变化灵敏度进行了评价。然后，手动驾驶车辆从点 P_A 到点 P_B，分别在位置 P_0（道路中心）、P_1（向左移动的车辆）和 P_2（向右移动的车辆）行驶（图4.2）。这次仿真完成了一批 NS=1000 个时间步长，得到决策矩阵 $\ddot{A}_1^1,\cdots,\ddot{A}_{20800}^1$ 为第1层，$\ddot{A}_1^2,\cdots,\ddot{A}_{8736}^2$ 为第2层，$\ddot{A}_1^3,\cdots,\ddot{A}_{3584}^3$ 为第3层，最后，$\ddot{A}_1^4,\cdots,\ddot{A}_{1024}^4$ 为第4层，如图10.6所示。接下来，将决策矩阵中的所有元素归一化为 [0,1]，以继续进行位移评估的灵敏度。

将式（10.9）和式（10.10）作为约束条件，将式（10.11）~式（10.13）作为目标函数。结果，第1层、第2层、第3层和第4层分别提供了35、44、11和35个分析结果的4个 PF。接下来，仔细评估所有 PF 元素及其相邻元素，以选择最能代表系统动力学的输出。结果，CNN 解析结果 $\ddot{i}_{87,t}^4 \in \ddot{I}_t^4$，被选为控制系统选择的状态变量（$i_{\pi,t}^l$）。

图 10.6 所示为选择的决策矩阵 $\ddot{A}_{87}^4$，为向量 $\overrightarrow{P0_{87}^4}$，$\overrightarrow{P1_{87}^4}$，$\overrightarrow{P2_{87}^4}$ 图，控制参考 $M(\overrightarrow{P0_{87}^4}) = 0.2512$。由于 $\max(\overrightarrow{P0_n^l}) = 16.42471$，$\min(\overrightarrow{P0_n^l}) = 0$，故电流测量状态变量计算为

$$x_t = \frac{\ddot{i}_{87,t}^4}{16.42471} - 0.2521 \qquad (10.51)$$

决策矩阵 $\ddot{A}_{87}^4$ 的一个有趣特征是，对于曲线区域，曲线1 $t \in [100,150]$ 和曲线2 $t \in [800,950]$，所有向量 $\overrightarrow{P0_{87}^4}$，$\overrightarrow{P1_{87}^4}$，$\overrightarrow{P2_{87}^4}$ 的值都大于参考值。这表明控制系统提供了与场景一致的输出动作，因为模型表明在所有曲线区域中都有向左侧的转向动作。

对于式（10.51）中给出的状态变量 x_t，可以执行如下的系统识别方法。

2. 系统识别和标称LQR

对于系统识别方法，有必要验证当前状态 x_t 如何随当前动作 u_t 的函数变化。因此，在不同的实验中，汽车在参考点周围被人工驾驶，左右两侧的转向动作从0到60%不等，

并收集了 8823 个实验样本。根据样本数据定义标称状态转移和输入矩阵，如式（10.20）~式（10.26）所示。将调节器称重矩阵调整为 $Q_t = 2$ 和 $R_t = 1$，返回矩阵 $F_t = 0.9988$ 和 $G_t = 0.0486$，最终反馈增益 $K_N = 1.3420$。

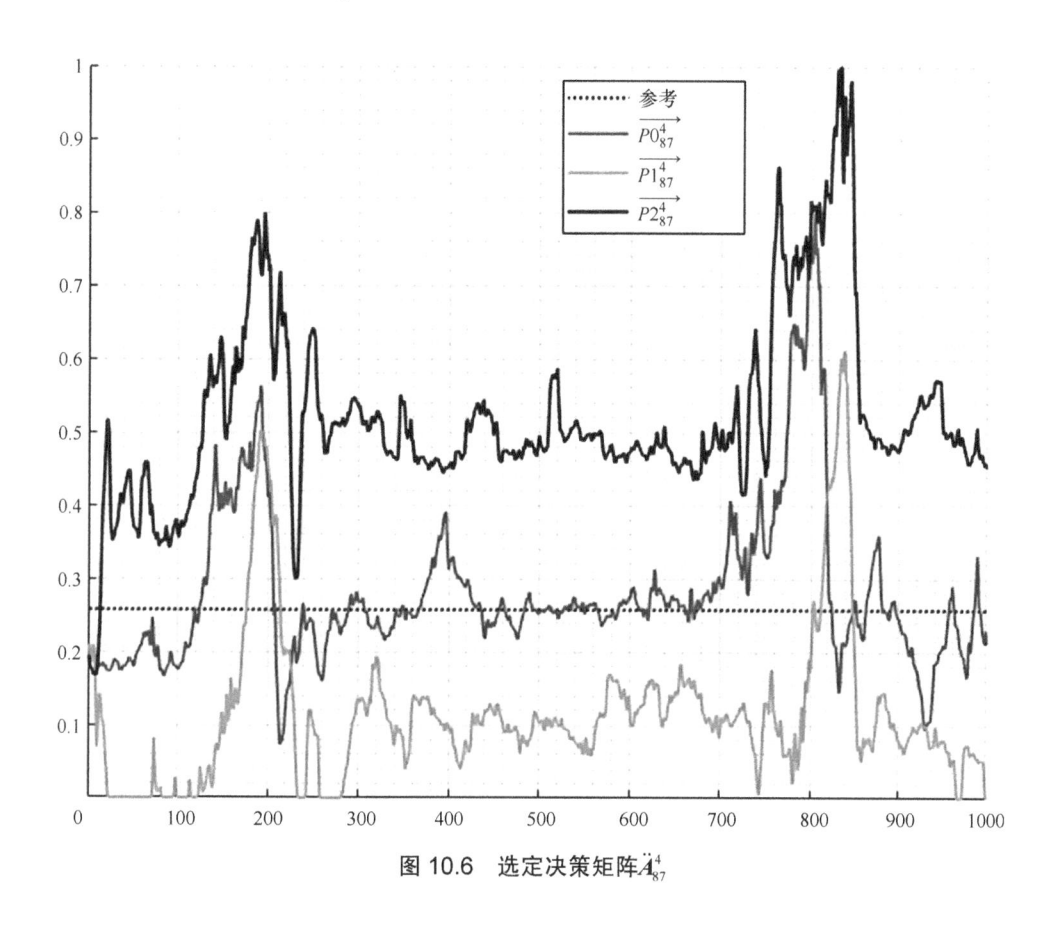

图 10.6 选定决策矩阵 A_{87}^4

为了应用前几节中提出的鲁棒控制方法，使用 EAND 算法通过进化搜索估计参数不确定性。本案例研究考虑一个有 20 个个体的群体，初始化为随机值 $X_h \in [-1, 1]$，其中每个 $h = \{1, \cdots, 20\}$ 元素表示为

$$X_h = [\delta F_{\text{th}}, \delta G_{\text{th}}] \tag{10.52}$$

式中，对于每个单独的 X_h，一个新反馈增益 K_{th}，使用值 $[(F_t + \delta F_{\text{th}}), (G_t + \delta G_{\text{th}}), Q_t, R_t]$ 进行计算。

为了进行性能评估，在 CARLA 模拟器中定义了汽车从位置 P_A 出发到达位置 P_B（或发生碰撞并卡住）的一次运行。因此，每个增益 K_{th}，在运行过程中被评估，它返回由定义的奖励总和：

$$Y_h = \sum_{t=1}^{NS} r_t \tag{10.53}$$

式中，r_t 在式（10.50）表示。最后，EAND 算法调整 X_h，变量使 Y_h 最大化。定义控制系统不确定性的优化过程如图 10.7 所示。

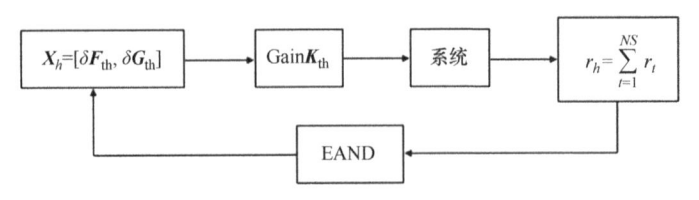

图 10.7 定义控制系统不确定性

RLQR 控制器和 H_∞ 控制器分别在 300 次运行中应用 EAND 算法。假设 $H = 1$，$\Delta = 1$，则 $\delta F_t = E_{F_t}$，$\delta G_t = E_{G_t}$。对于 RLQR，给出的不确定度较好的配置为 $\delta F_t = 0.1012$，$\delta G_t = 0.610$，得到增益 $K_R = 1.6590$。最后，该算法 H_∞ 提供了不确定度 $\delta F_t = 0.9074$，$\delta G_t = 0.5248$，得到增益 $K_\infty = 1.7290$。

10.4.4 结果评估

本节介绍了控制应用的 4 种模型：①DRL 算法；②标称 LQR（$K_N = 1.3420$）；③RLQR（$K_R = 1.6590$）；④H_∞（$K_\infty = 1.7290$）。

DRL 没有完成模拟，因为 CNN 无法执行曲线。标称 LQR、RLQR 和 H_∞ 控制器在 25 个独立运行中进行评估，并根据式（10.50）计算相关奖励。这些奖励的均值和标准差见表 10.3。

表 10.3 模型比较

模型	奖励
标称 LQR	117.9219 ± 43.7783
RLQR	125.2431 ± 30.1002
H_∞	124.2740 ± 30.7548

10.5 结论

本章提出了一种将深度学习与鲁棒控制相结合的自动驾驶汽车混合控制方法。与标准深度学习控制相比，该框架可以提高控制性能。该系统是基于通过嵌入式摄像头获得的视觉信息进行识别的。这样的程序避免了对车辆物理模型进行精确描述的需要。此外，所提出的方法处理结构化不确定性，这对于城市环境中的自主导航至关重要。

对于不确定性估计，提出了一种进化搜索方法来微调鲁棒控制器使用的不确定性矩阵。尽管如此，其他方法，如强化学习和过滤技术，可以应用于估计该体系结构中的不确定性。最后，设计人员可以采用不同的不确定性估计和鲁棒控制方法来组成整个体系结构。这方面突出了基于视觉的控制框架所具有的灵敏度和模块化特点。

第10章
基于视觉的方法实现自适应的鲁棒控制

参考文献

[1] U. Kiencke and L. Nielsen, "Automotive control systems: For engine, driveline, and vehicle," *Measurement Science and Technology*, vol. *11*, no. 12, p. 1828, 2000.

[2] R. Rajamani, *Vehicle Dynamics and Control*, Springer Science & Business Media, 2011. https://link.springer.com/book/10.1007/978-1-4614-1433-9

[3] R. N. Jazar, *Advanced Vehicle Dynamics*, Cham: Springer International Publishing, 2019.

[4] G. A. P. de Morais, L. B. Marcos, J. N. A. Bueno, N. F. de Resende, M. H. Terra, and V. Grassi Jr, "Vision-based robust control framework based on deep reinforcement learning applied to autonomous ground vehicles," *Control Engineering Practice*, vol. *104*, p. 104630, 2020.

[5] A. Krizhevsky, I. Sutskever, and G. E. Hinton, "Imagenet classification with deep convolutional neural networks," In *Advances in Neural Information Processing Systems*, vol. *25*, pp. 1097–1105, 2012.

[6] Y. LeCun, B. Boser, J. S. Denker, D. Henderson, R. E. Howard, W. Hubbard, and L. D. Jackel, "Backpropagation applied to handwritten zip code recognition," *Neural Computation*, vol. *1*, no. 4, pp. 541–551, 1989.

[7] L. Jiao and J. Zhao, "A survey on the new generation of deep learning in image processing," *IEEE Access*, vol. *7*, pp. 172231–172263, 2019.

[8] M. Ehrgott, *Multicriteria Optimization*, Springer Science & Business Media, vol. *491*, 2005. https://link.springer.com/book/10.1007/3-540-27659-9

[9] H. Garnier, L. Wang, and P. C. Young, "Direct identification of continuous-time models from sampled data: Issues, basic solutions and relevance," In *Identification of Continuous-Time Models from Sampled Data*, pp. 1–29. London: Springer, 2008.

[10] L. B. Marcos and M. H. Terra, "Markovian filtering for driveshaft torsion estimation in heavy vehicles", *Control Engineering Practice*, vol. *102*, p. 104552, 2020.

[11] M. H. Terra, J. P. Cerri, and J. Y. Ishihara, "Optimal robust linear quadratic regulator for systems subject to uncertainties," *IEEE Transactions on Automatic Control*, vol. *59*, no. 9, pp. 2586–2591, 2014.

[12] A. H. Sayed, and V. H. Nascimento, "Design criteria for uncertain models with structured and unstructured uncertainties," In *Robustness in Identification and Control*, vol. *245*, pp. 159–173, London: Springer, 1999.

[13] T. Kailath, A. H. Sayed, and B. Hassibi, *Linear Estimation*, Prentice Hall, 2000.

[14] T. Basar, and P. Bernhard, "H_∞-Optimal Control and Related Minimax Design Problems", Springer Science & Business Media, 1991. https://link.springer.com/chapter/10.1007/978-1-4612-0245-5_2

[15] K. Zhou, and J. C. Doyle, "*Essentials of Robust Control*", Prentice Hall, vol. *104*, 1998.

[16] V. Mnih, K. Kavukcuoglu, D. Silver, A. A. Rusu, J. Veness, M. G. Bellemare, A. Graves, M. Riedmiller, A. K. Fidjeland, G. Ostrovski, and S. Petersen, "Human-level control through deep reinforcement learning", *Nature*, vol. *518*, pp. 529–533, 2015.

[17] K. Arulkumaran, M. P. Deisenroth, M. Brundage, and A. A. Bharath, "Deep reinforcement learning: A brief survey", *IEEE Signal Processing Magazine*, vol. *34*, no. 6, pp. 26–38, 2017.

[18] J. Schulman, F. Wolski, P. Dhariwal, A. Radford, and O. Klimov, "Proximal policy optimization algorithms", arXiv preprint arXiv:1707.06347, 2017.

[19] G. A. P. de Morais, B. H. G. Barbosa, D. D. Ferreira, and L. S. Paiva, "Soft sensors design in a petrochemical process using an Evolutionary Algorithm", *Measurement*, vol. *148*, p. 106920, 2019.

[20] A. Dosovitskiy, G. Ros, F. Codevilla, A. Lopez, and V. Koltun, "CARLA: An open urban driving simulator," In *Proceedings of the 1st annual conference on robot learning*, vol. *78*, pp. 1–16, 2017.

[21] F. Codevilla, M. Muller, A. Lopez, V. Koltun, and A. Dosovitskiy, "End-to-end driving via conditional imitation learning," In *2018 IEEE International Conference on Robotics and Automation (ICRA)*, IEEE, pp. 4693–4700, 2018.

[22] M. Abadi, P. Barham, J. Chen, Z. Chen, A. Davis, J. Dean, M. Devin, S. Ghemawat, G. Irving, M. Isard, and M. Kudlur, "Tensorflow: A system for large-scale machine learning", In *12th {USENIX} symposium on operating systems design and implementation ({OSDI} 16)*, pp. 265–283, 2016.

第四部分
面向信息管理的深度学习

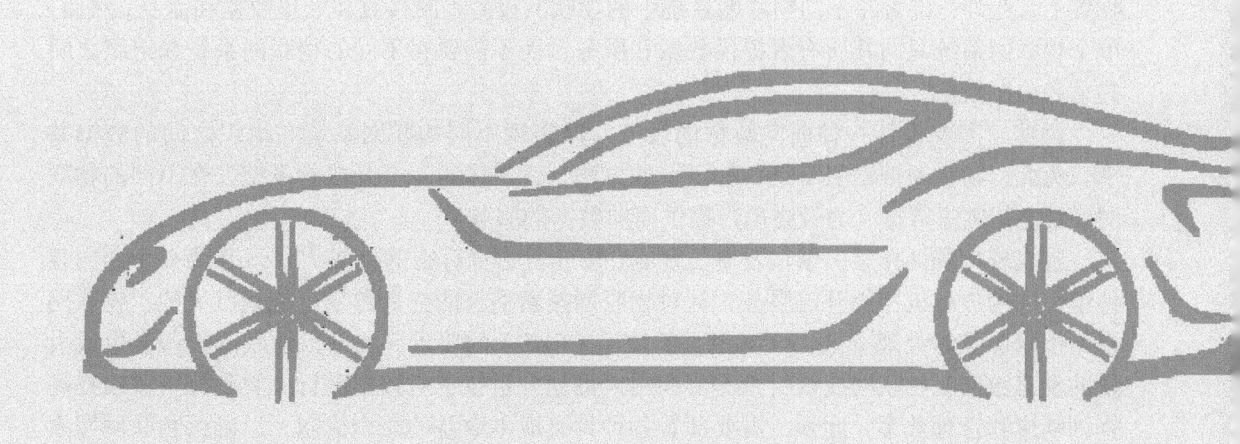

第 11 章

基于自然语言处理的自动化物联网搜索方法

11.1 引言

物联网（IoT）已经全面融入我们的日常生活，其建立了一个网络通信基础设施来连接传感器和执行器，用于收集大量数据，并支持众多的智能世界系统[1]。物联网正朝着全覆盖的方向发展，通过在私人、商业领域的自动化和最佳化设计，使下一代智能世界系统成为可能，并以前所未有的规模进行指挥和控制上的革新性分析[2-8]。例如，Ejaz 等人[8]引入了一种高效节能的调度算法来处理智能城市中大量的物联网传感器。

物联网设备是动态数据驱动应用系统（DDDAS）[9]和信息物理系统（CPS）中的重要组成部分，它们利用服务、网络通信、物理建模以及传感和控制层的垂直架构来实现智能世界系统。物联网设备通过记录或观察周围世界并影响该世界的某些动作来进行感知和驱动。

物联网设备可用于智能交通、智能健康、智能电网、智能家居、智能城市等智能基础设施[8, 10-15]。物联网设备还包括智能制造，也称为"工业 4.0"，它实现了多个智能系统（即系统体系）之间的集成和通信，并能够扩展系统能力，最终提高工业效率（降低成本和损失，提高生产率等）[16-20]。

在实践中，世界各地已经部署了各种物联网系统，引发了新的问题，如"共享需求"。异构物联网设备监测动态的外部物理对象和现象，从而产生物联网数据，这些数据在类型、数量、编码等方面存在巨大差异[2, 21-22]。由于存在属于不同物联网系统和组织的多个物联网设备，它们监测相同的物理对象和现象，因此资源可能会浪费在物联网数据的冗余收集上。此外，部署在不同物联网系统中的物联网设备不断接收和处理数据和命令；然而，单个物联网系统只向其所有者提供数据和服务，而不需要在不同的物联网系统和组织之间共享和分发数据。

因此，需要设计一种面向数据的服务，以实现不同物联网系统和组织之间的数据共享。为此，物联网搜索引擎是一种可行的方法，旨在作为一个开放的系统，在不同的物联网系统之间共享数据，为最终用户提供面向数据的服务[23-24]。

在实现物联网搜索引擎在效率、智能和安全等方面存在的挑战[14, 25]。作为一个面向各种组织、用户和机器的开放服务，针对物联网搜索引擎的查询数量可能是巨大的。物联网搜索引擎应及时处理查询，以确保服务质量（QoS）的要求。此外，物联网设备会生成大量的动态数据。物联网搜索引擎需要利用大数据分析技术对数据进行分类和分析，以提高查询响应和管理效率。此外，需要部署各种具有成本效益的安全机制，以确保物联网搜索引擎中的端到端安全[26]。

第 11 章
基于自然语言处理的自动化物联网搜索方法

本章的重点是开发自动协调查询物联网搜索引擎（ACQUISE），该引擎利用了基于机器学习（ML）的自然语言处理（NLP）。如今，大多数针对搜索引擎的查询都是用人类语言进行的，物联网搜索引擎的使用应该能够利用流行的语义、本体和分类。同时，物联网搜索引擎可能会收到大量查询，NLP 模型需要时间来理解查询并从查询中提取关键信息，以匹配关键字池中最能响应查询的目标物联网资源。

为了提供 ML 驱动的查询自动化，ACQUISE 使用了 spaCy 自然语言工具包[27]中的一组策略和算法。ACQUISE 基线策略使查询处理从用户查询中提取数据，然后将提取的数据转换为可使用的格式供给物联网搜索引擎。

为了进一步提高效率，ACQUISE 设计包含了两种增强策略；一种是静态策略；另一种是动态策略。静态策略利用了一个优化的小型关键字池，该关键字池记录了最常用的查询，这样 NLP 模型查询原始关键字池的机会就会减少，而原始关键字池可能非常大，从而减少了查询处理时间。动态策略采用缓存概念，实现多种缓存更新算法。动态维护关键字池，使查询系统能够高效地处理长时间的流查询。

本章的其余部分组织如下：第 11.2 节简要说明了 ACQUISE 物联网搜索引擎的基本概念、实体、搜索技术和架构。第 11.3 节介绍了 NLP 并比较了不同的工具。第 11.4 节介绍了 ACQUISE 方法，包括一个基线策略和两个可以改进查询自动化过程的增强策略。在第 11.5 节中，场景和实验验证了 ACQUISE 提出策略的有效性。特别是，生成人工查询来为基线策略构建关键字池，以评估功能和性能。通过使用优化的关键字池，无论是否使用缓存更新算法，ACQUISE 都显示出性能的提高。第 11.6 节讨论了几个开放的研究方向，涉及 ML，数据融合和物联网命名系统，协议和算法的交叉。在第 11.7 节中，介绍了与 ACQUISE 相关的现有研究工作。最后，在第 11.8 节中总结了结论。

11.2 物联网搜索引擎

本节介绍 ACQUISE 的架构、关键组成部分和研究挑战。

11.2.1 架构

基本的 ACQUISE 架构如图 11.1 所示。物联网搜索引擎由多个覆盖物联网传感器和服务的物联网服务供应商组成。对于每个服务供应商，物联网设备都会注册到本地网关，本地网关以分层形式注册到上层网关（如全局网关），便于系统的大规模可扩展性。网关具有定位物联网设备、处理用户和机器查询以及通过利用网关的物理地址提供地理定位服务来查找目标资源的能力。

ACQUISE 系统中的查询处理引擎（QPE）模块将人类语言语义转换为机器语言语法。图 11.2 所示为物联网搜索引擎查询处理模块。在用户端，用户将查询发送给 QPE。QPE 将人类语言翻译成机器语言，并将翻译结果发送给物联网搜索引擎。在搜索引擎接收到处理后的查询并找到结果之后，它将结果直接发送回用户。在机器端，它将信息映射为机器可理解的语言，如 QPE 模块的统一资源定位器（URL）。当 QPE 模块接收到 URL 后，从 URL 中提取信息，向物联网搜索引擎发送请求，定位目标资源。搜索引擎获得结果后，直接将结果返回给用户。

图 11.1　基本的 ACQUISE 架构

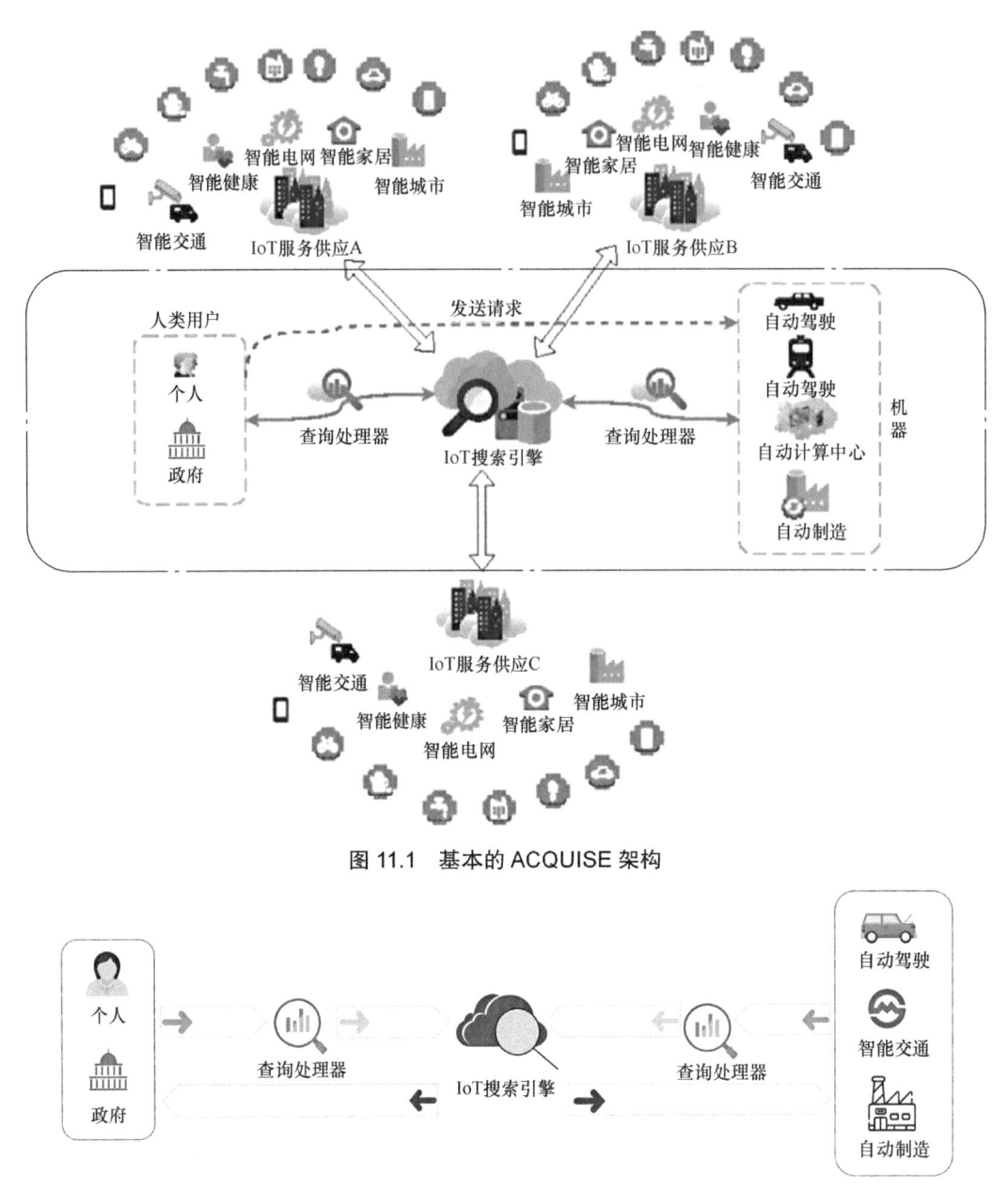

图 11.2　物联网搜索引擎查询处理模块

11.2.2　关键组成部分

ACQUISE 必须能够自行管理设备，具备从物联网设备检索和呈现数据的能力，并为用户查询提供类似于网络搜索引擎的数据响应。

以下部分介绍 ACQUISE 的 4 个关键组成部分：

1）物联网资源是充当物联网设备（传感器、执行器、网关等）的物理对象，其中

ACQUISE 主动或被动地从物联网传感器获取数据。

2）物联网数据由物联网传感器和执行器以大量且时变地产生。ACQUISE 提供了基于接收到的查询，从海量物联网数据中检索所请求资源的能力。

3）搜索空间表示其覆盖的所有物联网资源。物联网数据可以比典型的网站数据大得多，并且可以覆盖比传统网络搜索引擎更大的搜索空间。

4）查询生成不仅来自人类，也来自自动化计算的设备。此过程中的一个组件称为查询引擎（QPE）模块，它充当转换器来处理查询过程。ACQUISE 通过联网物联网设备、上下文、系统上提供联合搜索和查询响应。

11.2.3 研究挑战

根据之前的工作[25]，我们确定了物联网搜索引擎面临的三大挑战：效率、智能和安全。

1）在效率方面，基于物联网的搜索引擎框架在我们之前的工作[25]中已被提出，ACQUISE 需要完成查询处理、数据发现和数据检索。为了提高效率，优化方法改进了查询处理、数据发现和信息检索过程。

2）在智能方面，物联网搜索过程中的智能是一项重要要求，数据挖掘、机器学习和信息融合为此提供了可行的解决方案[28]。

3）在安全方面，物联网设备存在大量漏洞，消费者设备也明显缺乏安全机制[26]。安全方面的例子比比皆是，包括各种被入侵智能设备的僵尸网络，它们被反复有效地用于发起分布式拒绝服务（DDoS）攻击。

物联网搜索引擎必须确保用户的私人信息受到保护，以免泄露位置和搜索习惯，从而被分析和提取用于恶意的目的。

11.3 基于 NLP 的查询处理

本章介绍了应用 NLP 进行查询处理的设计原理，包括基本组件和两个有用的工具。

11.3.1 设计原理

回想一下，物联网搜索引擎需要处理基于位置、内容等信息，并进行异构搜索。然而，ACQUISE 拥有的数据不同于传统的网络搜索引擎。与网络搜索引擎相比，ACQUISE 需要从无数单独的传感器中检索数据，而不是公开托管网页。为了说明这一点，web 搜索引擎可以根据用户输入的内容检索数据，并通过向用户填充的 web 信息更新找到请求的目标信息。在物联网搜索引擎中，目标包括确定哪个网关需要结果，哪个传感器应该是目标，这并不总是像网络语言那样清晰。

一般来说，NLP 是一种可以帮助计算机理解、解释和处理人类语言的技术。NLP 帮助机器处理执行翻译、摘要、命名实体识别、关系提取、语音识别和主题分割等任务[29]。此外，自然语言处理可以很容易地从人类语言的结构中理解和推导意义。因此，在 ACQUISE 中，我们设计了一种基于 NLP 的方法来帮助查询处理器了解用户检索相应结果的要求。

如图 11.2 所示，ACQUISE NLP 模型主要侧重于将用户原始的人类语言查询翻译成机器可以理解的查询。例如，如果用户想查询美国马里兰州陶森市的天气信息，查询处理器模块首先接收一个字符串，如"美国马里兰州陶森市的天气信息"。接下来，检索关键字和地理位置信息（天气、陶森市、马里兰）。最后，将提取的信息转换成 URL 并发送给 ACQUISE 物联网搜索引擎。

11.3.2　NLP 基本组成部分

根据 Bird 等人的研究[30]，所有的 NLP 库都有以下四个功能：

1）标记化。
2）词性标注。
3）句子分割。
4）命名实体识别。

（1）标记化

标记化是所有分割文本 NLP 库的基本功能。变成文字、符号、标点、空格等元素，从而进行"标记"。

（2）词性标注

词性是根据句法上下文和作用为单词分配特定词汇的类别。通常，单词可以分为以下几类：

1）名词：用来描述一些物体或实体的单词，这些物体或实体可能是有生命的，也可能是无生命的。例如，包括狐狸、狗、书等。名词的词性标记符号是 n。

2）动词：用来描述某些动作、状态或事件的词。还有各种各样的子类别，包括助动词、反义动词和及物动词（以及更多）。一些典型的动词包括跑步、跳跃、阅读和写作。

3）形容词：用来描述或修饰其他词的词，通常是名词和名词短语。例如，短语"美丽的花"有名词 n，"花"是用形容词"美丽的"来描述或修饰的。形容词的词序标记符号是 adj。

4）副词：副词通常作为其他词（包括名词、形容词、动词或其他副词）的修饰语。例如，短语"非常美丽的花"有副词"非常"，修饰形容词"美丽"，表示花的美丽程度。副词的词序标记符号为 adv。

除了上述 4 个类别，还有其他经常出现的类别，包括代词、介词、感叹词、连词、限定词等。此外，每个词性标记，如名词（n），可以进一步细分组成部分，包括单数名词（nn）、单数专有名词（nnp）和复数名词（nns）。

对词进行分类和标注的过程称为词性标注。PoS 软件读取某种语言的文本，并为每个单词（和其他标记）分配标注，如名词、动词、形容词等。词性标注用于对单词进行标注和描述词性，有助于进行具体的分析，如缩小名词范围和评价最典型的单词。词性标注也可用于消除歧义（上下文）和语法分析。例如，当"参考"作为名词或动词时，它有不同的含义。使用 PoS，NLP 模型可以很容易地识别其含义，特别是当被其他单词包围时。

（3）句子分割

在进一步处理之前，通常对文本执行的另一个关键步骤是句子分割或句子边界检测，这意味着将正在运行的文本分割成句子。使句子分割不像听起来那么简单的是标点符号的存在，标点符号可以用来表示句号或形成缩写等。

（4）命名实体识别

命名实体识别（NER）是实现信息提取的关键步骤之一，是将文本中的命名数据定位并分类为预定义类别的过程，如人名、组织、地点、时间、数量、货币价值、百分比等的表达式。NER 用于 NLP 的许多领域，可以帮助回答许多现实世界的问题。

11.3.3　NLP 工具

在介绍了 NLP 的关键组成部分之后，我们将比较 NLTK 和 spaCy 这两个不同的 NLP 工具包。

（1）NLTK

自然语言工具包（NLTK）是一套用于符号和语言的库和程序。英语语言的统计 NLP[30-31]。NLTK 包括图形演示和示例数据。NLTK 是 NLP 的 Python 库，用于支持 NLP 相关领域的教学和研究，包括经验语言学，认知科学，人工智能，信息检索和机器学习。NLTK 支持所有基本的 NLP 功能（例如，词性标注）。

（2）spaCy

spaCy 是 Python 中另一个广泛使用的 NLP 工具[32]。spaCy 可以用来建造聊天机器人、自动摘要器和实体提取引擎。在功能方面，spaCy 具有比 NLTK 更多的功能，包括神经网络模型、集成词向量、依赖解析和实体链接。要了解 spaCy 实际上是如何工作的，可以在文献 [27] 中找到对 spaCy 架构的详细描述。space 中最重要的数据结构是 Doc 和 Vocab。Doc 对象拥有标记序列及其所有注释。Vocab 对象拥有一组查询表，这些查询表使公共信息可以跨文档使用。

通过集中字符串、词向量和词法属性，spaCy 可以避免存储重复数据的多个副本并节省内存。文本注释也被设计为允许单词的唯一性。Doc 对象拥有数据，而 Span 和 Token 是指向它的视图。Doc 对象由分词器（Tokenizer）构造，然后由管道组件就地修改。语言（Language）对象协调这些组件，这些组件接受原始文本并将其通过管道发送，返回一个带注释的文档。语言对象也可以做训练和序列化。

11.3.4　NLTK 与 spaCy 比较

spaCy 和 NLTK 的主要区别如下：

1）NLTK 提供了许多算法供研究人员和开发人员选择；而 spaCy 则在其工具包中保留了解决问题的有效算法，并随着改进不断更新。

2）NLTK 支持 15 种语言（葡萄牙语、阿拉伯语、丹麦语、荷兰语、英语、芬兰语、法语、德语、匈牙利语、意大利语、挪威语、罗马尼亚语、俄语、西班牙语和瑞典语）[33]，而 spaCy 有 19 种语言的模型（例如，英语、德语、西班牙语、法语、葡萄牙语、意大利语、荷兰语等）[32]，并支持多语言命名实体。

3）NLTK 是一个字符串处理库。NLTK 的输入和输出都是字符串，而 spaCy 使用面向对象的方法。在解析文本时，spaCy 返回一个文档对象，其单词和句子本身就是对象。

4）spaCy 支持词向量，而 NLTK 不支持。

5）由于 spaCy 有最新的发展，它通常比 NLTK 有更好的性能。

根据文献 [34]，标记化和词性标注，spaCy 比 NLTK 表现更好；但是在句子标记化方面，NLTK 具有更好的性能。仔细看看这两种不同的策略，NLTK 似乎试图将文本分成句子。相比之下，spaCy 为每个句子构建一个语法树，它可以更健壮，并从文本中获得更多信息。此外，spaCy 在执行单词组织和词性标注时花费的时间更少。对于 ACQUISE 来说，这些都是辅助人工查询的重要功能，因此选择了 spaCy。

11.4 ACQUISE 方法

本节首先介绍了基线策略，然后介绍了两种增强策略，以有效地进行 ACQUISE 自动查询处理。

对于基于查询的系统，NLP 支持将人类语言请求转换成计算机脚本。NLP 还可以帮助人类用户快速完成任务，否则这些任务需要花费一生的时间，如翻译、摘要、命名实体识别、关系提取等。而且，这种过程可以应用于任何类型的人类语言输入，前提是建立了知识库（即模型训练或库构建）以及物理解释[35]。因此，ACQUISE 使用基于 NLP 的方法来帮助查询处理理解用户的请求并为用户检索相应的结果。如上所述，spaCy 是一种广泛使用的 Python NLP 工具，可用于聊天机器人、自动摘要器和为 ACQUISE 选择实体提取引擎[32]。

11.4.1 基线策略

为了使用 NLP 引擎通过将用户查询转换为 URL 来辅助查询处理，ACQUISE 使用包含多个关键字的关键字池，按特定的名词、动词和形容词组织环境。ACQUISE 基线策略基于以下 4 个步骤：

1）第 1 步：查询处理器接收用户查询。

2）第 2 步：查询处理器运行词源化功能，识别词源（基本词形式）的词性和地理位置。

3）第 3 步：查询处理器，检查从用户查询中提取的词是否与关键字池中的关键字匹配。

4）第 4 步：查询处理器将匹配的关键字发送给 ACQUISE，以便检索设备信息。

图 11.3 所示为 ACQUISE 基线策略。在本例中，查询处理器接收到用户查询，如"马里兰州陶森市的交通摄像头"。NLP 模型将利用词序化、词性标注和命名实体识别功能，从用户的查询中提取物联网资源关键字和地理位置。同时，NLP 模型会查询关键字池，判断所请求的 IoT 资源是否存在于关键字池中。如果找到匹配项，NLP 模型会将关键字和地理位置信息添加到 URL 中，并将其发送给物联网搜索引擎。

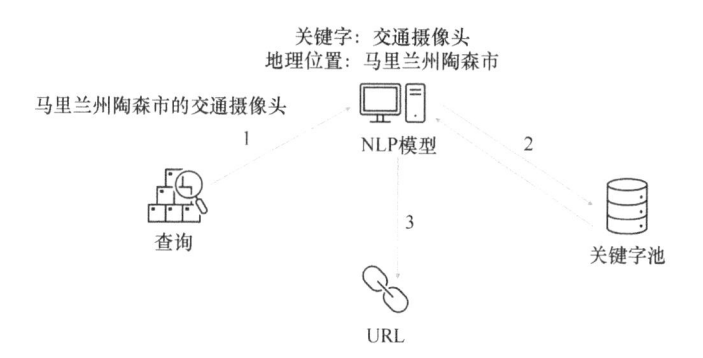

图 11.3　ACQUISE 基线策略

11.4.2　增强静态策略

使用 ACQUISE 基线策略，查询处理器可以将用户的人类语言查询映射到机器可以理解和利用的 URL。因此，当关键字池的大小和查询数量非常大时（即对一个查询处理器进行 10000 个查询），处理时间也将非常长。为了处理潜在的大查询量，ACQUISE 设计了一种增强的策略，它利用一个较小的关键字池进行搜索，并包含三个表，每个表分别用于最常用的动词、形容词和名词。增强的关键字池比原来的小得多，只存储最频繁的数据。由于首先搜索较小的关键字池，因此大多数查询应该访问不到基线策略中描述的较大的关键字池。因此，可以在较小的搜索空间基础上减少查询的时间消耗，提高查询处理的速度。

静态策略使用以下 6 个步骤。

1）步骤 1：查询处理器接收用户查询。

2）步骤 2：查询处理器运行词源化功能，识别词源的词性和地理位置。

3）步骤 3：查询处理器确定词源属于哪个类别，确定要搜索的目标池表（名词、动词、形容词）。

4）步骤 4：查询处理器搜索已识别的池表并返回所有匹配项。

5）步骤 5：如果增强池中不存在关键字，查询处理器将从原始关键字池中检索信息。

6）步骤 6：查询处理器将匹配的关键字发送给物联网搜索引擎，检索设备信息。

静态策略的工作流程如图 11.4 所示。在基线策略中，NLP 模型首先从用户查询中提取关键字。然而，通过使用一个较小的按词类型划分的关键字池，存储最常用的物联网资源关键字，可以减少 NLP 模型的查询处理时间。NLP 模型将首先使用小关键字池处理查询。如果物联网资源没有存储在关键字池中，则 NLP 模型将通过原始关键字池（较大）查找目标物联网资源关键字。最后，将翻译后的用户请求作为 URL 发送到物联网搜索引擎。

11.4.3　增强动态策略

物联网环境中的查询可以随着一天中时间、天气的变化而变化。静态关键字池可能无法处理具有不同查询内容

图 11.4　静态策略的工作流程

的连续查询，因为静态关键字池不会保持关键字池的更新。为了解决物联网查询的动态问题，ACQUISE 实现了 6 种缓存更新算法来维护和更新小关键字池，从而进一步缩短查询时间，提高性能。ACQUISE 中的缓存算法有先进先出（FIFO）、后进先出（LIFO）、最不常用（LFU）、最近最少使用（LRU）、最近使用（MRU）和随机替换（RR）。

增强动态策略的整体工作流程如图 11.5 所示。当 NLP 模型从用户的查询中提取出关键字后，我们根据物联网资源关键字的流行程度，调整小关键字池的大小，使用缓存算法更新小关键词池。当小关键字池不包含所请求的 IoT 资源关键字时，NLP 模型通过原关键字池完成查询后，缓存替换算法用于更新小关键字池。在下一部分中，逐一讨论前面提到的缓存算法。

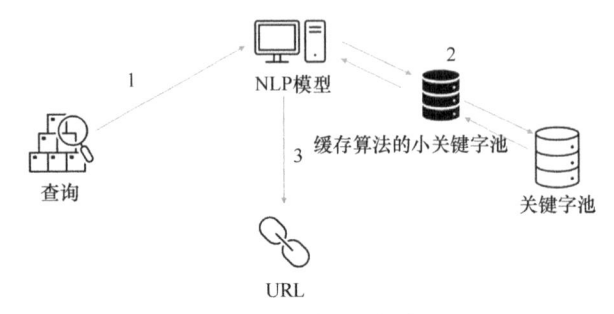

图 11.5 增强动态策略的整体工作流程

1）FIFO：FIFO 缓存算法为缓存的元素建立一个缓冲区。在 ACQUISE 方法中，缓冲区表示由缓存算法维护的小关键字池。同时，缓存的元素表示存储在缓冲区中的元素。当缓冲区已满时，缓冲区中最早存储的元素将被删除。具体步骤见算法 11.1。

这里，da、dv 和 dn 分别表示存储副词、动词和名词的原始关键字池。限制是指缓冲区的大小。ba、bv 和 bn 表示缓存算法所利用的缓冲区，分别存储形容词、动词和名词。query 表示用户查询。NLP 是 spaCy 针对 NLP 的预训练卷积神经网络（CNN）模型[36]。输出包含从查询中提取的信息。geo 表示可以通过 spaCy CNN 模型提取的地理位置。

值得注意的是，使用名词、动词和形容词来存储提取的特定词性信息时，查询处理器首先从每个查询中匹配地理位置关键字。然后，找出缓冲区中是否已经存在任何关键字。如果是，则查询处理器检索相应变量（名词、动词、形容词）的关键字。如果关键字不在缓冲区中，则查询处理器搜索相应的关键字池，为相应的变量检索关键字，并将关键字放入缓冲区。如果缓冲区已满，则执行缓存替换算法。在这种情况下，与 FIFO 缓存算法一样，将弹出或删除缓冲区中输入的最早或最旧的数据。最后，输出将是一个包含关键字和地理位置的字符串，它们被转换为 URL。

算法 11.1 动态策略缓存算法 FIFO
1 Initialization：da, dv, dn, LIMIT, ba, bv, bn, query, nip, output, geo, noun, verb, adj
2 for x in $query$ do
3 if $x.lable$ = "GPE" then
4 geo=x.text
5 end
6 if $x.PoS\_$ = "NOUN" and x in bn then
7 noun=x.text

8 end
9 if $x.PoS\_=$ "NOUN" and x not in bn and x in dn and bn not full then
10 noun=x.text
11 bn=x.text
12 end
13 if $x.PoS\_=$ "NOUN" and x not in bn and x in dn and bn is full then
14 noun=x.text
15 bn.pop（）
16 bn=x.text
17 end
18 output=noun+verb+adj+geo
19 end

2）LIFO：LIFO 缓存算法以与先进先出缓存算法相反的方式运行。当缓冲区已满时，LIFO 算法将弹出最新或最近添加到堆栈的元素。具体工作流程见算法 11.2。在 LIFO 算法中，初始化关键字池和缓冲区（即缓存算法维护的小关键字池），以及 spaCy 的 CNN 模型。

查询处理器首先匹配每个查询中的地理位置关键字。然后检查缓冲区中已经存在的任何关键字。如果是，则查询处理器检索相应变量（名词、动词、形容词）的关键字。如果关键字当前不在缓冲区中，查询处理器将搜索相应的关键字池，为相应的变量检索关键字，并将关键字放入缓冲区。如果缓冲区已满，LIFO 缓存算法将弹出或删除最后输入缓冲区的数据。最后，系统将输出包含关键字和地理位置的字符串，并将其转换为 URL。该算法的时间复杂度为 $O(n)$，其中 n 表示查询中的单词总数。

算法 11.2　动态策略缓存算法 LIFO

1 Initialization：da, dv, dn, LIMIT, ba, bv, bn, query, nip, output, geo, noun, verb, adj
2 for x in query do
3 if $x.lable=$ "GPE" then
4 geo=x.text
5 end
6 if $x.PoS\_=$ "NOUN" and x in bn then
7 noun=x.text
8 end
9 if $x.PoS\_=$ "NOUN" and x not in bn and x in dn and bn not full then
10 noun=x.text
11 bn=x.text
12 end
13 if $x.PoS\_=$ "NOUN" and x not in bn and x in dn and bn is full then
14 noun=x.text
15 bn.popO
16 bn=x.text
17 end
18 output=noun+verb+adj+geo
19 end

3）LFU：LFU 算法是一种缓存算法，当缓存溢出时，删除使用频率最低的缓存块。在 LFU 中，如果缓冲区中的所有项被访问的概率相等，那么最老的项将被删除。具体步骤见算法 11.3。

在 LFU 算法中，初始化关键字池、缓冲区（即由缓存算法维护的小关键字池）和 spaCy 的 CNN 模型。查询处理器首先匹配每个查询中的地理位置关键字。然后确定缓冲区中是否有匹配的关键字。如果是，则查询处理器检索对应变量（名词、动词、形容词）的关键字，并将关键字频率增加 1（频率用于计算一个单词的点击次数）。如果关键字不在缓冲区中，则查询处理器搜索相应的关键字池，为相应的变量检索关键字，并将关键字放入缓冲区。新添加的关键字出现的频率加 1。如果缓冲区已满，则执行 LFU 缓存算法，从缓冲区中删除频率最低的元素。最后，返回一个包含关键字和地理位置的字符串，它们被转换为 URL。该算法的时间复杂度为 $O(n)$，其中 n 表示查询中的单词总数。

算法 11.3 动态策略缓存算法 LFU

1 Initialization : da, dv, dn, LIMIT, ba, bv, bn, query, nip, output, geo, noun, verb, adj
2 **for** *x in query* **do**
3 **if** *x.lable*="*GPE*" **then**
4 geo=x.text
5 **end**
6 **if** *x.PoS_*="*NOUN*" *and x in bn* **then**
7 noun=x.text
8 x.frequency++
9 **end**
10 **if** *x.PoS_* = "*NOUN*" *and x not in bn and x in dn and bn not full* **then**
11 noun=x.text
12 bn=x.text
13 x.frequency++
14 **end**
15 **if** *x.PoS_* = "*NOUN*" *and x not in bn and x in dn and bn is full* **then**
16 noun=x.text
17 **for** *x in bn* **do**
18 **if** *minimal frequency not equal* **then**
19 remove the data with minimal frequency
20 **end**
21 **if** *minimal frequency equals* **then**
22 remove the older one with minimal frequency
23 **end**
24 **end**
25 bn=x.text
26 **end**
27 output=noun+verb+adj+geo
28 **end**

4）LRU：LRU 算法将在缓存满时删除最近最少使用的缓存块。例如，假设缓冲区空间为 4，并且条目 1、3、2 和 4 已经在缓冲区中。计数器用于计算项目在缓冲区中存在多长时间而不被访问。假设有一个新项目 5 进入缓冲区。在这个阶段，项目 1 是在缓冲区中停留时间最长且不被访问的项目。因此，在本例中，项目 1 将从缓冲区中删除。具体工作流程见算法 11.4。

在 LRU 算法中，初始化关键字池、缓冲区和 spaCy 的 CNN 模型。查询处理器首先匹配每个查询中的地理位置关键字。然后，LRU 判断缓冲区中是否有匹配的关键字。如果有，则查询处理器检索对应变量（名词、动词、形容词）的关键字，并将关键字频率加 1。如果关键字当前不在缓冲区中，则查询处理器搜索相应的关键字池，为相应的变量检索关键字，并将关键字放入缓冲区中；新添加的关键字出现的频率加 1。如果缓冲区已满，则执行 LRU 缓存算法，从缓冲区中删除最近最少使用的数据，最后返回一个包含关键字和地理位置的字符串，它们被转换为 URL。该算法的时间复杂度为 $O(n)$，其中 n 表示查询中的单词总数。

算法 11.4 动态策略缓存算法 LRU

1 Initialization：da, dv, dn, LIMIT, ba, bv, bn, query, nip, output, geo, noun, verb, adj
2 **for** *x in query* **do**
3 **if** *x.lable*="GPE" **then**
4 geo=x.text
5 **end**
6 **if** *x.PoS_*="NOUN" *and x in bn* **then**
7 noun=x.text
8 x.frequency++
9 **end**
10 **if** *x.PoS_*="NOUN" *and x not in bn and x in dn and bn not full* **then**
11 noun=x.text
12 bn=x.text
13 x.frequency++
14 **end**
15 **if** *x.PoS_*="NOUN" *and x not in bn and x in dn and bn is full* **then**
16 noun=x.text
17 remove least recently used data from bn
18 bn=x.text
19 **end**
20 output=noun+verb+adj+geo
21 **end**

5）MRU：相对于 LRU 缓存算法，MRU 算法移除最近数据从缓冲区中使用的元素。例如，考虑一个场景，其中缓冲区空间为 4，项目 1、3、4 和 2 在缓冲区中，并且要添加 7。计数器用于计算项在缓冲区中存在多长时间而不被访问。在项目 7 进入缓冲区之前，项目 2 是最近访问的（最近进入缓冲区的）。在这种情况下，项目 2 将从缓冲区中删除。具体工作流程见算法 11.5。

在 MRU 算法中，初始化关键字池、缓冲区和 spaCy 的 CNN 模型。查询处理器首先匹配每个查询中的地理位置关键字，然后确定缓冲区中是否有匹配的关键字。如果是，则查询处理器检索对应变量（名词、动词、形容词）的关键字，并将关键字的频率加 1。如果关键字当前不在缓冲区中，则查询处理器搜索相应的关键字池，为相应的变量检索关键字，并将关键字放入缓冲区中；新添加的关键字出现的频率加 1。如果缓冲区已满，则执行 MRU 缓存算法，从缓冲区中删除最近使用的项，最后返回一个包含关键字和地理位置的字符串，它们被转换为 URL。该算法的时间复杂度为 $O(n)$，其中 n 表示查询中的单词总数。

算法 11.5 动态策略缓存算法 MRU

1 Initialization : da, dv, dn, LIMIT, ba, bv, bn, query, nip, output, geo, noun, verb, adj
2 **for** *x in query* **do**
3   **if** *x.lable＝"GPE"* **then**
4   geo=x，text
5   **end**
6   **if** *x.PoS_＝"NOUN" and x in bn* **then**
7   noun=x.text
8   **end**
9   **if** *x.PoS_＝"NOUN" and x not in bn and x in dn and bn not full* **then**
10   noun=x.text
11   bn=x.text
12   **end**
13   **if** *x.PoS_＝"NOUN" and x not in bn and x in dn and bn is full* **then**
14   noun=x.text
15   remove most recently used data from bn
16   bn=x.text
17   **end**
18   output-noun+verb+adj+geo
19 **end**

6）RR：RR（Random Replacement）缓存算法在需要添加新条目且缓冲区已满时，随机替换缓冲区中的条目。RR 缓存算法不需要计数器来计算条目的访问频率，因为它不需要条目访问时间作为更新缓冲区的引用。具体步骤见算法 11.6。

在 RR 算法中，初始化关键字池、缓冲区和 spaCy 的 CNN 模型。查询处理器首先匹配每个查询中的地理位置关键字。然后，它确定缓冲区中是否有匹配的关键字。如果是，则查询处理器检索对应变量（名词、动词、形容词）的关键字，并将关键字频率加 1。如果关键字当前不在缓冲区中，则查询处理器搜索相应的关键字池，为相应的变量检索关键字，并将关键字放入缓冲区中；新添加的关键字出现的频率加 1。如果缓冲区已满，则执行 RR 缓存算法，从缓冲区中随机删除一个数据项，最后返回一个包含关键字和地理位置的字符串，它们被转换为 URL。该算法的时间复杂度也是 $O(n)$，其中 n 表示查询中的单词总数。

算法 11.6 动态策略缓存算法 RR

1 Initialization : da, dv, dn, LIMIT, ba, bv, bn, query, nip, output, geo, noun, verb, adj
2 **for** *x in query* **do**
3   **if** *x.lable＝"CPE"* **then**
4   geo=x.text
5   **end**
6   **if** *x.PoS_＝"NOUN" and x in bn* **then**
7   noun=x.text
8   **end**
9   **if** *x.PoS_＝"NOUN" and x not in bn and x in dn and bn not full* **then**
10   noun=x.text
11   bn=x.text

```
12 end
13 if x.PoS_ = "NOUN" and x not in bn and x in dn and bn is full then
14   noun=x.text
15   remove random data from bn
16   bn=x.text
17 end
18 output=noun+verb+adj+geo
19 end
```

11.5 性能评估

本节首先展示了评估方法，包括实验的配置和场景、数据集和性能指标，然后给出了所提策略的评价结果。

11.5.1 研究方法

1）配置：我们在仿真环境中部署了 ACQUISE 查询处理模型在 Linux（Ubuntu Server v16.04 LTS）操作系统上运行。仿真是在一台戴尔电脑上运行的 PowerEdge T640 服务器（Intel Xeon 2.6GHz 12 核处理器，192GB RAM 和 2TB 硬盘）。

2）场景：在评估场景中，多个用户使用物联网搜索引擎查询天气还有交通信息。ACQUISE IoT 搜索引擎的查询处理需要使用 NLP 模型从用户查询中检索和理解有用的信息。天气信息包括温度、降雨、日照和位置。交通信息包括搜索的位置和设备类型（交通摄像头等）。

3）数据集：我们从 110 个 IoT 中生成了 70 个天气查询和 70 个交通信息查询设备。ACQUISE 为查询处理器构建关键字池，用于匹配用户查询中的关键字。为了评估基线策略和增强策略的性能，我们在相同大小的关键字池中实施了这两种策略。

对于基线静态策略，我们使用了 31262 个名词、35452 个动词和 51064 个形容词的数据集。对于增强的静态策略，我们对每个类别（交通和天气）使用 15631 个名词、17726 个动词和 25532 个形容词。此外，我们已经建立了一个小的关键字池，每个类别的关键字池大小为 1000~10000 字，共分为三类。

由于 spaCy 的预训练 CNN 模型与地理位置识别功能集成，我们利用 CNN 模型从查询中检索物联网设备的地理位置关键字。对于增强的动态策略，我们使用相同的原始关键字池作为基线策略，并使用与增强静态策略相似的小关键字池，但集成了缓存算法以保持关键字池的更新，用以存储频繁查询的关键字。

4）性能指标：为了评估 ACQUISE 策略的有效性，处理时间是关键性能指标。处理时间定义为从查询处理器接收到用户查询，查询处理器成功从用户中提取关键字信息的时间查询，匹配关键字池，并将响应返回给用户的时间。回想一下，我们设计了基线静态策略，以确保查询处理模块可以将人类语言查询翻译成机器可理解的查询。在增强的静态策略中，我们引入了第二个较小的常用关键字池，以减少查询处理的处理时间。

为了处理具有动态内容的查询（即不同地点的交通信息查询），ACQUISE 引入了 6 种关键字缓存替换算法来更新小关键字池（由缓存算法维护的关键字池），以反映最近搜索的内容。此外，缓存算法维护的小关键字池的大小可能会影响查询的处理时间。因此，关键字池大小设置为 1000~10000 字，以评估处理时间和关键字池大小之间的关系。

11.5.2　结果

1）基线策略：为了确保查询处理模块能够成功地从用户查询中提取关键信息，查询示例如图 11.6 所示。第一行"Are there any speeding cameras in Germantown，Maryland?"表示用户查询。第二行表示 NLP 模型提取的关键信息。其中"Germantown"和"Maryland"代表的是 spaCy 的实体识别方法提取的地理位置信息，而"speeding camera"代表的是检测"超速"汽车的摄像头，是从 spaCy 的语音识别部分提取的。

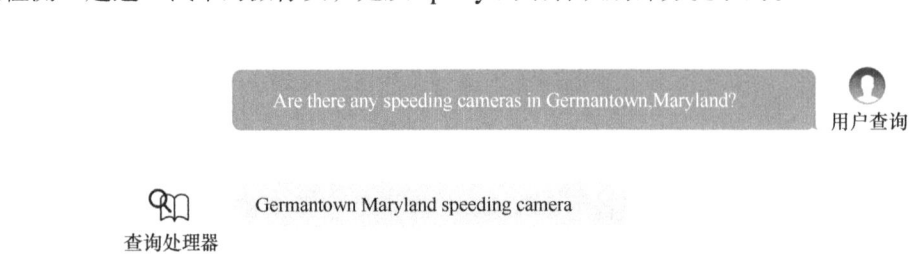

图 11.6　查询示例

2）增强静态策略：基线静态策略使 NLP 模型能够提取地理信息位置以及来自用户查询的物联网资源关键字。尽管如此，原始的关键字池包含大量的元素，查询处理可能非常耗时。因此，我们设计一个增强的静态策略，使用一个小的关键字池来存储用于所选场景的最常见查询，以减少 NLP 模型的处理时间。

为了评估基线策略和增强静态策略之间的性能，我们使用不同的查询量来度量性能。如图 11.7 所示，我们将用户查询的数量设置为 140、280、560 和 1220。从图 11.7 可以看出，处理查询所花费的时间随着查询数量的增加而增加。当查询数量接近 1220 时，基准策略与增强静态策略之间的差异为 1.21s。

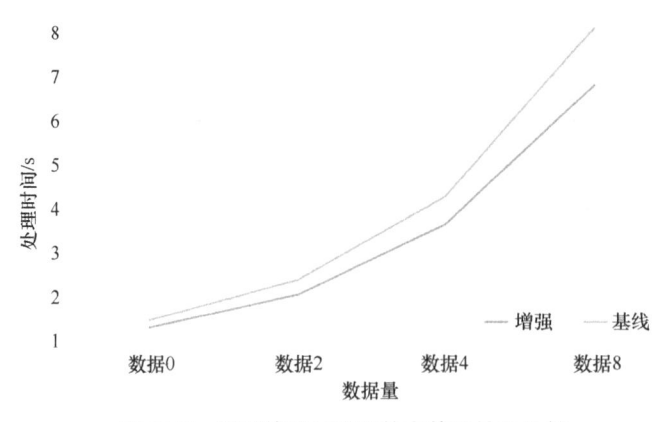

图 11.7　基线策略与增强静态策略性能比较

3）增强动态策略：显然，增强静态策略可以减少处理时间通过对常见查询的智能评估建立基线。然而，使用静态策略，小关键字池不会快速更新，它只会以较长的间隔（即一周或一个月）更新。因此，无法及时处理对时间敏感的查询。为了处理实时动态，开发了 6 种缓存更新算法，对缓存算法维护的关键字池进行动态更新，使关键字池能够保留最新的信息以处理当前查询。

然而，在算法实现中存在两个问题。首先是如何定义关键字池的大小。为了确定 NLP 效率的最佳关键字池大小，我们进行了一个实验，将小关键字池的大小从 1000 增大到 10000。缓冲区大小评估结果如图 11.8 所示。延迟是在相同的缓冲区大小下，6 种算法的平均延迟处理时间。结果表明，当缓冲区大小为 4000 时，处理时间最小。因此，在进一步的实验中，我们将缓冲区大小设置为 4000。

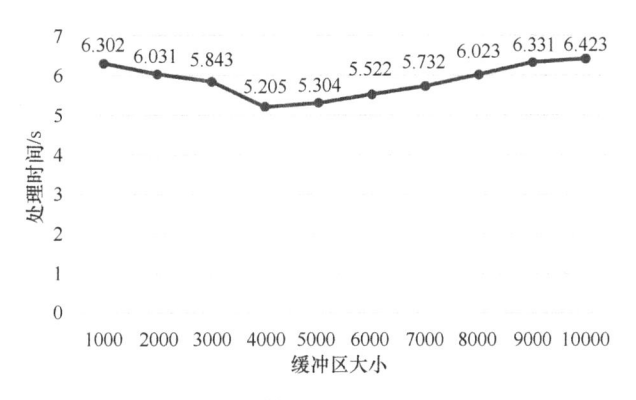

图 11.8　缓冲区大小评估结果

第二个问题是了解哪种算法可以达到最佳性能。为此，图 11.9 所示为在缓冲区大小为 4000 时的 6 种算法的性能对比。从图 11.9 可以看到，动态策略确实提高了处理时间性能。特别是，FIFO 和 LIFO 缓存算法将处理时间减少到 5.5s，LFU、LRU、MRU 和 RR 缓存算法将处理时间减少到 5s 左右。在所有缓存算法中，LFU 缓存算法的性能最好，可以将处理时间缩短到几乎正好是 5s。

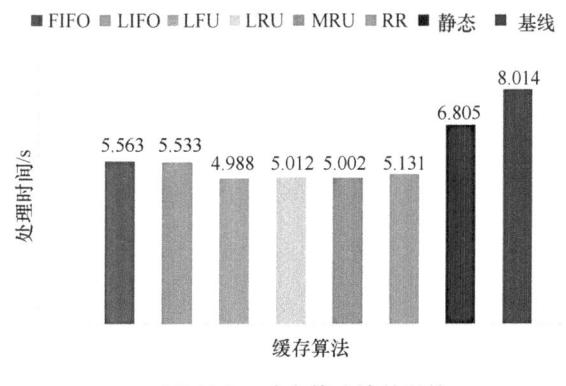

图 11.9　动态策略绩效评估

11.6 讨论

现在讨论关于改进物联网搜索查询检索的几个开放的研究问题。

11.6.1 机器学习

当物联网搜索引擎网络中有大量的物联网设备和用户查询过程的复杂性增加时。有几种方法可以提高查询效率，包括联邦搜索、关联哈希、分层网络和上下文推理[37-38]。在本章中，我们利用 spaCy，它包含一个预训练的深度学习（DL）模型来进行实体识别。尽管如此，如果不使用特定物联网资源的字典，spaCy 的预训练深度学习模型无法识别属于物联网资源的实体。

在未来的研究中，我们计划基于物联网数据集训练一个不同的深度学习模型来进行实体识别、设备识别和内容关联，这可能会减少 NLP 模型的查询时间。另一种提高查询效率的方法是使用深度学习技术来聚合物联网搜索引擎收集的数据。此外，其他深度学习技术可以提供预测、回归和数据融合的准确性，不仅可以减少物联网数据大小，还可以对物联网资源进行分类。因此，可以减少定位特定物联网资源的持续时间。例如，我们之前利用循环神经网络（RNN）长短期记忆网络（LTSM）模型来进行查询预测[25]。

11.6.2 协议与算法

由于物联网数据是海量和动态的，因此需要设计协议和算法来满足物联网搜索引擎的需求。物联网设备的功率和计算资源有限。为了处理物联网设备中如此有限的计算和网络资源，同时提供最优服务，设计了几种协议。例如，约束应用协议（CoAP）[39]是专门为在低功耗设备之间传输数据而设计的。

消息队列遥测传输（MQTT）[40]是一种开放的消息协议，用于在高延迟和受限网络中传输数据。MQTT 协议可以极大地促进农村地区的物联网设备通信。

可扩展消息传递和状态协议（XMPP）[41]是为实时通信而设计的，包括即时消息传递、状态、多方聊天、语音、视频通话、协作、轻量级中间件、内容联合和 XML 数据的通用路由。XMPP 在基于物理和人类衍生信息融合（PHIF）系统中显示出基于查询的传感器融合系统的前景[35]，可用于在物联网资源和网关之间传输流量信息，以保持所有数据的最新状态。

同时，需要设计和应用深度学习算法来提高查询效率。ACQUISE 利用 6 种缓存算法来减少关键字池查询时间，从而减少查询 NLP 的处理时间。其他方法包括排名算法，通过检索单个搜索类别中最可用、最有用和请求的数据来提高物联网搜索引擎的性能[42]。例如，通过排名算法，物联网搜索引擎可以根据物联网设备的性能历史，快速检索出最稳定和最新的天气信息。

11.6.3 安全与隐私

在深度学习技术的最新进展中，它能够将人类语言准确地翻译成机器语言，从而增强人机协作。然而，存在可能危及深度学习系统的对抗性攻击[43]。最常见的例子是通过在训练数据集中添加噪声来修改交通标志，这样机器就无法区分它，但人眼却很明显。

使用生成式对抗网络（GAN）的其他方法[44-45]可以被机器感知，但与机器相比，人类无法识别假货。此外，如何设计具有成本效益的数据安全和隐私意识技术来保护物联网设备和网关之间的通信仍然是当代设计选择的关键问题。此外，如何设计平台和算法，以低成本支持不同的物联网搜索引擎设备和客户之间的数据共享，并推动 ACQUISE 方法的采用，是一个重要研究方向。

11.7 相关工作

本章回顾了与物联网搜索引擎和查询处理相关的研究成果。

一般来说，物联网搜索引擎检索物联网设备特征、物联网感知数据和物联网信道通信。尽管网络搜索引擎被广泛应用，但物联网搜索引擎也实现了在主要门户网站对 Internet 上的内容进行访问（虽然应用还较少）。

与物联网系统搜索中的资源研究发现相关，Lunardi 等论文 [46] 提出了一种基于内容的物联网搜索引擎框架，以提高数据发现的效率。同时，Shemshadi 等[47]为物联网搜索引擎设计了一种爬虫，用于发现物联网资源。同样的，Datta 等人[48]为物联网设备开发了一个资源发现框架。针对物联网搜索中的数据处理，Hatcher 等[25]利用 LSTM 对数据进行预测，提高了物联网搜索引擎的效率。Fagroud 等人[49]利用探索性数据分析来分析物联网数据。Makkar 等人[50]采用深度学习方法，从物联网搜索引擎结果中删除垃圾邮件。

除了上述研究，还有一些其他的研究，以提供不同系统中有效的查询处理[51-54]。例如，在与传感器中面向数据服务的相关网络的研究中，Lee 等人[51]使用深度学习技术分析无线传感器网络上的物联网数据。Sarode 等人[53]利用神经网络在无线传感器网络中进行数据聚合，从而提高查询处理效率。此外，Kaur 等人[54]回顾了无线传感器网络中现有的数据聚合方法，以改善能耗、网络寿命、延迟、能源成本等。

与 Internet 上的传统查询相关，Balaji 等人[55]利用 ML 技术进行基于 web 的查询聚合。Kumar 等人[56]实现了统计机器翻译（SMT）和神经机器翻译（NMT）模型，将网络查询翻译成自然语言问题。Barman 等人[57]设计了一种基于推荐系统的算法，以有效地响应用户的查询。因此，人们对设计查询物联网知识的搜索引擎越来越感兴趣。

与现有的工作相比，ACQUISE 主要侧重于从图像中提取关键信息，用户可以使用 spaCy 进行查询，并将格式转换为物联网搜索引擎可以理解的格式，从而实现基于 ML 的 NLP 驱动的查询自动化。此外，多种 DDDAS 算法同时支持静态和动态策略，以提高物联网搜索的查询处理效率。

11.8 结论

自动协调查询物联网搜索引擎（ACQUISE）被描述为通过基于 NLP 的机器学习方法，使物联网能够自动实时获取动态知识。支持人类查询并将其翻译为发现动态物联网知识的能力对于未来的"智能"系统控制和响应（如安全关键系统）至关重要。

本章介绍了一个具有大数据的静态基线策略，而增强的静态策略引入了一个小的关键字池缓冲以提高时效性。为了处理随时间动态变化的查询请求，6 种缓存更新算法演示了快速缓冲区管理，提高了查询响应的性能。最后，ACQUISE 策略和算法的有效性表明，动态策略最少使用（LFU）缓存算法在查询处理时间方面具有最佳性能。未来的工作将包括联合物联网搜索、信道通信约束和安全服务质量绩效指标。

致谢

这份材料基于空军科学研究办公室项目（fa9550-20-1-0418）。这些材料的任何意见、发现、结论或建议都是作者的观点，不代表美国空军的观点。

参考文献

[1] "Iot growth," https://www.statista.com/statistics/471264/iot-number-of-connected-devices-worldwide/

[2] M. Mohammadi, A. Al-Fuqaha, S. Sorour, and M. Guizani, "Deep learning for IoT big data and streaming analytics: A survey," *IEEE Communications Surveys Tutorials*, vol. 20, no. 4, pp. 2923–2960, Fourthquarter 2018.

[3] H. Xu, X. Liu, W. Yu, D. Griffith, and N. Golmie, "Reinforcement learning-based control and networking co-design for industrial internet of things," *IEEE Journal on Selected Areas in Communications*, vol. 38, no. 5, pp. 885–898, 2020.

[4] J. A. Stankovic, "Research directions for the internet of things," *IEEE Internet of Things Journal*, vol. 1, no. 1, pp. 3–9, 2014.

[5] F. Liang, W. Yu, X. Liu, D. Griffith, and N. Golmie, "Toward edgebased deep learning in industrial internet of things," *IEEE Internet of Things Journal*, vol. 7, no. 5, pp. 4329–4341, 2020.

[6] S. Mallapuram, N. Ngwum, F. Yuan, C. Lu, and W. Yu, "Smart city: The state of the art, datasets, and evaluation platforms," in *2017 IEEE/ACIS 16th International Conference on Computer and Information Science (ICIS)*, 2017, pp. 447–452.

[7] F. Liang, W. G. Hatcher, W. Liao, W. Gao, and W. Yu, "Machine learning for security and the internet of things: The good, the bad, and the ugly," *IEEE Access*, vol. 7, pp. 158 126–158 147, 2019.

[8] W. Ejaz, M. Naeem, A. Shahid, A. Anpalagan, and M. Jo, "Efficient energy management for the internet of things in smart cities," *IEEE Communications Magazine*, vol. 55, no. 1, pp. 84–91, 2017.

[9] E. P. Blasch, F. Darema, S. Ravela, and A. J. Aved (eds.), *Handbook of Dynamic Data Driven Applications Systems*. vol. 1, 2nd ed., Springer", 2021.

[10] P. Moulema, W. Yu, D. Griffith, and N. Golmie, "On effectiveness of smart grid applications using co-simulation," in *2015 24th International Conference on Computer Communication and Networks (ICCCN)*, 2015, pp. 12679–12693.

[11] Z. Cai and T. Shi, "Distributed query processing in the edge assisted iot data monitoring system," *IEEE Internet of Things Journal*, vol. 8, pp. 1–1, 2020.

[12] G. Xu, W. Yu, D. Griffith, N. Golmie, and P. Moulema, "Toward integrating distributed energy resources and storage devices in smart grid," *IEEE Internet of Things Journal*, vol. 4, no. 1, pp. 192–204, 2017.

[13] W. Yu, D. Griffith, L. Ge, S. Bhattarai, and N. Golmie, "An integrated detection system against false data injection attacks in the smart grid," *Security and Communication Netwoks*, vol. 8, no. 2, pp. 91–109, 2015. [Online]. Available: https://doi.org/10.1002/sec.957.

[14] W. G. Hatcher and W. Yu, "A survey of deep learning: Platforms, applications and emerging research trends," *IEEE Access*, vol. 6, pp. 24 411–24 432, 2018.

[15] N. Ekedebe, C. Lu, and W. Yu, "Towards experimental evaluation of intelligent transportation system safety and traffic efficiency," in *2015 IEEE International Conference on Communications (ICC)*, 2015, pp. 3757–3762.

[16] H. Xu, W. Yu, D. Griffith, and N. Golmie, "A survey on industrial Internet of things: A cyber-physical systems perspective," *IEEE Access*, vol. 6, pp. 78 238–78 259, 2018.

[17] B. L. R. Stojkoska and K. V. Trivodaliev, "A review of internet of things for smart home: Challenges and solutions," *Journal of Cleaner Production*, vol. 140, pp. 1454–1464, 2017.
[18] X. Liu, W. Yu, F. Liang, D. Griffith, and N. Golmie, "Toward deep transfer learning in industrial internet of things," *IEEE Internet of Things Journal*, vol. 8, no. 15, pp. 12 163–12 175, 2021.
[19] H. Xu, X. Liu, W. G. Hatcher, G. Xu, W. Liao, and W. Yu, "Priority aware reinforcement-learning-based integrated design of networking and control for industrial internet of things," *IEEE Internet of Things Journal*, vol. 8, no. 6, pp. 4668–4680, 2021.
[20] F. Liang, W. Yu, X. Liu, D. Griffith, and N. Golmie, "Towards deep q-network based resource allocation in industrial internet of things," *IEEE Internet of Things Journal*, vol. 9, pp. 9138–9150, 2021.
[21] X. Zheng and Z. Cai, "Privacy-preserved data sharing towards multiple parties in industrial iots," *IEEE Journal on Selected Areas in Communications*, vol. 38, no. 5, pp. 968–979, 2020.
[22] M. Bansal, I. Chana, and S. Clarke, "A survey on iot big data: Current status, 13 v's challenges, and future directions," *ACM Computing Surveys*, vol. 53, no. 6, 2020. [Online]. Available: https://doi.org/10.1145/3419634
[23] F. Liang, C. Qian, W. G. Hatcher, and W. Yu, "Search engine for the internet of things: Lessons from web search, vision, and opportunities," *IEEE Access*, vol. 7, pp. 104 673–104 691, 2019.
[24] W. Gao, W. Yu, F. Liang, W. G. Hatcher, and C. Lu, "Privacy-preserving auction for big data trading using homomorphic encryption," *IEEE Transactions on Network Science and Engineering*, vol. 07, pp. 776–791, 2018.
[25] W. G. Hatcher, C. Qian, W. Gao, F. Liang, K. Hua, and W. Yu, "Towards efficient and intelligent Internet of Things search engine," *IEEE Access*, vol. 9, pp. 15 778–15 795, 2021.
[26] X. Liu, C. Qian, W. G. Hatcher, H. Xu, W. Liao, and W. Yu, "Secure internet of things (IoT)-based smart-world critical infrastructures: Survey, case study and research opportunities," *IEEE Access*, vol. 7, pp. 79523–79544, 2019.
[27] Explosion. Spacy architecture. [Online]. Available: https://spacy.io/api
[28] S. Y. Nikouei, Y. Chen, A. J. Aved, and E. Blasch, "EIQIS: Toward an event-oriented indexable and queryable intelligent surveillance system," *CoRR*, vol. *abs/1807.11329*, 2018. [Online]. Available: http://arxiv.org/abs/1807.11329
[29] A. Torfi, R. A. Shirvani, Y. Keneshloo, N. Tavaf, and E. A. Fox, "Natural language processing advancements by deep learning: A survey," *CoRR*, vol. *abs/2003.01200*, 2020. [Online]. Available: https://arxiv.org/abs/2003.01200
[30] S. Bird, E. Klein, and E. Loper, Natural Language Processing with Python: Analyzing Text with the Natural Language Toolkit. O'Reilly Media, Inc.", 2009.
[31] https://www.nltk.org/
[32] https://spacy.io/
[33] https://devopedia.org/natural-language-toolkit
[34] A. Malgotra. Nltk and spacy performance comparison. [Online]. Available: https://bit.ly/3mAwByz
[35] E. Blasch, E. Bosse, and D. Lambert, *High-Level Information Fusion Management and System Design*, 1st ed. USA: Artech House, Inc., 2012.
[36] Explosion. Spacy models. [Online]. Available: https://spacy.io/models
[37] L. Snidaro, J. G. Herrero, J. Llinas, and E. Blasch (eds.), *Context-Enhanced Information Fusion: Boosting Real-World Performance with Domain Knowledge.* "Springer", 2016.
[38] H. Sun, Y. Chen, A. Aved, and E. Blasch, "Collaborative multiobject tracking as an edge service using transfer learning," in *2020 IEEE 22nd International Conference on High Performance Computing and Communications; IEEE 18th International Conference on Smart City; IEEE 6th International Conference on Data Science and Systems (HPCC/SmartCity/DSS)*. Los Alamitos, CA, USA: IEEE Computer Society, 2020, pp. 1112–1119. [Online]. Available: https://doi.ieeecomputersociety.org/10.1109/HPCC-SmartCity-DSS50907.2020.00146.
[39] C. Bormann, A. P. Castellani, and Z. Shelby, "COAP: An application protocol for billions of tiny internet nodes," *IEEE Internet Computing*, vol. 16, no. 2, pp. 62–67, 2012.
[40] R. A. Light, "Mosquitto: server and client implementation of the MQTT protocol," *Journal of Open Source Software*, vol. 2, no. 13, p. 265, 2017.
[41] P. Saint-Andre et al., "Extensible messaging and presence protocol (XMPP): Core," 2004.
[42] Y. Fathy, P. Barnaghi, and R. Tafazolli, "Large-scale indexing, discovery, and ranking for the internet of things (iot)," *ACM Computing Surveys*, vol. 51, no. 2, 2018. [Online]. Available: https://doi.org/10.1145/3154525.
[43] U. Majumder, E. Blasch, and D. Garren, 2020.
[44] T. Bai, J. Zhao, J. Zhu, S. Han, J. Chen, B. Li, and A. Kot, "Aigan: Attack-inspired generation of adversarial examples," arXiv preprint arXiv:2002.02196, 2020.
[45] Z. Cai, Z. Xiong, H. Xu, P. Wang, W. Li, and Y. Pan, "Generative adversarial networks: A survey towards private and secure applications," *CoRR*, vol. *abs/2106.03785*, 2021. [Online]. Available: https://arxiv.org/

abs/2106.03785

[46] W. T. Lunardi, E. de Matos, R. Tiburski, L. A. Amaral, S. Marczak, and F. Hessel, "Context-based search engine for industrial IoT: Discovery, search, selection, and usage of devices," in *2015 IEEE 20th Conference on Emerging Technologies & Factory Automation (ETFA)*. IEEE, 2015, pp. 1–8.

[47] A. Shemshadi, Q. Z. Sheng, and Y. Qin, "Thingseek: A crawler and search engine for the Internet of things," in *Proceedings of the 39th International ACM SIGIR conference on Research and Development in Information Retrieval*. ACM, 2016, pp. 1149–1152.

[48] S. K. Datta and C. Bonnet, "Search engine based resource discovery framework for internet of things," in *2015 IEEE 4th Global Conference on Consumer Electronics (GCCE)*. IEEE, 2015, pp. 83–85.

[49] F. Z. Fagroud, L. Ajallouda, H. Toumi, K. Achtaich, S. El Filali et al., "IoT search engines: Exploratory data analysis," *Procedia Computer Science*, vol. *175*, pp. 572–577, 2020.

[50] A. Makkar and N. Kumar, "An efficient deep learning-based scheme for web spam detection in iot environment," *Future Generation Computer Systems*, vol. *108*, pp. 467–487, 2020.

[51] K.-S. Lee, S.-R. Lee, Y. Kim, and C.-G. Lee, "Deep learning based real-time query processing for wireless sensor network," *International Journal of Distributed Sensor Networks*, vol. *13*, no. 5, p. 1550147717707896, 2017.

[52] W. Yu, T. N. Le, J. Lee, and D. Xuan, "Effective query aggregation for data services in sensor networks," *Computer Communications*, vol. *29*, no. 18, pp. 3733–3744, 2006. [Online]. Available: https://www.sciencedirect.com/science/article/pii/S0140366406002258

[53] P. Sarode and T. Reshmi, "Optimized query ordering data aggregation model using neural networks and group search optimization in wireless sensor network." *Adhoc & Sensor Wireless Networks*, vol. *46*, pp. 189–214, 2020.

[54] M. Kaur and A. Munjal, "Data aggregation algorithms for wireless sensor network: A review," *Ad Hoc Networks*, vol. *100*, p. 102083, 2020.

[55] B. S. Balaji, S. Balakrishnan, K. Venkatachalam, and V. Jeyakrishnan, "Automated query classification based web service similarity technique using machine learning," *Journal of Ambient Intelligence and Humanized Computing*, vol. *12*, pp. 1–12, 2020.

[56] A. Kumar, S. Dandapat, and S. Chordia, "Translating web search queries into natural language questions," arXiv preprint arXiv:2002.02631, 2020.

[57] D. Barman, R. Sarkar, A. Tudu, and N. Chowdhury, "Personalized query recommendation system: A genetic algorithm approach," *Journal of Interdisciplinary Mathematics*, vol. *23*, no. 2, pp. 523–535, 2020.

第 12 章
一种基于强化学习的方法——实现激励兼容的车辆众测

12.1 引言

如今，随着交通系统的巨大进步，智能车辆配备了丰富的传感器（如摄像头、雷达、温度计和超声波传感器等），引发了一种新的以车辆为中心的传感范式的出现，即车辆众感（VCS）[1-3] 系统，如图 12.1 所示。通过招募传感器嵌入的车辆来完成传感任务，VCS 能够以更有效的方式收集城市规模的信息，促进一系列智能服务，如环境监测[4]、物体移动跟踪[5]、交通堵塞警报[6]、噪声地图[7]、停车位识别[8] 和数字地图更新[9]。

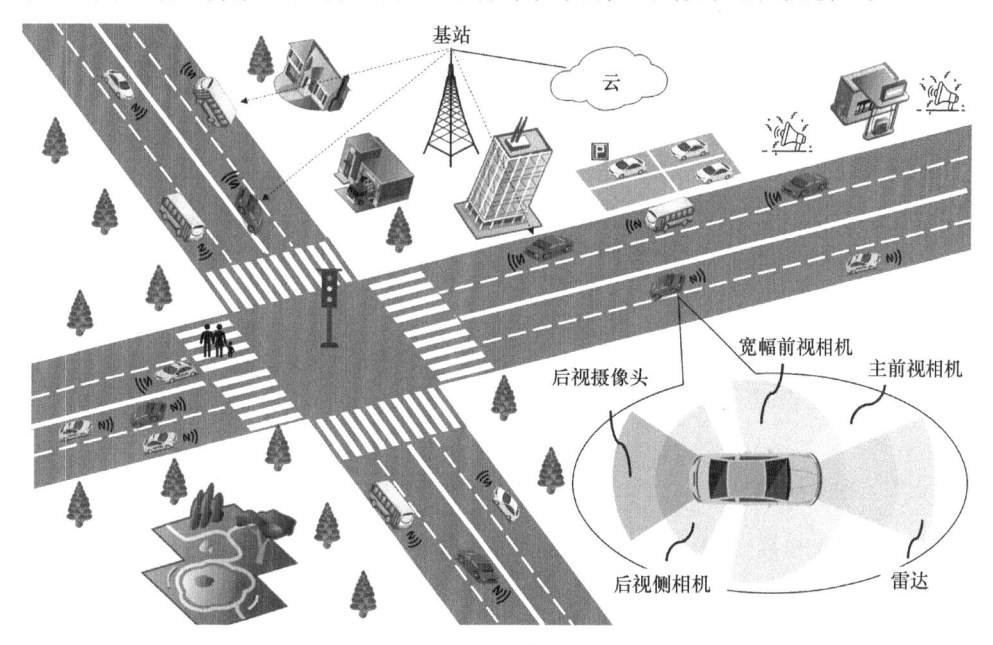

图 12.1 车辆众感系统

一般来说，VCS 系统由多个任务发起者（TI）、传感器嵌入的车辆和传感平台（SP）组成。通常，SP 作为第三方机构，代表 TI 招募车辆，分配传感任务，并分析收集的数据以提供智能服务。在传统的基于云的 VCS（CVCS）系统中，SP 被部署在云上，以集中的方式运作，要求所有车辆将其原始传感数据上传到远程服务器[10]。然而，由于车辆和传感器数量的增加，在云上汇总数据可能会消耗更多的带宽，并产生难以忍受的延迟。此外，由于传感数据（如路面质量、高清地图信息、交通状况）显示出很强的空间定位性[11]，将数据传输到远程云服务器不是必要的，因此迫切需要一种新的分散式框架。

最近，一种新的计算范式，即边缘计算[12]，彻底改变了数据处理和管理的方式。具体来说，边缘计算将云服务器的计算能力扩展到网络边缘层，通过利用边缘节点（如路边设备）的计算和通信能力，提供一系列及时和高质量的服务，如实时地图更新。人们一直在努力研究将边缘计算整合到群体感知中的可能性。

在文献[13]中，Zhou等人利用边缘服务器，用基于深度学习的方法自动检测伪造的和不相关的数据。在文献[14]中，Li等人提出了一个数据删除协议，并使用边缘节点来检测和删除重复的数据。在文献[15]中，Zhou等人利用边缘服务器执行任务分配，目的是在任务预算约束下优化传感覆盖。然而，这些工作很少关注如何激励车辆执行任务和贡献高质量的传感数据，这对建立一个成功的VCS系统是至关重要的。

由于以下三个原因，设计一个有效的激励机制是具有挑战性的。

1）由于隐私问题和能源消耗（如电力和燃料），车辆不会执行感应任务，除非他们得到充分的补偿[16]。

2）一个感应任务通常受到货币预算的限制并且不公平的利润分配可能导致参与度不足和任务完成情况不理想[17]。

3）由于车辆的传感能力（如传感器精度）不同，车辆贡献的数据质量也不同，高质量的数据贡献者应该得到更多奖励[18]。

鉴于上述挑战，本章提出了一个边缘辅助的车辆众测（EVCS）框架，其中引入了一种基于深度强化学习（DRL）[19]的激励机制，以确保高效的车辆招募和数据收集。具体来说，边缘计算利用边缘节点，也被称为子传感平台（SSP），来执行分布式车辆招募和数据处理。此外，SSP和车辆之间的竞争性互动被表述为一个领导者和多个追随者的斯塔克尔伯格（Stackelberg）博弈，其中一个基于DRL的多代理激励机制被开发出来，以帮助车辆选择最佳的参与投标价格。

12.2 边缘辅助的车辆群体感知

12.2.1 结构设计

与传统的CVCS系统相比，EVCS引入了一个边缘层，以弥补远程云服务器和车辆之间的差距，其中边缘节点作为SSP来执行分布式车辆招募和数据处理。此外，一个多代理的DRL算法被用来帮助每辆车选择一个最优的竞价策略来参与。如图12.2所示，EVCS由四层组成：应用层、集中管理层、边缘智能层和感知层。在下面的各节中，"车辆""参与者"和"数据贡献者"等词可以互换使用。

1）**应用层**负责任务初始化和应用实施。根据应用要求，TI将一系列传感任务以及多种规格，如货币预算、兴趣区域（AOIs）和最后期限发布到集中管理层。通过上传的数据，TI能够提供各种智能应用，如交通拥堵预警、停车位识别、空调监测、路线规划等。

2）**集中管理层**包含一个数据代理[也称为中心传感平台（CSP）]和一个数据库服务器。一方面，CSP从应用层接收任务并将其分配给SSP；另一方面，来自SSP的数据报告由SSP汇总并保存在数据库服务器中。

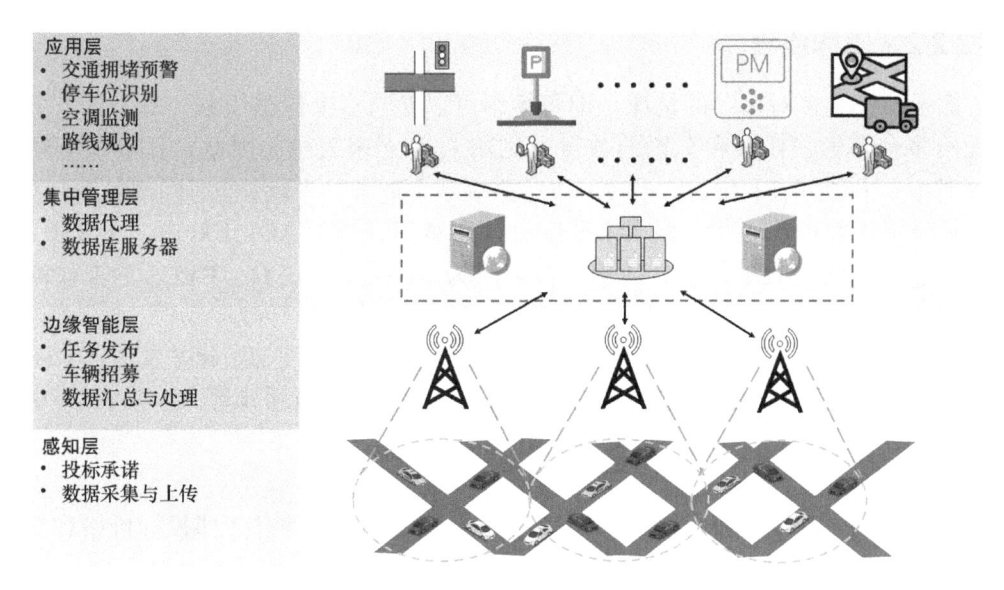

图 12.2　EVCS 的结构

3）**边缘智能层**由多个边缘节点组成，也被称为 SSP，该设计主要有三个目的：

① 接收来自 CSP 的传感任务。

② 招募附近的车辆执行任务并收集传感数据。

③ 分析收集的数据（如提取有意义的信息）并向 CSP 发送数据报告。

4）**感知层**是感知数据的地方。为了激励车辆贡献高质量的传感数据，我们提出了一个基于 DRL 的激励机制，以帮助车辆学习最佳的投标策略。具体来说，通过观察历史交易信息（即投标价格和交易的感知时间量），每辆车能够选择一个适当的投标价格，使其参与的利益最大化。

一方面，与传统的 CVCS 系统相比，EVCS 大大提高了数据处理效率，并通过分布式数据处理和管理减轻了远程链接的负担。另一方面，通过基于 DRL 的机制，激励车辆贡献高质量的数据，保证了整体的数据质量。表 12.1 所列为 CVCS 和 EVCS 的特征比较。

表 12.1　CVCS 和 EVCS 的特征比较

特征	CVCS	EVCS
链接	TIs-SP-车辆	TIs-CSP-SSPs-车辆
计算资源的位置	云服务器	边缘服务器
传感平台的位置	云服务器	云服务器（即 CSP）和边缘服务器（即 SSP）
数据处理	远程	现场
交通负荷	高	低
网络延迟	高	低
车辆招募	集中式	分布式
相关激励机制	1. 进化的异质性 2. 基于公共利益博弈（HPGG）[20]	1. 基于协商对策 2. 基于反向竞拍

12.2.2 工作流程

考虑了一个"多对多"的情况，即每辆车可以参与多个传感任务，每个任务可以同时分配给多台车辆。任务和车辆的数量分别用 U 和 V 来表示。因此，任务和车辆的集合用分别 $\mathcal{V} = \{1,2,\cdots,V\}$ 和 $\mathcal{U} = \{1,2,\cdots,U\}$ 来表示。此外，车辆 i 的时间预算和任务 j 的货币预算分别用 t_i 和 b_j 表示。假设系统中有 A 个 AOI，每个 AOI 正好由一个 SSP 组成，即边缘节点。因此，AOI 和 SSP 的集合被表示为 $\mathcal{A} = \{1,2,\cdots,A\}$。EVCS 的工作流程阐述如下。

1）**步骤 1**：任务发布。根据应用要求，一组传感任务由 TI 初始化并发送至 CSP。

2）**步骤 2**：任务分配。CSP 将任务 j 分配给 SSP k，其货币预算 b_{jk} 与 AOI k 中的车辆数量（即 V_k）成正比，同时满足 $\sum_{k \in \mathcal{A}} b_{jk} = b_j$ 和 $\sum_{k \in \mathcal{A}} V_k = V$。

3）**步骤 3**：投标承诺。每个候选车辆 i 观察其历史交易信息（即投标价格和交易感应时间的数量），并向 SSP 提交其投标价格 p_i 和时间预算 t_i。

4）**步骤 4**：车辆招募。给定任务预算 $\{b_{jk}\}_{k \in \mathcal{A}}$，车辆的时间预算 $\{t_i\}_{i \in \mathcal{V}_k}$ 和投标价格 $\{p_i\}_{i \in \mathcal{V}_k}$，SSP k 决定如何向车辆购买传感时间，以优化整体数据质量，在第 4.3.2 节中进行了阐述。

5）**步骤 5**：数据收集和管理。在每个 AOI k 中，每个被招募的车辆收集和上传传感数据到 SSP k，在那里生成数据报告并发送给 CSP。CSP 收集来自所有 AOI 的数据报告，并将其发送给 TI。

12.3 招募车辆的激励机制

本节调查了 SSP 和车辆之间的竞争关系，然后介绍了它们是如何优化其效用的。

12.3.1 Stackelberg 博弈

博弈论[23]被证明是分析利益冲突参与者之间竞争关系的有效工具。特别地，Stackelberg 博弈是一个两阶段的博弈，涉及以顺序方式行动的两方。一个玩家通过考虑其他玩家的潜在策略而首先行动，他被称为领导者，其他玩家被称为追随者，追随者观察领导者的行动并决定自己的行动。一般来说，所有玩家都被认为是理性的和自利的，目的是优化自己的利益。在 EVCS 中，由于 SSP 和车辆之间的利益冲突，每个 AOI 中的车辆招募问题被建模为一个领导者与多个追随者的博弈，并正式给出如下。

1）**玩家**：SSP 是领导者，车辆是追随者。

2）**策略**：SSP k 决定为每个任务 j 向每个车辆 i 购买感应时间 x_{ij} 的大小；而每个车辆 i 选择参与的投标价格是 p_i。

3）**实用性**：对于 SSP k 来说，其效用等于收集传感数据的质量；车辆 i 的效用等于它的回报，用 $\sum_{j \in \mathcal{U}} x_{ij}^t (p_i^t - c_i)$，其中 c_i 表示车辆 i 的单位感应时间成本。

12.3.2　SSP 的策略

给出 $\{b_{jk}\}_{k \in \mathcal{A}}$，$\{t_i\}_{i \in \mathcal{V}_k}$ 和 $\{p_i\}_{i \in \mathcal{V}_k}$，SSP k 决定如何向车辆购买感应时间，以优化探测数据的整体质量，这被表述为一个凸优化问题，并被称为问题 1。

问题 1
$$\max \sum_{j \in \mathcal{U}_k} \log \left(\sum_{i \in \mathcal{V}_k} w_{ij} x_{ij} \right)$$
$$\text{s.t.} \sum_{i \in \mathcal{V}_k} p_i x_{ij} \leq b_{jk}, \forall j \in \mathcal{U}_k \quad (12.1)$$
$$\sum_{j \in \mathcal{V}_k} x_{ij} \leq t_i, \forall i \in \mathcal{V}_k$$

式中，w_{ij} 表示车辆 i 为任务 j 贡献传感数据的质量。

在完全信息（例如，$\{b_{jk}\}_{k \in \mathcal{A}}$、$\{t_i\}_{i \in \mathcal{V}_k}$ 和 $\{p_i\}_{i \in \mathcal{V}_k}$）时，问题 1 的最优解是通过使用凸优化方法得到的。

问题 1 的最优解 x_{ij}^* 为

$$x_{ij}^* = \begin{cases} \dfrac{b_{jk} w_{ij}}{p_i \sum_{i \in \mathcal{V}_k} w_{ij}}, & \text{当 } I \geq 0 \text{ 时} \\[2ex] \dfrac{t_i w_{ij}}{\sum_{j \in \mathcal{U}_k} w_{ij}}, & \text{其他} \end{cases} \quad \forall i \in \mathcal{V}_k, \ \forall j \in \mathcal{U}_k \quad (12.2)$$

其中，

$$I = \sum_{j \in \mathcal{U}_k} \log \left(\sum_{i \in \mathcal{V}_k} \frac{b_{jk} w_{ij}^2}{p_i \sum_{i \in \mathcal{V}_k} w_{ij}} \right) - \sum_{j \in \mathcal{U}_k} \log \left(\sum_{i \in \mathcal{V}_k} \frac{t_i w_{ij}^2}{\sum_{j \in \mathcal{U}_k} w_{ij}} \right)$$

12.3.3　车辆的策略

如果没有关于系统的完整信息，如 SSP 如何访问其传感数据和其他车辆的投标策略，车辆就很难选择一个适当的投标价格来执行传感任务。为了解决上述问题，我们开发了一种基于 DRL 的激励机制，以帮助车辆通过观察他们的历史交易来选择最佳投标价格。

具体来说，通过观察他们的投标价格和之前时段交易感应时间的数量，车辆可以判断 SSP 是如何获取它们的贡献数据并选择一个合适的单位价格。例如，具有高数据质量的车辆，通过动力提高投标价格获得更高的利益，而其他车辆由于数据质量差，宁愿降低价格以获得招募。所提出的算法是基于 MAAC 的[24]，其中每辆车都被模拟成一个代理，并相互竞争以获得更高的利益。

如图 12.3 所示，在 MAAC 中，每个代理由 4 个网络组成，即两个行为者和两个评论者。在时隙 t，在线行为者 i 把对历史交易的观察 o_i^t 作为输入，输出一个参与的投标价格 a_i^t。在线评论者 i 把观察到的 o_i^t 和行为者的行动 a_i^t 作为输入，输出一个 Q 值表示行动 a_i^t 的价值。目标行为者和目标评论者用于计算在线评论者的损失和梯度。MAAC 的详细设置如下。

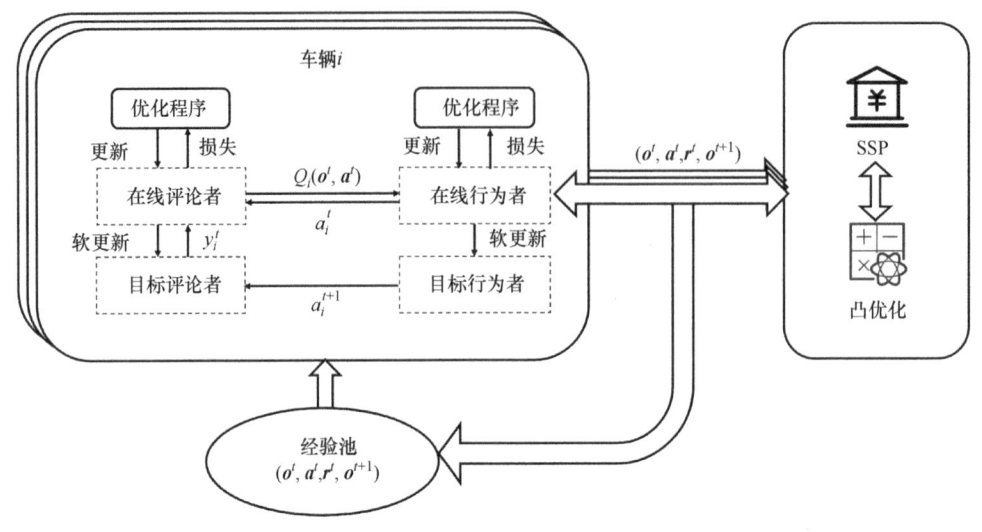

图 12.3　SSP 和车辆之间的 Stackelberg 博弈

1）**观察**：在时隙 t，每辆车 i 的观察是它在前 L 时隙的交易信息，即投标价格 $\{p_i^{t-1}, p_i^{t-2}, ..., p_i^{t-L}\}$ 和交易感应时间的数量 $\{x_{t-1}, x_{t-2}, ..., x_{t-L}\}$。

2）**行动**：基于时隙 t 的观察，车辆 i 选择一个投标价格 p_i^t 参与。

3）**奖励**：车辆 i 的奖励，表示为 r_i^t，等于其参与的效用，即 $\sum_{j \in \mathcal{U}_k} x_{ij}^t (p_i^t - c_i)$。

为了加速训练过程，为每辆车构建了一个轻量级模型。具体来说，每个行为者或评论者由一个输入层、三个隐藏层和一个输出层组成。三个隐藏层分别由 128 个、64 个和 32 个神经元组成，并采用修正线性单元（ReLU）作为激活。行为者和评论者网络的输出层分别采用 Tanh 和 ReLU 作为其激活。

12.4　案例研究

在本节中，我们进行了模拟，以验证所提出的激励机制的效率。在 AOI k 中考虑了车辆招募问题，其中有 8 辆汽车和 2 个任务，每个任务的货币预算为 20。为了说明拟议方法的性能，采用了两种算法作为基准，即上限（Upper-bound）和随机（Random）。

Upper-bound：有了完整的信息，即 $\{b_{jk}\}_{j \in \mathcal{U}}$、$\{t_i\}_{i \in \mathcal{V}_k}$ 和 $\{w_{ij}\}_{i \in \mathcal{V}_k, j \in \mathcal{U}}$，每辆车的投标价格被设定为与其数据质量成正比，同时完全消耗货币和时间预算（即 $I = 0$），这在现实世界中是不可能的，但可以作为一个基准。

Random：每辆车在（0,1）内选择其投标价格。

如图 12.4 所示，在没有完全信息的情况下，所提出的方法在车辆的效用和福利方面实现了接近最佳的性能。具体来说，当时间预算较低时，随机方法不能充分利用车辆的稀有时间预算提高其效用，而在我们提出的机制中，车辆能够灵活地提高其投标价格，以获得更高的收益。

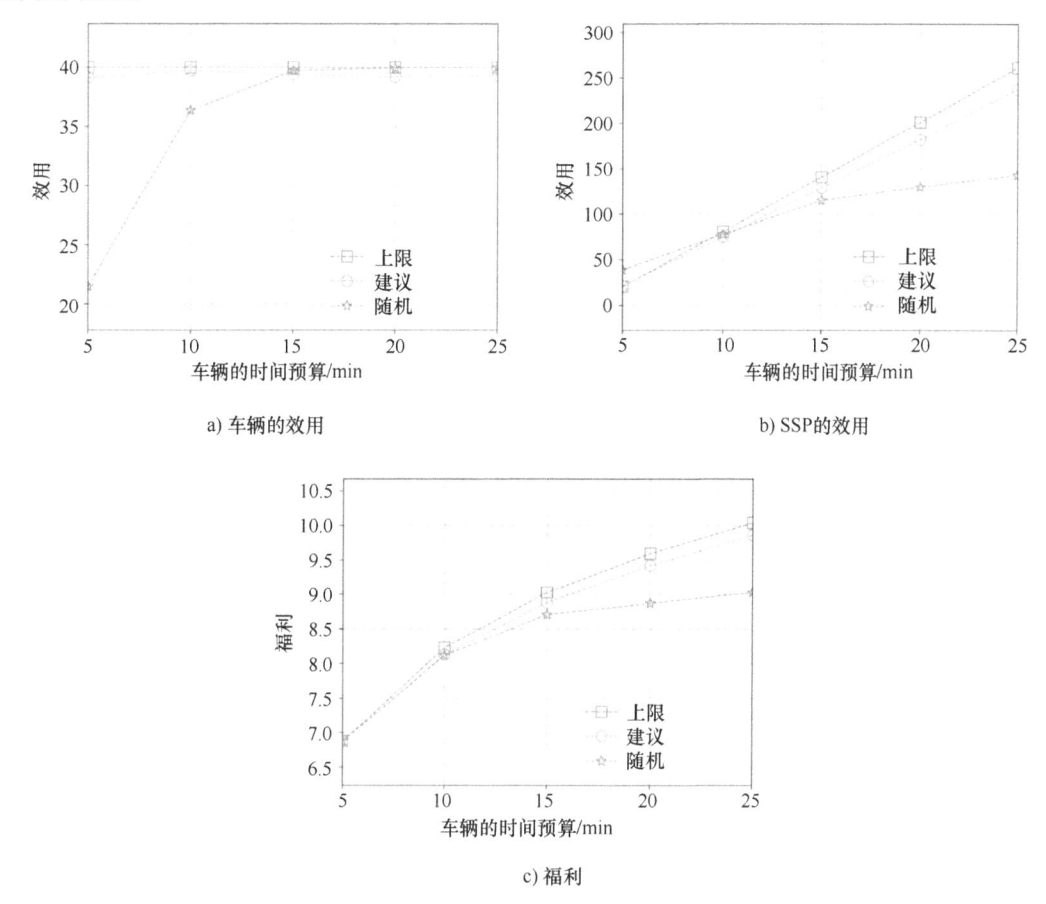

a) 车辆的效用

b) SSP的效用

c) 福利

图 12.4　针对不同车辆的时间预算，所提方法与其他方法的性能对比

此外，随着时间预算从 5 ~ 25min 的不断增加，建议所取得的 SSP 效用和福利要比随机方法高得多。原因是，丰富的传感资源（即时间预算）加剧了车辆之间的竞争，拟议的方法促使车辆自适应地降低其投标价格。综上所述，所提出的方法明显优于随机策略，并大约达到了最佳性能。

然而，Upper-bound 是通过假设每辆车都以合作的方式行事，并且知道其他车辆的竞价策略，这在现实世界中是不可能的。相反，在所提出的方法中，车辆只需通过局部观察就能学习到最优的竞价策略。

12.5　结论

本章研究了 VCS 系统中的车辆招募和数据管理问题，并利用边缘计算和 DRL 技术提出了一个分层的 VCS 系统，即 EVCS。具体来说，所提出的系统引入了一个边缘层来弥补云和车辆之间的差距,其中边缘节点被用来作为 SSP 并执行分布式数据处理。

此外,定制了一个 Stackelberg 博弈来模拟 SSP 和车辆之间的竞争性互动,其中最先进的 DRL 算法,即 MAAC,被用来得出车辆参与传感活动的最佳竞价策略。仿真结果表明,所提出的激励机制在车辆的效用和福利方面达到了接近最优的性能。

附录

问题 1 的拉格朗日方程是:

$$L(x,\lambda,\mu) = -\sum_{j \in U}\log\left(\sum_{i \in \mathcal{V}_k} w_{ij} x_{ij}\right) + \sum_{i \in \mathcal{V}_k}\lambda_i\left(\sum_{j \in U} x_{ij} - t_i\right) + \sum_{j \in U}\mu_j\left(\sum_{i \in \mathcal{V}_k} p_i x_{ij} - b_j\right) \quad (12.3)$$

式中,$\lambda = \{\lambda_i\}$ 和 $\mu = \{\mu_j\}$ 表示拉格朗日乘数。

Karush-Kuhn-Tucker(KKT)条件显示如下:

$$\begin{cases} \dfrac{\partial L(x_{ij},\lambda_i,\mu_j)}{\partial x_{ij}} = 0, \forall i \in \mathcal{V}_k, \ \forall j \in U \\[2mm] \lambda_i\left(\sum_{j \in U} x_{ij} - t_i\right) = 0, \ \forall i \in \mathcal{V}_k \\[2mm] \mu_j\left(\sum_{i \in \mathcal{V}_k} p_i x_{ij} - b_j\right) = 0, \ \forall j \in U \\[2mm] x_{ij} \geq 0, \ \forall i \in \mathcal{V}_k, \ \forall j \in U \\[2mm] \lambda_i \geq 0, \ \forall i \in \mathcal{V}_k \\[2mm] \mu_j \geq 0, \ \forall j \in U \end{cases} \quad (12.4)$$

消除了 λ_i,可以得到

$$\begin{cases} \left(\dfrac{w_{ij}}{\sum_{i \in \mathcal{V}_k} w_{ij} x_{ij}} - \mu_j p_i\right)\left(\sum_{j \in U} x_{ij} - t_i\right) = 0, \forall i \in \mathcal{V}_k \\[2mm] \mu_j\left(\sum_{i \in \mathcal{V}_k} p_i x_{ij} - b_j\right) = 0, \forall j \in U \\[2mm] x_{ij} \geq 0, \ \forall i \in \mathcal{V}_k, \ \forall j \in U \\[2mm] \dfrac{w_{ij}}{\sum_{i \in \mathcal{V}_k} w_{ij} x_{ij}} - \mu_j, \ p_i \geq 0, \ \forall i \in \mathcal{V}_k \\[2mm] \mu_j \geq 0, \ \forall j \in U \end{cases} \quad (12.5)$$

当

$$\frac{w_{ij}}{\sum_{i \in \mathcal{V}_k} w_{ij} x_{ij}} - \mu_j p_i = 0 \quad (12.6)$$

能够得到

$$\mu_j = \frac{w_{ij}}{p_i \sum_{i \in \mathcal{V}_k} w_{ij} x_{ij}} > 0 \tag{12.7}$$

因为

$$\mu_j \left(\sum_{i \in \mathcal{V}_k} p_i x_{ij} - b_j \right) = 0 \tag{12.8}$$

所以

$$\sum_{i \in \mathcal{V}_k} p_i x_{ij} = b_j \tag{12.9}$$

综上所述，在 $\sum_{j \in \mathcal{U}} x_{ij} - t_i \neq 0$ 的情况下，$\exists i \in \mathcal{V}_k$，可得到 $\sum_{i \in \mathcal{V}_k} p_i x_{ij} - b_j = 0$，$\forall j \in \mathcal{U}$。同样地，如果 $\sum_{i \in \mathcal{V}_k} p_i x_{ij} - b_j \neq 0$，$\exists j \in \mathcal{U}$，那么 $\sum_{j \in \mathcal{U}} x_{ij} - t_i = 0$，$\forall i \in \mathcal{V}_k$。因此，可以将问题分成两个子问题分解，得到解决方案。

子问题 1：

$$\begin{aligned} \max & \sum_{j \in \mathcal{U}_k} \log \left(\sum_{i \in \mathcal{V}_k} w_{ij} x_{ij} \right) \\ \text{s.t.} & \sum_{i \in \mathcal{V}_k} p_i x_{ij} = b_{jk}, \forall j \in \mathcal{U}_k \\ & \sum_{j \in \mathcal{U}_k} x_{ij} \leq t_i, \forall i \in \mathcal{V}_k \end{aligned} \tag{12.10}$$

相应的 KKT 条件被表述为

$$\begin{cases} \dfrac{\partial L(x_{ij}, \lambda_i, \mu_j)}{\partial x_{ij}} = 0, \; \forall i \in \mathcal{V}_k, \; \forall j \in U \\ \lambda_i \left(\sum_{j \in U} x_{ij} - t_i \right) = 0, \; \forall i \in \mathcal{V}_k \\ \sum_{i \in \mathcal{V}_k} p_i x_{ij} - b_j = 0, \; \forall j \in U \\ x_{ij} \geq 0, \; \forall i \in \mathcal{V}_k, \; \forall j \in U \\ \lambda_i \geq 0, \; \forall i \in V \end{cases} \tag{12.11}$$

通过消除 λ_i，我们得到

$$\begin{cases} \dfrac{w_{ij}}{\sum\limits_{i\in\mathcal{V}_k} w_{ij}x_{ij}} - \mu_j p_i \geqslant 0, \forall i \in \mathcal{V}_k \\ \sum\limits_{j\in\mathcal{U}} x_{ij} - t_i = 0, \forall i \in \mathcal{V}_k \\ x_{ij} \geqslant 0, \quad \forall i \in \mathcal{V}_k, \quad \forall j \in U \\ \sum\limits_{i\in\mathcal{V}_k} p_i x_{ij} - b_j = 0, \quad \forall j \in U \end{cases} \quad (12.12)$$

根据式（12.11）中的互补松弛性和静止性，可得

$$x_{ij}^* = \begin{cases} \dfrac{w_{ij}}{p_i \mu_j^* \sum\limits_{i\in\mathcal{V}_k} w_{ij}}, & \mu_j^* > 0 \\ 0, & \text{其他} \end{cases} \quad (12.13)$$

可以简化并表示为

$$x_{ij}^* = \left(\dfrac{w_{ij}}{p_i \mu_j^* \sum\limits_{i\in\mathcal{V}_k} w_{ij}} \right) \quad (12.14)$$

从而有 $(\cdot)^+ = \max(\cdot, 0)$，此外，由方程（12.11）中的原始可行性可得出

$$\sum_{i\in\mathcal{V}_k} p_i \cdot \dfrac{w_{ij}}{p_i \mu_j^* \sum\limits_{i\in\mathcal{V}_k} w_{ij}} = b_j \quad (12.15)$$

因此，得到

$$x_{ij}^* = \dfrac{b_j w_{ij}}{p_i \sum\limits_{i\in\mathcal{V}_k} w_{ij}} \quad (12.16)$$

子问题 2：

$$\max \sum_{j\in\mathcal{U}_k} \log\left(\sum_{i\in\mathcal{V}_k} w_{ij} x_{ij} \right)$$

$$\text{s.t.} \sum_{i\in\mathcal{V}_k} p_i x_{ij} \leqslant b_{jk}, \forall j \in \mathcal{U}_k \quad (12.17)$$

$$\sum_{j\in\mathcal{U}_k} x_{ij} = t_i, \forall i \in \mathcal{V}_k$$

相应的 KKT 条件被表述为

$$\begin{cases} \dfrac{\partial L(x_{ij}, \lambda_i, \mu_j)}{\partial x_{ij}} = 0, & \forall i \in \mathcal{V}_k, \ \forall j \in U \\ \mu_i \left(\sum_{i \in \mathcal{V}_k} p_i x_{ij} - b_j \right) = 0, & \forall j \in U \\ \sum_{j \in U} x_{ij} - t_i = 0, & \forall i \in \mathcal{V}_k \\ x_{ij} \geq 0, & \forall i \in \mathcal{V}_k, \ \forall j \in U \\ \lambda_i \geq 0, & \forall i \in V \end{cases} \quad (12.18)$$

通过消除 λ_i，可得到

$$\begin{cases} \dfrac{w_{ij}}{p_i \sum_{i \in \mathcal{V}_k} w_{ij} x_{ij}} - \dfrac{\lambda_i}{p_i} \geq 0, \forall i \in \mathcal{V}_k \\ \sum_{j \in U} x_{ij} - t_i = 0, \forall i \in \mathcal{V}_k \\ x_{ij} \geq 0, \ \forall i \in \mathcal{V}_k, \ \forall j \in U \\ \sum_{i \in \mathcal{V}_k} p_i x_{ij} - b_j = 0, \ \forall j \in U \end{cases} \quad (12.19)$$

根据式（12.11）中的互补松弛性和静止性，可得

$$x_{ij}^* = \begin{cases} \dfrac{w_{ij}}{\lambda_i^* \sum_{i \in \mathcal{V}_k} w_{ij}}, & \lambda_i^* > 0 \\ 0, & \text{其他} \end{cases} \quad (12.20)$$

可以简化并表示为

$$x_{ij}^* = \left(\dfrac{w_{ij}}{\lambda_i^* \sum_{i \in \mathcal{V}_k} w_{ij}} \right) \quad (12.21)$$

此外，由式（12.11）中的原始可行性可得出

$$\sum_{j \in U} \dfrac{w_{ij}}{\lambda_i^* \sum_{i \in \mathcal{V}_k} w_{ij}} = t_i \quad (12.22)$$

因此，得到

$$x_{ij}^* = \dfrac{t_i w_{ij}}{\sum_{i \in \mathcal{V}_k} w_{ij}} \quad (12.23)$$

综上所述，最优解 x_{ij}^* 如下：

$$x_{ij}^* = \begin{cases} \dfrac{b_{jk}w_{ij}}{p_i \sum\limits_{i \in \mathcal{V}_k} w_{ij}}, & \text{当 } I \geq 0 \\[2ex] \dfrac{t_i w_{ij}}{\sum\limits_{j \in \mathcal{U}_k} w_{ij}}, & \text{其他} \end{cases} \quad \forall i \in \mathcal{V}_k, \ \forall j \in \mathcal{U}_k \qquad (12.24)$$

其中，

$$I = \sum_{j \in \mathcal{U}_k} \log\left(\sum_{i \in \mathcal{V}_k} \dfrac{b_{jk}w_{ij}^2}{p_i \sum\limits_{i \in \mathcal{V}_k} w_{ij}}\right) - \sum_{j \in \mathcal{U}_k} \log\left(\sum_{i \in \mathcal{V}_k} \dfrac{t_i w_{ij}^2}{\sum\limits_{j \in \mathcal{U}_k} w_{ij}}\right)$$

参考文献

[1] L. Liu, X. Wen, L. Wang, Z. Lu, W. Jing, and Y. Chen, "Incentive-aware recruitment of intelligent vehicles for edge-assisted mobile crowdsensing," *IEEE Transactions on Vehicular Technology*, vol. *69*, no. 10, pp. 12085–12097, 2020.

[2] K. Lou, Y. Yang, E. Wang, Z. Liu, T. Baker, and A. K. Bashir, "Reinforcement learning based advertising strategy using crowdsensing vehicular data," *IEEE Transactions on Intelligent Transportation Systems*, vol. *22*, no. 7, pp. 4635–4647, 2021.

[3] J. Wang, X. Feng, T. Xu, H. Ning, and T. Qiu, "Blockchain-based model for nondeterministic crowdsensing strategy with vehicular team cooperation," *IEEE Internet of Things Journal*, vol. *7*, no. 9, pp. 8090–8098, 2020.

[4] F. Montori, L. Bedogni, and L. Bononi, "A collaborative internet of things architecture for smart cities and environmental monitoring," *IEEE Internet of Things Journal*, vol. *5*, no. 2, pp. 592–605, 2018.

[5] Y. Jing, B. Guo, Z. Wang, V. O. K. Li, J. C. K. Lam, and Z. Yu, "CrowdTracker: Optimized urban moving object tracking using mobile crowd sensing," *IEEE Internet of Things Journal*, vol. *5*, no. 5, pp. 3452–3463, 2018.

[6] R. Du, C. Chen, B. Yang, N. Lu, X. Guan, and X. Shen, "Effective urban traffic monitoring by vehicular sensor networks," *IEEE Transactions on Vehicular Technology*, vol. *64*, no. 1, pp. 273–286, 2015.

[7] Y. Liu, X. Ma, L. Shu, Q. Yang, Y. Zhang, Z. Huo, Z. Zhou , "Internet of things for noise mapping in smart cities: State of the art and future directions," *IEEE Network*, vol. *34*, no. 4, pp. 112–118, 2020.

[2] P. Carnelli, J. Yeh, M. Sooriyabandara, and A. Khan, "ParkUs: A novel vehicle parking detection system," in *AAAI'17*, pp.4650–4656, 2017.

[9] Z. Peng, S. Gao, B. Xiao, S. Guo, and Y. Yang, "CrowdGIS: Updating digital maps via mobile crowdsensing," *IEEE Transactions on Automation Science and Engineering*, vol. *15*, no. 1, pp. 369–380, 2018.

[10] B. Gu, X. Yang, Z. Lin, W. Hu, M. Alazab, and R. Kharel, "Multi-agent actor-critic network-based incentive mechanism for mobile crowdsensing in industrial systems," *IEEE Transactions on Industrial Informatics*, vol. *17*, no. 9, pp. 6182–6191, 2021.

[11] H. Wang, T. Liu, B. Kim, C. Lin, S. Shiraishi, J. Xie, Z. Han, "Architectural design alternatives based on cloud/edge/fog computing for connected vehicles," *IEEE Communications Surveys Tutorials*, vol. *22*, no. 4, pp. 2349–2377, 2020.

[12] Y. Mao, C. You, J. Zhang, K. Huang, and K. B. Letaief, "A survey on mobile edge computing: The communication perspective," *IEEE Communications Surveys Tutorials*, vol. *19*, no. 4, pp. 2322–2358, 2017.

[13] Z. Zhou, H. Liao, B. Gu, K. M. S. Huq, S. Mumtaz, and J. Rodriguez, "Robust mobile crowd sensing: When deep learning meets edge computing," *IEEE Network*, vol. *32*, no. 4, pp. 54–60, 2018.

[14] J. Li, Z. Su, D. Guo, K.-K. R. Choo, Y. Ji, and H. Pu, "Secure data deduplication protocol for edge-assisted mobile crowdsensing services," *IEEE Transactions on Vehicular Technology*, vol. *70*, no. 1, pp. 742–753, 2021.

[15] P. Zhou, W. Chen, S. Ji, H. Jiang, L. Yu, and D. Wu, "Privacy-preserving online task allocation in edge-computing-enabled massive crowdsensing," *IEEE Internet of Things Journal*, vol. *6*, no. 5, pp. 7773–7787, 2019.

[16] G. Ji, B. Zhang, Z. Yao, and C. Li, "A reverse auction based incentive mechanism for mobile crowdsensing," in *ICC 2019 – 2019 IEEE International Conference on Communications (ICC)*, pp. 1–6, 2019.

[17] G. Gao, H. Huang, M. Xiao, J. Wu, Y.-E. Sun, and Y. Du, "Budgeted unknown worker recruitment for heterogeneous crowdsensing using CMAB," *IEEE Transactions on Mobile Computing*, vol. *21*, pp. 1–1, 2021.

[18] C. Dai, X. Wang, K. Liu, D. Qi, W. Lin, and P. Zhou, "Stable task assignment for mobile crowdsensing with budget constraint," *IEEE Transactions on Mobile Computing*, vol. *20*, pp. 1–1, 2020.

[19] R. S. Sutton and A. G. Barto, *Reinforcement Learning, Second Edition: An Introduction*. MIT Press, 2018. https://mitpress.mit.edu/9780262039246/reinforcement-learning/

[20] A. Alamer, Y. Deng, G. Wei, and X. Lin, "Collaborative security in vehicular cloud computing: A game theoretic view," *IEEE Network*, vol. *32*, no. 3, pp. 72–77, 2018.

[21] A. Alamer, S. Basudan, and X. Lin, "A privacy-preserving incentive framework for the vehicular cloud," in *2018 IEEE International Conference on Internet of Things (iThings) and IEEE Green Computing and Communications (GreenCom) and IEEE Cyber, Physical and Social Computing (CPSCom) and IEEE Smart Data (SmartData)*, pp. 435–441, 2018.

[22] A. Alamer and S. Basudan, "An efficient truthfulness privacy-preserving tendering framework for vehicular fog computing," *Engineering Applications of Artificial Intelligence*, vol. *91*, p. 103583, 2020.

[23] D. Fudenberg and J. Tirole, *Game Theory*. Cambridge, MA: MIT Press, 1991.

[24] R. Lowe, Y. I. Wu, A. Tamar, J. Harb, O. P. Abbeel, and I. Mordatch, "Multi-agent actor-critic for mixed cooperative-competitive environments," in *Advances in Neural Information Processing Systems*, pp. 6379–6390, 2017.

第13章

利用深度学习和数学形态学从噪声复杂信号中检测子信号

13.1 引言

近年来，人工智能，特别是机器学习，尤其是深度学习，使智能汽车发生了很大的变革。在过去的几十年里，卷积神经网络（CNN）[1]、深度信念网络（DBN）[2]、堆叠自编码器（SAE）[3] 和基于长短期记忆网络（LSTM）的循环神经网络（RNN）[4-5] 的发展，使人们对半自主、自主车辆和智能车联网的追求成为可能。

充足和平衡训练数据的可用性是深度学习算法每一个成功案例背后的关键因素。其中一个方法是基于深度强化学习的阿尔法围棋（AlphaGo）[6]：AlphaGo 多次轻松击败人类围棋手而卫冕冠军。研究人员通过使用数以百万计的现有围棋游戏来重新训练 AlphaGo，每天参与成千上万的自我对弈，以提高其每一步的策略；这比人类职业棋手在一天内所下的棋要多。另一个令人震惊的深度学习方法是由斯坦福大学的研究人员开发的基于 CNN 的皮肤癌分类器；该网络使用了近14万张皮肤病变图像，在识别癌症病变时达到了专家级的表现[7]。

为了利用深度学习的巨大力量，必须付出巨大的努力来产生大型的、平衡的训练集。由于收集和标记大量有代表性的数据是很昂贵的，我们还必须利用转移学习，即使用一个小的、标记的数据集，来重新训练和微调一个被大数据训练过的深度网络架构的子集[8]。

道路上的智能车辆，增加了车辆对车辆和车辆对基础设施的通信数量。保护这些通信正变得越来越重要。无论是道路上的智能民用车辆，还是跨越地面和天空的智能军用车辆，都是如此。在这些智能车辆中，为了有效地保护驾驶人、乘客和设施，并对来自周围环境的潜在信号作出及时的反应，我们要识别和描述可能的信号，这些信号往往嵌入在复杂的时间序列信号中，由于有意的伪装和信息隐藏计划、传感器或航空器的不稳定运动、随机运动和振动，以及其他因不可预测的环境和气候来源而严重受到背景噪声的污染。

在图13.1中，描述了三个带有已知子信号的合成信号。信号中存在的大量噪声对可靠检测严重噪声中存在的子信号构成了巨大挑战。在图13.1a中，底部一行描述的阶梯状子信号波形包含 0.001 左右的信号量级，并被大于 0.002 的噪声所污染；中间一行描述的感应信号的结果量级为 0.0023 左右。在图13.1c中，子信号波形具有极高的频率，它与周围噪声的分离也很难被察觉。图13.1a、c 所示的两种情况，人类操作者都很难识别和描述子信号；由于强噪声的存在，在试图准确描绘每个子信号的开始和结束时间，情况尤其如此。图13.1b 所示的信号中加载正弦波子信号可能是最容易被人类操作者所识别的。使用传统的统计信号处理或傅里叶分析等方法，通常可以用来检测这些类型的子信号[9]。

第13章
利用深度学习和数学形态学从噪声复杂信号中检测子信号

a) 阶梯状子信号　　　　　　b) 高频正弦波子信号　　　　　　c) 超高频正弦波子信号

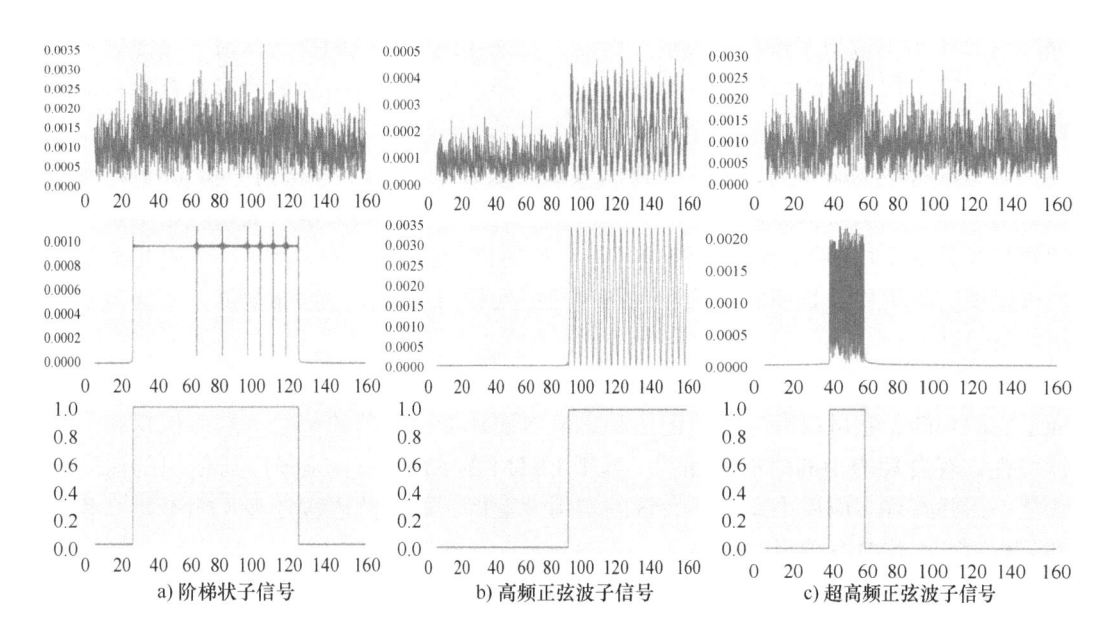

图 13.1　带有不同波形的子信号的信号的噪声性质说明

注：从阶梯状 a 到相对高频 b，再到超高频 c，显示了复数信号 s 的大小（|s|）。顶行：收集的信号加载了各种子信号的噪声性质。中间行：真正的子信号波形。底排：存在子信号的指示函数。

由于这类"容易"的情况并不常见，为检测这些容易的情况而定制的基于信号处理和傅里叶分析的特设方法，在出现困难情况时就会失败，这在我们的实验研究中可以看到。

尽管在时间序列分析[10]和深度学习[11]方面取得了很大的进展，但由于巨大的噪声，子信号的波形千差万别，以及缺乏直接处理复杂数字的深度学习方法，检测这些复杂子信号的高效和可靠的方法仍然难以找到。为了应对这一挑战，来自美国空军研究实验室和纽约城市学院的研究人员、工程师和科学家们接受了这一问题，并紧密合作，运用我们在信号处理[12]、机器学习和深度学习[13-14]方面的现有知识和经验，从猖獗的噪声中检测出子信号。鉴于信号是一维复杂序列，应用各种成熟的时间序列处理和分析方案会更有吸引力。

文献 [10,15]，如自回归移动平均模型（ARMA）、自回归积分移动平均模型（ARIMA）、频谱分析、隐马尔可夫模型（HMM）和动态编程[16]，作者在先前的研究中开发了一系列不同的方法，并取得了不同程度的成功[17-20]。然而，我们最初试图利用这些强大的时间序列处理和分析方案来识别和描述这些子信号，却无法应对这个问题所带来的挑战，主要是由于信号中固有的严重噪声、子信号波形的巨大差异、子信号的不规则和不可预测的存在和不存在，以及所有这些麻烦因素的相互影响导致。

信号处理方法的一个主要缺点是依赖潜在的信号和噪声模型来解决，实践中可能出现的子信号是如此多样，如果我们对波形、系统的性质和随机噪声作任何假设，都是不可能的，在方法学上也是不正确的。唯一可行的方法是使用机器学习技术[8, 21]；这些方法对手中的问题尽可能少作假设，让数据自己说话。

在我们以前的工作中，机器学习方法，如浅层神经网络、逻辑回归和随机森林，已经在图像去噪[22]、民用汽车发动机检测[14]、呼吸信号检测[23]、一维呼吸信号分析[24]和 MRI

245

超分辨率[25-26]方面取得了可喜的成绩。然而，目前还没有传统的机器学习方法能够有效地利用加载信号子信号中的局部上下文依赖关系，即子信号以连接的集群形式存在，而且子信号波形差异很大，如图 13.1 所示。

与普通的神经网络不同，输入和输出被认为是独立的，RNN 把前一步（s）的输出作为输入的一部分，从而明确地考虑了时间数据中上下文的依赖关系。虽然理论上是一个更好的网络，但 RNN 先前输出的递归循环只具有短期记忆。只有前面的一个或几个步骤的输出可以被实际记住；长期的依赖性，在时间序列和语言模型中远非罕见，不能被这种网络结构所促进。

RNN 的代表性和预测能力是随着 LSTM——一个独立的微型神经网络的引入，极大增强了它的功能，它可以有选择地记住和忘记本地环境中以前的记忆；这些保持相对长期的依赖性，有合理的小的附加单元[4]。基于 LSTM 的 RNN 一直是最广泛使用的深度学习方法之一，并在许多应用中发现了大量的实用性案例，如自然语言处理（NLP）[27]和时间序列分析[28-29]，均具有理想的性能。

虽然从统计信号处理到浅层机器学习等探索了多个研究途径，但结果都不尽如人意，我们最终决定将基于 LSTM 的 RNN（LSTM-RNN）应用于我们的子信号进行检测工作。经过仔细的问题表述和数据预处理，原始的噪声信号被转化为一个大数据体——从数百个信号到约 100000 个平衡子信号的训练实例，LSTM-RNN 被训练用以增强和预测每个位置子信号的存在。

对于每个传入的信号段 s，在经历了与 N 训练阶段相同的数据预处理步骤后，s 通过使用 N 来增强。所产生的信号增强了子信号的信号，同时抑制了原始数据中的噪声，从而显著提高了信号与噪声的比率。基于数学形态学（MM）运算符的后处理程序，如分水岭、运行长度编码和尺寸过滤，可以应用于 s 段，以得出 s 段中子信号的全局形状或特征。

从我们提供的子信号模拟程序中可以看出，LSTM-RNN 预测子信号局部存在巨大的学习能力和 MM 执行全局特征的能力，这种新组合已经产生了令人鼓舞的结果，对确保民用或军用智能车辆的安全具有重要意义。

在下一节中，将描述子信号检测算法的技术细节。所描述的算法组件包括预处理、LSTM-RNN 训练和基于 MM 的全局后处理。第 13.3 节报告并分析了由子信号模拟程序产生的信号实验结果。在第 13.4 节中，我们对本文进行了总结，并对不久的将来，在智能车辆的子信号检测工作中，可能采取的新方向进行了更多的评论。

13.2 基于 LSTM-RNN 和数学形态学的算法从噪声复杂信号中检测子信号

在这一节中，概述了 LSTM-RNN 和基于 MM 算法的技术细节，以检测来自噪声复杂信号的子信号。本研究中使用的子信号是通过使用模拟函数生成的，这些模拟函数是基于先前对子信号的大量探索性数据分析，作为实际子信号的忠实代理。

为了尽可能地代表现实世界的情况，MATLAB 中的模拟程序被提供给本研究小组，其中具体的波形和持续时间、高斯平滑系数和可能出现在实际感兴趣信号中的噪声水平是通过随机抽样生成的[30]。由这些模拟函数生成的每个模拟数据段 s 是一个由 1600 个复数组成的序列，每个 s 中子信号的基本事实，即每个子信号的波形和精确的持续时间也是可用的，以便于算法开发。

图 13.1 展示了三个这样的片段，最上面一行是模拟信号，接下来的两行提供了关于波形（中间行）和子信号存在（底行）的已知基本事实。该算法发展的目标是将信号 s 作为输入，生成对应于子信号存在的输出 t(s)，其中 s 是一个 1600 维的向量，t(s) 是相应的 1600 维布尔（指标）向量，表示在信号 s 每个位置存在的子信号。训练（红色或绿色）和测试（绿色或蓝色）阶段每个步骤的技术细节将在下文中详细阐述。

13.2.1 数据准备和预处理

正如第 13.1 节所简要介绍的，为了有效地利用对数据要求极高的深度学习，拥有大量均衡的数据作为训练数据是至关重要的。我们的数据准备和预处理步骤是为了生成大量均衡的训练数据，这些数据可以有效地反映目标子信号，以便后续进行有效地处理。

通过大数据，对于每一个要学习的类别，都应该有足够数量的实例。例如，在 Box 等人使用 CNN 进行数字识别的开创性工作中[30]，为了学习 10 个数字，提供了 60000 个 28×28 的训练数字作为现在标准的 MNIST 数据集。正如斯坦福大学使用 CNN 进行皮肤癌检测的报告[7]，其出色的皮肤癌性能，优于或至少与人类皮肤科医生持平，只有在他们拥有足够的训练皮肤病变图像（准确地说，是 14 万张）后才有可能实现。

在我们的子信号检测工作中，不可能直接从 1600 维的信号 s 中学习 1600 维的子信号指标 t(s)。理论上，待学习目标的极高维度（1600）将需要较多的训练数据，更重要的是子信号，如图 13.1 所示。

除了第 13.2.3 节将详细描述的关于子信号行为特性的一些弱约束——这些约束将在全局后处理阶段得到利用，在子信号和不同波形的存在或不存在之间没有全局的规律性或相互影响，这些都可以从训练数据中学习，不管它们有多大。因此，直接从 s 中学习整个 1600 维的 t(s) 是一个不理想的问题，因为可能的 t(s) 所跨越的空间可能是一个指数级的 1600 维，子信号的存在和不存在是随机的。

因此，需要对问题进行重新表述，将子信号检测问题作为一个可行的深度学习问题：如果全局数据 seg-ments 对整个 t(s) 的全局规律性学习不多，那么我们可以从 t(s) 中单列出单个的布尔指标 t_i，i 范围从 1 到 1600，并尝试从 s 中学习一维布尔值；同样由于真实子信号中信号 s 的随机性质，并反映在现有的模拟函数中，t_i 不太可能由整个 s 决定。反之，可以安全地假设马尔科夫邻域[17]，即 t_i 可以看作是其在信号 s 中的局部邻域 N 的函数：$s[i - k_1 : i + k_2]$，即以位置 i 为中心的大小为 $k + k_{1,2}$ 的矢量，t_i 的位置。

由于信号是非因果性的，s 的逆转仍然是一个合法的信号；在这项工作中，我们没有理由用不同的 k_1 和 k_2 值，此后它们被表示为一个值 k。经过深入的经验研究，我们发现将 k 设置为 20，对于由模拟函数产生的数据集来说，会产生良好的整体性能。因此，新的学习问题是要从 2k 个矢量 $v(= s[i - k, i + k])$ 中学习标量 t 的布尔指标函数 f，即

$$t = f(v) \tag{13.1}$$

从这个问题的表述来看，每个 1600 维的信号 s 最多可以产生（1600–2k）（通过修剪 s 中的开始和结束位置），鉴于 k 被设定为 20，可以定制 1560 个训练实例来学习方

程（13.1）的 f。由于只有两类，即存在或不存在子信号，按照其他深度学习应用的例子，如[1, 30]，100 个典型的 s 将产生足够的训练数据用于深度学习，可用的训练实例数量约为 10 万个。因此，通过这种问题表述方式，可以满足深度学习对大数据量的需求。

有效深度学习的另一个要求是训练数据的平衡。在我们的问题中，正如方程（13.1）所规定的，t 的正和负响应，即各个子信号的实际存在和不存在，应该是大致平衡的：如果有太多的正（负）实例，学习的深度网络将不公平地偏向于正（负）实例，从而大大降低网络的质量。在我们的信号中，有很多情况是子信号只存在于信号 s 的很小一部分，如图 13.1c 所示，s 中只有大约 10% 是 t 的正实例。更糟糕的是，还有很多信号根本没有子信号，这在实际场景中是常态。

为了避免这种不平衡问题，在准备训练数据时，不是用所有的 s 来获得 t 的和 v 的，参看式（13.1），而是采用以下两个选择规则来执行正负训练实例的大致平衡。

选择规则：

1）如果没有子信号，则丢弃 s。

2）对于每一个长度为 L 的正子信号块 ss-t，只保留 s 中可能的 0.6*L 之前和之后的非子信号位置。

规则 1 确保那些没有子信号的信号根本就不应该被用于训练。规则 2 确保正和负样本 t 的数量大致相同：我们有意保持 60% 的前期和后期非子信号位置，因为以下两个因素会减少负样本的实际数量：

1）如果一个子信号块靠近信号 s 的起点或终点，就会有较少的负样本。

2）在形成每个 t 的局部邻域 v 时，前导和终点位置的下一次跳转会减少实际负样本的数量。

这样，训练数据中潜在的不平衡问题就解决了。由于这些选择规则减少了实例的数量，为了确保足够数量的训练实例，200~300 个 1600 维的信号通常足以产生约 100000 个平衡的训练实例。测试中，大约 250 个信号被用来训练我们的 LSTM-RNN，用以预测局部子信号。

在数学上，根据式（13.1）的规定，从 v 中找到 t 的过程是一个典型的反问题[31]，其中应特别注意避免出现不良问题。鉴于子信号中存在严重的和猖獗的噪声，为了有效地提高子信号，同时抑制噪声，正则化技术在应用数学中被开发出来，以帮助解决反问题，该技术已被广泛用于图像处理[32]和机器学习[33]，并取得了良好的效果。

正则化技术的关键是引入目标理想属性的附加信息。例如，在著名的蛇或主动轮廓模型[33]中，在优化过程中增加了内部能量，以强制实现理想轮廓的连贯性、平滑性、梯度（第一偏导数）和曲率（第二偏导数）。在我们的检测问题中，沿着内能的路线，在主动轮廓线中，子信号的理想和/或已知特性也应被编码为正则化项，以获得更好的检测结果。

式（13.1）中的 2k 维数据段 v 是 2k 维的子信号 st 和系统和/或 2k 维的随机噪声 n 的贡献之和：

$$v = st + n \tag{13.2}$$

额外的正则化项应该强调与噪声有明显区别的子信号特性。在检查了所有可用的模拟函数 Gen00 到 05 后，如图 13.1 所示，我们发现了所有子信号的共同特性：虽然频率不同，但在相对较短的时间内，子信号 *st* 仍然比那些噪声 *n* 更平滑，注意 *k* 是 ~ 20。为了编码 *st* 所贡献的平滑性，傅里叶变换非常合适：现在 *st* 是平滑的，其相应的傅里叶变换应该主要由其低频分量主导；相反，噪声矢量 *n* 的傅里叶变换应该贡献更多的高频分量，也就是说，如果我们在式（13.2）的两边取傅里叶变换，傅里叶变换的线性将导致：

$$F(v) = F(st) + F(n) \tag{13.3}$$

由于 $F(v)$ 的低频分量主要来自 $F(st)$，如果只保留顶部的 m 个交流分量——本工作中使用的信号是零均值，因此直流分量 $F(v)[0]$ 总是 0，从而被忽略，可以得到以下近似值：

$$AC_m(v) \approx AC_m(st) \tag{13.4}$$

其中，$AC_m(x) = F(x)[1:m]$，即 x 的前 m 个 AC 分量。因此，由于子信号 *st* 导致的平滑度正则化项可以安全地由 *v* 傅里叶变换的前 m 个 AC 分量表示。在一个位置 p 的结果正则化项 $r(p)$ 如下：

$$r(p) = [v(p), AC_m(v(p))] \tag{13.5}$$

式中，$r(p)$ 表示一个（$2k + m$）维的向量。

从我们的实验来看，当 m 取值为 3 时，会出现最佳的检测性能，因此对于每个位置 p，由于 $k = 20$，我们需要 43-D 的向量来训练子信号 t 的学习器。因为在我们下面的 LSTM-RNN 训练过程中，使用了 L2 标准，帕塞瓦尔（Parseval）定理[10]确保 $AC_m(v(p))$ 的平方之和（大约）等于 *st* 的平方之和，因此 $r(p)$ 是一个可行的在位置 p 的正则化表示，以有效编码子信号的理想平滑度进行优化和学习。

尽管在理论上，鉴于不同交流系数的不同性质，应该给它们分配不同的权重，但是从我们的测试来看，可能是由于子信号的广泛不同，把这些权重高于或低于 1，不能在所有 6 个不同的模拟信号上产生更好的性能。在这项工作中，我们简单地将三个权重分配为 1。

在进行 LSTM-RNN 学习之前，还需要解决一个重要问题：数字系统的类型。如第 13.1 节所述，子信号识别和特征分析任务中的所有信号都是复杂的，因此每个位置 p 的 43-D 向量 $r(p)$ 也是复杂的。然而，到目前为止，TensorFlow 中还没有现成地对使用复数的支持，这可能是由于性能不理想导致。

尽管复数表示可以提供理论上的优势，正如 Bengio 等人最近未发表的手稿[29]（2017 年 5 月提交给神经信息处理系统大会（NIPS））所回顾的那样，最近大多数直接使用复数的深度学习工作只能处理玩具任务，只有极少数例外[34]。

在这里报告的工作中，采用了两种不同的方法将 43-D 复数向量 $r(p)$ 转换为实数，可以由我们在这项工作中一直使用当前 TensorFlow 的后端处理。

1）第一种方法是使用复数表示的幅度：

$$r_a(p) = |[v(p), AC_m(v(p))]| \tag{13.6}$$

因此真实值向量 $r_a(p)$ 由 43 个正实数组成，是复数的相应大小。

2）第二种方法是使用一个复合变量实部和虚部的绝对值：

$$r_b(p) = \text{abs}([\text{real}(v(p)), \text{imag}(v(p)), \text{real}(AC_w(v(p))), \text{imagm}(AC_m(v(p)))]) \quad (13.7)$$

式中，real(c) 和 imag(c) 表示复数变量 c 的实部（c_{real}）和虚部（c_{imag}）。

$$c = c_{real} + c_{imag}i$$

abs（·）运算符取的是实数的绝对（absolution）值。向量 $r_b(p)$ 由 86 个正实数组成，用于对应的 43-D 复数向量。根据复数表示法的含义，$r_a(p)$ 中每个分量都表示复数的半径，因此所有半径相同的复数都被映射为相同的数值；而在 $r_b(p)$ 中，实部和虚部的绝对值被用于表示：在这种情况下，只有 4 个复数可以被映射为相同的两个值——通过将 4 个象限折叠到第一象限，因此，在表示 $r_b(p)$ 中采用的多对一转换不像 $r_a(p)$ 中那样剧烈，前者可以潜在地载入更多信息。

正如第 13.3 节所报告的那样，如果没有 abs 算子，检测精度就会变差，这可能是由于复数表示中存在许多周期性的相位突然异常，与子信号的存在与否无关，这可能表明在直接使用复数时存在一些困难。基于式（13.6）、式（13.7）两种表示法的子信号检测性能将在第 13.3 节进行分析。

13.2.2　LSTM-RNN 局部子信号学习

上一节所述的数据准备和预处理步骤产生了一个大的、平衡的和正则化的数据集，即 $r'_a s$ 和 $r'_b s$，它们分别是 43-D 或 86-D 的实数向量，可以被所有深度学习包处理。鉴于新的正则化数据表示，代替式（13.1），对于每个位置 p，子信号 t(p) 是 r(p) 的函数 g( )，它将被深度学习过程学习：

$$t(p) = g(r(p)) \quad (13.8)$$

式中，r 表示 r_a 或 r_b。

LSTM 中引入的记忆单元（遗忘/记忆门）是充分利用 r(p) 这个 43 或 86 维向量中顺序数据之间潜在的长期时间依赖的唯一手段。

正因为如此，LSTM-RNN 是基于 LSTM 单元的 RNN，已被广泛用于时间或序列数据处理。在这项工作中，在尝试了其他深度学习方案后，LSTM-RNN 被发现持续产生最佳性能，表明子信号中确实存在长期的依赖性，而这种依赖性只能由 LSTM 存储单元来捕捉。因此，在这项工作中，该特定的网络被作为核心处理工具。

关于 LSTM-RNN 的性质，接下来要做的两个选择是层数和目标 t 的回归或分类，如式（13.8）所决定的。与 CNN 或 RNN 所承担的视觉对象分类任务不同[1, 7]，其中需要大量的层来寻找有助于定制视觉对象的边缘、轮廓和局部语义的形状，在我们的 43 或 86 个数字相对较短的跨度内的子信号中，隐藏的子信号没有复杂的复合曲线或形状需要判别；因此，一般占不同语义的背景结构，这个子信号检测任务需要层的数量不会太大。从我们的经验研究中，我们发现在这个 RNN 中，一层 LSTM 已经足够了，额外的 LSTM 层不能产生更好的性能。

另一个重要的选择是：

1）直接分类。设置 LSTM-RNN 直接从 $r(p)$ 中学习 $t(p)$ 的类标签，即无论子信号存在或不存在，都将产生一个基本的完整的分类机器。

2）回归作为数据增强程序。将 LSTM-RNN 作为一个回归机器来增强隐藏的子信号，同时抑制猖獗的噪声，这些噪声将被转送到下一个后处理步骤，用于最终子信号分类。

由于子信号的波形差异很大——从阶梯曲线到不同频率和高斯形状的正弦波，以及更多不同的噪声水平——从高斯、均匀到严重程度完全不同的闪烁噪声，正如我们深入研究所证明的那样，直接分类方案对我们的数据只能产生不合格的性能。

在第二种方案中，LSTM-RNN 扮演着回归步骤的角色，以增强目标子信号，同时抑制产生严重的噪声，从而实现数据增强，这种看似温和的 LSTM-RNN 应用方法，最近已被几个小组用于有效信号增强的目的，并具有良好的性能[35-36]。

从我们的研究中观察到，虽然训练 LSTM-RNN 为不同类型的子信号提出可接受的子信号分类标签是非常困难的，这与当地的子信号波形和噪声性质高度相关，但 LSTM 单元捕获的当地长期依赖性，可以增强子信号并抑制不同数量级的噪声。在某些情况下，LSTM-RNN 几乎可以将子信号提升到 1，并将背景噪声抑制到 0，从而表现得像一个伟大的分类器；而在其他情况下，子信号可以被提升到比背景噪声稍大的值，如子信号为 0.035，背景信号为 0.025。

这种 LSTM-RNN 增强的数据将为我们下一步的后处理提供坚实的基础，最终通过考虑信号段中子信号的全局行为特性对子信号进行分类，鉴于这种全局特性与多达几百甚至上千个数据点距离的依赖性有关，远远超出了 LSTM-RNN 可以有效处理的依赖性，从而使这种工作不切实际。此外，我们认为对于这种类型的全局分析，经典的信号处理，特别是数学形态学[38]非常合适，因此应该加以利用。

用于数据增强的 LSTM-RNN 回归模型训练阶段的布局，由 TensorBoard 结合 TensorFlow 包耦合生成的实际主图如图 13.2 所示，输入的 43-D 或 86-D 数据被送入 LSTM 层；该层的输出被送入一个全连接的逻辑神经网（用 tanh 激活函数代替默认的 Sigmoid，收敛时间更快，结果相似）。

目标数据与神经网的输出进行比较，以更新所学参数。这个严格的学习模型将被用于测试和检测阶段，以提高数据质量，从而为下一个全局子信号检测步骤打下坚实的基础，这一点已被第 13.3 节中提出的实验研究所证实。除了输入数据的维度，这两种不同复数转换方法的结构几乎相同。这个训练好的模型被保存为图 13.3 中描述的子信号局部预测器，以用于检测阶段。训练阶段，即图 13.3 中红色的流程，现在已经完成。

13.2.3　数学形态学的全局子信号测试

通过使用 LSTM-RNN 预测器进行数据增强，在测试数据上执行子信号检测任务，图 13.3 中的数据流为蓝色。传入的 1600-D 数据首先经过预处理步骤——不应用两个选择规则，这两个选择规则只是为了平衡训练数据而被调用，因此在检测阶段应该被跳过用以生成 43 或 86 维的表示向量 $r(p)$，参见式（13.5）。这些 $r(p)$ 接下来被送入训练好的 LSTM-RNN 局部预测器进行数据增强，它可以有效地抑制噪声，增强子信号。由 LSTM-RNN 模型对 3 个噪声信号基于 r_b 进行增强。

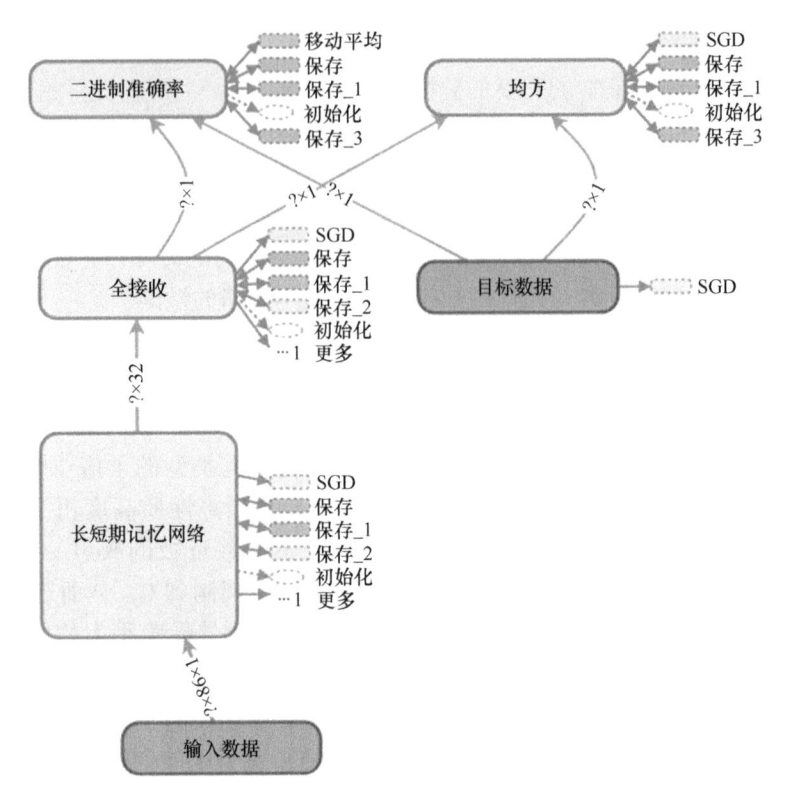

图 13.2　训练后的 LSTM-RNN 模型的结构，由 TensorBoard 与 TensorFlow 软件包耦合生成的实际主图

注：SGD（随机梯度下降）被用来作为优化方法。

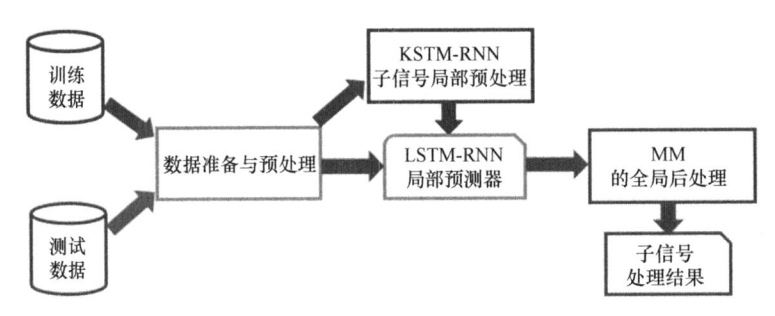

图 13.3　所提算法的逻辑流程图

注：训练阶段（红色数据流），训练数据经过数据准备和预处理以及 LSTM-RNN 局部子信号步骤，提供 LSTM-RNN 局部预测器。在测试阶段（蓝色数据流），测试数据首先经过数据准备和预处理程序，然后通过训练 LSTM-RNN 的局部预测器用以增强信号；最后的子信号检测结果由基于 MM 的全局后处理步骤宣布。颜色指定，仅与训练阶段相关的数据和程序用红色表示；而仅与测试阶段对应的数据和程序用蓝色表示。两个阶段所涉及的程序均为绿色。

如图 13.4 所示，3 个子信号比原始信号更容易从背景噪声中显示出来。因为在训练过程中，局部子信号的存在和不存在分别取值为 1 和 0，随着训练后表示向量 $r(p)$ 的 3 个前导交流系数的增加，在 3 个增强信号中，对应子信号的数值往往比与背景噪声相关的数值高。因此，子信号的检测是利用前景的某些全局属性，从 1600-D 数据段中分离出前景，数学形态学（MM）算子完全适合这项任务，作者已经在许多图像处理[22, 38-39]、计算机视

觉 [40-41] 和医学图像应用 [9, 13, 26] 中广泛使用，在分割出移动物体、人体、脑血管和肺部方面表现良好。

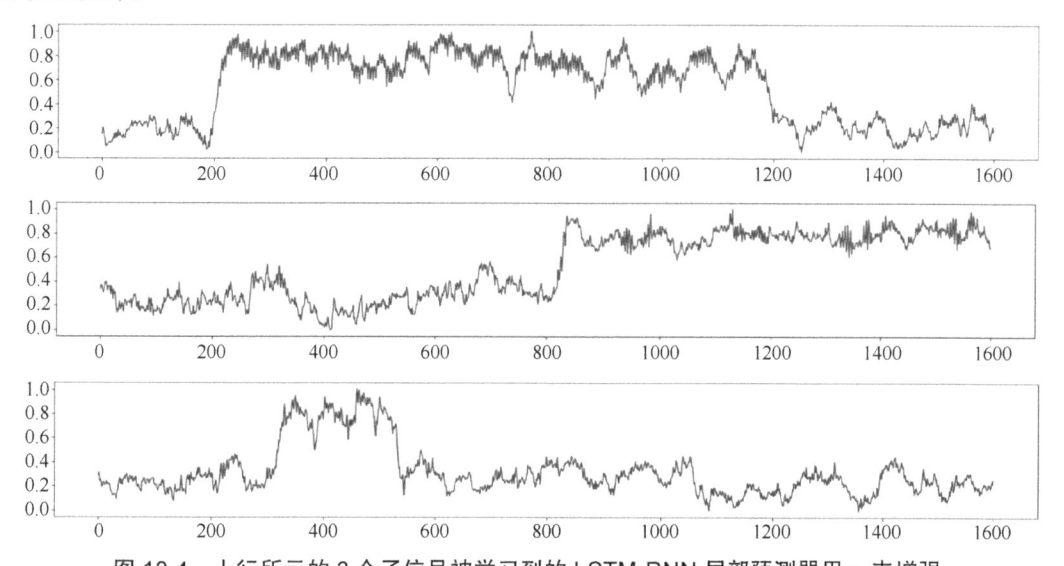

图 13.4 上行所示的 3 个子信号被学习到的 LSTM-RNN 局部预测器用 r_b 来增强，下行中、左、右三部分分别给出子信号的基础真相在这个过程后远比原始信号出色

注：每个 1600-D 段的值都是归一化的。

为了有效地应用 MM 方法，应首先确定子信号的全局性质。正如第 13.2.1 节所简要讨论的，虽然子信号没有表现出太多的全局规律性，因为它们是随机的，但还是有一些微弱且有用的统计特性，可供 MM 操作者在检测中进行有效利用。

1）尺寸属性：为了传达有意义的信息，每个子信号的长度都有可以考虑的尺寸。事实上，在多次运行模拟函数后，有 99.9% 以上的子信号的长度大于 60。因此，任何长度小于 60 的前景集群都可以被当作背景而忽略。

2）子信号的稀疏性：子信号没有呈现为密集的脉冲或正弦曲线。由于子信号的稀疏性特点，如果两个可能的前景之间差距太小，那么这两个相邻的子信号应该被合并为一个。此外，稀疏性还要求在一个信号段内，如果有许多候选的子信号检测结果，应优先选择子信号数量最少的那个。这一经验法则可以有效地打击子信号中存在严重噪声引起的假阳性。

上述两个统计特性是由现有的子信号模拟功能和研究人员对应用中的真实子信号的了解所证明的。它们作为基于 MM 子信号检测处理的指导方针，即基于运行长度编码的一维分水岭分割。

鉴于不同的前景子信号波形和噪声水平，不可能找到一个全局阈值来对增强信号进行分类。相反，应该对每个分段的性质单独进行仔细考虑。前面提到的真实子信号的两个特性指向了一个强大的 MM 分割方法，即分水岭变换 [42]。简单地说，其思路是，从最小值开始试探性地淹没景观，当不同的淹没源相遇时，找到一组障碍物，从这组障碍物中优化目标的分割就是结果分割。

为了加快分割的速度，这对实际使用至关重要，我们采用了一个简化的程序 1：可能的洪水水平 δ，即实际寻求的阈值，是以相等的间隔（0.05）从分段最小值和最大值的范围内进行选择的。例如，如果最小值和最大值分别为 0 和 1，可能要尝试的水平将是 0.05，0.10，…，0.95，总共 19。

对于每个 δ，信号二值化被应用于 LSTM-RNN 增强的 1600-D 信号 s_{enh}：

$$t_p(\delta) = s_{enh} \geq \delta \tag{13.9}$$

可能的分类结果 $t_p(\delta)$，由于 δ 是一个 1600-D 的二进制矢量。理想的分类结果 t 应该是最能满足上述两个子信号特性的结果。为了确定候选结果 $t_p(\delta)$ 的可操作性，应该检查 δ 在 $t_p(\delta)$ 中声明的暂定前景和背景序列：

1）声明的子信号的大小，即连续的前景簇，应该有相当的大小（根据大小特性）。

2）如果两个前景簇太近，或者换一种说法，两个前景簇之间的背景序列太短，那么这两个前景簇应该合并为一个（由于稀疏特性）。

行程长度编码（RLE）是一种广泛用于信号处理和图像压缩的强大的二进制编码算法，它被用来促进上述优化检查：在执行 RLE 程序后，每个运行的性质（0 或 1）符号和每个运行的相应位置数都可以得到：如果 $t_p(\delta)$ 中有 n 个运行，symbol[i]，$i = 0$，…，$n-1$ 存储第 i 个运行是 0 还是 1，而 count[i] 存储第 i 个运行的长度。下面的步骤是按顺序进行优化检查的。

程序的优化检查 $t_p(\delta)$：

1）应用二进制 MM 的打开和关闭操作符来清理孤立的前景和背景块（以产生更短的 RLE 代码），如图 13.5 所示。

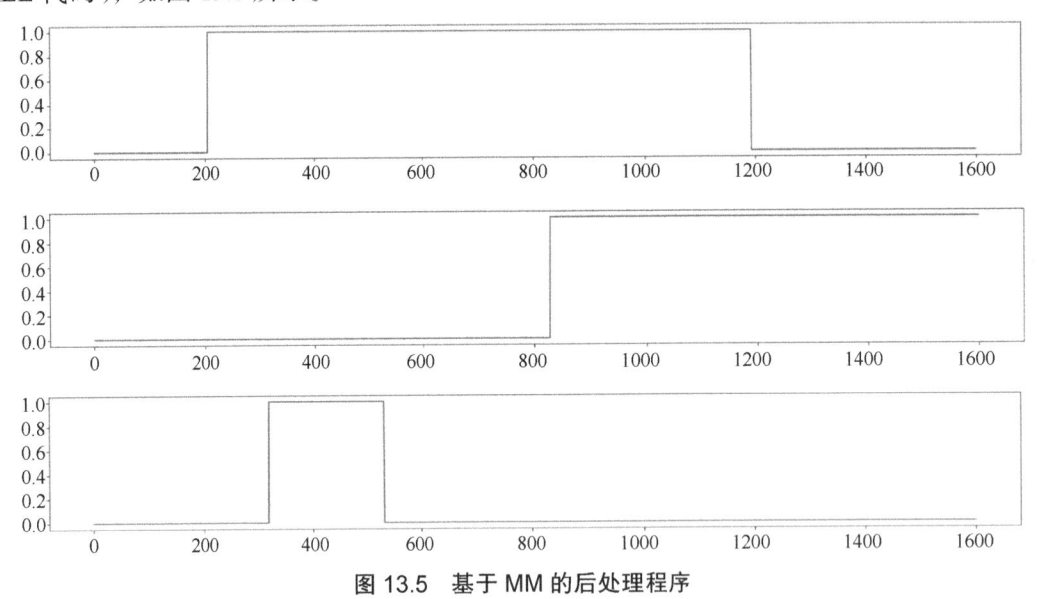

图 13.5 基于 MM 的后处理程序

2）执行 RLE 以获得运行长度阵列符号和计数。

3）如果符号 [i] = 0 且 count[i] < min(count[$i-1$]，count[$i+1$])，则合并三个运行号：$i-1$、i、$i+1$ 到一个单一的 1 运行。

4）如果符号 [i] = 1 并且 count[i] < 60，将三个编号为 $i-1$、i、$i+1$ 的运行合并为一个单一的 0 运行。

5）进行另一次 RLE，并返回新的符号和计数数组作为输出。

通过使用前述程序返回的符号和计数数组进行评估，产生最小数量的前景集群 $t_p(\delta)$，被选为最佳分类结果 t，这一规则的应用是由于第二部分的稀疏性属性。如果有一个以上的 δ 产生最小数量的前景集群，则选择对应于最大的 δ，这是基于启发式的，即由于较大的 δ 所产生的结果不太可能受到严重噪声的干扰。

这三个检测结果的准确率、精确率、召回率和 F1 分数分别为（0.99，0.99，1.0，0.99），（0.99，0.92，1.0，0.96），（1.0，1.0，1.0，1.0）。

13.3 实验结果

为了检查前一节开发并在图 13.2 流程图总结的算法性能基础上，我们采用了可用的仿真函数来生成训练和测试案例。值得注意的是，这些模拟函数完全是随机的，即具体的波形、开始时间、持续时间、噪声类型和水平都是随机抽取的，唯一可以确定控制的参数是要生成的实例数量。因此，每次对这些函数的不同调用都会产生完全不同的被不同噪声污染的子信号数据。

我们首先调用它来生成子信号作为训练数据。正如第 13.2.1 节所述，200～300 个数据文件产生一个大的和平衡的数据用以表示 $r(p)$ 的深度学习。因此，我们生成 250 个子信号作为训练集。经过式（13.3）~式（13.5）规定的选择规则和转换，也就是图 13.3 中的红色数据流，~140000 个 43 复值实例可用于第 13.2.2 节中划定的训练阶段，分别使用复数幅度 r_a 或实部和虚部的绝对值 r_b，由式（13.6）和式（13.7）所规定。

在这项工作中，编码开发使用了 Anaconda4.4.0 平台下的 Python3.6.1，支持 GPU 的 TensorFlow1.1.0 和 TFlearn0.3.2API。两个经过训练的 LSTM-RNN 数据增强模型对于两种复杂的价值编码方案都被保存在测试阶段。本节的实验是在一台装有英特尔至强 CPUE5-2630v2（2.60GHz）和 32.0GB 的 Windows10 操作系统的 DellPrecisionT7610 台式计算机上进行的。

两种建议的算法中，LSTM-RNN 的训练时间为 150 个历时，r_a 和 r_b 方法分别花费 95min 和 219min。一个 1600-D 测试数据项的平均检测时间分别为 0.06s 和 0.15s 左右。如果使用开源的即时编码器（Numba）和 Python 语言的扩展模块（Cython）等代码优化技术和更强大的计算机，检测性能可以进一步降低几个数量级。测试数据是通过调用大小为 1024（210）的随机化模拟函数产生的，每个测试文件夹有 1024 个子信号，即 1600-D 信号。请注意，由于这些数据生成函数的随机性，与模拟函数不同时被调用，用以产生了约 140000 个训练实例，产生与之前运行的训练数据不同的测试数据，因为波形和噪声水平是由随机抽取的数字控制的，因此测试和训练数据是不同的。

如第 13.2.3 节所述，图 13.3 中的蓝色数据流所示，所有测试数据首先被预处理以生成相应的 r_a 或 r_b，然后由学习的 LSTM-RNN 子信号预测器进行增强，最终子信号检测结果是通过调用第 13.2.3 节所述基于 MM 的后处理程序，特别是对 $t_p(\delta)$，从式（13.8）生成的候选结果进行最优性检查的程序来声明的。

在图 13.6 中，说明了由所提算法产生的模拟函数生成 8 个典型信号的子信号检测结果。每个面板由 4 个图像组成，分别对应于原始模拟信号、由训练好的 LSTM-RNN 模型增强的数据、最终的子信号检测结果和已知的子信号地面真相，并加以说明。

0.99, 1.0, 0.99, 0.99 　　1.0, 0.98, 1.0, 0.99 　　0.97, 0.92, 1.0, 0.96 　　1.0, 1.0, 1.0, 1.0

1.0, 1.0, 0.99, 0.99 　　0.94, 0.72, 1.0, 0.84 　　0.99, 0.76, 1.0, 0.86 　　0.93, 1.0, 0.87, 0.93

a) 基于 r_a 的检测结果

1.0, 1.0, 1.0, 1.0 　　0.99, 0.98, 0.97, 0.98 　　0.95, 0.87, 1.0, 0.93 　　0.97, 0.96, 1.0, 0.98

0.99, 0.98, 1.0, 0.99 　　0.97, 0.90, 0.90, 0.90 　　0.99, 0.74, 1.0, 0.85 　　0.97, 1.0, 0.94, 0.97

b) 基于 r_b 的检测结果

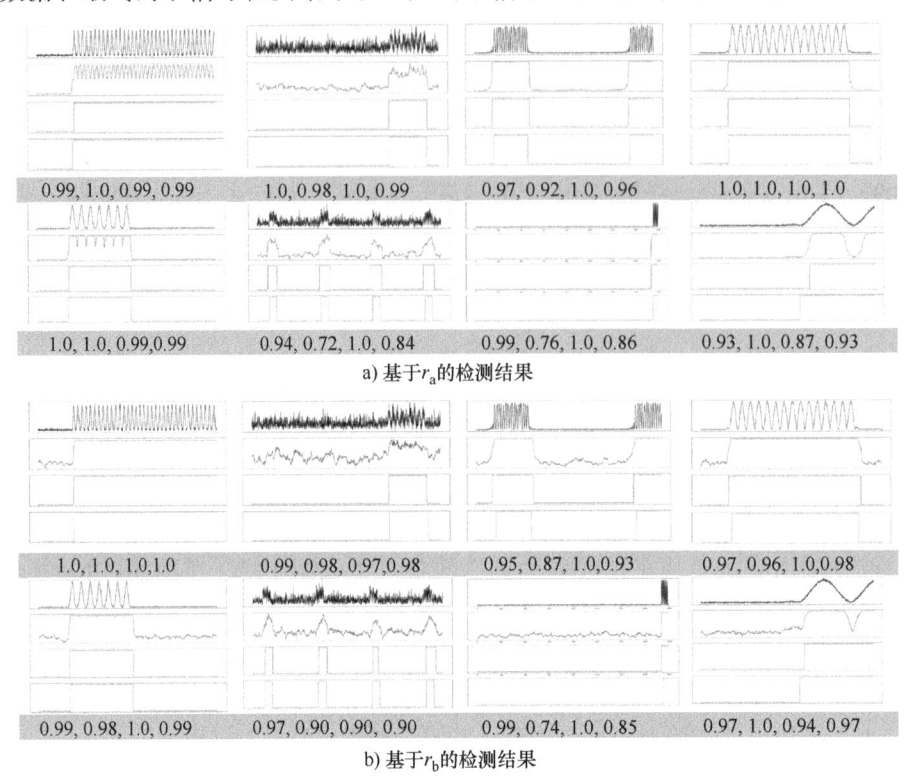

图 13.6　拟议的子信号算法使用 r_a 和 r_b 的检测结果

为了对这两种不同的复数转换进行比较，在图 13.6 中，两种方法的上下部分都显示了相同的 8 个信号检测结果，布局相同。这 4 个数字是广泛用于评估分类器质量的措施：准确率、精确率、召回率和 F1。基于真正例（TP）：预测的子信号是每个地面真相的实际子信号。假正例（FP）：预测的子信号不是实际子信号。假反例（FN）：实际子信号没有被预测。真反例（TN）：实际非子信号被正确预测。所有 4 个措施的公式列于表 13.1。正如在第 13.2.1 节预处理步骤中简要讨论的那样，这个子信号检测问题在以下两个方面是不均衡的。

1）不平衡的出现：阳性信号，即子信号的存在，没有阴性信号多，通过运行模拟函数，每个 1600-D 信号中只有约 30%～40% 是子信号，这就是我们定制 Choic 规则来保证训练数据平衡的原因。

2）在正负信号中的重要性不同：在实际应用中，子信号的存在远比其不存在重要，因为一旦子信号出现，就需要做出紧急反应。此外，错过一个实际的子信号要比错过一个负信号严重得多。

鉴于上述检测问题的两个不均衡性，让我们检查一下表 13.1 中所列的 4 种质量测量方法的特性，看看它们是否符合我们的需要。

1）准确率是通过平等对待正负样本来定义的，只是子信号的不平衡性就会严重影响其作用：如果在一个信号中，子信号的大小很短，如图 13.6 所示第 2 行第 3 列中的信号，检测算法就会完全丢失短的子信号，仍然会导致 97% 的准确率，但对于公平衡量子信号检测质量是不合适的。

表 13.1 质量衡量标准的定义

准确率 = $\dfrac{TP+TN}{TP+TN+FP+FN}$	精确率 = $\dfrac{TP}{TP+FP}$
召回率 = $\dfrac{TP}{TP+FN}$	F1 分数 = $\dfrac{2\text{精确率} \times \text{召回率}}{\text{精确率}+\text{召回率}}$

2）精确率衡量的是真正例与分类器预测正例的比率，它不公平地偏向于那些"节俭"的分类器，只有在非常有力的证据出现时才宣布正例的存在：如果宣布的子信号总是实际信号的一个子集，那么精确率总是 1.0。由于在子信号检测任务中丢失实际正例信号的代价较高，精确率的作用相当有限。

3）召回率表明实际的子信号被真正预测到，因为它关注的是真实子信号的位置，子信号的相对稀疏性得到了解决。此外，它直接衡量了有多少实际的子信号被遗漏，这在实际应用中是至关重要的。因此，召回率是我们问题的一个有价值的质量指标，应该被采用。必须指出的是，召回率也是不完美的：一个过于"慷慨"的分类器在预测了许多阳性信号之后，就会有一个高的召回率值，这是有问题的。

4）F1 分数是精确率和召回率的调和平均值，因为与召回率相比，精确率的作用有限，而且召回率本身也有缺陷，所以应该使用这个衡量标准。然而，它并不完全适合我们手头的任务。鉴于在实际应用中，在子信号检测问题上，假反例的危险性要比假正例的危险性高得多，因此，更好的指标可能是召回率和精确率的加权和，此时召回率的权重更高。尽管它过分强调精确率，我们仍然使用它作为分类器的一个衡量标准，只是要记住它的潜在弱点。

为了了解这两种不同方案的性能，我们进行了蒙特卡洛研究：独立运行随机化模拟函数进行 20 次迭代，每次迭代产生 210 个测试实例。然后执行提议的检测算法，即图 13.2 中描述的蓝色流程，以获得检测结果，即基于 r_a 和 r_b 的方法。

图 13.7 显示了本蒙特卡洛研究中三个代表性测试的准确率、精确率、召回率和 F1 分数。为了说明引入 LSTM-RNN 数据增强步骤所带来的不同，还收集了图 13.2 中跳过 LSTM-RNN 步骤基于 r_a 和 r_b 的检测结果，其中仅采用了传统的信号处理技术。在我们基于 r_b 的方法中，复数的实部和虚部经过一个绝对运算器被转换为正实数。为了检查当跳过这个绝对算子（式（13.7）），即在 86-D 表示中使用实部和虚部作为两个实数时可能发生的情况，也收集并比较了这种方法的检测结果。

从图 13.7 可以看出，这两种复数转换方法在所有 4 种质量指标上的总体表现是相似的。其他 3 种比较方法未能提供一致的性能。有趣的是，不含 RNN 算法的 r_a 在准确率和精确率方面的表现都很好，它甚至是总体表现最好的（0.95）。然而，这 3 种方法在召回率方面都有问题：对于随机生成的第 3 号数据集，所有 3 种比较方法都严重失败，召回率低于 0.4。即使对于这个"最差"的测试数据集，没有 RNN 的 r_a 有最好的精确率 0.98，而只得到 0.28 的召回率。

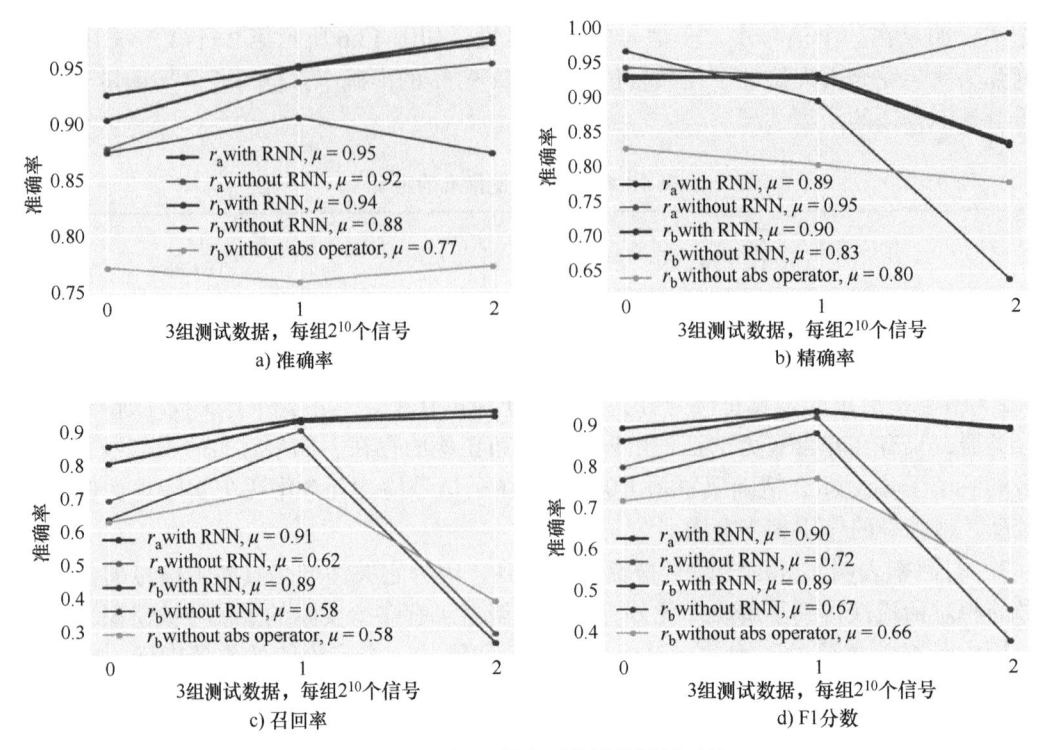

图 13.7　r_a 和 r_b 所达到的性能指标对比

因此，在没有 LSTM-RNN 数据增强步骤的情况下，传统信号处理方法公布的子信号几乎都是真实的信号，在没有数据增强的情况下，大多数实际的子信号（78%）是丢失的，是完全失败的。但按准确率（0.86）和精确率（0.98）计算，这种可怕的情况完全没有反映出来。这证实了我们前面关于两个质量衡量标准的讨论，召回率和 F1 分数可以正确地代表子信号检测算法的性能，但召回率应该得到最多的关注。

在图 13.8 中，展示了蒙特卡罗研究中所有 5 种方法的召回率和 F1 分数的箱形图。所提出的两种算法比其他 3 种对比的方法要好很多。考虑到模拟函数的实用性，这两种算法所取得的性能是很有希望的。此外，虽然其他 3 种方法都有 2~3 个总的故障，但所提出的两种算法在所有情况下都表现得相当鲁棒，基于 r_a 的方法比基于 r_b 的方法略好，但在统计上不明显。

LSTM-RNN 实现的数据增强对于鲁棒地检测子信号至关重要。然而，使用复数的原始实部和虚部一直提供最差的性能——比两个相对简单的方法更差，而没有经过 LSTM-RNN 的增强程序，因此仔细选择数据表示方法对子信号检测任务至关重要。使用实部和虚部的原始值所携带的相位信息阻碍了分类，在这个问题上还需要进行更多的调查。

如图 13.7、图 13.8 所示，基于 r_a 和 r_b 的方法取得了极其相似的性能，如果它们的检测结果基本相同，那么它们很可能从子信号中获得相同的信息，因此没有必要同时使用两种方法。然而，正如图 13.6 已经暗示的那样，情况并非如此：这两种方法检测到的子信号并不是彼此的复印件。事实上，由于它们对底层复数的编码方式不同，一种是将所有相同大小的复数映射为相同的实数，另一种是将 4 个象限的 4 个点映射为一对实数正数，它们所捕获的信息应该是不同的。

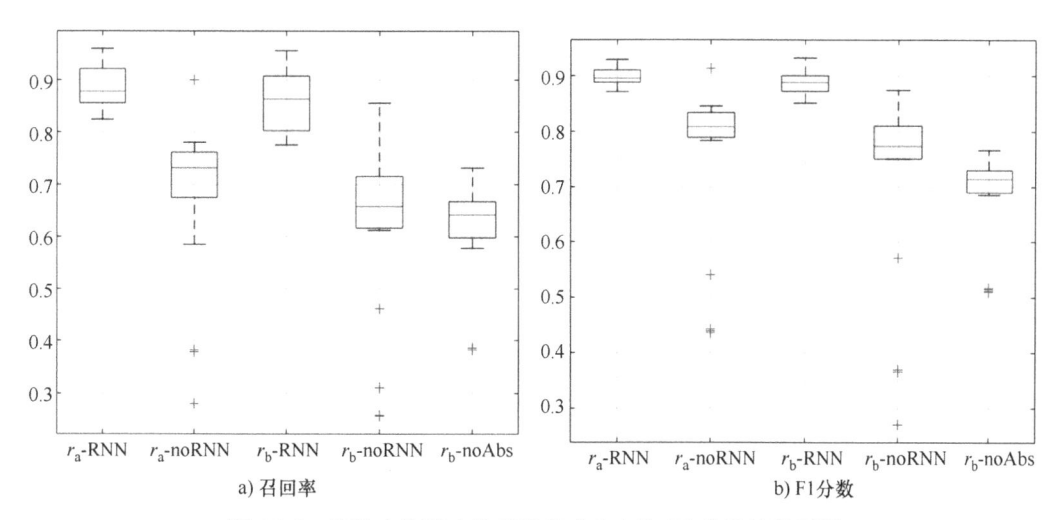

图 13.8　蒙特卡洛研究的召回率（左）和 F1 分数的箱形图

注：两种基于 LSTM-RNN（第 1 列和第 3 列）的方法 r_a 和 r_b 明显优于其他三种比较方法：没有 RNN 增强程序（r_a-noRNN 和 r_b-noRNN）和没有采取绝对算子的 r_b。

如图 13.9 所示，提供了 4 对新的信号来展示基于 r_a 和 r_b 方法的不同表现。在噪声非常严重的情况下，这两种方法的反应不同。因此，这两种方法可以在噪声子信号的不同方面来相互补充。这两种方法的检测结果的简单组合，图 13.9 似乎建议的简单 OR，是不可行的。图 13.9 所示的案例表明这种简单的方案是有效的。对于更多的案例，两种方法的假阳性和假阴性相加，导致准确率更差。

图 13.7 和 13.8 中报告了蒙特卡罗研究中使用所有模拟集的平均精确率。这种过度简化的 OR 组合导致性能比两种原始方法的最小值略差，但始终较差。如果能够认真评估合集方法[21]，仍然需要更多其他的方法。

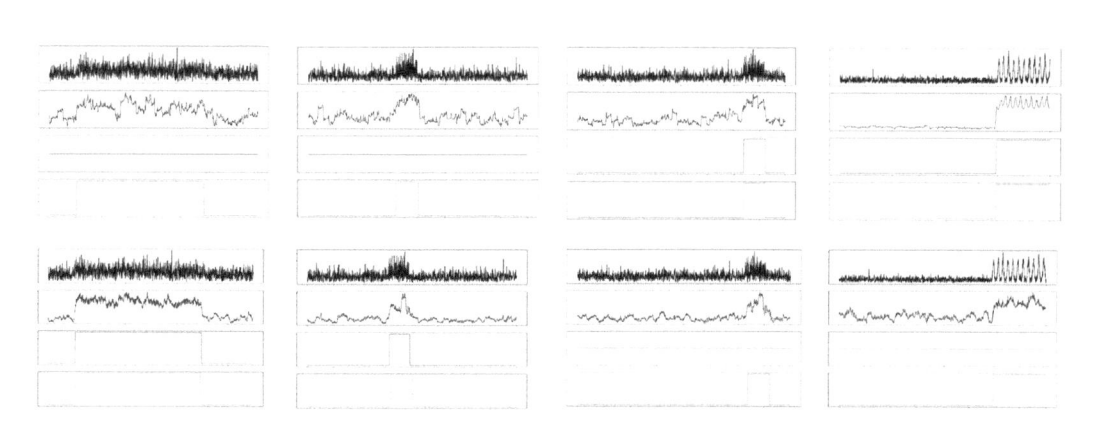

图 13.9　基于 r_a（第 1 行）和 r_b（第 2 行）的检测结果的不同表现

注：虽然 r_a 方法由于严重的噪声（第 1 行的第 1 列和第 2 列）而未能检测到两个子信号，但基于 r_b 的方法在接收到信号方面没有困难。相反，虽然 r_b 错过了最后两列的两个子信号（第 2 行的第 3 列和第 4 列），但基于 r_a 的方法完美地检测到了它们。

13.4 结论

为了检测受噪声严重污染的复杂子信号，以保障智能车辆的安全，我们开发了一种新的深度学习方法，并结合信号后处理算法。在这项工作中，首先对不均匀和不平衡的信号进行预处理，并将其规范化为局部矢量，以便通过深度学习进行适当的训练和测试。

使用两种不同的方案将复数转换为实数：一种使用复数的幅度，另一种使用复数实部和虚部的绝对值。LSTM-RNN 被用来增强被背景噪声掩盖的子信号。接下来，通过使用基于数学形态学的全局信号分析程序，对增强的数据进行分类。这两种算法使用我们提供的模拟功能进行了严格的测试，所取得的性能是令人鼓舞的。深度学习和传统信号处理的巨大威力被有效地利用来实现有价值的检测结果。

这是我们第一次努力通过结合传统信号处理技术和深度学习方法的优势，从噪声和复杂的信号中检测出子信号，这也是一项正在进行的工作。接下来，我们将探索 3 个不同的方向，用以更深入地了解这项任务并取得更好的结果：

1）改变模拟功能，暴露出更多的参数供我们控制，这样在我们的蒙特卡洛研究中，可以对这些参数进行微调，以便更好地了解我们的算法何时以及为何成功或失败。这样可以通过更多的微调来改进和普及我们的算法。

2）使用不同的深度学习方法进行数据增强。在这项工作中，我们只使用了 LSTM-RNN 进行数据增强，基于 CNN 的方法，鉴于其利用多分辨率局部依赖关系的巨大力量，将被研究用于检测子信号。子信号的检测可能会受益于 CNN 框架中涉及的更高维度。

3）探索直接基于复数表示的方法。在这项工作中，我们依靠 TensorFlow 的后端进行 LSTM-RNN 训练，到目前为止，还没有对复数的支持。因此，我们制订了两种不同的方法来通过实数加载复数信息：一种是使用复数幅度，另一种是使用实数和虚数成分的绝对值。

我们已经用经验证明，从字面上使用复数的实部和虚部不能产生理想的结果。在我们进行研究和开发的同时，Bengio 小组在基于数值计算库（Theano）后端直接使用复数的深度学习方面取得了令人印象深刻的进展[29]，他们在报告中说，由于直接使用复数，性能提高了约 3%。接下来，我们将研究如何在我们的数据增强框架中插入这个深度复数网，并提高其性能。

参考文献

[1] Y. LeCun, Y. Bengio, and G. Hinton, "Deep learning," *Nature*, vol. *521*, p. 9, 2015.

[2] G. E. Hinton and R. R. Salakhutdinov, "Reducing the dimensionality of data with neural networks," *Science*, vol. *313*, pp. 504–507, 2006.

[3] Y. Bengio, *Learning Deep Architectures for AI (Foundations and Trends in Machine Learning, Book 2)*. Now Publisher Inc., 2009. http://dx.doi.org/10.1561/2200000006

[4] S. Hochreiter and J. Schmidhuber, "Long short-term memory," *Neural Computation*, vol. *9*, pp. 1735–1780, 1997.

[5] C. Bishop, *Pattern Recognition and Machine Learning*. Springer, 2007. https://link.springer.com/book/9780387310732

[6] D. Silver, A. Huang, C. J. Maddison, A. Guez, L. Sifre, G. van den Driessche, et al., "Mastering the game of Go with deep neural networks and tree search," *Nature*, vol. *529*, pp. 484–489, 2016.

[7] A. Esteva, B. Kuprel, R. A. Novoa, J. Ko, S. M. Swetter, H. M. Blau, et al., "Dermatologist-level classification of skin cancer with deep neural networks," *Nature*, vol. *542*, pp. 115–118, 2017.

[8] K. Murphy, *Machine Learning: A Probabilistic Perspective*. The MIT Press, 2012. https://mitpress.mit.edu/9780262018029/machine-learning/

[9] J. Wei and G. Li, "Automated lung segmentation and image quality assessment for clinical 3D/4D computed tomography," *IEEE Journal of Translational Engineering in Health and Medicine*, vol. 2, pp. 1–10, 2014.

[10] A. Oppenhaim and R. Schafer, *Discrete-Time Signal Processing*. Prentice Hall, 2009. https://www.bookdepository.com/Discrete-Time-Signal-Processing-Alan-Oppenheim/9780131988422?ref=grid-view&qid=1672983198725&sr=1-7

[11] I. Goodfellow, Y. Bengio, and A. Courville, *Deep Learning*. Cambridge, MA: MIT Press, 2017.

[12] J. Wei, "Video content classification based on 3-D eigen analysis," *IEEE Transactions on Image Processing*, vol. *14*, pp. 662–673, 2005.

[13] J. Wei, B. Cai, L. Zhang, and B. M. Fu, "Automatic classification and quantification of cell adhesion locations on the endothelium," vol. *43*, p. 12, 2015.

[14] J. Wei, K. Vongsy, O. Mendoza-Schrock, and C. Liu, "Vehicle engine classification using spectral tone-pitch vibration indexing and neural network," *International Journal on Surveillance & Monitoring Reserach Technologies, Special issue on Machine learning and sensor fusion techniques*, vol. 2, p. 29, 2014.

[15] J. P. Brockwell, *Introduction to Time Series and Forecasting*. New York, NY: Springer Science+Business Media, 2016.

[16] R. E. Bellman, *Dynamic Programming*. Princeton University Press, 2003. https://press.princeton.edu/books/paperback/9780691146683/dynamic-programming

[17] J. Wei, "Markov edit distance," *IEEE Transactions on Pattern Analysis and Machine Intelligence*, vol. *26*, pp. 311–321, 2004.

[18] J. Wei, "Numerical sequence matching based on local sum functions," *Pattern Recognition Letters*, vol. *31*, pp. 600–608, 2010.

[19] J. Wei, "On Markov Earth mover's distance," *International Journal on Image and Graphics*, vol. *14*, p. 1450016, 2014.

[20] A. Yuan, J. Wei, C. P. Gaebler, H. Huang, D. Olek, and G. Li, "A novel respiratory motion perturbation model adaptable to patient breathing irregularities," *International Journal of Radiation Oncology, Biology, Physics*, vol. *96*, pp. 1087–1096, 2016.

[21] K. P. Manning, *Machine Learning: A Probabilistic Perspective*. MIT Press, 2012. https://mitpress.mit.edu/9780262018029/machine-learning/

[22] J. Wei, "Lebesgue anisotropic image denoising," *International Journal of Imaging Systems and Technology*, vol. *15*, pp. 64–73, 2005.

[23] M. Chao, J. Wei, T. Li, Y. Yuan, K. E. Rosenzweig, and Y. C. Lo, "Robust breathing signal extraction from cone beam CT projections based on adaptive and global optimization techniques," *Physics in Medicine & Biology*, vol. *61*, pp. 3109–3126, 2016.

[24] G. Li, J. Caraveo, J. Wei, A. Rimner, A. Wu, K. Goodman, et al., "Rapid estimation of 4DCT motion-artifact severity based on 1D breathing-surrogate periodicity," *Medical Physics*, vol. *41*, p. 111717, 2014.

[25] G. Li, J. Wei, M. Kadbi, J. Moody, A. Sun, S. Zhang, et al., "Novel super-resolution approach to time-resolved volumetric 4-dimensional magnetic resonance imaging with high spatiotemporal resolution for multi-breathing cycle motion assessment," *International Journal of Radiation Oncology, Biology, Physics*, vol. *98*, pp. 454–462, 2017.

[26] G. Li, J. Wei, D. Olek, M. Kadbi, N. Tyagi, K. Zakian, et al., "Direct comparison of respiration-correlated four-dimensional magnetic resonance imaging reconstructed using concurrent internal navigator and external bellows," *International Journal of Radiation Oncology, Biology, Physics*, vol. *97*, pp. 596–605, 2017.

[27] R. Socher, C. Y. Lin, A. Y. Ng, and C. D. Manning, "Parsing natural scenes and natural language with recurrent neural networks," *Presented at the 28th ICML*, 2011.

[28] H. Jaeger and H. Haas, "Harnessing nonlinearity: predicting chaotic systems and saving energy in wireless communication," *Science*, vol. *304*, pp. 78–80, 2004.

[29] C. Trabelsi, O. Bilaniuk, D. Serdyuk, S. Subramanian, J. F. Santos, S. Mehri, et al., "Deep complex networks," *submitted to NIPS*, 2017.

[30] G. E. P. Box and G. C. Tiao, *Bayesian Inference in Statistical Analysis*. Reading, MA: Addison-Wesley Pub. Co., 1973.

[31] Y. LeCun, L. Bottou, Y. Bengio, and P. Haffner, "Gradient-based learning applied to document recognition," *Proceedings of the IEEE*, p. 46, 1998.

[32] A. Tarantola, *Inverse Problem Theory and Methods for Model Parameter Estimation*. Philadelphia, PA: Society for Industrial and Applied Mathematics, 2005.

[33] R. C. Gonzalez, R. E. Woods, and S. L. Eddins, *Digital Image Processing Using MATLAB*. 2nd edition: Gatesmark Publishing, 2009. https://www.mathworks.com/academia/books/digital-image-processing-using-matlab-gonzalez-in.html

[34] R. Szeliski, *Computer Vision: Algorithms and Applications*. Springer, 2011. https://link.springer.com/book/10.1007/978-1-84882-935-0

[35] E. Oyallon and S. Mallat, "Deep roto-translation scattering for object classification," *Presented at the IEEE CVPR'15*, 2015.

[36] H. Erdogan, J. R. Hershey, S. Watanabe, and J. Le Roux, "Phase-sensitive and recognition-boosted speech separation using deep recurrent neural networks," *Presented at the 2015 IEEE International Conference on Acoustics, Speech and Signal Processing (ICASSP)*, 2015.

[37] F. Weninger, J. R. Hershey, J. Le Roux, and B. Schuller, "Discriminatively trained recurrent neural networks for single-channel speech separation," *Presented at the 2014 IEEE Global Conference on Signal and Information Processing (GlobalSIP)*, 2014.

[38] J. P. Serra and P. Soille, *Mathematical Morphology and its Applications to Image Processing*. Dordrecht; Boston: Kluwer Academic Publishers, 1994.

[39] J. Wei, "Color object indexing and recognition in digital libraries," *IEEE Trans. on Image Processing*, vol. *11*, pp. 912–922, 2002.

[40] J. Wei, "Shape indexing and recognition based on regional analysis," *IEEE Transactions on Multimedia*, vol. *9*, pp. 1049–1061, 2007.

[41] J. Wei, "Small moving object detection from video sequences," *International Journal of Image and Graphics*, vol. *14*, 2013.

[42] R. C. Gonzalez and R. E. Woods, *Digital Image Processing*. New York, NY: Pearson, 2018.

第五部分
其他应用

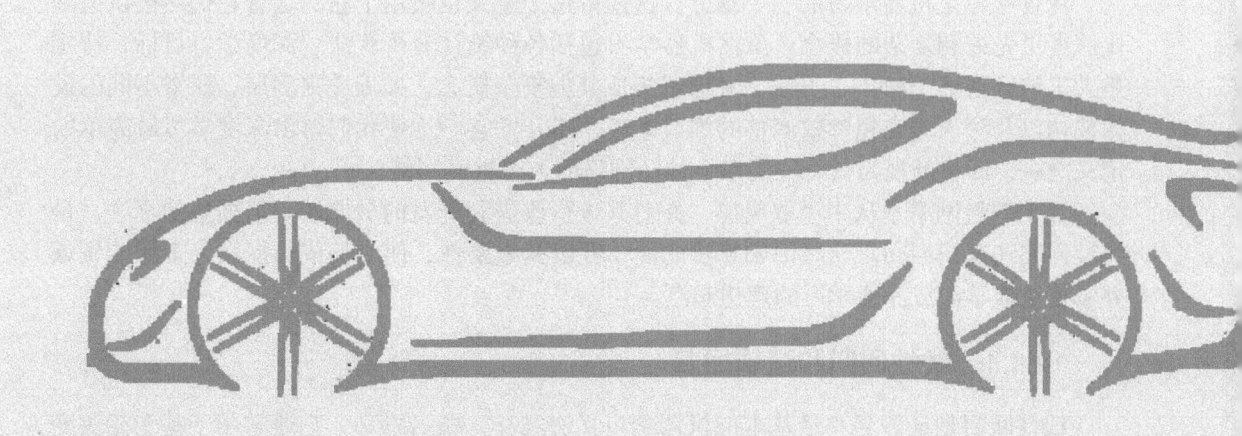

第 14 章

深度学习算法及其对驾驶行为和车辆通信的影响

14.1 深度学习算法基础知识和监督学习

深度学习现在被认为是计算机科学中最重要的领域之一，因为它能够从大量数据和非常复杂的信息中提取最佳结果。在智能车联网方面，深度学习可以在改善车辆之间的通信和道路安全条件方面发挥重要作用。车辆通信分析是对车辆的所有可用数据和特征进行分析，以便确定基于道路场景的最佳结果和交通路线。这项操作看似复杂且具有挑战性，特别是在处理决策过程中出现不可预测性和不可避免的人为错误时，这些因素仍然干扰着当今的道路和交通结构。

然而，深度学习算法的发展在应对这些挑战时具有令人兴奋的前景，从人工神经网络、卷积神经网络和循环神经网络的基本原理到变分自编码器最新最先进的解决方案，生成对抗网络和变换网络（Transformer）。这些原则，连同各种细微差别的架构，再加上我们这个时代可用的强大计算能力，正将我们曾认为遥不可及的未来愿景——完全自动驾驶车辆与智能道路网络，推向现实的边缘。

在本章中，我们将讨论深度学习算法的基础知识、每种方法的优缺点以及超参数的预处理步骤和细化。然后，我们将通过一些例子来描述和阐述这些原理对驾驶行为和车辆通信的影响。

要理解深度学习的概念，我们首先要从机器学习开始，机器学习是深度学习产生的起源和基础。机器学习的一个简单而基本的定义是可表述为基于数据分析和计算机学习算法，而不是普通计算算法使用传统条件语句进行的预测、决策和模式识别的实践。

深度学习是机器学习的一个细分，这使得这个定义也适用于它，尽管它仍然被认为是比后者更先进和复杂的概念。虽然机器学习包括各种统计分析算法、深度学习目标，特别是人工神经网络（ANN）算法，并通过集成其他复杂概念，如堆叠更多层、探索不同的模型架构以及深入研究超参数调整的细节来进一步开发它。这使我们得出深度学习最简单的定义之一，即将其视为具有三层以上神经网络的人工神经网络。

人工神经网络是从中汲取灵感，并对其进行改进和开发的最原始、最抽象的算法，是线性回归和逻辑回归。这些回归算法的简单性及其重要性，使它们成为探索人工智能领域并掌握机器学习或深度学习的理想起点。

14.1.1 线性回归和逻辑回归

线性回归是最著名和最基本的机器学习算法之一，顾名思义，它通常用于基于相关变量之间的关系，是线性猜想的连续值预测和回归，如图 14.1 所示。该算法的简单性在于其

以基本多项式函数作为输出向量或也称为预测值向量 Y_{lin}，即

$$Y_{\text{lin}} = aX^{\text{T}} + b \tag{14.1}$$

式中，a 表示参数向量或系数向量；b 表示基校正向量；X^{T} 表示转置后的输入变量向量。

逻辑回归是一种突出的二元分类方法，用于分离不同类别的数据。就数学理论而言，逻辑回归和线性回归之间的唯一区别是应用于先前线性回归多项式方程的 Sigmoid 函数。该函数有助于将输出值转换为逻辑曲线上 0 到 1 之间的概率，如图 14.1 所示，即

$$Y_{\log} = S(Y_{\text{lin}}) = S(aX^{\text{T}} + b) \tag{14.2}$$

式中，$S(x) = 1/1 + e^{-x}$ 表示 Sigmoid 函数；Y_{lin} 表示线性回归算法。

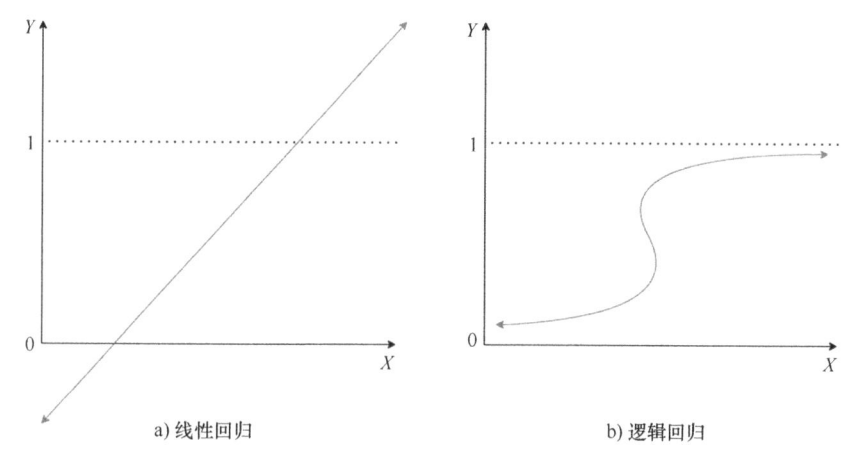

a) 线性回归　　　　　　　b) 逻辑回归

图 14.1　给定相同输入 X 的情况下，线性回归和逻辑回归之间输出 Y 之间的差异

14.1.2　人工神经网络

人工神经网络是通过其他单元层相互连接的计算单元。这些计算或处理单元转换其输入信息，并再次重新分配到其他处理单元。这些处理单元被称为神经元，可以解释人工神经网络这个名字，它最初的灵感来自人脑神经网络。如果我们更深入地了解 ANN 工作原理的细节，可以发现单个神经元与逻辑回归有明显的相似之处，因为当激活函数为 Sigmoid 时，每个神经元都可以充当逻辑回归算法。我们还可以将 ANN 中每个不同的神经元视为具有附加激活函数的线性回归算法，该激活函数的范围可以是 Sigmoid、ReLU、tanh、Softmax 或任何其他自定义激活函数。我们可以通过图 14.2 所示简单 ANN 的详细介绍（多层感知器的示例）证明这一点。

正如我们所观察到的，我们将具有 3 个值的 X 向量作为输入，将具有 2 个值的 Y 作为输出，将 S 作为具有 4 个值的隐藏层向量。F_1 和 F_2 分别是 S 和 Y 的激活函数，$W1$ 和 $b1$ 是 S 表示的隐藏层的权重和偏置，对于输出向量 Y 同样适用于 $W2$ 和 $b2$。

输出向量 Y 的准确率取决于该网络中所有元素的和参数，从权重、偏差和激活函数到学习率、批量大小以及层或神经元的数量。这些算法学习过程的目的和灵感来自于，通过反向传播更新权重以降低输出预测的错误率[1]。这基本上意味着，可以通过计算该成本函数相对于链式法则中权重的导数，使用输出实际值与预测值之间的差异来训练前馈网络。

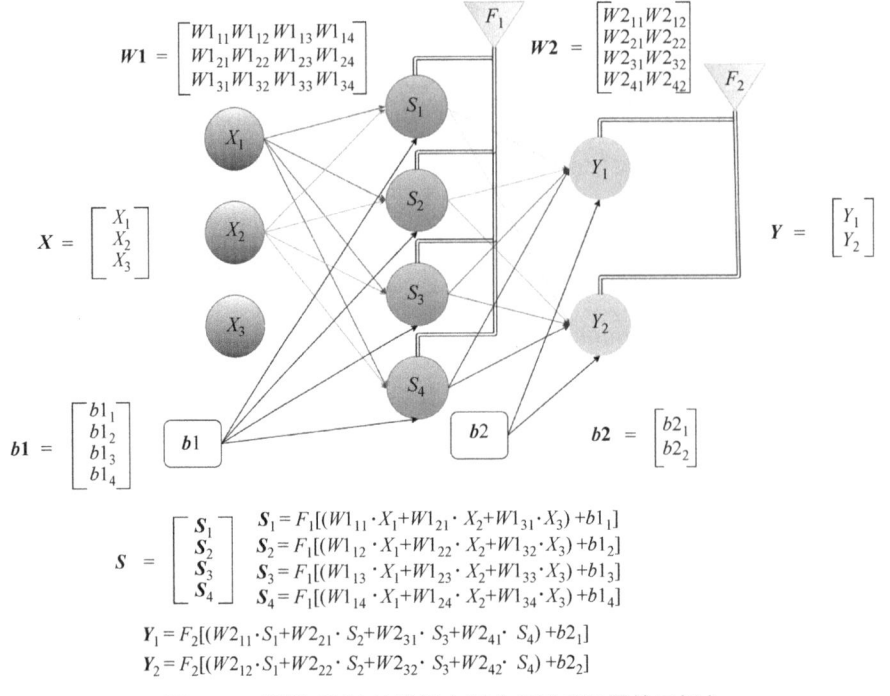

$$W1 = \begin{bmatrix} W1_{11} & W1_{12} & W1_{13} & W1_{14} \\ W1_{21} & W1_{22} & W1_{23} & W1_{24} \\ W1_{31} & W1_{32} & W1_{33} & W1_{34} \end{bmatrix}$$

$$W2 = \begin{bmatrix} W2_{11} & W2_{12} \\ W2_{21} & W2_{22} \\ W2_{31} & W2_{32} \\ W2_{41} & W2_{42} \end{bmatrix}$$

$$X = \begin{bmatrix} X_1 \\ X_2 \\ X_3 \end{bmatrix} \quad Y = \begin{bmatrix} Y_1 \\ Y_2 \end{bmatrix}$$

$$b1 = \begin{bmatrix} b1_1 \\ b1_2 \\ b1_3 \\ b1_4 \end{bmatrix} \quad b2 = \begin{bmatrix} b2_1 \\ b2_2 \end{bmatrix}$$

$$S = \begin{bmatrix} S_1 \\ S_2 \\ S_3 \\ S_4 \end{bmatrix}$$

$$S_1 = F_1[(W1_{11} \cdot X_1 + W1_{21} \cdot X_2 + W1_{31} \cdot X_3) + b1_1]$$
$$S_2 = F_1[(W1_{12} \cdot X_1 + W1_{22} \cdot X_2 + W1_{32} \cdot X_3) + b1_2]$$
$$S_3 = F_1[(W1_{13} \cdot X_1 + W1_{23} \cdot X_2 + W1_{33} \cdot X_3) + b1_3]$$
$$S_4 = F_1[(W1_{14} \cdot X_1 + W1_{24} \cdot X_2 + W1_{34} \cdot X_3) + b1_4]$$

$$Y_1 = F_2[(W2_{11} \cdot S_1 + W2_{21} \cdot S_2 + W2_{31} \cdot S_3 + W2_{41} \cdot S_4) + b2_1]$$
$$Y_2 = F_2[(W2_{12} \cdot S_1 + W2_{22} \cdot S_2 + W2_{32} \cdot S_3 + W2_{42} \cdot S_4) + b2_2]$$

图 14.2 简单 ANN 的详细介绍（多层感知器的示例）

反向传播梯度或导数计算也可以受益于各种不同的训练方法；然而，梯度下降及其变体是最常见和最有效的一种假设。这些假设同样适用于简单的多层感知器，可以理解为一种机器学习算法，也可以理解为具有堆叠层和复杂设计的深度学习人工神经网络。

这些深度学习网络的缺点之一是，当这些网络包含大量层或神经元时，由于梯度计算的计算需求和处理能力要求很高，这意味着需要更长的训练时间，尤其是对于大量数据的处理。然而，对于大型数据库和复杂问题来说，深度学习的使用几乎是必要的，为获得更好的结果和更大的优化，只有通过大量参数和层的存在才能实现。

14.1.3 卷积神经网络

卷积神经网络（CNN）是继使用具有深层架构和堆叠层 ANN 之后，人工智能领域的又一次演变和取得的又一进步。尽管 ANN 确实是强大的算法，但其无法产生高效的性能，不具备计算机视觉和图像可持续处理的能力，这为 CNN 的崛起开辟了道路。

CNN 与 ANN 具有相同的基本原理，但 CNN 卷积层的独特之处在于其使用的过滤器（也称为卷积核），可以从数据或图像中选择和提取特征，并将其传递到下一层。这一特性可以提供巨大的优势，并通过使用按比例缩小和少量提取数据细节来识别复杂性增加的模式，从而发展神经网络的潜力。此功能还可以帮助降低算法的复杂性，以便理解所有数据。

此外，CNN 可以通过将来自图像或其他类型来源的大量数据，减少为特定的模式和特征来加速这一过程，从而引导神经网络做出正确的决策或预测正确的结果。CNN 的卷积层在滤波器和输入数据之间执行卷积，卷积核滑动通过输入数据矩阵进行点积运算，以产生特征图，即此过程生成的输出。如图 14.3 所示，我们使用单个滤波器的卷积从黑色和 x 符号中提取主对角线特征。

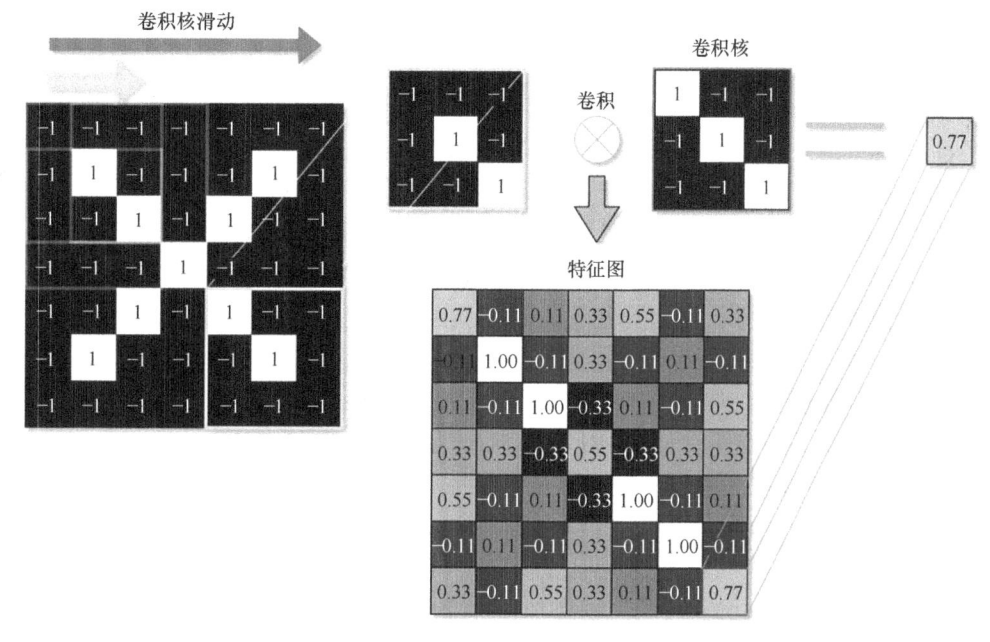

图 14.3　在 X 黑白图像上使用一个卷积核的卷积层

通常，卷积层后面跟着池化层以减少数据的维度。如图 14.4 所示为卷积层特征图提取之后的池化操作。然而，大多数基于 CNN 架构通常在模型输出端包含一层或两层，甚至更多层的 ANN。这些层可以用于转换 CNN 的特征提取过程，并从模型中获得所需的结果。

图 14.4　窗口大小为 2、步幅为 2 特征图的最大池化

14.1.4　循环神经网络

循环神经网络（RNN）是一种不同类型的 ANN，与 CNN 相比，其概念完全不同。RNN 是能够有效掌握不同输入之间关系的神经网络，使用先前的输出作为输入，同时具

有隐藏状态。RNN 的优势是记忆功能，它们能够记住过去并根据所学到的知识做出决策，这使得它们在处理时间序列相关数据或顺序数据时，比 ANN 和 CNN 具有更大的优势。

通常，RNN 用于语音识别、自然语言处理和语言翻译。RNN 的输入向量是任意大小，并且由于结果依赖于先前的输入和先前的状态，因此相同的输入向量可以在网络中产生不同的输出。图 14.5 所示为简单的 ANN、RNN 和由输入序列 n 的长度展开的 RNN。在展开的流程图中，我们注意到所有具有权重和偏差的网络，在与时间相关的每个步骤中都保持相同，除了每个时间步骤中的输入在隐藏单元（隐藏层）中与通过网络之前的状态连接起来。此属性需要通过在每个时间点进行梯度计算来进行反向传播。

尽管 RNN 是处理时间序列相关数据的强大工具，但最近它们在语言处理中已被转换网络和注意机制算法所取代，这些算法是更复杂和成熟的方法。使用 RNN 最重要的缺点是计算成本高、速度慢且反向传播不稳定计算，会导致某些梯度消失和梯度爆炸问题，特别是长期依赖性问题。然而，RNN 仍然是最强大的深度学习算法之一，尤其是由它生成的众多变体，如门控循环单元（GRU）和长短期记忆网络（LSTM）。这些变体最初是为了解决传统 RNN 梯度消失问题并减少其训练参数而创建的。

14.1.5 深度学习架构

第一个卷积网络和深度学习基础的最初构建模块是 Yan Lecun 在 1988—1998 年间构建的 LeNet 网络[1]。LeNet，尤其是 LeNet5，被认为是当今大多数深度学习架构的起源，甚至在拥有 GPU 和计算能力之前就成功地利用了卷积、反向传播、可学习权重和偏差。该网络成功地从图像中提取特征并识别手写数字。1998 年，LeNet 在这一领域取得成就之后，该领域只取得了缓慢的进展，一直持续到 2010 年。这段休眠期是伴随着计算能力、GPU 以及收集数据的可用性和增长的发展和进步而发生的。

在这个萎缩阶段之后的几年里，深度学习的范围获得了指数级的增长，这始于 DanCiresanNet[2] 和著名的 AlexNet（它在 2012 年的 ImageNet 竞赛中击败了所有其他参赛者）[3]。Alex Krizhevesky 等人[3]通过提出新概念（例如，使用 ReLU 作为激活函数、dropout 正则化和重叠最大池化），创建了一个比经典的卷积神经网络（LeNet）更深入、前景更广泛的 CNN。该网络成为该领域研究的瑰宝和基石，同时也是即将到来的发生深度学习革命的根本原因。

AlexNet 超越了所有传统的机器学习和统计方法，向研究人员展示了这些网络有多么强大，并提供对该领域可以实现的可能性、发展和进步的看法。2013 年，发明了 ZFNet[4] 的 Zeiler 等人的工作，以及来自 Yan Lecun 纽约大学实验室的 Sermanet 和 Overfeat[5] 的工作，都源自 AlexNet 和早期系统的直接后代。这些网络包括降低计算复杂性和所需的参数，以及网络设计和整体精度的一些优化和改进。同年（2013 年），Min 的工作引入了网络中网络（NiN）的概念，也提供了不同的视角和新概念[6]。

NiN 使用多层感知器卷积（1×1 滤波器），增强了网络的非线性，并引入了用全局平均池化（GAP）替换全连接层的概念。GAP 减少了参数的数量，并从大特征图中产生了低维度的特征向量，而没有减少它们的维度。图 14.6 所示为 1988—2013 年网络架构的差异和演变。

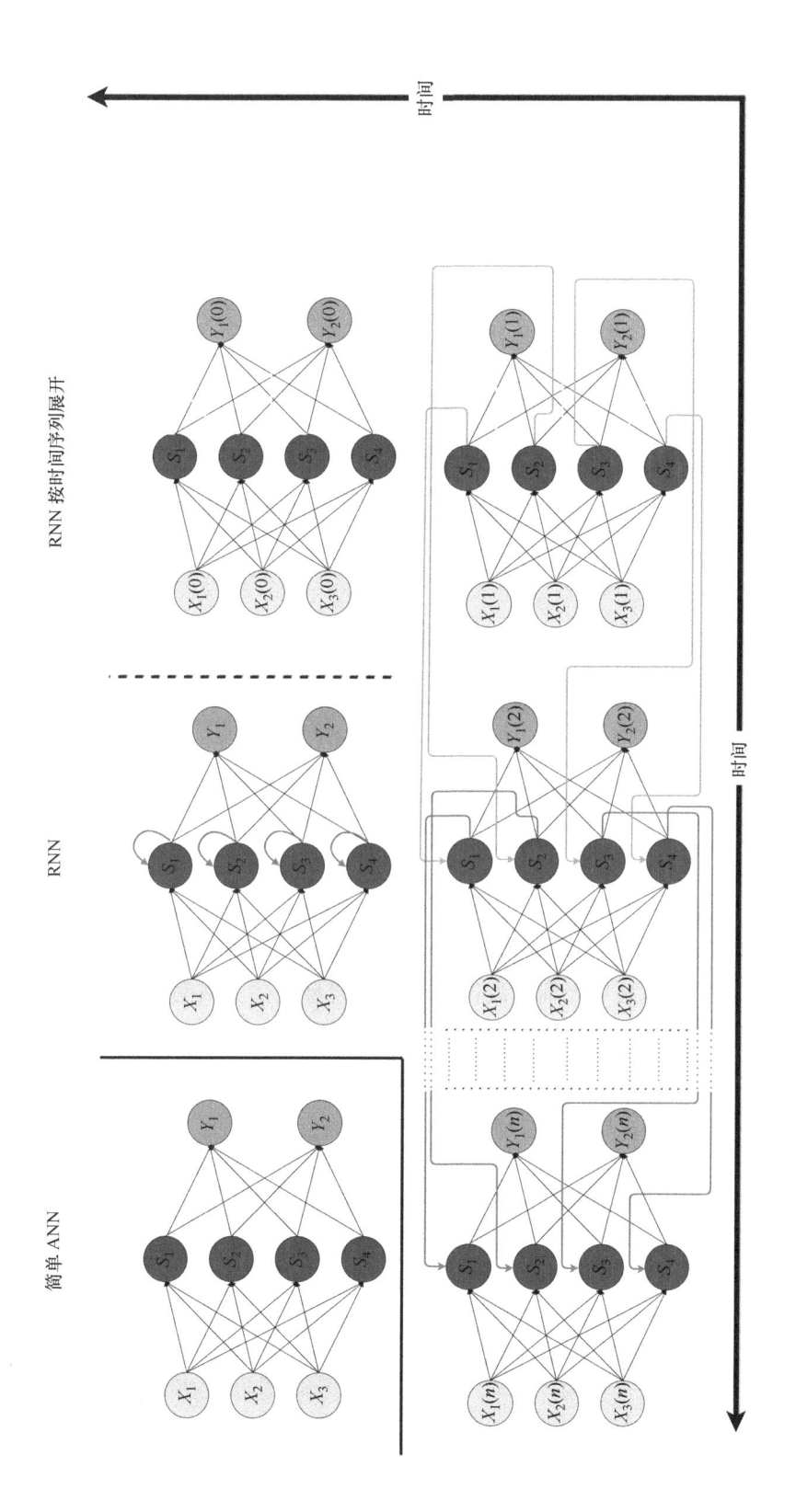

图 14.5 简单的 ANN、RNN 和由输入序列 n 的长度展开的 RNN

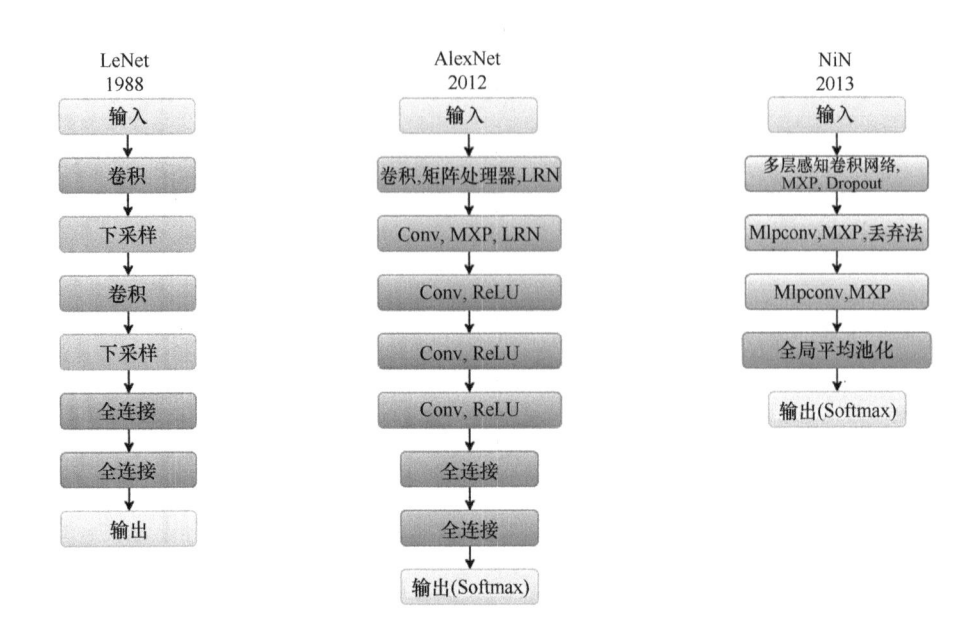

图 14.6　第一个重要的 CNN 架构的比较（1988—2013 年）

输入—输入层
卷积（Conv）—卷积层
下采样—局部平均子采样/下采样层
全连接—全连接层（前馈感知器）
矩阵处理器（MXP）—最大池化层
局部响应归一化（LRN）—用于 ReLU 无限激活的局部响应归一化
线性整流函数（ReLU）—线性整流激活函数
多层感知卷积网络（Mlpconv）—多层感知卷积网络层（1×1 过滤器）
丢弃法（Dropout）—丢弃正则化层
全局平均池化—通过全局平均池化层降低网络参数
输出—输出层
输出（Softmax）—使用 Softmax 激活函数的输出层

2014 年见证了两个重要网络的崛起，即由 Simonyan[7] 构建的视觉几何组或深度卷积神经网络（VGGNet）以及 2014-ILSVRC（计算机视觉竞赛）的获胜者 GoogleNet，也称为 Inception-v1[8]。VGG 是最早大幅扩展网络深度的模型之一。该网络有先例，是使用较小尺寸的 3×3 滤波器依次堆叠更多层，而不是使用常用的 5×5、7×7 和 11×11 尺寸。这种方法提高了网络的学习能力，通过模仿大过滤器的效果，同时用较小的连续过滤器替换它们，允许提取更复杂的特征并降低计算的复杂性。

GoogleNet 被认为是第一个初始架构，也是第一个在神经网络中提出初始块概念的。初始块的概念提供了新的信息提取转换，如将特征分割合并到具有不同滤波器大小的不同卷积信道，以实现特征的不同空间分辨率。这意味着网络的正常卷积层被稀疏卷积连接块替换并行操作，以避免在正常的连续卷积中提取冗余信息。神经网络（GoogLeNet）还使用受 NiN 启发的瓶颈卷积部分（1×1 滤波器）进行降维，以降低计算成本。这些特性将 GoogLeNet 的网络参数和计算负担减少到其前身 VGG 或 AlexNet 的 10 倍以上，同时提高了其准确率和学习能力[9]。

GoogLeNet 团队在接下来的几年里又生产了 5 个网络，分别将它们标记为 Inception-v2、

Inception-v3[10]、Inception-v4、Inception-ResNetv1 和 Inception-ResNetv2[11]。这些网络提供了各种不同的概念和改进，这些概念和改进对该领域产生了重大影响并为他的发展做出了贡献。

我们简要提到批量归一化[12]，这是广泛使用且备受好评的技术之一，可在网络训练期间加速收敛并减轻层间非归一化数据的协变量偏移。批量归一化也用作正则化技术。2015-ILSVRC 的获胜者也是该领域最具影响力的网络之一；我们谈论的是残差网络架构 ResNet[13]。该网络是处理梯度消失问题的最佳架构之一，尤其是深度超过 100 个可训练层的网络，并且在接下来的模型迭代中达到了 1000 多个。

ResNet 成功的秘诀在于一个新概念，该概念指示将特征传递到两个连续的卷积层，以及相同特征的旁路路线，并在输出中实现满足，从而保证跨层连接。ResNet 块是两个卷积层处理特征的连接，以进行详细的提取，直接特征旁路也称为残差连接，可以加速收敛，同时为网络提供先前提取特征的额外提示。

图 14.7 所示为前面提到的网络，因为它们构成了深度学习中最重要的架构，也是继承每个架构的主要灵感来源。ResNet 发布后，接下来几年的趋势集中在沿用残差网络（ResNet）和 GoogLeNet 的成功案例。各种经过验证的网络集成了它们有影响力的概念，如前面提到的 Inception 版本或轻量级的卷积神经网络（SqueezeNet）架构，它们显著减少了参数数量[14]。

随着这些先进网络的兴起，需要缓解的挑战是如何在收敛的准确率和速度之间达成权衡。一种深度可分离卷积（Xception）[15]、稠密连接网络（DenseNet）[16] 和胶囊网络（CapsuleNet）[17] 也是之前网络的其他继承，将 AlexNet、NiN、VGG、GoogLeNet 和 ResNet 的创意发挥到了极致，并在架构构建上展现了非凡的独创性。虽然这些网络的成功是不可否认的，但某些特定任务无法像其他任务那样从这些网络中受益。自然语言处理、目标检测和分割任务与计算机视觉和分类问题有很大不同。这一事实迫使其他网络需要依赖循环神经网络和卷积神经网络的融合来满足这些需求。

第一个使用循环卷积层的混合网络是循环卷积神经网络（或 RCNN）[18]，随后是受 ResNet 启发的改进版本，名为初始卷积循环神经网络（IRCNN）[19]。此外，第一个专门用于分割任务的网络是全卷积网络（FCN）[20]，后来升级为语义分割（SegNet）[21]。这些网络需要执行卷积和子采样的编码和解码操作，然后进行反卷积和上采样。对于目标检测任务，已经创建和开发了许多网络，最引人注目的是基于区域的卷积神经网络（RegionCNN）[22]，后来开发了深度学习中的目标检测算法（Faster R-CNN）[23]、基于区域的卷积神经网络（Fast R-CNN）[24] 和用于目标实例分割的深度学习算法（Mask R-CNN）[25]。这些以检测为中心的网络也被其他更复杂和更先进的网络所继承，特别是密集对象检测的焦点损失[26]，机器视觉工具（YOLO）[27] 和快速检测框架（SSD）[28] 它们的所有迭代，如 YOLOv3[29]、目标检测算法（DSSD）[30] 和深度监督对象检测器（DSOD）[31]。

以对象检测为中心的网络，训练两个相互依赖的损失函数：一个用于标准分类函数，另一个用于负责检测对象位置的回归函数。

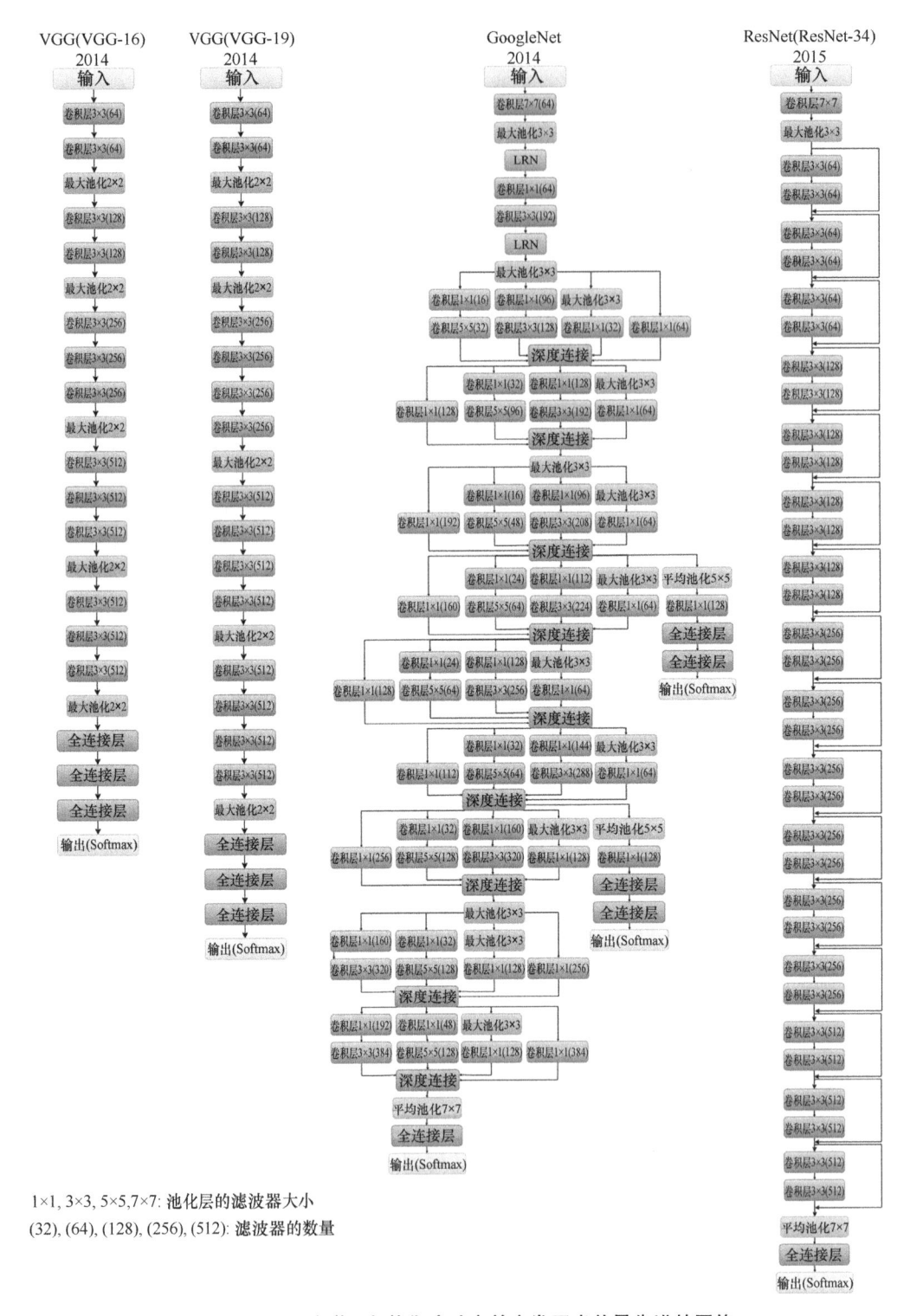

1×1, 3×3, 5×5,7×7: 池化层的滤波器大小
(32), (64), (128), (256), (512): 滤波器的数量

图 14.7 深度学习架构彻底改变并启发了当前最先进的网络

14.2 深度无监督和半监督学习

虽然在这个领域见证了所有突破之后，从第一个卷积神经网络和循环神经网络到所有彻底改变和动摇该领域基础的不同网络架构，但灵感和创造力从未消退。深度学习不断演变和发展，创造了新的思想和概念，突破了各个领域研究人员所面临的问题，并获得了当前的进步和声誉。随着深度学习标准概念和监督学习算法的流行，其他无监督和半监督学习方法也大放异彩，并占据了主导地位，创造了一个新的平台，展示了当前深度学习的技术水平。

14.2.1 受限玻尔兹曼机和深度置信网络

受限玻尔兹曼机（RBM）是一种特征提取和降维算法，最初被称为和谐理论，由PaulSmolensky 于 1986 年创建[32]。RBM 是由两层组成的生成模型：输入层和隐藏层，同一层单元之间的连接受到限制，因此在命名中使用"受限"。

AE 是确定性模型，意味着它们总是在输出中产生完全相同的预测，而 RBM 则有一个随机过程，使用对比散度来提取输入的概率分布，这构成了 RBM 和 AE 之间的根本区别。另一个基本区别是有两个偏差，而不是每个偏差对应于每一层。

RBM 也是深度置信网络（DBN）的构建模块。DBN 在预训练阶段使用 RBM 堆叠块，在微调阶段使用标准前馈多层感知器网络[33]。DBN 是一种半监督网络，第一阶段被视为无监督预训练，第二阶段是通过输出层分类网络实现监督微调。DBN 是一种生成模型，可以通过如图 14.8 所示进行说明。

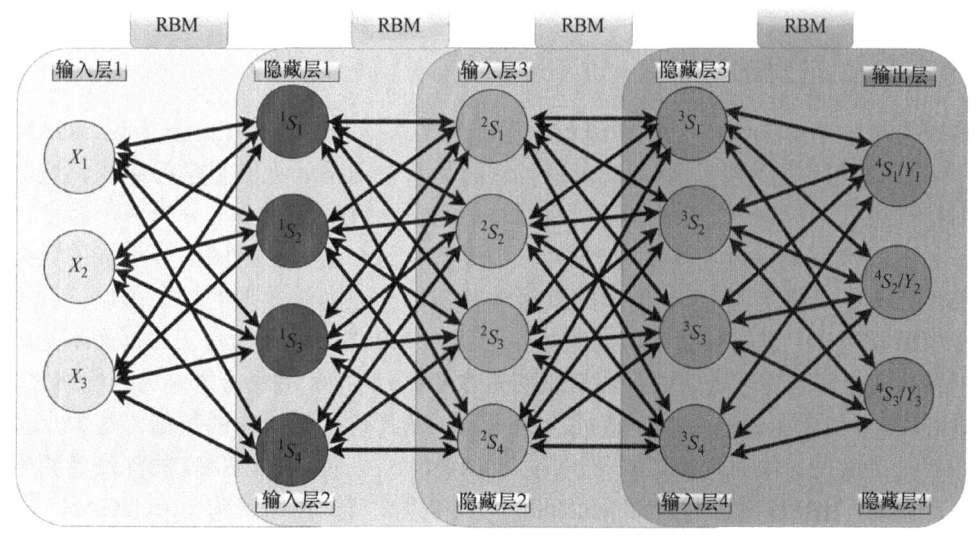

图 14.8 具有 RBM 构建块的 DBN 架构

14.2.2 自编码器和变分自编码器

自编码器（AE）是最常见的无监督学习算法之一[34]，用于编码而不是从输入开始预测结果。该操作的好处主要是降维、去噪或压缩。这些网络首先通过提取隐藏层中的低维特征来对输入进行编码,以达到紧凑的特征表示。然后在解码阶段,这些紧凑的特征反向生成输入,同时尝试最小化重建误差。

在 AE 成功的基础上,变分自编码器(VAE)的想法应运而生,从自编码器的简单性中创建了一个生成模型[35]。VAE 是一种自编码器,使用概率方法提取潜在的空间分布,对重建过程中使用的紧凑特征进行采样。

图 14.9 所示为 AE 和 VAE 之间的区别在于 VAE 提取潜在空间的分布,而不是简单的紧凑特征。这种潜在空间分布随后用于生成紧凑的特征,最终被解码为重构的输入。通过变分自编码器的出现,VAE 也被用于时间序列数据的开发和应用[36]。

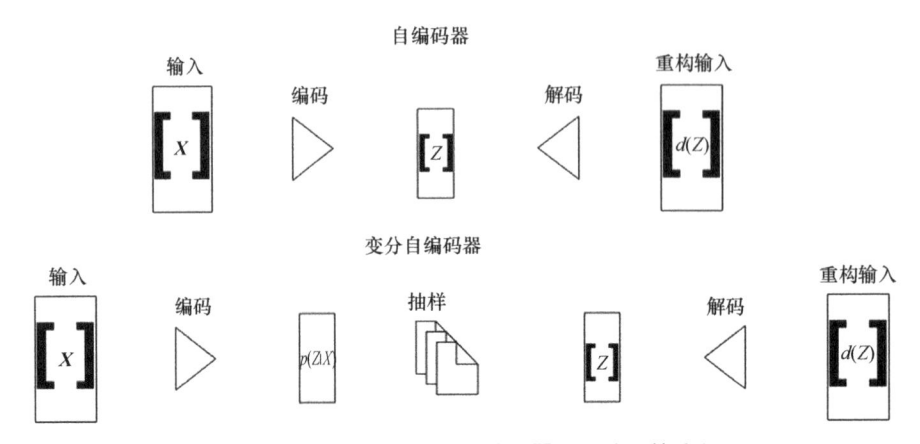

图 14.9 自编码器和变分自编码器之间差异的流程图

14.2.3 生成对抗网络

生成对抗网络(GAN)是一种流行的生成模型[37],正如 Yan Lecun 所说,GAN 是过去 10 年深度学习领域发生的最好的事情。它们是两个网络的无监督学习系统,这两个网络以对抗性方式同时训练,替代了最大似然估计方法。GAN 基本上分为两个模型,一个模型开始生成数据(称为生成模型),另一个模型称为判别器,试图区分生成的数据(虚假)和原始数据(真实)。这些生成的数据被鉴别器标记为假数据的损失函数,训练我们的生成模型以改进生成的数据,试图欺骗鉴别器,使其将它们视为真实数据而不是虚假数据。这种将两个网络相互训练的新颖概念使得 GAN 成为该领域最有影响力的网络之一。

GAN 过去和现在都是一个非常成功的网络,尤其是基于图像的数据,这为众多网络的出现打开了大门,如条件生成对抗网络(CGAN)[38]、称为 DCGAN 的深度卷积生成对抗网络[39]、堆叠生成对抗网络(StackGAN)[40]和生成对抗网络架构(StyleGAN)[41]。在过去 10 年中,出现了数十种其他 GAN 变体,这是它们获得成功和具有潜在价值的另一个指标。

14.2.4 Transformers 模型架构

转向另一种新颖且有影响力的现代最先进方法,Transformers 是一种自注意力机制的网络架构,最初是为自然语言处理任务开发的。作为半监督学习网络的最新版本,也是谷歌大脑（GoogleBrain）团队在2017年提出的革命性命题，论文 *Attention is all you need* [42]，他们暗示要改变一切。

自然语言处理的任务被 RNN 及其已经提到的变体 LSTM 和 GRU 取代。尽管它们具有 RNN 及其变体未能摆脱其顺序过程的性质，这限制了它们利用 GPU 并行操作的优势。这个问题与梯度爆炸问题一起影响了它们的性能并限制了它们的发展。

Meta AI 团队尝试首先使用卷积和 Seq2Seq 网络[43] 来解决这个问题，通过将输入分层表示为固定大小的向量、位置嵌入来捕获句子的顺序和多步注意力。Transformers 放弃了卷积和递归，建议对每个单词位置进行编码，并应用多头注意力机制，无论它们在输入或输出句子中的位置如何，都能够捕获依赖关系。如图 14.10 所示，变压器将整个输入序列立即编码为连续表示，一次解码一个标记，生成翻译或变换单词的输出向量以及每个单词的概率。

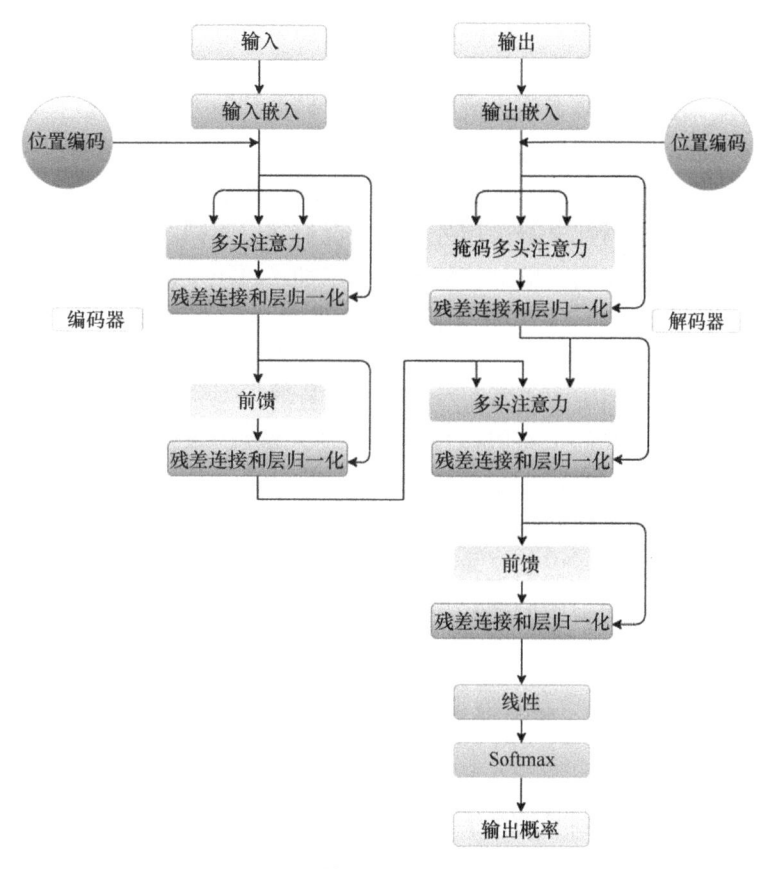

图 14.10　Transformers 第一次迭代的架构（具有单编码阶段）

2020 年，Transformers 通过 Google 的视觉转换器进入了图像和计算机视觉领域[44]。2021 年，随着 Transformers 的发展及新自注意力机制的重要性，研究证实前馈层与残差连接对实现高性能的必要性[45]。同年，Meta AI 的 Timesformers 发布，将 Transformers 方法应用于视频[46]。这一成功为变压器进入驾驶行为和车辆通信等其他领域打开了大门。

275

14.3 超参数、预处理和优化

无论神经网络及其架构多么强大，如果没有与精心挑选的超参数和预处理步骤相匹配，结果将直接影响性能并产生负面影响。每个神经网络都有某种问题或弱点，我们可以通过一些简单的参数调整或预处理来解决和减轻其影响，从而提高所选架构的效率。大多数网络弱点可以追溯到一些常见的问题，如欠拟合、过拟合、梯度消失或爆炸问题、局部最小值或平坦区域以及训练时间长或缺乏并行化等问题。这些问题总是在它们之间展开拉锯战。如果我们不够小心，在试图解决其中一个问题时，可能会导致出现一个或多个其他的问题。

14.3.1 数据增强和迁移学习

这里唯一确认的事实是，所有深度学习算法最常见的缺陷和首要规则是需要大量的数据。没有足够的数据作为输入，可能会导致网络出现拟合不足或过度拟合，这意味着在这两种情况下都会出现性能缺陷，错误率高或无法泛化。这个问题可以通过获取更多数据的最简单解决方案来解决，或者作为最后的手段，转向其他方法，如数据增强、人工生成数据，甚至迁移学习。当谈到数据增强时，如果我们以计算机视觉为例，我们可以翻转图像、裁剪、缩放、旋转、平移图像，丢失一些信息，甚至添加一些噪声。

这些简单的方法可能看起来毫无用处，因为我们在以不同的形式重复相同的图像；然而，它们帮助网络不依赖于明显的幼稚特征，并增加了可用于训练的数据数量。人工生成的数据或也称为合成数据，是我们在无监督和半监督学习算法部分中讨论生成模型的产物。无论是 RBM、DBN、VAE 还是 GAN，这些模型都能够非常高效且一致地基于原始数据生成数据，以及具有相同概率或潜在空间分布的数据。

缺乏大数据集或数据短缺也可以通过迁移学习来解决，这使我们省去了从头开始构建深度学习模型或长时间对其进行广泛训练的麻烦。迁移学习是一种毫不费力的行为，由其他参与者在极大的数据集上使用预训练模型，使用我们可用的新数据更新其权重系数，有时还包括对网络的其他定制，以满足我们的需求。网络可以开始使用在类似数据预先训练的权重上进行学习，然后根据我们拥有的数据进行更新，从而节省了对不可用数据重复相同操作的时间和精力。

14.3.2 权重初始化、激活函数和优化器

在训练深度学习模型时，对优化器、权重初始化和激活函数的选择，可能意味着收敛到所需结果的模型与未能达到其一半潜力模型之间的差异。这些因素具有相关性，可以单独影响我们培训课程的结果。CNN 的主要弱点之一是它们需要适当的权重初始化进行细化，以避开局部最小值点。

由于可能产生的后果以及多年来缺乏明确的方法论，权重初始化一直是研究人员感到困惑的话题[47]。第一个权重初始化方法是 Xavier 初始化，其承诺在网络的所有层中保留激活和梯度的方差[48]。2015 年，另一种非常成功的初始化方法被创建，暗示初始化方法不仅仅取决于层数，还应该考虑激活函数，这个方法就是 He 初始化[49]。He 初始化，证明

了它是 ReLU 和带泄漏的修正线性单元（leaky ReLU）激活的最佳初始化选项，而 Xavier 权重初始化方法优于 tanh 激活函数。

这些结论使我们得出在准备网络训练时应考虑的另一个因素，即激活函数。激活函数管理隐藏层的学习方式和输出层的预测类型，使得它们对网络训练是否成功至关重要。Sigmoid 和 tanh 被认为是使用多年的传统激活函数，而 ReLU、leaky ReLU 和 ELU 是新一代激活函数。

ReLU 现在被认为是最流行和最常用的隐藏层激活，因为它简单并且能够克服传统激活函数的限制[50]。ReLU 及其变体通常是 ANN 的最佳解决方案，尤其是 CNN，可以防止这些网络陷入梯度消失问题。与 Sigmoid 和 tanh 激活不同，ReLU 通常更适合 RNN，但会带来不便和对梯度消失问题敏感的代价。

当输出层通常具有与其他层不同的激活函数时，Sigmoid 和 Softmax 主要用于分类，而回归问题则倾向于使用线性激活函数。如图 14.11 所示为最常见的激活函数以及生成它们的数学表达式。

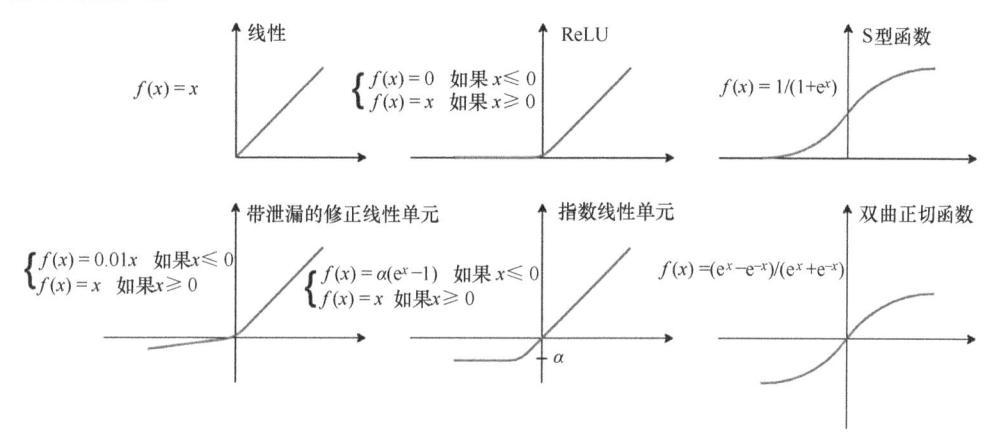

图 14.11 最常见的激活函数

训练算法（也称为优化器）随着时间的推移而不断发展，试图解决梯度消失和梯度爆炸问题，同时快速收敛到最佳解决方案。梯度消失问题会阻止算法训练或延迟，而梯度爆炸问题会导致算法完全错过收敛点并超调到另一个局部最小值。每个优化器的效率是通过其克服这两个问题的能力来衡量的。多年来，深度神经网络已使用许多训练算法，其目标是找到最佳权重组合，以最小化模型的误差方程式也称为损失函数。

我们有各种具有不同优缺点的优化器可用于训练神经网络，这使得为我们的模型选择合适的优化器成为一个重要的过程。梯度下降是一种易于理解和实现的优化器，其仅依赖于损失函数的导数，但需要大量内存，因为导数计算是在一次更新中对整个数据集完成的，这使得大型数据集的速度变慢。

随机梯度下降（SGD）是梯度下降的另一种变体，它随每个数据集样本而更新；这使得它可以灵活地处理大型数据集，并减少对大内存的需求。然而，SGD 的高频率更新可能会导致高方差和噪声梯度，从而对误差产生相反的影响。

小批量梯度下降是通过创建前两个优化器的组合来解决这个问题的，这使得它成为它们之间的良好折中。Nesterov 加速梯度（NAG）为 SGD 添加了动量项，这使得优化器考虑到更新的历史记录，提高了其稳定性，但添加了另一个需要仔细调整才能获得所需结果的超参数。

自适应梯度下降（AdaGrad）引入了自适应学习率，该学习率会随着每次迭代而自动变化，这使其成为稀疏数据的良好解决方案；然而，由于需要二阶导数计算，计算成本很高。自适应学习率调整算法（AdaDelta）与 AdaGrad 相同，但取消了自动衰减学习率的义务。

均方根传播（RMSProp）是 AdaGrad 的另一个版本，其学习率采用梯度指数平均值，并自动调整，使其成为 AdaGrad 与动量的组合。

最后，自适应矩估计（也称为 Adam）是最成功和最流行的优化器之一。它具有自适应学习率，结合了 AdaDelta 和 RMSProp 的优点，使用过去梯度的衰减平均值和过去梯度的平方衰减平均值，使其具有快速收敛、抵抗梯度消失和高方差的优点，但计算成本昂贵[51]。

14.3.3 训练时间、预处理和架构改进

深度学习算法通常需要大量的计算能力，这需要中央处理器（CPU）和图形处理器（GPU）等硬件资源的可用性，并且会影响收敛速度，某些算法需要数天或数月的训练才能产生切实的结果。当 GPU 可用时，与 RNN 相比，CNN 是训练速度更快的算法。这是由于他们利用 GPU 并行化工作负荷的能力，将训练时间提高 10 倍或 100 倍。然而，RNN 在其架构和训练过程中具有顺序性，使得它们不可能并行化训练，从而导致相对于 CNN 的训练速度较慢。影响训练时间值的另一个因素是训练数据的大小及其对模型训练的效用。

拥有大数据对于训练任何深度学习网络都非常有用，除非数据质量受到损害并且包含污染样本或是对我们的目标无用的信息。对于这个问题，数据预处理是通过数据清洗、数据缩放、特征选择和降维来完成的。

1）数据清洗涉及组织数据、通过回归、缺失值处理、插值或集中消除某些数据部分，以及删除可能影响模型偏差的冗余和重复。

2）数据缩放是数据的标准化或归一化，通过强制在同一尺度上比较不同特征、调整特征分布以获得更好的性能，从而消除网络可能陷入的任何偏差。

3）特征选择和降维也是改变特征分布和消除偏差的技术，从而可以更好地接收数据作为网络输入。

有多种降维技术可以提供更好的特征管理，包括主成分分析（PCA），这是一种统计过程，有助于以更简洁和可解释的形式表达数据，以及我们之前在无监督学习部分中讨论过的其他方法，如自编码器。由于大数据的出现，以及原始未标记或非分类数据的广泛可用性，无监督学习在当前依然重要。

还有其他实践可以帮助加快网络的训练时间，如学习率调整和涉及额外优化功能和层操作的架构细化。学习率控制权重更新速度，直接影响训练时间和收敛性。正如我们在不同的优化器中看到的，其中一些训练算法可以应用自适应学习率，减少训练时间并提高训练过程中学习率变化的收敛性。

架构改进中最著名的补充之一是批量归一化和丢失（Dropout）正则化层。批量归一化是另一种应用于网络隐藏层数据的归一化，而不是仅应用于输入层。这个附加功能已被证明，可以加速我们的训练过程并提高收敛性[12]。最终，如果我们进一步研究训练时间或在模型中收敛的能力，同时避免过度拟合和梯度消失或爆炸，则需要考虑模型中的层数及其效果以及其他超参数，如滤波器的数量或 CNN 的池化层。网络架构师的选择也会对过度拟合和网络泛化能力提出挑战，无论是使用 ResNet 架构建立的残差连接，还是使用 dropout 正则化层。Dropout 是一种正则化技术，涉及将层中随机神经元的百分比重置为零，从而取消激活它们，目的是防止模型过拟合，提高模型的泛化能力。

14.4 深度学习在驾驶行为分析和车辆通信中的应用

驾驶人行为分析一词出现于 20 世纪 60 年代，最初建立在信息处理模型的心理进步基础上。驾驶人行为分析是利用从车辆或环境中提取的数据来识别驾驶人或将其驾驶风格分为攻击性和正常性，以评估其危险习惯以及可能遇到的危险情况。此分类随后用于在出现危险时提供指导并警告驾驶人周围的环境状况。

1995 年，Dougherty 等人发表了第一篇评论论文。文献 [52]、文献 [53] 详细记录了人工神经网络在所有交通领域所做的工作。这让我们了解到使用驾驶人行为中的 ANN 于 1992 年问世：Yang 等人[54] 和 Doughtery 等人[55]。人工神经网络在驾驶人行为和车辆通信领域的首次出现恰逢第一个深度学习模型的出现时期。自 1996 年美国到 2001 年欧洲汽车车载诊断Ⅱ（OBD-Ⅱ）出现并标准化后，该领域被推广到其他领域，而不再局限于心理学研究和汽车制造商。这一领域的解放恰逢深度学习的兴起，这为将深度学习成果投资于驾驶人行为分析提供了很多机会。尽管这一事件可能是该领域转向深度学习的一个标志，但在 DL 领域还不够成熟，无法提升已经进步领域的分量。

驾驶人行为领域，以及识别、驾驶人状态检测和事件预测等所有子分支，在接下来的 10 年中使用了其他基于规则的算法、统计算法甚至机器学习。这种停滞一直持续到 2012 年 AlexNet 引发的深度学习革命[3]。Singh 等 2013 年的比较研究证实了这一事实。文献 [56] 将其他机器学习算法与深度学习进行比较。这项工作总结了深度学习算法从生理信号到经典机器学习的驾驶人压力水平分析中的优越性。

2014 年，Campo 等人[57] 在驾驶人识别系统中使用深度人工神经网络。同年，Liu 等人实现了深度稀疏自编码器（DSAE）在驾驶人行为可视化中的使用[58]。2016 年，Jain 等人[59] 创建了一个基于 LSTM 循环架构的驾驶人活动预测模型。Philips 等人[60] 也将 LSTM 用于驾驶人意图预测[60]。2017 年，Naurois 等人[61] 应用深度 ANN 进行驾驶人睡意监测和预测，同年，Carvalho 等人[62] 使用 LSTM 和门控循环单元（GRU）来检测攻击性驾驶。Kuefler 等人[63] 在人类驾驶行为模拟、数据生成和预测过程中使用生成对抗网络，与基于规则的控制器竞争，并优于在其方法中也利用深度学习的行为克隆。

2018 年，Baheti 等人[64] 在 VGG 模型[7] 上使用迁移学习，并附加 Dropout 正则化层和批量归一化层，以通过摄像头传感器检测分心的驾驶人。尽管大多数事件检测和动作识别研究都受益于迁移学习，以便为其任务获得切实且可接受的结果，如 Baheti 等人[64]，一些研究人员更喜欢使用自己研发的架构，如 Jeong 等人[65]针对实时驾驶人识别系统。Lee 等人[66]使用深度 CNN，通过激进和便捷的驾驶来对驾驶人情绪进行分类，依赖于驾驶人的面部图像，而不是以前基于生理和惯性测量单元信号的方法。

2019 年，Bian 等人[67]创建了一个深度神经网络（DNN）模型，用于驾驶人风险评估，识别 GPS 和 OBD-Ⅱ 信号中的攻击性驾驶行为，并证明其结果超越了经典的机器学习算法。同年，Zhang 等人[68]创建了 CNN 和基于注意力的 RNN 的多种混合模型，使用 LSTM 和 GRU 进行驾驶人行为识别。

2021 年，Abdennour 等人[69]引入了一种深度学习模型，该模型采用受 ResNet[13]启发的残差连接来进行驾驶人识别，该模型优于 Zhang 等人之前的混合模型[68]。

我们通过这些不同的研究注意到，其中包括不同的任务，如识别、事件和状态检测、可视化和预测、深度学习及其监督和无监督学习的多种应用，在驾驶人行为中得到了广泛应用。

至于车辆通信，它们见证了一次巨大的飞跃发展。车辆来自基本个体实体的状态，其功能与移动操作智能计算机没有任何关联，能够以同质化方式相互通信和交互。车辆通信已成为交通效率和道路安全的必要条件。无论是在无线通信网络、轨迹预测还是交通流量预测中，深度学习在这些领域中的使用都急剧增加，以解决道路上即将增加的车辆数量及其与复杂环境之间的相互作用。该领域与应用 DL 成功的其他各个领域密切相关，如计算机视觉、自动驾驶和无线通信。

在本研究中，我们尝试关注深度学习对车辆通信的直接影响，而不是介绍其他领域的工作并对其进行讨论。我们的目标是强调深度学习算法对于其解决方案来说是合适且合理的。车辆通信目前主要通过三种方式实现：WAVE（车辆环境中的无线访问）的无线 IEEE802.11p 通信协议、光学相机通信（OCC）和可见光通信（VLC）。通过学习高移动性网络的动态和信道估计，DL 被应用于 WAVE。DL 可用于预测信道统计数据，并增强操作车辆链路的瞬时信道估计。

在 2008 年的论文中，Potter 等人[70] RNN 用于预测多输入多输出（MIMO）无线通信系统的瞬时信道状态信息（CSI）。2011 年，Shi 等人[71]提出了一种深度学习神经网络，该网络近似加权最小均方误差（WMMSE）算法，以创建用于加权和速率最大化的线性收发器算法。2017 年，Ye 等人[72]创建了一个深度神经网络，可以预测 CSI 并检测正交频分复用（OFDM）系统信号。2018 年，Luo 等人[73]使用混合 CNN 和 LSTM 深度学习模型来预测 CSI，以实现高效的 5G 无线通信。2019 年，Joo[74]应用深度 LSTM 网络在现实车辆通信环境中进行 CSI 预测。

转向光学相机通信（OCC）和可见光通信（VLC），使我们注意到，大多数使用摄像头传感器作为目标的视觉通信系统，都在使用迁移学习或物体检测，以及我们已经提到的目标识别算法，包括 Region CNN[22]、Faster R-CNN[23]、Fast R-CNN[24]、Mask R-CNN[25]、YOLO[27]、SSD[28]及其迭代，如 YOLOv3[29]、DSSD[30]、DSOD[31]和 YOLOv4[75]。

正如我们已经说过的，通信还包括轨迹预测和交通模式分析，可以确保交通效率和道路安全。我们在这里提到 Khosroshahi 等人 2016 年的论文，文献 [76] 使用 RNN 进行周围车辆的轨迹分析。同年，Ondruska 等人[77]构建了一个深度编码器解码器 RNN，用于来自原始传感器的第一个端到端对象放置方法，无须任何特征操作。

2017 年，Lee 等人[78]在自适应巡航控制辅助系统的周围车辆变道预测模型中使用了深度 CNN。同年，LSTM 模型也被用于轨迹预测，Kim 等人[79]将 LSTM 模型用于高速交通位置概率车辆轨迹预测的 RNN 架构。

2018 年，其他三个基于 LSTM 的网络实现了不同架构的轨迹预测：Park 等人[80]在车辆轨迹的序列到序列预测中使用编码器解码器 LSTM 架构，并分析过去的传感器测量结果以生成车辆的未来轨迹；Deo 等人[81]在与基于 GRU 的生成对抗性模仿学习模型进行比较后，选择了一种基于 LSTM 的新颖架构，用于多车道轨迹机动预测；Xin 等人[82]提出了一种长期轨迹预测，使用 LSTM 可以达到高速公路长达 5s 的预测效果，其性能优于 Kim 等人[79]网络。

2019 年，Dai 等人[83]受 ResNet[13]的启发，创建了一个带有残差连接改进的时空 LSTM，以通过轨迹预测来模拟车辆交互。同年，Ma 等人[84]提出了 Trafficpredict，它是一种使用基于 LSTM 模型和自注意力机制的实时轨迹预测器。

2020 年，Djuric 等人[85]开发了一种混合 CNN/LSTM 模型，该模型可以根据自动驾驶车辆的参与者位置来确定和估计未来轨迹。

当谈到可以确保车辆到基础设施通信和交通流预测的高效管理时，已经使用了多种方法。追溯到 1979 年，Ahmed 等人[86]在短期高速公路交通的第一个交通流预测器中，使用了自回归积分移动平均法（ARIMA）模型。这有助于交通流预测 ARIMA 变体的兴起，如在城市地区使用 ARIMA 而不是在高速公路地区，ARIMA、自回归积分滑动平均带外生变量（ARIMAX）和周期性自回归积分滑动平均（SARIMA）带来了预测精度改进。这些模型后来被卡尔曼滤波器和其他机器学习模型所继承，如支持向量机（SVM）和隐马尔可夫模型。接下来，Park 等人[87]首次将 ANN 用于交通流。

文献 [87] 随着深度学习的发展，人工神经网络的使用也在继续，如 Kumar 等人[88]的深度学习网络可以预测非城市高速公路的交通流。2014 年，Huang 等人[89]提出了一种使用多任务学习进行交通流预测的 RBM 深度置信网络。同年，Lv[90]使用深度堆栈自编码器来学习最终用于预测的通用交通流特征。2015 年，Ma 等人[91]也使用了 LSTM。文献 [91] 在交通流监控环境中进行交通速度预测，经过比较研究，证明了它们相对于其他模型的优越性是使用了 ANN、SVM 和卡尔曼滤波器。

2016 年，Koesdwiady 等人[92]利用深度信念网络（DBN）模型的天气信息改进了交通流预测。同年，Fu 等人[93]交付了用于实时交通流预测器的循环神经网络的变体（GRU）模型，这是 GRU 第一次应用于此任务。2017 年，刘等人[94]使用混合 CNN/LSTM 模型进行了短期交通流预测，Zhang 等人[95]使用基于 ResNet 的时空残差网络预测全市人群流量[13]。2018 年，Zhang 等人[96]使用了预处理归一化和级联 ANN（CANN）。文献 [96] 用于交通流预测，而 Du 等人[97]使用混合 CNN/GRU 模型来完成相同的任务。同年，Lin 等人[98]和 Liang[99]都在交通状态估计和模式敏感的交通流预测中，使用了生成对抗网络。

2019 年，Cui 等人[100]建立了一个交通图卷积循环神经网络，用于受益于空间卷积的网络规模交通学习和预测。Xiao 等人[101-102]提出了一种混合 LSTM 模型，为短期交通流预测任务添加了 Dropout 层和 ANN。Wei 等人[103]提出了用于交通流预测的自编码器和 LSTM（AE-LSTM）的组合。与驾驶人行为分析的情况类似，车辆通信已经成为（并且仍然是）一个严重依赖深度学习的互利关系领域，由于车辆通信领域的进步，促进了深度学习的发展。

14.5　结论

深度学习在过去二十年里经历了令人难以置信的演变，取得了一个又一个突破，并深入到每一个潜在的领域。在本章中，我们介绍了深度学习，回顾了深度学习从其开端，以及该领域面临的问题，到当今复杂架构和革命性模型的演变。

本章详细介绍了这一过程，解释了各种网络的优点和缺点，同时还展示了超参数细化和预处理的巨大可能性，这些可能性可以直接影响架构的成功或失败。最后，我们介绍了深度学习在驾驶人行为分析和车辆通信中的应用，以总结这些领域对深度学习的巨大依赖，这直接促进了深度学习的发展。

参考文献

[1] LeCun, Yann, et al. "Gradient-based learning applied to document recognition." *Proceedings of the IEEE* 86.11 (1998): 2278–2324.
[2] Cireşan, Dan Claudiu, et al. "Deep, big, simple neural nets for handwritten digit recognition." *Neural Computation* 22.12 (2010): 3207–3220.
[3] Krizhevsky, Alex, Ilya Sutskever, and Geoffrey E. Hinton. "Imagenet classification with deep convolutional neural networks." *Advances in Neural Information Processing Systems 25* (2012): 1097–1105.
[4] Zeiler, Matthew D., and Rob Fergus. "Visualizing and understanding convolutional networks." *European Conference on Computer Vision*. Springer, Cham, 2014.
[5] Sermanet, Pierre, et al. "Overfeat: Integrated recognition, localization and detection using convolutional networks." arXiv preprint arXiv:1312.6229 (2013).
[6] Lin, Min, Qiang Chen, and Shuicheng Yan. "Network in network." arXiv preprint arXiv:1312.4400 (2013).
[7] Simonyan, Karen, and Andrew Zisserman. "Very deep convolutional networks for large-scale image recognition." arXiv preprint arXiv:1409.1556 (2014).
[8] Szegedy, Christian, et al. "Going deeper with convolutions." *Proceedings of the IEEE Conference on Computer Vision and Pattern Recognition*. 2015.
[9] Canziani, Alfredo, Adam Paszke, and Eugenio Culurciello. "An analysis of deep neural network models for practical applications." arXiv preprint arXiv:1605.07678 (2016).
[10] Szegedy, Christian, et al. "Rethinking the inception architecture for computer vision." *Proceedings of the IEEE Conference on Computer Vision and Pattern Recognition*. 2016.
[11] Szegedy, Christian, et al. "Inception-v4, inception-resnet and the impact of residual connections on learning." *Thirty-first AAAI Conference on Artificial Intelligence*. 2017.
[12] Ioffe, Sergey, and Christian Szegedy. "Batch normalization: Accelerating deep network training by reducing internal covariate shift." *International Conference on Machine Learning*. PMLR, 2015.
[13] He, Kaiming, et al. "Deep residual learning for image recognition." *Proceedings of the IEEE Conference on Computer Vision and Pattern Recognition*. 2016.
[14] Iandola, Forrest N., et al. "SqueezeNet: AlexNet-level accuracy with 50x fewer parameters and< 0.5 MB model size." arXiv preprint arXiv:1602.07360 (2016).
[15] Chollet, François. "Xception: Deep learning with depthwise separable convolutions." *Proceedings of the IEEE Conference on Computer Vision and Pattern Recognition*. 2017.

[16] Huang, Gao, et al. "Densely connected convolutional networks." *Proceedings of the IEEE Conference on Computer Vision and Pattern Recognition*. 2017.
[17] Sabour, Sara, Nicholas Frosst, and Geoffrey E. Hinton. "Dynamic routing between capsules." arXiv preprint arXiv:1710.09829 (2017).
[18] Liang, Ming, and Xiaolin, Hu. "Recurrent convolutional neural network for object recognition." *Proceedings of the IEEE Conference on Computer Vision and Pattern Recognition*. 2015.
[19] Alom, Md Zahangir, et al. "Inception recurrent convolutional neural network for object recognition." *Machine Vision and Applications 32*.1 (2021): 1–14.
[20] Long, Jonathan, Evan Shelhamer, and Trevor Darrell. "Fully convolutional networks for semantic segmentation." *Proceedings of the IEEE conference on computer vision and pattern recognition*. 2015.
[21] Kendall, Alex, Vijay Badrinarayanan, and Roberto Cipolla. "Bayesian segnet: Model uncertainty in deep convolutional encoder-decoder architectures for scene understanding." arXiv preprint arXiv:1511.02680 (2015).
[22] Girshick, Ross, et al. "Rich feature hierarchies for accurate object detection and semantic segmentation." *Proceedings of the IEEE Conference on Computer Vision and Pattern Recognition*. 2014.
[23] Ren, Shaoqing, et al. "Faster R-CNN: Towards real-time object detection with region proposal networks." *IEEE Transactions on Pattern Analysis and Machine Intelligence 39*.6 (2016): 1137–1149.
[24] Wang, Xiaolong, Abhinav Shrivastava, and Abhinav Gupta. "A-fast-RCNN: Hard positive generation via adversary for object detection." *Proceedings of the IEEE Conference on Computer Vision and Pattern Recognition*. 2017.
[25] He, Kaiming, et al. "Mask R-CNN." *Proceedings of the IEEE International Conference on Computer Vision*. 2017.
[26] Lin, Tsung-Yi, et al. "Focal loss for dense object detection." *Proceedings of the IEEE International Conference on Computer Vision*. 2017.
[27] Redmon, Joseph, et al. "You only look once: Unified, real-time object detection." *Proceedings of the IEEE Conference on Computer Vision and Pattern Recognition*. 2016.
[28] Liu, Wei, et al. "Ssd: Single shot multibox detector." *European Conference on Computer Vision*. Springer, Cham, 2016.
[29] Redmon, Joseph, and Ali Farhadi. "Yolov3: An incremental improvement." arXiv preprint arXiv:1804.02767 (2018).
[30] Fu, Cheng-Yang, et al. "DSSD: Deconvolutional single shot detector." arXiv preprint arXiv:1701.06659 (2017).
[31] Shen, Zhiqiang, et al. "DSOD: Learning deeply supervised object detectors from scratch." *Proceedings of the IEEE International Conference on Computer Vision*. 2017.
[32] Smolensky, Paul. *Information Processing in Dynamical Systems: Foundations of Harmony Theory*. Colorado Univ at Boulder Dept of Computer Science, 1986. https://apps.dtic.mil/sti/citations/ADA620727
[33] Hinton, Geoffrey E. "Deep belief networks." *Scholarpedia 4*.5 (2009): 5947.
[34] Vincent, Pascal, et al. "Extracting and composing robust features with denoising autoencoders." *Proceedings of the 25th International Conference on Machine Learning*. 2008.
[35] Kingma, Diederik P., and Max Welling. "Auto-encoding variational bayes." arXiv preprint arXiv:1312.6114 (2013).
[36] Fabius, Otto, and Joost R. Van Amersfoort. "Variational recurrent auto-encoders." arXiv preprint arXiv:1412.6581 (2014).
[37] Goodfellow et al. "Generative adversarial networks." arXiv preprint arXiv:1406.2661 (2014).
[38] Mirza, Mehdi, and Simon Osindero. "Conditional generative adversarial nets." arXiv preprint arXiv:1411.1784 (2014).
[39] Radford, Alec, Luke Metz, and Soumith Chintala. "Unsupervised representation learning with deep convolutional generative adversarial networks." arXiv preprint arXiv:1511.06434 (2015).
[40] Zhang, Han, et al. "Stackgan: Text to photo-realistic image synthesis with stacked generative adversarial networks." *Proceedings of the IEEE International Conference on Computer Vision*. 2017.
[41] Wang, Xiaolong, and Abhinav Gupta. "Generative image modeling using style and structure adversarial networks." *European Conference on Computer Vision*. Springer, Cham, 2016.
[42] Vaswani, A., Shazeer, N., Parmar, N., Uszkoreit, J., Jones, L., Gomez, A. N., … and Polosukhin, I. (2017). Attention is all you need. *Advances in Neural Information Processing Systems* (pp. 5998–6008).
[43] Gehring, J., Auli, M., Grangier, D., Yarats, D., and Dauphin, Y. N. (2017). Convolutional sequence to sequence learning. *International Conference on Machine Learning* (pp. 1243–1252). PMLR.8).
[44] Dosovitskiy, Alexey, et al. "An image is worth 16 × 16 words: Transformers for image recognition at scale." arXiv preprint arXiv:2010.11929 (2020).

[45] Dong, Yihe, Jean-Baptiste Cordonnier, and Andreas Loukas. "Attention is not all you need: Pure attention loses rank doubly exponentially with depth." arXiv preprint arXiv:2103.03404 (2021).

[46] Bertasius, Gedas, Heng Wang, and Lorenzo Torresani. "Is space-time attention all you need for video understanding?." arXiv preprint arXiv:2102.05095 (2021).

[47] Sutskever, Ilya, et al. "On the importance of initialization and momentum in deep learning." *International Conference on Machine Learning*. PMLR, 2013.

[48] Glorot, Xavier, and Yoshua Bengio. "Understanding the difficulty of training deep feedforward neural networks." *Proceedings of the Thirteenth International Conference on Artificial Intelligence and Statistics. JMLR Workshop and Conference Proceedings*, 2010.

[49] He, Kaiming, et al. "Delving deep into rectifiers: Surpassing human-level performance on imagenet classification." *Proceedings of the IEEE International Conference on Computer Vision*. 2015.

[50] Nair, Vinod, and Geoffrey E. Hinton. "Rectified linear units improve restricted boltzmann machines." ICML. 2010.

[51] Kingma, Diederik P., and Jimmy Ba. "Adam: A method for stochastic optimization." arXiv preprint arXiv:1412.6980 (2014).

[52] Ioffe, Sergey, and Christian Szegedy. "Batch normalization: Accelerating deep network training by reducing internal covariate shift." *International Conference on Machine Learning*. PMLR, 2015.

[53] Dougherty, Mark. "A review of neural networks applied to transport." *Transportation Research Part C: Emerging Technologies 3*.4 (1995): 247–260.

[54] Yang, Hai, Takamasa Akiyama, and Tsuna Sasaki. "A neural network approach to the identification of real time origin-destination flows from traffic counts." *International Conference on Artificial Intelligence Applications in Transportation Engineering*, 1992, San Buenaventura, California, USA. 1992.

[55] Dougherty, Mark S., and Matthew Joint. "A behavioural model of driver route choice using neural networks." *International Conference on Artificial Intelligence Applications in Transportation Engineering (1992: Ventura, Calif.)*. Conference preprints. 1992.

[56] Singh, Rajiv Ranjan, Sailesh Conjeti, and Rahul Banerjee. "A comparative evaluation of neural network classifiers for stress level analysis of automotive drivers using physiological signals." *Biomedical Signal Processing and Control 8*.6 (2013): 740–754.

[57] Del Campo, Ines, et al. "A real-time driver identification system based on artificial neural networks and cepstral analysis." *2014 International Joint Conference on Neural Networks (IJCNN)*. IEEE, 2014.

[58] Liu, HaiLong, et al. "Visualization of driving behavior using deep sparse autoencoder." *2014 IEEE Intelligent Vehicles Symposium Proceedings*. IEEE, 2014.

[59] Jain, Ashesh, et al. "Recurrent neural networks for driver activity anticipation via sensory-fusion architecture." *2016 IEEE International Conference on Robotics and Automation (ICRA)*. IEEE, 2016.

[60] Phillips, Derek J., Tim A. Wheeler, and Mykel J. Kochenderfer. "Generalizable intention prediction of human drivers at intersections." *2017 IEEE Intelligent Vehicles Symposium (IV)*. IEEE, 2017.

[61] de Naurois, Charlotte Jacobé, et al. "Detection and prediction of driver drowsiness using artificial neural network models." *Accident Analysis & Prevention 126* (2019): 95–104.

[62] Carvalho, Eduardo, et al. "Exploiting the use of recurrent neural networks for driver behavior profiling." *2017 International Joint Conference on Neural Networks (IJCNN)*. IEEE, 2017.

[63] Kuefler, Alex, et al. "Imitating driver behavior with generative adversarial networks." *2017 IEEE Intelligent Vehicles Symposium (IV)*. IEEE, 2017.

[64] Baheti, Bhakti, Suhas Gajre, and Sanjay Talbar. "Detection of distracted driver using convolutional neural network." *Proceedings of the IEEE Conference on Computer Vision and Pattern Recognition Workshops*. 2018.

[65] Jeong, Daun, et al. "Real-time driver identification using vehicular big data and deep learning." *2018 21st International Conference on Intelligent Transportation Systems (ITSC)*. IEEE, 2018.

[66] Lee, Kwan Woo, et al. "Convolutional neural network-based classification of driver's emotion during aggressive and smooth driving using multi-modal camera sensors." *Sensors 18*.4 (2018): 957.

[67] Bian, Yiyang, et al. "A deep learning based model for driving risk assessment." *Proceedings of the 52nd Hawaii International Conference on System Sciences*. 2019.

[68] Zhang, Jun, et al. "A deep learning framework for driving behavior identification on in-vehicle CAN-BUS sensor data." *Sensors 19*.6 (2019): 1356.

[69] Abdennour, Najmeddine, Tarek Ouni, and Nader Ben Amor. "Driver identification using only the CAN-Bus vehicle data through an RCN deep learning approach." *Robotics and Autonomous Systems 136* (2021): 103707.

[70] Potter, Chris, Kurt Kosbar, and Adam Panagos. "MIMO channel prediction using recurrent neural networks." *International Foundation for Telemetering*, 2008.

[71] Shi, Qingjiang, et al. "An iteratively weighted MMSE approach to distributed sum-utility maximization for a MIMO interfering broadcast channel." *IEEE Transactions on Signal Processing* 59.9 (2011): 4331–4340.

[72] Ye, Hao, Geoffrey Ye Li, and Biing-Hwang Juang. "Power of deep learning for channel estimation and signal detection in OFDM systems." *IEEE Wireless Communications Letters* 7.1 (2017): 114–117.

[73] Luo, Changqing, et al. "Channel state information prediction for 5G wireless communications: A deep learning approach." *IEEE Transactions on Network Science and Engineering* 7.1 (2018): 227–236.

[74] Joo, Jhihoon, et al. "Deep learning-based channel prediction in realistic vehicular communications." *IEEE Access* 7 (2019): 27846–27858.

[75] Bochkovskiy, Alexey, Chien-Yao Wang, and Hong-Yuan Mark Liao. "Yolov4: Optimal speed and accuracy of object detection." arXiv preprint arXiv:2004.10934 (2020).

[76] Khosroshahi, Aida, Eshed Ohn-Bar, and Mohan Manubhai Trivedi. "Surround vehicles trajectory analysis with recurrent neural networks." *2016 IEEE 19th International Conference on Intelligent Transportation Systems (ITSC)*. IEEE, 2016.

[77] Ondruska, Peter, and Ingmar Posner. "Deep tracking: Seeing beyond seeing using recurrent neural networks." *Thirtieth AAAI Conference on Artificial Intelligence*. 2016.

[78] Lee, Donghan, et al. "Convolution neural network-based lane change intention prediction of surrounding vehicles for ACC." *2017 IEEE 20th International Conference on Intelligent Transportation Systems (ITSC)*. IEEE, 2017.

[79] Kim, ByeoungDo, et al. "Probabilistic vehicle trajectory prediction over occupancy grid map via recurrent neural network." *2017 IEEE 20th International Conference on Intelligent Transportation Systems (ITSC)*. IEEE, 2017.

[80] Park, Seong Hyeon, et al. "Sequence-to-sequence prediction of vehicle trajectory via LSTM encoder-decoder architecture." *2018 IEEE Intelligent Vehicles Symposium (IV)*. IEEE, 2018.

[81] Deo, Nachiket, and Mohan M. Trivedi. "Multi-modal trajectory prediction of surrounding vehicles with maneuver based lstms." *2018 IEEE Intelligent Vehicles Symposium (IV)*. IEEE, 2018.

[82] Xin, Long, et al. "Intention-aware long horizon trajectory prediction of surrounding vehicles using dual lstm networks." *2018 21st International Conference on Intelligent Transportation Systems (ITSC)*. IEEE, 2018.

[83] Dai, Shengzhe, Li Li, and Zhiheng Li. "Modeling vehicle interactions via modified LSTM models for trajectory prediction." *IEEE Access* 7 (2019): 38287–38296.

[84] Ma, Yuexin, et al. "Trafficpredict: Trajectory prediction for heterogeneous traffic-agents." *Proceedings of the AAAI Conference on Artificial Intelligence*. vol. 33. no. 01. 2019.

[85] Djuric, Nemanja, et al. "Uncertainty-aware short-term motion prediction of traffic actors for autonomous driving." *Proceedings of the IEEE/CVF Winter Conference on Applications of Computer Vision*. 2020.

[86] Ahmed, Mohammed S., and Allen R. Cook. Analysis of freeway traffic time-series data by using Box-Jenkins techniques. No. 722. 1979.

[87] Park, Byungkyu, Carroll J. Messer, and Thomas Urbanik. "Short-term freeway traffic volume forecasting using radial basis function neural network." *Transportation Research Record* 1651.1 (1998): 39–47.

[88] Kumar, Kranti, Manoranjan Parida, and V. K. Katiyar. "Short term traffic flow prediction for a non urban highway using artificial neural network." *Procedia-Social and Behavioral Sciences* 104 (2013): 755–764.

[89] Huang, Wenhao, et al. "Deep architecture for traffic flow prediction: Deep belief networks with multitask learning." *IEEE Transactions on Intelligent Transportation Systems* 15.5 (2014): 2191–2201.

[90] Lv, Yisheng, et al. "Traffic flow prediction with big data: A deep learning approach." *IEEE Transactions on Intelligent Transportation Systems* 16.2 (2014): 865–873.

[91] Ma, Xiaolei, et al. "Long short-term memory neural network for traffic speed prediction using remote microwave sensor data." *Transportation Research Part C: Emerging Technologies* 54 (2015): 187–197.

[92] Koesdwiady, Arief, Ridha Soua, and Fakhreddine Karray. "Improving traffic flow prediction with weather information in connected cars: A deep learning approach." *IEEE Transactions on Vehicular Technology* 65.12 (2016): 9508–9517.

[93] Fu, Rui, Zuo Zhang, and Li Li. "Using LSTM and GRU neural network methods for traffic flow prediction." *2016 31st Youth Academic Annual Conference of Chinese Association of Automation (YAC)*. IEEE, 2016.

[94] Liu, Yipeng, et al. "Short-term traffic flow prediction with Conv-LSTM." *2017 9th International Conference on Wireless Communications and Signal Processing (WCSP)*. IEEE, 2017.

[95] Zhang, Junbo, Yu, Zheng, and Dekang Qi. "Deep spatio-temporal residual networks for citywide crowd flows prediction." *Thirty-first AAAI Conference on Artificial Intelligence*. 2017.

[96] Zhang, Shaokun, et al. "Traffic flow prediction based on cascaded artificial neural network." *IGARSS 2018-2018 IEEE International Geoscience and Remote Sensing Symposium*. IEEE, 2018.

[97] Du, Shengdong, et al. "A hybrid method for traffic flow forecasting using multimodal deep learning." arXiv preprint arXiv:1803.02099 (2018).

[98] Lin, Yilun, et al. "Pattern sensitive prediction of traffic flow based on generative adversarial framework." *IEEE Transactions on Intelligent Transportation Systems 20*.6 (2018): 2395–2400.

[99] Liang, Yunyi, et al. "A deep generative adversarial architecture for network-wide spatial-temporal traffic-state estimation." *Transportation Research Record 2672*.45 (2018): 87–105.

[100] Cui, Zhiyong, et al. "Traffic graph convolutional recurrent neural network: A deep learning framework for network-scale traffic learning and forecasting." *IEEE Transactions on Intelligent Transportation Systems 21*.11 (2019): 4883–4894.

[101] Xiao, Yuelei, and Yang Yin. "Hybrid LSTM neural network for short-term traffic flow prediction." *Information 10*.3 (2019): 105.

[102] Zang, Di, et al. "Traffic flow data prediction using residual deconvolution based deep generative network." *IEEE Access 7* (2019): 71311–71322.

[103] Wei, Wangyang, Honghai, Wu, and Huadong Ma. "An autoencoder and LSTM-based traffic flow prediction method." *Sensors 19*.13 (2019): 2946.

第 15 章
无人机和地面车联网的深度学习、计算机视觉和物理层集成仿真

15.1 引言

现代移动网络依赖于多天线和多输入多输出（MIMO）算法。第六代（6G）及以上将采用大型天线阵列，以实现 MIMO 系统和比目前使用的更高的频段。在专用集成电路（ASIC）可用之前，与 5G 面临的情况类似，6G 测量活动将需要昂贵的设备来支持超大规模 MIMO 和太赫兹频段。在这种情况下，用于生成通信信道的适当模拟方法可以在受控条件下产生丰富的数据，填补了技术空白，直到测量可用。

在考虑地面和空中车联网时，6G 的另一个趋势是，许多相关用例依赖于机器学习（ML），或者更普遍地说，这些用例依赖于人工智能（AI）和计算机视觉。例如，自动驾驶汽车之间的协作在很大程度上依赖于计算机视觉、ML/AI 和可靠的通信网络。这三个不同的领域可以进行独立模拟，但本章将探讨集成仿真中不同仿真工具时的优势和问题，如文献 [1] 所提出的。

从集成多域模拟中受益的应用范围很大，本章将重点介绍具有以下特征的模拟：

1）基于逼真的 3D 计算机生成图像（CGI），如使用 Unreal[1] 和 Unity[2] 引擎以及 NVIDIA 的 Omniverse 平台创建的图像[3]。

2）考虑到模拟传感器的从 CGI 3D 场景中收集信息可用性，如收集图像或视频的摄像头，支持计算机视觉。

3）增强的移动性建模。3D 场景由静态和移动物体（无人机、火车、行人等）组成。移动对象的轨迹要么是预先确定的，不随模拟的发展而改变，要么是在动态中生成的。

4）用于优化通信网络或作为应用程序一部分的人工智能/机器学习（AI/ML）。在作为应用程序的情况下，AI/ML 可以被使用，如用于目标检测和无人机路线规划。

5）基于站点依赖和时变通信信道的通信信道建模。由于 5G/6G 网络中多天线的重要性，需要特别关注 MIMO 信道，而不是使用随机信道模型，旨在捕捉任何场景（站点无关）的行为。我们使用光线追踪来获得信道的现实特征，用于给定的 3D 场景和所有移动对象的位置。

我们将支持上述功能的模拟称为 CAVIAR（通信网络、人工智能和带有 3D 计算机生成图像的计算机视觉）。CAVIAR 仿真不仅能够生成通信信道，还能够生成与场景相匹配的对应传感器数据。传感器包括捕捉部分 3D 场景的摄像头，模拟由真实摄像头获得的图像或视频，以支持计算机视觉系统。

ML/AI 系统也是 CAVIAR 模拟的组成部分，可以用于不同的目的，但本章的重点是

讲解其应用于车联网的深度学习。这种对车联网的综合模拟在计算上可能是昂贵的,特别是由于移动对象所施加的时变特性,如行人、汽车和无人机,它们与建筑物和其他固定位置的物体一起组成了计算机生成的图像场景。

用生成真实数据来训练 AI/ML 模型是一项艰巨的任务,因此有效的替代方法是利用合成数据,如模拟器提供的数据。然而,寻找能够模拟不同领域的软件,如车辆物理和通信系统,并非易事。

CAVIAR 最初在文献 [1] 中提出,并在文献 [2] 中进一步讨论。它建立在文献 [3] 提出的用于生成通信系统的仿真(Raymobtime)方法的基础上,通过光线追踪生成通信信道集,以促进 5G 物理层(PHY)的 AI/ML。CAVIAR 正在开发中,其源代码是公开的[4],以前的作品包含了 CAVIAR 模拟的一些特征[4-9]。例如,一个重要的相关工作是在文献 [5] 中提出的 Veneris 系统,它使用 Unity 引擎,一个内部光线追踪软件和 omnet++ 网络模拟器。我们的 CAVIAR 模拟和 Veneris 的主要区别是在 CAVIAR 中集成了 AI/ML 和计算机视觉,这将在本章中讨论。

另一个显著特点是,CAVIAR 依赖于 Remcom 公司广泛采用并经过验证的商业光线追踪软件 Wireless Insite[10-12]。虽然一些光线追踪包专门用于可见光应用,但 Wireless Insite 支持无线通信中采用频段的高级功能,如使用毫米波(mmwave)时的漫射散射。文献 [5] 中使用的光线追踪工具不支持漫射、散射和衍射,仅限于通过反射建模信号传播。

不仅在学术界,而且在工业中也可以观察到,向更真实和集成模拟发展的趋势。例如,NVIDIA 的 Omniverse 平台作为工具已被用于增强爱立信的无线电传播[5]。

本章讨论了基于两种应用的 CAVIAR 仿真的现状:车对基础设施(V2I)通信的波束选择;以及一款依靠计算机视觉和强化学习进行轨迹计算的车辆跟踪应用程序。第 15.2 节讨论这两个应用程序和相关概念。第 15.3 节讨论了基于 Raymobtime 和 CAVIAR 的集成仿真方法。第 15.4 节给出仿真结果,第 15.5 节是本章的总结。

15.2 从 CAVIAR 模拟中获益的应用程序

本节讨论一些可以从 CAVIAR 模拟中受益的应用程序。考虑到可能的应用范围很广,为了使讨论具体化,下一小节将描述两类模拟:应用于 V2I 的波束选择和具有无人机支持的通信网络的计算机视觉应用[13]。在前者中,AI/ML 系统负责优化通信网络模块:波束选择。在这种情况下,移动对象(汽车和公共汽车)的轨迹是预定义的。在后一种应用中,AI/ML 模块是应用本身的一部分,实现目标检测和跟踪,并执行轨迹计算,无人机轨迹根据 AI/ML 模块的决策而变化。

总之,我们讨论了一个 AI/ML 优化 V2I 通信的例子,以及另一个 AI/ML 应用依赖于通信网络的例子。在深入研究这两个例子之前,我们先讨论无人机应用,目的是将它们定位于 CAVIAR 模拟。

15.2.1 启用无人机的 AI/ML 仿真

无人驾驶飞行器(UAV),俗称无人机,已成为许多领域的替代技术,如机器人、交通监控、矿产勘探、互联网无人机交付系统、军事和电信。由于其独特的特性,如灵活性、移动性、自适应高度及其在无线网络中的适用性,这些设备的使用量日益增加。无人机在执行任务时具有很大优势,因此对于研究人员来说,对无人机执行任务时的虚拟仿真非常重要。

仿真的一个重要方面是考虑无人机的自主性和功能的放置,以防无人机不是完全自主的,部分处理在边缘或云上执行。例如,轨迹计算可以由无人机执行,但总体任务可能仍然依赖于计算机视觉来寻找目标。例如,基于摄像头和深度学习跟踪车辆。在本章中,我们主要对无人机不是完全自主地用例感兴趣,并且依赖于与地面或空中基站的通信信道。

无人机的轨迹和自主性取决于路线规划模块。路线规划是指物体通过最优路线从起始位置移动到目的地[13]。无人机路线规划也可以定义为考虑无人机机动性和环境约束,将无人机从起始节点移动到终点的无碰撞最优路线[14-15]。

路线规划应纳入基于无人机的CAVIAR仿真。例如,将无人机用于大地理区域自主检测的应用中,高效的路线规划策略对于保持与基站的通信至关重要,最终还需要考虑到向地面基站传输数据的成本和可靠性。

一些模拟的另一个组成部分是要有一个有效的避障系统,因为无人机需要感知周围环境并自定义其飞行模式以实现安全操作[16]。在这种情况下,短的响应时间和快速调整是在真实或模拟场景轨迹控制中的重要要求。

当无人机被用作空中基站(ABS)时,确定其定位有额外的要求。无人机轨迹的确定可以最小化无人机基站(UAV-BS)之间的延迟和干扰,并优化数据分布[17]。

确定无人机轨迹的一种很有效的方法是强化学习(RL)[18-19],这里将简要讨论。大多数强化学习方法考虑自主飞行中搜索路线的规则探索策略,这不适用于奖励稀疏环境下的快速算法收敛。在这种类型的环境中,强化学习代理(RL agent)所采取的行动不会立即带来奖励,无人机任务就是这样,无人机从起始位置出发,需要达到一个特定的目标,只有在到达目的地时才会收到环境的反馈。

在这种情况下,内在激励强化学习成为解决奖励稀疏性问题的另一种选择,其中引入内在奖励作为中间奖励,用于引导智能体并有助于加速算法收敛[20]。将内在动机应用于计算视觉,除了提供稀疏奖励设置的解决方案,还提供了DRL方法的性能改进[20]。因此,我们可以说,内在激励RL具有解决复杂场景中轨迹生成问题的潜力,如在经常存在阻塞元素的城市自主飞行,进行多个无人机基站(UAV-BS)干扰场景以及长期任务的路线规划。

综上所述,在上述无人机应用中采用基于AI/ML的解决方案时,有几种可能的架构。其中一些解决方案以云为中心,需要在无人机和中央实体之间进行频繁的数据交换[16]。在评估一个解决方案时,构思一个集成的模拟以观察几个子系统之间的权衡是很重要的。将在以后各节中讨论CAVIAR模拟。下一小节讨论波束选择。

15.2.2 V2I的波束选择

汽车朝着更智能、更自动化的方向发展是一个明显的趋势,这推动了各种传感器的发展,如摄像头、激光雷达、GPS等。例如,这些传感器与行人和其他车辆的检测、街道信号的解释、自动和半自动驾驶相关等。在独立车辆的运行中,这些传感器的范围是有限的，因为它们通常只能检测车辆视线内的物体。这些限制促使这些车辆的连接性不断提高，反过来又激发了更多的车对车（V2V）、V2I 甚至车联网（V2X）通信的应用。这些连接选项允许车辆绕过传感器的视线限制，因为可以通过其他车辆的"眼睛"来"观察"环境，这被称为合作感知。此外，也可以有一个集中的实体，如移动网络中央服务器，通过几辆车传感器提供的环境概况来控制车辆。

可以集成到车辆中的连接选项之一是专用短程通信技术（DSRC），它基于 IEEE 802.11p- 无线接入车载环境（WAVE），并允许在长达 1000m 的范围内以数十 Mbit/s 的速率传输数据[21]。然而，这种技术可能不足以允许大规模交换所有所需的传感器数据。例如，不同的传感器有不同的数据速率要求：雷达需要小于 1Mbit/s；摄像头的原始图像需要 100～700Mbit/s，压缩图像需要 10～90Mbit/s，而激光雷达则需要 10～100Mbit/s[22]。相比之下，毫米波 5G 通信是一种有潜力满足这些数据速率要求的技术。

V2X 场景的要求已经在 3GPP 的技术规范 TS 22.185 和 TS 22.186 中定义。在基于蜂窝通信技术的 V2X（C-V2X）中，一个应用涉及智能交通系统（ITS），其目的是改善交通安全和提高效率，这可以被称为队列行驶，其中几辆货车彼此非常接近，并跟随队列中的第一辆货车，从而能够节省燃料并减少二氧化碳的排放。还有其他几种应用作为 5G 用例，包括增强移动宽带（eMBB）、低时延高可靠通信（URLLC）和海量物联网通信（mMTC）[23]。

V2X 场景中使用的两种毫米波标准是 IEEE 802.11ad，峰值数据速率为 6.75Gbit/s，5G 峰值数据速率为 20Gbit/s。这些数据速率允许交换由新型车辆中传感器产生的大量信息。然而，毫米波频段的缺点是与低于 6GHz 的频率相比，衰减更高。因此，毫米波频段的多输入多输出（MIMO）技术是 5G 开发中考虑的主要技术之一，因为它们提供了更好的电磁波方向性，从而可以规避高路线衰减。此外，MIMO 还可以在相同的可用时频资源上增加系统容量，从而显著提高了频谱效率。

在毫米波频率下进行大规模 MIMO 的一个挑战是，波束选择技术形成的波束可能非常窄，要求发射器和接收器的波束准确地指向对方。"波束训练"的过程是 IEEE 802.11ad、5G 和其他无线网络等标准的一部分[24]。由于可能的波束数量很多，为发射器和接收器寻找最佳波束对可能是一个耗时的过程。

作为解决这一问题的一种手段，最近的许多工作都在应用机器学习技术来预测波束[25]。一些工作依赖于导频信号，导频信号的交换允许信道估计和波束对的预测[26]。使用导频信号的选择也具有挑战性，因为天线数量多，需要交换大量的导频，所以消耗了无线资源。

为了解决先前讨论的寻找最佳波束对和交换导频的问题，其他工作通过使用仅一侧可用的信息来评估波束对的预测，以避免交换导频。例如，在移动网络中，车辆连接到网络，并使用不同的传感器，这些检测数据可用于根据周围环境预测波束。这些不同类型的输入数据可能会影响预测性能。

传感器可获得的数据包括 GPS 数据、摄像头捕获的图像和激光雷达传感器的数据。在 BS 侧，可以使用单元中几辆车的位置来构建位置矩阵[3, 27]。位置矩阵表示这样一种场景，其中包含接收天线（RX）的车辆是当前数据包的目标，而其他车辆可能会阻塞 RX 的 LOS。因此，这个位置矩阵可以为 ML 算法提供预测波束对所需的信息。

第15章
无人机和地面车联网的深度学习、计算机视觉和物理层集成仿真

在数学上，波束选择问题可以建模如下。MIMO 系统对应于在 BS 处具有 Nt 天线单元的发射器和具有 Nr 天线的接收器车辆。BS 和车辆都可以采用不同的天线阵列配置，如均匀线性阵列（ULA）、均匀平面阵列（UPA）或均匀圆形阵列（UCA）。此外，BS 和车辆可以采用模拟、混合和数字 MIMO 架构。例如，图 15.1 所示为发射器和接收器中的处理链示例，两者都采用全数字 MIMO 架构。该架构由几个射频（RF）链组成，由发射链中的数-模转换器（DAC）或接收链中的模-数转换器（ADC）组成，连接到 RF 链和天线。

在所有的 MIMO 架构选项中，BS 和车辆之间的 MIMO 信道用 $N_r \times N_t$ 矩阵 $\boldsymbol{H}$ 表示。在波束选择问题中，目标是找到发送端和接收端码本的最佳索引。图 15.1 描绘了发射器和接收器的波束。

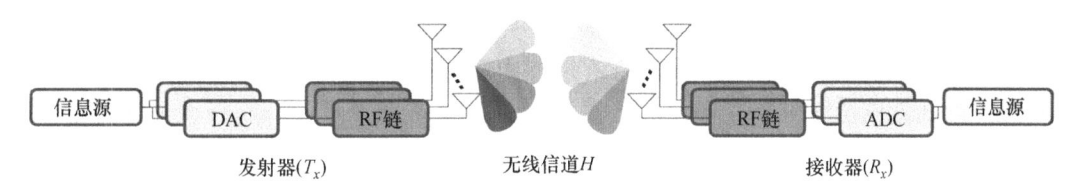

图 15.1 全数字 MIMO 架构的一般表示

在数字 MIMO 体系结构中，码本可以从离散傅里叶变换（DFT）矩阵中获得，并表示为 $C_t = \{\bar{w}_1, \cdots, \bar{w}_{N_t}\}$ 和 $C_r = \{\bar{f}_1, \cdots, \bar{f}_{N_r}\}$。它们分别用于发送端和接收端。因此，波束选择的目标是选择发射器和接收器的波束对 $[p, q]$。可以用唯一索引 $i \in \{1, 2, \cdots, M\}$ 来表示，其中 $M \leq N_r \times N_t$，每个索引 p（或 q）产生一个特定的辐射方向图。对于第 i 个指标，等效信道可计算为

$$y_i = \boldsymbol{w}_i^* \boldsymbol{H} \boldsymbol{f}_i \tag{15.1}$$

最优波束折射率 $\hat{i}$ 为

$$\hat{i} = \arg\max_{i \in \{1, \cdots, M\}} |y_i| \tag{15.2}$$

在本章中，我们假设由 AI/ML 模块（如深度神经网络）提供对 i 的估计，而不是通过波束扫描或需要开销信号的类似方法来估计 i[3, 27]。

为了评估本节讨论问题的解决方案，需要现实和一致的信道 $\boldsymbol{H}$。下一节将讨论 Raymobtime（一种创建此类信道的方法）和 CAVIAR（一种将通信网络与车联网、计算机视觉、AI/ML 集成在一起的仿真架构）。

15.3 多域集成模拟器

本节讨论 Raymobtime 和 CAVIAR 多域集成仿真。在讨论它们之前，本节将介绍一些创建多域模拟的工具。这些工具包括从现实地图、移动性模拟器、传感器和通信信道生成逼真的虚拟世界场景的选项。下面的段落将简要讨论这些工具。

（1）现实地图

本章中介绍的两种方法都是基于虚拟世界中的模拟，其中插入了移动接收器，如行人和车辆。移动接收器可以与虚拟世界的环境进行交互，也可以与模拟的通信信号进行交互。生成虚拟世界的一种方法是通过 OpenStreetMaps 等数据库从真实地点收集数据。这款名为 Cadmapper 的软件可以从地图上的 2D 数据生成一个初始的 3D 虚拟世界。

另一种方法是依赖于游戏引擎（如 Unreal 和 Unity）上的 3D 场景。使用来自游戏引擎地图的一个优势是，它们通常比来自 OpenStreetMaps 和 Cadmapper 的地图更详细，因为开发者可以优化场景。来自 OpenStreetMaps 和 Cadmapper 的场景也可以呈现相同级别的细节，但它需要获得细节，而来自游戏引擎的地图则很容易获得。来自游戏引擎地图的缺点是它们可能不是免费提供的。

另一种工具是 Epic Games 的 Unreal Engine 的 Cesium 插件，它将从无人机获得的摄影测量信息整合到 3D 模型中，可以通过 Cadmapper 和其他网站获得。这个插件是对 Twinmotion 等工具的补充，Twinmotion 有助于构建 3D 虚拟世界。

（2）移动性模拟器

车辆和行人移动性模拟器为研究 V2I 和相关应用中移动性的影响提供了灵活性。通信量模拟器的主要作用是促进移动性建模，特别是收发机和潜在散射在环境中的运动。通信量模拟器是一种专门的工具，它具有大量的功能来描述具有不同特征的车辆、与行人的交互以及交通信号灯等基础设施。它们使用户能够脱离简单的场景（如所有车辆都具有恒定速度的场景），简化了实验配置，并赋予用户灵活性，还能对任何物体或人施加轨迹，使用不同的速度等。

例如，开源的仿真城市交通（SUMO）[28]是一个通信量模拟器，便于对交通进行建模。另一个工具是 Airsim，它是 Unreal 引擎 4 的插件，提供物理和视觉逼真的模拟。Airsim 有传感器模型，如 GPS，还可以记录无人机和汽车的轨迹。它允许使用硬件在环（HiT）仿真，其中真实的无人机飞行控制器连接到运行仿真的机器，提高了无人机动力学的真实感[29]。此外，Airsim 还包括一个物理引擎，可以模拟一些与地面和空中飞行器动力学相关的物理现象，如重力、磁场、空气压力和密度、线性和角阻力等。

（3）RGB 摄像头

如今，在车辆中安装一个或多个摄像头是很常见的。例如，摄像头可以用于停车辅助，也可以替代车辆的后视镜，通过显示器向驾驶人提供周围环境的视图。其他的摄像头也可以使用，如检测车道和摄像头来解释街道上的标志。因此，如前所述，V2X 场景的真实模拟应该集成摄像头，主要是在车辆中，但摄像头也可以与虚拟世界中的行人和基础设施对象集成。支持图像生成软件的一个例子是 Airsim。Airsim 有一个应用程序编程接口（API）来定位可用的摄像头在任意姿势中，并收集图像，如深度，视差，表面法线，或对象分割。

（4）激光雷达

现代车辆可能还包括其他传感器，如激光雷达。允许模拟传感器数据的软件是用于激光雷达（LiDAR/LADAR）和 Kinect 传感器的免费开源模拟包，简称为 Blensor[6]，它是 Blender[7] 软件的插件，可以模拟测距技术，如飞行时间、直线激光和旋转激光扫描仪。这有助于传感器的算法的发展，而不需要使用一个真正的传感器。

（5）基于光线跟踪的通信信道

光线追踪（RT）被认为是一种很有前途的无线通信信道仿真策略。由于涉及的频带，RT 对 5G 和 6G 系统特别感兴趣。在专用集成电路（ASIC）用于 6G 之前，类似于 5G 面临的情况，6G 测量活动需要昂贵的设备来表征 MIMO 传输的毫米波和太赫兹频段。在这种情况下，现实模拟器提供了非常准确的信号传输洞察力，在受控条件下生成丰富的数据，并填补了技术空白，直到测量可用。RT 可以提供非常精确的结果[30-31]，但其计算成本随着反射和衍射的最大允许次数的增加呈指数增长[32]。RT 的另一个问题是，生成的信道是特定于站点的，取决于特定的传播环境。由于所采用的评估方法不同，地点依赖性可以是优点，也可以是缺点。

15.3.1 使用 Raymobtime 生成无线信道

Raymobtime 是一种用于收集真实数据集以模拟无线通信的方法。它使用具有移动性和时间演化的光线追踪和 3D 场景，以获得随时间、频率和空间的一致性。例如，3D 户外场景可以从 CADMapper[8] 导出并导入射线跟踪模型算法（Wireless Insite）[9]。交通模拟可以使用 SUMO，结合 CADMapper 3D 模型的信息和 OpenStreetMaps[10] 的街道位置。信道生成方法在文献 [3] 中有描述，它依赖于开源工具（Remcom）的 Wireless Insite 光线追踪模拟器。

SUMO 和 Insite 在一个统一的场景中运行，其中调用 SUMO 来生成移动用户（车辆和行人）的位置。这些位置和其 3D 模型一起导入三维场景中。然后，Insite 在场景中执行光线追踪，并为每个发射器–接收器对存储最强的 L 射线。存储的信息包括路线损耗（α_l）、时延（DL）、发射端和接收端在方位角（φ_l^D 和 φ_l^A）、仰角（θ_l^D 和 θ_l^A）和相位的出发和到达角。

SUMO 和 Insite 的结合允许生成精确的和时间相关的信道，包括场景组件（如接收器、车辆和散射器）的移动性影响，例如 V2I 和 FW 通信场景。Raymobtime 还结合了激光雷达（通过 Blensor）、摄像头（通过 Blender）和位置的模拟，以便在机器学习和其他技术依赖这些功能的情况下进行调查。

在文献 [3] 所述的命名法由场景 s 和情节 e 组成。T_{epi} 秒的一集 e 由一组 $N = T_{epi}/T$ 以 T 秒间隔的场景组成。在开始第一集之前，SUMO 将被调用，直到配置的移动用户数量"到达"场景。一集结束后，在开始新一集之前会跳过几个场景，以提高情节的多样性。空间一致性依赖于保持移动用户的移动历史，并为每个场景调用模拟器。一旦移动对象定位在场景中，就可以调用 Insite 模拟器对场景执行光线追踪。

Raymobtime 方法基于 Python 协调器代码来重复调用通信量模拟器，其工作方式如图 15.2 所示。协调器将车辆的位置转换为可以由 Wireless Insite RT 模拟器解释的格式，然后调用该模拟器来生成光线追踪模拟。最后，对 RT 结果进行后处理以创建集。

Raymobtime 方法的主要步骤可以分为配置和仿真两个阶段。在组态阶段（图 15.2 左边的元素），用户提供信息，如实现两个主要软件之间的坐标转换。为了方便与通信量模拟器的交互，协调器将每个移动发送器或接收器关联到一个移动对象（MOBJ）。MOBJ 也可以简单地发挥阻挡器或散射器的作用，而不需要相关的收发器。

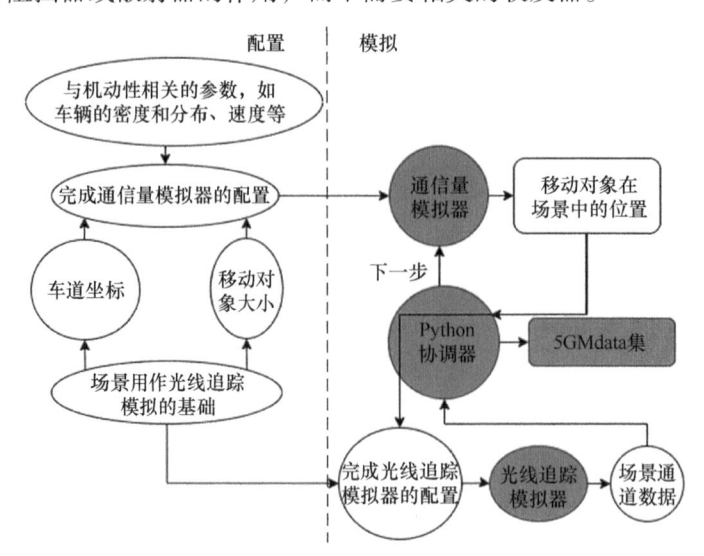

图 15.2 整合光线追踪和通信量模拟器的方法

在配置阶段，对于每个集，用户指定基本场景文件。基本场景文件以及由通信量模拟器指定的所有 MOBJ 位置组成了完整的 RT 模拟所需的信息。

在模拟阶段，协调器调用通信量模拟器，然后定位 MOBJ 以组成场景。基于通信量模拟器的输出，一些基本场景的文件被修改和存储在一个独特的文件夹中。对于每个场景，存储此文件夹路线以允许再现该场景的 RT 模拟。这使得用户以后可以通过定制软件例程提取额外的信息，以及使用 RT 和通信量模拟器的 GUI 可视化场景的结果。同样，记录交通模拟的相应信息。例如，允许在给定的时间内检索所有 MOBJ 的位置（x,y,z）和维度（l,w,h）。Raymobtime 方法创建了 5G 毫米波 MIMO 系统的模拟数据，可用于不同移动性（或 5GMdata）应用。下面的段落描述了 Raymobtime 方法生成的每种类型的数据。

图 15.3 所示为使用 Insite 进行光线追踪的示例。生成的信道数据采用 4 维结构（$N \times N_R \times N_L \times N_p$）进行组织，4 维结构为场景数、接收器数、最大射线数（路线）、射线参数。每条射线有 8 个路线参数，分别是接收功率（dBm）、到达时间（s）、到达和离开的角度（方位角和仰角）、标志"1"表示视距射线，标志"0"表示非视距射线，以及路线相位（度）。数据集中每辆车的位置都是可用的，以及一个指示它们当前瞬时移动方向的角度。

Raymobtime 数据集还可能包括使用 Blensor 软件获得的模拟激光雷达数据。该过程包括将车辆放置在每个场景的 3D 场景中，然后为每辆在光线追踪模拟中接收到的车辆添加激光雷达传感器。激光雷达扫描被执行并保存在 pcd 文件中，该文件存储了光反射点的坐标。图 15.4 所示为在 Raymobtime 中使用 Blender 传感器模拟（Blensor）生成的 LiDAR 点云数据示例[33]。

Raymobtime 数据集还可能包括 RGB 图像，这些图像是用添加到 3D 物体上的逼真纹理提取的。4 个摄像头位于每辆车的顶部，这样每个摄像头都指向车辆的一端。摄像头以

90°放置。图15.5所示为放置在车辆上的摄像头以及给定车辆中每个摄像头获得的图像示例。这样，在模拟过程中，由于时间的移动性，作为接收器的每辆车都有不同的位置，并且有4个图像，每个摄像头和场景各1个。

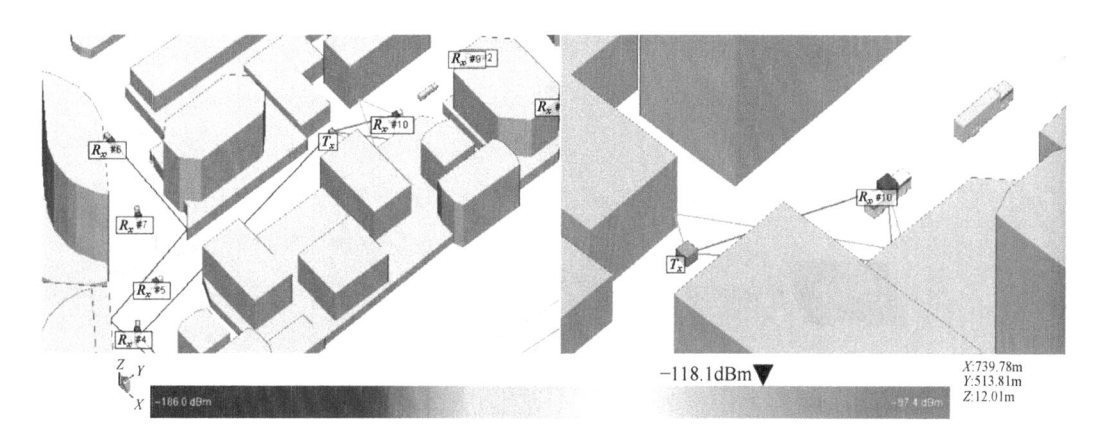

图 15.3 使用 Insite 进行光线追踪的示例

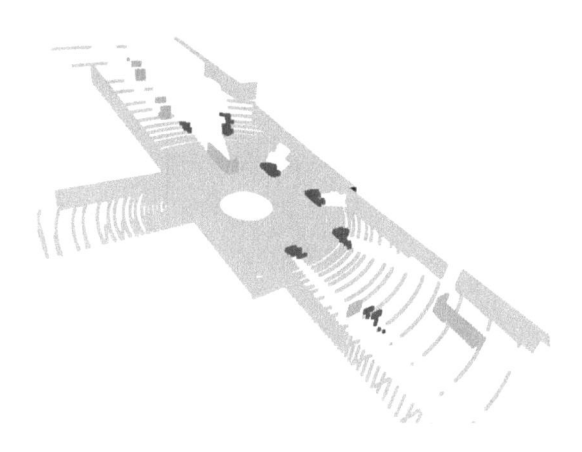

图 15.4 在 Raymobtime 中使用 Blensor 生成的 LiDAR 点云数据示例

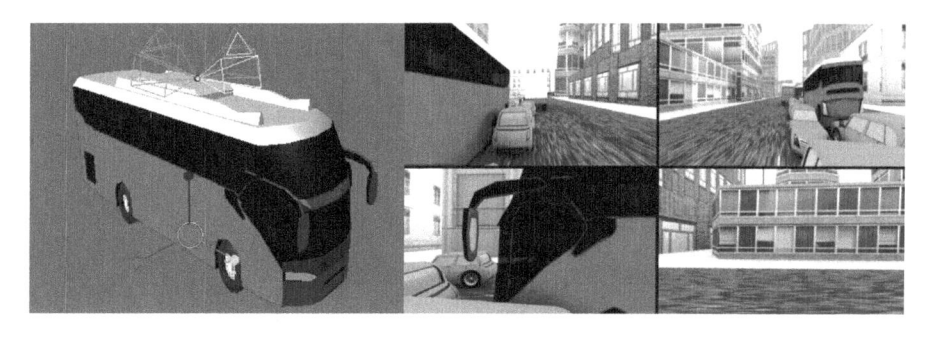

图 15.5 安装在公交车顶部的摄像头和安装在汽车顶部的摄像头拍摄的图像示例

15.3.2　CAVIAR 模拟

CAVIAR 仿真[1]的两个主要架构分别如图 15.6、图 15.7 所示。

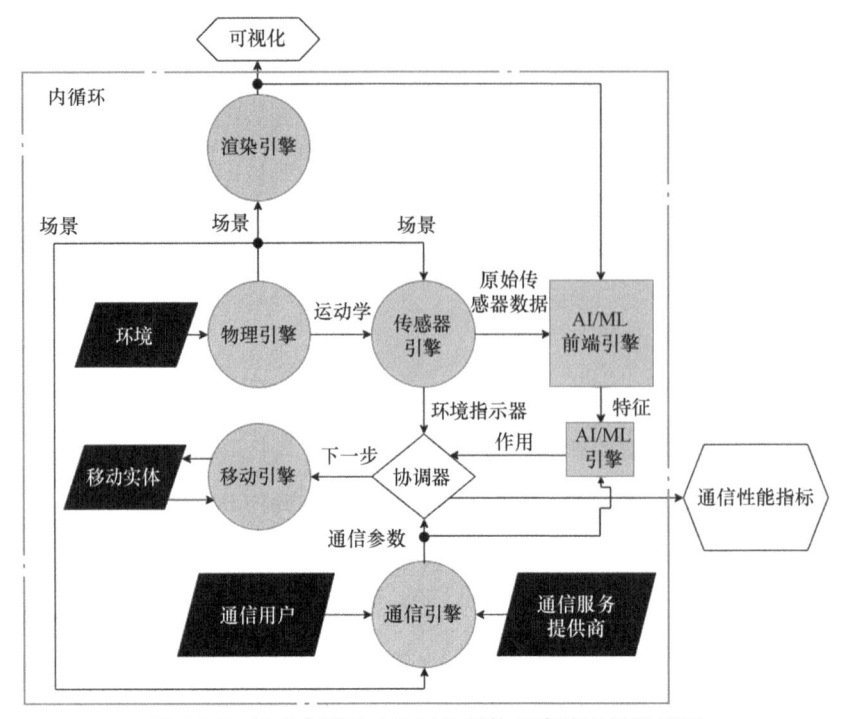

图 15.6　组成内循环 CAVIAR 架构元素的可视化说明

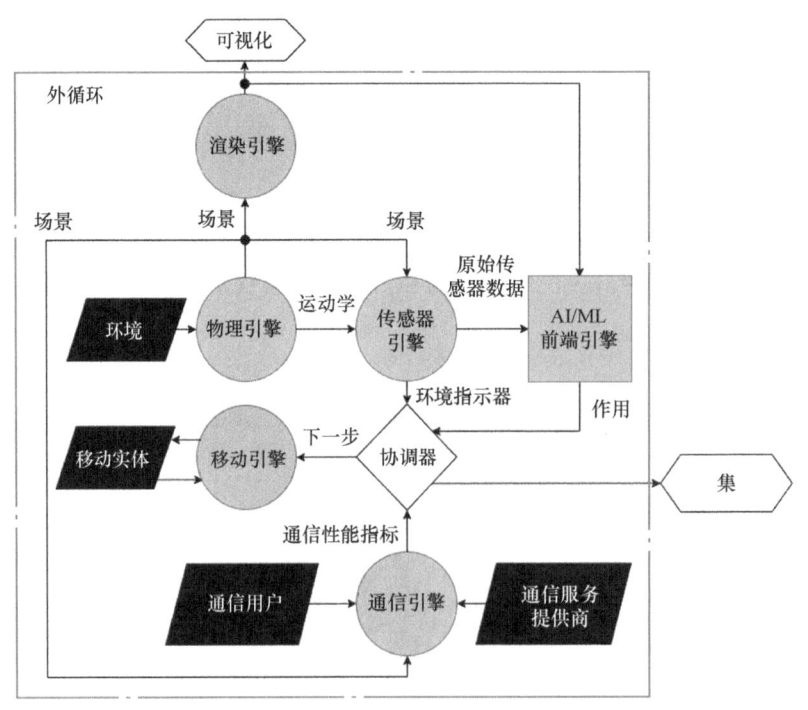

图 15.7　组成外循环 CAVIAR 模拟的元素示例
注：这里没有"AI/ML 引擎"元素

第15章
无人机和地面车联网的深度学习、计算机视觉和物理层集成仿真

这些架构因 AI/ML 引擎的位置不同而有所不同。在图 15.6 中，AI/ML 引擎位于模拟循环内，每个时间步 t 都会推进。相比之下，这个 AI/ML 引擎不包含在图 15.7 中，因为它是基于模拟生成的数据片段离线执行的。因此，我们分别将图 15.6 和图 15.7 中的体系结构称为"内循环"和"外循环"。外循环更简单，因为所有移动实体的轨迹都是预先确定的，不依赖于 AI/ML 引擎。这意味着可以沿着 CAVIAR 模拟计算通信信道，并将所有相关数据存储为后续处理的集。

外循环 CAVIAR 模拟可以被认为是生成具有配对信息丰富数据集的平均值[1]。然而，一些应用程序需要一个循环中的 CAVIAR。例如 AI/ML 引擎实现 RL 代理的问题，该代理试图优化车辆（如无人机）的轨迹。在每个时间步 t，RL 代理决定一个改变环境的动作，重新定位无人机并改变相关的通信信道。这需要一个循环中的 CAVIAR 模拟，这样的代理动作可以适当的影响模拟流。下面的段落提供了关于这两种体系结构的共同特性的更多细节。

以图 15.6 中的内循环 CAVIAR 为参考，其引擎以编排的方式相互交互，生成可以在仿真期间进一步处理和返回的输出。数字环境由固定和移动物体的 3D 场景组成。这些对象可以用专门的工具（如 Blender）和来自协作和/或开源地理空间信息数据库，如 OpenStreetMap（OSM）的数据来创建。模拟中移动对象的位置和作用由物理引擎（例如，使用虚幻引擎）和移动引擎（例如，仿真城市交通（SUMO））确定。所有实体的模型和位置构成了一个"场景"。一旦场景完成，就可以通过传感器（如 GPS 或摄像头）来表示。

光线追踪应用程序（例如，Remcom 的 Wireless Insite）作为通信引擎的一部分，并对给定场景的信道进行估计。基于这个信道，通信引擎执行的脚本可以使用模型来生成所有感兴趣的参数和度量。传感器引擎的输出构成了 AI/ML 前端引擎的输入，前端引擎是一个可选的模块，在发送到 AI/ML 引擎之前对数据进行预处理，预计 AI/ML 引擎将实现基于获取的特征生成动作的 AI 模型。

AI/ML 引擎建议的操作随后由协调器实现，该协调器还考虑来自通信引擎和环境的参数。该协调器可以输出预测的性能指标和操作，以优化网络性能。例如，在波束选择上下文中输出的一个示例是要尝试的码本索引列表，以避免整个波束扫描。

15.4　仿真结果

本节介绍两种不同模拟的结果。主要目标是对比不同的需求，并突出有关计算时间和准确率的相关问题。

15.4.1　以激光雷达为输入的 V2I 的波束选择

下一段讨论的结果是通过外循环 CAVIAR 仿真获得的，其中所有移动物体都是通过移动软件 SUMO 定位的。使用 Blensor 插件从 3D 场景中获取模拟激光雷达数据。此外，激光雷达数据被用作 DNN 模型的输入，因为它可以用来减少通信系统的费用[33]。该策略是收集激光雷达的原始数据（一个点云），并提取可以提供给深度神经网络（DNN）的特征。使用多维直方图将原始数据参数转换为 DNN，详见文献 [33]。

297

DNN 的拓扑结构参数见表 15.1。训练深度神经网络以选择波束指标的良好子集。一个重要的方面是 DNN 是在匹配的条件下训练的，从某种意义上说，用于训练的 3D 场景也是用于测试的 3D 场景。在这种情况下，DNN 模型能够学习 3D 场景施加的先验信息，如首选信号传播方向。使用迁移学习或类似技术使模型适应其他（不匹配的）场景是一个重要的研究领域，但超出了本章的研究范围。

表 15.1 DNN 的拓扑结构

类型	激光雷达 -DNN 参数	
输入形状	$20 \times 200 \times 10$	线性整流函数
卷积和多项式相乘 2D#1	内核大小：13×13	线性整流函数
卷积和多项式相乘 2D#2	内核大小：11×11	线性整流函数
最大池化 2D 和 U 形槽	池大小：2×1	线性整流函数
卷积和多项式相乘 2D#3	内核大小：7×7	线性整流函数
最大池化 2D	池大小：1×2	线性整流函数
卷积和多项式相乘 2D#4	内核大小：5×5	线性整流函数
U 形槽		
卷积和多项式相乘 2D#5	内核大小：3×3	线性整流函数
卷积和多项式相乘 2D#6	内核大小：1×1	线性整流函数
稠密	M 神经元	柔性最大值传输函数

在仿真中，BS 和 UE 均采用均匀线性阵列（ULA），分别采用 $N_t = 32$ 和 $N_r = 8$ 天线。我们使用光线追踪数据生成通信信道，如文献 [3] 所示。采用 60GHz 载波频率，采用窄带 MIMO 通信信道，相当于评估正交频分复用技术（OFDM）信号在单个（$K = 1$）子载波中的传输。模拟中使用的光线追踪数据有多达 25 个多径组件（MPC），这意味着根据 RT 模拟的配置要求。如果能够以显著的功率到达接收器，Insite 的光线追踪模拟可以节省多达 25 条光线。仿真中采用的通信系统参数见表 15.2。

表 15.2 仿真中采用的通信系统参数

信号和 MIMO	参数
接收器天线数 N_r	8
发射器天线数 N_t	32
载波频率	60GHz
子运营商	$K = 1$
最大 MPC 数	25
天线阵	均匀线性阵列
发射器码本	$m = N_t, n = N_t$
接收器码	$m = N_r, n = N_r$

考虑均匀线性阵列（ULA），将 RT 模拟的射线转换为 MIMO 信道[3]。代码本按照第 15.2.2 节的描述生成。为了生成监督学习的标签，对代码本的所有码字进行分析，找出式（15.1）中信道综合幅度最大的码字，即接收功率最大的码字，并对结果进行评估。因此，其产生最大幅度的波束指标 [p,q] 就是最优波束（top-1）。图 15.8 所示为最佳索引对的直方图（top-1），将发送方和接收方指标合并为一个指标，产生最大幅度的组合通道。在

第15章
无人机和地面车联网的深度学习、计算机视觉和物理层集成仿真

这种情况下，总共有 256 对可能的组合，而接近 150 对的组合往往是最优的，因为它们的首选方向与 3D 场景的几何形状一致。

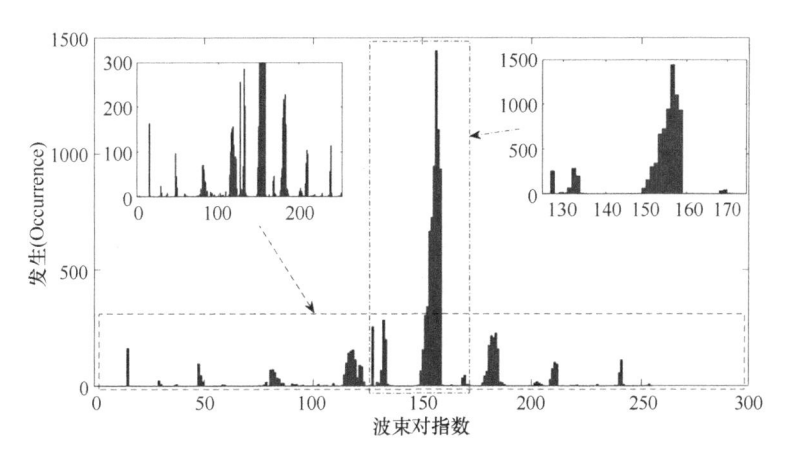

图 15.8 波束对指数出现的直方图（top-1）

将卷积深度神经网络模型的性能与两个基线（发生和模拟）进行比较。DNN 以及发生和模拟基线的性能如图 15.9 所示。Occurrence 基线随机选择波束对，但它根据图 15.8 中直方图中出现的百分比考虑加权概率。因此，Occurrence 基线表示选择波束对数 151 或相近数的可能性非常高。Dummy 基线只是在 1 到 256 之间随机选择一个数字。DNN 使用激光雷达数据并输出每个波束对为 top-1 的可能性。

图 15.9 显示了每个阶段训练期间以及 top-1（分类准确率）、top-5、top-10、top-30 和 top-50 的验证性能。图 15.10 中 top-k 分类的 k 越高，越容易正确预测。这是因为在 top-k 分类中，模型选择了 k 个候选波束，如果在这 k 个候选波束中有如式（15.2）所示的最佳波束对，则该预测被认为是正确的。图 15.9 所示为 DNN 和基线的 top-k 波束对预测精度。当部署模型时，只能对 top-k 对采用详尽的波束扫描搜索，与扫描所有 256 对波束相比，减小了成本。

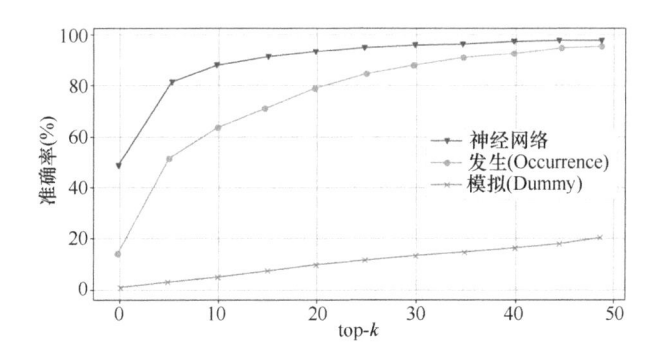

图 15.9 DNN 和基线的 top-k 波束对预测精度

图 15.10 所示为 DNN 模型沿训练阶段的更详细的收敛视图。在图 15.9 中，我们采用与训练集不相交的测试集，而在图 15.10 中，我们使用训练集本身来获得准确率。

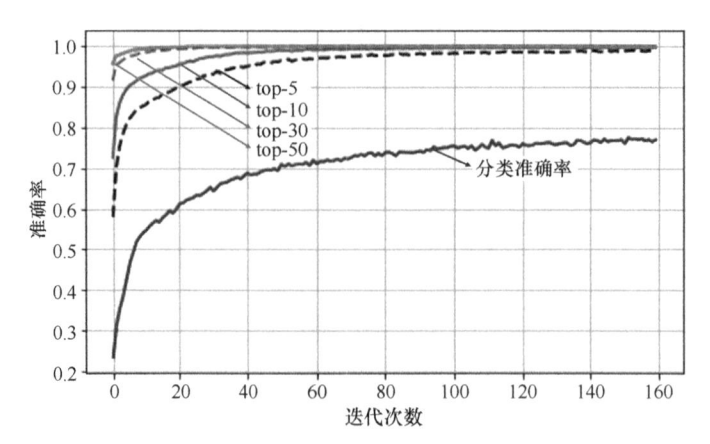

图 15.10　显示了几个 top-k 曲线的 DNN 的训练进度

15.4.2　计算机视觉应用的循环（In-loop）CAVIAR 仿真

本小节讨论了计算机视觉模拟，其中配备了摄像头的无人机必须跟随车辆。这可能与抢劫情况有关，并且与许多其他安全相关的对象跟踪应用相似[34-35]。在这种具体情况下，带有摄像头的无人机（标记为 UAV-A）可以在另一架无人机的帮助下与云通信，这架无人机扮演无线基站的角色，称为 UAV-BS。

AI/ML 主要用于两项任务：
1）使用计算机视觉跟踪车辆。
2）通过强化学习确定无人机轨迹。

仿真必须提供以下关键性能指标的信息：
1）目标检测的准确率。
2）需求比特率。
3）无人机能耗。
4）总任务时间。

图 15.11 描述了目标检测结果。本次模拟采用的 3D 场景与 2021 年国际电联 5G 机器学习挑战赛中使用的场景相同[11]，文献 [12] 有一个视频来说明。

图 15.11 所示的应用是一个联网 AI/ML 的例子，其中目标检测算法和轨迹规划不是在无人机上执行，而是在云端执行。因此，这些算法的性能很大程度上取决于通信信道。文献 [36] 说明，严重受损的通信链路可能会消除执行目标检测的机会或无人机遵循无偏差轨迹的能力。

图 15.11 展示了一辆汽车，周围的边界框由 Yolo 深度神经网络指示。

当无人机用于车辆检测的应用时，包含有价值的车辆动态信息图像数据，如位置和速度，由无人机收集。然而，无人机上可用的硬件并不总是能够执行复杂的分析。因此，为了处理这些信息，必须将图像数据发送到云端，在那里可以通过特征提取和形状检测，实现车辆跟踪。在 CAVIAR 仿真中，这是在 UAV-BS 的支持下实现的，如图 15.12 所示。

第15章
无人机和地面车联网的深度学习、计算机视觉和物理层集成仿真

图 15.11　基于无人机的车辆跟踪：无人机采集的三维 CGI 图像

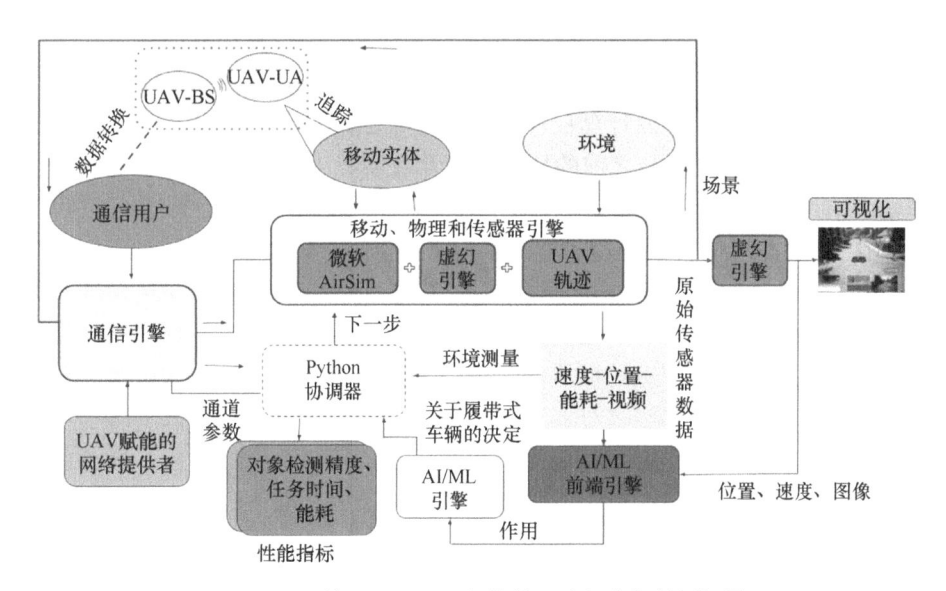

图 15.12　基于 CAVIAR 架构的无人机车辆检测场景

在这个方案中，无人机 UAV-UA 的轨迹和移动实体的动力学，如汽车，是由基于游戏引擎的开源跨平台仿真器（AirSim）和虚幻（Unreal）引擎组成的移动、物理和传感器引擎再现。在模拟过程中，所有相关的原始数据被发送到 AI/ML 前端引擎进行预处理，然后再发送到使用 Keras 和 Tensorflow 库实现的 AI/ML 模块。在这个模块中，将根据履带车辆的位置、速度和图像来确定要遵循的轨迹等决策。

301

Python 协调器实现这些决策，并考虑来自环境的度量来调整相应地操作。考虑到通信链路质量对应用性能的影响，采用光线追踪的方法获得一致的信道。Wireless Insite 作为通信引擎，为协调器提供信道参数，从模拟的每个场景中提取。这些信道参数决定了无人机在执行任务期间能够达到的数据速率，从而影响其完成任务的能力。

15.4.3 三维模型精度对无线信道的影响

所描述的循环 CAVIAR 模拟验证了集成模拟的好处，也让研究人员发现了一个问题：对于所采用的 3D 场景，单个场景的光线追踪模拟，在带有 GPU 板的个人电脑上平均需要 19.7min。在这种情况下，不宜采用较小的采样间隔。另外，交流信道可能在几秒钟内发生重大变化，一个完整的情节可能持续几分钟。由于其重要性，本小节将讨论在 3D 场景描述中的详细程度与相应通信信道的准确率之间进行基本权衡。因为在 5G 和 6G 中，模拟是在大量测量数据可用之前进行的，所以问题是在集成模拟的每个阶段应该包含多少细节。

将 5G/6G 中模拟和数据集生成的当前状态与自动语音识别（ASR）中的情况进行对比是有用的。ASR 的历史证明，有时改进模拟方法的特定方面，以现实实验为目标，最终没有必要。1986 年开发的 TIMIT 语音语料库具有精心排列时间的语音转录，每小时的语音转录需要 100～1000h 的工作。但是，用机器学习训练当前的 ASR 系统不需要语音转录，只需使用不与时间对齐的正字法转录。

为了达到可信赖的 5G/6G 仿真结果，在开发 6G 数据集和测量的同时，在通信中应该重复设计 TIMIT。这里将要描述的实验是沿着这个方向的步骤。我们的假设是，我们可以从非常复杂的模型开始，产生高计算成本，并通过不断监控准确率和关键性能指标来逐步简化它们，直到更简单的模型与之前的模型之间存在明显的差异。

处理光线追踪模拟成本的建议策略是，执行引擎（如 Unreal）时继续在 CAVIAR 模拟中使用逼真的 3D 模型（车辆，环境，建筑物等），但在切换到光线追踪时会使用配对更简单的模型。事实上，Wireless Insite 有一个工具，可以在导入 3D 模型时选择细节级别。众所周知，三维物体的复杂性增加了光线追踪模拟的持续时间。在文献 [37] 中，为了测量三维模型的细节是如何影响光线追踪模拟的，进行了一些实验。我们在这里用更新的结果来补充这些结果。

模拟生成了在城市峡谷上空飞行的无人机服务通信信道。我们创建了城市峡谷的 3 种变体和相关模型，如图 15.13 所示。

a) L　　b) M　　c) S

图 15.13　3D 场景变化

1）第一个变体被称为大型（L），使用更精细的无人机模型和详细的建筑和街道物体，如交通灯、垃圾桶，试图真实复制一个城市的多样化环境。

2）第二个变体是中型（M），也使用了详细的模型，但是去掉了街道对象。

3）在第三个变体小型（S）中，所有建筑物都被建模为简单的盒子，立方体代表无人机。

实验还使用了3个级别的电磁材料多样性：大型（L）、中型（M）和小型（S），以验证它是否也影响模拟。L级使用10种不同的材料，M级使用5种不同的材料，而S级只使用2种不同的材料（例如，根据Wireless Insite的定义，混凝土和金属）。在图15.14中，SL表示3D模型中细节变化"小"、电磁材料变化"大"。其他组合（SS、SM、LM等）遵循相同的惯例：第二个字母表示材料多样性。

从图15.14可以看出，3D模型的细节层次（面数等）对仿真结果影响很大。在本研究中，它的影响大于材料多样性。每次模拟都有不同的结果，但非常简单的3D模型（S）的模拟呈现出与其他实验完全不同的行为，这表明我们建议地从非常复杂的模型开始实验的策略是有用的。

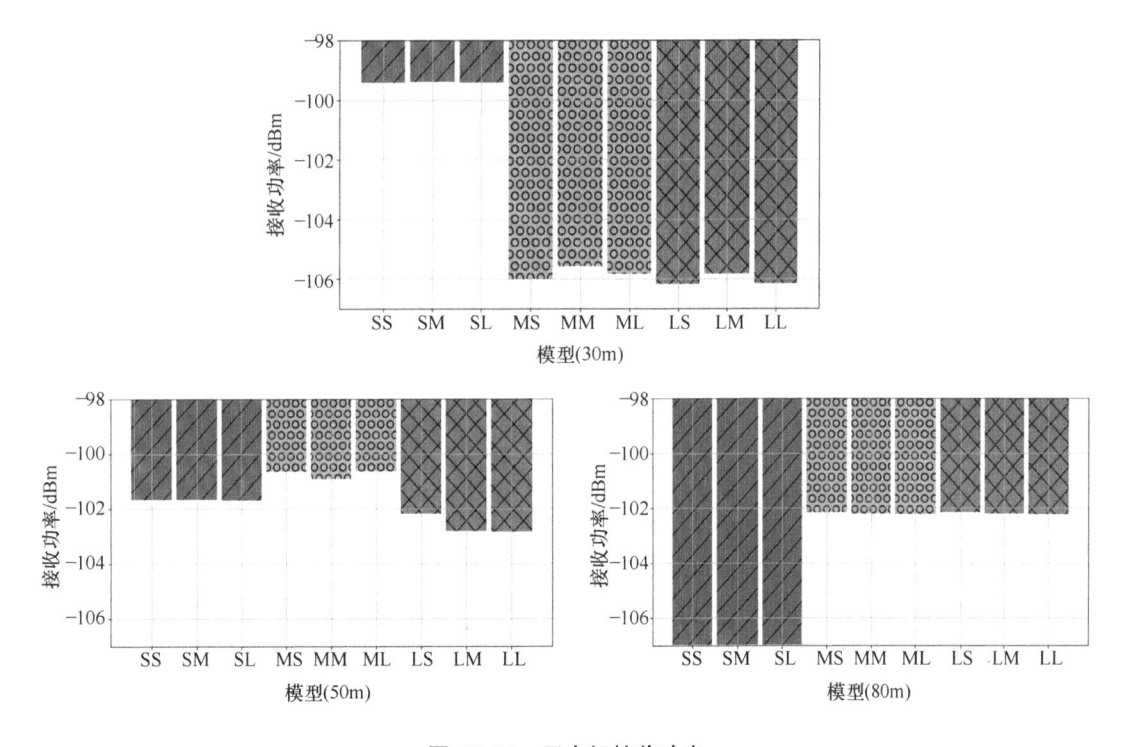

图15.14 无人机接收功率

从图15.15可以注意到，简单的模型具有较低的延迟扩展，特别是当无人机处于较低高度时。由于低水平的细节，模拟较少的面产生较少的射线散射，从而减少到达接收器的射线数量。最后，通过简化三维模型，在保证结果不差异的情况下，促进以较低的计算成本获得光线追踪信道的策略。

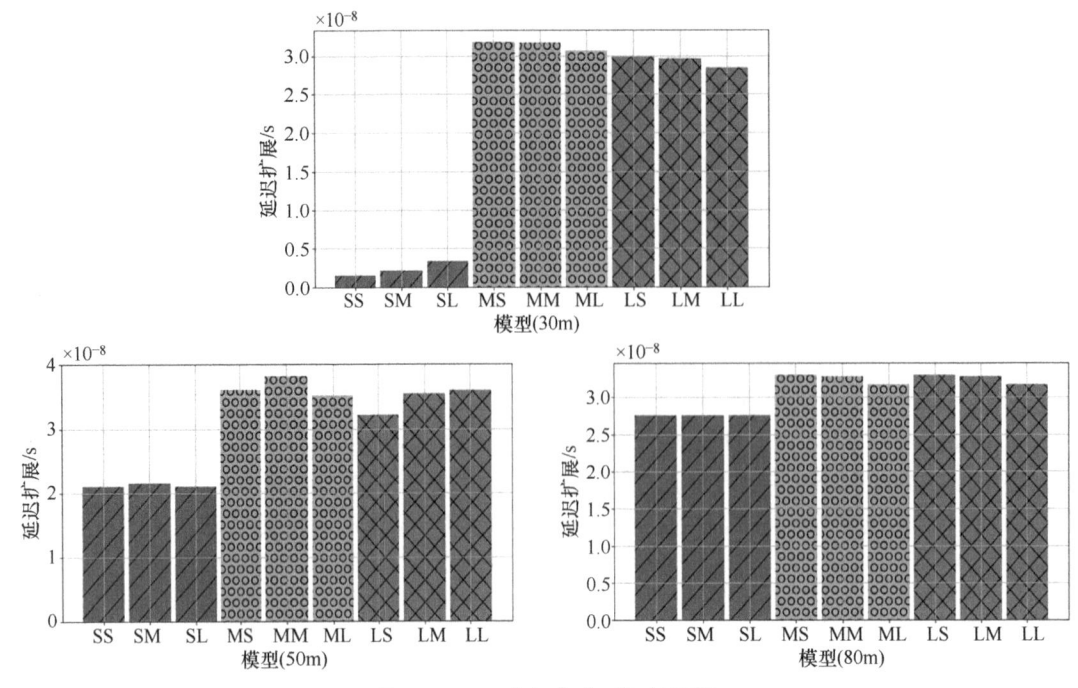

图 15.15　无人机仿真延迟扩展图

15.5　结论

　　我们在支持 V2I 和 UAB 车辆跟踪波束选择的背景下讨论了 CAVIAR 模拟。CAVIAR 是一种架构，可以促进与 AI/ML 应用程序通信网络的集成模拟，利用 3D 场景实现计算机视觉应用程序。

　　研究表明，外循环仿真更容易实现，但不如内循环仿真灵活。例如，V2I 的波束选择可以依赖于 MIMO 信道和激光雷达点云，这些点云计算一次，用于生成训练 DNN 模型的输出和输入。一旦这些输入特征和期望的输出被定义，就可以反复用于训练几个不同的 AI/ML 模型，并通过自动模型选择来调整参数。另一方面，在模拟中，环境根据正在评估的 AI/ML 模型的决策而变化，需要更复杂的内循环模拟。

　　以车辆跟踪为目标应用，探讨了模拟器的集成，以评估目标检测和轨迹计算之间的权衡。Unreal 和 AirSim 的结合使用在 3D 场景和物理方面具有良好的现实主义水平。但是场景中相对较多的细节会严重影响光线追踪的计算成本。例如，采用的单个场景光线追踪模拟在带有 GPU 板的个人计算机上运行需要大约 20min。考虑到应用程序需要毫秒数量级的采样间隔和几秒的总持续时间，很明显，光线追踪的高时间成本将是令人望而却步的。

　　随着集成模拟的不断发展，使新算法的复杂评估成为可能。更快的硬件和软件计算将为此做出贡献。但调整模拟参数以避免使用太多不必要的细节也很重要。沿着这个方向，未来的工作包括，通过在 3D 场景细节和相应通信信道准确率之间找到平衡，来减少计算时间，此时 3D 场景被光线跟踪器导入。

致谢

这项工作得到了创新中心、爱立信电信公司、巴西、巴西国家科学技术发展委员会（CNPq）和巴西教育部 Capes 基金会的部分支持。

参考文献

[1] A. Klautau, A. de Oliveira, I. Pamplona Trindade, and W. Alves, "Generating MIMO channels for 6G virtual worlds using ray-tracing simulations," *IEEE Statistical Signal Processing Workshop (SSP)*, 2021, pp. 595–599, doi: 10.1109/SSP49050.2021.9513861.

[2] A. Oliveira, F. Bastos, I. Trindade, W. Frazão, A. Nascimento, D. Gomes, F. Müller, and A. Klautau, "Simulation of machine learning-based 6G Systems in virtual worlds," *ITU Journal on Future and Evolving Technologies*, 2021. doi: 10.52953/SJAS4492.

[3] A. Klautau, P. Batista, N. González-Prelcic, Y. Wang, and R. W. Heath, "5G MIMO data for machine learning: Application to beam-selection using deep learning," *2018 Information Theory and Applications Workshop (ITA)*, 2018, pp. 1–9, doi: 10.1109/ITA.2018.8503086.

[4] D. Garcia-Roger, D. Martin-Sacristan, S. Roger, J. F. Monserrat, A. Kousaridas, P. Spapis, S. Ayaz, and C. Zhou (2018). 5G multi-antenna V2V channel modeling with a 3D game engine. *2018 IEEE Wireless Communications and Networking Conference Workshops, WCNCW 2018*, 284–289. https://doi.org/10.1109/WCNCW.2018.8369016

[5] E. Egea-Lopez, F. Losilla, J. Pascual-Garcia, and J. M. Molina-Garcia-Pardo (2019). Vehicular networks simulation with realistic physics. *IEEE Access*, 7, 44021–44036. doi: 10.1109/ACCESS.2019.2908651 (Software: http://pcacribia.upct.es/veneris)

[6] S. A. Hadiwardoyo, C. T. Calafate, J. C. Cano, Y. Ji, E. Hernandez-Orallo, and P. Manzoni (2019). 3D simulation modeling of UAV-to-car communications. *IEEE Access*, 7, 8808–8823. doi: 10.1109/ACCESS.2018.2889604.

[7] A. Mairaj, A. I. Baba, and A. Y. Javaid (2019). Application specific drone simulators: Recent advances and challenges. *Simulation Modelling Practice and Theory*, 94, 100–117. doi: 10.1016/j.simpat.2019.01.004.

[8] D. Jia, J. Sun, A. Sharma, Z. Zheng, and B. Liu (2021). Integrated simulation platform for conventional, connected and automated driving: A design from cyber–physical systems perspective. *Transportation Research Part C: Emerging Technologies*, 124. doi: 10.1016/j.trc.2021.102984.

[9] M. Calvo-Fullana, D. Mox, A. Pyattaev, J. Fink, V. Kumar, and A. Ribeiro, "ROS-NetSim: A framework for the integration of robotic and network simulators," in *IEEE Robotics and Automation Letters*, vol. 6, no. 2, pp. 1120–1127, 2021, doi: 10.1109/LRA.2021.3056347.

[10] B. Antonescu, M. T. Moayyed, and S. Basagni, "Diffuse scattering models for mmWave V2X communications in urban scenarios," *2019 International Conference on Computing, Networking and Communications (ICNC)*, 2019, pp. 923–929, doi: 10.1109/ICCNC.2019.8685661.

[11] S. Z. Tariq and H. Al-Rizzo, "Investigation of MIMO channel capacity using stochastic and ray-tracing techniques for Wi-Fi 6 applications," *2021 IEEE-APS Topical Conference on Antennas and Propagation in Wireless Communications (APWC)*, 2021, pp. 087–087, doi: 10.1109/APWC52648.2021.9539667.

[12] M. T. Moayyed, L. Bonati, P. Johari, T. Melodia, and S. Basagni, "Creating RF scenarios for large-scale, real-time wireless channel emulators," *2021 19th Mediterranean Communication and Computer Networking Conference (MedComNet)*, 2021, pp. 1–8, doi: 10.1109/MedComNet52149.2021.9501275.

[13] J. Hu, C. Chen, L. Cai, M. R. Khosravi, Q. Pei and S. Wan, "UAV-assisted vehicular edge computing for the 6G internet of vehicles: Architecture, intelligence, and challenges," *IEEE Communications Standards Magazine*, vol. 5, no. 2, pp. 12–18, 2021, doi: 10.1109/MCOMSTD.001.2000017.

[14] N. Yu, *Research on Key Technology of Path Planning of UAV*, Beijing, China: Beihang University, 2011.

[15] C. Mao and P. Wu, "Obstacle avoidance algorithm of UAV path planning based on artificial potential field method," *Electronic Science and Technology*, vol. 7, pp. 314–320, 2019.

[16] B. Brik, A. Ksentini and M. Bouaziz, "Federated learning for UAVs-enabled wireless networks: Use cases, challenges, and open problems," *IEEE Access*, vol. 8, pp. 53841–53849, 2020, doi: 10.1109/ACCESS.2020.2981430.

[17] D. Kwon and J. Kim, "Optimal trajectory learning for UAV-BS video provisioning system: A deep reinforcement learning approach," *2019. International Conference on Information Networking (ICOIN)*, 2019, pp. s372–374.

[18] Y. Li et al., "Fast and accurate trajectory tracking for unmanned aerial vehicles based on deep reinforcement learning," *2019 IEEE 25th International Conference on Embedded and Real-Time Computing Systems and Applications (RTCSA)*, 2019, pp. 1–9, doi: 10.1109/RTCSA.2019.8864571.

[19] R. Wu, F. Gu, and J. Huang, "A multi-critic deep deterministic policy gradient UAV path planning," *2020 16th International Conference on Computational Intelligence and Security (CIS)*, 2020, pp. 6–10, doi: 10.1109/CIS52066.2020.00010.

[20] N. Dilokthanakul, C. Kaplanis, N. Pawlowski, and M. Shanahan, "Feature control as intrinsic motivation for hierarchical reinforcement learning," *IEEE Transactions on Neural Networks and Learning Systems*, vol. 30, no. 11, pp. 3409–3418, 2019, doi: 10.1109/TNNLS.2019.2891792.

[21] J. B. Kenney, "Dedicated short-range communications (DSRC) standards in the United States," *Proceedings of the IEEE*, vol. 99, no. 7, pp. 1162–1182, 2011, doi: 10.1109/JPROC.2011.2132790.

[22] J. Choi, V. Va, N. González-Prelcic, R. Daniels, C. R. Bhat, and R. W. Heath, "Millimeter-wave vehicular communication to support massive automotive sensing," *IEEE Communications Magazine*, vol. 54, no. 12, pp. 160–167, 2016, doi: 10.1109/MCOM.2016.1600071CM.

[23] A. Alalewi, I. Dayoub, and S. Cherkaoui, "On 5G-V2X use cases and enabling technologies: A comprehensive survey," *IEEE Access*, vol. 9, pp. 107710–107737, 2021, doi: 10.1109/ACCESS.2021.3100472.

[24] J. Kim and A. F. Molisch, "Fast millimeter-wave beam training with receive beamforming," *Journal of Communications and Networks*, vol. 16, no. 5, pp. 512–522, 2014.

[25] W. Ma, C. Qi, and G. Y. Li, "Machine learning for beam alignment in millimeter wave massive MIMO," *IEEE Wireless Communications Letters*, vol. 9, no. 6, pp. 875–878, 2020, doi: 10.1109/LWC.2020.2973972.

[26] Q. Hu, F. Gao, H. Zhang, S. Jin and G. Y. Li, "Deep learning for channel estimation: Interpretation, performance, and comparison," *IEEE Transactions on Wireless Communications*, vol. 20, no. 4, pp. 2398–2412, 2021, doi: 10.1109/TWC.2020.3042074.

[27] Y. Wang, A. Klautau, M. Ribero, A. C. K. Soong, and R. W. Heath, "MmWave vehicular beam selection with situational awareness using machine learning," *IEEE Access*, vol. 7, pp. 87479–87493, 2019, doi: 10.1109/ACCESS.2019.2922064.

[28] D. Krajzewicz, J. Erdmann, M. Behrisch, and L. Bieker, "Recent development and applications of SUMO - simulation of urban mobility," *International Journal on Advances in Systems and Measurements*, vol. 5, no. 3&4, pp. 128–138, 2012.

[29] S. Shah et al. "Airsim: High-fidelity visual and physical simulation for autonomous vehicles," *Field and Service Robotics*. Springer, Cham, 2018. https://link.springer.com/chapter/10.1007/978-3-319-67361-5_40

[30] T. S. Rappaport, R. W. Heath, R. C. Daniels, and J. N. Murdock, *Millimeter Wave Wireless Communications*. Prentice Hall, 2014. https://www.pearson.com/en-us/subject-catalog/p/millimeter-wave-wireless-communications/P200000007616/9780137582174

[31] S. Oliver, and R. Hoppe. "MIMO channel capacity computed with 3D ray tracing model," *2009 3rd European Conference on Antennas and Propagation*. IEEE, 2009.

[32] S. Arikawa and Y. Karasawa, "A simplified MIMO channel characteristics evaluation scheme based on ray tracing and its application to indoor radio systems," *IEEE Antennas and Wireless Propagation Letters*, vol. 13, pp. 1737–1740, 2014.

[33] A. Klautau, N. González-Prelcic and R. W. Heath, "LiDAR data for deep learning-based mmWave beam-selection," *IEEE Wireless Communications Letters*, vol. 8, no. 3, pp. 909–912, 2019, doi: 10.1109/LWC.2019.2899571.

[34] M. Lee and S. Yeom, "Tracking of Moving Vehicles with a UAV," *2018 Joint 10th International Conference on Soft Computing and Intelligent Systems (SCIS) and 19th International Symposium on Advanced Intelligent Systems (ISIS)*, 2018, pp. 928–931, doi: 10.1109/SCIS-ISIS.2018.00154.

[35] R. Sun, L. Fang, X. Gao, and J. Gao, "A novel target-aware dual matching and compensatory segmentation tracker for aerial videos," *IEEE Transactions on Instrumentation and Measurement*, vol. 70, pp. 1–13, 2021, Art no. 5015613, doi: 10.1109/TIM.2021.3109722.

[36] S. Lins, et al. "Artificial intelligence for enhanced mobility and 5G connectivity in UAV-based critical missions," *IEEE Access 9* (2021): 111792–111801.

[37] F. Bastos, et al. "Effects of environment model complexity in UAV channel estimation using ray-tracing," *X Conferência Nacional em Comunicações, Redes e Segurança da Informação (ENCOM)*, Natal – RN, Brazil, 2020.